Dalhoff/Frey/Schöll (Hrsg.) Frauenmacht in der Geschichte

Studien
Materialien
Band 41

Geschichtsdidaktik

herausgegeben von
Klaus Bergmann
Annette Kuhn
Jörn Rüsen
Gerhard Schneider

Jutta Dalhoff / Uschi Frey / Ingrid Schöll (Hrsg.)

Frauenmacht in der Geschichte

Beiträge des Historikerinnentreffens 1985 zur Frauengeschichtsforschung

Federführende Reihenherausgeberin
Annette Kuhn

Schwann Düsseldorf

CIP-Kurztitelaufnahme der Deutschen Bibliothek

Frauenmacht in der Geschichte : Beitr. d. Historikerinnentreffens 1985 zur Frauengeschichtsforschung / Jutta Dalhoff ... (Hrsg.). – 1. Aufl. – Düsseldorf : Schwann, 1986.
(Geschichtsdidaktik : Studien, Materialien ; Bd. 41)
ISBN 3-590-18054-4
NE: Dalhoff, Jutta [Hrsg.]; Historikerinnentreffen zur Frauengeschichtsforschung ⟨1985, Bonn⟩; Geschichtsdidaktik / Studien, Materialien

1. Auflage 1986
Herstellung: Rasch, Bramsche
ISBN 3-590-18054-4

Inhalt

Vorwort der Herausgeberinnen

Die Beiträge des vorliegenden Bandes stellen eine Auswahl aus den über 50 Vorträgen dar, welche auf dem 6. Internationalen Historikerinnentreffen im Mai 1985 in Bonn gehalten wurden. Sie machen die Vielfalt der Ansatzmöglichkeiten und Themen der aktuellen Frauengeschichtsforschung in der Bundesrepublik Deutschland und im ost- und westeuropäischen Ausland deutlich. Chronologisch gesehen beginnt der Band in der griechischen Antike und endet in den fünfziger Jahren unseres Jahrhunderts, thematisch reicht die Bandbreite der Beiträge von Darstellungen der Initiationsriten über die Genese der Weiblichkeitsvorstellungen und Frauen in Freiheitskämpfen bis zu den unterschiedlichsten Aspekten der bezahlten und unbezahlten Frauenarbeit und der Frauenbewegung im 19. und 20. Jahrhundert. Den Vorträgen vorangestellt wird die Dokumentation der Podiumsdiskussion, die sich mit dem aktuellen Thema „Frauen und Macht" befaßte.
Wir haben uns für eine Neugliederung und Titeländerung der Sektionen entschieden, da wir die Kritik von Teilnehmerinnen an der Sektionseinteilung für gerechtfertigt halten. Zudem entfallen die Sektionen Frau und Mittelalter sowie Frau und Medizin, da zu diesen Themenbereichen eigene Bände im Schwann-Verlag erscheinen werden.
Für viele Teilnehmerinnen ergab sich in Bonn die Möglichkeit zu wissenschaftlichem Kontakt und Austausch, und zwar sowohl in privaten Gesprächen als auch in den Diskussionen der einzelnen Sektionen. Es konnte aber nicht unser Anliegen sein, diese gesamte Breite und Vielfalt eines solchen Treffens zu dokumentieren.
An dieser Stelle möchten wir den Institutionen danken, die uns sowohl bei der Durchführung des Historikerinnentreffens wie auch bei der Erstellung der Dokumentation in unterschiedlichster Form unterstützt haben. Im Einzelnen sind dies: die Universität Bonn, insbesondere der Dekan der Pädagogischen Fakultät, die Leitstelle für Gleichstellungsfragen des Landes Nordrhein-Westfalen, der Deutsche Akademische Austauschdienst und das Bundesministerium für Jugend, Familie und Gesundheit.
Danken möchten wir weiterhin den vielen Frauen, die durch ihre zumeist freiwillige und unbezahlte Mitarbeit das Zustandekommen und den Ablauf des Kongresses ermöglichten. Unser ganz besonderer Dank gilt in diesem Zusammenhang Frau Knitterscheidt und den Sekretärinnen des Seminars für Geschichte und ihre Didaktik, Frau Pfeffer und Frau Mehrmann.

Wir hoffen, daß die vielen Diskussionen, die hier in Bonn begonnen wurden, während des nächsten Historikerinnentreffens, das vom 24. bis 28. März 1986 in Amsterdam[1] stattfinden wird, weitergeführt werden.

Bonn, im Januar 1986

Jutta Dalhoff/Uschi Frey/Ingrid Schöll

1 International Conference on Women's History, Herengracht 286, NL-BX 1016 Amsterdam

Einleitung: Frauengeschichte zwischen Professionalisierung und Selbsterfahrung

Annette Kuhn

Der Blick zurück auf das 6. Internationale Historikerinnentreffen mag eine gewisse Zufriedenheit hervorrufen. Wie schon beim 5. Internationalen Historikerinnentreffen 1984 in Wien ist es auch in diesem Jahr gelungen, in einer beachtlichen Fülle wissenschaftliche Beiträge dieses Treffens zu dokumentieren[1]. Wichtige Referate des Historikerinnentreffens '85 erscheinen auch an anderer Stelle, u. a. in den beiden Bänden „Frauen im Frühmittelalter" und „Frauenkörper – Medizin – Sexualität"[2].
Auch das Presseecho zum Treffen der über 500 Historikerinnen war bemerkenswert[3]. Sowohl die Themenfülle „Von der Amazone zur Neuen Frau" (TAZ 7. Juni 1985) als auch das Suchen der Historikerinnen nach ihrer politischen Identität, das „Blicke zurück für den Marsch nach vorne" (Die Welt, 5. Juni 1985) riefen in der Öffentlichkeit Zustimmung hervor. Und schließlich konnten auch einige Fachorgane mit Befriedigung feststellen, daß sich die historische Frauenforschung inzwischen zu einer eigenständigen Disziplin innerhalb der Geschichtswissenschaft entwickelt habe, „für deren Selbstverständnis jährliche Historikerinnentreffen von großer Bedeutung sind"[3]. Das 6. Internationale Historikerinnentreffen – ein Anlaß zur Zufriedenheit?
Das 6. Internationale Historikerinnentreffen gibt uns weniger Anlaß zur zufriedenen Rückschau als zu einer kritischen Bestandsaufnahme. Das Echo war auch keineswegs nur positiv: Aus der Sicht mancher Akademikerinnen wäre, wie es der Deutsche Akademikerinnenbund ausdrückte, ein „akademischeres Auditorium" (Konsens Information des Deutschen Akademikerinnenbundes Nr. 1, 1985, 7) wünschenswert gewesen, während im Vorwärts festgehalten wurde: „Viel Programm und wenig Diskussion beim Historikerinnen-Kongreß in Bonn. Solidarität erweist sich als brüchig" (Vorwärts 8. 6. 1985). Auch die Herausgeberinnen dieses Bandes sind sich bewußt, daß sie hier nicht das viertägige Bonner Treffen in seiner Gänze mit seinen Höhepunkten an wissenschaftlichem und persönlichem Erfahrungsgewinn, aber auch mit seinen Enttäuschungen, seinen Frustrationen, seinem schmerzlich empfundenen Mangel an Diskursivität im eigentlichen Wortsinn wiederge-

ben. So müssen sich die Herausgeberinnen, die nur einen kleinen Ausschnitt aus der wissenschaftlichen und der frauenpolitischen Diskussion hier dokumentieren konnten und wollten, möglicherweise auch den Vorwurf gefallen lassen, sie hätten wesentliche Momente dieses Treffens, entscheidende Initiativen und Fragestellungen und weiterführende wissenschaftliche und gesellschafts- und frauenpolitische Herausforderungen ausgeblendet. Denn es wäre in der Tat irreführend, aus dieser Veröffentlichung den Schluß zu ziehen, der Frauengeschichtsforschung sei es inzwischen gelungen, sich auf ihrem Jahrestreffen als eine etablierte wissenschaftliche Disziplin mit einem konsensfähigen, wissenschaftlich geklärten Selbstverständnis darzustellen.
Dieser Band will nicht zu dieser falschen Schlußfolgerung verleiten. Er soll auch zur kritischen Frage Anlaß geben, ob die Frauengeschichtsforschung, die sich vernehmlich in dieser Form präsentiert, auf dem richtigen Weg ist. Wie lautet denn das von den Historikerinnen angestrebte Ziel? Der lange Marsch durch die Institutionen durch Professionalisierung?
In Bonn bestand unter den Teilnehmerinnen eine weitgehende Einigkeit, daß die Frauengeschichtsforschung sich nicht als eine Bindestrich-Disziplin versteht, die einfach frauengeschichtliche Inhalte dem herkömmlichen männlichen Geschichtsbild hinzufügt. Vielmehr fordere sie Parteilichkeit und Betroffenheit; sie interpretiere unsere Geschichte, hier verstanden primär als eine Geschichte des Geschlechts und der Geschlechterbeziehung, neu; sie definiere damit auch gesellschaftliche Normen und Werte neu. Kurzum: die feministische Sicht der Frauengeschichte sprenge den herkömmlichen Interpretationsrahmen unseres männlich geprägten Geschichtsbildes.
Dieser Konsens ist gewachsen, er entspricht der Tradition der Historikerinnentreffen von Berlin, Bremen, Bielefeld und Wien, auf denen von Anbeginn an die Frauengeschichtsforschung als eine feministische Oppositionswissenschaft begriffen wurde. Bildet aber dieser Konsens von damals vor fünf Jahren weiterhin eine tragfähige Basis gemeinsamer frauengeschichtlicher Forschung innerhalb und außerhalb der Institutionen, im engen Rahmen der Fachdisziplin der Geschichtswissenschaft und auf der interdisziplinären Ebene, eine Forschung, die Laien-Historikerinnen und professionalisierte Historikerinnen, die öffentliche, gesellschaftspolitische und akademische Interessen miteinander zu verbinden mag? Oder ist dieser Konsens inzwischen nur äußerlich geworden; ein ritualisiertes Bekenntnis zur feministischen Sache ohne die geistige und menschliche Kraft zur Lernfähigkeit und Veränderung?
Diese Frage drängte sich auf dem Historikerinnentreffen vom Mai 1985 auf. Sie blieb aber unbeantwortet, mehr noch: sie wurde gemieden. Für die künftige Entwicklung der Frauengeschichtsforschung vor allem in der Bundesrepublik ist es aber ratsam, diese unbequeme Fragestellung nicht beiseite zu

schieben, sie nicht nur den anderen zu überlassen. Auf dem Historikerinnentreffen war zwar immer wieder von einem neuen feministischen Historismus die Rede. Gibt es auch in der Frauengeschichtsforschung eine Wende?

Nach den Erfahrungen des 6. Internationalen Historikerinnentreffens mag es den Anschein haben, daß die Frauengeschichtsforschung in der Bundesrepublik an einen Scheideweg geraten ist. Die Entwicklung zur weiteren Professionalisierung der Frauengeschichtsforschung, die inzwischen auch in der Bundesrepublik in nuce erkennbar ist, scheint mit ihrer Verwurzelung in der autonomen Frauenbewegung in dem weiten Feld der interdisziplinären feministischen Wissenschaft und der historischen Forschung der vielen Nicht-Historikerinnen nicht vereinbar. Die Selbsterfahrungen von Frauen behindern scheinbar die weitere Entwicklung der Frauengeschichtsforschung zu einer akademisch anerkannten Disziplin. Ist Anpassung die einzige Möglichkeit, die ersehnte wissenschaftliche Anerkennung zu erfahren?
Auf dem 6. Internationalen Historikerinnentreffen ist die Frage von der Vereinbarkeit von Frauengeschichtsforschung als einer akademischen Disziplin und Frauengeschichtsforschung als Ausdruck des selbstbestimmten Suchens von Frauen nach ihrer historischen, politischen und sozialen Identität nicht im Rahmen des offiziellen Programms eigens thematisiert worden; diese Frage war aber stets unterschwellig präsent. Es ist daher wichtig, sie eigens hervorzuheben. Denn bleibt sie weiterhin unerörtert, so sieht sich möglicherweise die Frauengeschichtsforschung widerwillen vor eine falsch gestellte Alternative gestellt. Denn der Weg zur weiteren Professionalisierung der Frauengeschichtsforschung muß nicht notwendigerweise mit einer Absage an die feministischen Prämissen der Frauengeschichtsforschung verbunden werden. Es bedarf aber der gemeinsamen wissenschaftlichen und menschlichen Anstrengung innerhalb der Frauengeschichtsforschung, soll die Frauengeschichtsforschung in ihrer weiteren wissenschaftlichen Entwicklung noch an die Interessen der Frauen an der gemeinsamen Überwindung der Frauenunterdrückung gebunden bleiben.
Das Historikerinnentreffen 1985 wollte beides: Fortschritte in der wissenschaftlichen Erkenntnis der vielfältigen, vielfach unsichtbar gemacht wordenen Ursachen der Frauenunterdrückung und zugleich Frauen Mut machen zur gemeinsamen feministischen Praxis. Den Veranstalterinnen des Treffens schwebte vor, daß diese doppelte Zielsetzung möglich sei, daß die Frauengeschichtsforschung, allen Anzeichen zum Trotz, nicht vor der falschen Alternative Professionalisierung oder Selbsterfahrung stehe.
In ihrem Bericht zum Internationalen Historikerinnentreffen in Bonn hat Vera Konieczka die Zielsetzung der Frauengeschichtsforschung, die dieser Tagung zur „Frauenmacht in der Geschichte" zugrundelag, zutreffend zum Ausdruck gebracht: „Worauf es ankommt, ist, als Frauen zu definieren, zu

welchen Bedingungen, mit welchen Inhalten und in welchen Formen wir Veränderungen von Männern, zielgerichtet auf Solidarität gegenüber Frauen im Patriarchat, haben wollen." Die Dokumentation dieser Beiträge dient dieser Zielsetzung der Stärkung der Definitionsmacht von Frauen. Unter diesem Aspekt könnte dann auch dieses 6. Historikerinnentreffen Anlaß zur Zufriedenheit geben.

Anmerkungen

1 Die ungeschriebene Geschichte. Historische Frauenforschung. Dokumentation des 5. Historikerinnentreffens in Wien, 16. bis 19. April 1984, hrsg. von Wiener Historikerinnen, Wien (1985)

2 Im Band: Frauen im Frühmittelalter, hrsg. von W. Affeldt, Düsseldorf 1986, finden sich u. a. die Beiträge von Barbara Sasse, Andrea Kammeier-Nebel, Elke Krüger, Sabine Reiter und Susanne Wittern; im Band: Frauenkörper, Medizin, Sexualität, hrsg. von Johanne Geyer-Kordesch und Annette Kuhn u. a., die Beiträge von Barbara Brück, Norma Ramil-Weiß, Gitta Benker, Ilse Lenz, Cornelie Usborne und Doris Kaufmann

3 Pressespiegel des 6. Internationalen Historikerinnentreffens in Bonn 1985 – vervielf. Ms.

4 Vera Konieczka, Frauengeschichte. Solidarität mit den Frauen im Patriarchat, Demokratische Erziehung 9/1985, 7

„Frauen und Macht" – Podiumsdiskussion

Mechthild Immenkötter, Leitstelle für Gleichstellungfragen des Landes Nordrhein-Westfalen;
Prof. Barbara Schaeffer-Hegel, TU Berlin;
Waltraud Schoppe, Die Grünen im Bundestag;
Gudrun Weyel, SPD MdB; *Sabine Zurmühl,* Journalistin

Sabine Zurmühl stellt die Teilnehmerinnen des Podiums vor und führt in die Diskussion ein:
Ich habe mich gewundert, daß das Thema so allgemein gestellt und nicht versucht wurde, es einzugrenzen.
Es gibt Macht eigentlich nicht ohne drei oder vier Beteiligte, das heißt auch immer, wie sich in einem Verhältnis zum anderen setzen wollen.
Ich glaube, daß es nie Opfer ohne Täter, daß es Machtausübung gibt und Frauen, die Macht über sich zulassen. Andererseits geht es mir inzwischen, auch aufgrund der Erfahrung der Sommerunis der Frauen so, daß ich die Frage, ob Frauen Macht ausüben wollen oder nicht, luxuriös finde, daß wir es uns eigentlich nicht leisten können. Gleichzeitig finde ich aber auch, daß sie eine Inferiorität beschreibt, daß wir uns klein machen.
Eine Frage an Frau Immenkötter: Was können Sie in der konkreten Arbeit der Frauenleitstelle verbinden, was können Sie mit der Globalität eines solchen Themas anfangen, haben Sie das Gefühl, daß Sie mit Frauenmacht arbeiten, wie ist der Alltag Ihrer Arbeit?

Mechthild Immenkötter:
Diese Frage hat zwei Aspekte für mich: Ich arbeite in der Ministerialverwaltung, also in einer Institution, die Macht ausübt, nämlich die Lebensverhältnisse der Bürger und Bürgerinnen gestalten kann. Von daher stellt sich als erstes die Frage, wie man diese institutionellen Möglichkeiten nutzen, wie man in der Institution seinen Einfluß geltend machen kann, um Schritt für Schritt dazu beizutragen, die Verhältnisse in unserem Sinne zu ändern.
Zum zweiten hängt meine Einflußmöglichkeit in dieser Institution entscheidend davon ab, welche Bedeutung „Frauenfragen" in der Öffentlichkeit beigemessen wird und wie sehr die Frauenöffentlichkeit Anteil nimmt an dem, was ich mache, und hilft, die Dinge durchzusetzen. Es ist für mich wichtig, daß diese Frauenöffentlichkeit besteht. Nur wenn Frauen sich in dieser doppelten Weise an der Gestaltung ihrer Wirklichkeit beteiligen und Verantwortung übernehmen, indem sie nämlich innerhalb der Institutionen wie z. B. Verwaltung, Politik, Wirtschaft, Presse arbeiten, und von außen die Frauen in diesen Institutionen stützen, können sie damit rechnen, daß sie auch in ihrem Sinne Einfluß nehmen können. In meiner Arbeit bin ich ganz entscheidend von der Unterstützung der Frauen, von einer politischen Frauenbewegung abhängig.

Einleitender Diskussionsbeitrag Schaeffer-Hegel:
Um gleich zu Beginn einen von Frauen oftmals vernachlässigten Aspekt von Macht zu benennen – selbstbewußt eingesetzte „body-politics" nämlich –, stelle ich mich für meine einleitenden Bemerkungen hier an das Pult. Damit möchte

ich sinnfällig das demonstrieren, was mir beim Thema „Frauen und Macht" die wichtigsten Merkpunkte sind: daß wir Frauen oft mehr Macht haben, als wir uns einzugestehen wagen, daß es uns vielfach an Selbstbewußtsein bzw. an Mut zur Macht mangelt und daß die bewußte Wahrnehmung der uns zugänglichen Machtmöglichkeiten der erste und wichtigste Schritt in die richtige Richtung ist.

Wenn wir uns heute über „Frauen und Macht" als ein problematisches Verhältnis unterhalten, so nicht deshalb, weil Frauen zum ersten Mal entdecken, daß sie vielleicht auch Macht haben bzw. an der Macht teilhaben sollten. Problematisch ist die Beziehung „Frauen – Macht" eher deshalb geworden, weil sich die Bedingungen, unter denen Frauen sich selbst verwirklichen, Einfluß nehmen und Macht ausüben, radikal geändert haben. Die Teilhabe der Frauen an öffentlicher Machtausübung war solange möglich, als die Bereiche der Öffentlichkeit und der öffentlichen Entscheidungen nicht so radikal von der Privatsphäre getrennt waren. Selbst unter den Bedingungen des Ausschlusses von den eigentlichen Zentren der Macht, der mit der Etablierung des modernen demokratisch-parlamentarischen Regierungssystems einherging, hatten Frauen zunächst noch teil an der Macht. Im Rahmen einer familienverbundenen gesellschaftlich-politischen Öffentlichkeit gab es durchaus Chancen, über Festlichkeiten, über Familien- und Gesellschaftsbeziehungen, über eine Reihe von personenbezogenen Kontakten Einfluß zu nehmen und die Verhältnisse um sich herum zu bestimmen. (In Klammern sei vermerkt, daß hier nur von Frauen der bürgerlichen Mittel- und Oberschicht die Rede ist, daß es zwar möglich ist, bestimmte Behinderungen und soziale Probleme für die Gesamtheit der Frauen zu definieren, daß aber bei der konkreten Inspektion geschichtlicher und politischer Machtbeziehungen von den je spezifischen psychosozialen und ökonomischen Lebensbedingungen der jeweiligen Gruppe nicht abstrahiert werden darf.) Für die Mehrzahl der bürgerlichen Frauen jedenfalls reichten noch in unserem Jahrhundert private Machtmöglichkeiten durchaus in den öffentlichen Bereich der Politik hinein. Die Familie ermöglichte darüber hinaus auch in ihren privaten Dimensionen vielen Frauen Macht- und Dominanzerfahrungen – sowohl was die Anzahl der in eine Familie einbezogenen Menschen anbelangt, als auch im Hinblick auf deren sinngebende und identitätsstiftende soziale Bedeutung.

Nicht übersehen werden darf dabei jedoch, daß die Formen der Machtausübung, die bürgerliche Frauen im Rahmen ihrer Machtbasis ‚Familie' lernten, sich immer mehr von dem zunehmend härter werdenden Konkurrenz- und Kampfgestus des öffentlich-männlichen Machtverhaltens unterschieden. Da Frauen in der Familie nicht Macht, sondern nur Liebe ausüben sollten, lernten sie, durch personenbezogene, kommunikative und überwiegend indirekte Strategien der Durchsetzung die direkten und offensiven Machtstrukturen der Männer zu ignorieren, zu unterlaufen, zu umgehen, zu modifizieren und diese selbst – notfalls liebevoll – zu manipulieren.

Das Kräfteverhältnis zwischen öffentlichen und privaten Machtsphären hat sich in den letzten hundert Jahren grundlegend geändert. Die noch durchaus in die politische Öffentlichkeit hineinreichende Kompetenz der bürgerlichen Familienkultur versiegte angesichts neuer, nun ihrerseits die Familie okkupierender Formen institutioneller und kommunikativer Vergesellschaftungen. Im Zeichen einer umfassend von neuen Institutionen und Medien beherrschten Öffentlichkeit und angesichts eines radikalen Bedeutungsschwundes von „Familie", deren Reichweite personell, zeitlich und geographisch abnimmt, enden die personenbezogenen und indirekten Formen der Machtausübung bei Frauen zunehmend im Leeren (man denke an die hilflosen Beeinflussungsversuche heutiger Mütter ihren heranwachsenden Kindern gegenüber) oder werden von Frauen in semipolitischer Öffentlichkeit gegeneinander gewandt. Diesen Zustand der Hilflosigkeit und der gegenseitigen Selbstzerstörung gilt es zu überwinden. Erstens dadurch, daß Frauen sich Rechenschaft ablegen über die ihnen eigene Tradition und Kultur von Machtverhalten, die ja durchaus noch heute wirksam ist und als wesentlicher Teil des Sozialisationsprozesses von Mädchen immer wieder hergestellt wird. Wir sollten lernen zu erkennen, wo und inwiefern unsere liebevoll-erpresserischen, passiv-indirekten, empathischen oder sich verweigernden Verhaltensweisen Versuche sind, Macht auszuüben, und wir sollten uns mit der Täuschung auseinandersetzen, die uns einflüstert, Klagen, Opferhaltung und weibliche Ergebenheit hätten nichts mit Versuchen, Macht auszuüben, zu tun. Selbstbewußt und im richtigen Moment eingesetzt können uns nämlich auch die sogenannten „weiblichen" Machtstrategien stärken, doch nur dann, wenn es uns gelingt, sie von dem inneren Gestus der Hilflosigkeit und der Unterwerfungsbereitschaft zu trennen, mit dem sie traditionellerweise verbunden sind.

Zweitens jedoch und in dem Maße, in dem die traditionellen weiblichen Machtbereiche entschwinden, ist es eine Notwendigkeit für Frauen, Zugang zu fordern und sich Zugang zu verschaffen zu den von Männern bestimmten institutionalisierten Machtsphären.

Das bedeutet auch, daß Frauen lernen müssen, mit den offensiven Machtstrategien und mit dem direkten Machtverhalten, das Männer im Zeichen zunehmender politischer Konkurrenz seit langem gelernt haben, umzugehen. Sie müssen lernen, diese Strategien zu durchschauen, ihnen standzuhalten, ihnen etwas entgegenzusetzen und sie notfalls selbst anzuwenden. Das muß nicht unbedingt bedeuten, immer und überall die männlichen Verhaltensweisen zu übernehmen. Sie von vornherein als undiskutabel abzulehnen, wäre jedoch ein kaum gutzumachender politischer Fehler.

Waltraud Schoppe:
Ich will ein bißchen von mir sprechen, wie es mir ergangen ist: Wenn ich früher „Macht" gehört habe, waren es immer: Männer. Wenn ich heute „Macht" höre, fällt mir ein: Strukturen. Ich habe, wie viele von euch sicher auch, in Frauengruppen gearbeitet, und irgendwann hatte ich das Gefühl: Ich muß da raus, weil es vielen Frauengruppen so wenig gelingt, das, was sie im Kopf haben, erarbeitet haben, was sie denken, was sie wollen, nach außen zu bringen. Ich habe mir gedacht, ich gehe in eine Institution, von der ich wußte, daß sie von Männern dominiert ist, ich gehe in die Partei. In der Partei der Grünen ist mir dann etwas passiert, mit dem ich eigentlich nicht gerechnet hätte, aber was so typisch ist: In der ersten Zeit der Parteiarbeit habe ich an ökologischen Fragen gearbeitet, weil mir das wichtig war und ich dachte, ich muß da unbedingt mitmachen. Irgendwann ist mir eingefallen, und mir ist da aufgefallen, ich mache das Gleiche, was ich zuvor an der Universität gemacht hatte, als ich in den Basisgruppen gearbeitet habe. Ich bin nämlich von einem Heimchen am Herd zu einem Heimchen an der Kopiermaschine geworden. Nach der Diskussion über das, was wir machen wollen, haben Frauen es kopiert, nachdem die Männer es geschrieben hatten, und wir haben es auch noch verteilt. Und dann ist uns aufgefallen, da kann irgend etwas nicht richtig sein. Wir haben uns innerhalb der Partei zu einer Frauengruppe zusammengetan und versucht zu formulieren: Was kann Frauenpolitik innerhalb der Partei bedeuten? Als Listen aufgestellt wurden für den Bundestag, haben wir die Parität durchgesetzt bei uns im Landesverband, was jetzt fast überall in den Landesverbänden der Grünen durchgesetzt ist, und so bin ich in den Bundestag gekommen. Mein erster Eindruck im Bundestag war, daß ich noch nie so viele Männer gesehen hatte in grauen und blauen Anzügen auf einem Haufen. Aber das war im Nachhinein das eigentlich noch Erträglichste. Wir hatten

damals, als Kohl die erste Regierungserklärung machte, bei uns in der Fraktion durchgesetzt, daß wir dazu eine Frauenrede halten, obwohl einige meinten, das sei überhaupt nicht passend. Was soll das als Antwort auf eine Regierungserklärung? Wir haben es aber trotzdem durchgesetzt. Ich habe die Rede gehalten und den § 218 dann in einer Passage so ungefähr gebracht: Es geht nicht an, daß immer gewettert wird über Frauen, die abtreiben, es muß einmal eine Diskussion darüber in Gang gesetzt werden, wie kommt es überhaupt dazu, daß Frauen ungewollt schwanger werden. Es muß an der besonderen Art des Liebesspiels liegen, daß die Frau überhaupt schwanger wird. Darüber sollte mal im Bundestag geredet werden und darüber sollte mal eine Diskussion laufen. Dann habe ich zum Schluß, an den Bundeskanzler gewandt, gesagt: Aber man kann ja nur über das reden, von dem man etwas versteht. Der Bundeskanzler hat dann, eine Woche später, ich glaube im Sonntagsblatt, Stellung bezogen: Er verstünde doch etwas davon.
Dies habe ich nur gesagt, um zu beschreiben, was dann geschah. Einige CDU-Männer haben mir gesagt, daß andere CDU-Männer bei meiner Rede gekommen sind, weil sie erwartet hatten, etwas zu hören, was unterhalb der Gürtellinie angesiedelt ist, und das wollten sie sich nicht entgehen lassen. Das heißt, meine Erfahrung im Bundestag ist, daß wir zwar als Frauen dort präsent gewesen sind, daß wir aber als Politikerinnen in unseren Äußerungen nicht so ernst genommen worden sind, wie wir es eigentlich verlangen, d. h. sie haben immer etwas Besonderes von uns verlangt, erwartet, von den grünen Frauen sowieso, aber sie haben uns als Politikerinnen nicht ernst genommen. Und das hat sich auch bei uns in der Fraktion abgespielt, als ich diese Rede gehalten habe. Ich hatte sie vorher abgedruckt und dann kamen einige Männer zu mir: „Die Rede kannst Du hier nicht halten, so etwas kann man hier nicht sagen, wir blamieren uns damit, streich da mal einige Passagen raus.“ Es gibt bestimmte Dinge, die unser Frauenleben betreffen, die aber einfach nicht gehört werden wollen, sie sind nicht opportun, es wird nicht darüber geredet, es gehört nicht zum Bereich Politik. Und das meine ich eigentlich mit den Strukturen, gegen die wir Frauen ankämpfen müssen, das sind Strukturen, die mit bestimmten Inhalten gefüllt sind. Ich denke, wir Frauen müssen reingehen in solche Strukturen, wir müssen dort nicht nur präsent sein, sondern wir müssen das sagen, was unser Leben betrifft, was uns wichtig ist und was wir verändert haben wollen.

Gudrun Weyel:
Ich bin im Gegensatz zu Waltraud Schoppe Mitglied einer sehr viel traditionsreicheren Partei, die deshalb auch nicht ganz so unbefangen mit den Dingen umgeht, weil wir vieles vielleicht schon zu sehr verinnerlicht haben und eben in diesen Traditionen aufgewachsen sind. Eine Bemerkung zu den früheren Vorstellungen der Sozialisten und der Arbeiterbewegung insgesamt: Schon im vorigen Jahrhundert, in einer Zeit, als die patriarchalische Gesellschaft noch selbstverständlich war, war für die Sozialisten die Frauenbefreiung oder, besser gesagt, die Gleichstellung mit der sozialistischen Gesellschaft schlechthin verbunden. Bei Bebel, der sich eingehend mit der Frage der Frauen innerhalb der Gesellschaft befaßt hat, ist eigentlich das Fazit: In der sozialistischen Gesellschaft wird die Gleichstellung der beiden Geschlechter vollzogen. Das sei dann keine Diskussion mehr. Daß es nicht so ist, steht auf einem anderen Blatt. Aber so ist die Tradition, und deswegen hat das Problem der Gleichstellung von Frau und Mann am Anfang keine so große Rolle gespielt. Dies vorweg, um den Rahmen einer solchen traditionsbelasteten Partei ein bißchen abzustecken.
Für uns Frauen in der Politik und im Umgang mit der Macht kommen eine ganze Menge persönlicher Erfahrungen hinzu,

und die ist natürlich ein bißchen altersbedingt. Ich habe die Erfahrung zunächst in der Familie gemacht, durch den Krieg bedingt, durch die Nachkriegszeit, mit 15 Jahren Matriarchat. Mit einer Familie, wo die Mutter alles zu tun hatte, alles zu lenken hatte, die Jungen jünger waren als die Mädchen, wo wir auch als Ältere mindestens am Beginn nicht nur die Autorität der Älteren, sondern auch die Körperkraft der Älteren hatten, und auch das wirkt im Verständnis der Geschlechter zueinander. Ich habe dann in meiner Berufsausbildung zeitweise fast ausschließlich unter Frauen gelernt und gearbeitet und bin dann später in die entgegengesetzte Rolle gekommen, daß ich nämlich in einem reinen Männerkollegium der weibliche Paradiesvogel oder vielleicht auch einfach als Ausnahme ohne Probleme anerkannt war. Und dieser ganze Rahmen führt zu Erfahrung, die einem Selbstbewußtsein gibt. Ich hatte aus meinem persönlichen Erlebnisbereich nie das Problem und das Gefühl, Männer seien in irgendeinem Bereich überlegen, sei es geistig, sei es körperlich, sei es sonstwie.

Nun die Frage zur Macht: Wenn man bewußt in die Politik einsteigt, dann ist der Wille zur Macht damit verbunden. Denn wenn man etwas verändern und gestalten will, dann kann man das zumindest in unserer Gesellschaft nur, indem man versucht, Macht im Zusammenspiel mit anderen zu erreichen, auszuüben und Vorstellungen durchzusetzen. Insofern ist also schon der Entschluß, Politik zu treiben in einer Partei, mit dem Willen zur Macht verbunden.

Für mich ist die Frage: Haben Frauen eigentlich eine andere Art der Machtausübung als die Männer? Und da bin ich ein bißchen im Zweifel – aus der Erfahrung heraus, in einer Partei zu sein, in der es eine Männermehrheit gibt, einfach von der Mitgliederstruktur her. Und das unterscheidet doch alle traditionellen Parteien wesentlich von den Grünen, denn wieviel man als Frau durchsetzen kann, nicht in der Paradiesvogelrolle, sondern in der Selbstverständlichkeit der Gleichheit, auf gleicher Position miteinander zu verhandeln, ist eine Frage der Mehrheiten in einer Gesellschaft, die das Prinzip der Mehrheitsentscheidung ausübt. Wenn wir in einer Partei nur 25 % Frauen unter den Mitgliedern haben, dann spiegelt sich das natürlich auch in den Positionen, die darauf aufbauen, das ist leider so, und deshalb kann man eigentlich nur sagen: Zum Verändern ist zunächst notwendig, daß man unter den Mitgliedern die Zahlen verändert. Wir geben uns als Frauen in der Sozialdemokratischen Partei eine Menge Mühe, Gleichberechtigung durchzusetzen. Wir haben uns zugetraut, das nicht zu benötigen. Ob das ein Fehler war, können wir in der Diskussion feststellen, aber die Erfahrung ist so, jetzt nur aus dem Bereich meiner Partei. Einige wenige Frauen werden immer wieder gefördert, egal von welcher Position sie kommen, ob rechts oder links oder wie immer man das einstuft. In dem Augenblick aber, wo es ernsthaft um Parität geht, um 50:50, da heißt es ja, Männer zurückdrängen zu müssen, und da schlagen natürlich die Mehrheitsverhältnisse der Basis absolut durch. Wenn ich keine Mehrheit der Frauen in den jeweiligen Gremien habe, kriege ich auch keine Mehrheiten in den anderen Positionen. So einfach ist das.

Mechthild Immenkötter:
Institutionen wie Verwaltungen haben ja ebenfalls eine lange Tradition – um an das anzuschließen, was Gudrun Weyel gesagt hat – und von daher ebenfalls viele eingeschliffene Vorgehens- und Verhaltensweisen. Macht, nämlich die Möglichkeit, Einfluß zu nehmen, an Entscheidungen mitzugestalten, drückt sich dort in Kompetenzen aus. Institutionelle Macht definiert sich über Kompetenzen. Wenn also z. B. eine Arbeitseinheit wie die Leitstelle Frauenpolitik eingerichtet wird, bedeutet das, daß diese Kompetenzen zugewiesen bekommt und/oder sich solche an Land ziehen muß. Nun sind

aber die Entscheidungskompetenzen in einer Landesregierung längst auf die verschiedenen Fachbereiche verteilt, wie z. B. Kultus, Wirtschaft, Arbeit und Soziales, Finanzen. Frauenpolitik als Querschnittsaufgabe muß in allen diesen Bereichen Einfluß nehmen, ohne aber letztendlich meist eine verbriefte Einflußmöglichkeit zu haben in dem Sinne, daß die Entscheidungen der Fachbereiche von der Zustimmung der Leitstelle Frauenpolitik abhängig wären oder eigene Aktivitäten der Frauenleitstelle ohne Abstimmung mit den jeweils fachlich zuständigen Ressorts erfolgen könnten. Im sogenannten Organisationserlaß, der die Grundlage für die Kompetenzzuweisung ist, wird dann bei der Aufgabenbeschreibung für die Frauenpolitik viel von Beratung, Anregung und Stellungnahmen gesprochen, auch von der Möglichkeit, eigene Aktivitäten durchzuführen, aber davon schon mehr am Rande. Bekanntlich ist das ja mit den Vorschlägen, Anregungen und Stellungnahmen so eine Sache: Kein Mensch ist gezwungen, irgendwelche Ratschläge aufzugreifen oder auch nur anzuhören. Dies bedeutet faktisch, man muß eine Menge Überzeugungsarbeit im stillen leisten; dies ist vielleicht sogar die gewichtigste Einflußmöglichkeit. Und schließlich ist wichtig, daß die Aktivitäten von der konkreten Situation ausgehen, die man vorfindet, keine Eintagsfliegen bleiben, sondern über diesen Einzelfall hinauswirken, mögliche überregionale Bedeutung bekommen und auf die Strukturen so einwirken, daß die Veränderungsprozesse eine Eigendynamik bekommen.

Als ich anfing mit der Arbeit, das war im Jahre 1978, ging es zunächst einmal darum, mit der Aufgabe Frauenpolitik überhaupt ernst genommen zu werden. Dafür ist es in einer Bürokratie wichtig, daß man wie selbstverständlich dazugehört, daß man in der Position nicht auffällt, daß man die Sprache der Bürokratie spricht und daß man die eigenen Anliegen in die Sprache der Bürokratie übersetzt. Es ist eine wirkliche Übersetzungsarbeit, sonst wird man überhaupt nicht verstanden, geschweige denn gehört und ernst genommen. Selbstverständlich muß man die formalen Regeln beherrschen – je neuer das Arbeitsgebiet ist, um so wichtiger werden sie genommen –, und man muß die informellen Informationsstrukturen kennen und handhaben. In diesem Zusammenhang ist die Fachkompetenz zu nennen: Denn die Möglichkeit der Einflußnahme hängt ohne formale Kompetenzen davon ab, als Fachpartner ernstgenommen zu werden. Allgemeine Sprüche, große Worte in die Luft geblasen, bleiben wirkungslos.

Ein zweiter Gesichtspunkt ist: Man muß den Partnern die Angst davor nehmen, daß die Veränderungen, die man erreichen will, allzu groß sind. Dabei rede ich nicht von der persönlichen Angst, die bei vielen Männern auftaucht, wenn das Thema „Frauenpolitik“, Änderungen in der Rolle von Mann und Frau, Frauen in gehobenen Positionen aufkommt. Und eine dritte Aufgabe ist, daß man das Gebot der Fairness ernst nehmen muß. Auch die Fachkollegen brauchen die Möglichkeit, sich an dem, was man gemeinsam erarbeitet hat, zu profilieren. Insgesamt ist festzustellen, daß der politische Wille, Chancengleichheit von Frauen zu fördern – so er denn vorhanden ist –, nicht ausreicht, um in der Verwaltung etwas zu bewirken. Man braucht genauso die Mitwirkung der Bürokratie.

An Frauenpolitik werden vielerlei Erwartungen geknüpft, von den Frauen und von den Politikern. Viele Frauen erwarten sozusagen Wunder: Kaum ist Frauenpolitik institutionalisiert, ändert sich sofort die Situation, ist quasi automatisch die Gleichberechtigung verwirklicht, und zwar im Alleingang von der dafür zuständigen Frau. Von einem Europabeauftragten, von einem Wehrbeauftragten oder einem Ausländerbeauftragten würde keiner Entsprechendes erwarten; im Gegenteil, solche Institutionen machen eher die Größe der Aufgabe und die Notwendigkeit einer langen und umfassenden Anstrengung deutlich.

Politiker erwarten von denen, die Frauenpolitik machen, daß sie sofort große Erfolgsmeldungen in der Presse verkünden können. Dies wird aber noch zusätzlich dadurch erschwert, daß Frauenthemen in der Presse nicht besonders publikumswirksam sind.

Ich möchte das, was ich gesagt habe, gerne an drei Beispielen verdeutlichen, und zwar an Beispielen aus den Aktivitäten zur Förderung der Situation von Frauen im öffentlichen Dienst des Landes; wir haben ja gerade kürzlich das Frauenförderungskonzept für die weiblichen Beschäftigten im öffentlichen Dienst des Landes NRW verabschiedet. Das Frauenförderungskonzept enthält unter anderem Regelungen für Einstellungen, Beförderungen, Stellenausschreibungen, Fortbildung, Teilzeitarbeit, die nunmehr für die gesamte Landesverwaltung verbindlich sind. Diese verschiedenen Elemente des Konzeptes wurden zum Teil im Laufe der vergangenen Jahre entwickelt und durchgesetzt. Am Anfang, im Jahre 1979, war es etwas so Banales wie die Verpflichtung zur geschlechtsneutralen Stellenausschreibung – heute selbstverständlich und in aller Munde. Als ich diese Regelung damals vorschlug, lachten erst einmal alle. Man fand es eigentlich überflüssig. „Selbstverständlich sind Frauen mitgemeint, warum ich ganz allein wohl glaubte, daß sie sich nicht angesprochen fühlten?" Außerdem würden die Texte zu lang und zu umständlich, Gründe, wie man sie eben anführt. Man muß bedenken, daß dies noch nicht sehr lange her ist. Nachdem diese Diskussion gelaufen war und alle der Regelung schon zugestimmt hatten, behauptete jemand, daß wir überhaupt nicht die Kompetenz hätten, eine solche Regelung federführend für die Landesregierung zu bearbeiten, und alles ging von vorne los. Das Witzige dabei war, daß niemand anderes die Kompetenz für sich reklamierte, wie es üblicherweise bei derartigen Meinungsverschiedenheiten der Fall ist. Mit anderen Worten: Keiner wollte die Kompetenz haben, nur wir sollten sie nicht haben. Nach weiterem Hin und Her wurde dann die Verpflichtung zur geschlechtsneutralen Stellenausschreibung innerhalb der Landesverwaltung verfügt. Dieses Beispiel zeigt, wie jeder Schritt mühsam erkämpft werden muß, jeder Teilerfolg dauernd in Gefahr ist, wieder in Frage gestellt zu werden, und wie man sich dauernd etwas Neues ausdenken muß, um das Selbstverständliche durchzusetzen.

Das zweite Beispiel betrifft unsere Bemühungen zur Einstellung von Frauen in der Schutzpolizei, was in Nordrhein-Westfalen erstmals 1982 erfolgte.

Unter dem Gesichtspunkt „mehr Ausbildungsplätze für Mädchen" fiel mir auf, daß Frauen bei der Ausbildung für die Schutzpolizei, für die der Innenminister zuständig ist, nicht berücksichtigt wurden. Mein Vorschlag, dies zu ändern, stieß auf heftigsten Widerstand. Das Argument war, Frauen seien nicht geeignet. Es wurde u. a. auf den Einsatz der Schutzpolizei bei Schlägereien und Demonstrationen hingewiesen, und außerdem wolle man erst einmal Erfahrungen aus anderen Bundesländern abwarten. Ich wies dann auf den Artikel 33 des Grundgesetzes hin, wonach „jeder Deutsche das Recht auf gleichen Zugang zu jedem öffentlichen Amt" hat. Dies bedeutete: Der Ausschluß von Frauen war nur dann zu rechtfertigen, wenn der Beweis, daß Frauen ungeeignet sind, hätte erbracht werden können. Dies war angesichts des Einsatzes von Frauen in vergleichbaren Tätigkeiten in den USA und anderen Bundesländern nicht möglich. Ich wies daher darauf hin, daß die jetzige Praxis verfassungswidrig sei, ein nicht gerade alltäglicher Vorwurf. Aber dennoch setzte man sich zunächst gar nicht damit auseinander, sondern versuchte mir die Forderung auszureden: „Stellen Sie sich vor, bei einer Demonstration haben die Damen den Schlagstock an Faltenröken!" „Die Ehefrauen der Polizisten haben Sorge, wenn die Männer mit den Kolleginnen unterwegs sind!" Ich glaube, das muß man mal so hautnah erleben,

wie die Diskussionsprozesse laufen, indem man versucht, alles auf eine zweideutige Ebene zu ziehen. Man erwartet, daß ich sage: „Ach, das geht ja auch wirklich nicht, das ist ja auch eine seltsame Idee von mir."
Als ich dann auf die klare verfassungsrechtliche Lage hinwies und darauf, daß die jungen Frauen, die Interesse an diesem Beruf hätten, ihre Ablehnung sicher nicht weiter akzeptieren würden, begann endlich der wirkliche Überlegungs- und Diskussionsprozeß, in dem die möglichen Schwierigkeiten beim Einsatz von Frauen, aber auch die Vorteile im einzelnen ernsthaft erörtert wurden.
Dieses Beispiel zeigt, daß man sich nicht beirren lassen darf, daß man aber auch mit sehr handfesten Argumenten kommen muß, die über die schlichte Forderung „mehr Chancen für Frauen" hinausgehen.
Als drittes Beispiel möchte ich die Einführung von Quoten für die Einstellung von Frauen nennen.
Quoten sind heute noch ein Reizwort, aber vor einigen Jahren war dies noch sehr viel schlimmer. Um dies vorweg zu sagen, ich halte Quoten für erforderlich, weil nämlich eine Benachteiligung von Frauen bei Einstellung oder bei Beförderung selten im Einzelfall nachzuweisen ist, sondern häufig nur die Entwicklung über einen längeren Zeitraum und das Gesamtergebnis als sicheres Indiz gelten können. Es lassen sich durchaus anhand objektiver Kriterien, etwa des Anteils der für die betreffende Position in Frage kommenden Bewerberinnen, Quoten festlegen, weil man davon ausgehen kann, daß sich längerfristig dieser Anteil – jedenfalls bei einer größeren Anzahl – einspielen würde, falls „alles mit rechten Dingen zugeht".
Meine Argumentation ging daher dahin, daß sich bei der Einstellung von Berufsanfänger/innen die Einstellungsquoten von Frauen entsprechend ihrem Anteil an den entsprechenden Schul- bzw. Hochschulabschlüssen einpendeln müsse, falls innerhalb des Auswahlverfahrens keine frauenbenachteiligenden Elemente einwirkten.
Nach dieser schlichten Regelung ergab sich z. B. für die Einstellung in den gehobenen Dienst mit Einstellungsvoraussetzung Abitur, daß der Frauenanteil ca. 50% betragen müsse, nämlich entsprechend dem Anteil an den Abiturienten. Bis 1980 waren Frauen bei der Einstellung in einigen Fachbereichen jedoch nur zu ca. 35% vertreten. Statt mich grundsätzlich über die Berechtigung von Quoten zu streiten, habe ich mich darum bemüht, in den großen Verwaltungsbereichen wie Finanzverwaltung, Innenverwaltung und Justiz darauf hinzuwirken, daß Frauen bei der Einstellung in den gehobenen Dienst entsprechend ihrem Anteil an den Abiturienten, also zu 50% vertreten sein sollten. Diese Überlegungen wurden auch grundsätzlich akzeptiert, so daß sich die Einstellungsquote von Frauen dahin einpendelte. Diese Regelung ist jetzt im Frauenförderungskonzept in der Formulierung festgeschrieben: „Die Einstellungspraxis der letzten Jahre, die bereits zu einem erheblichen Anstieg der Frauen im Dienst des Landes geführt hat, wird fortgeführt." Um auf die Eingangsfrage „Frauen und Macht" zurückzukommen, ist dies ein Beispiel dafür, wie wichtig es ist, den Eindruck zu erwecken, daß man gar nichts Besonderes verlangt, sondern etwas Alltägliches, ja Selbstverständliches.

Beitrag aus dem Publikum:
Ich bin ziemlich beunruhigt über diese ganzen Intimitäten und Plaudereien aus der herkömmlichen Macht. Ich habe mir eigentlich mehr und etwas Spannenderes unter diesem Thema vorgestellt, und ich würde mir wünschen, z. B. die Frage zu stellen: Welche Macht wollen wir und wohin gehen wir mit unserer Macht? Es gibt eine These und die sagt – sie ist nicht sehr freundlich für die Frauenbewegung: Frauen kommen in Funktionen rein, wenn Männer wie Ratten das sinkende Schiff verlassen. Das ist eine sehr harte These. Ich habe mich selbst mit ihr be-

schäftigt, und für mein eigenes Leben weiß ich heute, wie ich damit umgehe. Frauen müssen doch wissen, wenn sie Funktionen aufgeben, wohin sie dann gehen. Wenn ein Mann eine politische Funktion bereitwillig aufgibt, und er hat Erfolg in so einer Funktion, dann muß das doch für eine Frau den Verdacht erregen, wohin der Mann nun geht und wo er Einfluß haben wird. Es geht nicht nur darum, daß Frauen in Positionen kommen: Frauen fördern, Frauen gehen rein. Aber das kann nicht alles sein.
Welche Macht will ich denn als Frau für Frauen, will ich diesen Staat und diese Struktur erhalten oder will ich als Frau eine Macht, um diese Strukturen in diesem Staat zu verändern? Das ist die Frage, die ich an das Podium gerne stellen möchte.

Weiterer Diskussionsbeitrag aus dem Publikum:
Ich möchte gerne am gleichen Punkt weitermachen, weil mich auch die Schutzpolizistin fasziniert hat. Wie ist es bei den Arbeitsplätzen bei der Bundeswehr, setzen Sie sich auch dafür ein? Ich habe einen ganz anderen Machtbegriff für mich, ich möchte Macht für mich und daß niemand anders Macht über mich habe. Das heißt konkret, ich leiste Widerstand da, wo Frauenmacht, die sich halten und entwickeln kann, eingeschränkt wird. Ganz konkret für mich ist die Raketenstationierung: Viele Frauen haben Widerstand geleistet, was war das Ergebnis? Wir wurden am Schlawittchen gepackt, ich von einer Schutzpolizistin, die wollte mich auseinandernehmen, aber zum Glück war ich stärker. Die holte Verstärkung, und dann haben sie mich fertiggemacht. Die Fortsetzung ist, die Staatsanwaltschaft hat mir einen Brief geschrieben, ich möchte bitte kommen: Ich sagte, wie komme ich dazu? Nein, danke. Das nächste: Wenn Sie nicht kommen, dann . . . Inzwischen läuft die Fahndung.
Liebe Frauen: Wie schützen wir uns gegen Männergewalt? Wenn ihr euch an der Männermacht beteiligt, dann ist die Gesetzgebung, die gegen Frauen gerichtet ist, noch lang nicht außer Kraft.

Sabine Zurmühl:
Dazu würde ich gerne über eine Erfahrung aus der Frauenhausarbeit in Berlin berichten, wo immer z. B. von sehr großer Wichtigkeit war, mit was für Leuten aus der Polizei die Frauen zu tun hatten, die Anzeige erstatteten wegen Vergewaltigung oder versuchter Vergewaltigung. Ich kenne diese Diskussion und schätze sie hoch ein, weil sie eine bestimmte Form der ethischen Fragestellung an Berufstätigkeit beinhaltet, natürlich, aber ich finde auch, daß wir bedenken müssen, daß wir in der Frauenbewegung an vielen Punkten eigentlich händeringend gesucht haben nach persönlichen (z. B. Arbeitsamt) Verbündeten und bestimmten anderen Institutionen, denen vielleicht nicht mehr erklärt werden muß, warum Frauen an bestimmte Institutionen Ansprüche stellen und warum sie mit ihren Ansprüchen vielleicht Recht haben.

Mechthild Immenkötter:
Sie schneiden ein anderes Thema an. Ich wollte darstellen, wie man in vorhandenen Institutionen trotz der minimalen Kompetenzen etwas erreichen kann, welche Widerstände zu überwinden sind. Die Schutzpolizistin war da nur ein Beispiel unter dem Gesichtspunkt, wie mehr Ausbildungsplätze für Frauen zu schaffen sind. Natürlich haben wir uns auch um zusätzliche Ausbildungs- und Arbeitsplätze für Frauen in anderen Tätigkeitsbereichen bemüht. Es ist daher nicht sinnvoll, jetzt darüber zu diskutieren, ob Frauen Schutzpolizistin werden sollen oder nicht; und die Frage der Bundeswehr ist noch wieder ein völlig anderes Thema.
Solange wir so wenig politische Macht haben, scheint mir die Frage „Welche Macht wollen wir?" für uns Frauen auf doppelte Weise fatal. Erstens können wir es uns gar nicht leisten, so allgemein zu

fragen, weil das Bezweifeln eines so schier unerreichbaren Zieles keine anderen konkreten Wirkungen haben kann, als die ersten Schritte, die wir jetzt in Richtung Veränderung unternehmen, zu verunsichern.
Darüber hinaus jedoch halte ich die Frage in dieser abstrakten und zugespitzten Form, die ja impliziert, daß es auf sie eine eindeutige und allgemein verbindliche Antwort gibt, für verwerflich und für politisch gefährlich. Sie ist, und das möchte ich sehr deutlich sagen, ein Anzeichen für totalitäres Denken, für einen Absolutheitsanspruch, der vergißt, daß verschiedene Frauen sehr unterschiedliche Auffassungen über die Wege und selbst über die Ziele einer emanzipatorischen Frauenpolitik haben können. Dabei ist ganz und gar unbestritten, daß die Gesellschaft, in der wir leben, in allen und jedem ihrer Bereiche frauenfeindliche Gesetze und Strukturen aufweist, die unsere Rechte beschränken und uns einengen. Gerade weil alle Institutionen patriarchal infiziert sind, wäre ja totale Verweigerung die einzig saubere Lösung: ethisch begründbar und frau müßte sich nicht die Hände schmutzig machen. Totale Verweigerung bedeutet aber auch – und da sollten wir uns nichts vormachen – die tiefste Anerkennung der bestehenden Verhältnisse. Der Verzicht auf andere, sich einlassende Formen des Widerstandes, bedeutet auch Verzicht auf die allmähliche Durchsetzung der eigenen Ziele in kleineren Schritten. Der Verzicht auf Hoffnung setzt den Gegner genauso absolut wie die eigenen Wünsche. Da die Frage nach der Macht, die wir wollen sollen, daher zu nichts anderem führen kann als zu selbstzerstörerischen Auseinandersetzungen untereinander, sollten wir sie gar nicht stellen. Wir sollten uns lieber auf konkrete Machtkämpfe konzentrieren, die ja genügend Anlässe bieten, über den Wert und den Preis jeweils anzustrebender begrenzter Machtchancen zu diskutieren.

Gudrun Weyel:
Die Frage „Welche Macht wollen wir?" ist sicherlich der Kern der Geschichte, und ich glaube, die erste Stufe ist: Wir wollen über uns selbst verfügen, über uns selbst bestimmen können. Um das zu können, müssen wir Unabhängigkeit gewinnen, Unabhängigkeit von anderen Mitmenschen, Unabhängigkeit aber auch vor allem im wirtschaftlichen Bereich. Ich denke, das ist eine Situation, die ganz konkret zur Zeit viele Frauen betrifft, die nämlich diesen ersten Schritt zur Selbstbestimmung und zur Unabhängigkeit nicht machen können, weil sie keine Möglichkeit bekommen, überhaupt sich ausbilden zu können. Deswegen nützt es gar nichts, darüber nachzudenken, was wir mit der Macht tun wollen, wenn wir sie institutionell in überwiegendem Maße haben. Wir müssen erst mal in dieser Situation an die einzelne Frau denken, der wir gegenseitig die Hilfe geben müssen, diesen ersten Schritt zu vollziehen, damit dann der zweite Schritt kommen kann, nämlich über die persönliche Unabhängigkeit, Selbständigkeit und Selbstverfügung hinaus den Schritt zu tun, in der Gesellschaft verfügen zu können.
Das ist die nächste Frage, und da habe ich allerdings noch für mich selbst Probleme: Wird eigentlich eine Gesellschaft, die in der Mehrheit von Frauen gestaltet wird, wirklich so entscheidend anders aussehen als die von Männern?
Ich möchte noch einmal ansprechen: Wir sind hier im Podium in der Zusammensetzung kein Spiegelbild der bundesrepublikanischen Gesellschaft, und von daher kann leicht ein Eindruck entstehen, der mit der Wirklichkeit nicht übereinstimmt. Das sollten wir uns klarmachen.

Waltraud Schoppe:
Was ich mir unter Macht vorstelle, habe ich vorhin schon gesagt; das hat etwas mit Inhalten zu tun. Und mir geht es darum, daß Frauen Macht kriegen, daß damit bestimmte Inhalte verbunden sind, nämlich antreten gegen eine Politik, die ausge-

richtet ist auf Ellbogen- und Eroberungsmentalität. Eine Politik, die Umwelt zerstört, eine Politik, die dazu führt, daß aufgerüstet worden ist, und eine Politik, die weiterhin fortschreibt, daß Frauen und Kinder unterdrückt werden. Das ist ein ganz weites Ziel, das ich mir gesteckt habe. Um dahin zu kommen, möchte ich zunächst mal, daß Frauen teilhaben an bestimmten gesellschaftlichen Bereichen, von denen sie jetzt noch in großer Zahl ausgeschlossen sind. Wenn ich vorne stehe, dann habe ich es immer als große Unverschämtheit empfunden, daß – obwohl wir Frauen mehr als die Hälfte der Bevölkerung sind – nur 9,8 % = 51 Frauen von über 599 Abgeordneten anwesend sind. Ich fand es unerträglich, und wir haben es formuliert und gesagt: das nächste, was passieren muß: Der Bundestag muß zuerst einmal paritätisch besetzt werden. Ich finde das völlig logisch. Wir Frauen können nicht sagen, wir sind in den Parteien nur 30 % – bei uns in der Partei sind fast 40 % Frauen – und deshalb können wir nicht 50 % der Plätze besetzen. Trotzdem müssen die Listen paritätisch besetzt werden, das ist der Anspruch, den wir über Parteien hinaus an uns stellen müssen, an alle Frauen aus allen Parteien. Die sollen sich mal dahinterklemmen und das durchsetzen. Das heißt nun nicht, daß alle Frauen, die im Bundestag sind, auch die Art von Politik oder den Gesellschaftsentwurf, den ich im Kopf habe, vertreten, aber ich möchte mal ausprobieren, was passiert, wenn 260 Frauen im Bundestag sitzen. Und das möchte ich auch in anderen Bereichen haben: Bei den Studentinnen haben wir 40 %. Wie sieht es bei den Professorinnen aus? 2,4 %! Da wird es immer weniger. Ich halte es nicht mehr aus.
Ich spüre bei vielen Frauen, daß sie Vorurteile haben gegen Frauen, die in Institutionen arbeiten, auch Frauen, die in Parteien arbeiten. Egal, wo wir Frauen aktiv sind, wir brauchen einen Vertrauensvorschuß. Jede Frau muß den Platz in der Gesellschaft finden und wo sie für die Rechte der Frauen kämpfen will. Sie muß wählen können, in eine Partei reinzugehen oder sich z. B. von einem Raketenstationierungsort wegtragen zu lassen. Im Moment können die Frauen nicht wählen. Sie können nicht wählen, welchen Beruf sie haben wollen oder ob sie Mutter werden wollen oder nicht. Frauen werden immer irgendwo hingeschoben. Was zunächst zu erreichen ansteht, ist die selbstverständliche Teilnahme der Frauen an verschiedenen Bereichen der Gesellschaft. Darum geht es mir.

Beitrag aus dem Publikum:
Was ich nicht verstehe: daß hier selbstverständlich davon ausgegangen wird, daß die ganze Machtteilhabe auf jeden Fall eine ist, die systemimmanent arbeitet. Das geht mir irgendwo nicht ein. Schön und gut, wir haben hier Frauen aus Parteien sitzen, wir haben hier alle eine Menge über Geschichte gehört und über Frauengeschichte, und ich verstehe nicht, wieso man sich damit nicht auseinandersetzt, ob es vielleicht nicht eine Gefahr ist, nur systemimmanent zu arbeiten, und ob das System, was ein Patriarchat ist, nicht von außen zu verändern ist, ob es zu stürzen ist. Es geht auch darum, daß ich mich prinzipiell nicht als „wir Frauen“ verstehe, wie das hier gesagt wird. Es geht mir darum, wenn viele Frauen im Bundestag sind, daß sie ihre Position immer noch ergattern über eine Männerbestimmung, was für mich heißt, daß Frauen, die mein Geschlecht haben, nicht unbedingt dasselbe wollen, wie ich. Insofern kann ich auch nicht sagen: Ich möchte teilhaben an der Macht.

Sabine Zurmühl:
Ich reflektiere diese Position. Ich denke, daß es wichtig ist, daß diese Frage wieder gestellt und diskutiert wird. Wie wollen wir uns in die patriarchalen Institutionen hineinbegeben, um Veränderungen zu versuchen? Oder ist es nicht besser, total außerhalb zu bleiben? Ich denke nur, daß die Position, die ihr vertreten wollt, nämlich außerhalb zu bleiben, eine radikale Ohnmachtsposition ist, mit einer radika-

len Omnipotenzphilosophie, d.h. Ohnmacht, die sich selber der Möglichkeiten beschneidet, Einfluß zu nehmen, die sich nährt und bestätigt aus der Phantasie, daß man mal alles ganz und gar radikal verändern könnte, was man aber leider nicht kann, und ich denke, daß es in diesem Jahrhundert und gerade von Frauen eine totale Wende der patriarchalen Gesellschaft überhaupt nicht gibt: Es sei denn, man wartet darauf, bis die Männer soweit sind, nicht nur einzelne Positionen, sondern das einzelne Schiff zu verlassen, damit die Ratten es dann übernehmen könnten. Die Männer werden uns den Gefallen nicht tun. Wir müssen es schon selber machen.

Beitrag aus dem Publikum:
Es ist lustig zu sehen, daß die Parteien in allen Ländern die gleichen Sachen sagen. Wenn man sagt, man muß die patriarchalische Macht in den Parteien mitmachen, um Dinge zu ändern, dann ist das das gleiche, wenn man sagen wollte, wir müssen alle heiraten, um die Familie von innen zu ändern.

Sabine Zurmühl:
Ich möchte gerne eine kleine Anmerkung machen zu der „Drinnen-Draußen-Position". Solange es so ist, daß wenn Frau Immenkötter das Beispiel vom Innenminister sagt, „wenn wir beide allein auf Streife fahren..." und der ganze Saal hier lacht, solange sind wir noch so drin, daß wir von dem Draußen keine Ahnung haben.

Beitrag aus dem Publikum:
Eine französische Feministin hat einmal zu Beginn des 19. Jahrhunderts die Frage gestellt, warum eigentlich alle Frauen, die früher zur Macht gekommen sind, die Leiden ihres Geschlechts vergessen haben, wie sie sagte. Und sie beantwortete diese Frage damit, daß der Geist dieser Frauen von Männermaximen getränkt worden sei, von Kindesbeinen an, und in dem Moment, wo sie die Macht hatten, auch wie Männer regiert hätten. Das muß nicht so sein, aber, das ist ein ganz großes Problem, wenn Frauen auf dem Weg zur Macht vergessen, für welche Macht sie kämpfen. Auch ich denke, daß Macht für Frauen nur bedeuten kann, eine solche Gesellschaft anzustreben, in der Frauen frei und selbstbestimmt leben können. Unter den herrschenden Strukturen geht das nicht. Und ob wir in Institutionen gehen oder nicht, für mich bleibt das nicht das wichtigste, daß es Frauen sind, weil es Frauen gibt, die für herrschende Institutionen sprechen und eintreten, sondern für mich ist es wichtig, daß es Frauen gibt, die sich für die Frauenbewegung und eine Veränderung der gesellschaftlichen Verhältnisse von Frauen einsetzen.

Beitrag aus dem Publikum:
Ich denke eine ganze Zeit schon darüber nach, warum ich die Diskussion eigentlich etwas langweilig finde, und ich glaube, das hängt vielleicht mit der Langeweile zusammen, die irgendwie um diese Machtaura geht. Dann denke ich, kommt das wieder dahin, weil vielleicht mein Begriff von Macht anders ist als der hier entwickelte. Ich will es mal polemisch sagen: Warum sprechen Frauen in dieser Art über Macht? Andererseits kommt mir das so vor, als wenn man die Kerze setzt gegen so ein Riesenflutlicht über dem Stadion; wenn wir unser Zentrum ein wenig erhellen, brennen können, Ressourcen haben, dann haben wir schon ein kleines bißchen Macht und so über unsere personalen und kommunikativen Netzwerke, kommen wir dann irgendwann mal nach oben und können was erreichen. Ich glaube, daß es doch wichtiger wäre, präziser über die Macht zu sprechen. Ich habe Frau Immenkötter in dem Sinne verstanden, daß sie berichtet hat, an welchen Ecken sie immer wieder Machtlosigkeit erlebt, und dann imstande ist, Einfluß einzusetzen durch geschickte persönliche Strategien. Ich fand das auch sehr spannend, bloß ist das für mich nicht Teilhabe an der Macht, und auch die Diskussion, die wir vorhin hat-

ten, das Sich-wegtragen-Lassen etc. Es ist für mich ein sehr großer Unterschied zwischen Politikermacht, wenn ich bestimme, was in meinem Gemeinwesen passiert, wenn ich im Stande bin, Definitionen zu setzen, und sei es im Kleinen, daß es Patrouillen von Polizistinnen gebe, die sich darum kümmern, daß in meiner Stadt Münster auf der Promenade nachts keine Frauen mehr vergewaltigt werden, und daß sich Frauen z. B. durch Selbstverteidigung wehren können. Diese Macht setzt auch eine politische Frauenbewegung voraus. Alle diese Dinge können wir eigentlich erst diskutieren, wenn wir Macht nicht mehr als irgendwelche Einflüsse begreifen, die wir natürlich auch bringen sollten, sondern Macht sehr wohl in der politischen Struktur sehen, wo wir uns noch sehr genau überlegen sollen, welche Positionen wir auch besetzen wollen. Gerade wenn wir z. B. anti-militaristisch denken, müssen wir überlegen, wie wir diese Positionen anderen Frauen weitergeben können und welche Inhalte und Positionen wir vertreten können und welche nicht.
Das erfordert einen Globalüberblick. Ich kann eigentlich im Moment nur Beispiele bringen. Ich denke, das ist die Position, wo wir imstande sind, in der Organisation von Fraueninteressen auch relativ selbständig was zu machen. Gleichstellungsstellen kommen mir z. B. sinnvoll vor, z. B. auch Mädchenarbeit.

Mechthild Immenkötter:
Zunächst – unser aller Geist ist durchtränkt von der Männerkultur; das trifft ebenso auf die zu, die „drin" sind, wie auf die, die „draußen" sind, davon kann sich keine von uns freimachen. Alles andere ist eine Illusion. Es geht darum, daß wir es uns bewußt machen und daß wir unsere unterschiedlichen Erfahrungen darüber austauschen, weil man nämlich in unterschiedlichen Situationen auch unterschiedliche Dinge erlebt und erkennt. Mir ging es auch nicht darum zu zeigen, wie man diese und jene Tricks gebraucht. Es ging mir vielmehr darum zu zeigen, wie der Alltag aussieht, wie banal dies häufig alles abläuft und wie mühsam jede kleine Veränderung durchzusetzen ist. Dies gilt übrigens nicht nur für den Bereich der Frauenpolitik. Wenn man sich zum Beispiel die Entwicklung der Umweltbewegung oder der Friedensbewegung ansieht, so erkennt man, wie viele Jahre, wieviel Engagement und Kleinarbeit dort eingebracht werden mußten, bis die politische Öffentlichkeit überhaupt davon Notiz nahm, sie ernst nahm und bis von einer wirklichen Bewegung gesprochen werden konnte. Und wenn man nun die Frauenbewegung damit vergleicht, so müssen wir doch realisieren, daß diese eine solche breite Öffentlichkeit noch nicht für sich hat gewinnen können. Und wir wissen alle, wenn man etwas verändern will, muß man stärker sein als diejenigen, die alles beim Alten lassen wollen.
Auf diesem Hintergrund können wir Veränderungen nur bewirken, wenn wir alle Möglichkeiten einbeziehen, und dazu gehören auch die Institutionen, in denen unsere Realität gestaltet wird. Und wenn wir nicht in wirklich breiter Front diesen mühsamen Weg gehen, fürchte ich, werden wir nicht einmal das, was wir bisher erreicht haben, halten können.

Beitrag aus dem Publikum:
Ich wollte vorhin nicht gegen die Macht von Frauen reden, sondern ich bin für Frauen in Machtpositionen. Aber ich denke, Frauen haben einen zu fahrlässigen und zu leichtsinnigen Umgang mit Macht. Und ich diskutiere dies als eine Frau, die Funktionen besessen hat, und zwar im Juso-Bundesvorstand, die gesagt hat, ich will diese Strukturen an einer solchen Stelle nicht mehr. Und ich bedauere heute, daß ich nicht genug getan habe für meine Begriffe, daß ich auch von meinem feministischen Anspruch her zu wenig getan habe, wie bestimmte Arbeiten, Funktionen, Diskussionen hätten abgesichert werden können.
Und ich sehe: Eine Frau verläßt eine Funktion, und sie guckt nicht mehr hinter

sich her: Wer folgt? Ich möchte schon gerne von dir, Waltraud, wissen, was du heute machst und wie du heute mit Macht umgehst und ob durch das Verlassen der Funktion für dich heute die Macht weg ist. Ich denke, daß Frauen, die feministisch denken, nicht verzichten dürfen in einer Funktion, und nach ihrem Ausscheiden mindestens zwei Frauen fragen müßten, die gleich wieder nachrücken. Solange wir das nicht haben, darf keine Frau aus einer Funktion hinausgehen. Keine Feministin nirgends.

Eine Frage, wie Frauen und Macht, wie Frauen mit Politik umgehen, z. B. haben Frauen, die ich bewundere, eine sehr schlechte Perspektive gehabt. Ich bewundere Claire de Man, eine französische Frühsozialistin, ich bewundere Frauen wie Anita Augspurg und Lida Gustava Heymann. Und wenn ich mir nun vorstelle, ich bewundere sie wegen ihres Mutes und ihrer Phantasie. Und immer wieder das Prinzip des politischen Wiederauferstehens nach Niederlagen. Die Bewunderung geht nicht weg, aber es beunruhigt mich sehr, daß diese Frauen alle durch Selbstmord geendet haben. Und ich frage mich, ihr politisches Leben und ihr privates Leben, das war eins und ich möchte auch gerne wissen, wie Frauen diese Macht, diese Politik und den nicht stattfindenden Selbstmord auf die Reihe kriegen. Für mich ist der Selbstmord in der Politik eine Reaktion von Frauen heute, und ich möchte, daß das alles nicht mehr geschieht.

Waltraud Schoppe:

Ich denke, daß ich in der Bundestagsfraktion eine Position gehabt habe, aber ich denke nicht, daß ich Macht gehabt habe. Das sagt mein Gefühl. Als ich rotiert war, am Abend unseres Rotationsfestes, hat mich ein Journalist interviewt. Zum Schluß fragte er, was ich falsch gemacht habe, und ehe ich überhaupt denken konnte, kam folgender Satz heraus: „Ich denke, ich bin nicht frech genug gewesen.“ Dann dachte ich, was hast du nun gesagt. Aber es war richtig, das zu sagen, denn das war genau das Gefühl hinterher. Ich will auch darauf hinweisen, daß es Gefahren gibt in diesen Institutionen. Wir haben bei der Rotation nicht darauf bestanden, wenigstens so viele grüne Frauen, wie in den ersten zwei Jahren im Bundestag waren, in den folgenden zwei Jahren zu belassen. Nach der Rotation sind weniger grüne Frauen im Bundesparlament, weil wir nicht gegen die Rotation aufgemuckt haben und uns der Parteiräson unterworfen haben.

Das Andere ist: Neulich haben wir eine Erklärung zum 8. Mai verfassen wollen. Ein Entwurf wurde vorgelegt. Wir haben ihn gelesen und fanden ihn an manchen Stellen gut und an manchen schlecht und haben festgestellt, irgendetwas fehlt daran. Es wurde nicht über Frauen im Faschismus geredet. Wir haben ein kurzes Papier verfaßt über Frauen und Faschismus. Wir kritisierten die schlimmste Form des Patriarchats, den Faschismus. Dies Papier haben wir in der Fraktion mit den Männern diskutiert. Wir stellten fest: Die Männer haben über die Rolle der Frauen im Faschismus wenig nachgedacht.

Ich habe sehr oft das Gefühl, in der Institution, in der ich arbeite, ist es eigentlich unpassend, über Frauen zu reden. Ich muß es ganz ehrlich sagen, das Gefühl ist stark. Es wirkt unpassend, etwas über Feminismus zu sagen im Bundestag, weil es in diese Institution nicht reinpassen soll. Wenn offiziell Frauenfragen angesagt werden aufgrund eines Beschlusses, dann bleibt es dennoch zwanghaft. Es äußern sich alle, Vogel steigt in die Diskussion ein, Geißler natürlich auch, nur Frauenfreunde im Bundestag, wenn außerhalb der Reihe zu Frauen was gesagt wird, dann wirkt es immer gleich unpassend. Die Frauenfrage muß selbstverständlich mitgedacht werden, d. h. diese Strukturen mit den Inhalten aufbrechen zu wollen.

Neulich fand ich im Fahrstuhl einen kranken Mann vor. Der stand in der Ecke und guckte starr, und ich dachte, das ist mal wieder typisch: ich grüße, der grüßt

nicht, aber das ist hier ja so üblich. Vor mir war ein Mann aus unserer Fraktion in den Fahrstuhl reingegangen. Wir unterhielten uns, fuhren bis zum vierten Stock. Der Mann von uns stürzte gleich raus aus dem Fahrstuhl, und ich ging raus, aber dann wieder rein und sagte zu dem Mann in der Ecke: „Fehlt Ihnen was?“ Er antwortete nicht, und da merkte ich, dem fehlt was. Erst einmal typisch ist, daß der Mann aus der Fraktion daran vorbeigerast ist und daß mir das aufgefallen ist, daß etwas nicht stimmt. Wir haben einen Rettungswagen angerufen und mit Spritzen kam der Kranke wieder auf die Beine. Nur als ich abends im Bett lag, hatte ich das Bild von dem Mann vor Augen. Ich wußte, dieser Mann war krank, dennoch war er in der Erinnerung für mich bedrohlich. Mir sind dabei ganz andere Geschichten eingefallen. Wir hatten Besuch, ich wollte irgendwo hin. Der Besuch nahm mich mit und faßte mich während der Fahrt an mein Knie.
Oder, ich wurde aus der Tanzstunde nach Hause gebracht und plötzlich stieß mich der angenehme Tanzpartner in die Hekke und versuchte, sich über mich zu werfen. Solche Sachen sind mir eingefallen. Ich kämpfe gegen Herrschaftsverhältnisse, die uns zu Unterlegenen machen, die unsere Intellektualität und unsere Sinnlichkeit besetzen. Das will ich ändern und deshalb will ich, daß wir uns wehren, wo wir können.

Beitrag aus dem Publikum:
Ich wollte dazu etwas erwidern, daß Frauen in gehobenen Positionen vereinnahmt werden, sozialisiert werden und sich anpassen und dann für uns nicht mehr interessant sind, weil diese Frauen vom männlichen System vereinnahmt worden sind. Es gibt m. E. eine sehr wichtige soziologische Theorie, nämlich die Theorie von den Pionierinnen: daß immer dann in Spitzenpositionen nur einzelne Frauen dort sitzen, die dem männlichen Druck nicht gewachsen sind und sich angepaßt verhalten müssen. Auch wenn die zweite Generation nachwächst und weibliche Vorbilder vorfindet, dann mehr Frauen sich an den anderen orientieren können bzw. sich von ihnen abwenden können, aber ein Muster von Frau vor sich haben und stärker zu sich selbst findet als Frau. Und in der zweiten Generation haben Frauen in Berufen mehr Eigenständigkeit gezeigt und mehr Distanz zu den männlichen Rollenerwartungen. Deshalb sage ich, Quantität schlägt irgendwann in einer Phase in Qualität um. Und des weiteren müssen wir Frauen unterstützen in Spitzenpositionen, damit wir Vorbilder haben und eines Tages mit noch mehr Frauen kommen können und sagen, jetzt bestimmen wir aber auch, wie wir diese Rollen ausfüllen, und passen uns nicht mehr an. Das ist sehr wichtig für unser eigenes Leben, denn was wollen wir als Wissenschaftlerinnen? Wir wollen doch auch mal eine Berufstätigkeit haben, wir wollen aber doch auch nicht, daß irgendwelche anderen Menschen über uns stehen und sagen, was wir tun müssen, sondern ich will es selbst bestimmen und mitbestimmen als Frau.
Und deshalb bitte nicht diese Konkurrenz unter Frauen, diese Aggressionen, dieses Mißtrauen, was auf diesem Kongreß m. E. spürbar war bei den Vorträgen, dieses Schwelende, was hier herrscht, dieses Mißtrauen, wenn diese Frau nicht die gleiche Absicht hat, nicht aus dem gleichen Stall kommt, aus irgendeiner bestimmten autonomen Gruppierung, lehne ich sie ab, weil sie unsere Sache verrät. Laßt uns mehr zusammenarbeiten. Wir brauchen uns alle gegenseitig. Ob Frauen in den Parteien, ob Frauen in der autonomen Frauenbewegung, wir müssen lernen, tolerant zu sein, lernen, daß Frauen auch verschiedenartige Positionen haben, nämlich wie vorhin gesagt wurde, die Frauen in den Institutionen, aber auch die Frauen, die gesagt haben, auch ein System aus sich heraus zu verändern und daß Frauen und Männer, also eine Gesellschaft mit verschiedenen Positionen, dann mehr Freiheit und Gerechtigkeit mit sich bringen wird.

Beitrag aus dem Publikum:
Waltraud hat vorhin gesagt, sie hätte nicht das Gefühl gehabt, Macht zu haben, als sie im Bundestag war. Ich denke, Bescheidenheit in Ehren, daß Waltraud eine sehr entscheidende Macht gehabt hat. Immer wenn sie das Gefühl gehabt hat, es ist unpassend über Frauen zu reden, aber nachdem einmal vor dem Bundestag von der Frage der fahrlässigen Penetration in der Familie, im Ehebett, die Rede war, dann ist das einfach passiert, dann sind auch Normen verändert worden. Sie sind noch nicht selbstverständlich, aber es sind die Regeln, es sind die Strukturen, die Spielregeln, die ein bißchen verrückt und verändert worden sind.
Es schickt sich zwar immer noch nicht, die Reaktion ist immer noch Gelächter, aber es werden andere kommen, und es wird langsam dazu kommen, daß die Angelegenheiten von Frauen eben dann auch in diese Gremien hineinpassen.
Und dann noch eine andere Bemerkung: Mir ist eingefallen, daß vor kurzem auf einer relativ hochkarätigen Konferenz, auf der auch eine Politikerrunde angesetzt war, ein Abgeordneter der Grünen anwesend war und wie es wirklich faszinierend war zu beobachten, wie die anderen Männer mit diesem Mann umgegangen sind. Sie sind nämlich mit ihm umgegangen wie mit einer Frau. Sie haben ihn nicht ernst genommen, sie haben ihn aufgezogen, sie haben ihn provoziert, sie haben gelacht, sie waren höflich, sie haben ihn wirklich wie eine Frau behandelt. Also ich denke, daß dieses Verhalten des Nichternstnehmens, des Goutierens, was er gesagt hat – er war brillant –, daß das jedenfalls nicht nur partiell mit dem Geschlecht zu tun hat, daß das aber sehr wohl was damit zu tun hat, wer die Macht hat. Dieser Mann hatte keine Macht. Die anderen waren Vertreter der CDU, CSU, SPD, FDP. Sie hatten Macht und werden anders aufgenommen. Und jetzt noch ein Bindeglied dazu, daß nämlich in dem Moment, als alle Frauen aus allen Parteien zum ersten mal bei der Abwehr der Streichung der Finanzierung des § 218 auf gesetzlicher Basis zusammengearbeitet haben. Ich denke, daß zum ersten mal die Frauen in diesem Gremium wirklich ernstgenommen worden sind. Das heißt, daß in dem Moment, wo sie zusammenstehen, eine Macht haben, sich auch die Strukturen verändern könnten.

Beitrag aus dem Publikum:
Ich finde, daß inzwischen durch die Wörter „Macht“ und „Umgang mit Macht“ in mir die Assoziation erweckt wird, wie es sonst Begriffe von Geschlechtskrankheiten haben. Das heißt, es ist eine Beschmutzung, die irgend etwas mit Lust und Verführung zu tun hat. Und das ist ganz interessant, weil ich überlege, daß es auch unter Umständen so etwas wie eine ganz dicke patriarchale Liebe sein könnte, daß der Umgang mit Macht oder die Berührung mit Macht notwendig beschmutzt und daß wir uns, gewohnt Opfer zu sein, sehr gerne damit abfinden, daß wir dann lieber in der Reinheit der Opferposition bleiben, um uns diese angebliche Beschmutzung zu ersparen.

Beitrag aus dem Publikum:
Ich möchte erst einmal sagen, daß ich Macht für alle Frauen fordere. Ich habe überhaupt nichts gegen Macht. Aber es gab hier so einen Ansatz der Diskussion, daß Macht vielleicht etwas Schlechtes sein könnte, und ich finde es auch ganz gut, wenn Frauen in Institutionen Macht haben, ich finde es noch besser unter bestimmten Bedingungen, daß sie sich wirklich einsetzen für Frauen.
Wenn ein Gebiet wie Bremen 15 % Arbeitslose hat, dann sind davon ¾ Frauen. Und dann fände ich es blendend, wenn sich alle Parteifrauen zusammentun und fordern, daß in nächster Zeit zuerst einmal Frauen eingestellt werden. Unter solchen ganz konkreten Vorstellungen finde ich Frauen in Institutionen und

Macht gut. Ich finde es aber überhaupt nicht gut, praktisch die institutionalisierte Macht gegen autonome Macht auszuspielen. Und das wird hier eigentlich die ganze Zeit gemacht.
Ich erlebe es so, deshalb möchte ich es auch so sagen. Ich bin nämlich der Meinung, daß trotzdem die Frage gestellt werden muß: Wollen wir diese Macht, die wir kennen, in der wir groß geworden sind, wollen wir genau an dieser Macht partizipieren, kann das das Ziel der Frauenbewegung sein? Ich finde, es gibt Kurz- und Langziele. Hier muß ich erst einmal existieren, hier habe ich ein Interesse, daß Frauen in Institutionen sich einsetzen für andere Frauen, denn wenn ich nichts zu essen habe, habe ich auch keine Kraft zu kämpfen. Aber wir haben als Frauenbewegung auch Langzeitziele. Und dann müssen wir diskutieren: Unter welchen Bedingungen, wie stellen wir uns die Macht vor? Das finde ich auch sehr sinnvoll. Aber es ist hier und heute und nicht allgemein zu diskutieren. Z. B. wie können wir Frauenprojekte machen, daß wir ökonomische und partiell politische Macht über unser Leben bekommen. Und da ist ein Beispiel, was mir so aufgefallen ist, auf diesem Treffen. Wenn z. B. ein Anliegen da ist, eine Zeitschrift zu machen für Frauen in der Geschichte, dann fände ich es eine unheimlich gute Sache. Es hätte eine Diskussion gegeben, allgemein und offen: Wollen wir die Zeitschrift, unter welchen Bedingungen können wir Frauenarbeitsplätze schaffen und wie soll in dieser Zeitschrift gearbeitet werden oder wollen wir ein anderes bürgerliches Käseblatt? Und das würde ich gerne diskutieren hier, weil ich meine, daß zur Macht auch ökonomische Macht und Selbständigkeit von Frauen gehört, und Frauen, die nur Ohnmacht erleben, können in der Regel nur Sklavinnenmentalität haben. Wenn ich in der Regel ohnmächtig bin, dann bin ich nicht kämpferisch und kämpfe für eine andere Gesellschaft, für eine andere Frauenmacht, für ein anderes selbstbewußtes bzw. selbstbestimmtes Leben.

Beitrag aus dem Publikum:
Ich habe ein bißchen Schwierigkeiten mit der Diskussion, z. B. ‚wenn wir in der Regel ohnmächtig sind'. Ich bin nie durchgängig ohnmächtig. Ich finde, da es mir zumindest persönlich nicht sonderlich hilft, sehr global über Macht zu reden, und ich würde den Vorschlag machen, daß wir das ein bißchen präzisieren und jeweils sagen, was wir genau darunter meinen – das zum ersten. Zum zweiten glaube ich, daß diese Veranstaltung ganz viel mit Macht, Ohnmacht, Ordnung, Unterordnung, Autonomie und Selbstverwaltung zu tun hat, weil es in einer gewissen Weise immer bequem ist zu hören, was ein Podium oder was besonders bekannte Frauen zu diesem tollen Thema „Macht und Ohnmacht" zu sagen haben, dazu eigene Assoziationen haben und es dann auf jeden Fall sehr viel bequemer ist, als in kleinen Gruppen und wirklichen Auseinandersetzungen mit anderen Frauen darüber zu reden, wie ich persönlich glaube und sie es persönlich glauben, über ihr ganz konkretes Leben in ganz konkreten Punkten mehr Autonomie zu gewinnen. Das interessiert mich ganz persönlich mehr, und ich denke, daß andere das möglicherweise auch noch mehr interessiert, und möchte den Vorschlag machen, daß alle, die das interessiert, das auch tatsächlich tun.
Das wichtigste, worauf es mir ankam, war, daß vielleicht noch einmal darüber nachgedacht wird, ob es in dieser Veranstaltungsform überhaupt sinnvoll ist, über Macht zu sprechen. Mir scheint es nicht sinnvoll und deshalb möchte ich es jetzt auch nicht mehr tun.

Gudrun Weyel:
Mir fällt auf, daß in dieser Diskussion wieder zwei sehr gegensätzliche Standpunkte vertreten werden, obwohl wahrscheinlich alle hier im Raum einig sind, daß wir den gleichen Anspruch in der Gesellschaft wie die Männer haben und daß wir den erreichen wollen. Nur die Wege sind unterschiedlich und die Vorstellungen, wie das gehen soll. Mir fällt das im-

mer wieder auf, gerade bei Frauen, die sehr aktiv sind, oder eine sehr große Sehnsucht danach haben, mehr Anteil an Entscheidungen zu erhalten. Das sind zunächst einmal sehr globale Vorstellungen, wie sie auch in einigen Beiträgen vorgekommen sind. Man müßte das ganze System verändern, man möchte das alles ganz anders haben und erst dann daran teilnehmen. Nur dazu fehlt mir die Angabe erstens: Wie kriegen wir das? Und zweitens: Wie soll dieses andere System eigentlich aussehen? Darüber müßte man sich genauer unterhalten. Und dann frage ich mich, welcher Weg erfolgversprechender ist. Waltraud Schoppe hat eben gesagt, sie möchte gern 50% Frauen im Bundestag haben. Das wollen wir auch. Aber wir müssen uns überlegen, wie wir dahin kommen. Es gibt die Möglichkeit zu sagen, wir gehen in kleinen Schritten und versuchen an der Stelle, wo wir sind, wo wir es können, zu verändern. Das erfordert Geduld und ist ein langer Weg, und wir hoffen, daß wir damit weiterkommen. Der andere Weg, den erlebe ich sehr oft: daß Frauen sich ungeheuer engagieren, dann den Frust erleben und nach zwei Jahren, kürzer oder länger, sagen: das mache ich nicht mehr mit, das tue ich mir nicht an, und schmeißen den Kram hin. Ich kann das voll verstehen, aber damit kommen wir nicht weiter. Das ist unser Problem.

Mechthild Immenkötter:
Ich hatte eigentlich gehofft, daß mittlerweile allen sehr viel stärker bewußt geworden wäre, wie sehr die verschiedensten Frauengruppen aufeinander angewiesen sind mit ihren unterschiedlichen Erfahrungen, Kompetenzen und Handlungsmöglichkeiten, wenn wir überhaupt eine Chance haben wollen, etwas in unserem Sinne zu verändern. Es geht eben nicht darum, wie manche immer noch zu glauben scheinen, daß wir nur unsere Forderungen aufstellen müssen – so wichtig natürlich auch unsere Inhalte sind –, und dann wäre schon die entscheidende Arbeit getan. Zur Durchsetzung unserer Forderung ist es dann aber noch ein weiter Weg. Es geht nicht um große Gefühle, nicht um Alles oder Nichts, sondern um das Banale aber sehr harte Alltagsgeschäft. Häufig werden unsere Forderungen nicht einmal wahrgenommen. Ich erfahre auch immer wieder das, was Waltraud Schoppe gesagt hat, daß es irgendwie unpassend ist, wenn man das Frauenthema anschneidet. Man trifft auf Erstaunen, Abwehr, schlichtes Leugnen des Problems. Und es ist dann häufig schwierig, das Anliegen überhaupt deutlich zu machen, z. B. wenn Auswirkungen einer Maßnahme in der Zukunft zur Debatte stehen. Dann wird erwartet, daß z. B. eine behauptete Benachteiligung von Frauen, über die wir uns schon lange einig sind, überhaupt erst einmal bewiesen wird. Tatsache ist, daß ein Problem für viele erst dann existent ist und damit akzeptiert wird, wenn es zum Gegenstand einer breiten öffentlichen Debatte geworden ist.
Und solange dies so ist, halte ich es für eines unserer wichtigsten Themen, wie wir eine gemeinsame Basis schaffen, die so stark ist, daß unsere Forderungen aus dieser Verschwörung des Verschweigens und des Negierens herausgeholt werden. Ich habe manchmal den Eindruck, daß auch jetzt noch jede Frauengeneration meint, von Neuem anfangen zu müssen, und hofft, von den Schwierigkeiten, über die die Älteren zu berichten wissen, verschont zu werden, so daß sie ihre Erfahrungen wieder neu machen müssen. Ich glaube daher, daß wir uns langsam mit der Frage beschäftigen müssen, wie wir gemeinsam Solidarität schaffen und eine gemeinsame Geschichte, aus der wir lernen und auf der wir aufbauen können. Manche Erfahrungen aus der Entwicklung der Arbeiterbewegung könnten uns dazu sicherlich helfen.
Erst wenn wir das erreicht haben, werden wir wirklich von Frauen und Macht sprechen können.

I. Frauen in der Antike

Das Mädchen von Mantineia

Edith Specht

Zur Mädcheninitiation im alten Griechenland

Vorbemerkung

Nach Mircea Eliade bedeutet Initiation „eine Gesamtheit von Riten und mündlichen Belehrungen, die die grundlegende Änderung des religiösen und sozialen Lebens des vor der Einweihung Stehenden zum Ziele haben. Philosophisch ausgedrückt entspricht die Initiation einer ontologischen Änderung der Strukturformen des Daseins. Am Ende seiner Prüfungen sieht sich der Neophyt in einer ganz anderen Seinsweise als vor der Initiation: er ist ein Anderer geworden"[1].

Der Zustand, in dem sich ein Jugendlicher während des Überganges vom Kind zum Erwachsenen befindet, wird in zahlreichen Stammeskulturen als ein überaus kritischer empfunden. Zudem gilt er als der bedeutendste Entwicklungsschritt im Leben eines Menschen. Die Entwicklung eines Menschen und sein Heranreifen zum Erwachsenen wird keineswegs als Selbstverständlichkeit gesehen, selbst wenn die normale Pflege und Ernährung gewährleistet ist. Vielmehr besteht eine Angst, daß das Heranwachsen der jüngeren Generation, das Erwachsenwerden der jungen Leute scheitern kann und gefährdet ist, solange die Gesellschaft keine wirksamen Maßnahmen für das Gelingen trifft. Dies sind Hilfestellungen durch Magie und Ritual, die deshalb auch in der Initiation große Bedeutung haben. Die „rites de passage", die für Leute in Übergangssituationen, wie dies die Pubertät ist, vorgenommen werden, sind wichtige Garanten für die rechte Entwicklung zum Erwachsenen, zum vollgültigen Mitglied der Gruppe.[2] Solche Vorstellungen, die wir aus den Stammeskulturen kennen, sind aber noch wirksam, wenn sich eine Gesellschaft längst zur Trägerin einer Hochkultur entwickelt hat, wie dies bei den Griechen der archaischen und klassischen Zeit der Fall war. Bloß „je differenzierter eine Gesellschaft sich entwickelt, desto vielfältiger werden die Aufgaben, die die neue Generation zu erlernen und zu bewältigen hat, womit sich die Initiationsriten in ein differenzierteres Erziehungssystem verwandeln"[3]. Der Grundgedanke dabei bleibt aber unverändert.

Das Ritual

Für ein Initiationsritual, wie es aus zahlreichen Stammeskulturen bekannt ist, sind bestimmte Vorgänge charakteristisch. Die Initiationen werden für Mädchen und Knaben getrennt, häufig aber zum gleichen Zeitpunkt durchgeführt.[4] Die Jugendlichen werden zur Initiation bei oder kurz vor dem Eintritt der Geschlechtsreife ihren Familien entzogen, sie gehen in *Seklusion.* Während dieser Zeit erfolgt eine *Einweihung und Einweisung* durch geeignete ältere Personen des gleichen Geschlechts. Diese Belehrung umfaßt die Regeln für das Zusammenleben in der Gemeinschaft, das Wissen um Mythen und Kulte, die Kenntnis der Festrituale, vor allem der Tänze, Gesänge und Dichtungen, sowie das Wissen um magische Praktiken. Bei diesen Unterweisungen geht es aber nicht darum, daß diese Dinge erst erlernt werden, denn die jungen Leute wissen in der Regel längst Bescheid, sondern vielmehr darum, daß sie die *richtige Einstellung* dazu erlernen. Als erwachsener, vollinitiierter Mensch muß man die „richtige" Einstellung zu allen Dingen des Lebens haben, muß man den „richtigen" Sinn der Riten, Mythen und Gebräuche verstehen können – dies ermöglicht aber erst die Initiation.[5]

Geheimnisvolle Praktiken und oft harte und schreckerregende Bewährungsproben gehören zum Ritual. Die Initianden erleiden zumeist einen symbolischen Tod, von dem sie als Neue, als ganz Andere wiedergeboren werden. Als äußeres Zeichen für diese Wiedergeburt erhalten sie auch eine *neue Kleidung.*

Nach dem Ritual werden die Initiierten *feierlich in die Gemeinschaft zurückgeführt,* der sie nun als vollwertige Mitglieder angehören; der Erfolg der Initiation wird öffentlich kundgemacht. Den Abschluß bildet zumeist eine ausgiebige Schmauserei, in Stammesgesellschaften erfolgt überdies in der Regel die Hochzeit unmittelbar nach der Initiation, da die jungen Leute durch sie ja ihre volle Ehefähigkeit erreicht haben. Es dient daher die Initiation vorzüglich auch der Einführung in das Geschlechtsleben. Für Mädchen ist dies gleichbedeutend mit der Vorbereitung auf ihre künftige Aufgabe als Produzentin legitimen Nachwuchses. Die weibliche Fruchtbarkeit steht somit im Mittelpunkt weiblicher Initiationsrituale; die Menarche, der Zeitpunkt, zu dem diese im allgemeinen durchgeführt werden, zeigt den Beginn des weiblichen Reproduktionszyklus an. Da die Produktion des Nachwuchses eines der wichtigsten Anliegen früher Gesellschaften war, kann man ermessen, welch ungeheure Wichtigkeit die Fruchtbarkeit der Frauen hatte, die zudem auch mit der Nahrungsbereitung und Bekleidung betraut waren. Die Fruchtbarkeit all dessen, was mit Weiblichem in Verbindung stand, war für das Überleben und Fortleben des Stammes von wahrhaft lebensnotwendiger Bedeutung.[6]

Initiation bei den Griechen

In der Alten Geschichte ist der Begriff „Initiation" nicht sehr geläufig, er gehört nicht zu der üblichen Terminologie dieser Disziplin, sondern wird eher der Ethnologie und Anthropologie zugeordnet. Allerdings erkennt die Forschung in zunehmendem Maße, daß auch in den antiken Hochkulturen wie etwa der griechischen in archaischer und klassischer Zeit – und noch darüber hinaus –, alte stammesgesellschaftliche Praktiken, wie die Initation, einen festen Platz hatten.

So werden in Athen Mädchen aus vornehmem Haus – die Arrhephoren – vom Archon Basileus ausgewählt, um etwa acht Monate auf der Akropolis zu verbringen, wo sie verschiedenen Regeln unterworfen sind und bestimmte Aufgaben zu erfüllen haben. Die erste und wichtigste ist der feierliche Beginn der Webarbeiten an einem Gewand (Peplos) für Athene, gemeinsam mit der Priesterin der Athene. Weiters haben sie einen geheimnisvollen Gang zu einer unterirdischen Quelle zu absolvieren.[7] Das Ritual wurde schlüssig als alte Mädcheninitiation gedeutet. Die Tätigkeit am Webstuhl ist der „Einführung" in die Arbeit der Hausfrau (Spinnen und Weben, die ‚erga gynaikōn'), der Gang zur Quelle im „Garten der Aphrodite" als die Begegnung mit dem Eros, die „Einweihung" in die Aufgabe als künftige Produzentin des Nachwuchses zu verstehen.[8] Brelich hat in dem Bericht des Pausanias aus dem zweiten nachchristlichen Jahrhundert darüber noch die typischen Merkmale „primitiver" Vorstellungen in der polytheistischen Religion der Griechen zu jener Zeit gefunden: Der Platz der Seklusion ist in der Nähe eines Heiligtums (nicht mehr nur an einem „heiligen" oder „Tabu-Ort"); die Riten für die Sekludierten werden unter der Aufsicht von Priestern durchgeführt (nicht mehr von lediglich besonders erfahrenen Personen des gleichen Geschlechts); wenigstens ein Teil der Aktivitäten während der Seklusion wird bei einem großen Fest für die Gottheit der Allgemeinheit bekannt gemacht (der Peplos wird Athene bei den Panathenäen feierlich überreicht). Die ursprünglich sicherlich für alle Mädchen verbindliche Weihe wurde in historisch faßbarer Zeit nur mehr an besonders ausgewählten, vornehmen Repräsentantinnen stellvertretend durchgeführt.[9]

Riten für bestimmte Göttinnen lassen gleichfalls Spuren alter Initiationsbräuche erkennen, so etwa die im Mythos um das Fest der eleusinischen „Kornmutter" Demeter und deren Tochter Persephone (oder Kore). Die Verbindung zwischen agrarmagischen Riten und der weiblichen Fruchtbarkeit, die in ihrer Geschlechtsfunktion manifest wird, ist hier besonders deutlich zu erkennen.[10]

Artemis Kourotrophos

Die meisten der uns bekannten Initiationsrituale bei den Griechen standen aber unter der Schirmherrschaft der Göttin Artemis. In den ältesten Schichten griechischer Religionsvorstellungen wurde sie als die „Herrin der Tiere" verehrt, als die Göttin der Wildnis und der Jagd. Die Wurzeln ihrer Verehrung liegen somit im Ritual der paläolithischen Jäger.[11]

„Eine große weibliche Naturgottheit ward seit alter Zeit allenthalben in Griechenland verehrt. Man ehrte sie auf den Höhen der Berge, wie in der sumpfigen Thalniederung, in den rauschenden Wäldern, wie am murmelnden Quell. Ihr Wirken und Walten glaubte man überall zu erkennen, ihren gnadenreichen Segen in der sprossenden Wiese, der reifenden Halmfrucht, im Gedeihen alles Lebendigen auf der Erde, der wilden Tiere in Wald und Feld, der gezähmten, dem Menschen dienstbar gewordenen, und der menschlichen Jugend selber, vom Augenblicke ihrer Geburt an."

So lautet die sehr einfühlsame, beinahe hundert Jahre alte Beschreibung in der Realencyclopädie.[12] Die liebste Zeit war Artemis der Frühling, wenn die Natur noch jung und voll frischem Grün und Blumen ist. Da ihre Fürsorge allgemein dem Wachsen und Werden galt, war sie auch die Beschützerin der Jugend, sie war die „Kourotrophos", diejenige, die „die Jugend aufzieht". Als solche war es ihr ein Anliegen, als die zuständige Gottheit auch über die Initiation der Jugend zu wachen. In Athen opferten ihr die Knaben eine Haarlocke beim Fest der Apaturien, das von den lokalen Gemeinschaften, den Phratrien, alljährlich begangen wurde, und bei dem die Aufnahme der männlichen Athener in die Gemeinschaft der Polis stattfand. Das „Koureion" genannte Opfer war ursprünglich Teil einer Knabeninitiation gewesen.[13] In Sparta fanden in ihrem Heiligtum „in den Sümpfen" Initiationsriten für Knaben statt, denen die Priesterin der Artemis Orthia, mit dem Kultbild der Göttin in den Armen, beiwohnte. Auf diese Weise wurde die unmittelbare Teilnahme der Göttin am Ritual dokumentiert.[14] Unter Aufsicht der Artemis standen aber auch die Initiationsriten für Mädchen in Sparta, von denen uns wenigstens die Chorreigen noch überliefert sind.[15]

Wie der Bericht des Pausanias über Sparta zeigt, wurden noch im 2. Jh. n. Chr. Riten für die uralte Göttin der paläolithischen Jäger durchgeführt, die als Initiationsrituale verstanden werden und die der Jugend den Übergang ins Leben als Erwachsene ermöglichen sollten.

Im attischen Brauron wohnte die Artemis Brauronia in Gestalt einer Bärin den Initiationsriten der Mädchen bei, die anläßlich der „Arkteia" dort stattfanden.[16] Die alten Initiationsriten für Knaben, die im nahegelegenen Halai Araphenides stattfanden, wurden ihr als Artemis Tauropolos dargebracht.[17]

Artemis, als die ursprüngliche „Herrin der Tiere", wurde auch auf der Peloponnes vielfach verehrt, vor allem in Arkadien. Dort haben sich in den abgelegenen Gebirgsregionen zahlreiche Relikte der alten, vor-dorischen

Kultur erhalten, die sich im Dialekt und vor allem in den Religionsvorstellungen zeigen.[18]

Artemis oder Kore

Artemis, die Göttin, die keine Ehe einging, trug auch den für sie typischen Beinamen „Parthenos", d. h. Jung-Frau, unverheiratetes, geschlechtsreifes Mädchen, oder auch „Kore"-Mädchen.[19] So konnten sich die jungen Mädchen mit der Göttin identifizieren, wenn sie als „Parthenos" oder als „Kore" bei den Initiationsfeiern anläßlich ihrer Geschlechtsreife eine Rolle spielte. Die Geschlechtsreife war ja die Voraussetzung für die Erfüllung der künftigen Reproduktionspflichten als fruchtbare Ehefrau. Es war also durchaus möglich, daß, ähnlich wie bei den Arrhephoren in Athen, wo nur mehr zwei auserwählte Mädchen als Stellvertreterinnen die Riten für alle durchführten, in einem weiteren Schritt die Mädchenrituale an dem Mädchen „Kore" selbst, stellvertretend für die Mädchen der Gemeinde, durchgeführt wurden. Dies dürfte in dem Kult der Fall gewesen sein, der aus Mantineia in Arkadien bekannt wurde und im folgenden näher beleuchtet werden soll. Zunächst ist aber festzuhalten, daß „Kore", die als Tochter der Demeter bei den eleusinischen Riten erscheint, hier keine ursprüngliche Funktion hatte. Das „Kornmädchen" hatte im kargen, gebirgigen Arkadien keine Heimat, obgleich bereits im Altertum die Verwechslung zwischen der Kore von Mantineia und der von Eleusis geschehen ist. Möglicherweise war dies aber auch durch eine Entwicklung in den Kulttraditionen begründet, die dem alten Kult für Kore den der Korngöttin Demeter an die Seite gestellt hat, wodurch die Vermischung der beiden „Mädchen" erfolgt ist.[20] Der Kult aus Mantineia zeigt aber keine Verbindung zu den eleusinischen Mysterien, und auch von einer Mutter Demeter ist bei dieser Kore nirgends die Rede. Wir haben es hier demnach mit einer durchaus eigenständigen und alten Gottheit zu tun, für die das „Mädchenfest", die *„Koragien"*, mit großem Aufwand begangen wurde.[21]

Die Koragien von Mantineia

Zu den bisher aus literarischen Quellen erschlossenen Hinweisen auf Initiationsbräuche in Griechenland fügt sich ein weiterer, dessen Kenntnis wir der Epigraphik verdanken. Durch den Fund von zwei Inschriftenstelen wissen wir, daß in Mantineia in Arkadien ein hochoffizieller Kult abgehalten wurde, für den ein religiöser Verein, der der „Koragoi", verantwortlich war. Das Zentrum des Kultes, der Tempel der Kore, das *Koragion,* wurde von der

Stadt verwaltet, die Koragen waren (männliche) Bürger, und der Kult kann sozusagen als lokaler „Staatskult" bezeichnet werden.[22] Die beiden Inschriften, die 1874 gefunden wurden und heute verschollen sind, waren ursprünglich in dem Koragion aufgestellt gewesen.[23] Die für uns wichtige Ehreninschrift für eine Frau namens Nikippa wurde im Jahre 61/60 v. Chr. von dem Verein der Koragen gestiftet.[24]

Der Text der Inschrift lautet in der Übersetzung:

Zum guten Glück!

Da nun Nikippa, Tochter des Pasias, von wohlangesehenen Vorfahren stammt und sie selbst es übernahm, die Tugend ihrer Vorfahren fortzuführen, beachtete sie nicht nur das den Menschen, sondern auch das den Göttern Zukommende, in frommer Gesinnung und in Verehrung aller Götter. Kore aber verehrte sie zu jeder Zeit und feierte sie gemeinsam mit den jeweiligen Priestern, indem sie jedem von ihnen Mittel zur Verehrung und Schmückung der Göttin bereitwillig zur Verfügung stellte, ebenso auch im 85. Jahr im Monat Ogdoos[25], als das *Fest der Koragia* bevorstand, die *geheimen Mysterien der Göttin* in Kürze vollzogen werden sollten und die Priester die Ankündigung aussprachen, übernahm Nikippa unaufgefordert die Liturgie und tätigte den gesamten Aufwand ohne zu geizen und in großzügiger Weise, wie es sich gegenüber der Göttin und der Synodos gebührte; auch *führte sie den Festzug der Koragia* in hochansehnlicher und geziemender Weise durch und opferte der Göttn und erhielt für die Synodos günstige Zeichen, würdig ihrer selbst und der Synodos; zusätzlich gab sie noch für den dringenden Bedarf achtzig Drachmen, *spendete das Gewand der Göttin und beherbergte die geheimen Mysterien der Göttin* in gebührender Form, *nahm auch die Göttin in ihr eigenes Haus auf,* wie es für die jeweiligen Priester Brauch ist, ... Die Priester sollen Leute bestimmen, die die Abschrift dieses Beschlusses auf eine steinerne Stele aufschreiben und (diese) am vornehmsten Ort des Heiligtums aufstellen lassen; ebenso (sollen sie den Beschluß) auch auf die gemeinschaftliche Tafel (schreiben lassen). Bestimmt wurden: Alexinikos, Sohn des Alexon; Thyonidas, Sohn des Thyonidas... (weitere 6 Männernamen).

Die wesentlichen Aussagen der Inschrift für das Fest der Koragien lauten also:

a) die Göttin Kore wird in einem Privathaus aufgenommen;
b) es werden geheime Handlungen (Mysterien) vorgenommen;
c) am Festtag erhält die Kore ein neues Gewand (Peplos);
d) sie wird in einem Festzug in ihr Heiligtum zurückgebracht.

Das Mädchenfest von Mantineia enthält also in seiner Struktur alle wesentlichen Elemente einer Initiation[26], so daß die Möglichkeit besteht, auch hier den Rest alter Mädchenriten zu sehen. Der Aufenthalt im Hause des Priesters, das wohl in der Nähe des Tempels lag, ist die sonst übliche „Seklusion", ähnlich der Entwicklungsstufe der Arrhephorien in Athen. Hier wird die Ausnahme, daß das Haus der Nikippa als Aufenthaltsort diente, als bemerkenswert festgehalten. Über die „geheimen Mysterien" kann nichts weiter gesagt werden; ihr Inhalt ergibt sich aus dem Gesamtzusammenhang. Das neue Gewand ist als das Symbol des neuen Lebens zu verstehen, das aber gleichzeitig – wie der Peplos für Athene – auch ein Erfolgsnachweis der

Einweisung in die ‚erga gynaikōn' gewesen sein kann. Der Festzug dokumentiert das Interesse der Allgemeinheit an dem Ritual für Kore. Die Deutung dieses Rituals hat bislang beträchtliche Schwierigkeiten gemacht. Auch die jüngste Publikation bescheidet sich mit der Feststellung, daß „der Ursprung des Brauches . . . unklar" sei, allerdings wurde der Zusammenhang mit Vegetationsritus und Fruchtbarkeit wahrgenommen. Es hat die Beschränkung der Göttin, „deren Präsenz man für das Wachsen und Gedeihen in der Natur und auch für das Wohl der Stadt als erforderlich erachtete"[27], auf ihre Funktion als Vegetationsgöttin den Blick auf die eigentlichen Wurzeln des Rituals verstellt. Die Fruchtbarkeit, die die Kore den Mantineiern garantieren soll, lag auch in ihrer eigenen latenten Fruchtbarkeit – diese aber wird erst durch die Initiation anläßlich der Geschlechtsreife manifest und wirksam. Das Ritual für die Kore von Mantineia ist ein später Beleg für Initiationsbräuche in Griechenland.[28] Hier wird stellvertretend für die Mädchen der Gemeinde an der *allerwürdigsten Kore*[29], an der Göttin selbst, das Ritual vollzogen, das die Fruchtbarkeit der jungen Frau und in mystischem Zusammenhang der Vegetation, die Fruchtbarkeit insgesamt, ermöglichen soll. So wie die Fruchtbarkeit der Vegetation im Frühling durch das frisch sprossende Grün deutlich wird, so wird die Fruchtbarkeit der Frau durch den Beginn ihrer Reproduktionsphase manifest. Die hier natürlich nur symbolisch gedachte Menarche der Kore ist der Anlaß für Initiationsriten, die in der der Artemis so besonders lieben Frühlingszeit stattfinden.

Die große Bedeutung, die das alles für die Gemeinde hatte, zeigt sich darin, daß dieser Kult offiziell von einem Kultverein und der Stadt getragen wird. Sicherlich ist auch das als Schritt in einer Entwicklung zu sehen, die die alte ursprüngliche Funktion des Ritus stark verändert hat. Die Tatsache, daß es Männer waren, die diesen Mädchenkult verwalteten, ist wohl eine späte Erscheinung, macht aber in besonderem Maß seine Bedeutung für die Gesamtgemeinde deutlich. Ursprünglich dürften die Frauen die entsprechenden Funktionen selbst innegehabt haben.[30]

Zusammenfassend ist zu sagen, daß die Interpretation der Inschrift von Mantineia wohl einen weiteren Beleg für die Existenz von Mädchenweihen, beziehungsweise deren Fortleben in Riten, bis in die Zeit des Hellenismus erbringt. Auch ist zu erkennen, daß die weibliche Fruchtbarkeit als Garant und Symbol für das allgemeine Wohlergehen der Gesellschaft eine Rolle gespielt haben muß, die weit über rein biologistische Ansätze hinausging. Die Aneignung von Kultfunktionen durch Männer, wie sie im Verein der „Koragen" sichtbar wird, beleuchtet die Bedeutung des Kultes für die Gesellschaft insgesamt.

Die Quellen pflegen rein weibliche Belange nicht oder nur unzureichend zu berücksichtigen, wodurch der Eindruck entsteht, sie wären nicht von Relevanz für die Historie. Dem sollte hiermit entgegengetreten werden.

Anmerkungen

1 Mircea Eliade, Das Mysterium der Wiedergeburt, Zürich/Stuttgart 1961 (Paris 1958) 10.
2 Dazu das Standardwerk von Arnold van Gennep, Rites de Passage, Paris 1909; K. Dittmer, Allgemeine Völkerkunde, Braunschweig 1954, 68ff.
3 Beate Wagner, Zwischen Mythos und Realität, Die Frau in der frühgriechischen Gesellschaft, Frankfurt/M. 1982, 193.
4 Es werden aber beim Mädchenzeremonial bei den Bemba, über das die bislang beste und ausführlichste Beschreibung einer Initiation vorliegt, bei manchen Abschnitten gegen Ende des Rituals auch die jungen Männer geduldet. S. Audrey I. Richards, Chisungu, A Girl's Initiation Ceremony among the Bemba of Northern Rhodesia, London 1961². Allerdings betont Richards, daß zum Zeitpunkt, da sie die Zeremonien beobachten konnte, diese bereits nicht mehr ganz ursprünglich waren, da sie nur mehr an einigen wenigen Mädchen durchgeführt wurden und die Mehrzahl sich wegen der vielen Mühen und auch wegen der hohen Kosten nicht „belehren" ließen. Die jungen Männer des Stammes bedauerten zwar, daß es nicht mehr wie in den alten Zeiten war, als alle Mädchen „belehrt" wurden, heirateten aber gerne auch die „unbelehrten" Mädchen. Vermutlich hatte ein diesbezüglicher Wandel auch bei der Knabeninitiation eingesetzt.
5 Richards, a. a. O., 121ff.
6 Dittmer, a. a. O. Ausführlich dazu Wagner, a. a. O., 190ff. und 266ff.
7 Pausanias 1,27,3.
8 Angelo Brelich, Paides e Parthenoi, Rom 1969, 228ff., bes. 236; Walter Burkert, Kekropidensage und Arrhephoria, in: Hermes 94, 1966, 1–25, hier. 12. Ders., Homo necans, Berlin/New York 1972, 171.
9 Dazu Judith K. Brown, A Cross-Cultural Study of Female Initiation Rites, in: American Anthropologist 65, 1983, 837–853, die betont, daß „such non-mandatory rites and rites celebrated only for aristocrats are the remainders of ceremonies once observed by all girls of the society", 838.
10 Zu den agrarmagischen Aufgaben der Frauen: Wagner, a. a. O., 225ff. und W. Burkert, Griechische Religion der archaischen und klassischen Epoche, Stuttgart 1977, 426–432. Bereits die antiken Autoren haben Demeter und Kore aber auch mit Artemis in Verbindung gebracht, die in vielen Zügen als wesensverwandt gesehen wurde. So wird Artemis sogar zu einer Tochter der Demeter. Aischyl. fr. 324.; vgl. auch Herodot 2, 156, Eurip. Ion 1048; Pausanias 7,37,6. und 1,38,6.
11 Karl Meuli, Die Baumbestattung und die Ursprünge der griechischen Göttin Artemis, Gesammelte Schriften, Hg. T. Gelzer, Basel/Stuttgart 1975, 2. Band, 1083–1118.
12 E. Wernicke, RE 2, Sp. 1335–1440, 1896, Hier Sp. 1339.
13 Hesych s. „koureotis hemera"; Anth. Gr. 6,242. Zu dem Ritual ausführlich Susan Guettel-Cole, The Social Function of Rituals of Maturation: The Koureion and the Arkteia, in: Zeitschrift für Papyrologie und Epigraphik 55, 1984, 233–244.
14 Paus. 2,24,5. Xen. lac. pol. 2,9.
15 Plut. Them. 31. Zu den spartanischen Initiationsriten ausführlich Wagner, a. a. O., 245ff. und 190ff. Zu den Chören der spartanischen Mädchen im Zusammenhang mit Initiation: Claude Calame, Les choeurs des jeunes filles en Grèce archaique, Rom 1977 mit der Auswertung der Dichtungen des Alkman.
16 Hesych s. „arkteia": Einweihung, durch die die jungen Mädchen „zu Bärinnen" gemacht werden. Zu Bärinnen machen: sie heilig machen (weihen). Dazu auch

Hesych s. „arkos". Die Gründungssage von Brauron bei Euripides, Iphigenie auf Tauris, v. 22–29 und Suidas s. „arktos he brauroniois". Vgl. Cole a. a. O., Edith Specht, Frauensozialisation und Mädchenbildung in Griechenland, im Druck.

17 Zum Heiligtum: Strabo 9,399; Zur Gründung: Euripides, a. a. O.; Paus. 3,16,8. Eine vorzügliche Studie zum Kult als Initiation: Hugh Lloyd-Jones, Artemis und Iphigeniea, in: The Journal of Hellenic Studies 103, 1983, 87–102.

18 E. Wernicke, RE Sp. 1405–1406. Roman Stiglitz, Die großen Göttinnen Arkadiens, Wien 1967, passim.

19 Als *Kore* in Lebadeia: Paus. 9,39,4. Als *Koria* in Lusoi: Paus. 8,21,4, der dabei eine Kontamination mit Athene vornimmt; Kallim. hymn. Artemis mit Schol. Als *Parthenos* in Lakonien: Athenaios 14, 655 E. Vgl. Sam Wide, Lakonische Kulte, Leipzig 1893, 130. Wagner, a. a. O., 244f. Zur Wortbedeutung von „parthenos": Gert Klingenschmitt, Griechisch ‚parthenos', in: Festschrift H. Güntert, Hg. M. Mayerhofer, Innsbruck 1974, 273–278.

20 Vgl. Anm. 10. Durch eine andere Inschrift aus Mantineia (IG 2,266; Taeuber 1985, Nr. 11) wissen wir, daß zwischen Festen, Kult und Sakralkollegien der beiden Gottheiten keine direkte Verbindung bestand.

21 Stiglitz, a. a. O., 74–76.

22 Stiglitz, a. a. O., 75. Vgl. F. Poland, Geschichte des griechischen Vereinswesens, Leipzig 1909, 41ff. und E. Ziebarth, das griechische Vereinswesen, Leipzig 1896, 178: Es waren private Kultvereine, die aber staatliche Kulte ausübten und daher besonderen staatlichen Schutz genossen.

23 P. Foucart, Annuaire de l'association pour l'encouragement des études grecques 9, 1875, 327–341. IG 2,265. Neueste Publikation bei Hans Taeuber, Arkadische Inschriften rechtlichen Inhalts, ungedr. Diss. Wien 1985, Nr. 10, mit Übersetzung der Inschrift.

24 Es ist dies jener religiöse Verein, der den Kult der Koragien betrieb. Die federführenden Mitglieder sind durchwegs Männer, wie die am Ende der Inschrift genannten Namen zeigen. Auch in rezenten Religionsgemeinschaften werden die Kulte weitestgehend von Frauen gefeiert, die Repräsentanten (Priester) aber sind Männer.

25 Das Datum ist das Jahr 85 der achäischen Ära, die mit 145/4 v. Chr. beginnt: A. E. Samuel, Greek and Roman Chronology, München 1972 (=HdA 1,7), 97. Der Monat Ogdoos erstreckte sich etwa über Ende Januar/Februar, das Fest fand demnach zum Beginn des Frühlings statt, der in diese Zeit (Februar) fällt.

26 Die Stele für Nikippa ist eine Ehrung für deren Großzügigkeit anläßlich des Festes der Koragien von Mantineia und kein Bericht über dieses selbst. Daher ist anzunehmen, daß die einzelnen Leistungen entsprechend ihrer finanziellen Bedeutung angeführt wurden. Eine *zeitliche* Abfolge der Ereignisse sollte damit wohl nicht dokumentiert werden.

27 Taeuber, a. a. O., Nr. 11, Anm. 5 und Stiglitz, a. a. O., 78. Bereits Burkert 1966, 25 warnt eindringlich davor, lediglich die agrarmagische Seite dieser Riten zu beachten.

28 Die Inschrift stammt aus dem ersten Jahrhundert v. Chr., also aus der Zeit des Hellenismus. Abgesehen von der zähen Tradition alter Kulte, insbesondere in Arkadien, ist ab dem 4. Jh. vielfach eine Rückwendung auf alte Kulte zu bemerken. „Der bisher zurückgedrängte Volksglaube erwacht mit neuer Macht", und „es ist als bemerkenswert bezeichnet worden, wie die alten Muttergottheiten, die in historischer Zeit in Griechenland von den männlichen verdrängt oder wenigstens in den Schatten gestellt worden waren, in der hellenistischen Zeit wieder zu Ehren kommen" stellt Eugen Fehrle, Die kultische Keuschheit im Altertum,

Giessen 1910, 229 und 235 fest. Beide Einflüsse können in Mantineia wirksam gewesen sein.

29 Brelich, a. a. O., 238 betont die Bedeutung für Athen, daß die Arrhephoren, jene Mädchen „le più degne di rappresentare l'intera categoria d'etá" sein müssen.

30 Vgl. das Anm. 24 Gesagte. Wenn man mit den chronologischen Kategorien der Alten Geschichte die Traditionen mißt, die im *heutigen* Christentum wirken, dann darf man feststellen, daß auch diese „uralten" Verhältnisse Stufen einer Entwicklung sind, die keineswegs als „von Natur gegeben" oder „gottgewollt"unveränderbar sind, wie sie sich heute darstellen.

II. Kampf gegen gesellschaftliche Tabus – Die Sexualitätsdebatte um die Jahrhundertwende

1. Der linke Flügel der Frauenbewegung als Plattform des Befreiungskampfes homosexueller Frauen und Männer

Ilse Kokula

Anlaß für diese Recherchen über Helene Stöcker, den linken Flügel der Frauenbewegung und die Sexualreformbewegung war mir auch ein Ärgernis: Ich stellte bei der gegenwärtigen Aufarbeitung der Sexualwissenschaft und der Sexualreformbewegung fest, daß der Anteil der Frauen an der wissenschaftlichen Diskussion, der Verbreitung der (Er-)Kenntnisse und deren praktischer Umsetzung ignoriert wird.

Im Jahre 1969, als das Strafrecht dahingehend verändert wurde, daß die juristische Diskriminierung unehelicher Kinder aufgehoben wurde und einfache Homosexualität bei Männern nicht mehr strafbar war, hätte Helene Stöcker ihren 100. Geburtstag gefeiert.

Heute gehört Helene Stöcker zu den Frauen der ersten deutschen Frauenbewegung, die bisher vergessen oder totgeschwiegen wurden, obgleich die von ihr vertretene Richtung des linken und radikalen Flügels der bürgerlichen Frauenbewegung einflußreich war und von einer Vielzahl von Frauen getragen wurde. Kurt Hiller, der Aktivist vom Wissenschaftlich-humanitären Komitee, rühmte sie 1929 anläßlich ihres 60. Geburtstages als die „radikalste, universalste und gütigste unter den Frauenrechtlerinnen"[1] und am Ende seines Lebens schildert er sie in seinen Memoiren als „glänzende Kulturpolitikerin"[2] und „verehrungswürdige Verbündete auf mehr als einem Kampffelde"[3]. Aber auch Magnus Hirschfeld legte in zahlreichen Veröffentlichungen Zeugnis ab, wie sehr er Helene Stöcker schätzte. Er hielt sie für eine begeisterte Pazifistin[4] und hervorragende Frau[5] und schätzte ihre „vortrefflichen Abhandlungen"[6]. Später, 1939, Hirschfeld war schon auf seiner Weltreise als vortragender Sexualforscher, erinnerte er sich noch einmal an Helene Stöcker als Autorin in der „Zeitschrift für Sexualwissenschaft". Er zählte sie als einzige Frau unter den noch (damals) lebenden oder bereits verstorbenen „Mitarbeitern" und „verdienstvollen" Gelehrten auf[7].

Bisher sind die Leistungen der ersten deutschen Frauenbewegung hinsichtlich der Bildungs- und Ausbildungssituation, der Verbesserung der rechtlichen Stellung der Frau und ihre organisatorischen Leistungen halbwegs anerkannt. Für ihre theoretischen und empirischen Leistungen hinsichtlich der „Sittlichkeitsfrage“ (der damaligen Umschreibung für eine ganzheitlich orientierte Sexualitätsdebatte) steht die Anerkennung noch vollständig aus. Wenn heute die Geschichte der Sexualwissenschaft rekonstruiert wird, werden die berühmten Wissenschaftler aufgezählt, die entweder Inhaber einer Arztpraxis oder eines Lehrstuhles oder Gründer und Finanzier eines Instituts (wie Magnus Hirschfeld) waren. Frauen fallen bei diesem Wissenschaftsverständnis heraus[8], obwohl seit Beginn der Frauenbewegung in Deutschland – etwa 1850 – gerade das Thema Sexualität eine zentrale Rolle spielt. Bereits Fanny Lewald (1811–1889) beschrieb in ihren „Osterbriefen“ die sexuelle Ausbeutung, der besonders die Frauen aus Arbeiterfamilien unterliegen[9]. Hedwig Dohm (1833–1919) benannte schon 1876 die sexuelle Unterdrükkung und Ausbeutung als Kernproblem der Prostitution[10]. Vor allem der linke Flügel der bürgerlichen Frauenbewegung sammelte/produzierte Erfahrungsberichte, empirische und theoretische Studien zur Prostitutionsfrage, zum Zölibatsgebot der Staatsbeamtinnen wie Lehrerinnen, zur Frage der unehelichen Mutterschaft und der Situation unehelich geborener Kinder, und sie legten sexualpädagogische Konzeptionen vor. Um diese Leistungen würdigen zu können, müssen wir uns die Behinderungen vor Augen halten, denen die Frauen ausgesetzt waren: Seit Beginn der Industrialisierung waren die Frauen der gehobenen Stände – wie die Frauen und Männer der unteren Stände – von einer Ausbildung und Fortbildung, die über die Vermittlung der Kulturtechniken Lesen, Schreiben und Rechnen hinausging, ausgeschlossen. Das Sozialistengesetz (1878–1890) sowie Vereinsgesetze (in Preußen von 1850 bis 1908) behinderten die kollektive Interessenwahrnehmung der proletarischen Frauen und der Frauen vom linken Flügel der bürgerlichen Frauenbewegung. Darüber hinaus gab es weitere, heute weniger bekannte Möglichkeiten, Frauen von der Wahrnehmung ihrer Interessen abzuhalten und von der wissenschaftlichen Diskussion fernzuhalten. So gab es Vorschriften, die eine *gemeinsame* Teilnahme von Frauen und Männern an Veranstaltungen mit sexualkundlichen Themen verboten. So war es z. B. dem Vorstand der „Gesellschaft für Forschung und Aufklärung“ in Berlin verboten worden, weibliche Personen zu den von der Gesellschaft veranstalteten Vorträgen zuzulassen[11]. Helene Stöcker berichtete, daß Behörden in Halle, Mitau, Reval, Berlin, München, Stuttgart und anderen Städten Vorträge unter dem Vorwand verboten, die ‚öffentliche Sittlichkeit‘ sei durch sie und den „Bund für Mutterschutz“ gefährdet[12]. Darüber hinaus nahmen Polizeispitzel an den Veranstaltungen des radikalen Flügels der Frauenbewegung) teil und protokollierten[13].

Der linksradikale Flügel der Frauenbewegung war es auch, der den Männern der Sexualwissenschaft, der Sexualreformbewegung eine Plattform bot, ihre Gedanken zu verbreiten. Rückblickend läßt sich auch sagen, daß der Emanzipationskampf homosexueller Frauen und Männer ohne ihn wahrscheinlich nicht möglich gewesen wäre und daß der Versuch der Reichsregierung um 1910, lesbische Frauen zu kriminalisieren, wahrscheinlich gelungen wäre. Eine besonders aktive Rolle spielten dabei Helene Stöcker und der von ihr mitgegründete und geleitete „Bund für Mutterschutz".

Der linke Flügel der bürgerlichen Frauenbewegung, vertreten durch die Stimmrechtsbewegung, die abolitionistische Föderation und die „Neue Ethik" (mit den bekannten Frauen Minna Cauer, Lida Gustava Heymann, Anita Augspurg, Marie Stritt, Anna Pappritz, Rosa Mayreder, Helen Stöker u. a.) entwickelte seine Radikalität an den Forderungen nach vollständiger politischer Gleichberechtigung für die Frauen und nach Aufhebung geschlechtsspezifischer Unterdrückung in den gesellschaftlichen Normen (Doppelmoral). Die organisatorische Keimzelle des linken Flügels war der Berliner Verein „Frauenwohl", dessen Gründung 1888 erfolgte. Den Vorsitz hatte Minna Cauer, und Helene Stöcker war Mitglied. Dachverband der Radikalen war der von Minna Cauer und Anita Augspurg 1899 gegründete „Verband fortschrittlicher Frauenvereine" (VFFV).

Helene Stöcker entwickelte eine Konzeption von einer „Neuen Ethik", die den Rahmen auch für eine Zusammenarbeit mit den homosexuellen Männern bildete und sicher dazu führte, daß sie für die Aufhebung der Diskriminierung und Kriminalisierung der Homosexualität eintrat. In der Romantik-Rezeption der Frauenbewegung im ausgehenden 19. Jahrhundert wurde die Idee der „freien Liebe" besonders betont. Friedrich Schlegels Roman „Lucinde" galt als Ansatz einer neuen Moral, die auf der geistigen Emanzipation, dem Postulat der Romantik beruhte.

„Lucinde" von Friedrich Schlegel erschien 1799 und trägt autobiografische Züge, da er die Beziehung des Verfassers zu Dorothea Veit (der Tochter des Aufklärungsphilosophen Moses Mendelssohn) verschlüsselt thematisiert. Der Roman selbst fordert im Sinne der Romantik die Einheit von sinnlicher und seelischer Liebe. Damit war eine Aufwertung der Sexualität im Zusammenhang mit einer allgemeinen Genußfreude gemeint, die der Entfaltung des Menschen dient und zu einer glücklicheren und besseren Gesellschaft führen sollte. Der Roman ist aber auch ein Entwurf des Konzeptes vom androgynen Menschen: Starke Weiblichkeit und sanfte Männlichkeit sollen sich zur höheren Menschheit verbinden[14]. In ihrem Selbstverständnis war Helene Stöcker allerdings mehr von Nietzsches Konzept von Sinnlichkeit und Genußfreude geprägt.

Magnus Hirschfeld schrieb dann auch als aufmerksamer Beobachter der Frauenbewegung:

„In Deutschland waren es namentlich viele hervorragende Frauen, von Rahel von Varnhagen und Dorothea Schlegel bis zu Lily Braun und Helene Stöcker, die in Lucindes Gedankenwelt lebten[15]."

Helene Stöcker hat ihre Gedanken zur „Neuen Ethik" über Jahre hinweg in zahllosen Publikationen veröffentlicht. Auch andere aus ihrem persönlichen und ideologischen Umfeld äußerten sich zu diesem Thema. Eine Analyse dieser Richtung (dieses Themas) steht noch aus, so daß die Gedanken der „Neuen Ethik" hier nur in groben Zügen wiedergegeben werden können: Die „Neue Ethik" erkannte nicht mehr die Ehe, sondern Liebe allein als Legitimation des Geschlechtsverkehrs. Sexualität dürfe nicht länger unterdrückt werden, wie es die asketisch-christliche Moral wolle; sie dürfe aber auch nicht rein materiell ausgelebt werden, wie es die „Kapitalistische Eigentumsmoral" den Männern zugestand, die die Frauen als Lustobjekt benutzen konnten. Die Sexualität müsse viel mehr gelebt und mit der Seele in Einklang gebracht werden, ein Prozeß, den Frauen mit der Umwandlung von Sexualität in Erotik schon vor Jahrhunderten in Gang gesetzt hätten.

Zur Vita

Helene Stöcker wurde am 13. November 1869 in Elberfeld/Wuppertal als Älteste von 8 Kindern einer religiösen Kaufmannsfamilie geboren. Sie besuchte die höhere Töchterschule in Elberfeld und blieb bis zum 22. Lebensjahr im Elternhaus. Von Januar 1892 an besuchte sie in Berlin eine Lehrerinnenausbildungsstätte und bestand im November 1893 die Prüfung als Lehrerin für höhere und mittlere Mädchenschulen. Danach belegte sie Gymnasialkurse für Frauen, die von Helene Lange geleitet wurden. Von Herbst 1896 an studierte sie 6 Semester in Berlin, 1 Semester in Glasgow und 3 Semester in Bern deutsche Literatur, Geschichte, Nationalökonomie und Philosophie. 1902 promovierte sie mit dem Thema „Zur Kunstanschauung des 18. Jahrhunderts – von Winckelmann bis Wackenroder" und gehörte damit zu den ersten promovierten Frauen Deutschlands.
Das organisatorische Engagement von Helene Stöcker läßt sich in drei Phasen einteilen. In jungen Jahren agierte sie im linken Flügel der Frauenbewegung; dann engagierte sie sich in der Sexualreform bewegung und nach dem 1. Weltkrieg in der pazifistischen Bewegung. Sie war dann jeweils schwerpunktmäßig an der einen sozialen Bewegung tätig, ohne aber die Thematik der anderen zu vernachlässigen.
1892 wurde sie Mitglied in der soeben auf Initiative von Berta von Suttner gegründeten „Deutschen Friedensgesellschaft". Dieser Vereinigung blieb sie vier Jahrzehnte treu; über 20 Jahre lang – ab 1919 – war sie in deren Vorstand. Ihre zahllosen Aktivitäten in der Friedensbewegung, unter dem Eindruck des 1. Weltkrieges kam sie vom „Mutterschutz zum Menschen-

schutz“, können hier weder aufgelistet noch analysiert werden. Erwähnen möchte ich aber, daß sie in ihrem friedenspolitischen Engagement eng mit Magnus Hirschfeld und Kurt Hiller, den beiden Aktivisten im Emanzipationskampf der Homosexuellen, zusammenarbeitete. Sie gehörte 1929 zu den Gründungsmitgliedern der „Gesellschaft der Freunde des neuen Rußlands“ und war Vorstandsmitglied. Die Entwicklung auf den Gebieten des Mutter- und Kinderschutzes sowie der sexuellen Reformbestrebungen verfolgte sie – wie die Männer der Sexualreformbewegung – mit großem Interesse.

In Berlin traf Helene Stöcker Minna Cauer. Sie wurde Mitglied im von Minna Cauer geführten Verein „Frauenwohl“ und wurde auch 1902 in dessen Vorstand gewählt. Helene Stöcker wurde auch Mitglied in dem von Minna Cauer gegründeten „Kaufmännischen Hilfsverein für weibliche Angestellte“. 1886/87 war sie Mitbegründerin des „Vereins studierender Frauen“, dessen treibender Motor die Juristin Marie Raschke war. Beide Frauen waren durch die Themen Frauenrechte und Abtreibung verbunden. 1902 war Helene Stöcker Mitbegründerin des „Deutschen Verbandes für Frauenstimmrecht“, und schon 1898 war sie Delegierte des linken Flügels der Frauenbewegung auf der 3. Generalversammlung des 1894 gegründeten „Bundes Deutscher Frauenvereine“, dem Dachverband der damaligen Frauenbewegung. Helene Stöcker war außerdem Vorstandsmitglied im „Verband fortschrittlicher Frauenvereine“.

Diese Ausführungen zeigen, daß Helene Stöcker mit allen führenden Frauenrechtlerinnen, und vor allem denen des linken Flügels, bekannt war. Dies erklärt auch, warum so viele bekannte Frauenrechtlerinnen in der von Helene Stöcker mitgegründeten und fast 20 Jahre lang geführten Organisation, dem „Bund für Mutterschutz“, organisiert waren und weshalb gerade der „Bund für Mutterschutz“ eine so bedeutende Rolle im Kampf um die gesellschaftliche Akzeptierung der Homosexuellen spielte.

Am 28. Februar – am Tage nach dem Reichstagsbrand – verließ sie unter Zurücklassung aller Materialien, die sie im Leben gesammelt und sortiert hatte, Hals über Kopf Berlin. Sie flüchtete über die Tschechoslowakei und Österreich in die Schweiz, wo sie einige Jahre in Zürich lebte. 1938 lebte Helene Stöcker in London, wo sie bei einem Brand abermals alle mühselig gesammelten Unterlagen (Briefe, Notizen, Tagebücher) verlor. 1939 flüchtete sie als 70jährige weiter nach Schweden und fristete auch hier ein trauriges Emigrantenschicksal. Über die Sowjetunion und Japan flüchtete die bereits kränkelnde Frau in die USA. Kurz nach ihrer Emigration wurde sie aus dem Deutschen Schriftstellerverband ausgeschlossen, und 1938 war ihr die deutsche Staatsbürgerschaft aberkannt worden. Am 24. 2. 1943 starb sie im Alter von 74 Jahren in New York, nur die „New York Herald Tribune“ nahm in einer kleinen Notiz von ihr Kenntnis.

Der Bund für Mutterschutz

Da über die Entstehungsgeschichte des Bundes für Mutterschutz und seine Aktivitäten bereits zahlreiche Berichte vorliegen[16] sollten hier nur in groben Zügen dessen Arbeit und die angestrebten Ziele dargestellt werden. Die Idee eines Bundes für den Mutterschutz wurde gleichzeitig von Helene Stökker als auch von der vorzeitig pensionierten Lehrerin Elisabet Bonneß entwickelt, die unter dem Pseudonym Ruth Bré für diesen Gedanken schriftstellerisch tätig war. Ruth Bré, Befürworterin unehelicher Mutterschaft, hatte eine Theorie entwickelt, nach der durch die Gründung von Mütterkolonien auf dem Lande und Ersetzung der Alimentenzahlung unehelicher Väter durch Staatsunterhalt eine Art Matriarchat geschaffen werden sollte, dem „gesundes Menschenmaterial" entspringen würde[17].
Anfang 1905 gründeten Helene Stöcker und Ruth Bré mit Max Marcuse, Walter Borgius und Maria Lischnewska den „Bund für Mutterschutz". Erste Vorsitzende war Helene Stöcker, zu den Gründungsmitgliedern und Unterstützern zählten bedeutende *Frauenrechtlerinnen* (wie Maria Lischnewska, Adele Schreiber, Henriette Fürth, Gabriele Reuter, Lily Braun, Hedwig Dohm, Agnes Hacker, Lydia Rabinowitsch-Kemper, Marie Raschke, Marie Stritt, Irma von Troll-Borostyani, Rosa Mayreder, Ellen Key), bedeutende *Sexualwissenschaftler* (wie der Flensburger Professor und Erfinder des Schutzpessars Mensinga, Herrmann Rohleder, Albert Moll, Felix Theilhaber) und *Politiker und Sozialwissenschaftler* (wie Friedrich Naumann, A. Domaschke, Werner Sombart, Max Weber). Der Bund hatte durchschnittlich immer ca. 4000 Mitglieder und Ortsgruppen in 10 Städten. Sektionen entwickelten sich auch in anderen europäischen Ländern und in den USA. So gehörten Rosa Mayreder, Marianne Hainisch und Sigmund Freud dem Vorstand des 1907 gegründeten österreichischen Bundes für Mutterschutz an.
Der Bund für Mutterschutz war kooperatives Mitglied in ca. 20 anderen sexual-, sozialreformerischen, pazifistischen und freidenkerischen Organisationen. Eine Aufnahme in den Bund deutscher Frauenvereine wurde 1911 – wie den sozialdemokratischen Frauenvereinen – verweigert.
1908 nannte sich der Bund „Deutscher Bund für Mutterschutz" und ab 1924 „Deutscher Bund für Mutterschutz und Sexualreform". Publikationsorgan war schon 1905 bis 1907 die Zeitschrift „Mutterschutz – Zeitschrift zur Reform der sexuellen Ethik", ab 1908 „Die Neue Generation". Helene Stökker war von 1905 bis zu ihrer Emigration 1933 die Herausgeberin der Zeitschrift. Als Ziele wurden für den Bund formuliert:

„Der Bund für Mutterschutz erstrebt Verbesserungen auf dem Gebiet des geschlechtlichen Lebens und der Fortpflanzung. Er tritt besonders dafür ein, daß die Mutterschaft, sei sie ehelich oder außerehelich, ihrer hohen biologischen, nationalen und moralischen Bedeutung entsprechend gewertet und daher die Stellung der Frau als Mutter in

rechtlicher, wirtschaftlicher und sozialer Hinsicht verbessert werde. Namentlich will der Bund die ledigen Mütter und deren Kinder vor wirtschaftlicher und sittlicher Gefährdung bewahren und die herrschenden Vorurteile gegen sie beseitigen.
Zur Erreichung dieser Zwecke erstrebt er insbesondere: eine reichsgesetzliche Mutterschaftsversicherung, rechtliche und soziale Gleichstellung der außerehelichen Kinder mit den ehelichen, Ehereformen auf wirtschaftlichem und rechtlichem Gebiet, Fürsorge für hilfsbedürftige Mütter, Förderung ihrer wirtschaftlichen Selbständigkeit, Vermittlung von Arbeit und Unterkunft, Raterteilung vor und nach der Entbindung, ärztliche Hilfe, Rechtsbeistand zur Einziehung der Unterhaltskosten vom Erzeuger des Kindes, Beschaffung geeigneter Vormünder, Gründung und Unterstützung von Kinder- und Mütterheimen usw."[18].

Zu den Zielen gehörte ab 1924 auch die Abschaffung des § 175.
Die erste praktische Maßnahme, die sich auch ohne große finanzielle Mittel durchführen ließ, war die Einrichtung von Rechts- und Sozialberatungsstellen, die von den Ortsgruppen bald nach deren Gründung vorgenommen wurde. Bis die finanziell aufwendigen Mütterheime in Betrieb genommen werden konnten, dauerte es dagegen einige Jahre. Für 1911 gab Max Rosenthal, derzeitiges Vorstandsmitglied des Bundes, an, daß der Bund für Mutterschutz acht Mütterheime eingerichtet habe[19]. Innerhalb der Ortsgruppen zeichnete sich auch eine Art Arbeitsteilung ab; die Berliner Ortsgruppe stellte die Reform der sexuellen Werte in den Vordergrund, während die anderen Ortsgruppen eher praktisch arbeiteten. Helene Stöcker nahm bereits 1893 an, daß die Frau „viel geschlechtsbedürftiger als der Mann" sei.[20] Lily Braun kritisierte die auf Mütterheime fixierte Praxisorientierung, die der Haltung von Wohltätigkeitsvereinen nahekäme[21]. Der Bund reichte im Verlauf seines Bestehens zahlreiche Petitionen ein und errichtete nach dem 1. Weltkrieg Sexual- und Eheberatungsstellen. Bereits 1905 wurde eine Petition für einen Sexualkundeunterricht eingereicht[22].
Mitglieder der Berliner Ortsgruppe waren es vor allem, die gängigen – auch von Sexualwissenschaftlern formulierten – Thesen widersprachen, wie etwa, daß Männer triebhafter als Frauen seien. Es waren die die Doppelmoral rechtfertigenden Thesen.
Insgesamt gesehen waren die Aussagen sowohl des Bundes als auch von Helene Stöcker von einem Wissenschaftsoptimismus getragen, wobei Helene Stöcker hinsichtlich Erkenntnissen über die menschliche Sexualität besonders optimistisch war. Dies bedeutete aber nicht die kritiklose Hinnahme aller sich als wissenschaftlich ausgebenden Theorien: Ihre Laudatio zu Hirschfelds 50. Geburtstag im Jahre 1918 widmet sie dem „geistreichen Forscher auf dem Gebiete der Sexualwissenschaft und dem unermüdlichen Vorkämpfer gegen die grausame Intoleranz gegenüber einer besonderen Richtung des Geschlechtslebens". Ihre Ablehnung der Hirschfeldschen Theorie vom sogenannten „Dritten Geschlecht" formuliert sie ein paar Zeilen weiter:

„Auch wenn man die Resultate nicht in jeder Beziehung ebenso wertet wie er selbst, wird man aus seinen Forschungen über Homosexualität außerordentlich wertvolle Beiträge zum Problem der Bisexualität wie der Sexualität im allgemeinen ... entnehmen" (können)[23].

Dieses Zitat läßt auch darauf schließen, daß Helene Stöcker eine Vertreterin der Bisexualität war.
Meine Recherchen lassen die Vermutung zu, daß die Erfahrungen in den Beratungsstellen des Bundes und der anderen Frauenorganisationen in die Sexualberatungsstellen einflossen, die ab 1919 in Deutschland entstanden. Bernd Nowacki[24] nimmt in seiner Darstellung des Bundes an, daß die deutsche Sexualberatungsstelle am 1919 von Magnus Hirschfeld gegründeten „Institut für Sexualwissenschaft" mit dem Bund in Verbindung zu bringen ist. 1924 wurde die erste Sexualberatungsstelle der Hamburger Ortsgruppe eröffnet. Bei den Ratsuchenden – es waren vor allem proletarische Frauen – standen Fragen zur Schwangerschaftsverhütung im Vordergrund. In Hamburg hatte das Arbeitsamt Räume zur Verfügung gestellt; da ein großes öffentliches Interesse bestand, eröffnete die Hamburger Ortsgruppe bald eine zweite Beratungsstelle, deren Räume von der Allgemeinen Ortskrankenkasse gestellt wurden. Mit Beratungsstellen folgten die Ortsgruppen Berlin, Breslau, Chemnitz, Dresden und Frankfurt am Main. Die Ortsgruppe Berlin hatte allein drei Beratungsstellen. Im Gegensatz zu kommunalen Beratungsstellen konnten sich im Bund auch Unverheiratete beraten lassen, was die kommunalen ablehnten. Die letzte Ausgabe des Publikationsorgans „Die Neue Generation" erschien im November 1932. Als einer der wenigen Organisationen der Frauenbewegung wurde der Bund für Mutterschutz, nachdem er aufgrund der „Notverordnung zum Schutze von Volk und Staat"(v. 28. 2. 33) keine Satzung zum Anschluß an die Unterorganisationen der NSDAP vorgelegt hatte, aufgelöst.

Helene Stöcker, der Bund für Mutterschutz und die Frage der Homosexualität

Helene Stöcker war mit dem von ihr geprägten Bund für Mutterschutz das Bindeglied zwischen der Frauenbewegung und der von Männern dominierten Sexualreformbewegung. Sie und ihr Umfeld ermöglichten den homosexuellen Sexualreformern und deren Sympathisanten die Artikulation in der feministischen Öffentlichkeit. Helene Stöcker arbeitete als einzige führende Frauenrechtlerin eng mit den Männern zusammen, und der Bund für Mutterschutz setzte sich für die Abschaffung des § 175 ein.
Der Emanzipationskampf homosexueller Frauen und Männer ist nicht vorstellbar ohne Magnus Hirschfeld und das von ihm mitgegründete Wissen-

schaftlich-humanitäre Komitee sowie dessen Nachfolgeorganisationen in der Weimarer Zeit.
Die Entstehung des/der „modernen Homosexuellen" hängt mit der Entwicklung der Industriegesellschaften zusammen. Die geschichtliche Entwicklung läuft jedoch für männliche und weibliche Homosexualität verschieden. Bei den Männern ist die Existenz einer Subkultur bereits seit Mitte des 18. Jahrhunderts nachweisbar, bei den Frauen erst ab Ende des 19. Jahrhunderts. Bis in das 18. Jahrhundert war die Verurteilung der Homosexualität theologisch-moralisch und philosophisch begründet worden. Mitte des 18. Jahrhunderts begannen Ärzte, die Ablehnung der Homosexualität – und darüber hinaus jeder Form nichtehelicher Sexualität – mit der Terminologie ihres Fachs zu begründen. Die theologische Bewertung wurde aber nicht außer Kraft gesetzt.
Mit der Gründung des deutschen Reiches verschärfte sich die Lage der männlichen Homosexuellen. Das „Preußische Allgemeine Landrecht« hatte (männliche) Homosexualität mit Zuchthaus und anschließender Verbannung bestraft. Das Strafgesetzbuch für den „Norddeutschen Bund"(1869) übernahm die preußische Bestimmung, von da ging sie als §175 in das Reichsstrafgesetzbuch über.

Aufgerüttelt durch den Selbstmord eines Patienten verfaßte der jüdische und homosexuelle Berliner Arzt Dr. Magnus Hirschfeld (1868–1935) 1897 die Verteidigungsbroschüre „Sappho und Sokrates" und gründete mit anderen im Mai 1897 das „Wissenschaftlich-humanitäre Komitee" (WHK), das bis zum Beginn der NS-Ära aktiv sein konnte.
Von 1899 bis 1923 gab das WHK das „Jahrbuch für sexuelle Zwischenstufen" heraus, eine Sammlung von Forschungsergebnissen, Berichten über das WHK und Rezensionen von Sachbüchern und Belletristik zu sexuellen Fragen. Dem WHK gehörten mehrheitlich Homosexuelle an, aber auch Heterosexuelle, oft sozialistische Gelehrte und Künstler, die sich für die Abschaffung des §175 Reichsstrafgesetzbuch einsetzten.
In einer Petitionskampagne gleich nach der Gründung sammelte das WHK Unterschriften für die Abschaffung des §175 – nur Fälle von öffentlichem Ärgernis, Gewaltanwendung und Beziehungen zu unter 16jährigen sollten weiterhin unter Strafe gestellt werden – und brachte sie 1898 in den Reichstag ein. August Bebel setzte sich hierbei vor allem für die Emanzipation der Homosexuellen ein. Innerhalb weniger Monate unterschrieben etwa 900 Personen die Petition, fast alle waren Akademiker oder Künstler, mehrheitlich sozialistischer Herkunft.
Gegenwärtig lassen sich 14 „prominente" Frauen ausfindig machen, die die Petition unterstützten; neben Helene Stöcker unterzeichneten noch sieben Frauen, die entweder im Bund für Mutterschutz aktiv oder mit Helene Stök-

ker befreundet waren (Adele Schreiber, Rosa Mayreder, Grete Meisel-Heß, Lou Andreas Salomé, Gertrud Eysoldt, Käthe Kollwitz, Gabriele Reuter[25]). Ab 1901 läßt sich nachweisen, daß im WHK auch Frauen organisiert waren[26], ihre Zahl blieb aber klein. Einer der Gründe hierfür mag gewesen sein, daß das WHK daran interessiert war, prominente und beruflich etablierte Persönlichkeiten als Mitarbeiter zu gewinnen – was Frauen quasi ausschloß.
Die Frauenbewegung wurde vom WHK als potentieller Bindungspartner betrachtet, und Hirschfeld verknüpfte die Emanzipation der Homosexuellen mit der Emanzipation der Frauen.
Der „Verband fortschrittlicher Frauenvereine" vertrat in der ‚Sittlichkeitsfrage' eine der Aufklärung verpflichtete Auffassung, nach der es das Recht jeder Persönlichkeit sei, ihr Geschlechtsleben unter eigener Verantwortung zu führen, um die These zu vertreten, und daß dem Staate oder gar der Gesellschaft ein Recht auf Eingriff erst zustehe, wenn die Interessen anderer geschädigt werden würden. Die grundsätzlich liberale Haltung in der „Sittlichkeitsfrage" war sicher der Hintergrund, daß *einige* der radikalen Frauen sich dem Thema Homosexualität nicht verschlossen. Zum m. W. ersten Treffen zwischen den Männern des Wissenschaftlich-humanitären Komitees und den Vertreterinnen der Frauenbewegung kam es, als bei der Jahresversammlung des WHK am 8. und 9. Oktober 1904 in Berlin Anna Rühling ihre inzwischen bekannte Rede „Welches Interesse hat die Frauenbewegung an der Lösung des homosexuellen Problems?" hielt[27]. Am Vortrag und der anschließenden Diskussion nahmen Minna Cauer und Dr. Agnes Hacker teil[28] – beides später Mitglieder des Bundes für Mutterschutz. An dieser Diskussion beteiligte sich auch das WHK-Mitglied Dr. med. Ernst Burchard, der dann auf einer Vortragsreise im Frühjahr 1906 auch „öffentliche Versammlungen – unter Beteiligung von Damen freilich nur in Königsberg . . ." – zum Thema Abschaffung des § 175 hielt[29].
Im Rahmen der Petitionskampagne wurde auch auf weiteren Frauenkongressen gesprochen. In der Novemberausgabe der Monatsberichte des WHK schrieb Magnus Hirschfeld: „Auf dem fortschrittlichen (. . .) Frauentag in Berlin (das war die dritte Generalversammlung des ‚Verbandes fortschrittlicher Frauenvereine', I. K.) hielt Dr. Dorn/München am 3. Oktober einen Vortrag über ‚Die Reform der Strafgesetzgebung und der geschlechtlichen Sittlichkeit' "[30]. Helene Stöcker war zu dieser Zeit Vorstandsmitglied dieses Dachverbandes.
Am 5. Oktober 1906 erörterte die Rechtskommission der 7. Generalversammlung des Bundes Deutscher Frauenvereine in Nürnberg Vorschläge zur bevorstehenden Revision des Strafgesetzbuches. Grundlage der Diskussion waren die von Julie Eichholz (Hamburg) verfaßten und begründeten Leitsätze „Geschlechtsirrungen ohne Schädigung von Rechtsgütern anderer Personen haben straflos zu bleiben" (§ 175)[31].

Um die Jahrhundertwende hatten verschiedene Organisationen der Frauenbewegung und des WHK eine Strafrechtsreform gefordert. 1909 legte dann die Reichsregierung einen reaktionären Vorentwurf für ein neues Strafgesetzbuch vor, in dem der § 175 auf Frauen ausgedehnt werden sollte (§ 250 RStGB). Im Kampf um die Ablehnung der Verschärfung ergab sich eine enge Zusammenarbeit zwischen dem WHK und den Gruppen des linken Flügels der Frauenbewegung. Die Aktivisten des WHK (wie Magnus Hirschfeld und Kurt Hiller) und auch die mit dem WHK verbundenen Sexualwissenschaftler (wie Rohleder) lehnten sowohl die Verschärfung des § 175 als auch dessen Ausdehnung auf Frauen ab.

Im Februar 1911 hielt die Ortsgruppe Berlin des Bundes für Mutterschutz eine Veranstaltung ab, bei der Magnus Hirschfeld und Helene Stöcker über die Petition des WHK zur Abschaffung des § 175 sprachen. Die Ortsgruppe Berlin, deren Vorstand weitgehend identisch mit dem Bundesvorstand war, verabschiedete eine Resolution, die als das erste Statement einer Frauenorganisation zum Thema Homosexualität gelten kann[32].

Die Veranstaltung selbst war so erfolgreich verlaufen, daß sie 14 Tage später wiederholt wurde. Auch der öffentliche Widerhall war groß, so berichteten der sozialdemokratische „Vorwärts“ und andere Berliner Tageszeitungen.

Dr. med. Otto Juliusburger, Mitglied des WHK und Mitglied des Bundes für Mutterschutz, hielt in einer im April vom Berliner Zweigverein der Abolitionistischen Föderation einberufenen Versammlung, zu der nur Frauen als Zuhörer Zutritt hatten, einen Vortrag über den § 175 und seine geplante Ausdehnung auf Frauen[33]. Die „Dresdener Nachrichten“ vom 19. 4. 1911 gaben den Inhalt seines Referates wieder[34], und das „Berliner Tageblatt“ vom 20. 4. 1911 gab bekannt, daß Minna Cauer und Anna Pappritz diese Versammlung einberufen hätten und daß die bekannte Führerin der Frauenbewegung, Helene Lange, das Wort zur Begründung der Straflosigkeit ergriffen habe[35]. Die Zeitschrift gab dann auch die damals übliche defensive Argumentation, daß dem Erpressertum Tür und Tor geöffnet würden, wieder. Ein weiteres dokumentiertes Treffen zu den Themen Homosexualität und Ausdehnung des § 175 auf Frauen fand am 23. 1. 1912 im von Minna Cauer initiierten radikalen Verein „Frauenwohl“ statt. Die Rednerin, Margarete Bennewitz aus Halle, führte hieraus, daß die Frauenbewegung die Streichung des § 175 wünsche, auch bekämpfe die Abolitionistische Föderation dessen Ausdehnung auf Frauen[36]. Im April 1912 war im Berliner Zweigverein der Föderation ein weiterer Diskussionsabend zum Thema.

Die Zeitschrift des „Deutschen Zweiges der abolitionistischen Föderation“, „Der Abolitionist“, war es auch, in der drei führende Frauenrechtlerinnen des linken Flügels, Käthe Schirmacher, Anna Pappritz und Katharina Scheven, ihre Stellungnahmen zur geplanten Ausdehnung des § 175 auf Frauen (geplanter § 250 RStGB) veröffentlichten[37].

Helene Stöcker veröffentlichte in „Die Neue Generation" einen längeren Artikel, in dem sie nicht nur die Ausdehnung des § 175 auf Frauen ablehnte, sondern dessen Abschaffung forderte.

Ab 1911 läßt sich eine besonders enge Zusammenarbeit zwischen dem Bund für Mutterschutz und dem WHK sowie zwischen Helene Stöcker und Magnus Hirschfeld nachweisen.
Hirschfeld hielt vor einer gutbesuchten Veranstaltung des Bundes für Mutterschutz an einem derzeit noch unbekannten Datum ein Referat über „Sexualprobleme unserer Zeit"[38]. Vermutlich hielt Hirschfeld bei der 3. ordentlichen Generalversammlung des Bundes vom 12.–14. Mai 1911 ein Referat über Sexualwissenschaft. Vom 28.–30. September 1911 veranstaltete der Bund einen „Internationalen Kongreß für Mutterschutz und Sexualreform" in Dresden. Hirschfeld hielt am zweiten Verhandlungstag sein vielbeachtetes Referat über „Sexualwissenschaft als Grundlage der Sexualreform"[39]. Hirschfeld gehörte auch zu den prominenten Unterzeichnern eines internationalen Aufrufs. Auch Iwan Bloch und Herrmann Rohleder sowie Sigmund Freud unterzeichneten. Auf der Frauenseite waren es: Ellen Key, Rosa Mayreder, Grete Meisel-Hess, Marie Stritt, Minna Cauer, Hedwig Dohm u. a.
Der bisher wenig erwähnte Sexualforscher Iwan Bloch gehörte dem Bund seit dessen Gründung an. Bei der Gründung und zahlreichen Veranstaltungen trat er als Vortragsredner auf; er gehörte bei der Gründung dem erweiterten Vorstand des Bundes für Mutterschutz, dem Vorstand der Internationalen Vereinigung für Mutterschutz und Sexualreform an. Helene Stöcker und Iwan Bloch waren freundschaftlich verbunden.
Vermutlich wegen des großen Interesses veranstaltete dann die Ortsgruppe Berlin am 22. Oktober 1911 im Künstlerhaus einen Vortragsabend, an dem Hirschfeld erneut über die „Sexualwissenschaft als Grundlage der Sexualreform" sprach und Iwan Bloch über „Hauptprobleme der Sexualreform im Altertum und in der Gegenwart" referierte[40].
Aber schon bei der „8. Jahresversammlung der Gesellschaft zur Bekämpfung der Geschlechtskrankheiten" vom 1.–11. Juni 1911 in Dresden waren der Bund für Mutterschutz und das WHK mit Helene Stöcker und Magnus Hirschfeld und weiteren bekannten Mitgliedern vertreten[41]. In Dresden erfolgte – sicher auch aufgrund der Teilnahme an der dortigen „Internationalen Hygiene Ausstellung" – zudem die Beteiligung von Helene Stöcker und Magnus Hirschfeld am „4. Internationalen Neumalthusianer Kongreß" vom 24.–27. September 1911, der terminlich direkt vor dem „1. Internationalen Kongreß für Mutterschutz und Sexualreform" lag.
Im November 1911 hielt die Frauenrechtlerin, Schriftstellerin und Aktivistin Grete Meisel-Hess im Bund für Mutterschutz einen Vortrag vor den Mitglie-

dern des WHK in der „Singakademie" mit dem Thema „Für und wider die Ehe"[42].

Auch 1912 gestaltete sich die Zusammenarbeit zwischen dem WHK und dem Bund für Mutterschutz besonders eng. Auf Einladung der Ortsgruppen des Bundes sprach Hirschfeld am 19. Januar 1912 in Dresden und am 8. Februar 1912 in Breslau. Beide Male sprach er über „Natur- und Rechtsgeschichte der Ehe"[43]. Am 26. März veranstaltete die Berliner Ortsgruppe einen Vortragsabend, an dem Heinrich Koerber über „Die Freudsche Lehre und die kommende Sexualpädagogik" sprach. Magnus Hirschfeld referierte über „Die sexuelle Abstinenz der Erwachsenen"[44], ein Thema, das sicher auf brennendes Interesse stieß, da der Bund die Abschaffung des Zölibatgebotes für Frauen im Staatsdienst und Lehrerinnen forderte. An aktiven WHK-Mitgliedern beteiligten sich an der Diskussion: Otto Juliusburger, Heinz Stabel und Ernst Burchard.

Bei der Generalversammlung des WHK am 15. Mai 1912 wurden zwei Entscheidungen getroffen, die den Bund für Mutterschutz betrafen; es wurde der Beitritt in die „Internationale Vereinigung für Mutterschutz und Sexualreform" beschlossen, der kurz darauf erfolgte[45]. Bei dieser Jahresversammlung wurde Helene Stöcker auch in den Kreis der „Obmänner" gewählt.

Der Bund und das WHK arbeiteten auch im darauffolgenden Jahr zusammen. Anfang Februar 1913 konstituierte sich auf Initiative von Magnus Hirschfeld und Iwan Bloch die „Ärztliche Gesellschaft für Sexualwissenschaft". Nach den Statuten dieser Vereinigung konnten auch Nichtärzte, also medizinische Laien, Mitglieder werden. Ihnen blieb nur das passive Wahlrecht auf Vorstandsämter verschlossen[46]. Helene Stöckers ehemaliger Mitarbeiter und späterer Intimfeind, der Sexualwissenschaftler Max Marcuse, spottete über diese Gründung, bei der „eine außerordentlich weitgehende Personal-Union der Begründer die sich gegenseitig gleich in den Vorstand" gewählt hätten, bestanden habe, nämlich „den Leitern und maßgebenden Mitgliedern des *Bundes für Mutterschutz* und des *Wissenschaftlich-humanitären Komitees*". Marcuse spottete weiter und berichtete, daß „als Erste zu der *konstituierenden* (!) Sitzung dieser *Ärztlichen* (!) Gesellschaft Fräulein *Helene Stöcker* erschienen war"[47].

Im Gefolge des 1. Weltkrieges verstärkte sich das pazifistische Element in Helene Stöckers Aktivitäten, sie kam vom Mutterschutz zum Menschenschutz. Aber auch Hirschfeld wandte sich dem Pazifismus zu. Beide wurden Mitglied des Ende 1914 gegründeten „Bund Neues Vaterland" (später: Deutsche Liga für Menschenrechte)[48]. Seit dem 1. Weltkrieg läßt sich dann auch neben der sexualreformerischen Zusammenarbeit des WHKs/Instituts für Sexualwissenschaft mit dem Bund für Mutterschutz eine auf sozialpolitischem und pazifistischem Gebiet nachweisen.

Im Oktober 1915 fand in Berlin wieder die Jahresversammlung statt. Sie trug die Bezeichnung „1. Kriegstagung des Deutschen Bundes für Mutterschutz". Sowohl Helene Stöcker als auch Magnus Hirschfeld sprachen zur „Psychologie des Krieges"[49]. Weitere Zusammenarbeit zwischen Magnus Hirschfeld und Helene Stöcker gab es in zahllosen Gremien und Ausschüssen, wie dem Monistenbund und der „Gesellschaft für Rassehygiene". Hier berieten sie 1917/18 über die Einführung staatlicher Ehegesundheitsatteste[50].
1919 gründete Magnus Hirschfeld aus eigenen Mitteln das „Institut für Sexualwissenschaft". Ein heutiger Chronist des Bundes für Mutterschutz vermutet, daß die 1919 eröffnete Sexualberatungsstelle im Institut mit dem Bund in Verbindung zu bringen sei[51]. In der Gründung des „Instituts für Sexualwissenschaft" drückte sich bei Hirschfeld das sexual- und sozialreformerische Element seiner – nach der Erforschung der „sexuellen Zwischenstufen" und der Erforschung der „seelischen Geschlechtsleiden" – dritten Schaffensperiode aus[52]. Hirschfeld setzte sich ein – und damit auch das Institut – für die völlige rechtliche Gleichstellung der Frau, Liberalisierung des Eherechts, die Freigabe von Verhütungsmitteln und Abtreibung, die Gleichstellung ehelicher und unehelicher Kinder, sexuelle Aufklärung, die Abschaffung des § 175 und führte einen Kampf gegen Geschlechtskrankheiten. Diese Zielsetzungen waren weitgehend identisch mit denen des Bundes und der Internationalen Liga für Mutterschutz und Sexualreform. In die Richtlinien des Bundes war bereits im November 1922 die Forderung nach Abschaffung des § 175 aufgenommen worden[53]. Hirschfeld und die Mitarbeiter des Instituts griffen die Idee einer internationalen Liga für Sexualreform wieder auf. 1921 veranstaltete das Institut die „1. Internationale Tagung für Sexualreform auf sexualwissenschaftlicher Grundlage"[54]. Hirschfeld wiederholte sein vermutlich damaliges Lieblingsthema „Sexualwissenschaft als Grundlage der Sexualreform"[55]; Helene Stöcker referierte über „Erotik und Altruismus"[56]. Auguste Kirchhoff, Aktivistin der Bremer Ortsgruppe des Bundes sprach über die „Erziehung zur sexuellen Verantwortlichkeit"[57]. Referenten waren ferner die Mitarbeiter am Institut und Sexualforscher, die im Bund Mitgliedschaft hatten: Dr. Rutgers (Holland), Artur Kronfeld und Kurt Hiller. Die Erziehungswissenschaftlerin und erste *ordentliche* Professorin in den Erziehungswissenschaften sprach über eine „Neubegründung der Psychologie von Mann und Weib«[58]. 1911 war das WHK dem Internationalen Kongreß für Mutterschutz und Sexualreform beigetreten. 17 Jahre später war es umgekehrt; der Bund für Mutterschutz beschloß bei seinen Vorstands- und Ausschußsitzungen am 26. Mai und 29. Juni 1928, der neugegründeten Weltliga für Sexualreform beizutreten. Im Juni nahm der Bund am Internationalen Kongreß für Sexualreform in Kopenhagen teil. Beim Kongreß waren 70 Frauen und Männer anwesend. Hirschfeld wurde – neben August Forell und Havelock Ellis – einer der drei Präsidenten der Weltliga, sie alle waren auch

Mitglieder des Bundes für Mutterschutz. Helene Stöcker gehörte dem Ausschuß an. Das Breslauer Bundesmitglied Dr. Lotte Neisser-Schroeter erregte damals Aufsehen mit der von ihr vorgelegten Enquete der Ehe- und Sexualberatungsstellen in Deutschland[59]. Der Tagungsbericht wurde von dem Dänen Dr. Leunbach und dem Frankfurter Bundesmitglied Dr. Hertha Riese erstellt[60]. Hirschfeld variierte sein übliches Tagungsreferat, er sprach diesmal über „Sexualreform im Sinne der Sexualwissenschaft"[61].
Der nächste Kongreß fand bereits ein Jahr später, im September 1929, in London statt. Hier nahmen dann über 200 Delegierte aus allen europäischen Ländern, mit Ausnahme Portugals teil[62]. Der Bund für Mutterschutz war mit Helene Stöcker und weiteren Mitgliedern vertreten. Hirschfeld sprach in seiner Eröffnungsrede über die Entstehung und Entwicklung der Sexualwissenschaft. Zwei weitere Kongresse der Weltliga für Sexualreform folgten: Vom 16.–23. September 1930 in Wien und 1932 in Brno (Brünn). Der Schriftsteller Herbert Lewandowski nimmt an, daß Helene Stöcker auch an diesen beiden Kongressen teilnahm[63].
Auch diesmal bewirkten die schwierigen politischen Verhältnisse die Auflösung der Liga. Hinzu kamen der Tod Hirschfelds am 15. Mai 1935 in Nizza und die Auseinandersetzungen um die psychoanalytisch orientierte „Sexualökonomie" von Wilhelm Reich.
Die führenden Mitglieder des WHK, des Instituts für Sexualwissenschaft und des Bundes für Mutterschutz arbeiteten auch auf der politischen Ebene zusammen und setzten sich für die Lösung der „Homosexuellenfrage" ein. Ein Beispiel hierbei ist der „Politische Rat Geistiger Arbeiter", der sich im Gefolge der Novemberrevolution gründete, jedoch nur kurze Zeit bestand. Kurt Hiller, der mit Helene Stöcker seit 1908 befreundet war, war der Initiator[64]. Magnus Hirschfeld und Helene Stöcker gehörten zu den aktivsten Mitgliedern dieser Gruppierung[65]. Das sozial- und sexualreformerische Programm läßt ihre Handschrift vermuten[66].
Eine intensive Zusammenarbeit zwischen dem Bund für Mutterschutz, dem WHK und der Abteilung für Sexualreform am Institut für Sexualwissenschaft und vier weiteren sexualreformerischen Organisationen ergab sich ab Ende 1925 im „Kartell für Reform des Sexualstrafrechts". Das Kartell hatte sich zusammengefunden, um gegen den reaktionären „Amtlichen Entwurf" eines neuen Strafgesetzbuches, der 1925 erschienen war, ein Gegengewicht zu schaffen[67].
Helene Stöcker gehörte als Vertreterin des Bundes für Mutterschutz der Redaktionskommission des Gegenentwurfs als einzige Frau an. Die neun Männer (Felix Theilhaber, Felix Halle, Kurt Hiller, Magnus Hirschfeld, Arthur Kronfeld, Richard Linsert, Heinz Stabel, Siegfried Weinberg und Johannes Werthauer) waren alle als Sympathisanten oder Mitarbeiter dem WHK mit dem Institut oder dem Bund verbunden. Die Autoren des „Gegen-

entwurfs" stellten den von „alter kirchlicher Tradition" geprägten Normen des amtlichen Entwurfs ihre Vorstellungen gegenüber, wobei nur die Selbstbestimmung des Individuums, die Gesundheit des Menschen und der „Schutz der Geschlechtsreifen" als zu schützende Rechtsgüter galten. Die Autoren sahen folgerichtig keine Sonderbehandlung der Homosexualität, keine Bestrafung des Ehebruchs, der Prostitution und der Abtreibung und keine Behinderung der Vertreibung von Verhütungsmitteln vor.
Der „Entwurf eines Allgemeinen Deutschen Strafgesetzbuches" wurde infolge der Wirtschaftskrise und der lahmgelegten parlamentarischen Arbeit am Ende der Weimarer Zeit nicht mehr verabschiedet. Die Nationalsozialisten verschärften 1935 die §§ 175 und 218. Homosexualität bei Männern wurde mit Einweisung ins KZ bestraft, und bei Abtreibung drohte die Todesstrafe.

Anmerkungen

1 Kurt Hiller in einer Rundfunkrede zum 60. Geburtstag von Helene Stöcker, wiedergegeben nach Ruth Aspök, Helene Stöcker und der Bund für Mutterschutz, Manuskript, o. O., o. J. (Wien 1982), 26.
2 Kurt Hiller, Leben gegen die Zeit, Hamburg 1969, 127.
3 A. a. O., 389.
4 Magnus Hirschfeld, Geschlechtskunde, Bd. 2, Stuttgart 1928, 108.
5 A. a. O., 260.
6 A. a. O., 6.
7 Magnus Hirschfeld, Was will die Zeitschrift Sexus, in: Sexus, Internationale Vierteljahresschrift für die gesamte Sexualwissenschaft und Sexualreform, Nr. 1, Berlin 1933, 1ff.
8 Einen Beleg für diese These liefert die umfangreiche Arbeit von Marcus Wawerzonnek, Implizite Sexualpädagogik in der Sexualwissenschaft 1886–1933, Köln 1984.
9 Fanny Lewald, Osterbriefe für Frauen, Berlin 1863.
10 Hedwig Dohm, Der Frauen Natur und Recht, Berlin 1876.
11 Mitteilung nach der „Deutschen medizinischen Wochenschrift", in: Sexual-Probleme, Februar 1914, 10. Jg., H. 2, 130f.
12 Helene Stöcker, Zehn Jahre Mutterschutz, Berlin o. J. (1915), 30.
13 So befinden sich im Archiv von Merseburg Polizeiakten mit Berichten über Veranstaltungen von Helene Stöcker. Diesen Hinweis verdanke ich Christel Wichert. Aber auch im Staatsarchiv Hamburg, Akten der Politischen Polizei, finden sich unter der Signatur S 12843 Polizeiberichte über den Bund für Mutterschutz.
14 Friedrich Schlegel, Lucinde (1799); Taschenbuchausgabe: Friedrich Schlegel, Lucinde, Ein Roman, Mit Friedrich Schleiermachers „Vertrauten Briefen über Friedrich Schlegels ‚Lucinde'", Nachwort von Ursula Naumann, München 4/1985; Daniela Weiland, Geschichte der Frauenemanzipation in Deutschland und Österreich, Biografien, Programme, Organisationen, Düsseldorf 1983, Stichwörter „Emanzipation des Fleisches" und Die „Emanzipierten", 78–81; ferner: Ursula Linnhoff, „Zur Freiheit, oh, zur einzig wahren –", Köln 1979.

15 Magnus Hirschfeld, Geschlechtskunde, Bd. 2, Stuttgart 1928, 260.

16 Max Marcuse, Helene Stöcker, I. Aus unseren bisherigen Erfahrungen und Erfolgen. Rückblick auf das erste Jahr des Bundes für Mutterschutz. II. Jahresbericht der ersten Vorsitzenden, Berlin 1906; Maria Lischnewska, Unser praktischer Mutterschutz, Berlin 1907; Iwan Bloch, Das Sexualleben unserer Zeit in seinen Beziehungen zur modernen Kultur, Berlin 1907; Max Rosenthal, Hamburg und der Bund für Mutterschutz, in: Die Neue Generation, Nr. 9, 1913, 552–559; M. Rosenthal, Zur Geschichte des Deutschen Bundes für Mutterschutz, Breslau 1912; Helene Stöcker, 10 Jahre Mutterschutz, Berlin o. J. (1915); Max Rosenthal (Hrsg.), Unser „Mutterschutz", Berichte über Tätigkeiten des Bundes und der Ortsgruppen in den Jahren 1913–1918, Breslau 1919; Lotte Neisser-Schroeter, Geburtenregelung. Aus den Ergebnissen der Enquete über die Ehe- und Sexualberatungsstellen Deutschlands, in: Die Neue Generation, Nr. 24, 1928, 432–435; Magnus Hirschfeld, Geschlechtskunde, Bd. 3, Stuttgart 1930, 269–275. Diese Berichte wurden von Mitgliedern des Bundes für Mutterschutz verfaßt. Von den in jüngster Zeit erschienenen Veröffentlichungen sei ebenfalls nur eine Auswahl genannt. Die erste Arbeit nach vermutlich fast 50jährigem Schweigen stammt von Birgit Ebert „Bürgerliche Moral und radikale Frauenbewegung des Bürgertums. Der Kampf um ein neues Frauenbild im Wilhelminischen Reich, 1894–1910; unveröffentlichte wissenschaftliche Hausarbeit, Hamburg 1978; Daniela Weiland, Stichwort „Bund für Mutterschutz und Sexualreform", Geschichte der Frauenemanzipation in Deutschland und Österreich, Düsseldorf 1983, 58–61; Bernd Nowacki, Der Bund für Mutterschutz (1905–1933) Husum 1983. In den beiden ersten Jahrzehnten des Bestehens des Bundes für Mutterschutz wurden zahlreiche diffamierende Schriften veröffentlicht. Hier sei nur als ein Beispiel genannt: E. F. W. Eberhard, Die Frauenemanzipation und ihre erotischen Grundlagen, Wien und Leipzig 1924 mit dem Abschnitt „Frauenbewegung und Sittlichkeit", 841–882.

17 Ruth Bré, Das Recht auf Mutterschaft. Eine Forderung zur Bekämpfung der Prostitution, der Frauen- und Geschlechtskrankheiten, Leipzig 1903; Helene Stöcker, Ruth Bré und der Bund für Mutterschutz, in: Die Neue Generation, Nr. 1 (vom 14. Januar), Berlin 1912, 30–40. Magnus Hirschfeld, Geschlechtskunde, Bd. 3, Stuttgart 1930, 269–273.

18 Was will der Bund für Mutterschutz, in: Helene Stöcker, Zehn Jahre Mutterschutz, S. 69.

19 Max Rosenthal, Zur Geschichte des Deutschen Bundes für Mutterschutz, Breslau 1912, 6.

20 Helene Stöcker, Die moderne Frau, in: Freie Bühne 1983, wiederabgedruckt in: Die Liebe und die Frauen, Minden 1906, 19–23, hier 20.

21 Lily Braun, Die Mutterschaftsversicherung, in: Mutterschutz, Bd. 2, 2. Jg. 1906, 122.

22 Maria Lischnewska, Die geschlechtliche Belehrung der Kinder. Zur Geschichte und Methodik des Gedankens in: Mutterschutz, Nr. 1, 1905, 137–170.

23 Helene Stöcker, Zu Dr. Magnus Hirschfelds 50. Geburtstag, in: Vierteljahresberichte des WHK, H. 2 u. 3, Jg. 18, 44 u. 45.

24 Bernd Nowacki, Der Bund für Mutterschutz, Husum 1983, 107.

25 Kurt Hiller, § 175: die Schmach des Jahrhunderts, Hannover 1922; Anhang: Die Petition.

26 JfsZ, 4. Jg., Leipzig 1902, 975.

27 Die Rede ist abgedruckt im Jahrbuch für sexuelle Zwischenstufen, 3. Jg. 1901, 308–312; Reprint in: Ilse Kokula, Weibliche Homosexualität um 1900 in zeitgenössischen Dokumenten, München 1981, 191–211.

28 Eine Wiedergabe des Verlaufs der Diskussion findet sich in den Monatsberichten des WHK, 3. Jg. Nr. 11 vom 1. 11. 1904, 2f.
29 JfsZ, 8. Jg., Leipzig 1906, 919.
30 Monatsberichte des WHK, 4. Jg. Nr. 11, Berlin 1905.
31 Monatsberichte des WHK, 5. Jg. Nr. 11, 1906, 211. Gewichtige Stimmen über das Unrecht des § 175 unseres Reichsstrafgesetzbuches, Leipzig 1914 (2. verbesserte Auflage), 43.
32 Abgedruckt in: Vierteljahresberichte des WHK, 3. Jg. Oktober 1911, H. 1, 8.
33 Vierteljahresberichte des WHK, 3. Jg. Oktober 1911, H. 1, 8.
34 A. a. O., S. 8ff.
35 Wiedergegeben nach E. F. W. Eberhard, Die Frauenbewegung und ihre erotischen Grundlagen, 553.
36 Vierteljahresberichte des WHK, 3. Jg., April 1912, H. 3, 273; der Hinweis bezieht sich auf einen Bericht in der „Breslauer Morgenzeitung“ vom 1. 2. 1912.
37 Es handelt sich um die Ausgaben der „Der Abolitionist“: 10. Jg., Nr. 1 vom 1. 1. 1911; 10. Jg., Nr. 2 vom 1. 2. 1911 und 11. Jg., Nr. 1 vom 1. 1. 1912. Alle sind abgedruckt in: Ilse Kokula, Weibliche Homosexualität um 1900, München 1981, 257–266.
38 Vierteljahresberichte des WHK, 3. Jg., Januar 1912, H. 2., 251.
39 Helene Stöcker, Zehn Jahre Mutterschutz, Berlin o. J. (1915), 62. Der erste internationale Kongreß für Mutterschutz und Sexualreform zu Dresden, in: Sexualreform, Beiblatt zu Geschlecht und Gesellschaft Bd. 6, H. 10, Oktober 1911, 146f.; das Referat ist abgedruckt in: Die Neue Generation, Nr. 3 vom 14. 2. 1912, 115–126.
40 Vierteljahresberichte des WHK, 3. Jg., Januar 1912, H. 2, 252.
41 Ein ausführlicher Tagungsbericht findet sich in: Sexual-Probleme, 7. Jg., August 1913, H. 8, 571–577; detaillierte Informationen geben „Die Verhandlungen der 8. Jahresversammlung der Deutschen Gesellschaft zur Bekämpfung der Geschlechtskrankheiten“, hrsg. vom Vorstand der Gesellschaft, Leipzig 1911. Als Teilnehmer-/innen wurden genannt: Dr. Eulenburg, Dr. Löwenfeld, Nyström (Stockholm), Dr. Rohleder, Prof. Flesch, Prof. Blaschke, Dr. Chotzen, Henriette Fürth, Dr. Neisser, Dr. Julian Marcuse, Dr. Alexander (alle BfM).
42 Vierteljahresberichte des WHK, 3. Jg., Oktober 1911, H. 1, 126.
43 Vierteljahresberichte des WHK, 3. Jg., April 1912, H. 3, 379.
44 A. a. O., 379f.
45 Vierteljahresberichte des WHK, 3. Jg., Juli 1912, H. 4, 496.
46 M. M. (das ist Max Marcuse), Aus Vereinen, Versammlungen, Vorträgen, in: Sexual-Probleme, 9. Jg., Mai 1913, H. 5, 354f.
47 Alle Zitate a. a. O., 355.
48 Siehe Verzeichnis der ordentlichen Mitglieder in: Otto Lehmann-Russbüldt, Der Kampf der Deutschen Liga für Menschenrechte (vormals Bund Neues Vaterland) für den Weltfrieden, Berlin 1927.
49 Bernd Nowacki, Der Bund für Mutterschutz 1905–1933, Husum 1983, 87f.
50 Vgl. Zeitschrift für Sexualwissenschaft, 1917, H. 4, 37 und 45ff.
51 Bernd Nowacki, Der Bund für Mutterschutz, a. a. O., 107.
52 Die Einteilung stammt von Max Hodann, Magnus Hirschfeld und das Institut für Sexualwissenschaft in: derselbe, Sexualpädagogik, Rudolfstadt 1928.
53 Abgedruckt in: Bernd Nowacki, Der Bund für Mutterschutz, a. a. O., 139–143; die „InternationaleWeltliga für Mutterschutz und Sexualreform“ vertrat die Auffassung, daß eine richtige Beurteilung der intersexuellen Variationen, besonders auch der der homosexuellen Frauen und Männer, erfolgen solle und daß die sexuellen

Triebrichtungen nicht wie bisher als Verbrechen, Sünde oder Laster, sondern als mehr oder weniger krankhafte Erscheinungen aufzufassen seien. Ferner wurde eine Änderung des Sexualstrafrechts verlangt. Einvernehmliche sexuelle Handlungen zwischen Erwachsenen sollten straffrei bleiben. Wiedergegeben nach Hans Lehfeld, Die Laienorganisationen für Geburtenregelung, Berlin 1932, 73 (Sonderdruck aus: Archiv für Bevölkerungspolitik, Sexualethik und Familienkunde).

54 Tagungsbericht: A. Weil (Hrsg.), im Auftrage des Instituts für Sexualwissenschaft, Berlin 1922.

55 A. a. O., 1–7.

56 A. a. O., 98–107.

57 A. a. O., 276–284.

58 A. a. O., 121–128.

59 Lotte Neisser-Schroeter, Geburtenregelung. Aus den Ergebnissen der Enquête über die Ehe- und Sexualberatungsstellen Deutschlands, in: Die Neue Generation, Nr. 24, 1928, 432–435.

60 Dr. I. H. Leunbach und Dr. Hertha Riese, Sexual-Reform-Kongreß. Weltliga für Sexualreform, Bericht des 2. Kongresses (in Kopenhagen vom 1. bis 5. Juli 1928), Kopenhagen und Leipzig 1929.

61 A. a. O.

62 Jeffrey Weeks, Coming Out, Homosexual Politics in Britain, from the Nineteenth Century to the Present, London 1977, 140f.

63 Schriftliche Mitteilung vom 28. November 1984 an die Verfasserin.

64 Kurt Hiller schildert in seinen Memoiren sehr ausführlich die Entstehung des „Rates geistiger Arbeiter“; eine Dokumentation dazu findet sich in: Dieter und Ruth Glatzer, Berliner Leben 1914–1918. Eine historische Reportage aus Erinnerungen und Berichten, Berlin (DDR) 1983, 224–229.

65 Kurt Hiller, Leben gegen die Zeit, a. a. O., 107–125; Arthur Holitscher, Mein Leben in dieser Zeit. Der „Lebensgeschichte eines Rebellen“ zweiter Band (1907–1925), Potsdam 1928, wiedergegeben nach Dieter und Ruth Glatzer, Berliner Leben, a. a. O., 529.

66 Abgedruckt in Kurt Hiller, Leben gegen die Zeit, a. a. O., 122–125.

67 Kurt Hiller, Leben gegen die Zeit, a. a. O., 207f.; Kartell für Reform des Sexualstrafrechts (Hrsg.), Gegen-Entwurf zu den Strafbestimmungen des Amtlichen Entwurfs eines Allgemeinen Deutschen Strafgesetzbuches über gesellschaftliche und mit dem Geschlechtsleben im Zusammenhang stehende Handlungen, Schlußredaktion Kurt Hiller, Berlin 1927.

2. ‚Erotik und Altruismus' Emanzipationsvorstellungen der Radikalen Helene Stöcker

Heide Soltau

Eine junge Kunststudentin, Irene, verliebt sich in einen um 15 Jahre älteren Mann, Robert, Professor für Kunstgeschichte an der Universität München. Der Mann ist verheiratet, seine Frau lebt wegen eines Leidens im Süden. So sind die Hindernisse, mit denen sich Irene und Robert konfrontiert sehen, groß. Die bürgerliche Gesellschaft des ausgehenden 19. Jahrhunderts ist nicht geneigt, derartige Verhältnisse zu tolerieren. Sie zwingt diese Paare ins Abseits einer heimlich gepflegten Privatheit, die vor allem zu Lasten der Frauen geht, und folglich gerät die verschwiegene Wohnung auch Irene bald zum Gefängnis. Sie wird zur Hüterin ihrer Liebe und – wartet. Für die Kunst bleiben nun weder Zeit noch Kraft, ihre Aufmerksamkeit gilt ausschließlich dem Mann. Aus der selbständigen Frau wird die emotional abhängige Geliebte. Aber nicht diese Situation leitet den Bruch ein, sondern das verzweifelte Aufbegehren Irenes gegen die Beschränktheit ihrer Liebe. Während sie ein Mehr an Liebe fordert, fühlt sich der Mann in seiner Männlichkeit bedroht und eingeschränkt und zieht sich zurück. Eine Leidenszeit beginnt. Doch schließlich gelingt es der Frau wieder zu arbeiten, und sie verwirklicht ihren für die Liebe verschobenen Plan: Sie setzt in Paris ihr Kunststudium fort.

‚Liebe'[1], so der Titel dieses Romans von Helene Stöcker. Sicher kein literarisches Meisterwerk, das die 53jährige 1922 ihrem Publikum präsentierte, eine quälende Leidensgeschichte, das Tagebuch einer Liebe, die auf über 400 Seiten ausgebreitet wird.

Was mochte die bekannte Publizistin und engagierte Kämpferin für eine neue Ethik, für Mutterschutz und Sexualreform, für Frieden und Freiheit bewegt haben, diesen, vermutlich in mancher Hinsicht autobiographischen, Roman zu veröffentlichen?[2] Immerhin war Helene Stöcker eine national und international bekannte, geschätzte und kritisierte Persönlichkeit, die sich seit über 20 Jahren in das politische Geschehen einmischte. Seit 1905 war sie Herausgeberin der Zeitschrift des Bunds für Mutterschutz ‚Die neue Generation'[3], hatte auf zahlreichen Versammlungen für die Ziele des Bundes gesprochen, hatte internationale Kongresse zu Fragen des Mutterschutzes und der Sexualreform besucht und war nach Ausbruch des 1. Weltkriegs in der Friedensbewegung aktiv geworden.[4] Sie stand mit führenden politischen Intellektuellen ihrer Zeit in Kontakt, kannte Schriftstellerinnen und Schriftsteller ebenso wie Vertreterinnen der Frauenbewegung, der bürgerlichen

und der proletarischen. Sie war an der Entwicklung der jungen Sowjetunion interessiert, besuchte mehrmals als Teilnehmerin offizieller Delegationen das Land und ging nach der Machtergreifung Hitlers ins Exil. Helene Stöcker war zweifellos eine beeindruckende Frau, die nie aufhörte, sich einzumischen. So wurde ihr 60. Geburtstag in über 400 Zeitungen und Zeitschriften des In- und Auslandes gewürdigt.[5]
Der Roman ist kein historisches, die Verhältnisse des ausgehenden 19. Jahrhunderts illustrierendes Dokument, in dem Phasen und Positionen eines Kampfes noch einmal in Romanform reflektiert werden. ‚Liebe' kann als literarische Umsetzung des Emanzipationsprogramms Helene Stöckers gelten:

„Das Buch soll demselben schönen Ziele einer Erhöhung und Vertiefung unserer persönlichen Liebeskultur dienen, wie alle Arbeit, die an dieser Stelle und in unserer Bewegung seit fast zwei Jahrzehnten geleistet ist,"

schreibt sie dazu 1923 in der ‚Neuen Generation'. Es geht um den „Konflikt der Frau, die Persönlichkeit ist – die als Persönlichkeit ganz ebenso unbedingt sich bewahren, wie als Weib sich völlig hingeben möchte."[6]

„Das Buch ist auch ein Versuch – und in dieser Art vielleicht neu –, das seelische Erleben der Frau in der Liebe rückhaltlos darzulegen."[7]

‚Liebe' dient also zum einen der Arbeit des Bunds für Mutterschutz, soll für dessen Auffassungen und Ziele werben, zum anderen will der Roman Einblick bieten in die Psyche der Frau und ihr Liebeserleben darstellen. Das Tagebuch der Irene ist damit, zumindest dem Anspruch seiner Autorin nach, mehr als der Erfahrungsbericht einer Frau. Die Konflikte Irenes sind, so Helene Stöcker, die Konflikte der modernen Frau zu Beginn des 20. Jahrhunderts.

Die moderne Frau

In einem ihrer ersten Aufsätze schreibt Helene Stöcker:

„Die moderne Frau ist etwas, das noch nicht in dieses Jahrhundert hineingehört; – für die es noch keinen Namen und – keinen Mann gibt, keine Stellung in der Gesellschaft; (...)

es ist – ja, der Name ist schwer zu finden – die moderne Frau der gebildeten Stände – die sich nach Stuart Mill und Bebel auch noch mit Stirner und John Henry Mackay beschäftigt hat, die Nietzsches Individualismus teilt, nachdem sie eine Zeitlang in Gefahr war, zur sozialistischen Partei zu schwören – und die (...) hinausgeht aus dem schützenden Vaterhause, um sich die pekuniäre Unabhängigkeit zu erringen – die erste Vorbedingung zu jeder Art von Freiheit. (Sie will) ihr Recht auf Freiheit *und* ihr Recht auf Liebe!"[8]

Mit diesem 1893 erschienenen Aufsatz bezieht sich Helene Stöcker auf eine bestimmte Gruppe von Frauen. Es sind die Gebildeten, die das Privileg einer guten Herkunft genießen und sich auf einen Individualismus berufen können, der für die meisten Frauen der Zeit nicht zur Debatte stand. Sie hatten keine Möglichkeit, Stirner oder gar Nietzsche zu lesen, für sie galt es, nach Arbeitsschluß die Familien zu versorgen, sie verfügten nicht über den Freiraum, sich Bildung anzueignen. Ihre Interessen waren elementarer, ihnen ging es um die Verbesserung ihrer sozialen Lage, um mehr Lohn und Arbeitsschutzbestimmungen, um ein menschenwürdiges Leben für Frauen und Kinder. Diese Probleme sind Helene Stöcker bewußt, ihr Engagement im Bund für Mutterschutz gilt ebenso den unteren Schichten, doch steht bei ihr die gebildete Frau im Zentrum. Sie ist der Maßstab, an dem sich die anderen, Frauen und Männer, orientieren sollen.
Auch die Figur der Irene verkörpert diesen Typus der modernen Frau: Sie hat ihr Vaterhaus verlassen und studiert in München, verdient ihren Lebensunterhalt mit Malstunden, ist belesen, kennt insbesondere Nietzsche, beschäftigt sich mit Problemen der Frauenemanzipation, ohne einer Organisation beizutreten, und verfolgt ein Ziel: Sie will Malerin werden. Von Liebe träumt sie zunächst nur. Sie wartet auf „den Einen, Herrlichen, Großen"[9], dem sie einmal alle ihre Liebe zu Füßen legen will. Ihn trifft sie mit Robert. Der feinsinnige, gebildete, ältere Mann, mit dem sie besonders geistige Interessen, die Kunst und die Kunstgeschichte, verbinden, scheint ihre Erwartungen zu erfüllen. Doch die Enttäuschung bleibt nicht aus, kann nicht ausbleiben, denn den modernen Mann, das hatte Helene Stöcker schon 1893 in ihrem Aufsatz hervorgehoben, gibt es (noch) nicht. Der Mann teilt nicht den Fortschrittsglauben der Frau. Sein Blick gilt der Vergangenheit, der alten Geschichte und der traditionellen Form des Geschlechterverhältnisses. So auch Robert. Er entpuppt sich als *der* Mann, als das Gegenteil des erträumten Ideals: Er hat ständig Frauengeschichten, zeigt kaum Interesse für Irenes Kunst, will vor allem ihren Körper und geht nur wenig auf ihre sinnlichen Bedürfnisse ein, läßt sie warten und will sie in Abhängigkeit bringen und ist dazu noch unehrlich, versucht, die Frau mit schönen Worten immer wieder an sich zu binden. Somit ist die Beziehung zum Scheitern verurteilt, das ist nach gut 100 Seiten bereits deutlich. Während nämlich die Leserin sehr schnell die Vergeblichkeit der Bemühungen der Frau erkennt, den Mann von ihren Anschauungen zu überzeugen, braucht Irene Monate und Jahre, um sich von dieser Beziehung zu lösen. Sie durchlebt zunächst alle Phasen der inneren Abhängigkeit vom Mann, das führt bis zur vorübergehenden Aufgabe der eigenen, künstlerischen Arbeit.
Nun ist diese Leidensgeschichte durchaus kritisch gemeint und hat, sieht man einmal vom Pathos der Sprache ab, an Aktualität nichts eingebüßt. Die Ende der 70er Jahre erschienenen Trennungstexte von Frauen berichten von ähnli-

chen Erfahrungen[10], „das seelische Erleben der Frau in der Liebe", wie es Helene Stöcker in ihrer Ankündigung zum Roman 1923 formuliert, scheint damit realistisch eingefangen zu sein. Die Frage bleibt aber, wie die moderne Frau, Irene, die Konflikte für sich löst.

Der hohe Mensch

„Nicht die Stärke, sondern die Dauer der hohen Empfindung macht die hohen Menschen."[11]

So lautet das Motto, das dem Roman ‚Liebe' vorangestellt ist. Daß Helene Stöcker sich hier auf Nietzsche beruft, unter diesem Leitmotiv die Geschichte ihrer Irene erzählt, daraus ergeben sich nicht nur interessante Interpretationshinweise auf den Text, sondern dies ist der Schlüssel zum Verständnis ihrer Auffassungen.
Für die Intellektuellen und Künstler des Fin de siècle war die Philosophie Nietzsches von entscheidender Bedeutung. Insbesondere seine Religionskritik und die vitalistischen Aspekte seines Denkens stießen auf breite Resonanz. Die Enge bürgerlicher Verhältnisse und die Einschränkungen durch eine Moral, die der Jugend der Zeit zunehmend zur Fessel wurde, waren wesentliche Gründe für die emphatische Aufnahme Nietzsches, und die Offenheit seines Denkens bot vielfältige Interpretationsmöglichkeiten, eine Gefahr, auf die Lou Andreas-Salomé schon 1894 hinwies.[12] Das erklärt auch, warum sich so unterschiedliche Frauen wie z. B. Gabriele Reuter, Franziska zu Reventlow und Helene Stöcker damit identifizieren konnten.[13] Anders als die meisten ihrer Zeitgenossen studierte Helene Stöcker jedoch intensiv die Werke Nietzsches und verwertete seine Gedanken zur theoretischen Begründung ihrer politischen Praxis: Ziel war die *„Hebung* der menschlichen Rasse", um zu „hohen Menschen", zu Nietzsches „Übermenschen" zu gelangen,[14] „die Ja sagen dürfen zum Leben und zu sich selber (...) Menschen eines starken, ungebrochenen Lebenswillens, die den Mut zur großen Verantwortlichkeit haben."[15] Dafür zu kämpfen, diesen Menschen zu entwikkeln, darum ging es Helene Stöcker. Nietzsche habe Gott entthront und den absoluten Wahrheitsanspruch Gottes und der Kirche ad absurdum geführt, damit sei auch „die absolute Überlegenheit des Mannes" gefallen.[16]
Für den Roman spielt Nietzsche nun in doppelter Weise eine zentrale Rolle. Nicht nur erscheint der ganze Text unter dem schon zitierten Motto, auch einzelnen Kapiteln sind Aphorismen Nietzsches vorangestellt. Zudem entdeckt Irene für sich den Philosophen. So fungiert Nietzsche zum einen als

Kommentator des Geschehens und zum anderen als Tröster im Schmerz um den Geliebten.
Helene Stöcker faßt mit den Worten Nietzsches den Inhalt einzelner Kapitel zusammen. Durch ihre Liebe und ihr Leiden vollzieht Irene einen Erkenntnisprozeß, der im jeweiligen Motto schon vorweggenommen ist. „Sagtet ihr Ja zu irgendeiner Lust, so sagtet ihr Ja auch zu allem Weh",[17] heißt es zu Beginn des dritten Kapitels, das die Wende einleitet:

„Dieses junge, erst hilflos stürmisch verlangende – ohne alle Kunst der Nuance liebende – dem wirklichen Leben noch ferne Geschöpf, das in dieser Passion den ersten Zusammenprall ihrer hochfliegenden Träume und Forderungen mit der Wirklichkeit erlebt, verwandelt sich sichtbar unter den Schlägen des Schicksals und reift. Am Ende steht – nicht aus einer glücklichen Wendung, sondern rein aus innerer Entwicklung – ein anderer Mensch vor uns, und doch derselbe: nur auf einer höheren Stufe seines Wesens, reicher, bewiesenere, stärker, der die erste heiße Prüfung des Lebens bestanden hat."[18]

Irene reift also, wie Helene Stöcker hervorhebt, zu einer höheren Stufe ihres Wesens: sie reift zu Nietzsches hohem Menschen. Wenn sie 1920 nach über 30 Jahren dem ehemaligen Geliebten einen Brief schreibt, mit dem sie noch einmal um Verständnis wirbt für das, was zwischen ihnen geschah, und ihre Zeilen mit einem Liebesbekanntnis schließt, so beweist sie damit die Dauer ihrer hohen Empfindung. Das Motto des Romans hat sich damit erfüllt.
Es ist dieses Mißverständnis der Philosophie Nietzsches, das Helene Stöckers politische Auffassungen prägt. Nicht berücksichtigt bleibt nämlich, daß es den hohen Menschen, den „Übermenschen", nur der Idee nach gibt, als fiktives, nie zu erreichendes, sich fortwährend veränderndes Ideal im Sinne einer geistig-moralischen Entwicklung des Menschen. Anders bei Helene Stöcker. Für sie repräsentiert die moderne Frau, die das 20. Jahrhundert betritt, bereits Nietzsches hohen Menschen. Diese Avantgarde von Frauen läßt die Mehrheit der Menschen, insbesondere die Männer, hinter sich zurück.
Damit wird der männliche Diskurs des 19. Jahrhunderts, dem es um den wissenschaftlichen Nachweis der Minderwertigkeit der Frau gegangen war, umgekehrt. Nun hat der Mann das Nachsehen, die Frau eilt ihm mit Riesenschritten voraus. Sie reklamiert nun nicht mehr bloß die Anerkennung ihrer Differenz im Sinne einer Gleichwertigkeit von Männlich und Weiblich, sondern behauptet, sich dazu noch auf den von der intellektuellen Elite verehrten Nietzsche berufend, den besseren Teil der Menschheit darzustellen. Doch dieser, das Selbstbewußtsein der Frauen zweiffellos stärkende Entwurf Helene Stöckers hat, wie sich zeigen wird, Folgen, die Frauen bis heute eher zur Fessel als zur Freiheit gereichen.
Die andere Ebene der Nietzsche-Verarbeitung ist die Lektüre Irenes. Sie wird ihr zur Bestätigung eigenen Denkens und Fühlens:

„Ich kann gar nicht beschreiben, welch eine Befreiung und Bestätigung meiner Natur, meines dunklen Werdedranges jedes Wort für mich ist! Ich lache glückselig: So, genau so meine ich es ja immer!“[19]

Selbst den Geliebten könnte sie eher „entbehren als – Nietzsche – die Atmosphäre der Erhebung und Befreiung.“[20] Je mehr Trennendes sich zwischen Irene und den Mann schiebt, desto näher wird das Verhältnis zu Nietzsche. Die Schilderung ihrer Lektüreerfahrung läßt zuweilen an einen Liebesakt denken.[21] Dem Mangel des realen Mannes korrespondiert die Vollkommenheit des toten Philosophen, der schließlich den Geliebten ersetzt. Nietzsche wird zur Projektionsfläche eigenen Begehrens. Da gibt es nichts Fremdes und Trennendes, mit ihm findet die intensive Verschmelzung statt, die Irene einmal mit dem Geliebten erlebte und die für sie zum Sinnbild einer Beziehung wird. Das Mehr an Liebe, das sie fordert, ist letztlich der Wunsch nach Ausschließlichkeit und Symbiose: „Ich will dich ganz allein, ganz für mich haben“[22], heißt es zu Beginn, und am Ende, als der Mann sich zurückzieht, fleht sie voller Verzweiflung: „Laß mich wenigstens *dein Kind* sein.“[23]
Der Mann verweigert sich diesen Wünschen, und es ist schließlich die Einsicht in seine mangelnde Vollkommenheit, die darin besteht, daß er nicht bereit ist, sich ihrem Begehren anzuschließen, die Irene aus München abreisen läßt. Auf der Handlungsebene des Textes wiederholt sich damit die durch die Motti gegebene Interpretation. Die durch Lust und Weh zum hohen Menschen gereifte Frau läßt den niederen Mann hinter sich zurück. Damit sind auch alle Konflikte gelöst. Nicht die eigenen Wünsche werden grundsätzlich in Frage gestellt, sondern einzig der Mann wird kritisiert. Über den Schmerz der Entfremdung hilft Nietzsche hinweg. Der sich auf einer psychodynamischen Ebene vollziehende Prozeß der Spiegelung in und Bestätigung durch den Philosophen ließe sich als jugendliche Schwärmerei interpretieren, existierten nicht die Motti, die diesen Prozeß gleichsam objektivieren.
Was aber bedeutete diese Nietzsche-Rezeption, mit der sich die Frau, respektive die moderne Frau, als der bessere Teil der Menschheit erweist, für die politische Praxis Helene Stöckers? Zur Beantwortung der Frage wende ich mich jetzt dem Bund für Mutterschutz zu.

Die neue Mutter

Der Bund für Mutterschutz und Sexualreform war die konsequente Weiterentwicklung der Vorstellungen Helene Stöckers. Wenn die moderne Frau ihr Recht auf Freiheit *und* Liebe leben wollte, dann mußten auch Bedingungen geschaffen werden, die die Folgen der Liebe ermöglichten. Es mußte darum gehen, einerseits für die Rechte und die Anerkennung der unehelichen Kinder und ihrer Mütter zu kämpfen, andererseits war das Ziel eine grundlegende Sexualreform. Das schloß einen Einstellungswandel gegenüber der

Frau ein und bedeutete eine Kritik an den Grundfesten der moralischen Anschauungen des Bürgertums: der Doppelmoral. Heilige oder Hure – gegen diese Aufspaltung des weiblichen Geschlechts wandte sich Helene Stöcker. Prostitution war danach nur eine Folge gesellschaftlicher Verhältnisse, die die Sexualität kontrollierten, indem man ihr als einzig legitimen Ort die Ehe zuwies, oder sie im Bordell staatlich überwachte. Konnte der Mann noch auf dem Markt der Möglichkeiten wählen, um seine sexuellen Bedürfnisse zu befriedigen, so stand die Frau vor der Alternative: Ehe oder Enthaltsamkeit. Von ihrer Sexualität war erst gar nicht die Rede, die ging auf in ihrer Funktion des Empfangens und Gebärens.

Es ist ein großes Verdienst Helene Stöckers, den Mythos des Zusammenhangs von weiblicher Lust und Zeugung in Frage gestellt zu haben. Daß die Frau auch autonome sexuelle Bedürfnisse hat, unabhängig von Ehe und Mutterschaft, daß sie ebenso ein Recht hat, diese zu leben, wie sie für die freie Entfaltung ihrer Persönlichkeit eintritt, ja, daß Persönlichkeit und Sexualität, Geist und Körper eins sind, dafür setzte sich Helene Stöcker zeit ihres Lebens ein.

So rückt die Mutter in den Mittelpunkt ihres politischen Engagements, denn in ihr laufen die Widersprüche der bürgerlichen Moral zusammen. Nun begann nicht erst mit Helene Stöcker der Diskurs um die neue Mutter. Seit Bestehen der Frauenbewegung war das ein wesentlicher Aspekt im politischen Kampf der Frauen. Schon Louise Otto wies darauf hin, daß die Bildung des weiblichen Geschlechts letztlich auch im Interesse von Männern und Kindern liegen müßte, denn erst die Bürgerin könne im eigentlichen Sinne Mutter sein.[24] Auch der gemäßigte Flügel der bürgerlichen Frauenbewegung um Helene Lange knüpfte an diesen Gedanken an.[25] Helene Stöcker aber radikalisiert die Rede von der Mutter, indem sie ihre Nietzsche-Interpretation damit verbindet. Ziel ist der neue, hohe Mensch, eine neue Generation:

„Wie für die Erzeugung von Kindern die Mutter so notwendig ist wie der Vater, so ist auch für die Erhaltung und *Hebung* der menschlichen Rasse das Weib so wichtig wie der Mann. Wie sollten wir je zu dem ‚Übermenschen‘ gelangen, wenn die Frauen, deren Sehnsucht sein soll, den Übermenschen zu gebären, alle inferiore Geschöpfe wären, die aus Selbsterhaltungstrieb zur ‚Sklavenmoral‘ greifen müßten?“[26]

Der neue Mensch bedarf der „neuen Mutter“[27], einer Frau, die ihrer selbst gewiß ist und zu einer freien Persönlichkeit geworden ist. Erst sie kann sich in „freier Selbstbestimmung“ einer künftigen Generation zuwenden.

„Aus der bloß physischen Mutterschaft der unterentwickelt gebliebenen Frau (...) entwickelt sich die neue Auffassung der Frau.“[28]

„Und dann als reifer, freier Mensch, der sich selbst besitzen und beherrschen gelernt hat, wird der Augenblick für sie kommen, wo sie nicht nur physisch, sondern auch seelisch reif ist für die Weihe der Mutterschaft.“[29]

Gerade diese Auffassungen lassen sie aber so verschiedenen gesellschaftlichen Gruppen wie Monisten, Neumalthusianern, Eugenikern, Rassenhygienikern und Sozialdarwinisten bündnisfähig erscheinen. Die Naturwissenschaften sind der gemeinsame Anknüpfungspunkt. Darwins 1859 in England erschienenes Werk ‚Die Entstehung der Arten durch natürliche Zuchtwahl' und seine Evolutions- und Selektionstheorie beeinflussen wesentlich das Denken des 19. Jahrhunderts. Durch ihn geraten das christliche Schöpfungsdogma und damit auch der Einfluß der Kirche ins Wanken. Die Unabänderlichkeit des göttlichen Willens ist damit in Frage gestellt. Der Mensch scheint nicht mehr der Natur und Gott ohnmächtig ausgeliefert zu sein, sondern er kann in die Entwicklung eingreifen und sie nach seinem Willen bestimmen. Darwins Lehre erfährt eine populäre Umdeutung, indem seine an Pflanzen und Tieren gewonnenen Ergebnisse auf den Menschen übertragen werden. Erklärtes Ziel wird somit die Förderung des gesunden, wertvollen Menschen und die Ausrottung Minderwertiger. Es geht um die Hebung der Rasse.
Eugeniker und Rassenhygieniker[30] wollen eine gezielte Auslese treffen und qualitativ hochwertigen Nachwuchs fördern. Neumalthusianer, die für Geburtenregelung eintreten[31], gehen das Problem unter sozialpolitischen Gesichtspunkten an. Sie wollen damit die Not der Unterschichten lindern, die Ausbreitung von Krankheiten verhindern und der Überbelastung der Frauen entgegenwirken. Armut, Krankheit, Kinderreichtum, Alkoholismus und Gewalt stehen ihnen zufolge in einem Zusammenhang. Wenn es gelingen würde, die Kinderzahl zu verringern, dann könnten diese Familien auch besser leben. Weniger Geburten würden die Frauen weniger schwächen, die Nachkommen wären gesünder, ihre Erziehung geschehe sorgfältiger, weil die Mütter mehr Kraft und Zeit hätten, denn kleinere Familien könnten auf ihre Mitarbeit verzichten.
Die Monisten, in Deutschland führend vertreten durch Ernst Haeckel, gründen 1906 einen Bund, dem sich auch Helene Stöcker anschließt. Sie vertreten eine Weltanschauung auf der Basis der Naturwissenschaften und treten für die Einheit von Körper und Geist, Materie und Energie ein. Ihr Ziel ist die vollständige Erklärbarkeit der Welt, die Lösung der „Welträtsel"[32]. Kraft der reinen Vernunft sei es in Zukunft möglich, die Welt vollständig zu beherrschen. Diese Bewegung gegen Irrationalismus und Unvernunft stellt sich insbesondere gegen die Religion und plädiert für eine Trennung von Staat und Kirche und eine Schulreform, in deren Zentrum die Naturwissenschaften zu stehen hätten. Haeckels Ideen beinhalten eine scharfe Kritik an der Doppelmoral und der durch das Christentum geförderten Leibes- und Frauenverachtung.
Helene Stöcker will mit dem Bund für Mutterschutz alle unehelichen Mütter und ihre Kinder unterstützen und lehnt den von Alfred Ploetz, einem führenden Rassenhygieniker der Zeit und Gründungsmitglied des Bunds für Mut-

terschutz eingebrachten Vorschlag einer Auslese ab, wonach nicht nur körperliches, sondern „auch intellektuell und moralisch gutes Material" bei der Auswahl eine Rolle spielen soll.[33] Der Einwand Helene Stöckers bezieht sich freilich auf die gegebenen Verhältnisse, nicht zwischen guten und schlechten Müttern unterscheiden zu wollen. Daß es auch in ihren Auffassungen Äußerungen gibt, die dem Gedanken der Auslese und Eliteförderung nicht fern stehen, zeigt ein Ausschnitt aus einem Bericht zum IV. Neumalthusianer-Kongreß in Dresden 1911. Dort schreibt sie:

„Ohne die klare Erkenntnis, daß Liebe und Fortpflanzung zu unterscheiden sind, daß eine der schwersten Verantwortungen des Menschen: die Zeugung eines neuen Menschen, nicht länger dem blinden Zufall, nicht länger allein dumpfen Affekten überlassen bleiben, sondern nur einem durch klare Erkenntnis gezügelten, bewußten Willen zur Höherentwicklung unterstellt werden darf; – ohne diese Erkenntnis ist kein Kulturfortschritt, ist kein Mutterschutz in höherem Sinne möglich."[34]

Helene Stöcker setzt sich hier für Geburtenregelung ein, dem erklärten Ziel der Neumalthusianer, für die Zeugung eines Kindes soll der Wunsch maßgeblich sein. Dieser Argumentation können wir uns anschließen. Sie bedeutet für die Zeit einen Schritt nach vorn. Selbst wenn viele Familien Geburtenregelung praktizierten, so geschah dies hinter verschlossenen Türen, darüber wurde Schweigen bewahrt. Dafür öffentlich einzutreten, ist ein Novum. Nicht übersehen werden sollte jedoch folgendes: Ziel der Geburtenregelung sind die Höherentwicklung und der Kulturfortschritt! Dumpfe Affekte gilt es zu vermeiden, klare Erkenntnis und ein gezügelter Wille sollen an ihre Stelle treten. Ohne Kontrolle mag also auch Helene Stöcker die Lüste und Leidenschaften nicht den Menschen überlassen. Der Geist soll hier steuernd eingreifen, genauer: Nietzsches „Religion der Freude", die alles Irdische vergeistigt, vergoldet und vergöttlicht."[35] Liebe und Sexualität bedürfen zwar keiner staatlichen Ordnung, auf die zivilrechtliche Ehe legt Helene Stöcker keinen Wert, wohl aber geht es ihr mit Nietzsche um „die Vergeistigung der Sinnlichkeit".[36] Sie ist nicht mit der von der Kirche geforderten Askese zu verwechseln. Doch Liebe und Sexualität stehen im Dienst einer höheren Sache, dem Willen zur Höherentwicklung. Erst unter dieser Prämisse ist ein Mutterschutz im höheren Sinne möglich.

Wenn hier aber diese Form des Mutterschutzes hervorgehoben wird, muß es folglich auch einen anderen, einen im niederen Sinne geben!

Helene Stöcker ist keine Anhängerin rassenhygienischer Programme. Züchtungsgedanken liegen ihr fern. Doch die vorübergehende Zusammenarbeit mit eindeutig reaktionären Richtungen, die sich später in den Dienst des Faschismus stellten, geschieht nicht zufällig. Die moderne Frau, das ist die Frau der gebildeten Stände, „die geistig entwickelte, aber zugleich gefühls- und willensstarke Frau". „Von ihrer Art" gibt es wenige.[37] Die Mehrzahl bleibt Masse und bedarf der Führung:

„aber daß denen, welche stark genug sind, sich aus der Masse herauszuheben, auch die Möglichkeit werde, daß sich Persönlichkeiten bilden können, darauf ist unsere Arbeit gerichtet; um der Wenigen, um der Einzelnen willen, dienen wird den Vielen!"[38]

Ziel ist also die Förderung einer Elite, die sich an den Bildungsgütern des Bürgertums orientiert: an Vernunft, Kunst und Wissenschaft. Gerade diese Frauen blieben aber kinderlos. Und so wirbt denn Helene Stöcker in ihren Aufsätzen um Verständnis und stellt die Vorzüge dieser Frauen heraus. Sie schreibt vom Glück dieser Frauen und ihrem Selbstbewußtsein, aber sie versäumt nie, darauf hinzuweisen, daß es um mehr gehe als die Möglichkeit, „Zahnarzt und Rechtsanwalt zu werden"[39]. Die Frau muß stark und reif werden, muß erst die Welt durchwandern, von allem lernen, an allem sich erproben. Für diesen Menschen wird die Hingabe „in einem bestimmten Augenblick eine Naturnotwendigkeit, einfach sein ‚Glück'" bedeuten:

„Mutter werden dürfen in diesem Sinne ist dann freilich für die Frau eine Höhe der Entwicklung, die sich sicherlich mit der Höhe des Künstlers, des Forschers messen kann."[40]

Am Ende aller Befreiung steht also die Frau als Mutter, zu deren wichtigsten Angelegenheiten, „zu denen für die Frau ja fast noch mehr als für den Mann, ihrer Gattungsaufgabe wegen, das Liebesleben gehört."[41]
Die hier zitierten Formulierungen Helene Stöckers lassen erkennen, in wie starkem Maße die Frau als Geschlechtswesen gedacht wird. Naturnotwendig ist wahres Glück gleichbedeutend mit Hingabe an ein Kind, und das Liebesleben gehört zu den wichtigsten Angelegenheiten des Lebens nicht etwa um der Lust und des Vergnügens willen, sondern um die Gattungsaufgaben zu erfüllen. Zwar geht es immer zunächst um Freiheit und Selbstbestimmung, aber am Ende steht die allseitig entwickelte Persönlichkeit, die sich auf die „Weihe der Mutterschaft"[42] besinnt.

So drängt auch jede wirkliche Liebe im Verständnis Helene Stöckers nach einem Kind. Selbst für Irene liegt darin, trotz aller gesellschaftlichen Diskriminierungen ihres Verhältnisses, eine selbstverständliche und notwendige Erfüllung, denn, „wenn ich ihn nicht so lieb hätte, daß ich mich nach einem Kinde von ihm sehnte, hätte ich ihm doch auch nie angehören dürfen."[43]Die sexuelle Lust der Frau erschöpft sich für Helene Stöcker nicht, das sei noch einmal hervorgehoben, im Wunsch nach einem Kind. Gleichwohl steht die Sexualität für sie doch primär im Dienste der Fortpflanzung. So schreibt sie 1915 zum Bund für Mutterschutz:

„Wir sind eine Bewegung für Mutterschutz, für Schutz der neuen Generation, für Veredelung der Rasse, für Verfeinerung der sexuellen Moral. Uns ist es daher von größter Bedeutung, wie sich die Weiterentwicklung unseres Vaterlandes gestaltet. (...) Der eine Teil unserer Wirksamkeit – der Kampf für bessere Lebensbedingungen für Mutter und Kind, für die Entwicklung der Rasse – macht uns zunächst zu Kämpfern für eine gesunde körperliche Entwicklung unseres Volkes. Aber daß sich dieses auf die

Verbesserung der biologischen und sozialen Bedingungen gerichtete Streben mit einer *geistigen,* ideellen Bewegung unzertrennlich *verbindet,* – das gerade macht sie, dürfen wir sagen, so *eminent deutsch* (...)".[44]

Hier, wie auch in anderen Äußerungen, die sich auf den Bund für Mutterschutz beziehen, ist von der spezifischen Situation der Frau keine Rede. Es geht einzig um die Frau als Mutter und um ihr Kind, um die natürlichen Folgen der Sexualität. Sie mögen auch der Grund gewesen sein für die ambivalente Haltung zu Fragen der Homosexualität. Zwar lehnt Helene Stöcker auch hier staatliche Eingriffe ab, sie setzt sich für die Abschaffung des § 175 ein, ebenso wie sie für das Recht auf Verhütung und Unterbrechung der Schwangerschaft eintritt, spricht aber zugleich von den „anormalen Empfindungen der Homosexualität".[45] Die Lust um der Lust willen ohne das hehre Ziel der Veredelung der Rasse, die Emanzipation des Leibes vom Geist, derartige Gedanken sucht man bei Helene Stöcker vergeblich. Und so kann es auch nicht erstaunen, daß der Zusammenhang von weiblicher Emanzipation und Empfängnisverhütung in eigentümlicher Weise diffus bleibt. Gewiß, die bewußte Regelung der Geburten ist ein wesentliches Ziel, um das Problem der sexuellen Moral zu lösen[46], und in der ‚neuen Generation' findet sich 1922 in dem Zusammenhang die Formulierung: Es ginge um das Recht der Frau, „über ihren eigenen Körper zu verfügen"[47], aber Äußerungen dieser Art sind selten. Sie nehmen sich geradezu bescheiden aus, verschwinden im Nebensatz oder im Kleingedruckten.

Liebe

‚Die Liebe und die Frauen', diese 1906 erschienene Sammlung mit Aufsätzen Helene Stöckers aus den vergangenen zwölf Jahren, die eindrucksvoll den kämpferischen Optimismus dieser Frau und ihre unermüdliche Überzeugungsarbeit belegt, verweist schon durch ihren Titel auf das Leitmotiv, unter dem Helene Stöcker bis 1932 publiziert: ‚Lieben oder hassen' (1915), ‚Die Liebe der Zukunft' (1920), ‚Liebe' (1922), ‚Erotik und Altruismus' (1924). Damit stellt sie sich freilich in die höchst fragwürdige Tradition der Romantik, die die Frau zum Naturwesen und zur Repräsentantin der Liebe verklärte. Immerhin ist es dieses Bild der Frau, das zum Geschlechtscharakter gerinnt und bis heute die Rede vom ‚anderen Geschlecht' prägt.[48] Zwar kritisiert Helene Stöcker Auffassungen, die von der ‚Frau an sich' ausgehen, und betont vielmehr die „Verschiedenheit der *Individualitäten*" von Männern und Frauen[49], dennoch gibt es daneben zahlreiche Äußerungen, die sich auf das Wesen der Frau beziehen. Sei es, daß ihr ein „Drang zur Synthese" zugesprochen wird oder daß die Worte Nietzsches zitiert werden: „Das vollkommene Weib ist ein viel höherer Typus des Menschen als der vollkommene Mann“[50], die Frau repräsentiert für Helene Stöcker die „vertiefte Auffassung der Liebe“:

„In bezug auf intellektuelle Leistungen, auf pekuniäre Unabhängigkeit können wir dem Mann vielleicht mit der Zeit gleichkommen, schwerlich ihn übertreffen. Aber auf dem Gebiet des verfeinerten Seelenlebens, des geschärften Verantwortungsgefühls als Frau und Mutter hat die Frau ihr Eigenstes zu geben, einen wertvollen Kultureinsatz, den der Mann so nicht geben kann.“[51]

Liebe in diesem Sinn hat nichts gemein mit der Leidenschaft weniger Stunden. Wahre Liebe bedeutet „Durchseelung“ und „Vergeistigung“ der Sinnlichkeit[52] und strebt nach „einer geschlossenen lebenslänglichen Einheit zwischen zwei Menschen.“[53] Es ist die besondere Aufgabe der „Frau als Lehrmeisterin der Liebe“[54], für eine veränderte Kultur und veränderte Verhältnisse einzutreten.

Ein derartiges Loblied auf die Liebesfähigkeit der Frau läuft dann freilich Gefahr, die romantischen Ideale von Weiblichkeit zu reproduzieren. Gerade sie waren aber wesentlich an der Herausbildung der Geschlechtscharaktere beteiligt, wie ein Blick auf die in der Folge erschienenen Konversationslexika anschaulich belegt. Dort tritt die Frau nun selbstverständlich als Repräsentantin der Liebe, der Schönheit und des Gefühls auf.[55] Wenn auch Helene Stöcker der damit verbundenen Trennung von öffentlich und privat nicht folgt, so hat ihre Liebestheorie doch weitreichende Folgen für die Emanzipation der Frau.

Die radikale Forderung nach Entwicklung der Persönlichkeit, d. h. nach Freiheit und Liebe büßt ihre Radikalität ein durch das Primat der Verantwortlichkeit, dem übergeordneten Ziel aller Befreiungsentwürfe. So erstrebenswert diese neue Ethik sein mag, die dem Egoismus in Form von Konkurrenz, Zerstörung und Gewalt zwischen Geschlechtern, Klassen und Nationen Liebe und Harmonie (für Helene Stöcker bedeutet das Altruismus) entgegensetzen soll, die spezifische Situation der Frau bleibt dabei ausgeblendet. Für Liebe und Harmonie hatte sie immer schon stehen müssen, und diese Idealisierung des Weiblichen seit dem 18. Jahrhundert hatte wesentlich dazu beigetragen, den Aufbruch der Frauen zu verhindern. Zwar hatten sich die bürgerlichen Frauen gegen die Beschränkung ihrer Lebenswelt gewandt und für Bildung und Berufsmöglichkeiten gekämpft, doch gegen das höchste Ideal von Weiblichkeit, die Liebe, zu protestieren und diese zu verweigern, diesen Schritt mochten die Frauen nicht tun. Die Haltung der bürgerlichen Frauenbewegung zu Liebe, Ehe und Mutterschaft ist von Beginn an zwiespältig. In vieler Hinsicht gleichen sich die Positionen, und es scheint, als sei keine der Fraktionen bereit gewesen, sich von den Bildern einer idealen Weiblichkeit zu lösen. Mütterlichkeit nennen es die einen, als Altruismus formuliert es Helene Stöcker.[56]

Liebe ist der Schlüssel zu einer veränderten Welt, zu der die Frau ihr Eigenstes beitragen soll. Was aber ist dieser „wertvolle Kultureinsatz", das „Eigenste" der Frau? Es ist die besondere Liebe, zu der nur die Frau fähig ist: die Mutterliebe.

Werfen wir noch einmal einen Blick auf den Roman. Dort leidet Irene, weil ihr der Mann letztlich fremd bleibt, weil sich das beglückende Gefühl der Verschmelzung, das sie einmal erlebt, nicht wieder herstellt:

„Diese Nacht brachte uns eine so tiefe, intensive, letzte Verschmelzung, in der wir wie *ein* Mensch, ein einziges, unscheidbares Wesen waren, dessen Teile ohne einander nicht gedacht werden können."[57]

Der Roman beschreibt denn auch das unaufhörliche gedankliche Kreisen der Frau um den Mann. Er allein wird zum Inhalt ihres Lebens, und die Worte Irenes, ich bin glücklich, „nur wenn Du es durch mich, in mir bist"[58], zeigen noch einmal, was für sie Liebe ist. Eine an die Ich-Objekt-Einheit der ersten Lebensmonate erinnernde Symbiose wird zum Ideal einer Liebesbeziehung. Dabei übernimmt die Frau die Position der Mutter und weist dem Mann die des Kindes zu.

Historisch gesehen endet der Aufbruch der Frauen bei Helene Stöcker also wieder dort, wo er begonnen hatte: in der sorgenden Liebe der Mutter für Mann und Kinder. Die Frau hat ihre Persönlichkeit entfaltet und ihre Sexualität entdeckt, aber ist sie eine andere geworden? Hat sie eine Identität entwickeln können, die nicht nur auf dem Paradigma von Liebe, Hingabe und Fürsorge beruht? Sie war auf dem Wege, wenn sie Helene Stöcker gefolgt ist, die Kränkung, nur Frau zu sein, schrittweise zu überwinden.[59]

Doch als sie beginnt, ihre Bedürfnisse zu leben, heißt es: Nicht die Leidenschaft sollst Du suchen, sondern erstrebenswert ist einzig die Lebensgemeinschaft mit einem Mann, die dauerhafte Liebe! Es geht nicht bloß um den einzelnen Menschen, der Individualismus hat eine Grenze, die neue Generation ist das Ziel, der neue Mensch. „Nicht fort sollst Du Dich pflanzen, sondern hinauf!"[60] Es gilt diese Worte Nietzsches in die Tat umzusetzen. Und so zeigt sich, daß die Frau letztlich immer noch eingefroren ist in das Bild, das die bürgerliche Kulturphilosophie von ihr entworfen hatte. Nur ist es ihr am Ende des 19. Jahrhunderts zum Selbstbild geworden, wie Marlis Gerhardt hervorhebt:

„Das Besondere des Bildes, das zum weiblichen Ideal hochstilisiert wurde, bestand eben darin, Autonomie und Grenzüberschreitung nicht einmal wünschen zu dürfen."[61]

Diese Interpretation wäre zu radikalisieren, denn es zeigt sich an den Schriften Helene Stöckers, daß Autonomie und Grenzüberschreitung nicht einmal mehr gedacht werden.

Selbst eine Frau wie Helene Stöcker, die gewiß zur Avantgarde ihrer Zeit gehörte, bleibt also den traditionellen Weiblichkeitsentwürfen verhaftet. Sie geht weiter als ihre gemäßigten Mitstreiterinnen im Umkreis Helene Langes, sie geht auch weiter als die Mehrzahl der Männer. Ihrem Engagement verdanken sich zum Beispiel die ersten Sexualberatungsstellen, und sie zählt zu den ersten Intellektuellen, die Deutschland schon im Februar 1933 verlassen und im Exil eine antifaschistische Tätigkeit entfalten. Gleichwohl sollten die zahlreichen positiven Anknüpfungspunkte nicht darüber hinwegtäuschen, daß sich Helene Stöcker gerade aus feministischer Sicht nicht widerspruchslos beerben läßt. Ihre Weiblichkeitsvorstellungen gleichen, trotz anderslautender Äußerungen, denen der von ihr kritisierten gemäßigten Mehrheit der bürgerlichen Frauenbewegung. Für einen Egoismus der Frauen, die notwendige Autonomie zur Herausbildung eines Selbst, das sich nicht über die Liebe zu anderen definiert, dafür kämpfte Helene Stöcker nicht.
An den Folgen einer am Paradigma von Liebe, Hingabe und Aufopferung orientierten Weiblichkeit tragen Frauen heute noch. Denn es ist nicht so, daß Frauen Aggressionen und Egoismus etwa fremd und sie von Natur aus friedfertiger wären. Aggressionen gehören, wie Margarete Mitscherlich hervorhebt, „zur Grundausstattung des Menschen und führen nicht nur zur Destruktion, sondern haben auch eine Überlebensfunktion."[62] Nur haben Frauen über Jahrhunderte hindurch gelernt, ihre Aggressionen nach innen zu wenden, vor allem gegen sich selbst. Hier erscheinen sie in Form von Ängsten und Schuldgefühlen. Gehen Frauen ihren Interessen nach und treten neben der Mutterschaft für ihre Bedürfnisse ein, fühlen sie sich allzu oft zerrissen und werden von Schuldgefühlen geplagt. Familienpolitische Maßnahmen haben sie darin bisher immer unterstützt.
Liebe und Altruismus als zentrale Kategorien eines Emanzipationsprogramms mit der Frau als Mutter im Mittelpunkt, das bedeutet, damals wie heute, die bestehenden gesellschaftlichen Verhältnisse zu befestigen. Das war zweifellos nicht im Sinne Helene Stöckers. Es zeigt aber, inwieweit sich die Signatur der mütterlichen Liebe in die Psyche der Frauen eingeschrieben hatte, daß sie selbst einer Frau wie Helene Stöcker zur Fessel gerät.

Anmerkungen

1 Helene Stöcker: Liebe (1922), Berlin 1925. Der Roman erschien in erster Auflage im Verlag Roesl & Cie. und ab 1925 im Verlag der ‚Neuen Generation'.

2 Vgl. dazu die in der DDR erschienene Publikation von Petra Rantsch: Helene Stöcker zwischen Pazifismus und Revolution. Schriften der LDPD, Berlin 1984, 21ff. Hierbei handelt es sich um den Versuch einer politischen Biographie: „Der lange Weg Helene Stöckers aus kleinbürgerlicher Befangenheit zu politischen

Erkenntnissen, die sie freundschaftlich mit Clara Zetkin verkehren und die epochale Bedeutung der Großen Sozialistischen Oktoberrevolution ahnen ließen, ist in doppelter Hinsicht von Interesse: Er bezeugt den Lern- und Wandlungsprozeß bürgerlicher Kräfte unter imperialistischen Bedingungen, vorausgesetzt, sie nehmen ihr Demokratieverständnis ernst und tragen es nicht bloß als demagogische Fahne vor sich her, wie das manche Persönlichkeit tat, der Helene Stöcker anfangs nahestand. Der Weg dieser Frau widerspiegelt andererseits die objektiv begründete Unfähigkeit dieser Demokraten, aus sich heraus realistische Alternativen zur kapitalistischen Gesellschaft entwerfen zu können, deren Unzulänglichkeiten durchaus gesehen und richtig beschrieben werden. Daraus folgt, die Geschichte belegt diesen Sachverhalt, daß den Kräftegruppen, denen Helene Stöcker angehörte, politische Perspektiven als Faktor im Kampf für den gesellschaftlichen Fortschritt nur im Bündnis mit der revolutionären Arbeiterbewegung erwachsen." (8).

3 Die Zeitschrift erschien bis 1908 zunächst unter dem Titel: ‚Mutterschutz'.

4 Mitglied der Deutschen Friedensgesellschaft war sie seit 1892, aber erst nach Ausbruch des 1. Weltkriegs wird sie in der Friedensbewegung aktiv.

5 Vgl. dazu die Sonderbeilage zur ‚Neuen Generation', die 1929 anläßlich ihres 60. Geburtstags erschien und die die in Presse und Rundfunk publizierten Glückwünsche und Würdigungen enthält.

6 Selbstanzeige Helene Stöckers zu ihrem Roman in: ‚Die neue Generation'. Publikationsorgen der deutschen wie der internationalen Vereinigung für Mutterschutz und Sexualreform, 19. Jg. 1923, H. 1/2, 25.

7 Ebenda, 26.

8 Helene Stöcker: Die moderne Frau (1893), in: dies.: Die Liebe und die Frauen, Minden 1906, 19–23, hier 19/20.

9 Liebe, 19.

10 Hier sei nur exemplarisch auf einige Texte hingewiesen: Verena Stefan: Häutungen, München 1975; Karin Petersen: Das fette Jahr, Köln 1978; Svende Marian: Der Tod des Märchenprinzen. Frauenroman, Hamburg 1980; Anja Meulenbelt: Die Scham ist vorbei. Eine persönliche Geschichte, München 1978.

11 Vgl. Liebe sowie Friedrich Nietzsche: Jenseits von Gut und Böse, in: Werke in drei Bänden, hrsg. von Karl Schlechta, München 1965, Bd. 2, 626.

12 Lou Andreas-Salomé: Friedrich Nietzsche in seinen Werken (1894), Ffm. 1983, 32. Dieses von der Nietzsche-Forschung lange kaum berücksichtigte Buch eignet sich hervorragend als Einführung in das Werk des Philosophen. Es ist als Psychogenese des philosophischen Denkens Nietzsches zu lesen.

13 Vgl. dazu Gabriele Reuter: Vom Kinde zum Menschen, Berlin 1921, 447ff. „Nun war Friedrich Nietzsche unser Gott geworden, um den sich, wie Planeten um die Sonne, unsre Geister drehten", heißt es dort (448). Franziska zu Reventlow schreibt in ihrem autobiographischen Roman ‚Ellen Olestjerne' (1903): „Ellen lag auf dem Sofa, Detlev saß neben ihren Füßen und las vor – es war Nietzsches ‚Zarathustra'. Sie bebten beide – der Himmel tat sich über ihnen auf in lichter blauer Ferne – jedes Wort löste einen Aufschrei aus tiefster Seele, band eine dumpfe, schwere Kette los, sagte etwas, was kein Mensch sagen konnte oder je gesagt hatte, wonach man im Dunkeln herumgetappt hatte und geglaubt nie zu finden. Das war nicht mehr Verstehen und Begreifen – es war Offenbarung, letzte äußerste Erkenntnis, die mit Posaunen schmetterte – brausend, berauschend, überwältigend. (...) Und von nun an lasen sie jeden Abend, der ‚Zarathustra' wurde ihre Bibel, die geweihte Quelle, aus der sie immer wieder tranken und die sie wie ein Heiligtum verehrten." In: Franziska zu Reventlow: Autobiographisches, München 1980, 91.

14 Helene Stöcker: Unsere Umwertung der Werte, in: dies.: Die Liebe und die Frauen, a. a. O., 6–16, hier 15.
15 Ebenda, 7.
16 Ebenda, 15.
17 Liebe, a. a. O., 117 sowie Nietzsche: Also sprach Zarathustra, a. a. O., Bd. 2, 557.
18 Helene Stöcker in ihrer Selbstanzeige zum Roman, a. a. O., 25/26.
19 Liebe, a. a. O., 141. Die Passage zeigt die Parallele zu dem Roman von Franziska zu Reventlow, vgl. dazu Fußn. 13.
20 Liebe, a. a. O., 152.
21 „Nun habe ich wieder ein großes, tiefes Glück genossen – ich kann es gar nicht beschreiben, wie es mich innerlich erfüllt, mich stärkt und berauscht. Es ist eine so brausende Seligkeit, die mich über alles hinwegträgt, so daß mir selbst mein Liebeskummer klein und unbedeutend daneben vorkommen will. Ich lese Nietzsches ‚Zarathustra' zum ersten Male – und wenn man auch sicher ein so gewaltiges Werk noch nicht restlos erfaßt bei einem ersten Studium – das weiß ich –, so fühle ich doch unerhört stark, unmittelbar: das ist eine der größten Offenbarungen der Menschheit! Ich habe gar kein anderes Wort für diesen Seelenrausch." Liebe, a. a. O., 151. Bis in die Wortwahl hinein ist der Bericht dieser Lektüreerfahrung identisch mit dem der Franziska zu Reventlow. Brausend, berauschend ..., auf die jungen Frauen der Zeit scheint Nietzsche eine geradezu erotische Faszination ausgeübt und als Surrogat für ungelebte Wünsche fungiert zu haben.
22 Liebe, a. a. O., 140.
23 Ebenda, 288.
24 Louise Otto in der ‚Frauen-Zeitung' Nr. 1/1849, in: ‚Dem Reich der Freiheit werb' ich Bürgerinnen'. Die Frauen-Zeitung von Louise Otto, herausgegeben und kommentiert von Ute Gerhard, Elisabeth Hannover-Drück und Romina Schmitter, Frankfurt 1979, 39.
25 Erinnert sei hier an die programmatische Schrift Helene Langes: Die Frauenbewegung in ihren modernen Problemen (1907/1914), Münster 1980.
26 Helene Stöcker: Unsere Umwertung der Werte, a. a. O., 15.
27 Helene Stöcker: Die neue Mutter, in: Die Liebe und die Frauen, a. a. O., 75–83. Der Aufsatz erschien 1902.
28 Ebenda, 76.
29 Ebenda, 82.
30 Vgl. zu dem Gedanken Marieluise Janssen-Jurreit: Nationalbiologie, Sexualreform und Geburtenrückgang – über die Zusammenhänge von Bevölkerungspolitik und Frauenbewegung um die Jahrhundertwende, in: Gabriele Dietze (Hrsg.): Die Überwindung der Sprachlosigkeit. Texte aus der neuen Frauenbewegung, Darmstadt und Neuwied 1979, 139–175.
31 Dazu Thomas Robert Malthus: Das Bevölkerungsgesetz (1798), hrsg. und übersetzt von Christian Barth, München 1977.
32 Ernst Haeckel: Die Welträtsel (1899), Gemeinverständliche Studien über Monistische Philosophie, Leipzig 1909.
33 Zitiert nach Janssen-Jurreit, a. a. O., 156. Heide Schlüpmann kritisiert den Aufsatz von Marieluise Janssen-Jurreit, die auf die Zusammenarbeit zwischen dem Bund für Mutterschutz und dem Rassenhygieniker Ploetz hinweist: „Es zeugt zumindest von wenig Fingerspitzengefühl für politische Gewichtung, wenn die einzige neuere feministische Publikation, die sich mit dem Bund für Mutterschutz und Sexualreform beschäftigt, ihn unter dem Vorzeichen der Wegbereiter des Faschismus in der bevölkerungspolitischen Debatte der Jahrhundertwende einführt." Heide Schlüpmann: Radikalisierung der Philosophie. Die Nietzsche-Rezeption und sexualpoliti-

sche Publizistik Helene Stöckers, in: Feministische Studien, 3. Jg. 1984, Nr. 1: Die Radikalen in der alten Frauenbewegung, 10–34. Janssen-Jurreit unterstellt Helene Stöcker jedoch keineswegs eine präfaschistische Gesinnung, sie weist lediglich auf die zeitweilige Zusammenarbeit von Rassenhygienikern und dem Bund für Mutterschutz hin. Heide Schlüpmann ist zuzustimmen, daß Begriffe wie ‚Höherentwicklung der Menschheit' und ‚Gedeihen der Rasse' nicht von allen Richtungen der damaligen Zeit biologistisch gemeint waren, sondern eine moralisch-ethische Entwicklung damit bezeichneten. Ich kann aber in dem von Heide Schlüpmann bei Helene Stöcker positiv hervorgehobenen Qualitätsgedanken nichts Fortschrittliches erkennen (Schlüpmann, 28). Die Sexualität unter das Primat der Vernunft zu stellen, scheint mir eher ein Zeichen der Angst als eines der Befreiung zu sein. Der Aufsatz von Heide Schlüpmann bietet zahlreiche wichtige und informative Hinweise zu Helene Stöcker, ihrer Nietzsche-Rezeption und dem Bund für Mutterschutz, aber im Wunsch nach der Rekonstruktion eines positiven feministischen Erbes werden doch Widersprüche eliminiert. Vgl. auch ausführlicher Heide Soltau: Trennungs-Spuren. Frauenliteratur der zwanziger Jahre, Frankfurt 1984, 186–293.

34 Die Neue Generation, 7. Jg. 1911, H. 11, 470.

35 Die Liebe und die Frauen, a. a. O., Vorwort, VII.

36 Ebenda.

37 Helene Stöcker: Die Liebe der Zukunft (1904), in: Die Liebe und die Frauen, a. a. O., 143–152, hier 152.

38 Helene Stöcker: Nach dem Frauenkongress (1904), in: Die Liebe und die Frauen, a. a. O., 139–144, 142.

39 Unsere Umwertung der Werte, a. a. O., 7.

40 Die neue Mutter, a. a. O., 82.

41 Helene Stöcker: Erotik und Altruismus, Leipzig 1924, 58.

42 Die neue Mutter, a. a. O., 82.

43 Liebe, a. a. O., 141.

44 Helene Stöcker: Lieben oder Hassen, Berlin 1916, 6. Die Hervorhebung des Deutschen hat für uns ‚Nachgeborene' des Faschismus stets einen pejorativen Sinn. Helene Stöcker meint hier die philosophische Tradition Kant, Hegel und die Romantiker. Vaterländisches oder gar Völkisches ist damit nicht impliziert.

45 Erotik und Altruismus, a. a. O., 68.

46 Ebenda, 23.

47 Vgl. dazu die Resolution des Deutschen Bundes für Mutterschutz (D. B. f. M.) betr. das Recht der Verhütung und Unterbrechung der Schwangerschaft, in: Die neue Generation, 18. Jg. 1922, H. 1, 34ff.

48 Helene Stöckers Affinität zur Romantik ist nicht zufällig, sie promovierte über dieses Thema. Zur Kunstanschauung des 18. Jahrhunderts. Von Winckelmann bis zu Wackenroder, Berlin 1904. Diese Arbeit ist, so Petra Rantsch, im wesentlichen identisch mit ihrer Dissertation.

49 Helene Stöcker: Das Mädchengymnasium im Preußischen Abgeordnetenhause (1898), in: Die Liebe und die Frauen, a. a. O., 48–58, hier 53.

50 Unsere Umwertung der Werte, a. a. O., 16.

51 Helene Stöcker: Weibliche Erotik (1903), in: Die Liebe und die Frauen, a. a. O., 89–94, hier 90.

52 Ebenda, 91; aber auch Erotik und Altruismus, a. a. O., 62.

53 Erotik und Altruismus, a. a. O., 57.

54 Vgl. dazu das Inhaltsverzeichnis zu Erotik und Altruismus.

58 Ute Gerhard: Verhältnisse und Verhinderungen. Frauenarbeit, Familie und Rechte der Frauen im 19. Jahrhundert, 1978, 382–395.

56 Vgl. zu dem Gedanken Trennungs-Spuren, a. a. O., 335ff.

57 Liebe, a. a. O., 125.

58 Ebenda, 148.

59 Vgl. dazu den schönen Essay von Marlis Gerhardt: Kein bürgerlicher Stern, nichts, nichts konnte mich je beschwichtigen. Zur Kränkung der Frau, Neuwied und Darmstadt 1982.

60 Dazu Trennungs-Spuren, a. a. O., 289.

61 Kein bürgerlicher Stern, a. a. O., 8.

62 Margarete Mitscherlich: Die friedfertige Frau. Eine psychoanalytische Untersuchung zur Aggression der Geschlechter, Frankfurt 1985, 182.

3. Zum Umgang mit Sexualität zwischen Traum und Trauma: Grundzüge sozialdemokratischen Engagements gegen Prostitution im Deutschen Kaiserreich und Formen ihrer historischen Aufarbeitung

Vera Konieczka

„Das Vergangene ist nicht tot; es ist nicht einmal vergangen. Wir trennen es von uns ab und stellen uns fremd.“
(Christa Wolf, Kindheitsmuster)

Zur Wechselwirkung von Biographie und historischem Interesse

Als Historikerin bin ich nicht unbefangen. Ich verfüge über kein hygienisches Ich, das frei von Frauen in dieser Gesellschaft zugemuteten Beschädigungen wäre; Gegenteiliges zu behaupten, verstieße gegen das Gebot von Objektivität. Ebensowenig ist ein männlicher Historiker frei von Befangenheit. Seine Annäherungen an historische Quellen freilich erfolgen von der anderen Seite der vorliegenden sozialen Geschlechterhierarchie. In die Art seines Quellenlesens fließen immer auch gedankliche Splitter über den heute Männern möglichen sozialen Besitzstand bewußt oder unbewußt ein und verleiten zum Konservatismus. Was heute als Normalität erscheint, bestimmt Grenzen für das als Normalität rückläufig Denkbare in der Vergangenheit; zurückliegende Verhältnisse werden interpretiert auf dem Hintergrund heute möglicher oder vorstellbarer Erfahrungen und geraten damit immer auch in Gefahr, Ballast für die Zukunft abzugeben: Geschichte sozusagen als Klotz am Bein sozialer Phantasie und Veränderungen. Was in der Vergangenheit nicht möglich war, erscheint auch für die Zukunft als realitätsfremde Träumerei, wird abgeblockt und ausgeschaltet aus einer verändernden sozialen und politischen Praxis mit dem betulichen Hinweis auf eine anmaßende Naivität solcher Forderungen.

Um einer Handhabe von Geschichte als Instrument zur Betreuung auflehnender Phantasien im Sinne ihrer Ruhigstellung entgegenzuwirken, halte ich es für notwendig, bei der Bearbeitung historischer Themen eigene biographische Zugänge offenzulegen – nicht allein, um die mutmaßliche Reichweite gelieferter Interpretationen abzustecken, sondern auch, um über die vorgestellten Lücken neue Denkbilder auszulösen. Fern liegt mir das gängige Vorschieben von Distanzen, die angesichts jeder gesellschaftlichen Realität notwendig in sich zusammenfallen; vielmehr distanziere ich mich bewußt von einer Buchhaltermentalität in der Geschichtswissenschaft, die unter dem Anspruch von Objektivität – in Verkennung und Verleugnung der Präformierung menschlicher Erfahrungen und ihrer bewußtseinsmäßigen Verarbeitung nach Geschlecht und Klasse – ihre über Verdrängung derart zustande gekommene Amoralität zum Stützen überkommener, von Menschen geschaffener und damit veränderbarer sozialer Ungerechtigkeiten einsetzt, darüber hinaus aber offene Parteinahmen für eine humane Gegenwart und Zukunft scheut wie der Teufel das Weihwasser, sich der Einsicht verschließend, daß bewußtes Schweigen, erfolgt es aus Konvention, wird es nie mitgedacht, ja eher noch mit Verweis auf diese Tradition gegenüber Kritik gesperrt, eine durchaus tätige Verhaltensform ist, bestens geeignet, den jeweiligen Praktikanten schmutzige Hände zu verschaffen.

Was Prostitution betrifft, so nähert sich ein Historiker ihr auch heute von einer anderen Seite als eine Historikerin: aus der Perspektive dessen, dem die Gesellschaft eine wenig anstößige Kundenrolle zugesteht, dem sie das Sprechen über Prostitution in der Vergangenheit eher zugestanden hat als Frauen. Obwohl tendenziell immer betroffen, sind Frauen lange bewußt aus dem Diskurs um Prostitution und über Prostituierte als Subjekte herausgehalten worden; sie hatten sprachlose Objekte zu sein und durften sich nicht in Sprechende verkehren, ein Durchbrechen der Sprachlosigkeit bedeutete das Risiko von Diffamierung einzugehen.

Die Furcht vor möglicher Diskriminierung, zusätzlich bereichert um allgemeine auf das Thema Sexualität bezogene Sprechängste, schlug auf weibliches Engagement zurück. So konnte auf einer Generalversammlung des Bundes Deutscher Frauenvereine, abgehalten Ostern 1895 in München, Hanna Bieber-Böhm eine Petition an den Reichstag zur Bekämpfung der Prostitution erst vorlesen, nachdem der Widerstand des konservativen Vorstandes überwunden war und der einzige zu den Verhandlungen zugelassene männliche Berichterstatter den Saal verlassen hatte[1]. Die Sozialdemokratin Johanna Loewenherz ihrerseits versah die im selben Jahr erschienene Schrift „Prostitution oder Production, Eigentum oder Ehe? Studie zur Frauenbewegung“ zugleich mit einer Entschuldigung für die eigene Einmischung in ein nach herrschender Auffassung Männern vorbehaltenes und vorzubehaltenes Thema:

„Nun ist ja richtig, daß ich keinen Mann kriegen konnte; meine Schönheit, meine Liebenswürdigkeit, meine Tüchtigkeit waren zu gering. Denn das sind die Eigenschaften, auf die die Männer heutzutage sehen. Abstrahieren Sie darum von meiner armen Person, nachdem Sie mich – bemitleideten. Auch habe ich nicht im Zorn gesprochen. Ich versichere Sie, meine Herren, daß ich erst nach einer langen, abkühlenden Zeit gründlicher Studien das Wort ergriff. Und die Wahrheit können ja auch Ehelose sagen, das beweisen Kant, Spinoza, Beethoven."[2]

Männliche und weibliche Betroffenheit, damit auch die eines Historikers und einer Historikerin, differieren nach Geschlecht. Zum einen ist sie nach wie vor belegt mit einer Tradition geschlechtsspezifisch auseinanderfallender Sprech- und Schreibgrenzen[3], zum anderen entfaltet sie sich keineswegs frei vom vorgestellten Frauen- und Männerpart im Prostitutionsakt, dem der Prostituierten auf der einen, dem des Kunden auf der anderen Seite – unabhängig davon, ob die schweigende, die sprechende Frau sich je prostituiert hat oder der gesprächige, der schweigsame Mann einmal Kunde gewesen ist. Solange das Bild, ja schon die Vokabel „Prostituierte" erfolgreich genutzt werden kann, um eine Frau zu diskriminieren und derart normierend in weibliche Alltage einzugreifen, wird jede historische Auseinandersetzung mit Prostitution – gleich, ob eingestandenermaßen oder nicht – eine aktuelle Stellungnahme bedeuten, parteilich für oder parteilich gegen Prostituierte sein, nie aber unbefangen, ohne Bezug zur vorhandenen sozialen Realität existieren. Individuelle Sozialisationen vermögen dabei als Bausteine im Hinblick auf Aufrechterhaltung oder Abbau einer folgenreichen Tradition weiblicher Kränkung zu wirken.
Mein historisches Interesse an Prostitution trägt biographische Züge. Katholisch erzogen, bin ich der Reizvorstellung Jungfrau-Hure oft erlegen gewesen, den Berufswunsch „Nonne" hat es in meiner Vergangenheit ebenso gegeben wie Faszination von dem Gedanken, selbst als Prostituierte zu arbeiten. In Phantasien näherte ich mich Prostituierten an und nahm zugleich Abstand; denn das, was ich über sie phantasierte, nahm nicht Maß an der von ihnen gelebten Wirklichkeit, sondern an ihrer Stigmatisierung, indem es sich zusammensetzte aus beiläufig aufgeschnappten Gesprächsfetzen Erwachsener und zufällig aufgefundenen Zeitungsberichten, die prostitutionsverdächtigte Frauen in allerlei Unheimlichkeiten verwickelten, anheimelnd genug jedoch, um Phantasie zu beleben in eintönig empfundenen Momenten, wenn der familiäre Alltag selbst keinen Dünger bot. Auftrieb erhielten die Figuren der Bilderwelt zusätzlich dadurch, daß Männer mich tagsüber als vermeintliche Prostituierte ansprachen. Dies deutete auf Ähnlichkeiten, fließende Grenzen zwischen Prostituierten und Nicht-Prostituierten – zumindest in der männlichen Optik – hin und ließ den Eigenbeitrag von Prostituierten zur Prostitution nicht sonderlich hoch erscheinen; vom Aufwand nicht höher als den eines tätigen Kunden. Daß die genußvolle Bilderwelt dennoch zerbrach,

lag an Erfahrungen mit männlicher Gewalt; sie waren zu sperrig, als daß sie sich irgendwo noch in eine freundliche Phantasie hätten einbinden lassen können. Mein heutiger Zugang zur Prostitution, den ich für einen einer patriarchalen Realität gegenüber angemessen halte, berücksichtigt die Mythenbildung über Prostitution als eine soziale Technik weiblicher und männlicher Eingewöhnung in männliche Gewalt und das Entstehen einer zweifelhaften Ohnmacht der Kritik in ihrer Folge. Eingeschlossen ist die Frage, wie Frauen angesichts der Hartnäckigkeit patriarchaler Mythen mit Erfahrungen direkter männlicher Gewalt historisch umgegangen sind, welche Möglichkeiten öffentlicher Verarbeitung man ihnen zubilligte und welche sie sich genommen, gesucht und gefunden haben, um nach der Erfahrung mit der Erinnerung auch die realistische Einsicht in eine mögliche Wiederholung, begangen an der eigenen Person oder der einer anderen Frau, zu überleben.

Vorausgesetzt, historische Quellen öffnen sich entsprechend den Denkvorstellungen des jeweiligen Betrachters, fristen kein Kaspar-Hauser-Dasein, das sie von allen sozialen Bezügen zur Gegenwart entblößte, so wird ihre Lesart mitbestimmt von individuellen Erlebnishorizonten. Für eine längst überfällige Sensibilität gegenüber historischen Beschreibungen männlicher Gewalt aus weiblicher Sicht könnten eigene Gewalterfahrungen hier durchaus produktiv genutzt werden, um jene sprachlichen Wege zu erkennen und sichtbar zu machen, die Frauen zur Beschreibung ihnen angetaner Gewalt in patriarchalischen Gesellschaften, ohnehin gewöhnt an legitimierte Herrschaftsverhältnisse, eingeschlagen haben, ja überhaupt einschlagen konnten.

Geschichte der Prostitution, geschichtslose Prostituierte

Es gibt eine Geschichte der Prostitution, doch keine sich prostituierender Frauen. Was als Geschichte der Prostitution offengelegt wurde, war weitgehend identisch mit der Geschichte ihrer Kunden, nahm Partei und war parteiisch für sie. Kultur- und Sittengeschichten ebenso wie Reisebeschreibungen fremder Länder dienten nicht unwesentlich einer Veröffentlichung von Männern geschaffener und beschrittener Zugänge zu sexuell (ebenso wie sozial) kontrollierten Frauen[4]; in Verfolgung ihrer Spuren schrieb man eine Geschichte disziplinierter Sexualität, keineswegs ausgerichtet auf zu erstrebende, für beide Geschlechter befriedigende Formen sexuellen Verhaltens, vielmehr positivistisch orientiert an männlichen Interessen.

Versteht man mit Ti-Grace Atkinson Prostitution als „ein Zerrbild des ökonomischen Erfolgs für Frauen, institutionalisierte Vergewaltigung in ihrer öffentlichsten, brutalsten Form“[5], läßt sich die vorliegende Geschichte der

Prostitution begreifen als Geschichte institutionalisierter Vergewaltigung, die, verzerrt durch den Blick des Vergewaltigers, geschrieben wurde. Die Sicht des Vergewaltigers, der Perspektive des realen und fiktiven Kunden als normale, allgemein menschliche zu etablieren, konnte ihr um so erfolgreicher gelingen, als Frauen der Zugang zu Geschichtsschreibung und -wissenschaft im Rahmen universitärer Bildung in Deutschland bis ins frühe 20. Jahrhundert verwehrt war.
Wurde die kontrollierte weibliche Sexualität von ihren potentiellen Nutznießern beschrieben, so fungierte die historische Aufarbeitung der Prostitution als eine Fortsetzung männlicher Kontrolle über Frauen mit anderen Mitteln. Sie war geeignet, den Blick auf die realen Prostituierten und sich prostituierenden Frauen zu versperren, und leistete unter einem Schwall an oberflächlicher Beredsamkeit einen entscheidenden Beitrag zur historischen Fassungslosigkeit von Prostituierten, ihrer Herabdrückung zu männlichen Imaginationen, selbst scheinbar wunschlosen Objekten fremder Wünsche: zu Frauen ohne Hoffnungen, Träume, Utopien. Die vorhandene weibliche Benachteiligung, von Geschichtsschreibung und Geschichtswissenschaft als historische Subjekte ernst genommen zu werden, verdoppelt sich in der Chancenlosigkeit von Prostituierten, unverstellt von misogynen Mythen betrachtet zu werden. Waren schon sich nicht prostituierende Frauen historisch weitgehend arm an Möglichkeiten, ihre Situation in Selbstzeugnissen zu reflektieren, besaßen sie kaum eigenes Geld, einen Raum oder Zeit für sich allein als Grundbedingung eines schreibenden Rückbezugs des Selbst auf die es umgebende soziale Wirklichkeit[6], so bestand diese Situation des Mangels um so mehr für Prostituierte. Biographische Texte aus ihren Reihen sind rar angesichts einer gesellschaftlich weithin geförderten Spracharmut von Frauen in der Geschichte, angesichts des Bildungsgrads der Klasse, aus dem sich Prostituierte wesentlich rekrutierten, und ihres gesellschaftlich diskriminierten Lebens- und Arbeitszusammenhangs, der es ihnen nahezu verunmöglichte, sich ohne neuen Benachteiligungen auszusetzen, öffentlich als Prostituierte zu bekennen. Nicht zuletzt fehlte es ihnen an ehrbaren Erfolgen, gemessen an den Normen der Gesellschaft, in der sie lebten, um ihr Sprechen gesellschaftsfähig zu machen.
Die ihnen zugemutete Sprachlosigkeit aufzugeben, war auch im Kaiserreich selten freie Entscheidung von Prostituierten, sondern häufig die eines Arztes oder – nach der Jahrhundertwende, als die ersten Frauen auf frauenbewegten Druck im Strafvollzug arbeiten konnten – die einer Polizeiassistentin oder Fürsorgerin, deren eigene Sexualmoral filternd in veröffentlichte Lebensläufe von Prostituierten einfloß[7]. In der Hand der Herausgeber lag es, dem mutmaßlichen Adressatenkreis entsprechend freizügig mit Kürzungen und Ergänzungen umzugehen; waren sie wohlgesonnen, versuchten sie, unter den Leserinnen und Lesern teilnehmendes Mitleid zu erwecken[8].

Demgegenüber hat es in den neuen Frauenbewegungen Anstrengungen gegeben, Solidarität gegenüber Prostituierten zu entwickeln, die die Beschränktheiten eines Engagements aus Mitleid und Wohltätigkeit durchbrachen. Bestrebt, willkürliche patriarchale Spaltungen zwischen Prostituierten und Nicht-Prostituierten aufzuheben, setzten sie an, traditionelle Mythen über Prostitution zu entzerren[9]. Frauengeschichte kann diesen Prozeß der Dekodierung unterstützen, nicht nur durch Freilegen der historischen Wunden, die prostituierenden Frauen über Festlegung ihrer realen Existenz auf Bilderwelten beigebracht wurden, sondern auch durch Erschließen bereits vorgelebter Solidaritätsformen. Um Illusionen vorzubeugen, die einmal sozial herangezüchtete Distanz bedürfte nur einer intellektuellen Einspielung zu ihrer Überwindung, sollte Frauengeschichte an aufgetretene Spannungen und Mißverständnisse zwischen denen, die parteiisch sein wollten, und denen ihre Parteinahme galt, ebenfalls erinnern. Auf der Suche nach einer neuen, bewußten Solidarität gegenüber Frauen wird auch die Geschichte ihres immer wieder partiellen Verlustes beschrieben werden müssen, um einer in der Gegenwart versuchten, von gegenseitigen Enttäuschungen wiederholt gebrochenen und vielleicht nie freizuhaltenden Parteilichkeit über mühsame Phasen tröstend hinwegzuhelfen.

Sozialdemokratie und Prostitution

Die Behandlung der Prostitution in der SPD vor dem 1. Weltkrieg aufzuarbeiten, gewinnt seinen besonderen Reiz durch die „den Sozialdemokraten aufgezwungene Paria-Stellung im Kaiserreich" als „isolierte Klassenpartei der deutschen Industriearbeiterschaft" (Helga Grebing)[10], was sich u. a. in der Spannung zwischen „bürgerlich" und „sozialdemokratisch" niederschlug. War die SPD, nach eigenem Selbstverständnis natürlicher Anwalt der Unterdrückten und Sprachrohr der organisierten Arbeiterschaft, ein ebenso natürlicher Anwalt der Prostituierten?
Das Verhältnis der Sozialdemokratie zur Prostitution und den Wandel dieser Beziehung verstehe ich als Fallbeispiel für das Verhältnis zu Frauen und den Wandel von Weiblichkeitsvorstellungen innerhalb der Arbeiterbewegung. Prostitution bot einen Ansatzpunkt, mit der sozialen Realität von Frauen umzugehen und weibliche Lebenserfahrungen aufzugreifen. Stellt sich so die Behandlung von Prostitution zum einen als innerparteilicher Lernprozeß dar, den Lebenszusammenhang von Frauen politisch wahrzunehmen, berührt sie zum anderen existentiell Erfahrungen eines sozialen Umgangs mit Sexualität, Fragen nach den gelebten und den gewünschten Geschlechterbeziehungen, nach sozialer Disziplinierung von Sexualität im proletarischen Zusammenleben und dem Einsatz der Vokabel „Liebe", vom Bürger-

tum nicht nur genutzt, um Sexualität zu kaschieren, sondern auch, um an Frauen herangetragene Verhaltenszumutungen ihres repressiven Charakters zu entkleiden.
Daß die Sozialdemokratie im Proletariat ihre soziale Basis hatte, das nach bürgerlichem Verständnis vor allem aufgrund des verbreiteten Schlafgängerwesens und häufigen Vorkommens nichtehelicher sexueller Beziehungen einen Hort der Unmoral bildete, prädestinierte sie zur Zielscheibe von Unsittlichkeitsvorwürfen aller Art; teilweise wurde sie direkt für das Sexualverhalten in der Arbeiterschaft verantwortlich gemacht. Zum wesentlichen Kern des Anstoßes geriet insbesondere das sozialdemokratische Plädoyer für die freie Liebe, worunter ihre Vertreter – die konventionelle, mit Rücksicht auf Stand und Vermögen geschlossene bürgerliche Ehe kritisierend – monogame und auf gegenseitiger Zuneigung beruhende heterosexuelle Beziehungen verstanden, die ohne materielle Benachteiligungen für darin engagierte Frauen, Männer und Kinder jederzeit wieder aufgelöst werden konnten. Im Proletariat aller Zeiten habe die freie Liebe nie als eine Sünde gegolten, schrieb der sozialistische Arzt Alfred Blaschko in seiner 1902 veröffentlichten Broschüre „Die Prostitution im 19. Jahrhundert“:

„. . .wäre heute nicht die bürgerliche Form der Eheschließung so einfach, und würden andererseits den unehelichen Müttern und Kindern nicht so viel Schwierigkeiten in den Weg gelegt, wer weiß, ob das moderne Proletariat für sich nicht längst die Ehe abgeschafft hätte.“[11]

Der bürgerlichen Konvenienzehe und Geldheirat – in der sozialistischen Rhetorik nicht ungern zur „gesetzlichen Prostitution“ herabstilisiert[12] – wurde die proletarische Neigungs- und Gewissensehe gegenübergestellt, die, befreit von ihren kapitalistischen Beschädigungen, die Basis künftiger Geschlechterbeziehungen bilden sollte. Ziel sei die Ehe als:

„das moralischste und reinste, von keiner andern Rücksicht als auf die gegenseitige Neigung geschlossene Verhältniß; ein Verhältniß das, weil es aus keiner andern Absicht als der, sich gegenseitig anzugehören, von zu gegenseitiger Achtung und voller Gleichberechtigung erzogenen Menschen geschlossen wird, eine unendlich sittlichere Grundlage als die meisten heutigen Ehen hat, und darum mit sicherer Aussicht auf größere Dauer geschlossen wird.“[13]

Anders lasen bürgerliche Augen proletarische Verhältnisse und daran ansetzende utopische Hoffnungen auf das schöne neue Zusammenleben der Geschlechter. So beklagte sich auf der 56. Generalversammlung der Rheinisch-Westfälischen Gefängnis-Gesellschaft 1885 in Düsseldorf der Referent Hirsch darüber, daß:

„. . .die Sozialdemokraten das Fleisches-Evangelium von der freien Liebe, die doch auch hochdeutsch Unzucht und Ehebruch heißt, theoretisch predigen und praktisch üben, wie denn ja kaum ein Nihilist ohne eine Beischläferin gefunden wird . . .“[14]

Die in der antisozialistischen Polemik häufig enthaltene Behauptung, die Sozialdemokratie fördere Unzucht, Ehebruch und Prostitution, war diese nicht bereit, widerspruchslos hinzunehmen. Herausfordernd wirkte zudem die vielerorts kursierende These von der „geborenen Dirne“ als Gegenstück zu der über „geborene Verbrecher“[15], die, in Verbindung gebracht mit dem proletarischen Lebenszusammenhang, darauf angelegt war, die Arbeiterschaft insgesamt zu kriminalisieren. Wurde diese Unzucht zudem noch geortet in proletarischer „Vergnügungssucht“, Tanzlokalen und Alkoholismus[16], war es nicht mehr weit zu bürgerlichen Bestrebungen, im proletarischen „Ghetto“ Ordnung zu schaffen und zu seiner politischen und sozialen Disziplinierung aufzurufen.

Von den herrschenden Klassen sowohl ideologisch als auch politisch, über Sozialistengesetz, Vereins- und Versammlungsrecht, in die Defensive gedrängt, gab die Sozialdemokratie den Schwarzen Peter der Verantwortung für die Prostitution an das Bürgertum zurück. Richtungsweisend für die sozialistische Gegenattacke wurden August Bebels erstmals 1879 erschienenes Werk „Die Frau und der Sozialismus“ und Friedrich Engels „Der Ursprung der Familie, des Privateigentums und des Staates“, 1884 in erster Auflage veröffentlicht. Bebel betrachtete die Prostitution als ebenso notwendige soziale Einrichtung in der bürgerlichen Gesellschaft wie Polizei, stehendes Heer, Kirche und Unternehmerschaft, er hielt sie für den der Ehe korrespondierenden anderen Teil des bürgerlichen Geschlechtslebens. Indem er als ein Kennzeichen von Prostitution bezeichnete, „daß das Weib seinen Körper gegen materielle Vorteile, sei es einem, sei es an eine Reihe von Männern, verkauft“[17], schloß er Prostitution innerhalb eines monogamen heterosexuellen Geschlechtslebens nicht aus und setzte damit die bürgerlich gesetzte eindeutige Schranke zwischen Ehefrau und Prostituierter außer Kraft. Seine Definition war damit zugleich eine Waffe, bürgerliche Moral zu demaskieren und dessen herausgekehrte Sittlichkeit als selbsternannte, der sozialen Realität nicht entsprechende, zu brandmarken. Ebenso wie Engels sah Bebel das Entstehen von Prostitution an das Aufkommen des Vaterrechts und Herausbildung des Privateigentums gebunden. Der Mann hatte nach Bebel als Privateigentümer ein Interesse an legitimen Kindern, die er als Erben einsetzen wollte. Deshalb zwang er der Frau Monogamie auf, während er selber weder bereit war noch einen Anlaß sah, sich denselben sozialen Umgangsformen im Hinblick auf die eigene Sexualität zu unterwerfen.

In einer derart gespaltenen Moral sah Bebel das antike griechische Hetärentum begründet. Er glaubte die Hetären frei von gesellschaftlicher Mißachtung und rühmte an ihnen, daß sie der Sklaverei einer Ehe zu entgehen suchten. Sie seien Frauen gewesen, die durch Schönheit und Geist sich auszeichneten, in aller Regel Staatsfremde, deren Ruhm die Namen der legiti-

men Ehefrauen überschattete, welche eher Kindergebärapparaten oder treuen, das Haus bewachenden Hunden glichen[18]. Bebels Rückgriff auf die edle, weil gebildete athenische Prostituierte – nach ihm von zahlreichen anderen Sozialdemokraten wiederholt[19] – verdeckte, daß die Hetäre eine Ausnahmeerscheinung war: sowohl gegenüber den Nicht-Prostituierten, realen wie möglichen Ehefrauen, als auch gegenüber dem Gros der Prostituierten, die der Straßenprostitution nachgingen oder aber in Bordellen lebten und arbeiteten[20]. Seine Auffassung, die Hetären hätten eine selbstbestimmte weibliche Lebensform gepflegt, ließ unberücksichtigt, daß sie meist Fremde waren, denen das athenische Bürgerrecht fehlte, und die um so mehr darauf angewiesen waren, auf Männer hin zu leben, als sie deren finanzieller Unterstützung zur Deckung ihrer eigenen reproduktiven Bedürfnisse bedurften. Ihre Attraktivität für Bebel und die sozialistische Emnazipationstheorie mag jedoch weniger darin gelegen haben, daß sie als Frauen entschieden, zu welchen Männern sie Beziehungen haben wollten – ein Verhalten, das jede Bürgerliche im Kaiserreich um ihren bürgerlichen Ruf gebracht hätte – als vielmehr in der intellektuellen Komponente der von ihnen unterhaltenen heterosexuellen Beziehungen. In diesen schienen die Hetären der griechischen Antike Persönlichkeitsmerkmale der künftigen sozialistischen Frau, die dem Mann als Freie, Gleiche und Herrin ihrer Geschicke, fähig zur Entwicklung und Betätigung ihrer physischen und geistigen Kräfte, gegenübertreten sollte[21], vorweggenommen zu haben. Solche sozialistisch-futuristischen Anklänge wußte Bebel noch zu erhöhen, indem er den genannten Frauen jeweils nur eine intime Beziehung zuordnete, zwanglos, qua Natur, schienen sie auf Monogamie geeicht. Dies – ebenso wie das Unterschlagen finanziell erzwungener Männerfreundschaften – täuschte über die prostitutive Realität der Hetäre hinweg und verklärte ihre soziale Lage.
Mit der Vergesellschaftung des Eigentums, so nahm Engels an, würde Prostitution aus der Gesellschaft schwinden. Während Männer sich freiwillig fortan in monogame, jederzeit lösbare Beziehungen schickten, würde für alle Frauen Angst um soziale Folgen einer unerwünschten Schwangerschaft als Hinderungsgrund einer „rücksichtslosen Hingabe an den geliebten Mann" entfallen[22]. Wurde damit auch der Tatsache Rechnung getragen, daß Geburt eines unehelichen Kindes für viele Frauen aufgrund von Lebensumständen und/oder Erziehung die Perspektive Prostitution in der Realität des Kaiserreichs bedeutete, ausgeblendet in dieser Männer-Utopie blieb der Gedanke nicht-reproduktiver Sexualpraktiken, ja auch weibliches Desinteresse an einer Reduzierung auf ein bloßes Sexualobjekt und handele es sich beim mutmaßlichen Auslöser derartiger individueller Herabminderung um einen durchaus geliebten Mann. Der positive Gedanke, Beziehungen nicht als lebenslängliche Fesseln zu verstehen, sondern als emotionale Verbindungen mit Anfang und Ende, nahm Maß an vermuteten männlichen Grundbedürf-

nissen; weibliche Sexualität blieb demgegenüber ein Feld bewußter Nicht-Vermutungen und damit für Engels politisch unrelevant.

„Die Dauer des Anfalls der individuellen Geschlechtsliebe ist . . . nach den Individuen sehr verschieden, namentlich bei den Männern, und ein positives Aufhören der Zuneigung oder ihre Vedrängung durch eine neue leidenschaftliche Liebe macht die Scheidung für beide Teile wie für die Gesellschaft zur Wohltat. Nur wird man den Leuten ersparen, durch den nutzlosen Schmutz eines Scheidungsprozesses zu waten“,

faßte er die utopische Absage an die seinerzeit bestehenden verrechtlichten Geschlechterbeziehungen zusammen[23]. Weibliche Eigentumslosigkeit am eigenen Körper schien undenkbares Vorkommnis in einer sozialistischen Gesellschaft, kritikbedürftig schien sie allein als Anhängsel einer kapitalistischen Gegenwart, in der Ehe und Prostitution ein ähnlicher Zwangscharakter zugesprochen wurde.

„Das deutsche Strafgesetzbuch (§§ 180 und 181) bestraft die Kuppelei mit schwerer Zuchthausstrafe oder Gefängnis, aber wenn Eltern, Vormünder und Verwandte ihre Kinder, Mündel oder Anverwandte an einen ungeliebten Mann oder an eine ungeliebte Frau für das Leben verkuppeln, nur des Geldes, des Gewinnes, des Ranges oder eines sonstigen Vorteils wegen, kann kein Staatsanwalt eingreifen, und doch liegt ein Verbrechen vor“, schrieb Bebel[24].

Was die sozialistischen Theoretiker vermittelten, war zum einen Einsicht in die historische Bedingtheit und damit auch Veränderbarkeit sozialer Geschlechtsbeziehungen, zum anderen eine eindeutige Zuordnung von Prostitution zu sexistischen Gesellschaften. Da Prostitution nicht als unabänderlicher Sachzwang hingenommen wurde, mit dem sich Staat und Gesellschaft dauerhaft zu arrangieren hatten, eröffnete die Theorie für Parteimitglieder die Möglichkeit, sich zugunsten von Prostituierten einzusetzen, ohne daß dieses Engagement ihnen innerparteilich moralisch zum Vorwurf gereicht hätte. Gleichzeitig stellte die Aufarbeitung der Prostitution in der sozialistischen Theorie allerdings die Begrenztheit eines solchen Engagements klar: Jedes Eingreifen konnte nur aktuelle Mißstände lindern, nie jedoch Prostitution in einer bürgerlich-kapitalistischen Gesellschaft verhindern.
Stark besetzt mit antiklerikaler und antibürgerlicher Polemik, legten Bebels „Frau“ und Engels „Familie“ in groben Zügen die Richtung sozialdemokratischer Einmischungen fest, Bebel um so genauer, als er ein eigenes Kapitel der Prostitution als einer notwendigen sozialen Institution der bürgerlichen Welt widmete, in dem er sowohl Abhängigkeiten zwischen weiblicher Ausbeutung auf dem Erwerbsarbeitsmarkt, Mutterschaft alleinstehender Frauen und Prostitution aufstellte als auch auf die Verbreitung von Mädchenhandel und Geschlechtskrankheiten hinwies. Als Bezugsquelle für Informationen dienten ihm angesichts eines offenkundigen Mangels an engagierten sozialistischen Ärzten und Juristen hauptsächlich bürgerliche Autoren[25], von

denen er sich jedoch vor allem in der Betonung von Prostitution als Klassenverhältnis absetzte.

Aufgegriffen wurde das Thema Prostitution wiederholt in der Parteipresse, in Zeitungen ebenso wie in den von Parteiverlagen herausgegebenen Broschüren, belletristischer sozialistischer Literatur und Parlamentsdebatten. Neben der „Gleichheit" veröffentlichten „Vorwärts", „Neue Zeit" und „Sozialistische Monatshefte" ebenso wie lokale Parteiblätter immer wieder Beiträge. Ohne Sprengstoff für innerparteiliche Auseinandersetzungen zu bieten – meines Wissens ist nie eine Parteitagsdiskussion mit dem Schwerpunkt Prostitution geführt worden –, war es ein beliebtes Thema, um bürgerliche Scheinmoral zu entlarven und kapitalistische Beschädigungen menschlicher Existenz aufzuzeigen. Nach Bebel und Engels nahmen es beispielsweise Clara Zetkin[26] und Lily Braun[27], Henriette Fürth[28] und die vielgelesene Österreicherin Adelheid Popp[29], Karl Kautsky[30] und Wilhelm Liebknecht[31] ebenso bereitwillig auf wie die sozialistischen Ärzte Alfred Blaschko[32] und Julian Marcuse[33] oder der Publizist Paul Kampffmeyer[34], der sich insbesondere um die Diskussion im Krankenkassenwesen verdient machte.

Seine Schrift über „Die Prostitution als soziale Klassenerscheinung und ihre sozialpolitische Bekämpfung" spiegelt in ihrer Intention die Bandbreite sozialdemokratischen Engagements. Sie wandte sich an die sozialistische Arbeiterschaft, deren tatenfreudiges Bekenntnis zum Grundsatz weiblicher Gleichberechtigung sie zur unversöhnlichen Feindin der reglementierten Prostitution mache, an jene Frauen, „die in den proletarischen und abolitionistischen Kreisen bisher vereinzelt die polizeiliche Überwachung der Dirnen befehdeten", an Sozialpädagogen, um sie zum Auf- und Ausbau von Fürsorgeeinrichtungen für Kinder zu ermuntern, sozialpolitisch gebildete Ärzte und Krankenkassenmitglieder, sich für unentgeltliche Behandlung männlicher und weiblicher Geschlechtskranker einzusetzen. In der Prostituierten sollte

> „ein neues Selbst, das sich behaupten und bestimmen kann, geschaffen werden. Und die Schöpfung dieses Selbst steht in engster Abhängigkeit von ökonomischen und sozialen Einrichtungen, die der Prostituierten erst eine andere soziale Existenz und die Entwicklung der noch in ihr steckenden moralischen Anlagen ermöglichen."[35]

Vielfach handelte es sich um als „revisionistisch" eingestufte Parteimitglieder, die es sich angelegen sein ließen, praktische Initiativen zu ergreifen. Kampffmeyer als ein Angehöriger dieser Gruppe stieß dabei innerparteilich kaum auf taube Ohren: Bebel bezog sich auf ihn[36], in der „Neuen Zeit" wurde seine Schrift positiv rezensiert[37] und mit Billigung der Partei nahm er u. a. am Dresdener Kongreß der Abolitionisten teil[38]. Der 1902 gegründeten „Deutschen Gesellschaft zur Bekämpfung der Geschlechtskrankheiten" gehörte er ebenso an wie die bekannten Sozialdemokraten Bebel, Heinrich und Lily Braun, Paul Hirsch und Henriette Fürth[39]. Lily Braun, Henriette Fürth und Willy Hellpach engagierten sich darüber hinaus im 1905 ins Leben gerufenen „Bund für Mutterschutz“[40], und als im September 1911 in Dresden die „Internationale Vereinigung für Mutterschutz und Sexualreform“ eingerichtet wurde, waren ebenfalls Sozialdemokraten beteiligt. Den rassenhygienisch gefärbten Gründungsaufruf unterzeichneten neben der in der „Neuen Zeit“ publizierenden Oda Lerda-Ohlberg unter anderen die Reichstagsabgeordneten Eduard David, Eduard Bernstein und Ludwig Frank[41]. Trotz zahlreicher Gemeinsamkeiten in der Kritik der bestehenden Zwangsehe, der Analyse der Auswirkungen der Doppelmoral sowie der Auffassung einer allseitigen Präsenz der Prostitution deckten sich die in diesen Gesellschaften vertretenen Ansätze einer Sexualreform nicht völlig mit den von der Sozialdemokratie vertretenen, war man in der Partei doch davon überzeugt, daß auf dem Boden der bürgerlichen Gesellschaft nur partielle Reformen möglich seien, da sie die Ausbeutung des Menschen durch den Menschen nicht abschaffe.

Daß die Sozialdemokratie ihrerseits dennoch nach aktuellen Lösungen suchte, wurde vor allem durch die Sorge um sexuelle Integrität der Arbeiterschaft und Interesse an gesundem Nachwuchs bestimmt. Zahlreiche Sozialdemokraten plädierten öffentlich für eine beide Geschlechter einbeziehende Sexualaufklärung[42], galt Prostitution doch als Herd für Geschlechtskrankheiten, die im schlimmsten Fall zur Sterilität einer unbeteiligten und unwissenden Ehefrau oder aber auch zur Geburt syphilitischer Kinder führen konnten. Neben der Infektion mit venerischen Krankheiten war Prostitution proletarischer Frauen die andere Ebene, auf der die Arbeiterschaft das Übel Prostitution erreichen konnte. Unterbezahlung, fehlende soziale Absicherung im Krankheitsfall wie überhaupt weitgehende Rechtlosigkeit gegenüber Arbeitgebern ließen die Berufe der Fabrikarbeiterinnen, Dienstmädchen, Näherinnen, Kellnerinnen, Schauspielerinnen und Verkäuferinnen als besonders prostitutionsträchtig erscheinen[43]. Die Identität des Reservoirs für Prostitution mit dem Potential des für die Partei zu rekrutierenden weiblichen Proletariats verhinderte eine praktische Abstinenz der Partei vom aktuellen Engagement. Daher bestimmte die Situation der Frauen in den genannten Erwerbszweigen und ihr alltäglicher Lebenszusammenhang als Ort verschiedenster sozialer und ökonomischer Deprivationen zahlreiche Diskussionen.

Rückständiges, die sozialen Verhältnisse nicht durchschauendes Bewußtsein, gepaart mit Nichtengagement in der Arbeiterbewegung, trug nach verbreiteter sozialdemokratischer Überzeugung zur Ausweitung von Prostitution bei. Vor diesem Hintergrund wandte sich die parteilich betriebene Aufklärung über Prostitution vornehmlich an die ausgebeutete, potentiell zur Prostituierten arrivierenden Arbeiterin, deren Lohn zum Sterben zu hoch,

zum Leben zu niedrig war. Drastische Zeichnung von Prostituiertenschicksalen mit abschreckendem Charakter[44] wechselten mit der Schilderung von Formen sexueller Ausnutzung durch Dienstherren und Arbeitgeber[45]. Die Betonung einer Koppelung weiblicher Erwerbsbedingungen mit Prostitution unter Hinweis auf ihre erst im Sozialismus mögliche Aufhebung zielte auf eine Organisierung proletarischer Frauen zugunsten der Sozialdemokratie als prostitutionsverhütende Maßnahme; männlichen Parteimitgliedern suchte sie die Notwendigkeit eines Eintretens für verbesserte weibliche Erwerbsbedingungen zu verdeutlichen, konnte die eigene Ehefrau oder Freundin doch die Prostituierte von morgen sein.
Auch wenn Verkauf der Ware Arbeitskraft und der sexueller Dienstleistungen als Teil desselben Ausbeutungsverhältnisses gesehen wurden, so zog man zwischen ihnen doch moralische Grenzen.

„Das, wozu der Lohnsklave sich verkauft, ist eine gesellschaftlich notwendige Leistung ... während das, wozu die prostituierte Dirne sich verkauft, die schmachvollste Entweihung der Liebe und damit der Menschennatur ist",

schrieb Wilhelm Liebknecht um 1875[46] – und sprach damit wohl auch einem Großteil der Parteianhängerschaft aus der Seele.
Versehen mit dem Attest gesellschaftlicher Nutzlosigkeit und dem Schimpf pervertierter Liebe war Prostitution weder in der kapitalistischen Gegenwart noch in der gedachten sozialistischen Zukunft positiv zu besetzen; durch Aufklärung sollte deshalb sowohl der Prostitution proletarischer Frauen und Mädchen als auch einer Kundentätigkeit proletarischer Männer und Jugendlicher vorgebeugt werden. Empfohlenes Heilmittel war vor allem Distanz; denn Nähe, räumliches Zusammen– als auch Nebeneinanderwohnen, mit einer Prostituierten schien gefährlich, ja geradezu ansteckend. Bezeichnete man sie einerseits als „Gefallene", „Verlorene", hilflose, durch Not zur Prostitution getriebene Geschöpfe, arbeitete man andererseits politisch auch mit Prostituiertenbildern, denen jeder Hinweis auf prostitutionsauslösende Momente im kapitalistischen Alltag und dort sozial vorstrukturierte weibliche Leidenssituationen fehlte. So bedeutete selbst für Kampffmeyer das Eintreten für umfassende Sozial- und Sexualreformen keineswegs Verzicht auf den Mythos der Prostituierten als den der allseits sexualisierten und alles sexualisierenden Persönlichkeit; sie symbolisierte den Verfall der bürgerlich-kapitalistischen Gesellschaft und als sein augenfälligstes Symbol wurde sie zugleich für ihn haftbar gemacht:

„Die verputzte, aufgedonnerte Prostituierte mit ihren auffälligen, grob sinnlichen Manieren verdirbt die soziale Sitte. In den Moden drängt sich das sexuelle Moment unter dem Einfluß der Prostitution schamlos hervor. Die Umgangsformen vergröbern sich, ein zweideutiger Ton kommt im geselligen Verkehr auf, die Zote stiehlt sich in die Gassenhauer und in die Kindergespräche. Ein moralischer Ansteckungsstoff wird in der Großstadt von Klasse zu Klasse getragen."[47]

Glaubt man jenen Bildern, machte die Gesellschaft nicht eine Frau zur Prostituierten, sondern die Gesellschaft war Spielball in den Händen der Dirnen. Je plakativere Funktionen es in der Parteiagitation zu erfüllen hatte, desto mehr verselbständigte sich das Bild, zusehends entfernte es sich von den realen Ursprüngen weiblicher Prostitution und lenkte ab von strukturellem Sexismus. Die Zweiteilung der Bilder – das arme, „gefallene Mädchen" auf der einen, die aufgeputzte Müßiggängerin auf der anderen Seite –, das Überholen der Realität durch einen sie verschleiernden Mythos spiegelt das Wissen um die Unfähigkeit, angesichts einer schlechten sozialen Realität jede von Prostitution bedrohte Frau von ihr abhalten zu können. Mitleid schien fehlplaciert, wenn eine Abschreckung stattgefunden, aber nichts gefruchtet hatte; der Mythos der parasitären Müßiggängerin verhalf zur Distanz durch radikale Ausblendung der unmenschlichen Lebens- und Arbeitssituation von Prostituierten im Kaiserreich und Unterschlagen der Umstände, die eine Frau dahin gebracht hatten. Zweifel über die Durchsetzbarkeit sozialistischer Utopie gegenüber hoffnungslos empfundenen proletarischen Alltagen schlugen durch im Bild der Prostituierten. Die fiktive Dirne bereitete den Boden, auf dem ein bedingungsloses Engagement von Sozialdemokraten zugunsten von Prostituierten in der Praxis nicht umzusetzen war; der Mythos schuf Raum für die Entwicklung einer Entfremdung.

Anmerkungen

1. Die „Gleichheit", Zeitschrift für die Interessen der Arbeiterinnen, Jg. 5, Stuttgart 1895, 107.
2. Loewenherz, Johanna: Prostitution oder Production, Eigentum oder Ehe? Neuwied 1895, 163.
3. Anzuführen wäre hier die eigene Erfahrung, daß Männer häufig nicht unbefangen bleiben, erfahren sie von einer Frau, sie schreibe über Prostitution, sondern zu einem ausgesprochenen Flirtverhalten übergehen.
4. Zu Orientbeschreibungen als „Versuch der repressiven Moral, Sinnlichkeit in der Ferne bestaunen zu lassen" im 19. Jahrhundert s. Glaser, Hermann: Der sadistische Staat, Frankfurt/M. 1985, 92–95.
5. Atkinson, Ti-Grace: Amazonenodyssee, München 1976, 118.
6. Zur weiblichen Armut an Schreibbedingungen s. Woolf, Virginia: Ein Zimmer für sich allein, Berlin 1978.
7. Beispielhaft seien angeführt: Eggers-Smidt, Marie: Prostituiertenbriefe, in: Zeitschrift für Bekämpfung der Geschlechtskrankheiten, hrsg. v. A. Blaschko, E. Lesser, A. Neißer, 3. Bd., Leipzig 1905, 336–350, und Hammer, Wilhelm: Zehn Lebensläufe Berliner Kontrollmädchen, Leipzig 1905.
8. Einem solchen Editionsprozeß unterlag das Tagebuch einer Verlorenen. Von einer Toten. Überarbeitet und hrsg. von Margarethe Böhme, Berlin 1906.
9. Als frauenbewegte Verständigungsversuche können angesehen werden: Biermann, Pieke: „Wir sind Frauen wie andere auch!" Prostituierte und ihre Kämpfe,

Reinbek 1980; Giesen, Rosemarie/Gunda Schumann: An der Front des Patriarchats. Bericht vom langen Marsch durch das Prostitutionsmilieu, Bensheim 1980; Millett, Kate: Das verkaufte Geschlecht. München 1973.

10. Grebing, Helga: Geschichte der deutschen Arbeiterbewegung, München 1970, 113.
11. Blaschko, Alfred: Die Prostitution im 19. Jahrhundert, Berlin 1902, 12.
12. So bei F. D. Nieuwenhuis: Zur Frage der Prostitution, in: Die Neue Zeit, Stuttgart 2(1884), 254.
13. Bebel, August: Über die gegenwärtige und künftige Stellung der Frau, Leipzig 1878, 39.
14. Hirsch: Die Stellung nichtdeutscher Staaten zur Prostitution, in: Zur Prostitutionsfrage. Aus den Verhandlungen der 56. Generalversammlung der Rheinisch-Westfälischen Gefängnis-Gesellschaft, Düsseldorf 1885, 35.
15. Die These geht zurück auf C. Lombroso, G. Ferraro: Das Weib als Verbrecherin und Prostituierte, Hamburg 1894.
16. Vgl. Blasius, Dirk: Kriminalität und Alltag, Göttingen 1978, 72–74.
17. Bebel, August: Die Frau und der Sozialismus, Berlin 1977, 65.
18. Ebda., 64–65.
19. U. a. Kampffmeyer, Paul: Die Prostitution . . ., 11–14; Braun, Lily: Die Frauenfrage, Berlin u. Bonn 1979, 13.
20. Zur Situation athenischer Prostituierter s. Borneman, Ernest: Das Patriarchat, Frankfurt 1979, 250–268.
21. Bebel, August: Die Frau . . ., 515.
22. Engels, Friedrich: Der Ursprung der Familie, des Privateigentums und des Staates, Berlin[13] 1977, 87.
23. Ebda., 94.
24. Bebel, August: Die Frau . . ., 143.
25. In der 50. Auflage der „Frau“ zählten dazu R. Schmölder, J. Kühn, Dr. Fock und H. Severus.
26. U. a. in: Die Arbeiterinnen- und Frauenfrage der Gegenwart, Berlin 1889; Sittlichkeit, Prostitution und Frauenfrage, Berlin 1902.
27. Die Frauenfrage, Berlin 1979.
28. U. a. in: Die Prostitution. Ursachen und Weg zur Abhilfe, Berlin 1907; Das Geschlechtsproblem und die moderne Moral, Leipzig 1908; Staat und Sittlichkeit, Leipzig 1912.
29. U. a. in: Jugend einer Arbeiterin, Berlin, Bonn-Bad Godesberg[2] 1978.
30. U. a. in: Das Erfurter Programm in seinem grundsätzlichen Theil erläutert, Stuttgart 1892.
31. U. a. in: Zu Trutz und Schutz. Festrede gehalten zum Stiftungsfest des Crimmitschauer Volksvereins am 22. Oktober 1871, Berlin[6] 1891.
32. U. a. in: Syphilis und Prostitution vom Standpunkte der öffentlichen Gesundheitspflege, Berlin 1893; Die Geschlechtskrankheiten, ihre Gefahr, Verhütung und Bekämpfung, Berlin 1902; Die Prostitution im 19. Jahrhundert, Berlin 1902.
33. U. a. in: Geschlechtliche Erziehung in der Arbeiterfamilie, Berlin 1908.
34. U. a. in: Die Prostitution als soziale Klassenerscheinung und ihre sozialpolitische Bekämpfung, Berlin 1905; Die Wohnungsmißstände im Prostitutions- und Schlafgängerwesen und ihre gesetzliche Reform, in: Zeitschrift für Bekämpfung der Geschlechtskrankheiten, 3. Bd., Leipzig 1905, 165–229; Von der Erziehungsarbeit an Prostituierten, in: Zeitschrift für Bekämpfung der Geschlechtskrankheiten, 3. Bd., Leipzig 1905, 351–352.
35. Ders., Die Prostitution . . ., 4.

36. Bebel, August: Die Frau . . ., 212.
37. Die Neue Zeit, Stuttgart, 24/1 (1905–06), 766–768.
38. Die Neue Zeit, Stuttgart, 23/1 (1904–05), 185–186.
39. Vgl. Mitgliederverzeichnis der Deutschen Gesellschaft zur Bekämpfung der Geschlechtskrankheiten, abgedruckt in: Mitteilungen der deutschen Gesellschaft zur Bekämpfung der Geschlechtskrankheiten, Bd. 1, Leipzig 1902/03, 190–219.
40. Zum sozialdemokratischen Engagement im „Bund für Mutterschutz" und zur Stellung der Partei bezüglich Sexualreformen s. auch Janssen-Jurreit, Marielouise: Nationalbiologie, Sexualreform und Geburtenrückgang – über die Zusammenhänge von Bevölkerungspolitik und Frauenbewegung um die Jahrhundertwende, in: Die Überwindung der Sprachlosigkeit. Gabriele Dietze (Hrsg.) Neuwied 1979, 139–175.
41. Den „Aufruf an Männer und Frauen aller Kulturländer", abgedruckt in: Mutterschutz und Sexualreform. Referate und Leitsätze des I. Internationalen Kongresses für Mutterschutz und Sexualreform in Dresden 28./30. September 1911, Max Rosenthal (Hrsg.), Breslau 1912, 134–138, unterzeichneten u. a. auch die Radikalen Minna Cauer, Hedwig Dohm, Helene Stöcker, Gretel Meisel-Hess und Marie Stritt, der Verleger Eugen Diederichs, die Künstlerin Käthe Kollwitz ebenso wie Iwan Bloch, Havelock Ellis, Sigmund Freud und Magnus Hirschfeld.
42. U. a. Duncker, Käthe: Sozialistische Erziehung im Hause, Berlin 1914; Fürth Henriette: Die geschlechtliche Aufklärung in Haus und Schule, Leipzig 1903.
43. Zu den als besonders prostitutionsträchtig geltenden Erwerbszweigen s. Bebel, August, Die Frau. . ., 229–231; Kampffmeyer, Paul: Die Prostitution . . ., 74.
44. S. Kampffmeyer, Paul: Die Prostitution . . ., 83–87.
45. Mosegaard, A.: Ich kam vom Regen in die Traufe, in: Arbeiterinnen kämpfen um ihr Recht, hrsg. v. R. Klucsarits und F. G. Kürbisch, Wuppertal o.J., 97–98; Popp, Adelheid: Jugend einer Arbeiterin, Berlin, Bonn-Bad Godesberg^2 1978, 51.
46. Liebknecht, Wilhelm: Zu Trutz und Schutz . . ., 40.
47. Kampffmeyer, Paul: Die Prostitution . . ., 35.

III. Frauen- und Mädchenbildung

1. Ausbildung für zwei Berufe
Zur Geschichte der Hauswirtschaftlichen Pflichtfortbildungsschule für Mädchen in Bremen 1920–1933

Wiltrud Ulrike Drechsel

Vorbemerkung[1]

Die Hauswirtschaftliche Pflichtfortbildungsschule war die unmittelbare Vorgängerin der Schulen, die heute in Bremen Hauswirtschaftliche Berufs- und Berufsfachschulen heißen. Seit 1920 mußten alle Mädchen, die die Volksschule oder eine höhere Schule nach acht Schuljahren verließen, ein Jahr diese Schule besuchen, die von bürgerlichen Frauen aus der Frauenbewegung konzipiert und durchgesetzt worden war. Für Arbeiterinnen und Hausangestellte war mit diesem Jahr die Berufsschulpflicht abgegolten.
Während für die Jungen die Facharbeiterausbildung entstand, wurde den Mädchen eine Ausbildung zur Haus- und Familienarbeiterin vorgeschrieben, mit der sie aus der Konkurrenz um qualifizierte Lohnarbeitsplätze von vornherein ausgeschlossen waren. Daß bis heute erwerbslose Mädchen und Jungarbeiterinnen (gleich, welcher Art ihre Erwerbsarbeit ist) ihre Berufsschulzeit in der Hauswirtschaftlichen Berufsschule absolvieren, läßt vermuten, daß diese Ausbildung nicht so disfunktional ist, wie es auf den ersten Blick scheint, weder für geschlechtsspezifische Strukturen der Gesellschaft noch für die Arbeitsplatzstruktur in den Bereichen, in denen Frauen ungelernte oder angelernte Arbeit verrichten.

Das „Berufsprinzip" in der Fortbildungsschule

Bis 1920 hatte Bremen nur männlichen Lehrlingen den Besuch einer Fortbildungsschule zur Pflicht gemacht, und zwar

- seit 1908 den Lehrlingen des Handwerks und der Industrie,
- seit 1912 den Lehrlingen des Kleinhandels,
- seit 1910 den Lehrlingen der landwirtschaftlichen Betriebe von einer Größe von 5 und mehr Hektar,
- seit 1908 den Lehrlingen der Gärtner,
- seit 1912 den Lehrlingen der Drogisten.[2]

Für die Großhandelslehrlinge war der Besuch der Fortbildungsschule nicht staatlich geregelt. Sie gingen zur privaten Handelsschule der „Union", eines Vereins der Kaufleute, der an einer solchen Regelung kein Interesse zeigte. Weder für ungelernte jugendliche Arbeiter noch für Mädchen gab es eine Fortbildungsschulpflicht.
Als 1919 mit der Weimarer Verfassung der Besuch einer Fortbildungsschule bis zum 18. Lebensjahr obligatorisch wurde, wurden in Bremen weitere Fortbildungsschulen eingerichtet

- für die weiblichen Lehrlinge des Kleinhandels (1922),
- für die männlichen und weiblichen Lehrlinge des Großhandels (1922; in dieser Schule ging die Handelsschule der „Union" auf),
- für Bürolehrlinge und -angestellte (1923),
- für die weiblichen Lehrlinge des Handwerks (1925),
- für ungelernte Arbeiter, aber nicht für ungelernte Arbeiterinnen (1926).[3]

Pädagogen und Bildungspolitiker stimmten überein, daß auch die Pflichtfortbildungsschule der Ungelernten eine Berufsschule werden müsse, deren Erziehungsziele und Unterrichtsinhalte sich aus dem Erwerbsberuf dieser Jugendlichen ableiteten:

„Aus persönlichen und sozialen Gründen gebraucht auch der junge ungelernte Arbeiter die Einheitlichkeit seines Arbeits- und Bildungslebens. Lassen sich aus zahlreichen Teilarbeiten nur schwer Werte herausholen, so können doch Werte hineingetragen werden, um den inneren Zwiespalt zu überbrücken. Auch der ungelernte Arbeiter muß seine Tätigkeit in die allgemeinen Zusammenhänge eingliedern und erkennen, daß seine Arbeit Dienst an der Gesamtheit ist und zugleich seinen persönlichen Wert bestimmt. Darum kann und darf die Fortbildungsschule der Ungelernten nur eine Berufsschule sein, die eine besondere Form der ‚Berufsbildung' vermittelt."[4]

Unbekümmert um die Frage, ob der Arbeit dieser Jugendlichen überhaupt identitätsstiftende Momente abzugewinnen waren, schrieb E. Spranger dem Beruf persönlichkeitsbildende Potenzen zu und sah in der „Hingabe an ein objektives Ziel", das dem einzelnen durch seinen Beruf gestellt sei, die Erfüllung einer sittlichen Norm:

„Es ist Aufgabe der Fortbildungsschule, zu zeigen, daß über den Erwerb hinaus der Einzelne mit seiner Arbeit einen Dienst am Volke leistet, und daß er dadurch seinen persönlichen Wert bestimmt. Das ist der einzige Weg, um das Seelenlose, Mechanische der Handarbeit zu überwinden und selbst die kleinsten Teilleistungen der Industrie zu erfüllen mit dem höheren Bewußtsein, daß dies alles im Zusammenhang des Gesamtlebens eine wertvolle und unentbehrliche Leistung ist."[5]

Der materiale Kern des „Berufsprinzips" (E. Spranger) in der Fortbildungsschule für Ungelernte blieb in den ideologischen Phrasen unausgesprochen. Die Zusammenfassung der Ungelernten in Fachklassen und ihre fachliche Ausbildung resultierten nicht aus pädagogischen Überzeugungen, sondern entsprachen der Qualifikationshierarchie vieler Industriebetriebe, in denen sich zwischen den Ungelernten und den Facharbeitern eine neue Qualifikationsstufe, die der „Angelernten“, herausgebildet hatte.[6] Aus ihnen rekrutierte sich ein Teil der Facharbeiterschaft. Auch in Bremen ging man 1926 davon aus, daß etwa ein Drittel der fortbildungsschulpflichtigen Arbeiter eigentlich „Angelernte“ seien, die aller Wahrscheinlichkeit nach einmal als „Facharbeiter“ arbeiten würden.[7] Das „Berufsprinzip“ der Fortbildungsschule für Ungelernte kam also Qualifikationsbedürfnissen der Industrie entgegen; darüber hinaus trug es zur Legitimation vertikaler und horizontaler Differenzierungen der Arbeitsplatzstruktur bei und vermittelte Determinanten eines potentiellen Aufstiegs. Begreift man das „Berufsprinzip“ als „Facharbeiterprinzip“, wird verständlich, warum es in der berufspädagogischen Diskussion nur für die Arbeiter gelten sollte, denn für Arbeiterinnen gab es diesen Aufstieg in der Betriebshierarchie in der Regel nicht.

Zur Erwerbsarbeit der Mädchen und ihren Ausbildungsmöglichkeiten

Einige Jahresberichte der Bremer Schulverwaltung geben Auskunft über die berufliche Orientierung der Volksschülerinnen. Die Übersicht (Tabelle 1) verdeutlicht, wie wenig Möglichkeiten für diese Mädchen bestanden, im Anschluß an die Volksschule einen qualifizierten Beruf zu erlernen. Ungefähr 15 % schlugen diesen Weg ein, während etwa 75 % der Jungen eine berufliche Ausbildung begannen.[8] Überdies waren die für die Mädchen erreichbaren Qualifikationen bis auf wenige Ausnahmen auf einem niedrigeren Niveau angesiedelt als die, die zu den entsprechenden Berufen der Jungen gehörten.[9]
Für drei Viertel aller Volksschülerinnen war die auf die Schule folgende Station der Haushalt, der elterliche bei den „Haustöchtern“, ein fremder bei denen, die „in Stellung“ gingen oder als „Stundenmädchen“ dienten.

Die Ergebnisse der Erhebung beschreiben jedoch weder die Berufswünsche, noch kennzeichnen sie das tatsächliche Ausmaß des Zwangs zur außerhäuslichen Erwerbsarbeit; sie drücken lediglich aus, wie begrenzt die Perspektiven waren, unter denen die Volksschulabgängerinnen ihre Orientierungen entwickeln konnten. Manche arbeiteten ein, zwei Jahre im Haushalt, weil sie mit 14 oder 15 Jahren in den Fabriken noch nicht eingestellt wurden. Zu den „Haustöchtern“ zählten auch Mädchen, die einen außerhäuslichen Arbeitsplatz gesucht, aber nicht gefunden hatten, und diejenigen, die sich in Kursen berufliche Kenntnisse und Fähigkeiten (z. B. Stenographie, Schreibmaschine) aneigneten, ehe sie eine Stelle antraten.

Tabelle 1:
Berufsstatistik über die im Jahre 1916/17 und Ostern 1917 abgegangenen Mädchen der Volksschulen der Stadt Bremen

Berufe	Insges.	Insges. in %	
Volksschullehrerinnenseminar	8	0,38 %	= 14,70 %
Zeichnerinnen und verwandte Berufe	17	0,80 %	
Verkäuferinnen in Ladengeschäften	113	5,28 %	
Schreibdienste bei Behörden und Kontorarbeit im Großhandel	78	3,67 %	
Lehrstelle in gewerblichen Betrieben	97	4,57 %	
Ungelernte Berufe und Fabrikarbeit	92	4,33 %	
Dienst, einschließl. Dienst als Stundenmädchen	520	24,49 %	=75,70 %
Als Haustochter im Hause bleibend ohne Besuch von Bildungsanstalten und dergl.	822	38,77 %	
Als Haustochter, Bildungsanstalten oder Ausbildungskurse besuchend	262	12,34 %	
Sonstige Berufe	5	0,24 %	
Nicht ermittelt	109	5,13 %	
Summe	2123	100,00 %	

Quelle: Jahresbericht in betreff des Schulwesens für das Jahr 1917. In: Verhandlungen zwischen Senat und Bürgerschaft der Freien Hansestadt Bremen, 1918, 19. Januar, S. 56

Eine der wenigen Einrichtungen in Bremen, die Mädchen die Gelegenheit boten, sich systematisch auf einen Erwerbsberuf vorzubereiten, war der 1867 gegründete Frauen-Erwerbs- und Ausbildungsverein. Er hatte sich die „Vorbereitung der weiblichen Jugend für häusliche Tüchtigkeit und für Erwerbsfähigkeit auf den der Frau im kaufmännischen und gewerblichen Leben erschlossenen Gebieten“[10] zur Aufgabe gemacht. 1918 unterhielt er

- Ausbildungskurse in „häuslicher Frauenarbeit“, die eine „verständige und zweckmäßige Wirtschaftsweise fördern“ sollten;
- eine Nähschule, in der Unterricht im Schneidern, in der Wäscheanfertigung, im Maschinennähen, im Handnähen, in einfachen Handarbeiten, im Flicken, Stopfen und Weißsticken erteilt wurde;
- eine Wirtschaftsschule, in der hauswirtschaftlich ausgebildet wurde (außerdem stand die Schulküche Volksschulklassen zur Verfügung, und die Seminaristinnen des Hauswirtschaftslehrerinnenseminars unterrichteten Volksschülerinnen, die freiwillig zum Hauswirtschaftsunterricht kamen);
- eine einjährige Fortbildungsschule mit den Fächern Deutsch, Englisch, Rechnen, Buchführung, Handelskorrespondenz, Kontorarbeiten, Schreiben, Stenographie und Maschinenschreiben, die jährlich von etwa 200 Schülerinnen besucht wurde, sowie eine Stellenvermittlung, über die die Schülerinnen Arbeitsplätze in Banken, Geschäften und Büros fanden;

- ein Seminar für Hauswirtschaftslehrerinnen und eines für Handarbeitslehrerinnen, denen allgemein zugängliche Kurse im Nähen, Kochen, Wäschewaschen, Plätten, Einmachen und Servieren angegliedert waren;
- eine Frauendienstschule (früher: Frauenschule), eine Art Soziales Seminar, das Frauen auf berufliche oder ehrenamtliche Sozialarbeit vorbereitete.[11]

Die Kurse und Schulen des Frauen-Erwerbsvereins wurden von vielen Frauen und Mädchen besucht, deren Mütter bereits die Angebote des Vereins genutzt hatten. Es trifft also nicht zu, daß Frauen damals an einer über die allgemeine Schulbildung hinausgehenden Qualifizierung kein Interesse gehabt hätten.

Daß Erwerbsarbeit für viele Frauen (auch aus dem Bürgertum) lebensnotwendig war, aber ohne eine spezifische Ausbildung kaum Aussichten der Realisierung bestanden, war schon den Gründerinnen des Vereins klar gewesen, denn mit der Einrichtung von Kursen und einem Arbeitsnachweis hatten sie ihre Tätigkeit begonnen. Aber die Frauen sahen im Erwerbsberuf nicht das konstitutive Element weiblicher Identität, sondern nur einen Bestimmungsfaktor neben dem Leben für die Familie. Ihr Bildungskonzept zielte daher auf eine Ausbildung in *zwei* Berufen, in der unbezahlten und in der bezahlten weiblichen Arbeit. Sie wollten sowohl generell auf die häusliche Frauenarbeit vorbereiten als auch spezielle Kompetenzen für die Erwerbsarbeit entwickeln, bei den Volksschülerinnen ebenso wie bei den höheren Töchtern.[12] Den Widerspruch zwischen dem einen und dem anderen Ziel versuchten sie auszugleichen, indem sie die Professionalisierung derjenigen weiblichen Erwerbsgebiete vorantrieben, deren Anforderungen denen der häuslichen Frauenarbeit am nächsten kamen.

Die hauswirtschaftliche Pflichtfortbildungsschule

Zur Doppelorientierung der Arbeiterinnen auf Haushalt und Beruf

Aufgrund der Novellierung des § 120 der Reichsgewerbeordnung konnten Gemeinden ab 1912 auch für gewerbliche Arbeiterinnen die Fortbildungsschulpflicht einführen. Mit dieser Neuerung waren allerdings weniger berufsqualifizierende als sozialpolitische Zielsetzungen verbunden, glaubte man doch, in einer gründlichen hauswirtschaftlichen Unterweisung der jungen Arbeiterinnen ein wirksames Mittel gegen die Armut, die Brüchigkeit familiärer Bindungen, die Unterernährung, die Mangelkrankheiten, den Alkoholismus und andere Symptome der städtischen Verelendung gefunden zu haben. Zwar hatten Frauen seit langem betont, daß die Mädchen aller Klassen und Schichten aus Gründen der Moral und zum Nutzen der Volkswirt-

schaft sorgfältig für ihre Aufgaben als Leiterinnen und Dienerinnen eines Familienhaushalts ausgebildet werden müßten; faktisch wurde aber nur die Unterweisung der „Töchter des Volkes“ zu einem Politikum, während die hauswirtschaftliche Bildung der Mädchen aus gutbürgerlichem Haus der privaten Entscheidung der Eltern überlassen blieb.[13]
Mit der Ausbildung für zwei Berufe verlangten die Frauen, die sich für die Pflichtfortbildungsschule einsetzten, prinzipiell außer der hauswirtschaftlichen auch eine unverkürzte Ausbildung der Mädchen in einem Erwerbsberuf. Aber die Fabrikarbeit galt ihnen nicht als Beruf, sondern nur als von den Verhältnissen erzwungene Erwerbstätigkeit, in der Teilarbeit der Arbeiterinnen sahen sie nur eine Abfolge eintönig sich wiederholender, mechanisch zu verrichtender Handgriffe, zu deren geschickter Ausübung es keiner Belehrung, sondern nur des ausdauernden Tätigseins bedurfte. In der Fabrikarbeit konnten sie weder die Notwendigkeit noch die Ansatzpunkte eines beruflichen Unterrichts erkennen. Fachgebundener Unterricht, wie er für die männlichen Ungelernten unter dem Gesichtspunkt der Facharbeiterqualifikation erörtert und eingerichtet wurde, spielte daher in der Debatte über die Mädchenfortbildungsschule kaum eine Rolle. Insoweit hier überhaupt Ausbildung für die Erwerbsarbeit in den Blick kam, war eher von allgemeinen Kenntnissen, von etwas Gewerberecht und etwas gewerblicher Hygiene, in einzelnen Fällen auch von Waren- und Maschinenkunde die Rede.[14]

In erster Linie schrieben die Frauen der Pflichtfortbildungsschule die „hauswirtschaftliche Ertüchtigung der späteren Frauen und Mädchen“ zu, denn im Medium der hauswirtschaftlichen Bildung sollte die Schule ihre eigentlich moralische Aufgabe erfüllen:

> „Sie muß ihren Schülerinnen eine hohe Lebensauffassung vermitteln, sie muß sie ihre Arbeit um großer Ziele willen lieben und üben lehren, sie muß sie zu innerer Festigkeit, zu echter Selbständigkeit zu führen suchen, sie muß insonderheit die weiblichen Tugenden, Bescheidenheit, Sittsamkeit, Opferwilligkeit, Treue im Kleinen, in liebevolle Hut nehmen, kurz, sie muß ihre Schülerinnen zu gewissenhaften, willensstarken Menschen erziehen, die auch in Zeiten der Not und Entbehrung Glauben, Mut und Stärke bewahren, zu treuen Arbeiterinnen, die später auch treue Gattinnen, umsichtige Mütter, einsichtige Staatsbürgerinnen werden.“[15]

Diese Zielsetzung implizierte ein kompensatorisches Verständnis der Schule: Sie sollte ein Gegengewicht zu den Belastungen schaffen, denen die Mädchen am Arbeitsplatz ausgesetzt waren, und die Auswirkungen bedrükkender häuslicher Verhältnisse mildern. Manche Autorinnen erwarteten sich von einer konsequent als Gegenmilieu strukturierten Fortbildungsschule sogar eine gewisse Immunisierung der jungen Frauen gegen die Einflüsse der sozialdemokratischen Agitation.[16]

Im moralischen Anspruch des Konzepts lag auch eine gesellschaftskritische Komponente. Sie richtete sich gegen eine Politik, die sich mit der formalen Regelung der Fortbildungsschulpflicht begnügte und die Hindernisse unangetastet ließ, die ihrer Durchsetzung entgegenstanden: daß junge Arbeiterinnen keine vertraglich festgelegte Lehrzeit hatten, daß sie oft nur als Saison- oder Gelegenheitsarbeiterinnen beschäftigt wurden und nicht bloß den Arbeitsplatz, sondern auch die Art der Beschäftigung häufig wechseln mußten; daß Unternehmer nicht bereit waren, Unterrichtszeiten zu akzeptieren, die in der Arbeitszeit lagen, und einen Teil des Lohns einbehielten, wenn die Arbeiterinnen die Schule besuchten; daß Familien in Verhältnissen lebten, in denen sie eher auf den Unterricht für die Töchter verzichten konnten als auf den Lohn, den die Mädchen heimbrachten usw. Mit minutiöser Genauigkeit registrierten Lehrerinnen, wie die Schülerinnen lebten, ob sie sich vor der Arbeit ein Frühstück leisten konnten und wann sie die erste warme Mahlzeit einnahmen, ob sie Freizeit hatten oder sich noch Heimarbeit nach Hause nehmen mußten, ob die Pausenzeiten im Betrieb eingehalten wurden und wie hoch der Lohnabzug für einen Schultag war. Es war evident, daß erst, wenn der Unterricht für die jungen Arbeiterinnen keine zusätzliche Belastung mehr bedeutete, die Schule ihre kompensatorische Funktion erfüllen konnte.[17]

Außerdem relativierte die genaue Kenntnis der häuslichen und beruflichen Sphäre der Mädchen die Bedeutung, die die Lehrerinnen den Gegenständen ihres Unterrichts beimaßen. Aus der Rigidität, mit der diese Lehrerinnen den pädagogischen Zwang zur Konformität mit (klein)bürgerlichen Weiblichkeitsnormen propagierten, folgt deshalb nicht unbedingt, daß sie ihn in ihrem Unterricht ebenso rigide praktiziert hätten. Wichtiger schien es ihnen, Zeit zu haben für die Wünsche und Nöte der Jugendlichen, ihr Vertrauen zu gewinnen und ihnen Verständnis entgegenzubringen, denn „sie brauchen unsere Anteilnahme an ihrem Geschick fast nötiger als die sachlichen Unterweisungen, die wir ihnen zuteil werden lassen".[18]

Das Konzept der Ausbildung für zwei Berufe ließ offenbar Raum für einen menschlichen Umgang zwischen Erwachsenen und Jugendlichen in der Schule, aber mit seiner kompensatorischen Pädagogik schrieb es zugleich die Fixierung der Frauenarbeit auf die unteren Ränge der Betriebshierarchie fort.

Eine der wenigen Frauen, die dieses Konzept kritisierten, war Rosa Kempf.[19] Sie versprach sich nichts von der hauswirtschaftlichen Unterweisung der ungelernten Arbeiterinnen und wehrte sich entschieden gegen jeden didaktischen Kompromiß, der auf Kosten ihrer Qualifizierung für die Erwerbsarbeit ging. Nicht durch hausfrauliche Tugenden, sondern nur durch höhere Einkommen und bessere Wohnungen könnte das Elend der Arbeiterfamilien gemildert werden; nicht die sparsam wirtschaftende Hausmutter, sondern nur die erwerbsfähige und deshalb möglichst qualifizierte Arbeiterin könnte unter den gegebenen Bedingungen erträgliche Lebensverhältnisse herstellen.

Für Rosa Kempf war die Erwerbsarbeit der Frauen ein Resultat der Industrialisierung, eines irreversiblen Prozesses also, in dem sie für die Arbeiterinnen längst zur Lebensarbeit geworden war, während sie für Frauen anderer Schichten noch als eine kurze Lebensphase zwischen Schule und Heirat definiert werden konnte. Die Fortbildungsschule mußte daher nicht bei den Aufgaben der Frauen als Konsumentinnen, sondern bei ihrer gesellschaftlichen Stellung als Produzentinnen ansetzen. Die entscheidende Frage war nicht, wie Arbeiterinnen tüchtige Hausfrauen, sondern wie sie qualifizierte Arbeiterinnen werden konnten.

Waren Facharbeiterqualifikationen allenfalls für eine Minderheit der Frauen ein realistisches Ziel, so war es umso dringender, der Mehrheit der Arbeiterinnen, denen praktisch keine Ausbildung zugestanden wurde, zu beruflichen Qualifikationen zu verhelfen, mit denen sie sich nicht mehr in die Rolle der Parias der Großindustrie drängen lassen mußten. Von den sechs Stunden wöchentlichen Unterrichts sollten drei Stunden auf Rechnen, Aufsatz und Lesen sowie auf Bürgerkunde unter besonderer Berücksichtigung des Gewerberechts und der „volkswirtschaftlichen Stellung der Fabrikarbeit" verwendet werden. Die übrigen drei Stunden waren vorgesehen für „Gesundheitslehre mit besonderer Betonung der Arbeiterhygiene", für „technische Naturwissenschaften und angewandtes Arbeiten", bezogen auf die Industrie, in der die Mädchen arbeiteten, und für „das Umgehen mit Werkzeugen und das Verständnis für das Arbeiten mit Maschinen", das bisher nur „eine späte Frucht langer Berufstätigkeit" sein konnte, „weil ihre ganze Erziehung, die Gedankenrichtung, die man den jungen Mädchen gibt, sie möglichst weit von den Dingen fernhält, mit denen sie ihr Brot verdienen müssen".[20]

In der Sprache der Gegenwart formuliert, lautete Rosa Kempfs Programm: Jungarbeiterinnen müssen in der Berufsschule die gleichen beruflichen Qualifikationen wie ihre zukünftigen Kollegen, technische Kompetenz und arbeitsorganisatorische Kenntnisse, einen Begriff vom volkswirtschaftlichen Wert ihrer Arbeit und arbeitsmedizinisches Wissen erwerben. Was die Realisierung dieses Programms bedeutet hätte, darüber läßt sich nur spekulieren, denn damals galt – wie übrigens noch heute – die hauswirtschaftliche Fortbildungsschule, für die Lehrerinnenvereine, Hausfrauenorganisationen, aber auch die sozialdemokratische „Gleichheit"[21] eintraten, als der angemessenere Weg. Er sicherte die Doppelorientierung der Arbeiterinnen auf Haushalt und Beruf, ihre Anpassungsfähigkeit an die Doppelbelastung und an die Benachteiligungen des geschlechtsspezifisch geteilten Arbeitsmarktes.[22]

Das Bremer „hauswirtschaftliche Pflichtjahr"

In Bremen wurde die hauswirtschaftliche Pflichtfortbildungsschule in einer besonderen Variante eingeführt. 1919 schlug der Verein bremischer Lehrerinnen vor, für Volksschülerinnen „ein hauswirtschaftliches Jahr zwischen Volksschule und Fortbildungsschule einzuführen zur Vorbereitung auf die Pflichten der Frau in Haus und Familie".[23]

Vorgesehen war ein einjähriger Ganztagsunterricht mit ca. 30 Wochenstunden in den Fächern Kochen, Nähen, Backen/Einmachen, Gartenbau, Waschen und Plätten, Gesundheitslehre, Einführung in die Beschäftigung mit Kindern, Haushaltskunde, häusliche Buchführung, Nahrungsmittellehre, Deutsch, Singen und Turnen. Ein Wochentag sollte frei bleiben für die Arbeit im elterlichen Haushalt, alle zwei Wochen sollte eine Besichtigung, Wanderung oder andere gemeinsame Unternehmung stattfinden.

Zur Begründung dieses Vorschlags dienten

- das pädagogisch-entwicklungspsychologische Argument, „daß den unreifen und unfertigen Vierzehnjährigen noch ein Jahr ruhiger Entwicklung für Körper und Geist geboten wird . . .";
- das volkswirtschaftliche Argument, „daß das Wohl der Gesamtheit abhängig ist von der Leistung jeder einzelnen Hausfrau . . .";
- das familiensoziologische Argument, daß die „soziale Notlage weiter Volkskreise, die außerhäusliche Beschäftigung vieler Mütter, die sich daraus ergebende Vernachlässigung des eigenen Heims, sowie die frühzeitige Erwerbstätigkeit der weiblichen Jugend (. . .) die häusliche Unterweisung durch die Mutter vielfach unmöglich" mache.[24]

Das hauswirtschaftliche Jahr sollte viele Vorteile verbinden: Die Mädchen könnten im elterlichen Haushalt interessierter und sachkundiger mitarbeiten; im Fall einer frühen Heirat besäßen sie die nötigen Kenntnisse und Fähigkeiten sowie das erforderliche Verantwortungsbewußtsein; sie könnten ein Jahr ohne Überforderung und abwechslungsreich in einer Gruppe Gleichaltriger lernen und hätten Zeit für eine überlegte Berufswahl; die fachliche Berufsausbildung werde nicht durch die hauswirtschaftliche Unterweisung eingeengt, und die Stunden, die bisher auf den Kochunterricht im 8. Volksschuljahr fielen, könnten wieder für andere Fächer genutzt werden. Den Mädchen bliebe der strapaziöse, unergiebige Abendunterricht erspart, und schließlich entlaste die um ein Jahr verlängerte Schulzeit den Arbeitsmarkt, dessen Lage „ein verfrühtes Hineindrängen der Jugendlichen ins Erwerbsleben wenig wünschenswert"[25] machte. Daß die Mädchen erst ein Jahr später mit einer Berufsausbildung beginnen dürften als die Jungen, lasse sich ausgleichen, weil sie dann aufgrund ihrer größeren Reife und Allgemeinbildung mit weniger theoretischem und allgemeinbildendem Unterricht auskämen. Die Kosten eines hauswirtschaftlichen Jahrs aufzubringen, sei ange-

sichts der bisherigen Aufwendungen für die Fortbildung der Jungen nur billig, zumal diese Ausgaben ja letztlich dem Wohl der ganzen Bevölkerung zugute kämen.
Die Schuldeputation übernahm die Eingabe des Lehrerinnenvereins und erweiterte sie auf alle die allgemeinbildenden Schulen nach dem 8. Schuljahr verlassenden Mädchen. Der Antrag auf Einführung eines hauswirtschaftlichen Pflichtjahrs, den Agnes Heineken am 23. April 1920 in der Bürgerschaft stellte, wurde von allen Fraktionen angenommen.[26] Rita Bardenheuer, die Sozialpolitikerin der Mehrheitssozialdemokraten, rühmte das hauswirtschaftliche Pflichtjahr als eine Sache, in der Frauen gezeigt hätten, daß sie in Frauenangelegenheiten Politik machen können, vielleicht besser als Männer.[27]
Aber war das hauswirtschaftliche Pflichtjahr wirklich eine Sache für Frauen? Statt ganztägigem gab es Halbtagsunterricht; der 10- oder 12-Stunden-Tag wurde für viele Schülerinnen Realität, denn

„die wirtschaftlichen Verhältnisse (machten) es nötig (...), den Schülerinnen die Möglichkeit zu geben, durch Halbtagsarbeit mitzuverdienen. (...) Eine Anzahl Schülerinnen arbeitet morgens in der Fabrik (...), andere haben Halbtagsstellen im Haushalt, bei Kindern, in Geschäften, am Kontor, als Lehr- oder Laufmädchen. Eine Anzahl Schülerinnen, für die das Wohnen im Elternhaus aus wirtschaftlichen oder anderen Gründen erschwert wird, haben Stellen als häusliche Hilfe in einem fremden Haushalt gefunden und werden von dort täglich in den Unterricht geschickt."[28]

Mit dem hauswirtschaftlichen Jahr war für die Mädchen, die anschließend keine Lehre machten, zum Beispiel für Arbeiterinnen und Hausangestellte, die dreijährige Berufsschulpflicht abgegolten. Sie standen danach am Arbeitsplatz ohne Einschränkungen zur Verfügung.[29] Die Begeisterung des Reichsverbandes Deutscher Hausfrauenvereine über das Bremer Modell dürfte darin einen ihrer Gründe gehabt haben.[30] Obwohl die Lehrerinnen mit Agnes Heineken sich intensiv darum bemühten – der Fortbildungsschulunterricht wurde für ungelernte Arbeiterinnen, Haustöchter und Hausangestellte nicht auf drei Jahre ausgedehnt.
Als 1926 in Bremen die Fortbildungsschulpflicht für ungelernte Arbeiter eingeführt wurde, hieß es von den Mädchen lapidar:

„Die Einbeziehung der in diesen Berufen tätigen ungelernten Arbeiterinnen bleibt vorbehalten."[31]

Hauswirtschaftliche und berufliche Ausbildung liefen bald wieder nebeneinander, die eine mit der anderen konkurrierend. 1922 wurden kaufmännische, 1925 gewerbliche Vorklassen neben dem hauswirtschaftlichen Jahr eingerichtet. Mädchen, die nach dem Pflichtjahr in einen kaufmännischen oder gewerblichen Beruf gehen wollten, hatten nur 18 hauswirtschaftliche Wochenstunden und besuchten gleichzeitig einen schulgeldpflichtigen kaufmännischen oder gewerblichen Vorbildungslehrgang mit 12 Wochenstunden. Der fachliche Berufsschulunterricht in den zwei folgenden Pflichtjahren wurde um die Hälfte gekürzt.[32]

Von den bildungspolitischen Erwartungen, die der Lehrerinnenverein an die Einrichtung des hauswirtschaftlichen Pflichtjahrs geknüpft hatte, erfüllte sich wenig. Für viele Mädchen wurde es kein Vorlauf der Berufsausbildung, sondern trat an deren Stelle. Mädchen, die einen Hauswirtschafts-, Erziehungs-, oder Pflegeberuf anstrebten, konnten den Unterricht als Vorbereitung auf die Berufsausbildung begreifen; andere dürften im Pflichtjahr eher eine unnötige Verlängerung ihrer Unselbständigkeit und Abhängigkeit vom Elternhaus gesehen haben, vor allem, wenn sie von Kind auf gelernt hatten, daß es darauf ankomme, möglichst früh auf eigenen Füßen zu stehen. Seitens der Eltern gab es heftige Einwände. Die Ablehnung ging soweit, daß manche ihre Töchter aufs Land brachten, um sie der nur im Stadtgebiet geltenden Pflicht zum Besuch des hauswirtschaftlichen Jahrs zu entziehen.[33] Das hatte vermutlich nicht nur finanzielle Gründe. Gerade selbstbewußten Arbeiterfrauen verbot es ihr Stolz, die öffentliche Belehrung ihrer Töchter in privaten häuslichen Angelegenheiten zu akzeptieren. Ihnen war schwer einsichtig zu machen, warum ein Mädchen, das die jüngeren Geschwister großgezogen hatte, die vorschriftsmäßige Versorgung eines Säuglings an einer Puppe lernen sollte. Die traditionelle Skepsis der Arbeiterinnen gegenüber den Regeln des bürgerlichen Haushaltens, zu deren Anwendung ihnen das Geld, die Zeit oder beides fehlte, aufzubrechen, war kaum möglich in einer Zeit, in der Arbeitszeitverkürzungen zurückgenommen wurden und die alltägliche Erfahrung des ökonomischen Drucks sich verschärfte.[34]

Anzunehmen ist dagegen, daß das Bremer hauswirtschaftliche Jahr seine Funktion, den Arbeitsmarkt zu entlasten, zumindest partiell erfüllt hat. Im Krisenwinter 1923/24 waren nach Schätzungen in Berlin ein Viertel bis ein Fünftel der sonst erwerbstätigen Jugendlichen erwerbslos. Maßnahmen wie die Verlängerung der Volksschuldauer, Ausbildungsangebote in staatlichen Einrichtungen, Kurse, Pflicht- und Notstandsarbeiten, sogar die Verschikkung großstädtischer Jugendlicher in landwirtschaftliche Regionen wurden diskutiert und in Gang gesetzt, um die Jugendlichen von der Straße zu holen.[35] Auf diesem Hintergrund war das hauswirtschaftliche Jahr in Bremen eine effektivere Lösung als die Einführung des 9. Volksschuljahrs in Hamburg, das nach Protesten aus der Bevölkerung wieder zurückgenommen werden mußte. Das hauswirtschaftliche Jahr dagegen blieb; es betraf ja nur die Mädchen.

Anmerkungen

1 Dieser Beitrag stammt aus dem Kontext des Forschungsvorhabens „Bremer Schulerinnerungen". Ziel dieses Vorhabens ist es, schulgeschichtliche Zustände und Vorgänge als erinnerte Geschichte zu rekonstruieren und in Montagen aus Erzählungen und Bildern (Ton-Dia-Serien) darzustellen. Vgl. die Ton/Dia-Reihe „Cläre Preißner, Erinnerungen einer Freischülerin. Bremen 1907–1915".

2 Vgl. Verhandlungen zwischen dem Senate und der Bürgerschaft der Freien Hansestadt Bremen, 1930, 7. Mai, 191.

3 Vgl. ebenda, 191 f.

4 G. Fronemann, zitiert nach A. Kühne (Hrsg.): Handbuch für das Berufs- und Fachschulwesen, Leipzig o. J. (1922), 157. Vgl. die Beiträge von Witte und Sander ebd.

5 E. Spranger: Allgemeinbildung und Berufsschule. In: Die Deutsche Fortbildungsschule, 29. Jg., 1920, Nr. 14, 319.

6 Vgl. G. Pätzold (Hrsg.): Quellen und Dokumente zur betrieblichen Berufsbildung 1918–1945, Köln/Wien 1980, 27.

7 Vgl. Verhandlungen zwischen dem Senate und der Bürgerschaft, 1926, 20. Juli, 331.

8 Vgl. ebenda, 1918, 19. Januar, 55.

9 Zum Beispiel gab es 1917 erstmals einen einjährigen Kursus für Zeichnerinnen an der Zeichenschule; Verkäuferinnen und Lehrmädchen gewerblicher Betriebe hatten keine Fortbildungsschule; weibliche Büro- und Kontorangestellte erwarben sich vor und während der ersten Berufsjahre in privaten Kursen, was ihnen am Arbeitsplatz nicht vermittelt wurde.

10 Vgl. Verhandlungen zwischen dem Senate und der Bürgerschaft, 1918, 15. März, 187.

11 Vgl. ebenda, 184–187.

12 Vgl. ebenda.

13 Vgl. z. B. die einschlägigen Artikel in der Zeitschrift „Die Deutsche Fortbildungsschule", 14. Jg./1905–24, Jg./1915.

14 Exemplarisch entwickelte diese Position, für die sich auch Henschke, Ohnesorge, Sander und viele andere zitieren ließen, Elise Stoffels auf dem XII. Deutschen Fortbildungsschultag in Krefeld. Vgl. E. Stoffels: Die Fortbildungsschule für Fabrikarbeiterinnen. In: Die Deutsche Fortbildungsschule, 21. Jg., 1912, 1079–1090 und 1136–1145.

15 Ebenda, 1084. Dieser Zielsetzung korrespondierte ein Fächerkanon, in dem der berufsbezogene Unterricht nahezu bedeutungslos war: Lebenskunde, Wirtschaftlichkeitslehre, Gesundheitslehre, Handarbeit, Nahrungsmittellehre mit Kochübungen und schließlich Waren- und Gewerbekunde. Vgl. ebenda, 1087.

16 Vgl. ebenda, 1138.

17 Vgl. z. B. Erna Barschak: Die Schülerin der Berufsschule und ihre Umwelt, Vortrag, gehalten auf dem Mädchenberufsschultag des Allgemeinen Deutschen Lehrerinnen-Vereins in Dresden am 4. Oktober 1925, Berlin 1926 (Pädagogisch-psychologische Schriftenreihe des Allgemeinen Deutschen Lehrerinnen-Vereins, Heft 2). Auch E. Barschak war der Auffassung, daß Arbeiterinnen nur ein instrumentelles Verhältnis zu ihrer Erwerbstätigkeit entwickeln könnten (13); „die ungelernte Arbeit wird (. . .) dadurch charakterisiert, daß es, abgesehen von einigen Handgriffen, kaum etwas an ihr zu lernen gibt" (10).

18 Ebenda, 37.

19 Vgl. Rosa Kempf: Berufswahl und Berufsbildung, Berlin 1912 (Schriften des Kaufmännischen Verbands für weibliche Angestellte, 10). Rosa Kempf hatte ihre The-

sen auf der XII. Generalversammlung des Allgemeinen Deutschen Lehrerinnen-Vereins 1911 in Nürnberg vorgetragen; vgl. Elise Stoffels, a.a.O., 1086, die sich kritisch damit auseinandersetzte.

20 Vgl. Rosa Kempf: Berufswahl und Berufsbildung, a.a.O., 19. Dieser Unterricht war als allgemeiner, theoretischer, nicht als Training spezieller manueller Fähigkeiten gemeint. An anderer Stelle forderte Rosa Kempf in der Volksschule eine „ausgiebige Pflege der naturwissenschaftlichen Fächer" und die „Schulung des zeichnerischen Darstellungsvermögens und des Farbensinns", die in der Berufsbildung fortgesetzt werden müßten, und warnte vor der Gefahr, durch einen auf die Bedürfnisse der Industrie spezialisierten Unterricht „die Mädchen an die Handreichungen zu fesseln, welche ihnen gerade zugefallen sind, statt daß die Schule ihre Bewegungsmöglichkeiten und Verwendbarkeit steigert und damit auch ihre materielle Lage bessert." Vgl. Rosa Kempf: Das Interesse der Industrie an der Ausbildung der weiblichen Arbeiterschaft; Marie Bernays: Lehrwerkstätten und Schulen in der Textilindustrie; H. Liepmann: Schulen für die Wäschekonfektion, 3 Referate, gehalten auf der 2. Hauptversammlung des Verbandes für handwerksmäßige fachgewerbliche Ausbildung der Frau am 25. und 26. April 1913 im Rathause zu Charlottenburg, Gautzsch b. Leipzig 1914 (Kultur und Fortschritt, Neue Folge der Slg. „Sozialer Fortschritt", Hefte für Volkswirtschaft, Sozialpolitik, Frauenfrage, Rechtspflege und Kulturinteressen, Nr. 49294), bes. 13–15.

21 Vgl. Luise Zietz: Fortbildungsschulen für Arbeiterinnen. In: Die Gleichheit, 21. Jg./Nr. 24 vom 21. August 1912, 372–374.

22 Zur gegenwärtigen Bedeutung dieses Konzepts vgl. Helga Krüger: Die Segmentierung des Berufsbildungssystems – eine bildungspolitische Barriere für Marktpositionen weiblicher Arbeitskräfte. H. Rudolph u.a. (Hrsg.): Die Berufswege von Frauen, München 1985.

23 Verhandlungen zwischen dem Senate und der Nationalversammlung (1919/1920), 1920, 16. April, 1085.

24 Ebenda, 1085f.

25 Ebenda, 1087.

26 Vgl. Verhandlungen der Bremischen Nationalversammlung (1919/1920), 23. April 1920, 1883–1889.

27 Vgl. ebenda, 1886.

28 Agnes Heineken: Die Hauswirtschaftliche Pflichtfortbildungsschule in Bremen. In: Der Kindergarten. Zeitschrift des Deutschen Fröbel-Verbandes, 65. Jg., 1924, Nr. 1/2, 10.

29 Die Möglichkeit zur Befreiung von der Berufsschulpflicht mit der Klausel „dies gilt insbesondere für Mädchen, die keinen besonderen Beruf ergreifen, nach einjährigem Besuch einer Hauswirtschaftsschule" wurde 1938 in das Reichsschulpflichtgesetz aufgenommen (§ 9, Abs. 3 a). Es gibt sie heute noch.

30 Vgl. zum Beispiel die „Leitgedanken des Reichsverbands Deutscher Hausfrauenvereine", abgedruckt in einem Beitrag Else Sanders. In: Die neue Berufsschule, 1. Abt., 1. Heft, 1925, 43f.

31 Verhandlungen zwischen dem Senate und der Bürgerschaft, 1926, 20. Juli, 331.

32 Vgl. Verhandlungen zwischen dem Senate und der Bürgerschaft, 1930, 7. Mai, 205.

33 Vgl. Agnes Heineken: Die Hauswirtschaftliche Pflichtfortbildungsschule ..., 10.

34 Auf diese Gesichtspunkte haben in Gesprächen Frauen aus Bremen hingewiesen, die zwischen 1920 und 1930 das hauswirtschaftliche Pflichtjahr machen mußten.

35 Vgl. Käthe Gaebel: Die Erwerbslosigkeit der Jugendlichen, Berufsberatung, Berufsauslese, Berufsbildung, hrsg. von der Reichsarbeitsverwaltung, Berlin 1925 (Sonderveröffentlichung zum Reichsarbeitsblatt, 32. Sonderheft), 165–183.

2. Lehrerinnenausbildung 1890–1925 (in Preußen)

Marion Klewitz

Diese zusammenfassende Darstellung skizziert den Einstieg in eine Untersuchung, die sich mit den Lehrerinnen in der Zeit ihrer gesellschaftlichen Etablierung und Professionalisierung im Laufe der gut drei Jahrzehnte zwischen 1890 und 1925 befaßt. Der Bezugsrahmen Preußen erklärt sich in erster Linie daraus, daß viele Frauenführerinnen als Lehrerinnen und Politikerinnen hier arbeiteten und die Quellen der Frauenbewegung nach wie vor eine zentrale Basis für die Lehrerinnenfrage darstellen (vgl. den Bestand des Helene-Lange-Archivs). Zum zweiten werden zur Zeit im Preußischen Geheimen Staatsarchiv (Berlin-Dahlem) die Akten der Königlichen Lehrerinnenseminare zugänglich gemacht, die eine regional breit angelegte Untersuchung der Ausbildungspraxis (bis zur Auflösung der Seminare 1925/26) nahelegen. Entsprechendes gilt für die Jahresberichte der höheren Mädchenschulen ab ca. 1900 (Pädagogisches Zentrum Berlin).
Das Hauptgewicht der historischen Bearbeitung lag zunächst bei der Seminarausbildung, die übergreifenden Fragestellungen beziehen sich indes auf die Ausbildungsformen in der gesamten Gruppe der Lehrerinnen, das heißt solche an Volksschulen, höheren Mädchenschulen, (nach der Mädchenschulreform) an Lyzeen und Studienanstalten. Mit diesem Themenspektrum unterscheidet sich die hier verfolgte Arbeitsrichtung von der bei M. Mörschner, die – auf der Grundlage rheinländischer Seminare – die Ausbildung für Volksschulen und höhere Mädchenschulen untersucht hat. Ich weiche aber insbesondere von H. Bogerts ab – um eine zweite der größeren Veröffentlichungen zur Lehrerinnenfrage in dem genannten Zeitraum zu nennen –, die die Darstellung der Ausbildungsproblematik auf das Ziel des Universitätsstudiums zulaufen läßt. An diesem scheinbar so selbstverständlichen Punkt setzen meine Fragen an.

Der Kampf um das Frauenstudium: ein Interpretationsmuster für die Lehrerinnenausbildung?

In die Rede von der Frauenbewegung als einer Frauenbildungsbewegung fließt mit Geläufigkeit die Rede von der „Kampfzeit“ ein, beginnend mit dem Entwurf der Gelben Broschüre von 1887, wie sie Helene Lange

anschaulich in den „Lebenserinnerungen" beschrieben hat (a.a.O., 145ff.; vgl. Bäumer, Erinnerung, 131; Beck-Gernsheim, 311; Greven-Aschoff, 54). Das Interesse folgt der auch aus heutiger Sicht überzeugenden Strategie der mutigen Minderheit, die sich zur Oberlehrerin weiterqualifizierte, um den Seminarstandard zu überwinden. Sind wir doch sicher, daß die seminaristische Lehrerinnenausbildung mit gutem Grund abgeschafft worden ist. Unbestritten scheint also, daß Helene Lange für *die* Lehrerinnen sprach.
Unausgesprochen wird die durch die Universität gegangene, die akademisch gebildete Lehrerin zum Inbegriff der wünschenswerten Normalbiographie im Lehrberuf. Aufschlußreich für mich war, daß Lehrerinnen, die in jener Zeit Seminare absolviert hatten, mir in Interviews ausdrücklich erklärten, warum sie keine Universitätsabschlüsse haben. Der Anspruch der frühen Frauenbewegung und das spätere gewerkschaftliche Ziel der akademischen Lehrerbildung scheinen hier das Erzählmuster geprägt zu haben. Da es sich aber offensichtlich um ein kollektives Deutungsmuster handelt, lohnt es, ihm weiter nachzugehen.
Die Verbindung von politischer Strategie und persönlicher Bewertung, die dem Muster individuelle Nuancen gibt, sei exemplarisch mit einer Handbuch-Darstellung belegt, in der sich Gertrud Bäumer an eine breite Öffentlichkeit wandte. In dem Artikel „Lehrerinnenbildung" im „Encyklopädischen Handbuch der Pädagogik" (1906) will sie den Ausbildungsgang von der Volksschule über die Präparandie und das Seminar allein als Notlösung akzeptiert wissen: „Immerhin müßte dieser letzte Weg, schon um die notwendige Zahl von Lehrerinnen zur Verfügung zu stellen, daneben als zweite Möglichkeit beibehalten werden" (a.a.O., 467). Dem stellt sie die Forderung entgegen, daß grundsätzlich alle zukünftigen Lehrerinnen die Allgemeinbildung auf einer höheren Lehranstalt mit Abiturberechtigung erhalten sollten; Lehrerinnenseminare als Vorstufe zur Oberlehrerinnenprüfung lehnt sie ebenfalls ab (a.a.O., 465f.). Eine damals realistische Form des zweiten Bildungsweges schließt sie damit ausdrücklich aus.
Die historische Entwicklung der Lehrerinnenseminare, die nun zu überwinden sei, charakterisiert Gertrud Bäumer mit dem Begriff der Anpassung: Die Frauen hätten die Schwächen ihrer Vorbildung für den Volksschuldienst „naturgemäß erst in allmählicher Anpassung an die neuen Ansprüche überwinden" können (a.a.O., 462). – Nirgends sticht der Begriff der Anpassung so ins Auge, wie in ihrer Darstellung der Volksschullehrerinnenfrage. Da, wo die Frauenführerinnen sich an den männlich determinierten höheren Lehranstalten orientieren, und bei der geforderten Zulassung der Frauen zum Examen für das höhere Lehramt, ist nicht von Anpassung die Rede. Die Maßstäbe der Beurteilung sind also nicht eindeutig, denn selbst G. Bäumer schildert die Konfrontation mit der Universität als eine auch befremdende Erfahrung, die nicht ohne Anpassungen ablief.

Mein Themenverständnis geht deshalb dahin, die universitäre Ausbildung wohl als zentralen Anspruch zu untersuchen. Er soll aber nicht zugleich als Interpretationsmuster der frühen Lehrerinnengeschichte zugrunde gelegt werden. Über die Mehrzahl der Frauen im Lehrberuf würde sonst ein sehr eingeschränktes Bild entstehen.

Ausdifferenzierung der Lehrerinnengruppen

Welche Ausbildungswege gab es und wer wählte sie? – Diese Blickrichtung verfolgt bereits M. Mörschner, wenn sie die Unterschiedlichkeit der beiden Formen seminaristischer Ausbildung hervorhebt, der Volkschullehrerinnenseminare und sogenannter höherer Seminare, d. h. Ausbildungsstätten für Lehrerinnen an mittleren und höheren Mädchenschulen (Mörschner, 36). Sie differenziert die gemeinhin als Einheit betrachtete Seminarausbildung, obwohl sie sehr wohl weiß, daß sich die Anforderungen der staatlichen Abschlußprüfung für das Lehramt an Volksschulen von der für mittlere und höhere Mädchenschulen nicht sehr erheblich unterschieden.

Im Rahmen der Prüfungsordnung von 1874 war sogar eine Art von Durchlässigkeit gegeben. Volksschullehrerinnen mit „befriedigenden" Examensleistungen konnten die Qualifikation für mittlere und höhere Schulen durch eine bloße Ergänzungsprüfung in den Fächern Deutsch, Geschichte, Französisch und Englisch erwerben. Die Durchlässigkeit der Laufbahnen büßte allerdings ihren Wert dadurch ein, daß mit der Prüfungsordnung für Oberlehrerinnen aus dem Jahre 1894 und, noch stärker, mit der revidierten Fassung von 1900 eine neue Norm der Befähigung für den Oberstufenunterricht geschaffen wurde, die nicht mehr durch bloß private Vorbereitung zu erfüllen war (v. Bremen, Volksschule, 309–22).

Die Qualifikationsformen in der Lehrerinnenausbildung drifteten dann noch mehr auseinander, als infolge der Mädchenschulreform von 1908, in Anpassung an den männlichen Bildungssektor, praktisch drei Möglichkeiten zur Wahl standen: der Weg über das Volksschullehrerinnenseminar, der über das Oberlyzeum (mit Abitur und anschließendem Seminarjahr) und der über das mindestens sechssemestrige Studium. Mit den Ausbildungswegen wurden auch die Berufsräume gegeneinander abgeschottet und damit Reibungsflächen geschaffen.

Das Dilemma der seminaristisch gebildeten Lehrerinnen, die nun nicht mehr über naheliegende Ergänzungsprüfungen auf Mobilität hoffen konnten, ist offensichtlich. Einerseits wollten und konnten sie den Aufstieg zuerst über die Gymnasialkurse, später über das Studium, nicht desavouieren; andererseits wollten sie ihre Abwertung und Festlegung auf die Volksschule nicht unwidersprochen hinnehmen. Die Forderungen des Preußischen Lehrerinnenvereins von 1908 liefen auf ein Stufenlehrerkonzept hinaus: Vierjährige Elementarlehrerinnenseminare sollten für die Grundstufe sowohl der Volksschule als der mittleren und höheren Mädchenschulen ausbilden (Mörschner, 111; vgl. Gahlings, 48) – eine damals in der Tat weit mehr als allein reformerische Forderung. Der Verein distanzierte sich damit indirekt von der Statushierarchie des etablierten Bildungssystems, vor allem von der sich anbahnenden Anpassung an das Vorschulwesen der höheren Knabenanstalten. Das neue Reservat der akademisch gebildeten Oberlehrerin an der höheren Lehranstalt tangierte er indes nicht.

Schichtenspezifische Differenzierung

Die Gegensätze zwischen den verschiedenen Lehrerinnenkategorien – mit Volksschulexamen, mit der Berechtigung für höhere Mädchenschulen und mit akademischem Oberlehrerinnenabschluß – erhielten zusätzlichen Zündstoff durch schichtenspezifische Komponenten. Die häufige Feststellung von der „höheren Tochter", die Lehrerin wurde, halte ich eher für eine Verschlüsselung in der heutigen wie damaligen Debatte als für eine solide Auskunft (vgl. Gahlings, 45–50; Greven-Aschoff, 76f.; Bölling, 95).

Die Fallstudien zur Rheinprovinz haben bereits deutlich gemacht, daß schon die soziale Herkunft der Seminaristinnen, die die Volksschule anstrebten und derer mit dem Ziel der höheren Mädchenschule differierte. Bei letzteren belief sich die Gruppe der Töchter von Akademikern, hohen Beamten, Fabrikanten, Geschäftsleuten und von Lehrern auf 57 % – gegenüber 33 % in Volksschulseminaren (Mörschner, 59, betrifft Durchschnitt der Jahre 1883–1912). Allein schon diese Zahlenangabe macht schichtenspezifische Bevorzugungen sichtbar, die sozial regulierende Bedeutung hatten: Denn zu der wissenschaftlichen Lehrerinnenprüfung (1894) wie zu der Oberlehrerinnenprüfung wurde nur zugelassen, wer die volle Lehrbefähigung für höhere Mädchenschulen besaß (v. Bremen, Volksschule, 304, 314, §3).

Gesamtpreußischen Erhebungen zufolge streute die Herkunft der Lehrerinnen (auch die der Lehrer) zwischen den Erhebungsjahren 1896 und 1911 in immer stärkerem Maße, und zwar bei den Katholiken mehr als bei den Protestanten (Greven-Aschoff, 280f., Preußische Statistik, Bd. 209/1, 91f.). Immer mehr Mädchen aus bildungsferneren Schichten beider Konfessionen entschlossen sich also, das Lehrerinnenseminar zu besuchen; unter ihnen waren immer mehr Volksschulabsolventinnen; das zeigt auch die anwachsende Nachfrage nach den Präparandenanstalten, die die Vierzehn-, Fünfzehnjährigen auf die Anforderungen des Seminars vorbereiteten. Durch Stipendien förderte der Staat die breitere Rekrutierung. Sie setzte indes schichtenspezifische Tendenzen nicht außer Kraft. Der Erhebung von 1906 zufolge waren 16%, also fast jede sechste der vollbeschäftigten Lehrerinnen an Volksschulen, Töchter von Lehrern aller Kategorien (a. a. O., 90). Die Lehrerinnen an Mittelschulen gehörten in der Zeitspanne 1901/11 allmählich häufiger der Gruppe der Rektoren und Oberlehrer an als der Volksschullehrerkategorie (Greven-Aschoff, 281).

Doch selbst diese Angaben erlauben es nicht, von einer homogenen Gruppe der Lehrerinnen an Volksschulen zu sprechen. Zu den Unterschieden der Herkunft kamen die der Ausbildung: Im Jahr 1894 befanden sich in Preußen unter den 8440 Lehrerinnen an öffentlichen Volksschulen 2107 (d. h. rund ¼) mit der Lehrbefähigung für die höhere Mädchenschule (v. Bremen, Volksschule, 305). Im Jahr 1906 hatte bereits fast ein Drittel aller Lehrerinnen an Volksschulen jenes Examen (Preußische Statistik, Bd. 209/1, 98).

Hinter diesen Zahlen verbergen sich zweifellos sowohl Aufstiegshoffnungen schichtenspezifischer Natur als auch enttäuschte Aufstiegswünsche, Gefühle nicht standesgemäßer Berufsarbeit wie auch Konkurrenz um bessere Stellen. Insofern wirft der sozialgeschichtliche Zusammenhang der „Integration bürgerlicher Frauen in neue Tätigkeitsbereiche und ihre Anpassung an die schichtenspezifische Differenzierung" (so Greven-Aschoff, 118) noch eine Vielzahl nicht beantworteter Fragen auf.

Im Hinblick auf die Beschäftigung mit der Volksschullehrerinnenausbildung auf der Grundlage von Seminarakten ergeben sich aus dem Vorhergesagten folgende Gesichtspunkte:

1. Es ist historisch unangemessen, die Forderung des Frauenstudiums als beherrschendes Interpretationsmuster für die Professionalisierung von Frauen im Lehrberuf zu verwenden. Die berufliche Differenzierung in Anpassung an das bestehende Bildungssystem und an männliche Statuskategorien verlangt, von unterschiedlichen Lehrerinneninteressen auszugehen.
2. Die Volksschullehrerinnen mit ihren Formen des beruflichen Selbstverständnisses müssen schon deshalb gesondert interessieren, weil sie auf dem bildungsberuflichen Arbeitsmarkt eine dominierende Gestalt waren: Im Jahr 1906 gab es gut 17000 Lehrerinnen an Volksschulen gegenüber rund 6000 an höheren Mädchenschulen und knapp 2000 an Mittelschulen (Preußische Statistik, Bd. 209/1, 93, 157, 175, 181, 198).
3. Bevor emanzipatorische Chancen der verschiedenen Ausbildungswege verglichen werden, muß gefragt werden, wie sich bestimmte Formen der Berufsvorbereitung auf dem Hintergrund schichtenspezifischer Frauensozialisation ausgewirkt haben könnten. Dazu soll die folgende Betrachtung der Lehrerinnenseminare einen Beitrag leisten.

Quellengrundlage der Ausführungen sind die Akten (soweit vorhanden im Preuß. Geh. Staatsarchiv) der Seminare Augustenburg (Abk. A., dann Rep. Nr./Datum), Burgsteinfurt (B.), Crossen (C.) und – in bruchstückhafter Überlieferung – Droyßig (D.) aus den Regierungsbezirken Schleswig, Münster, Frankfurt/O. und Erfurt.

Staatliche Normierung der Volksschullehrerinnen-ausbildung in Anpassung an die Lehrerseminare

Das wachsende Interesse am Lehrerinnenberuf ging Hand in Hand mit der Anpassung der Ausbildung an die der Lehrer – formal abzulesen daran, daß die Ausbildungsordnung für Volksschullehrer von 1901 nach zehnjähriger informeller und allmählicher Geltung im Jahre 1911 insgesamt für die Lehrerinnenseminare übernommen wurde. Das signalisiert einen Prozeß, der exemplarisch zeigt, wie das Streben nach beruflicher Gleichstellung sowohl emanzipatorische Wirkungen hatte als auch Zwänge der Anpassung hervorbrachte; einerseits wurden gesellschaftliche Handlungsfelder geschaffen, andererseits zugleich Ermessensspielräume eingeengt.

An diesem Prozeß waren Lehrerinnen und ihre Organisationen ebenso beteiligt wie staatliche Instanzen. Gemeinsam war beiden Seiten das Ziel, die Lehrerin als eine dem Lehrer gleichwertige Lehrkraft im Schulkollegium zu etablieren. Dieses Ziel erklärt eine Fülle von unterschiedlichen Anpassungen, so, im Zuge der Übernahme des Lehrplans der Lehrerseminare, auch den Französischunterricht für zukünftige Volksschullehrerinnen, die Violine (nicht das Klavier) als Medium des schulischen Musikunterrichts (B. 1925/... 1903; 9. 9. 1908).

Die männliche Normierung der Lehrerinnenausbildung zerstreute allmählich die Vorbehalte, die Lehrerin könne eigentlich nur in der Unterstufe, bestenfalls in der Mittelstufe unterrichten. Wichtig ist festzuhalten, daß dafür die Weichen von Frauen gestellt wurden, die nicht die Formel der viel zitierten Gelben Broschüre von Helene Lange vertraten (den Mädchen die Lehrerin!), sondern die in die von Mädchen und Jungen besuchte Volksschule eindrangen. Weichensteller war zum anderen der preußische Staat, der für seine Volksschulen eine Trennung von Jungen und Mädchen zwar anstrebte, aber niemals verwirklichen konnte. 1906 waren rund ⅔ der Klassen koedukativ (Preußische Statistik, Bd. 209/1, 67). Koinstruktion blieb die ungeliebte Praxisnorm, bis man unter sozialdemokratischer Führung im Preußen der Weimarer Republik die Vorzüge der Koedukation hervorhob.

So lohnt es zu fragen, was an der seminaristischen Lehrerinnenausbildung dennoch spezifisch weiblich war – außer dem zusätzlichen Handarbeits- und Haushaltsunterricht. Welche frauenbezogenen Elemente verbargen sich hinter dem Ziel, es solle methodisches Unterrichtsgeschick erworben werden, und was stand hinter dem Anspruch der Allgemeinbildung, der auch für die Lehrerinnenseminare vertreten wurde?

Die „Befähigung zu selbständiger geistiger Arbeit“ sei generell vorauszusetzen, und es liege „durchaus im Interesse der künftigen Lehrerinnen an Volksschulen, daß sie *die* (so i. O.) allgemeine Ausbildung genossen haben, welche man von der gebildeten Frau überhaupt fordert“, schreibt der Seminardirektor von Burgsteinfurt in dem Text für die deutsche Unterrichtsausstellung in St. Louis 1904 (B. 1927/... 1904).
Die Seminarakten spiegeln die Überzeugung wider, daß Erziehung und Wissenserwerb in engem Zusammenhang zu sehen seien, und lassen darüber hinaus erkennen, daß einer solchermaßen vorgestellten Bildungseinheit notwendigerweise schichtenspezifische Vorstellungen zugrunde gelegt wurden. Der unterschiedlichen Herkunft der Zöglinge zum Trotz hoben die einzelnen Seminare mit unterschiedlicher Gewichtung auf Verhaltensstandards der Mittelschichten oder des gehobenen Bürgertums ab. So erwartete man in den renommierten Königl. Lehrerinnen-Bildungsanstalten zu Droyßig (Thüringen) von den „Töchtern höherer Stände“, daß sie Fremdsprachenkenntnisse mitbringen und bereit sind, auch in der Freizeit untereinander Konversation in Englisch oder Französisch zu führen (B. 1919/Broschüre 1898; 1925, 28. 8. 1906). Die Direktorin des Königl. Seminars Crossen indes bemerkt in der Anstaltschronik:

„Es ergab sich die Notwendigkeit, ein Schülerinnenheim einzurichten, das aus erziehlichen Gründen für die oft ohne Kinderstube aufgewachsenen Seminaristinnen den Externaten [d. h. dem Wohnen in Gastfamilien] vorzuziehen ist.“ (C. 4542/... 1909/10)

Der Internatsbetrieb wich in einigen wichtigen Momenten von der Familienerziehung ab. Er rationalisierte sie zu einer fast bürokratisch verfügten Folge von Essen, Unterricht, Spaziergang und Einzelarbeitsstunden, von Zeiten für Lesen, Sport und Spiel, für Körper- und Kleiderpflege und Schlaf. In dem verordneten Rhythmus lagen Einengungen, aber auch Verläßlichkeiten, die Sicherheit vermittelten. Zudem dürfte die Gewähr für Sport, Spiel, Lesen und persönlich zu gestaltende Erholungspausen für viele Seminaristinnen etwas Neues im Vergleich zu ihrer Familienerfahrung dargestellt haben. Eine Lösung aus der Familientradition ergab sich des weiteren dadurch, daß die Mädchen – soweit ich sehe – in keinem der Seminare für Küchenarbeit und Hausreinigung herangezogen wurden.
In der Weise, wie die Erziehungsverantwortung mit dem Internatseintritt auf die Seminarleitung überging, verquickten sich familiale Normen mit beruflicher Eingewöhnung, Persönliches mit Offiziellem. Der Seminarkodex, einschließlich der Tabuierung von Erotik und Sexualität, konstituiert eine Herrschafts- und Machtposition, die die Seminarleitung zum öffentlichen Vater

bzw. zur öffentlichen Mutter macht. Die Seminarleitung wird eine Zwischeninstanz oberhalb der Familie in Richtung auf den Staat, den späteren Dienstherrn. Auszeichnungen und Strafen – beides wird sorgfältig kalkuliert – geben den Abweichungen von der Norm stets den Charakter der familialen *und* der öffentlichen Strafe. Am deutlichsten wird dies bei dem Sanktionsmittel der Stipendien. Sie werden zuerkannt bei einem günstigen Urteil über „Fleiß, Fortschritte und Wohlverhalten" (B. 1919/betr. Droyßig, Broschüre 1898), können aber bei einem ungünstigen Urteil wieder gestrichen werden. Die Verknüpfung von „Fleiß, Fortschritten und Wohlverhalten" bezeichnet ein Charakteristikum der Lehrerinnenausbildung: Eine förderungswürdige Seminaristin ist nicht nur an ihrem Wohlverhalten im Sinne guten Benehmens zu erkennen; vor allem beschäftigt sie sich systematisch mit den angebotenen Inhalten und bemüht sie sich, ihre Leistungen zu verbessern.
Lagen in der Seminarerziehung dennoch Möglichkeiten der eingangs angesprochenen Allgemeinbildung? Die Frage ist eingeschränkt zu bejahen. Regelhaftes Lernen wurde in den Mittelpunkt des Seminaralltags gestellt und bildete damit einen Bezugspunkt, der für Frauen unüblich war. Diese emanzipatorische Chance ist zu betonen, auch wenn der Anspruch im Seminar, zur allgemein gebildeten Frau zu erziehen, in sich brüchig war. Durch die Anpassung an die Lehrerseminare wurden frauenspezifische Inhalte eher verdrängt als berücksichtigt. Die Lehrerinnenvereine haben dieser Maskulinisierung offensichtlich laufend Vorschub geleistet. Angesichts der Verleugnung von Erotik und Sexualität zudem kann von einer allgemein gebildeten Frau nur sehr bedingt die Rede sein.

Unterrichtsarbeit

Gab es eine genuine Sachorientierung, die Vorurteile eines geschlechtsspezifischen Lerngefälles widerlegen konnte? Wurde die traditionelle Beschränkung der Mädchenbildung durchbrochen?
Noch die preußische Prüfungsordnung für Lehrerinnen aus dem Jahre 1874 schrieb für die Bewerberinnen, „welche die Befähigung für mittlere und höhere Mädchenschulen" anstrebten, einen engen Gegenstandskanon vor, den sie über den Volksschulstoff nachzuweisen hatten: zusätzliche Kenntnisse und Fähigkeiten in Deutsch, Französisch, Englisch und Geschichte (v. Bremen, Volksschule, 302, §18). Der Lehrplan für Lehrerseminare von 1901, der sukzessive in Lehrerinnenseminaren angewandt wurde, wertete Naturkunde, Erdkunde und Mathematik erheblich auf und hatte so etwas wie eine naturwissenschaftliche Elementarerziehung im Blickfeld (a. a. O., 210f., 225–228). Da staatliche Stellen und Seminarleitungen eine Qualifikation für Schulamtsbewerberinnen anstrebten, die sie zur Konkurrenz mit

Schulamtsbewerbern befähigte (vgl. B. 1972/16. 3. 1904; 1925/9. 9. 1908), sollten alle Relikte der Unterscheidung ausgeräumt und die erhöhten Prüfungsanforderungen der männlichen Aspiranten eingeführt werden: „Andernfalls ist zu befürchten, daß die Ausbildung der Lehrerinnen wieder als minderwertig bezeichnet wird." (B. 1974/8. 6. 1903)
Das breitere Lehrplanangebot brachte es mit sich, daß eine Stoffauswahl aus weiblicher Sicht immer weniger zur Debatte stand; es hatte andererseits den Vorteil, daß sich die Seminaristinnen, im Hinblick auf ihre Berufstätigkeit, mit Naturkunde, Erdkunde und Mathematik – losgelöst von herkömmlichen Vorstellungen der Mädchenbildung – beschäftigten und damit das geschlechtsspezifische Gefälle zumindest problematisieren lernten.
Die Klagen über Leistungsdruck, insbesondere auch angesichts der zahlreichen Probelektionen im dritten Seminarjahr, lassen ein anders gelagertes Problem erkennen. Die starr vorgegebenen Unterrichtsmodelle und der pädagogische Anspruch bereits in einem Alter von 18 und 19 Jahren konnten die Frauen leicht verleiten, Unsicherheit und zwiespältige Einstellungen durch rigides, autoritäres und unpersönliches Verhalten zu überdecken – fernab von selbständiger Sachorientierung und fernab von dem Konzept sozialer Mütterlichkeit. Sicherheit setzte voraus, daß sie die soziale Situation und die jeweils ausgespielten Machtverhältnisse richtig einschätzten und daß sie im Unterrichtsgegenstand sattelfest waren. Da die Themen der Übungslektionen grundsätzlich auch im Seminarunterricht behandelt wurden, konnten sich selbst weniger leistungsfähige Seminaristinnen hinlänglich orientieren. Eine eigenständige Auseinandersetzung mit dem Stoff jedoch war denen vorbehalten, die dazu in ihrer kindlichen Sozialisation angeleitet worden waren. Diese unterschiedlichen Voraussetzungen erklären wohl auch die ungemein gegensätzlichen Urteile über die Seminarausbildung. Diejenigen, die sich erst einmal auf den Gegenstand konzentrieren und „selbsttätig" werden wollten, konnte das parzellierte Lehrplankonzept mit seinem breiten Themenspektrum und dem steten Blick auf die Verwendung im Unterricht kaum überzeugen. Für diejenigen hingegen, die eindeutige Pensen, kleine Lernschritte und den Bezug zu lebenspraktischen Verwendungssituationen bevorzugten, bot der Seminarunterricht Chancen einer breitgefächerten Sachorientierung bei gleichzeitiger Berufsvorbereitung.

Seminarausbildung versus Studium

Abschließend soll der im Vorangegangenen immer schon angedeutete Vergleich zwischen Seminarausbildung und Studium, thesenartig formuliert, zur Diskussion gestellt werden.

Außer Frage steht, daß der Studienanspruch in radikalerer Weise innovativ war, weil er die Frau aus dem System beschränkter sozialer und beruflicher Zuschreibungen herausnahm und ihr mehr Freiheiten für die intellektuelle Auseinandersetzung verschaffte, als die Seminarerziehung möglich machen konnte. Dabei sind frühe Hoffnungen der „Kampfjahre" nicht unwichtig. Noch relativ ungebrochen wurde das Studium als feministische Chance eingeschätzt, als Ort der Persönlichkeitsbildung von Frauen und nicht als männlich präformierter Karriereweg aufgefaßt. In der Tat waren um 1900 die Grenzen emanzipatorischen Studierens noch nicht in dem Maße abzusehen wie im Falle der seminaristischen Lehrerinnen die Fremdbestimmung im Zuge der Berufsausbildung. So verwundert nicht die Euphorie, die aus damaligen Schriften zum Frauenstudium hervorscheint.

Mit der Hoffnung auf Selbstbestimmung im Blick mußte sich die Seminarausbildung defizitär ausnehmen:

- Der Unterricht dort betonte Ergebnisse und Kenntnisse mehr als den individuellen Weg des Erkennens. Erworbene Kenntnisse wurden in ein eindeutiges Kontinuum gestellt mit der Vermittlung an Lernende. In dem Seminar mußten sich bereits die Achtzehn-, Neunzehnjährigen zugleich als Lernende und Lehrende verstehen.
- Da der Seminarlehrplan sich an dem Stoffkanon der Volks- und Mittelschulen orientierte, bezog sich das Lernen auf letztlich gesellschaftlich und staatlich sanktionierte Inhalte, nicht auf selbst ausgewählte Gegenstände.

Das klassische Ideal der zweckfreien, beruflich nicht vorgeprägten Persönlichkeitsbildung und die emanzipatorische Wissenschaftshoffnung sind zwei wesentliche Momente in der Kritik an der Seminarausbildung. Aus diesem Bildungsideal heraus mußte sich eine Kluft zu jenen auftun, die mit der Seminarausbildung kalkulierbare Erwartungen verbanden: geregelte Lern- und Prüfungsanforderungen, Bestätigung und soziale Geltung im Beruf, ein eigenes Gehalt im Alter von zwanzig Jahren sowie nicht zuletzt die angestrebte Lehrerinnenposition gegenüber Kindern.

Die Kluft im Erwartungsgefüge hilft erklären, warum die akademisch Interessierten unter den Frauenführerinnen die Anpassungsstrategie im Volksschullehrerinnenberuf so widersprüchlich darstellen, sie einerseits als staatliche Notwendigkeit akzeptieren und sogar gutheißen und andererseits die Seminare ablehnen, ja abwerten. Die ambivalente Einstellung hat m. E. noch weitere, verdeckte Ursachen. Ich sehe sie in zwei Faktoren, die so gut wie gar nicht erörtert wurden: die Schichten- bzw. Klassenbedingungen und die Unterschiede der Intelligenz und Leistungsfähigkeit der einzelnen.

Erinnert sei an die zunehmend stärkere Rekrutierung der Lehrerinnenseminare aus dem Kreis der mittleren und unteren Beamten, kleineren Selbständigen und Landwirte. Den Gesichtspunkt der Leistungsfähigkeit hatte ich bereits mit der kurzen Überlegung angesprochen, daß das schulmäßig geführte Seminar eine Chance für weniger theoretisch Befähigte und für jene

bot, die sich nicht schon in der Kindheit in ihrem Zuhause mit systematischem Lernen, abstraktem Denken und klassischer Lektüre vertraut machen konnten.
Auf diesem Hintergrund kann die Seminarausbildung auch anders interpretiert werden als vorhin aus der Perspektive des Persönlichkeits- und Bildungsideals der akademisch orientierten Frauenbewegten:

- Die Lehrplaninhalte i.e.S. setzten die Schülerinnen gemeinhin nicht unter Leistungsdruck. Die ernstgenommene Warnung vor Überbürdung der Lernenden und vor unüberlegtem Auswendiglernen weist ebenfalls auf eine pädagogische Entspannung hin.
- Die Verbindung von Lernen und Unterrichten ab dem vierten Seminarsemester kam allen denen entgegen, die den Kontakt mit Kindern schätzten und aus diesen Praxiserfahrungen heraus ihr Berufsbewußtsein konstituierten.
- Indem die Seminaristinnen über Lehrplan und Verhaltenskodex mit ihrem späteren Berufsfeld früh konfrontiert bzw. vertraut gemacht wurden, entbehrten sie wohl der Hilfen für kritische Distanz. Nichts spricht aber dagegen, daß sie nach beruflicher Eingewöhnung aus einer auch wohltuenden Routine heraus Phantasie und unpedantische Umsicht im Schulalltag entfalteten.

Die Gegenüberstellung von Seminarausbildung und Studium kann nicht auf einen gradlinigen Vergleich hinauslaufen, handelt es sich doch um strukturell unterschiedliche Chancen bzw. Beschränkungen:

- der Mangel an wissenschaftlichem Arbeiten bzw. die vermutlich nur wenige überfordernden Leistungsziele im Seminar;
- einerseits die recht rigide Einübung des Lehrens und andererseits die Anregungen, die von der Unterrichtserfahrung ausgehen;
- schließlich zum einen die einschränkenden Lehrpensen und zum anderen Klarheit und Verläßlichkeit staatlicher Vorgaben.

Erst in der Ausbildungssituation der einzelnen Seminarschülerin mit ihrem sozialen und intellektuellen Hintergrund erwiesen sich die Bedingungen als Vor- oder Nachteile.

Literatur

G. Bäumer: Im Licht der Erinnerung, Tübingen 1953
G. Bäumer: Lehrerinnenbildung, in: Encyklopädisches Handbuch der Pädagogik, hrsg. von W. Rein, 5. Bd., Langensalza ^{2}1906, 453–487
E. Beck-Gernsheim: Vom „Dasein für andere“ zum Anspruch auf ein Stück „eigenes Leben“, in: Soziale Welt, 1983, 307–340
H. Bogerts: Bildung und berufliches Selbstverständnis lehrender Frauen in der Zeit von 1885–1920, Frankfurt/M. 1977
R. Bölling: Sozialgeschichte der deutschen Lehrer, Göttingen 1983

E. von Bremen: Die preußische Volksschule. Gesetze und Verordnungen, Berlin 1905
I. Gahlings/E. Moering: Die Volksschullehrerin, Heidelberg 1961
B. Greven-Aschoff: Die bürgerliche Frauenbewegung in Deutschland 1894–1933, Göttingen 1981
H. Lange: Lebenserinnerungen, Berlin 1921
M. Mörschner: Entwicklung und Struktur der Lehrerinnenbildung, Rheinstetten 1977
Preußische Statistik, hrsg. vom Königl. Stat. Landesamt, Bd. 209/1, Berlin 1908

3. Der Verband universitätsgebildeter Frauen Jugoslawiens (1927–39)

Andrea Feldmann

Vorbemerkung

In dieser Arbeit war es meine Absicht, die Tätigkeit des Verbandes universitätsgebildeter Frauen in der Zeit von 1927–1939 zu erforschen, um die Bedeutung seines Wirkens für die damalige Zeit einzuschätzen, aber auch auf eine mögliche Bedeutung dieses Verbandes aufmerksam zu machen für all diejenigen, die heutzutage, bei veränderten soziokulturellen Verhältnissen, Frauenstudien betreiben.
Wie es allgemein mit den Frauenstudien der Fall ist, bringt auch eine Beschäftigung mit dieser Thematik viele Probleme, wobei das Quellenproblem das größte ist, was auch in meiner Arbeit zum Ausdruck kam. Die historischen Quellen und das Archivmaterial waren oft unzulänglich, und – was besonders wichtig ist – der größte Teil der Literatur befindet sich in Belgrad, denn das ganze Frauenbewegungsarchiv (in dessen Rahmen auch das VUF Archiv ist) wurde zusammen mit dem Archiv der Antifaschistischen Frauenfront in den Jahren nach 1945 nach Belgrad transportiert, wo sie jetzt alle in dem „Archiv der Arbeiterbewegung“ zu finden sind. Da es mir aber nicht möglich war, nach Belgrad zu fahren, mußte ich mich der mir zugänglichen Literatur bedienen, die aber oft sehr karg war. Diese Gründe zwangen mich, mich bei meiner Forschungsarbeit auf die Tätigkeit der VUF-Gruppe in Zagreb zu konzentrieren.

Die Aktivitäten der VUF-Gruppe in Zagreb habe ich anhand folgender Quellen rekonstruieren können:

- Archivmaterial aus dem „Archiv für die Geschichte der Arbeiterbewegung“;
- verschiedene Zeitschriften, die in der damaligen Zeit die Stellung der Frau in der Gesellschaft thematisierten;
- Gespräche, die ich mit einigen noch lebenden Mitgliederinnen der VUF-Gruppe in Zagreb führte, wobei ich eben diese Gespräche als den wertvollsten Teil meiner Arbeit bezeichnen möchte.

Anica Magasic, Dora Majer-Vinski, Mara Zuber und Anka Matic haben mir dabei viel geholfen, und für ihre Hilfe möchte ich mich hier bedanken.

Verband universitätsgebildeter Frauen Jugoslawiens

Im Sommer des Jahres 1927 kam die Präsidentin der Internationalen Föderation der universitätsgebildeten Frauen, Dr. Elen Gledic[1], Universitätsprofessorin aus Oslo, nach Belgrad, um eine Gründung des Verbandes universitätsgebildeter Frauen Jugoslawiens anzuregen, wobei eine Versammlung der intellektuellen Frauen organisiert wurde. Bei dieser Gelegenheit sprach Dr. Gledic über die Aufgaben, die Ziele und die Arbeit der Internationalen Föderation der universitätsgebildeten Frauen, wobei sie die Frauen Jugoslawiens aufrief, sich dieser Internationalen Föderation anzuschließen. Auf diese Anregung hin wurde am 11. Dezember 1927 bei der Gründungskonferenz der Verband universitätsgebildeter Frauen konstituiert, und durch seine Mitgliedschaft in der Internationalen Föderation schloß sich auch dieser Verband der internationalen Frauenbewegung an, dem Ziel folgend, internationale Verbindungen anzuknüpfen, wobei das Vertrauen, das diese Frauen (Bürgerinnen und Intellektuelle) zu der Frauenbewegung hatten, zutage kam.

Das Hauptziel des Verbandes bestand darin, seinen Mitgliederinnen zu einer sowohl professionellen als auch gesellschaftlichen Anerkennung zu verhelfen und intensive internationale Kontakte zu verwirklichen. Der Verband wurde auch Mitglied des „Jugoslawischen Frauenbunds"[2], aber trotz dieser Mitgliedschaft blieb sein Wirken autonom.

Nach Auswertung der Literatur kann die Aktivität des Verbandes in folgende Richtlinien aufgeteilt werden:

- Schutz der Fraueninteressen bei ihrer beruflichen Tätigkeit;
- Beförderung der aufklärerischen Tätigkeit, Förderung des allgemeinen Bildungsniveaus;
- Beförderung von Frauen in höhere und verantwortungsvollere Positionen;
- Aufnahme von Frauen in den Staatsdienst;
- Veröffentlichung verschiedener Publikationen der Verbandsmitgliederinnen;
- Arbeit an den Autorinnenbibliographien;
- Vorbereitung öffentlicher Vorträge und Diskussionen an der Kolarac Universität in Belgrad.

In diesem Zusammenhang kommt der Pflege internationaler Beziehungen eine wichtige und außerordentliche Rolle zu. Für die Arbeit des VUFs kann das Streben nach der Bereicherung der heimischen Wissenschaft durch die ausländischen Leistungen als charakteristisch gelten, so daß die Tätigkeit des Verbandes als international bezeichnet werden kann. Die Mitgliederinnen des VUFs nahmen an allen internationalen Kongressen und Treffen, die der Internationale Verband der universitätsgebildeten Frauen organisierte, teil. Auch viele ausländische Frauen, die der Föderation angehörten, kamen nach Jugoslawien. So wurden Besuche aus den Vereinigten Staaten, Großbritan-

nien, Polen, Ungarn, Frankreich, Deutschland, der Tschechoslowakei, Persien und der Türkei verzeichnet.
In den Dokumenten des VUF ist auch eine Mitarbeit mit der „Frauenbewegung“ und mit der „Frauenliga für Frieden und Freiheit“ zu sehen. Eine besondere Kontinuität des Engagements zeigt der VUF in den Aktionen, die den Frauen das Wahlrecht bringen sollten und in den Friedensappellen, die zugleich zum Kampf gegen den Faschismus aufriefen. Um seinen Einfluß und seine Tätigkeit zu vergrößern wurde vom VUF beschlossen, verschiedene Gruppen in diversen Städten Jugoslawiens zu bilden, was in Skopje, Zagreb, Ljubljana, Sabac, Novi Sad und Sarajevo durchgeführt wurde. Diese Gruppen arbeiteten selbständig und ihre Tätigkeit entwickelte sich nach den folgenden beiden Richtlinien:

- politische Orientierung, womit der Kampf um das Frauenwahlrecht als das wichtigste Ziel gemeint war, dessen Verwirklichung den Frauen ihr weiteres Vorankommen sichern würde;
- soziale Orientierung, d. h. Unterstützung der Frauen während der Fachausbildung, in ihrer persönlichen Karriere und in ihren karitativen Tätigkeiten.

So wurde auf den Vorschlag der Gruppe in Belgrad eine Bibliothek gegründet, wo frau Werke von Frauenautorinnen und Übersetzerinnen finden konnte. Dort begann frau auch mit der Arbeit an einer Bibliographie jugoslawischer Autorinnen(1936).
Von der Gruppe in Ljubljana wurden verschiedene Vorlesungen organisiert und frau versuchte, den dortigen Studentinnen materielle Hilfe zu leisten (Wohnungssuche, Nachhilfestunden usw.). In den dreißiger Jahren wurden von der Zentralstelle des VUF Protestaktionen organisiert, die auf Frauendiskriminierung im Staatsdienst aufmerksam machten.
Bei diesen Protestversammlungen wurden Resolutionen verfaßt, die frau dann der Regierung und dem Parlament zuteilte.
Paulina Albala war die langjährige Verbandspräsidentin, und das folgende Zitat sagt einiges über die Arbeit des VUF aus:

> „Bei der Gründung unserer Organisation war unser Streben nicht von der Art, die bei vielen Menschen anzutreffen ist, wir sollten nämlich nie als eine Autorität gelten oder einen hohen Posten besetzen! Unser größter Wunsch war, nicht zu regieren. Unser Wunsch war zu dienen, aber wir wollten nicht den Konservativen und deren Vorurteilen dienen, sondern dem Fortschritt und einer besseren Zukunft. Und eben weil wir uns dessen bewußt waren, daß frau an der Besserung der großen menschlichen Gemeinschaft und Gesellschaft arbeiten muß, auf der Basis der internationalen Freundschaft und Toleranz, des Vertrauens und der Gerechtigkeit, haben wir aus diesen Gründen unsere feministischen Ziele so formuliert, daß sie der Besserung der allgemeinen gesellschaftlichen Situation dienen!“[4]

Gründung der VUF Gruppe in Zagreb

Wie die Chancen für die Frauenausbildung in der k. u. k. Monarchie (und Kroatien war ein Teil davon) aussahen und wie diese Chancen von den Frauen genutzt wurden, sind Fragen, die ich hier nicht genau beantworten kann. Um die Mitte des 19. Jahrhunderts wurde in den Ländern der Monarchie eine allgemeine Schulpflicht auch für die Mädchen eingeführt. Im Jahre 1901 wurde den Frauen das Recht gewährt, sich an der Philosophischen Fakultät zu immatrikulieren. Dies ermöglichte ihnen, später in bestimmten Berufen zu arbeiten, z. B. als Lehrerin oder als Beamtin[5]. Der Weg aber bis zum Universitätsdiplom oder zur Pädagogischen Hochschule war nicht leicht, da der Staat durch verschiedene Maßnahmen eine Professionalisierung der Frau bekämpfte. Eine dieser staatlichen Maßnahmen war auch die obligatorische einjährige Pause für all die Frauen, die ihr Abitur abgelegt hatten. In dieser Zeit sollten diese Frauen sich ihre Entscheidung nochmals überlegen und anstatt des Universitätsstudiums die Karriere einer Hausfrau wählen[6]. Eine weitere staatliche Maßnahme richtete sich gegen die verheirateten Lehrerinnen, die durch die Heirat das Recht auf ihre Arbeit verlieren, falls ihr Ehemann nicht denselben Beruf hatte, d. h. Lehrer war. Durch das Engagement der Allianz der Frauenbewegung wurde diese Heiratsklausel im Jahre 1938 abgeschafft, aber das Lehrerinneneinkommen blieb weiter geringer als das der Lehrer[7]. In diesem Zusammenhang scheint es mir angemessen, auch von dem Fall meiner Großmutter zu berichten, die zwei Jahre nach der Geburt ihrer Kinder vergebens versuchte, weiter als Lehrerin tätig zu sein, und erst nach dem Kriegsende wieder arbeiten gehen durfte. Schwierigkeiten solcher Art mußten nicht nur Lehrerinnen erleiden, man versuchte überall – in allen Berufen – ihre Zahl zu reduzieren. Aber trotz der schweren Studienbedingungen und trotz der Diskriminierungen, denen die Frauen an der Universität ständig ausgesetzt waren, betrug der Anteil der Frauen an der Universität in den Jahren 1939/40 26 Prozent.
Folgende Zitate zeigen einen Teil der Erfahrung der damaligen Studentinnen:

Dora Majer-Vinski, Psychologielehrerin und Romanistin:

„In vier Jahren, die ich studiert habe, mußte ich ein solches Maß an Sarkasmus und Ironie erdulden, das mich sehr belastet hat. Es war sehr unangenehm. Dort (an der Universität, A.F.) führte ich viele Experimente durch, ich habe sogar das Laborgeschirr gekauft und wurde ständig den Beleidigungen ausgesetzt. . .Akademisch ausgebildete Männer spotteten über uns. . .können Sie sich vorstellen, wie es einer zumute ist, die in die Matheprüfung geht und wenn der Professor dann sagt: ‚Kollegin, wußten Sie denn nicht, daß Mathematik eine Männersache und ihre das Kochen ist?‘ Das kann heute niemand mehr erleben.“

Anica Magasic, Mathematik – und Physiklehrerin:

„Im Jahre 1933 sind viele Frauen an die Uni gekommen, obwohl unsere Gruppe die schwierigste an der Philosophischen Fakultät war. Und dann ist der Professor gekommen, der die theoretische Physik unterrichtete und sagte: ‚Meine Vorlesung beginne ich nicht, bis wenigstens eine Hälfte der Frauen den Raum verläßt.‘ So was mußte frau dann erleben. Die männlichen Kollegen sagten kein Wort, während der Professor weiter fragte: ‚Was soll ich denn mit so vielen Frauen tun? Wer hat es schon gesehen, daß so viele Frauen Physik studieren?‘ Wir haben dann geschrien: ‚Sie werden es bei der Prüfung sehen!‘ Wir Frauen litten damals an der Uni unter dem Druck, es gäbe allzuviele Frauen an der Universität.“

In den dreißiger Jahren wurde dann die Stimmung doch demokratischer und trotz der patriarchalen und konservativen Atmosphäre wurde damals auch die VUF Gruppe in Zagreb gegründet, die auf derselben Basis arbeitete wie der VUF Jugoslawiens. Auch die Zielsetzungen waren dieselben. Neben der politischen Emanzipation und der ökonomischen Gleichberechtigung legte frau großen Wert auf die berufliche Weiterbildung der Mitgliederinnen sowie auf die Verbesserung des allgemeinen Bildungsniveaus. Weiterhin begann die Frauenfriedensarbeit[8]. Die ersten Mitgliederinnen der VUF Gruppe waren die intellektuellen Frauen.

Anica Magasic:

„In der Gruppe waren intellektuelle Frauen aus Zagreb tätig, die meistens aus den reichen Familien stammten; die meisten davon waren Lehrerinnen und promovierte Wissenschaftlerinnen. Sie waren meistens gut situiert . . . Sie waren nur im begrenzten Sinne feministisch orientiert, ihre Ziele waren, das Wahlrecht zu erhalten und in bestimmten Berufen arbeiten zu dürfen, aber weitere Gesellschaftsveränderungen waren von ihnen nicht angestrebt. . .Sie waren der Meinung, die Regierung müßte gezwungen werden, ihnen das Wahlrecht zu geben, sie hatten die Positionen der liberalen Demokratie. Daß die Frauen in der UdSSR doch alle Rechte hatten, das hat ihnen natürlich imponiert. Sie waren liberal, antiklerikal. Da war z. B. auch Frau Broch, die ein privates Gymnasium hatte, und als einige von uns mit der Ausbildung fertig wurden und keine Arbeit finden konnten, nahm sie uns bei sich auf, um dort zu unterrichten.“

Danica Orescanin: „Diese Frauen waren selbst mit dem Regime unzufrieden.“

Anica Magasic:

„Diese Frauen haben keine Verbindung zur Polizei gehabt, es kann keine Reede davon sein, sie wären Polizeispitzel. Diese Frauen waren gegen das Regime, das den Frauen nicht die Gleichberechtigung gewährte und sie zu bestimmten Berufen nicht zuließ. Dort gab es keine Frauen, die der Kirche nahestanden. Sie haben um die Sachen gekämpft, die in dieser Zeit eine Rebellion gegen den Konservatismus bedeuteten. Der ganze VUF hatte eine projugoslawische Orientierung, so daß vom Nationalsozialismus keine Rede sein kann. Diese Frauen waren keine Faschistinnen.“[9]

Diese Aussagen widerlegen die Thesen einiger Historiker, die in den Nachkriegsjahren auf eine pauschale und oberflächliche Weise, ohne sich der wissenschaftlichen Argumentation zu bedienen (was ganz im Sinne der Nachkriegsideologie war) die gesamte bürgerliche Frauenbewegung als „nichtvölkisch“ und „elitär“ bezeichnet haben. Auch einige meiner Gesprächspartnerinnen machten dem bürgerlichen Feminismus und den bürgerlichen Feministinnen den Vorwurf, sie hätten die „Arbeit ignoriert, einige Aktionen sabotiert“, und dem Verband wurde „Saloncharakter“ zugeschrieben.[10] Ihre späteren Aussagen, nach etwa 20 Jahren, unterscheiden sich von den damaligen. Diese Änderungen sind offensichtlich dadurch zu erklären, daß sie nicht mehr von dem Wunsch geleitet sind, ihre gesellschaftliche und politische Position zu sichern. Aus diesen Gründen scheint es mir besonders wichtig, daß ihre Aktivität nochmals von einer veränderten Position untersucht wird, denn diese Frauen, die an der Arbeit der VUF teilgenommen haben, haben sich oft ihr ganzes Leben lang für die Änderung der Frauenrolle in der Gesellschaft engagiert und so zu einem neuen Frauenselbstbewußtsein beigetragen. Sie kämpften nicht nur für sich, sondern für all die Generationen, die nachgekommen sind.
Die VUF Gruppe in Zagreb wurde zu einem wichtigen Faktor des kulturellen und intellektuellen Lebens der Stadt. Von dieser Gruppe wurden öffentliche Abende und Diskussionen organisiert, in denen über die soziale Stellung der universitätsgebildeten Frauen, über die Grenzen, die die Frauen betreffen, über die Abtreibung und über die Kunst und Literatur gesprochen wurde und in denen über Kongresse sowohl im Inland als auch im Ausland und über ausländische Kontakte gesprochen wurde.[11] Diese umfangreiche Arbeit der VUF Gruppe in Zagreb wurde noch intensiviert, als auch die Initiative der Kommunistischen Partei eine Juniorgruppe der universitätsgebildeten Frauen innerhalb des VUF organisiert wurde, mit dem Ziel, jüngere Studentinnen zwecks gemeinsamer Arbeit zusammenzubringen.

Anica Magasic:

„Im Jahre 1934 kämpften wir um die Gründung einer Juniorgruppe in der Frauenbewegung. Eines Tages sagten Vanda Novosel und Olga Uzerdik, daß von der kommunistischen Parteistelle gewünscht wird, daß wir die Gründung und die Leitung der Gruppe übernehmen. Ich habe Interesse dafür gezeigt, denn es schien mir, dies könnte neue Möglichkeiten für uns bringen, da frau wieder Vorlesungen organisierte und an dem allgemeinen Bildungsniveau arbeitete. Diese Arbeit war für uns sowohl theoretisch als auch praktisch. Außerdem wollten wir die internationalen Kontakte der Seniorgruppe auch in der Juniorgruppe verwirklichen.“

Im Jahre 1935 traten der Gruppe junge links orientierte Studentinnen bei, die schon einige Jahre illegal für die verbotene Kommunistische Partei arbeiteten. Diese Erfahrung bestätigte ihren Wunsch nach Veränderung, nach der

Verwirklichung einer neuen Welt, sowohl im politischen Sinne als auch im Sinne der Frauenemanzipation.

Mara Zuber, Jugoslawistik-, Germanistik- und Romanistiklehrerin:

„Wir waren der Ansicht, daß es zu einer Persönlichkeitsbefreiung kommen wird, daß unseren Persönlichkeiten keine Grenzen gesetzt werden, daß wir uns auf allen Gebieten betätigen werden können. Das war das Ziel: Frauenbefreiung. Der Frau die Möglichkeit zu geben, ihre intellektuellen Fähigkeiten bis zum Maximum zu entwickeln. Wir haben fest daran geglaubt. Das war keine politische Organisation, obwohl ihre Tätigkeit de facto politisch war. Der VUF gab auch den Jüngeren die Möglichkeit, sich kennenzulernen, sich näher zu kommen, zu diskutieren, was eine wichtige Rolle bei der fortschrittlich orientierten Jugend spielte, sogar einen wichtigen Grund bei ihrer späteren Lebenseinstellung."

Auf die Frage, welche Atmosphäre bei diesen Sitzungen herrschte und wie die Frauen miteinander kommunizierten, antwortete mir *Dora Majer-Vinski* folgendes:

„Wir trafen uns täglich. Es gab etwa 10 bis 15 Frauen, die aktiv arbeiteten. Wir verabredeten uns zu Kaffee und Kuchen und diskutierten ausschließlich über die Frauenproblematik."

Mara Zuber:

„Meine Familie hatte liberale Lebensansichten, so daß wir uns frei betätigen konnten; was aber die Gesellschaft betrifft, so sah sie mit Hohn auf die Frauen, die sich hier hervorgetan hatten. Auch die Umgebung dieser Frauen, die bürgerlichen Kreise, distanzierten sich von ihnen. So geschah es auch, daß wir mit Gleichgesinnten zusammen waren, während wir uns mit den Andersdenkenden öffentlich konfrontierten. In unseren eigenen Kreisen herrschte immer eine große Begeisterung."

Die Kriegsangst und die Faschismusgefahr brachten Unsicherheitsgefühle in den VUF, sowohl die eigene Position als auch das Schicksal des Landes betreffend. „Sind wir jetzt an der Reihe, unser Eigenständigkeit zu verlieren?" fragte sich Verena Han.[12]
Die VUF Mitgliederinnen, sich der Lage völlig bewußt, appellierten für den Frieden, veranstalteten aber zugleich auch „Erste Hilfe Kurse", um sich für den Krieg vorzubereiten. Diese Situation einer allgemeinen Depression, in der das politische System zugrunde ging und in Jugoslawien auch der Krieg ausbrach, war das Ende der bürgerlichen Frauenbewegung in Jugoslawien.[13]
Die Mitgliederinnen haben in dieser Zeit nicht mehr gearbeitet. Auf diese Weise hörte auch die Tätigkeit der VUF Gruppe in Zagreb auf. Die Mitgliederinnen wählten andere Aktivitäten, sie tauchten in die Illegität unter oder traten der Partisanenbewegung bei, einige wurden proskribiert oder Folteropfer, die meisten versuchten auf irgendeine Weise unter den unerträglichen Bedingungen der Okkupation und des Terrors zu überleben. Keine von

diesen Frauen arbeitet mit den Besatzungskräften, keine half dem Naziregime.
Nach Kriegsende war die VUF Gruppe in Zagreb und in Kroatien noch zwei Jahre tätig. Obwohl die Existenz einer autonomen Frauenorganisation notwendig erschien, wurde diese Gruppe im Jahre 1955 verboten. Darüber äußerte sich *Dora Majer-Vinski:*

„Bei uns, die damals aktiv waren, herrschte eine große Unzufriedenheit. Die Antifaschistische Frauenfront existierte nicht mehr, die Frauenkonferenz schwebte in irgendwelchen abstrakten Höhen und konkrete Fragen wurden nicht gelöst. So wurden alle von uns entwickelten Aktivitäten gestoppt. Das ist meiner Meinung nach Diskontinuität."

Die meisten damals im VUF tätigen Frauen weisen auch bei den Gesprächen, die ich mit ihnen geführt habe, den Gedanken, sie wären Feministinnen, von sich ab, sie betrachten sich nicht als Feministinnen. Sie sagen trotzdem *(Anica Magasic)*:

„Damals haben wir nicht darüber nachgedacht, daß es so lange dauern wird, dieses konservative Bewußtsein der Gesellschaft zu verändern. Wir waren der Meinung, daß sich alles verändern würde, wenn wir unsere Rechte erkämpft hätten. Vielleicht haben wir das allzu idealistisch betrachtet, einiges kann durch die Gesetze gelöst werden, aber es müßte noch vieles diskutiert werden. Ich bin mir sicher, daß vieles grundsätzlich gelöst wurde, aber es ist eine andere Frage, ob dies auch realisiert wurde."

Dora Majer-Vinski:

„Es gibt gute Gründe, gute Ursachen dafür, daß Frauen auch heute für ihre Rechte kämpfen! Denn frau kann nicht sagen, mit der Freiheit haben wir alles erreicht. Wir haben es nicht."

Aus dem Ganzen, was ich in diesem Referat zu sagen versuchte, geht hervor, daß der VUF durch seine Organisation und seine Aktivitäten die Wünsche der intellektuellen Frauen nach einer beruflichen Anerkennung und Weiterbildung befriedigen konnte. Nach dem Willen des VUF kann frau schließen, daß es schon damals in Jugoslawien dafür Interesse gab, was wir heutzutage als *Frauenstudien* (women studies) bezeichnen. Diese Tatsache scheint mir besonders wichtig zu sein, sowohl für die Lage derjenigen, die heute Frauenstudien betreiben, als auch für all die Wissenschaftlerinnen, die sich immer auf eine solche Tradition beziehen können.

Anmerkungen

1 Die International Federation of University Women wurde 1919 in London gegründet, mit der Aufgabe, universitätsgebildete Frauen der ganzen Welt zu vereinen, um sie zur Pflege der gegenseitigen Beziehungen und der wissenschaftlichen Zusammenarbeit anzuregen und um die Atmosphäre des Vertrauens und Friedens herzustellen. 1925 trat diese Organisation mit verwandten Frauenorganisationen dem Joint Commitee of Representative Women's Organisation bei. Hurwitz, Edith F.: The International Sisterhood, in: „Becoming Visible", ed. Bridenthal/Coonz. 1977, 340.

2 1930 JZS (Jugoslawischer Frauenbund) hat an internationalen Organisationen (International Concil of Women, International Alliance of Women) mit 450 Verbänden und über 45.000 Mitgliederinnen partizipiert (E. F. Hurwitz, ibid.).

3 Kecman, Jovanka: Ẑene Jugoslavije u radničkom pokretu i zenskim organizacijama 1918 - 1941, Beograd 1978, 276–281.

4 Auszug aus dem Referat von Paulina Albala auf dem Kongreß VUF, 12. - 14. 02. 1939 in Belgrad, „Ẑena Danas" 1930, br. 20, 14.

5 Cazi, Nada: Društveni pložaj žene, „Pregled", Zagreb 1974, 45.

6 Sklevicky, Lydia: Organizirano djelovanje žena Jugoslavije, „POLJA", Novi Sad, 1984, no 308, 454.

7 Erinnerung von Anka Matić im Archiv des Instituts für Arbeiterbewegungsgeschichte, Zagreb (ATHRPH, MG - 36/VII-32).

8 Protokoll des Treffens vom 18. 09. 1958, in: Archiv IHRPH ATHRPH, MG - 38/II - 3.

9 Ibid.

10 Siehe Anmerkung 7.

11 Ibid.

12 Aus dem Brief von Verenne Han an Anka Matić vom 24. 04. 1939.

13 Sklevicky, Lydia: ibid. no 309.

4. Frauenbild, Frauenrealität und Frauenerfahrung in den 50er Jahren Bericht über ein historisches Frauenforschungsprojekt

Elke Nyssen / Renate Gellendin / Edelgard Matthies / Gudrun Schön / Tilla Valet

Vorbemerkung

Dieser Beitrag ist eine stark gekürzte Fassung unseres Vortrages auf dem Historikerinnentreffen in Bonn im Mai 1985. Vor allem die Erinnerungsberichte über unser Leben in den 50er Jahren sind gekürzt und können nur wenige Aspekte dessen, was unser Leben damals ausmachte, aufzeigen.[1]

Die 50er Jahre sind „in“. Auch für uns. Aber nicht als nostalgische Erinnerung, wie heil doch die Welt damals war, sondern als eine historische Phase, in der objektiv wie subjektiv entscheidende Weichen für Frauengeschichte und -leben gestellt wurden.

Wir beschäftigen uns seit ca. 3 Jahren in Seminaren, die im Rahmen des Frauenstudiums[2] und des Diplom-Pädagogik-Studiengangs an der Universität Dortmund durchgeführt wurden, mit der Frauengeschichte nach 1945.[3]

Die 50er Jahre haben wir bewußt erlebt und begreifen uns gleichzeitig als Forschende und Beforschte, indem wir unsere eigene Biographie in unsere Untersuchung mit einbeziehen.

Unser Projekt unterscheidet sich durch seine Personenzentriertheit von anderen Projekten. Bei unserem Vorhaben handelt es sich weniger darum, objektiv neue Erkenntnisse für die Geschichtswissenschaft, die historische Familiensoziologie und – Erziehungswissenschaft zu gewinnen, als vielmehr um die *kollektive* Aneignung und Interpretation erlebter Geschichte von Frauen und ihre Veröffentlichung. Erlebte Geschichte von Frauen ist erst in einem öffentlichen Kontext mehr als nur persönliches Erinnern.

Die Seminarsituation, gleichzeitige Anwesenheit von Frauenstudienfrauen, die in der Regel die 50er Jahre bewußt erlebt hatten, und Studentinnen/Studenten, deren Eltern wiederum die 50er Jahre bewußt erlebt hatten, gewährleistete ein „Lernen zwischen den Generationen“.

Ausgangsfragen und methodisches Vorgehen

Die generellen Ausgangsfragen (die wir hier nur stichpunktartig ausführen können) bei der Erforschung der Frauengeschichte in den 50er Jahren beziehen sich auf den allgemeinen Kontext der historischen Frauenforschung:[4]

- Wie können sich Frauen mit ihrer eigenen Geschichte identifizieren? Die patriarchalische Geschichtsschreibung verschweigt die Leistungen der Frauen. Sind diese dann auch aus dem kollektiven Bewußtsein der Frauen verschwunden und wie lassen sie sich „erinnern" / rückholen? Es gibt zwar noch keine feministische Geschichtstheorie, aber ein neues Verständnis von Geschichte, das sich allererst gegen die patriarchalische Geschichtsschreibung wendet.

  > „Zwischen dem Männerbereich des Öffentlichen und dem Frauenbereich des Privaten wird eine Trennlinie angenommen, die das vermeintliche Relevante vom Nicht-Relevanten scheidet und die Frauen mit ihrer typischen Lebenssituation in Haushalt und Familie aus der Geschichte ausgrenzt."[5]

  Identität mit der eigenen Geschichte heißt für uns, als ersten Schritt Frauenleben und -arbeit als relevant anzuerkennen.
- Was leistet / kann leisten die Aufarbeitung von Geschichte für die heutige Identitätsbildung von Frauen? Was bedeutet in diesem Zusammenhang kollektives Sich-Erinnern? Wir gehen mit Annette Kuhn davon aus, daß „historische Vergewisserungen zum Aufbau einer stabilen Ich-Identität und zur gemeinsamen politischen Handlungsorientierung von Frauen und Männern unerläßlich sind."[6]

Doch erst die *kollektive* Auseinandersetzung mit der Geschichte gewährleistet gemeinsame Handlungsorientierungen.

> „Damit sich Frauen ein ‚Bewußtsein' ihrer Geschichte aneignen können, genügt es nicht, daß sie nur individuell Widerstand leisten. Die vielen Einzelbestrebungen der Frauen für ihre Rechte oder besser ihre Bemühungen um ein menschliches Leben sind zwar die Basis einer Frauenkultur, aber erst die öffentliche, kollektive Auseinandersetzung mit den gesellschaftlichen Bedingungen der weiblichen Existenz macht eine *Frauenbewegung* aus, die wiederum auf einzelne Aktivitäten von Frauen zur Veränderung und Erkenntnis ihrer Lebenssituation zurückwirkt."[7]

Warum haben wir uns mit den 50er Jahren beschäftigt? Unser Projekt ist die Fortsetzung unserer Aufarbeitung der Situation der Frauen in der Nachkriegszeit. Dabei tauchte immer wieder die Frage auf, wie es in der 50er Jahren, nach der relativen Stärke der Frauen in der Nachkriegszeit, wieder zur Etablierung des traditionellen Frauen- und Mädchenbildes kommen konnte. Dabei können wir auf diese Frage ebenso wie auf die Frage, warum Frauen in den 50er Jahren so wenig Widerstand gegen die Etablierung der traditionellen Frauenrolle leisteten, nur erste Erklärungsansätze bieten.

Zum einen ist die These von der relativen Macht der Frauen nach 1945 umstritten,[8] zum anderen sind mögliche Widerstände von Frauen aus den 50er Jahren bisher nicht erforscht.
(Wir gehen vorerst von folgender These aus: Der Widerstand der Frauen in den 50er Jahren [WFFB, Demokratischer Frauenbund u. a.] richtete sich mehr gegen die politische Entwicklung und weniger gegen die Frauenpolitik.)
Eine weitere Fragestellung war: Wo läßt sich im Leben der Frauen Widerständiges festmachen? Gab es nur die „Adenauer-Mutti" oder haben Frauen, auch unbewußt, doch Widerstand gegen ihre Geschlechtszuschreibung geleistet?
Erwähnenswert ist die Erfahrung, daß die meisten Frauen sich sehr bewußt an die Kriegs- und Nachkriegszeit erinnern, selbst wenn sie damals noch Kinder waren, die 50er Jahre jedoch, dem ersten Anschein nach, aus dem Gedächtnis verloren haben. Hier bestätigen sich die Ausführungen von Bertaux/Bertaux-Wiame, wonach Lebensabschnitte ohne „große" Ereignisse, in denen die tägliche Kleinarbeit vorherrscht, kaum Spuren hinterlassen;[9] im folgenden bestätigt sich aber auch, daß Frauengeschichte durch kollektives Sich-Erinnern rückholbar ist.
Unser methodischer Rahmen bezieht sich auf die Geschichtsschreibung des Alltags, auf den Zusammenhang von weiblicher Biographie und Zeitgeschichte, auf „Oral History" und die Postulate der Frauenforschung.[10]
Der Aufarbeitung der Frauengeschichte in den 50er Jahren näherten wir uns auf verschiedenen Ebenen:

- Wir rezipierten allgemeinpolitische, familien- und industriesoziologische, erziehungswissenschaftliche u. a. Texte aus den 50er Jahren. Wir lasen Zeitschriften, Aufklärungsbücher, „Benimmhefte" usw.[11]

Durch Aufarbeitung von Literatur über die Frauensituation in den 50er Jahren wurde eine erste Verbindung von Zeitgeschichte und individueller Biographie hergestellt. Die Konfrontation zwischen Zeitgeschichte und individueller Biographie wurde dadurch nicht erst im Nachhinein hergestellt. Im Rezipieren dieser Literatur fand bereits die Konfrontation, aber auch Bestätigung mit den eigenen Erfahrungen statt. Der Bezug zur Gegenwart wurde hergestellt.
Bei der Aufarbeitung zeitgenössischer Texte gingen wir von der Prämisse aus, daß jede Individual-Biographie im zeitgeschichtlichen Kontext gesehen werden muß; denn nur vor dem historischen Hintergrund wird Widerständiges und Anpassung erst bestimmbar, wird erkennbar, ob und wie sich das individuelle Frauenleben vom herrschenden Frauenbild, vom Leben anderer Frauen usw. unterscheidet, was „historisch notwendig und möglich" war, aber auch, wie im einzelnen Frauenleben Widerständiges und Anpassungshandlungen ineinandergreifen.[12]

- Indem wir uns kollektiv an die 50er Jahre ‚erinnerten', wurden diese in ihrer Vielfalt erkannt und ihre Bedeutung für die Gegenwart interpretiert. ‚Oral History' als Form gemeinsamer demokratischer Forschung ermöglichte den Vergleich unterschiedlicher Biographien durch die Betroffenen selbst.

Frauenleben in den 50er Jahren

Um der Frage näherzukommen, ob sich die Frauen in den 50er Jahren angepaßt oder widersetzt haben, wie ihre Anpassung bzw. ihr Widerstand aussah, ist es notwendig, einige objektive Bedingungen, auf deren Hintergrund Frauenleben stattfand, zu benennen; denn nur vor diesem Hintergrund lassen sich Anpassung oder Widerstand und ihre gegenseitige Verknüpfung begreifen.
Im folgenden können nur einige der „objektiven" Faktoren, die das jeweilige Frauenleben in den 50er Jahren mitbeeinflußten, benannt werden, wobei unberücksichtigt bleiben muß, inwieweit das Handeln von Frauen die Frauenpolitik in den 50er Jahren wiederum beeinflußt hat bzw. hätte beeinflussen können.

- Das Frauen- und Mädchenbild in den 50er Jahren verwies Frauen wieder auf Heim und Herd, sollte die patriarchalische Ehe stabilisieren und sah für die berufstätige Frau das 3-Phasen-Modell vor.
  Die verstärkten Anstrengungen von Kirche, Politik, Familiensoziologie, Sexualkunde, Medien u. a. zur Etablierung eines Frauenbildes, das diese auf Kinder, Kirche, Küche und Konsum festschreibt, können als ein Erklärungsansatz angesehen werden, warum Frauen sich in den 50er Jahren nicht gegen ihr Zurückdrängen aus dem öffentlichen Bereich wehrten. Denn das schlechte Gewissen, nicht dem herrschenden Frauenbild zu entsprechen, andere Wünsche, Lebenskonzepte zu haben, wurde vielfältig gleich mitvermittelt.[13]
  Die Widerstände von Frauen gegen die Etablierung eines traditionellen Frauenbildes und die Frauenpolitik der CDU-Regierung sind bisher nicht erforscht. Dennoch muß es auch kritische Stimmen gegeben haben. Eine davon ist die Soziologin Helge Pross, die 1959 in der Zeitschrift „Mädchenbildung und Frauenschaffen" schrieb:

  > „Die angebliche Unfähigkeit der Frauen, auf eine Sache statt auf Personen sich zu konzentrieren, mangelnde Fähigkeiten zu abstrakten Überlegungen, die ihnen nachgesagte Logik des Herzens, die ja eine falsche Logik und mithin gar keine Logik ist – diese und verwandte Eigenschaften legen es, soll man glauben, nahe, sie entweder aufs Haus zu beschränken oder aber außerhalb des Hauses nur in die niederen Positionen einzulassen. Sicherlich ist einiges an diesem Allerweltsportrait.

Zumindest entsprechen ihm heute viele Frauen. Das Groß der Männer übrigens nicht minder, was ihre geistige Kapazität betrifft." (...)

„Das von Männern im Sinne männlicher Zielsetzungn geführte Regiment hat uns in Katastrophen gestürzt und in Gefahren hineinmanövriert, die das Dasein aller bedrohen, Andererseits hat sich gezeigt, daß Frauen, wo sie in neue größere Aufgaben hineinwuchsen, diesen in einem humanen und sachkundigen Sinn gerecht wurden, solange sie nicht im kleinlichen Kampf gegen Vorurteile und in permanenter Überforderung sich verzehren mußten. Zu glauben freilich, ihr Beispiel würde Schule machen, ist unbegründeter Optimismus. Die konservative, an schlechter Vergangenheit orientierte Gesellschaft der Bundesrepublik mit ihrem hinterwäldlerischen geistigen Klima und dem ausschließlichen Interesse am materiellen Fortschritt wird nicht freiwillig einer weiteren Befreiung Pate stehen."[14]

- Durch die Ehe- und Familienrechtsreform wurde die Vorrangsstellung des Mannes auch juristisch abgesichert. Der Vater erhielt das Entscheidungsrecht in allen die Kinder betreffenden Angelegenheiten, er konnte der Ehefrau die Erwerbstätigkeit versagen, wenn dies ihren hausfraulichen Pflichten „schadete", gleichzeitig mußte sie erwerbstätig werden, wenn das Einkommen des Ehemanns nicht reichte.[15]

Fazit: Die Frau darf nicht erwerbstätig sein, wenn sie es will, und sie muß erwerbstätig sein, wenn sie es nicht will.[16]

- Die Berufstätigkeit der Frau (ein Drittel aller Berufstätigen waren Frauen, allerdings in untergeordneten Positionen) verschärfte die Doppelbelastung, da es kaum staatliche Entlastungseinrichtungen gab.[17]
- Die Ausbildung der Mädchen war katastrophal. Die überwiegende Mehrzahl aller Anlernlinge waren Mädchen, nur 2–4% aller Mädchen machten das Abitur.[18]

Das allgemeine ‚Klima' der 50er Jahre beeinflußte auch unser Leben, wie die folgenden (gekürzten) Fassungen der Lebensaufzeichnungen zeigen.

Meine 50er Jahre

Lebensstationen in den 50er Jahren

1952	(Febr.)	Standesamtliche Heirat: Voraussetzung, um beim Wohnungsamt einen Wohnberechtigungsschein zu erhalten.
1952	(Aug.)	Kirchliche Trauung.
1952	(Okt.)	Einweisung als Untermieter 2 Zimmer mit Küchen- und Badezimmerbenutzung (kein Waschbecken, einzige Zapfstelle im Bad ist der Kaltwasserkran der Badewanne, alles ungekachelt), Ofenheizung. Vollberufstätig (pharm. Vorexamen), 48-Stundenwoche, zusätzlich turnusmäßiger Nachtdienst. Monatl. Gehalt DM 310,– brutto nach 10jähriger Berufstätigkeit.

1954	Wohnwechsel von Süddeutschland nach Nordrhein-Westfalen. Teilzeitarbeit bis zur Geburt des 1. Kindes. Gehalt des Ehemannes DM 600,– 3 Zimmerwohnung, Küche, Diele, Bad, Garten. Miete ca. DM 90,– (Altbau) Monatliche Rückzahlungen für Studiendarlehen des Ehemannes und für Arbeitnehmerdarlehen zur Wohnungseinrichtung belasten jahrelang das Haushaltsbudget.	
1956	1. Kind	Keine Papierwindeln, keine Plastikhöschen, alle Textilien aus Baumwolle. Keine Fertigmilch. Gemüsebreikost täglich frisch zubereitet und von Hand durch Sieb gedrückt.
1959	2. Kind	Beide Kinder je über ein halbes Jahr gestillt.

Mein Tagesablauf in den 50er Jahren

5^{30} Kochkessel mit Wäsche auf dem Gasherd aufheizen und Frühstück für den Ehemann richten (Arbeitsbeginn 7^{00}).
6^{00} Kind stillen und wickeln.
7^{00} Bevor der Ehemann die Wohnung verläßt, muß er den heißen Kessel mit hinübertragen und in die Badewanne kippen, damit ich die Wäsche dort spülen und mit den Händen auswringen kann. Halb lahmes Kreuz hinterher.
8^{00} Mit Kind gemeinsam frühstücken und fertigmachen für den Kindergarten. Dorthin bringen. Dann Wäsche aufhängen, bei schönem Wetter im Garten. Wohnung aufräumen, Betten machen etc.
10^{00} Baby baden, wickeln, stillen.
11^{00} Einkaufen (Milch, kein Kühlschrank etc). Kochen.
12^{00} Kind vom Kindergarten abholen.
12^{30} Gemeinsames Mittagessen mit Ehemann und Kind, Küche aufräumen
13^{30} Mittagsschlaf.
14^{00} Stillen, Wickeln.
15^{00} Mit Kindern spazierengehen, kleine Besorgungen machen, Unkraut jäten, Gartenarbeit, Beerenpflücken, Einkochen.
18^{00} Stillen, Wickeln.
19^{00} Abendessen, anschließend bügeln, nähen, flicken etc.
22^{00} Stillen, Wickeln.
23^{00} Schlafen.

Dazwischen kommen die Kinderkrankheiten. Beide Kinder haben gleichzeitig Keuchhusten (das kleine Kind ist 9 Monate, das ältere 3 Jahre). Tag- und Nachtbereitschaft. Der 3jährige spuckt bei den Hustenanfällen alles Gegessene auf Boden, Teppich, Wände, Bett ... Der 9 Monate alte Sohn erstickt fast. Ich bin in dauernder Angst, komme nicht mehr aus den Kleidern. Ich renne von einem Kind zum anderen, um ihnen beizustehen. Zum Glück kommen die Hustenanfälle nicht gleichzeitig.
An Sonn- und Feiertagen meldet sich Verwandtschaftsbesuch an. Das ist zusätzliche Arbeit, ebenso, wie sonstige gesellschaftliche Verpflichtungen.
Lesen der Tageszeitung, wenn überhaupt, ist ein Überfliegen der Überschriften. Das Radio stelle ich nicht ein, ich kann den zusätzlichen Lärm nicht mehr verkraften.
„Halbstarke, Radaubrüder, Proleten, Atombewaffnung ..." was ist das, was soll das – ist weit weg, ich bin mit der Bewältigung meiner eigenen Aufgaben beschäftigt. *Politik – für mich nicht mehr – ein für allemal! Wo das hinführt, haben wir erlebt. Ohne mich!* 30 Jahre später erfahre ich an der Universität, was diese Protestbewegungen gewollt

haben, die ich so gut wie nicht wahrgenommen habe – obwohl ich eigentlich Zeitzeugin sein sollte. Da ist etwas neben mir abgelaufen, hat mich damals nicht erreicht. Eigentlich wundert mich das nicht. Rückblickend bin ich erstaunt, daß ich *das alles* geschafft habe, daß ich so gut „funktioniert" habe. Es war *meine* „Sklavenzeit".

Frauen werden die Flügel beschnitten ...

Berufstätigkeit in den 50er Jahren

Anlernlinge, ein Beruf für Mädchen („Anlernling": Beruf zwischen „ungelernten" und „Lehrberufen" in Handel, Industrie und Handwerk; keine Gesellen- oder Meisterprüfung)

Nach dem Besuch einer einjährigen Privathandelsschule („Wenn ein Mädchen Schreibmaschine schreiben kann, findet sie immer Arbeit und kann sich auch allein ernähren" – mein Vater) wollte ich dann einmal ausprobieren, was ich damit erreiche. Ich wollte gerne Dolmetscherin werden oder Fremdsprachenkorrespondentin. Ich habe mich dann bei einer Soester Firma als Fremdsprachenkorrespondentin beworben, mußte aber auf die Warteliste, weil keine Lehrstelle frei war. Daraufhin habe ich mich noch bei einem belgischen Krankenhaus beworben, um meine Fremdsprachenkenntnisse zu erweitern.

Weil das nicht sofort klappte, wurde ich dann Anlernling in einer Firma, die pharmazeutische Produkte herstellte. Ich mußte genau die gleiche Arbeit wie der männliche Lehrling machen. Nachdem ich zuerst aushilfsweise bei dem Chemiker unserer Firma ein Diktat aufnehmen mußte, wurde ich bald regelmäßig gerufen, auch von den anderen Akademikern (weil man mir nicht jedes Fremdwort buchstabieren müßte – wie mir erklärend gesagt wurde).

Nach einem halben Jahr war ich die Sekretärin eines unserer Chefs, ich hätte aber aufgrund meines Status als Anlernling nie den Anspruch auf die Bezahlung wie eine Sekretärin gehabt.

Ich bin dann zur Bundespost gegangen und habe in der Telefonvermittlung gearbeitet. Eingangsvoraussetzung war die mittlere Reife. Nach einem Vierteljahr Ausbildung und einer Prüfung wurden wir als Postangestellte übernommen. Nach weiteren 6 Jahren konnten wir Beamtin im mittleren Dienst nach einer erneuten Prüfung werden. „Telefonistin, diesen Beruf kann man höchstens bis zum 30. Lebensjahr ausüben, ..." das wurde mir bei der Einstellung vom Dienststellenleiter – übrigens der einzige Mann in der Damengesellschaft – gesagt. Die Telegrammaufnahme, auch eine weibliche Domäne, wurde mir als Alternative genannt. Die technischen Berufe (Entstörer, Techniker und Ingenieur) waren genau so konsequent männlich besetzt. Allerdings mußten wir sonntags und nachts, wenn die Männer nicht da waren, jede Stunde kontrollieren, ob kein Relais festhing im „Störsaal".

1957 habe ich einen Offizier der Bundeswehr geheiratet – standesamtlich –, weil man nur so Anspruch auf eine Wohnung hatte. Meine Eltern hatten uns ein Zimmer ihrer Wohnung überlassen, somit hatten wir Anspruch auf Trennungsentschädigung.

Ich habe weiter meinen Dienst gemacht und hoffte, weil die Bundespost überall Telefonvermittlungen hatte, weiter meinen Beruf ausüben zu können, zumindest einmal eine „Beamtenprüfung" zu machen. Der kanadische Captain, der für die Soldaten der Vermittlung zuständig war, hatte gehört, daß eine deutsche Offiziersfrau in der Vermittlung arbeitete. Er besuchte uns eines Tages und fragte mich nach den Rangabzeichen der deutschen Offiziere, um mir dann zu sagen, daß er meinen Mann nicht verstehen könnte, der mich dort arbeiten ließe. Er würde das seiner Frau nicht erlauben!

Weil mir der anstrengende Wechseldienst gesundheitlich zu schaffen machte, wurde ich – trotz des Einspruchs des Vertrauensarztes – statt zur Kur, durch meinen Hausarzt ins Krankenhaus überwiesen. Gegen den Berufsstreß und die Folgen wie Schlaflosigkeit und Tablettenkonsum hatte der Chefarzt ein für mich ungewöhnliches und wie ich denke „zeitgemäßes“ Rezept: „Schaffen Sie sich doch einen kleinen Jungen an!“
In diesen Krankenhausaufenthalt platzte dann eines Tages ein Telegramm meines Ehemannes mit dem Inhalt: „Ich bin seit heute Besitzer einer 3-Zimmerwohnung im Memmingerberg.“ Ich telegrafierte zurück, daß ich erst einmal gesund werden möchte. Ich fühlte mich unter Druck gesetzt und weinte tagelang. Mein Mann schrieb, ich sollte doch bedenken, was es für ein Glück wäre, in einer Zeit der Wohnungsnot eine Wohnung zu bekommen. Er hätte einen verlorenen Baukostenzuschuß zahlen müssen. Er besuchte mich dann im Krankenhaus und sagte, er wolle erst einmal mit meinem Arzt sprechen. Als er dann zurückkam, sagte er, er wäre gleich zum Postamt gegangen und hätte gekündigt. Der Arzt hätte gesagt, ich dürfte meinen Beruf nicht mehr ausüben.

Ich fühlte mich überrumpelt!

Schulzeit in den 50er Jahren, Erfahrungsbericht

In den 50er Jahren durchlebte ich meine Jugendzeit. Ich wuchs als einziges Mädchen zwischen zwei Brüdern auf, einer etwas älter als ich, der jüngere ein 1951 geborenes Nachkriegskind, typisch für viele Familien in der Nachkriegszeit.
Kurz darauf mußte mein Vater fluchtartig die damalige „Ostzone“ verlassen. Die übrige Familie folgte ein Jahr später in den „Goldenen Westen“. Mehrmals erlebte ich durch Kriegsgefangenschaft und Flucht des Vaters bedingt den Wechsel: Mutterfamilie – patriarchalische Familie. Zeitweise war meine Mutter berufstätig, ein Gebot der Not. Ich erfuhr, wie wichtig es „auch für eine Frau ist, einen Beruf zu haben“ – aber eben „für Notfälle“!
Seit unserer Übersiedlung bis zum Ende der 50er Jahre besuchte ich das Gymnasium. Das war noch immer nicht selbstverständlich für ein Mädchen, aber für mich stand fest, daß ich das Abitur machen würde, ohne daß darüber diskutiert wurde. Das Gymnasium kostete Schulgeld. 20 DM im Monat; und da wir bei drei Kindern und aufgrund vieler Neuanschaffungen – bedingt durch die Flucht – sehr sparen mußten, war ich gefordert, gute Leistungen zu bringen, mein Bestes zu geben. „Schule“ war ein bedeutendes Thema in unserer Familie, das wichtigste in meinem damaligen Leben.
Ich wuchs sehr behütet auf und wurde nach strengen Maßstäben erzogen. „Das tut man nicht“ und „was sagen die Leute . . .“ – solche Aussprüche wiesen mich in Schranken.
In meiner Freizeit übernahm ich vor allem zwei Aufgaben:

- Ich half meiner Mutter im Haushalt, die bei drei Kindern und geringer Ausstattung mit heute selbstverständlichen Haushaltsgeräten, ohne Erleichterung und Fertigprodukte und Wegwerfartikel, wahrhaftig der Hilfe bedurfte, und fungierte als „Zweitmutter“ meines kleinen Bruders.
- Weiterhin gab ich freiwillig jahrelang Nachhilfestunden in Mathematik. Ich verdiente eigenes Geld – erst eine, später zwei Mark pro Stunde. Taschengeld erhielt ich nicht von meinen Eltern.

So lebte ich die Tätigkeiten beider Elternteile nach. Abwechslungen, Vergnügen sahen meine Eltern nicht gern. Es galten vor allem Arbeit und Leistung, Fleiß und Anpassung.
Die rückblickende Betrachtung meiner Situation durch die gemeinsame Reflexion der 50er Jahre im Seminar, zusammen mit anderen Frauen verschiedener Generationen,

machte mir erschreckt bewußt, wie behütet, abseits vom öffentlichen Leben, unfertig und unkritisch ich damals gelebt hatte, was mir alles entgangen war, wie fremdbestimmt ich durchs Leben ging. Es waren wohl vor allem die typischen Mittelschichtfamilien, die ihre Kinder nach diesem Muster „hielten".
Aus der Distanz der Jahrzehnte erkannte ich, daß mich subtile Indoktrination, eine materielle Kosten-Nutzen-Rechnung und die Schlüsselkindideologie der 50er Jahre vor die Alternative geführt hatten: Heiraten *oder* Studieren. Obwohl ich von meiner Schulbiographie her für ein (Mathematik-) Studium prädestiniert war, wählte ich einen Beruf mit kurzer Ausbildung (Programmiererin) und schlug nach wenigen Jahren der Berufstätigkeit die Laufbahn der „Hausfrau und Mutter" ein. Das war der höhere Wert für die Frau. Meine Sozialisation hatte mein Bedürfnis und Interesse trotz anderer Anlagen und Voraussetzungen stärker in diese Richtung gelenkt.
Betroffen ist mir im nachhinein bewußt geworden, wie so scheinbar nebensächliche Bemerkungen mich und mein weiteres Leben geprägt haben. Ich lernte, daß eine Frau, die „keinen abkriegt", eine „alte Jungfer", „ein spätes Mädchen" oder „Mauerblümchen" ist, allein nichts wert ist. „Stud. nub." (nubere, lat. = heiraten) war die Bezeichnung dafür, daß ein Mädchen nur solange studierte, bis sie sich einen studierten Mann „geangelt" hatte; wenn sie keinen Doktor „kriegte", mußte sie ihn *machen.*
Meine Entscheidung, nicht zu studieren, habe ich später bereut und mir Vorwürfe gemacht. Durch das gemeinsame Reflektieren habe ich das „*oder*" (heiraten oder studieren) als den Knackpunkt für mein Leben begriffen. Die Verwobenheit meiner Biographie mit der Ideologie der 50er Jahre hatten mich diese Alternativen anerkennen lassen. Ich wollte keine „Rabenmutter" sein, den Kindern sollte meine ganze Liebe gehören. Der Wert des Seminars liegt für mich darin, daß ich meine Selbstvorwürfe abbauen, relativieren konnte.

Was hat das kollektive Sich-Erinnern für unsere heutige Identität als Frauen gebracht?

Der Prozeß der Aufarbeitung unserer Biographie im Zusammenhang mit der Zeitgeschichte ist noch nicht abgeschlossen. Jedoch haben wir in einer Gruppendiskussion, die wir aufgenommen haben, eine Zwischenbilanz gezogen. Die folgenden Zitate entstammen dieser Diskussion.
Hat kollektives Sich-Erinnern in einer Seminarsituation, das Verbinden der eigenen Geschichte mit der Zeitgeschichte, unser Bewußtsein oder gar unser Verhalten verändert?
Haben wir das „Gewordensein" erkannt und damit Veränderungsperspektiven für uns in der Gegenwart?

1. Aufarbeitung der eigenen Geschichte in einer Seminar-Situation.
   Der erste Schritt im Prozeß der Aneignung der eigenen Geschichte, das Heraustreten mit unseren Lebenserinnerungen aus der privaten Sphäre in den öffentlichen Raum (Seminarsituation), wurde von uns als eine Aufwertung unserer Alltagserfahrung erlebt:

   „Ich glaube, daß einfach der Status der Öffentlichkeit und dann noch in so „hehren Hallen" wie der Universität diesen individuellen Touch nimmt von der eigenen

Erinnerung und daß Sich-Erinnern auf einer höheren Ebene eine andere Gewichtung bekommt, und auch für einen persönlich vieles wichtiger wird und man Zusammenhänge erkennt und von daher das kollektive Erinnern eine größere Qualität hat, eine höhere Stufe einfach hat, daß Persönliches politisch ist, wird einem da ganz deutlich (...)."

Kollektives Sich-Erinnern bedeutet einen zusätzlichen Anreiz, sich mit der eigenen Lebensgeschichte zu befassen:

„Ich kann von mir eben sagen, für mich ist dieses eine Möglichkeit gewesen, mein ganzes Leben überhaupt mal kritisch zu hinterfragen, was ist bei dir gelaufen (...)."
„Da sind die Rückmeldungen. Wir erfahren durch die andern ‚genau wie bei mir'. Das ermöglicht, man fühlt sich bestätigt, es ermöglicht weiteres Sich-Erinnern, (...) auch anderes, neues Erinnern, oh ja, das war ja auch noch, das war bei mir anders.
Nur dadurch ist es überhaupt möglich, sonst bleibste alleine, du siehst eigentlich nur deinen eigenen Blickwinkel."

Durch Erinnern wird das eigene Leben im nachhinein gestaltet. Das eigene lückenhafte Bild der Vergangenheit wurde vollständiger, wurde facettenreicher:

„Ich denke, irgendwann wird da ein Bild draus."
„Wir verschiedenen Frauen sehen zwar alle 1985 was, aber jede aus einem anderen Zeitpunkt ihres eigenen Lebens. Insofern wird also die Palette dessen, was wir sehen und was wir einzeln wahrnehmen, ganz unterschiedlich und viel breiter."

2. Verknüpfung der eigenen Geschichte mit der Zeitgeschichte.
Die gleichzeitige Verknüpfung der eigenen Geschichte mit der Zeitgeschichte hatte für unser heutiges Selbstbild zu allererst eine Entlastungsfunktion, brachte Klärung für das damals diffus empfundene Unbehagen über das eigene Leben. Wir erkannten, wie sich gesellschaftliche Strukturen und Normen in unserem ‚privaten' Alltag festgemacht haben (z. B. Familienideologie), und somit für unsere persönliche Entwicklung als Frauen in den 50er Jahren mitentscheidend waren:

„Ich denke, jetzt seh' ich, was da gelaufen ist. Ich konnte es nie so auf die Reihe bringen. Ich konnte zwar schon sagen, so und so ist das bei mir gelaufen, aber ich konnte es nirgendwo einordnen, es war für mich wirklich so ganz meine eigene Geschichte (...). Ich denk' immer, woher kommt das und warum ist es so gelaufen (...), aber ich hab' nichts in der Hand gehabt und das hab' ich erst hier als Instrument an die Hand gekriegt, daß ich jetzt weiß, daß eben das individuelle Leben nicht so individuell ist, sondern daß das ganz massiv von allen Seiten beeinflußt wird. Ich hab' mich unwohl gefühlt und jetzt weiß ich, woher es kommt."

Unser Selbstbild erfuhr eine Korrektur und Entlastung insofern, daß der Eindruck der eigenen Angepaßtheit in den 50er Jahren, lange als Versagen interpretiert, nicht aufrechterhalten werden konnte. Selbständiges

Handeln als Jugendliche z. B. gegenüber Behörden, u. a. hervorgerufen durch die Desorientierung der Eltern, die ihr Flüchtlingsschicksal bewältigen mußten, auch Widerstand gegenüber den Normen der Gesellschaft wurde sichtbar, was so bisher noch nicht wahrgenommen geworden war.

Der von der Frauenideologie der 50er Jahre gestellte Anspruch der frühen Fixierung auf das andere Geschlecht wurde unterlaufen, indem z. B. der erste selbstverdiente Urlaub ohne Freund, gegen die Proteste von außen, angetreten wurde:

„Und mit dem nächsten Geld bin ich in Urlaub gefahren. (...) Mein Mann wollte mit, und weil der nicht Urlaub gekriegt hat – den kannte ich damals schon – und da haben meine Schwiegereltern gesagt, ich sollt' mit meinem Mann mit dem Fahrrad ins Sauerland fahren, und das wollte ich nicht. Ich hatte meinen Urlaub bezahlt und da hab' ich meinen Mann sausen lassen und bin alleine in Urlaub gefahren. (...) Und da kriegte ich von meinem Schwiegervater einen Brief, obwohl mein Mann zu dem Zeitpunkt 26 Jahre alt war: ‚Sie sind wohl nicht die richtige Frau für meinen Sohn.' Da hab ich gedacht, da ist das wohl nicht der richtige Mann für Dich."
„Nach meiner Lehre wollte ich alleine in Urlaub fahren. Ich hatte diesen Stress mit den Jungen wirklich satt. Ich hatte immer so Typen, die sich so an mich geklammert haben und mich jeden Tag aufgesucht haben, daß ich es wirklich leid war. Und dann bin ich nach Italien gefahren. (...) Und dann gab es einen jungen Mann da, der konnte es überhaupt nicht begreifen, daß ich jetzt alleine fuhr, ohne ihn. (...) Das war auch für mich ein Konflikt. Alleine das wirklich durchzusetzen (...)."

Das in den 50er Jahren wieder eingeführte bürgerliche Frauenbild der Hausfrau und Mutter wurde als Lebenskonzept nicht von allen vorbehaltlos akzeptiert:

„Nein, das hab ich nicht. (...) Ich hatte immer die Vorstellung, daß ich was lernen will, und ich hab' immer versucht, meine Wünsche in der Richtung zu verwirklichen. (...)
Also hatte ich immer irgendwie das Ziel, einen Beruf zu haben und da auch was zu leisten."

Die von den Eltern wie selbstverständlich geforderte Entscheidung zwischen Studium und Heirat, die zugunsten der Ehe ausfiel, wurde nach der Offenlegung der Familienideologie in einem anderen Lichte gesehen, d. h. nicht mehr so stark als autonome Entscheidung bewertet.

3. Fazit und Konsequenzen aus der gemeinsamen Arbeit.
Übereinstimmung, trotz aller Unterschiedlichkeit des Erlebens und Handelns, bestand in der Einschätzung der Bedeutung der 50er Jahre für unser heutiges Leben. Historische Mitprägungen wurden unübersehbar. Kindheit, Jugend, Berufstätigkeit und Mutterschaft in den 50er Jahren unterschieden sich deutlich von den drauffolgenden Jahrzehnten, die wir als Zeitzeuginnen erlebten.

Das Jahrzehnt der Ideologieproduktion, das Wiedereinsetzen des bürgerlichen Familienbildes gegen die durch die Nachkriegszeit veränderten Familienstrukturen mit Hilfe einer christlichen Familienverfassung und das damit propagierte bürgerliche Frauenbild bedeutete auch eine Einschränkung der Ausbildungs- und Berufsmöglichkeiten für Frauen, da die geschlechtliche Arbeitsteilung wieder ihren „staatstragenden" Platz erhielt.
Für uns als Mädchen bedeutete das, einen mittleren Bildungsabschluß, entgegen den eigenen Fähigkeiten, zu akzeptieren, da unsere „eigentliche" Berufung die der Hausfrau und Mutter sei.
Schafften es einige von uns, u. a. aufgrund ihres bildungsbürgerlichen Familienhintergrundes, das Abitur abzulegen, war die Entscheidung Studium oder Heirat nur um einige Jahre aufgeschoben und fiel dann auch im Sinne der gesellschaftlich erhobenen Normen aus. Widerstand zeigte sich dann bei der einen oder anderen „zwischen den Zeilen", d. h. in ihrem Alltag, wo z. B. frühe Bindungen an das andere Geschlecht als lästig abgelehnt und Ausbeutung am Arbeitsplatz aufgrund der geschlechtsspezifischen Ausbildung mit Arbeitsplatzwechsel quittiert wurden.
Mutterschaft in den 50er Jahren wurde als beschwerlich und unbefriedigend empfunden, da die innerfamiliale Arbeit allein auf den Schultern der Frau lag und die schlechten ökonomischen Bedingungen des Haushalts noch dazukamen.
Doch haben wir auch erkannt, daß wir als Frauen nicht nur Objekte, sondern Subjekte der Geschichte waren und sind.

„Daß wir erkennen müssen durch die Geschichte, daß wir da, indem Frauen sich in die passive Rolle drängen lassen, mitspielen und uns dann eben die Bomben auf den Kopf geworfen werden, wenn wir uns nicht wehren."

Daß politisches Handeln auch ein reflektiertes Geschichtsbewußtsein voraussetzt, war ein weiteres Ergebnis unserer Zusammenarbeit.
„Mein Interesse für Geschichte ist jetzt hellwach."
Wir werden an unseren Fragestellungen weiterarbeiten; denn eine Vielzahl von Problemen sind uns bisher nur bewußt geworden, jedoch nicht gelöst.

- Welche Lebenskonzeptionen vermittelten die Mütter in den 50er Jahren ihren *Töchtern*?
- Wie sah die Situation von *Arbeiter*frauen in den 50er Jahren aus? Wie können Arbeiterfrauen ihre Biographie rekonstruieren?
- Was bedeutet kollektives Sich-Erinnern für die *theoretische* Weiterentwicklung der biographischen Frauenforschung?

Anmerkungen

1 Eine ausführliche Fassung, in der auch die Entwicklung der Ehe- und Familienrechtsreform, Daten zur Frauenarbeit und Ausbildung von Mädchen u. a. analysiert werden sollen, ist in Vorbereitung.

2 Im Projekt „Frauenstudium" an der Universität Dortmund können Frauen, die bisher „Familienfrauen" waren, ohne formale Zugangsberechtigung an einem eigens für sie entwickelten Weiterbildungsangebot teilnehmen. Bisher nehmen an diesem Aufbau- und Kontaktstudium ca. 300 Frauen im Alter zwischen 30 und 75 Jahren teil. Genauere Informationen über das „Frauenstudium" sind zu erhalten über: Schwerpunkt Frauenstudien, Zentralstelle für Weiterbildung und Kontaktstudien. Fachbereich 14, Universität Dortmund, Emil-Figge-Str. 50, 4600 Dortmund 50.

3 Vgl. dazu: Elke Nyssen/Sigrid Metz-Göckel: „Ja, die waren ganz einfach tüchtig" – Was Frauen aus der Geschichte lernen können. In: Freier, A.-E./Kuhn, A. (Hrsg.): Frauen in der Geschichte V. „Das Schicksal Deutschlands liegt in der Hand seiner Frauen", Düsseldorf 1984.

4 Vgl. Beiträge zur feministischen Theorie und Praxis, Bd. 11: Frauenforschung oder feministische Forschung? Köln 1984; Karin Hausen (Hrsg.): Frauen suchen ihre Geschichte, München 1983; Annette Kuhn: Das Geschlecht – eine historische Kategorie? In: Ilse Brehmer/Juliane Jacobi-Dittrich/Elke Kleinau/Annette Kuhn (Hrsg.): Frauen in der Geschichte IV. „Wissen heißt leben . . .", Düsseldorf 1983.

5 Karin Hausen, Vorwort in: Karin Hausen (Hrsg.): Frauen suchen ihre Geschichte, München 1983, 7.

6 Annette Kuhn: Identitätsgewinnung durch Frauengeschichte. Gefahren, Grenzen, Möglichkeiten. In: Malte Ristau (Hrsg.): Identität durch Geschichte. Leitziel Emanzipation, Marburg 1985, 43.

7 Sigrid Metz-Göckel, vervielf. Manuskript, 1984, 3.

8 Vgl. Annette Kuhn, Vorwort, zu: Doris Schubert: Frauen in der deutschen Nachkriegszeit. Bd. 1: Frauenarbeit 1945–1949. Quellen und Materialien. Hrsg. von Annette Kuhn, Düsseldorf 1985.

9 Vgl. Daniel Bertaux/Isabelle Bertaux-Wiame: Autobiographische Erinnerung und kollektives Gedächtnis. In: Lutz Niethammer (Hrsg): Lebenserfahrung und kollektives Gedächtnis. Die Praxis der ‚oral history', Frankfurt 1980.

10 Vgl. u. a. Maria Mies: Weibliche Lebensgeschichte und Zeitgeschichte. In: Beiträge zur feministischen Theorie und Praxis, Bd. 7: Dokumentation der Tagung: Weibliche Biographien, Bielefeld, Oktober 1981, München 1982; L. Niethammer, a. a. O.; Bertaux/Bertaux-Wiame, a. a. O.

11 Vgl. u. a. G. Wurzbacher: Leitbilder gegenwärtigen deutschen Familienlebens, Dortmund 1951; Claudia Pinl: Das Arbeitnehmerpatriarchat. Die Frauenpolitik der Gewerkschaften, Köln 1977; Bundesministerium für Ernährung, Landwirtschaft und Forsten (Hrsg.); Bundesforschungsanstalt für Hauswirtschaft: Die Frau im Staat, in Haushalt und Familie. Ein Zahlenbericht auch der amtlichen Statistik, Bonn 1960; Renate Mayntz: Die moderne Familie, Stuttgart 1955; G. Wurzbacher u. a.: Die junge Arbeiterin, München 1958; Christa-Esther Zimmermann: Die Frau und die weibliche Erwerbstätigkeit in der industriellen Gesellschaft, Stuttgart 1958; Mehnert, Klaus/Schulte, Heinrich (Hrsg.): Deutschland-Jahrbuch 1953, Essen 1953; Guido Groeger; Mädchen-Liebe-Junge Männer, Nürnberg 1953; Ständer, S.: Zur rechtlichen Emanzipation der Frau. In: Das Argument, Nr. 23, H. 4; 1962, 7. Auflage 1972; Schriftenreihe der Industriegewerkschaft Metall: Frauen-

arbeit, Heft 18 (um 1953). Die Frau in unserer Zeit. Ihre Wandlung und Leistung, Oldenburg/Hamburg 1954; Die Frau im Beruf. Tatbestände, Erfahrungen und Vorschläge zu drängenden Fragen in der weiblichen Berufsarbeit und in der Lebensgestaltung der berufstätigen Frau, Hamburg 1954.

12 Der Begriff des „Widerstandes" müßte an dieser Stelle detailliert theoretisch abgeleitet werden.

13 Vgl. vor allem Angela Delille/Andrea Grohn: Blick zurück aufs Glück. Frauenleben und Familienpolitik in den 50er Jahren, Berlin 1985.

14 Helge Pross: Die Frau in der heutigen Gesellschaft. In: Mädchenbildung und Frauenschaffen, 1959, 493 u. 499.

15 Zur Ehe- und Familienrechtsreform vgl. Ingrid Langer: Die Mohrinnen haben ihre Schuldigkeit getan ... Staatlich-moralische Aufrüstung der Familien. In: Dieter Bänsch (Hrsg.): Die fünfziger Jahre, Tübingen 1985.

16 Vgl. Helge Pross: Über die Bildungschancen von Mädchen in der Bundesrepublik Deutschland 1969, 36.

17 Vgl. Angela Delille/Andrea Grohn, a. a. O.

18 Vgl. Christine Bartram/H.-H. Krüger: Vom Backfisch zum Teenager – Mädchensozialisation in den 50er Jahren, in: H.-H. Krüger: Die Elvis-Tolle, die hatte ich mir unauffällig wachsen lassen, Opladen 1985.

IV. Weiblichkeitsbilder zwischen Utopie und Realität

1. Von der „wohlgeordneten Liebe“ und der „so eigenen Wollust des Geschlechtes“ Zur Diskussion weiblichen Begehrens zwischen 1730 und 1830

Pia Schmid/Christina Weber

Im entstehenden deutschen Bürgertum wird ein bestimmtes Frauenbild formuliert. Immer wieder wird geschrieben, wird festgeschrieben, die „Bestimmung des Weibes“ erfülle sich darin, Hausfrau, Gattin und Mutter zu sein. Wie wird nun innerhalb dieses bürgerlichen Entwurfs von Weiblichkeit das weibliche Begehren thematisiert oder in der Diktion der Zeit: die Geilheit und die Wollust?
Ein Blick in eine populäre Zeitschrift, das Leipziger Taschenbuch für Frauenzimmer zum Nutzen und Vergnügen – kurz: Frauenzimmeralmanach – soll zeigen, in welchem Kontext bürgerliche Frauen von der Wollust lesen konnten.[1] Auf diese kommt der Herausgeber in einer Serie „Reden über die körperliche Erziehung“ verschiedentlich zu sprechen, und zwar im Zusammenhang mit Aussagen über die Bestimmung des Weibes zur Gattin und Mutter. So spricht er in einer der „Reden“ von der „wohlgeordneten Liebe“ und weiß um die „so eigene Wollust des Geschlechtes“. Sie ist im Spiel, wenn die Gattin zur Mutter wird. Dabei gilt es, die „Moralität der Empfindungen“ zu wahren und „bloße animalische Sinnlichkeit“ zu meiden, denn:

„wessen Herz einmal eine edle Richtung erhalten hat, behauptet sie selbst bey der so eigenen Wollust des Geschlechtes und empfindet sicher nicht minder entzückend und schön, als der, der betäubt, wie ein Berauschter dahin sinkt, sonder alles Bewußtseyn, was er genossen hat.“[2]

Weiter heißt es:

„Wenn die Natur euch zum heiligen Geschäft mit eurem rechtmäßigen Gatten auffordert, ihr Gattinnen und Mütter, den Saamen zu einem neuen Wesen für die Ewigkeit zu empfangen, dann müssen eure körperliche Beschaffenheit weder durch Krankheit, noch auch durch eine verderbliche Gleichgültigkeit gehindert werden, euren wichtigen Pflichten nachzukommen: Mißmuth trübe euren Geist nie, sondern eine edle Heiterkeit geh von ihm in den Körper über, und verbreite sich durch jede eurer Nerven, gutmüthige Zärtlichkeit umfasse durch euch den Geliebten, und stimme ihn zur Gleichheit mit euern Empfindungen... Heil euch, wenn ihr den ausschweifenden Mann zurückhaltet.“[3]

Soviel erfahren die Leserinnen: Es gibt eine Wollust des Geschlechtes, und es gibt ein heiliges Geschäft mit dem rechtmäßigen Gatten, bei dem Mißmut und Gleichgültigkeit nicht angesagt sind. Die Frauen sollen also kein Zuwenig an Wollust aufweisen, aber auch – und das wird noch nachdrücklicher propagiert – kein Zuviel. In diesem Sinne werden die Schmerzen bei der Geburt begründet:

„Es ist einmal der Wille der weisen Natur, daß solche Scenen gewaltsam seyn müssen – denn wären sie es nicht, o Weib! wie unbegränzt würde deine Wollust, o Mann! wie nachläßig würdest du in deiner Sorgfalt seyn.“[4]

Schmerzen bei der Menstruation finden die gleiche Begründung: „daß die Ehre Mutter zu seyn nicht blos ein Kitzel der üppigen Wollust seyn soll“.[5] Weibliches Begehren wird thematisiert als etwas, das vorhanden ist und begrenzt werden muß. Bürgerliche Frauen erscheinen in dieser Zeitschrift des ausgehenden 18. Jahrhunderts noch keineswegs als die Damen ohne Unterleib der zweiten Hälfte des 19. Jahrhunderts, frigigde oder hysterisch oder beides. Weibliche Wollust kommt zur Sprache, und zwar als etwas, das es zu sedieren und zu domestizieren gilt.

Uns geht es in diesem Artikel darum, wie zwischen 1730 und 1830 weibliches Begehren diskutiert wurde. Wir analysieren also eine bestimmte Diskussion und machen keine Aussagen zu gelebter Realität. Weder dazu, wie Frauen Begehren lebten, noch dazu, ob sich in den Quellen männliche Angstphantasien oder weibliche Sexualpotenz widerspiegeln.
Wir rekonstruieren diese Diskussion anhand von Lexika und Wörterbüchern, die Kompendien des Selbstverständnisses einer Zeit sind. Was findet sich unter den Stichworten „Geilheit“, „Wollust“ und „Liebe“? Und zwar in Zedlers „Universal-Lexikon« (1732ff., 68 Bde.), in Adelungs „Grammatisch-kritischem Wörterbuch der Hochdeutschen Mundart“ (2. Auflage 1793–1801, 4 Bde.) sowie Campes „Wörterbuch der Deutschen Sprache“ (1807–13, 6 Bde.) und in der „Allgemeinen deutschen Real-Encyclopädie für die gebildeten Stände. Conversations-Lexicon“ (5. Auflage 1819–24, 10 Bde., 7. Auflage 1827, 12 Bde., 8. Auflage 1833-39, 12 Bde.), einem Vorläufer des Großen Brockhaus.[6] Und wie kommt „Liebe“ und „Begehren“ auf Stichen in populären Zeitschriften für das weibliche Publikum zur Abbildung? – Wir bleiben bewußt in der Diktion der Zeit und verwenden nicht den Begriff „Sexualität“. Anfang des 19. Jahrhunderts wird „Sexualität“ nur in der biologischen Fachsprache benutzt und erst seit dem späten 19. Jahrhundert in seiner heutigen Bedeutung.

In Zedlers UNIVERSAL-LEXICON werden der „Geilheit“ siebeneinhalb Spalten gewidmet. Eine halbe Spalte der „Geilheit, salicitas“ und sieben Spalten der „Geilheit (weibliche)“.

„Geilheit, salicitas“, heißt es, „ist in der Natur eine Neigung und Vermögen zur Fortpflanzung“. An Tieren und am Ackerbau wird das illustriert. „In der Tugend-Lehre ist die Geilheit ein Laster, welches die Maaß im Gebrauch der fleischlichen Beywohnung überschreitet und der Zucht und Keuschheit zuwieder ist“. Doch weiß der Autor, daß „der Trieb zur fleischlichen Vermischung mit dem Geschlechte natürlich ist, und Gott selbst ... sie in den Menschen gelegt (hat)“. Wenn das aber „überschritten (wird), und diese Sache nicht mehr als ein Mittel, sondern als ein Endzweck angesehen wird, so wird es sündlich“.[7]

Die weibliche Geilheit „ist ein weiblicher Zufall“, also eine Krankheit:

> „wovon auch die Jungfern geplaget werden, kommt insgeheim aus Geilheit und untersagten Beyschlaffe her, deswegen sie erstlich traurig, unruhig, melancholisch etc. werden, und endlich gar in Raserey gerathen.“[8]

Nach dieser allgemeinen Definition wird ins Detail gegangen:

> „Es sind gemeiniglich 3. Arten der Weiblichen Geilheit, die erste ist mehr natürlich, wenn nemlich die Jungfern oder Weiber zur Venus-Lust sehr geneigt sind, dabey aber niemahls die Vernunfft und Schamhafftigkeit aus denen Augen setzen, und dahero keinen unechten Beyschlaff weder zulassen noch suchen, ob sie schon große Neigung dazu empfinden und deswegen offtermahls viel ausstehen müssen. Der andere Grad der weiblichen Geilheit ist schon etwas ärger, und wird gleicher Gestallt so wohl bey ledigen, als verheyratheten Weibes-Personen angetroffen: Denn beyde sind zuweilen der Gestallt geil, daß ihnen kann kaum Genüge geschehen. Ob sie schon dabey auch noch die gesunde Vernunfft haben, also können auch ehrbare und schamhaffte Weibs-Bilder, sich darinne noch zwingen, daß sie ihren Adfect nicht so sehr verrathen, dahingegen andere, welche die Ehrbarkeit aus denen Augen setzen, durch Reden und Geberden ihre Geilheit verrathen. Bey dem letzten und höchsten Grad dieser Kranckheit leidet die gesunde Vernunfft. Es verrathen sich die Weibs-Leute mit Reden, welche wider die gesunde Vernunfft streiten, ja sie verfallen offtermahls in eine Melancholey, der Gestallt, daß die offtermahls vollkommen melancholisch werden und auf alle Fragen verkehrt antworten. Offtermahls ist die gesunde Vernunfft bey ihnen nur gradualiter verletzet: wenn sie auf den Point der Veneris kommen, sind sie aus sich selber da sie zu anderer Zeit noch gelassen sind. Andere verrathen ihre Schwäche durch ihre Thaten denn sie verfahren mit denen Scham-Gliedern übel, jucken und kratzen sich, oder stecken fremde Sachen hinein. Besonders wird alles bey ihnen schlimmer, wenn sie eine Manns-Person sehen, sonst sind sie noch ziemlich ruhig.“[9]

Drei Arten oder Stadien der weiblichen Geilheit gibt es also: eine mehr natürliche, dann die Art, wo die Frauen kaum genug kriegen können, und das manifeste Stadium, wo Frauen sich durch Reden und Taten verraten.

Die Geilheit ist eine Krankheit. Krankheiten muß man erkennen und dazu mit den Symptomen vertraut sein. Das ist allerdings nicht einfach zu bewerkstelligen, denn:

> „Der erste Grad der Geilheit lasset sich sehr schwerlich erkennen. Denn die Weibs-Personen sind verschämet, und werden es also dem Medico nicht sagen: Dahero wenn man nicht aus der Lebens-Art und andern Umständen die Geilheit beurtheilen kan,

wird man schwerlich dahinter kommen können. So verhält es sich auch mit dem andern Grade, bey welchem die Begierde zum Beyschlaffe so groß ist, daß sie nicht können genug kriegen. Und woher sollte man dieses wohl schlüssen? Denn das Frauen-Volck wird es dem Medico nimmermehr sagen, daß sie wie Mertz-Hasen hureten, und doch nicht konnten genug kriegen. Was aber den letzten Grad anlanget, bey welchem die gesunde Vernunfft zugleich mit leidet, diese kann man aus denen Geberden, der übeln und freyen Aufführung, und Zerkratzung derer Geburths-Theile, und aus denen unzüchtigen Reden beurtheilen. Gleichwie aber die allzugroße Geilheit anfänglich gar sehr verhählet wird, also verändert sich selbige gar offter Mahls, wenn unterschiedene Pathemata dazu kommen, endlich in die Melancholey selbst."[10]

Die Symptome der Geilheit, von denen hier und an andern Stellen die Rede ist, reichen von Traurigkeit, Unruhe, Launenhaftigkeit über Schamlosigkeit, unzüchtige Reden bis zu verräterischen Taten, Melancholie, Raserei. Ist die Jungfer Anna Meierin nun launisch, weil ihr der Beischlaf versagt ist oder weil sie sich mit ihrer Base gezankt hat, die ihrerseits traurig ist – wegen des Zanks oder wegen der Geilheit? Eine breite Palette konkreten Verhaltens ist also auf Geilheit hin interpretierbar. Am Thema Geilheit werden damit Aussagen über Frauen an sich getroffen. Nahezu jedes auffällige Verhalten kann auf Geilheit schließen lassen.
Es gibt drei Arten der Geilheit. Eindeutig erkennen läßt sich aber nur die dritte Art. Da es aber drei Arten gibt, bleiben zwei davon in der Regel unerkannt. Sie lassen sich nicht eindeutig ausmachen. Was im Verborgenen ist, existiert aber trotzdem. Die erste und zweite Art der Geilheit können also in jeder Frau sein. Im Umkehrschluß heißt das: da sie so schwer zu erkennen ist, ist Geilheit potentiell in jeder Frau zu gewärtigen. Dazu eine Passage zum Stichwort „Venusspiel":

„Unter allen Thieren ist wohl keines, das sich in der Liebeslust mehr erschöpffet als der Mann. Einigermassen sich der Weiber zu enthalten, dienet viel zu unserer Stärcke und glückseligem Leben."[11]

Verknüpfen wir diese Aussage zum Venusspiel mit denen zur weiblichen Geilheit, dann tritt hinter der Krankheit Geilheit das Problem der erschöpfenden Geilheit hervor: Geilheit der Frauen wird implizit kenntlich als Problem für Männer.
In Zedlers „Universal-Lexicon" nimmt die Geilheit einen breiten Raum ein. Sie wird klar benannt. Die Geilheit ist eine Krankheit und hat Symptome. Man kann sie kurieren, und man kann über sie sprechen.
Subjekte der Geilheit sind die Frauen. Sie erscheinen als begehrliche Wesen: Sie sind fordernd, sie wollen den Beischlaf, ja eigentlich – oder zumindest gelegentlich – kann ihnen nicht Genüge geschehen.
Den Gegenpol zur Geilheit bilden Vernunft, Tugend, Zucht, Keuschheit, Schamhaftigkeit. Diese Handlungsmaximen stehen hier noch weitgehend in der Tradition der kirchlichen Morallehre, haben aber bereits eine „bürgerli-

che“ Konnotation, die sich später bei Adelung und Campe wiederfinden wird.

Über Geilheit laufen Aussagen über Frauen an sich: Nahezu jedes abweichende Verhalten von Frauen kann Geilheit zur Ursache haben. Da sie so schwer zu erkennen ist und solch ein breites Spektrum an Symptomen aufweist, steckt die Geilheit potentiell in jeder Frau – und das ist ein Problem für Männer.

Wie wird zwei Generationen später, am Ende des 18. Jahrhunderts, über Geilheit und Wollust geschrieben?

Adelungs GRAMMATISCH-KRITISCHES WÖRTERBUCH DER HOCHDEUTSCHEN MUNDART und auch Campes WÖRTERBUCH DER DEUTSCHEN SPRACHE kennen zwei Bedeutungen von „geil“, die nichts mit Begehren zu tun haben. Für fettes Fleisch oder zu üppigen Ackerboden und als veraltetes Synonym für ausgelassen, mutwillig (dies nur bei Adelung). Sonst hat es die Bedeutung von:

> „Reitzungen zum unrechtmäßigen Beyschlafe suchend und unterhaltend; ein harter Ausdruck, der so widrig ist als die Sache selbst, daher man ihn auch nur gebraucht, wenn man von dieser Gemüthsverfassung mit Nachdruck zu reden genöthiget ist“.

Zur Illustration folgt: „ein geiles Weib ... geile Schriften“[12]. In Campes Wörterbuch wird geil definiert als „wollüstig, unzüchtig von Menschen und Thieren“, und zur Illustration folgt nicht mehr wie bei Adelung das „geile Weib“, sondern „ein geiler Mensch“[13].

„Geilheit“ ist die „ungeordnete und unmäßige Begierde ... zum Beischlaf, zur Wollust, und die Fertigkeit, solche Begierde bei sich zu erwecken“[14]. Gerade die letzten Worte beschreiben Geilheit nicht mehr, wie es bei Zedler geschah, als eine Krankheit. Geilheit ist nun etwas, wofür man Verantwortung trägt.

Und „Geilheit“ ist zu einem „bösen“ Wort geworden, das man besser nicht benutzt. Als „anständigere(n) Ausdruck für das niedrige und harte Geilheit“[15] betrachtet Adelung die „Wollust“.

Das empfohlene Wort „Wollust“ hat mehrere Bedeutungen. Eine umfassendere von: „Empfindungen eines hohen und des höchsten Grades der Lust, welche sehr unschuldig und erlaubt, und selbst geistiger Art sein kann“[16]. Im engeren Sinne bezeichnet es aber „die höchsten Grade jedes ungeordneten sinnlichen Vergnügens, besonders dasjenige, welches mit der Vermischung beyder Geschlechter verbunden ist“[17]

Trotz der weiteren Bedeutung scheint Adelung aber auch das Wort Wollust „ein wenig unschicklich zu seyn, weil doch dem Worte immer etwas von der ungeordneten Sinnlichkeit anklebt“[18]. Campe meint ebenfalls, daß man sich trotz der „gute(n) Bedeutung ... scheuet ..., es im gemeinen Leben in derselben zu benutzen“[19], eben weil es auch als „böses“ Wort mißverstanden werden kann. In ihrer unanständigsten Bedeutung ist die „Wollust“ also synonym mit „Geilheit“, und deswegen haftet dem Wort immer auch etwas Zweideutiges an. „Geilheit“ sollte man gar nicht benutzen, stattdessen ist es anständiger, „Wollust“ zu sagen – aber weil diese so nach „Geilheit“ klingt, scheut man auch vor diesem Wort zurück. Das ist eine zweifache Distanzierungsbewegung: Zuerst wird sich von „Geilheit“ distanziert und dann auch von „Wollust“. Eine erstaunliche Entwicklung, wenn man sich vergegenwärtigt, daß im gleichzeitig erschienenen „Frauenzimmeralmanach“ das Wort „Wollust“ noch ohne Scheu benutzt wird.[20]

Bei Adelung und Campe entfällt im Vergleich zum Zedler die Zuspitzung auf Frauen als Subjekte der Geilheit bzw. Wollust. Die Wortbedeutung wird bei Adelung zwar noch am Beispiel „geiles Weib“ erläutert, Campe illustriert sie hingegen am „geilen Menschen“. Die Subjekte von Geilheit bzw. Wollust werden nicht mehr in ihrem Geschlecht benannt. Damit scheint Geilheit nicht mehr etwas zu sein, das primär von Frauen repräsentiert wird.

Geilheit und Wollust erfahren eine Konnotation von ungeordnet – unsittlich – unerlaubt – unmäßig. Die Gegenpole dazu sind Ordnung – Sitte – Erlaubtes – Maß. Diese Kontrapunkte des Begehrens kennen wir als bürgerliche Handlungsmaximen. Im Bürgertum hat man nicht wollüstig, geschweige denn geil zu sein.

Indem Geilheit auch als die „Fertigkeit, solche Begierde (Beischlaf, Wollust P. S./C. W.) bei sich zu erwecken“, gefaßt wird, verliert sie die Bedeutung einer Krankheit, die sie bei Zedler hatte. Sie wird zu etwas, wofür man die Verantwortung trägt, und das heißt, wofür man zur Rechenschaft gezogen werden kann bzw. sich selbst Rechenschaft schuldig ist.

Von dem Wort „Geilheit“ wird sich explizit distanziert und mit Einschränkung auch von dem Wort „Wollust“. Es hat nämlich einen negativen Beigeschmack. Beide Worte sind zu „bösen“ Worten geworden. „Böse“ Worte benennen etwas, worüber man nicht spricht. Und weitergehend etwas, das es offiziell nicht geben soll – und von dem jeder weiß, daß es da ist. Das ist ein Crescendo anempfohlener Sprachlosigkeit zum Begehren.

Wie spiegelt sich diese Entwicklung in Campes pädagogischen Anweisungen wider und welche Implikationen birgt dies für das Weib? Dazu haben wir seinen „Väterlichen Rath für meine Tochter“ herangezogen, ein Buch, das zwischen 1789 und 1832 zehn Auflagen erfährt.

Campe vermeidet die Begriffe Geilheit, Wollust, Begehren, Beischlaf. Er spricht von „Trieb“, „Fortpflanzungstrieb“, „der süße(n) unwiderstehlichen Gewalt“, „den anziehenden sinnlichen Vergnügen“.[21] Gleichzeitig gewinnt das Thema selbst an Bedeutung. Keuschheit und Schamhaftigkeit, die Gegenpole des Triebes, gelten als

„eine der ersten und unentbehrlichsten Erfordernisse zu der dir eben empfohlenen Reinigkeit des Herzens; einer der ersten und wesentlichsten Haupttheile der weiblichen Tugend, weil nicht bloß des Weibes ganze Ehre, sondern auch ihre ganze Glückseligkeit davon abhängt. Sie verdienen also wohl, daß wir unsere Aufmerksamkeit etwas länger und sorgfältiger darauf heften."[22]

Die Beherrschung des Triebes entscheidet folglich über ihr Wohl und Wehe. Der „Fortpflanzungstrieb" ist für Campe „eine von der hohen Weisheit und Güte unseres Schöpfers herrührende Einrichtung der menschlichen Natur"[23]. Der Mensch verliert jedoch durch „verkehrte Erziehungsweisen, durch Verfeinerungen, Verweichlichungen, erkünstelte Bedürfnisse und Üppigkeit"[24] die ihm gegebenen göttlichen Naturgesetze allzu oft aus den Augen. Deshalb sieht Campe es als seine Aufgabe, die Tochter über den rechten Gebrauch des Triebes zu belehren. Er warnt vor dessen Mißbrauch. Göttliches Naturgesetz ist, daß der Trieb nicht eher erwacht, als der Mensch, an Körper und Geist erwachsen, eine Ehe eingegangen und fähig ist, Kinder zu erziehen.

„Und welches sind denn diejenigen Naturgesetze ... Vernimm sie, mein Kind und laß sie dir allewege heilig seyn.

1. Soll dieser Trieb nie früher erwachen, bis der Mensch an Leib und Seele zu völliger Reife gekommen ist ...
2. Soll er nichts anders, als die Fortpflanzung des menschlichen Geschlechts zur Absicht haben, mithin nie anders, als in ordentlicher und rechtmäßiger Ehe erweckt und befriedigt werden."[25]

Vor dieser Zeit muß man ihn „zurückhalten", „unterdrücken" und „bekämpfen"[26].

In diesem Entwurf scheint der Trieb zum einen in der Tochter selbst zu liegen. Zum anderen scheint jedoch auch die ganze Umgebung, die Gesellschaft und Natur von ihm durchdrungen zu sein. In diesem Spannungsfeld von äußerem und innerem Ansturm des Begehrens hat die Tocher ihr Inneres zu kontrollieren und sich gleichzeitig vor den überall lauernden Verführungen zu schützen. Sie hat jegliche erregenden Gedanken zu fliehen, das eigene Begehren zu unterdrücken:

„wenn sie alle Vorstellungen, Gedanken und Empfindungen, welche das Entstehen der Geschlechtsliebe und des Fortpflanzungstriebes vor der genannten Zeit in ihr verlassen könnten, aus ihrer Seele verbannt; wenn sie ihrem Auge und Ohre verbietet, sich von allem, was dergleichen, die Seele vergiftende Vorstellungen, Gedanken und Empfindungen in ihr erregen könnte, mit Abscheu wegzuwenden und nie mit Wohlgefallen darauf zu achten; wenn sie endlich im höchsten Grade schamhaft, nicht bloß gegen andere Menschen, sondern auch gegen sich selbst ist, und diejenigen Theile ihres Körpers, welche Wohlanständigkeit und Schamhaftigkeit bedeckt zu halten gebieten, ohne Noth niemals weder vor Andern noch vor sich selbst entblößt und berührt; wenn sie auf diese Weise ihren Leib und ihre Seele rein und züchtig, unbefleckt und frei von verderblichen Leidenschaften und Begierden erhält"[27].

Gleichzeitig hat sie alle Vertraulichkeiten mit Personen des anderen Geschlechts zu meiden und „alles, was die Künste der Ueppigkeit und der Schwelgerei hervorbringen"[28]. Zu meiden hat sie konkret schmeichelnde „junge Gecken", junge Männer, welche ihr „unter der Maske der Empfindsamkeit, des sittlichen Gefühls und der hohen Sentiments"[29] entgegenkommen, Frauen mit schlechtem Ruf, Bildergalerien, öffentliche Schauspiele und die Büchersäle, welche voll sind „von Ausgüssen einer unreinen Einbildungskraft, die von teuflischen Unschuldsmördern recht eigentlich zubereitet wurden"[30].

Campe bewegt sich in seinen Ausführungen zwischen zwei Polen: der Problematisierung des Triebes bzw. dessen richtiger Handhabung auf der einen Seite und der Distanzierung von konkreten Begriffen auf der anderen.

In seinen Anweisungen sind es vor allem die Männer, die den Trieb ausleben und die Tugend der Frauen gefährden. Der Topos der „verfolgten Unschuld" klingt an. Campe spricht den Frauen den Trieb nicht ab. Dieser aber hat seinen Platz nur innerhalb der Ehe und wenn er auf den Endzweck der Fortpflanzung ausgerichtet ist. Ansonsten gilt es ihn zu beherrschen. Keuschheit ist etwas, das hergestellt werden muß. Für diese Aufgabe gibt er seiner Tochter konkrete Regeln in die Hand: sich fest an die Eltern, vor allem die Mutter, zu schließen, ihnen nichts zu verschweigen, Müßiggang zu fliehen, zufrieden mit kleinen Aufgaben in der Familie zu sein, Schamhaftigkeit gegen sich und andere zu üben, schlechten Umgang und vor allem Umgang mit Personen des anderen Geschlechts zu meiden[31]. Campe konstruiert eine Situation, in der nahezu alles vom Trieb durchdrungen ist. Deshalb fordert er die Tochter um deren eigener Glückseligkeit willen auf, sich der Selbst- und Fremdkontrolle zu unterwerfen und sich die Reinheit des Herzens im Schoße der Familie zu bewahren. Die Grundlagen für Kontrolle, für Isolation und für Mißtrauen sind gelegt.

Eine Generation nach Campe in der ALLGEMEINEN DEUTSCHEN REAL-ENCYCLOPÄDIE FÜR DIE GEBILDETEN STÄNDE: CONVERSATIONS-LEXICON von 1827 ist das Wort „Geilheit" nicht aufgeführt. Es gibt sie nicht mehr. Und die Wollust nimmt innerhalb der zwölf Bände acht Zeilen ein:

„Wollust ist in moralischer Bedeutung der Hang zur sinnlichen Lust, und im engsten Sinne zur Geschlechtslust. Sie macht nicht nur die niedere Seite im Menschen zur herrschenden und ist insofern überhaupt vernunftwidrig, sondern sie macht auch durch ihre Ausschweifungen den Körper untüchtig, dem Geiste als Werkzeug der Vernunft zu dienen, und zerstört die Achtung vor der Menschenwürde Anderer. Sie ist somit der größte Feind der häuslichen, bürgerlichen und menschlichen Gesellschaft,

Ihr steht die Enthaltsamkeit und Keuschheit in hoher Würde entgegen, welche dem Genuß nur sofern sich hingibt, als er durch die Pflicht gestattet ist."[32]

Die Wollust ist zum größten Feind der häuslichen, bürgerlichen und menschlichen Gesellschaft geworden. Worum es bei ihr geht – Adelung und Campe hatten, wenn auch mit spitzen Fingern, den Beischlaf und die fleischliche Vermischung erwähnt – wird nun zur Geschlechtslust anonymisiert. Diese wird als eine niedere Seite im Menschen gewertet.
Den Gegenpol zur Wollust bilden „Enthaltsamkeit und Keuschheit in hoher Würde" und im Einklang mit der Pflicht. Wer denkt da nicht an eheliche Pflichten? Das Hohe in der „hohen Würde" umschreibt den Sockel, auf den sich Enthaltsame stellen können im Bewußtsein, ihre niedere Seite niederzuhalten.
Erstaunlich ist, daß dieser größte Feind der Menschheit auf nur acht Zeilen abgehandelt wird. Ob er anderswo Platz greift – und wo? Das Diktum von den „bösen" Worten ist wirksam geworden. Die anempfohlene Sprachlosigkeit schlägt sich in der Minimierung des Raumes nieder, der dem Sujet gegeben wird. Das Begehren soll man ganz klein halten, ihm öffentlich keinen Raum zugestehen. Aus Sprachlosigkeit ist Sprachverlust geworden.
Wo über Wollust geschwiegen wird, läßt sich vielleicht unter „Liebe" mehr finden:

„... Obwohl nun die Liebe des sinnlichen und mehr thierischen Menschen dem thierischen Instincte mehr oder weniger ähnlich ist, insofern sie bald weniger ausschließend auf das bestimmte Individuum gerichtet ist und die sinnliche Heftigkeit jenes Triebes theilt, bald als sinnliche Leidenschaft bis zum Wahnsinn steigt, so wird doch in der wahren Liebe jener sinnliche Trieb so sehr veredelt und durch die geistige Natur so geläutert, daß man dieselbe vor allem als eine reinmenschliche Neigung ansehen darf ..."[33]

Wenn der Mensch sinnlich ist, so ist er „mehr thierisch". Kommt bei der Liebe „thierischer Instinct" ins Spiel, so muß „veredelt" und „geläutert" werden. Sonst ist es keine Liebe mehr, nur Trieb. Der Mensch also Tier.

Um zusammenzufassen: Die Diskussion weiblichen Begehrens wird in den Nachschlagewerken zunehmend moralisch und wertend. Sie verliert auch an Konkretheit. Beides schlägt sich in der Distanzierung von „bösen" Worten nieder. Besonders die „Geilheit" verschlägt Bürgern die Sprache. Die Begrifflichkeit wechselt. Während Zedler den „Beyschlaff" benennt und keine Wertung vornimmt, rücken bei Adelung und Campe die „fleischliche Beiwohnung", das „sinnliche Vergnügen" in die Nähe des Ungeordneten und erfahren im Conversations-Lexicon als „Geschlechtslust" eine Konnotation von „niedrig" und „thierisch".
Was als Opposition beschrieben wird, benennt, wovon Geilheit und Wollust abweichen. Im Zedler sind es Vernunft, Tugend, Schamhaftigkeit. Die Flei-

scheslust gibt es; sie muß gehandhabt werden. Adelung und Campe rekurrieren mit Ordnung, Maß, Regel auf die Sprache des Quantifizierens. Das Begehren wird eingegrenzt.
Zudem beginnt eine gewisse Sprachlosigkeit um sich zu greifen. Manifest wird diese im Conversations-Lexicon, wo der „Wollust" nur acht Zeilen eingeräumt werden. Das Hohe, Enthaltsamkeit, Würde sind nun die Gegenpole.
Am Thema Geilheit bzw. Wollust werden die Werte des sich konstituierenden Bürgertums formuliert. Überspitzt gesagt läßt sich eine Linie ziehen von der Vernunft über die Ordnung zum Hohen. Bürger betreiben damit in zweierlei Hinsicht eine Absetzung. Mit dem Verdikt gegen das „Thierische", das „Niedere" setzen sie sich von den niederen Ständen ab. Mit demjenigen gegen „Üppigkeit" und „Müßiggang" gegen den Adel und seine Liebeskultur. Damit dient die Diskussion von Wollust und Geilheit auch der eigenen gesellschaftlichen Standortbestimmung. Auch mit ihr schaffen sich die Bürger einen eigenen gesellschaftlichen Klassenkörper. Im Bürgertum ist man frei von Wollust. Man liebt, und dabei wird der „sinnliche Trieb . . . veredelt". Die dünne soziale Schicht zwischen Bauern bzw. Kleinbürgertum und Adel reklamiert so für sich den korrekten Umgang mit dem Begehren.
Die bürgerlichen Frauen – frei von niedrigem und von üppigem Begehren, wie der normative Entwurf sie darstellt – sind Spiegel des Kampfes des sich konstituierenden Bürgertums. Frauen erscheinen um 1730 noch als Repräsentanten fordernden Begehrens, denen schwer Genüge geschehen kann. Hundert Jahre später erscheint ihr Begehren in veränderter zivilisierter Gestalt. Frauen sind nun „im allgemeinen Sinne Repräsentanten der Liebe"[34]. Bei der Liebe wird der sinnliche Trieb, wie wir erfahren, veredelt. In dem Artikel „Geschlecht" erfahren wir, daß

> „unter den Leidenschaften und Affecten . . . die langsamen, heimlich in sich gehaltenen dem Weibe an(gehören). Aus dem Mann stürmt die Begierde; in dem Weibe siedelt sich die stille Sehnsucht an"[35].

Lesen wir „Leidenschaft" hier als Begehren, so ist das weibliche Begehren zu etwas geworden, das heimlich gehalten wird bzw. werden muß. Aus Begehren ist „Sehnsucht" geworden. Auch Sehnsucht kann schwer gestillt werden, wie das Begehren – aber sie besteht nicht (mehr) auf Erfüllung.
Die Repräsentanten der Geilheit bzw. Wollust haben gewechselt. Sind anfänglich Frauen – und zwar mehr oder weniger alle – Subjekte der Geilheit, so werden es später in der Regel Männer. Der Wechsel der Repräsentanten drückt aus, daß das weibliche Begehren auf der Strecke bleibt, bleiben soll im Konstitutionsprozeß des Bürgertums. Daß bürgerliche Frauen ihre Leidenschaften „heimlich in sich halten" (sollen), kann als Symptom dafür gesehen werden.

Die Äußerungen des Begehrens, der Sinnlichkeit bedürfen der Metamorphose. Im Prozeß der Zivilisation werden menschliche Affekte modelliert und gedämpft – „geläutert“ und „veredelt“ meint das Gleiche. An der Geschichte von Worten wie „Geilheit“, „Wollust“, „Liebe“ läßt sich rekonstruieren, wie aus der ersten Natur des Menschen die zivilisierte zweite wird, werden soll. Auch, daß die gewordene zweite Natur nun als die erste firmiert. Die nichtzivilisierte erste Natur ist zur Un-Natur geworden.

Einer Demoiselle Schulz soll also 1830 das Wort „Geilheit“ nicht geläufig sein – es findet sich ja nicht in Nachschlagewerken. Das Wort „Wollust“ hat sie degoutant zu finden – wie die Sache selbst. Was da benannt wird, hat sie nicht zu kennen, geschweige denn, darüber zu reden.

Unter „Liebe“ soll sie sich ein „vollkommenes menschliches Streben nach vollkommener, d.i. geistig-körperlicher Vereinigung“[36] vorstellen. Viel Vollkommenheit, wenig Konkretes. Viel Geistiges, wenig Körperliches.

Worüber wenig Konkretes in Nachschlagewerken zu erfahren ist, dazu läßt sich anderswo mehr finden. Anhand von Illustrationen in Zeitschriften für das weibliche Publikum wollen wir dem nachgehen, wie „Liebe“ und „Begehren“ zur Abbildung kommen.

Solche Kupferstiche entstanden als Auftragsarbeiten. Die Kupferstecher hatten die neueste Mode, markante Szenen aus Erzählungen oder vorgegebene Sprüche zu illustrieren. Wir haben unter den Stichen eine Auswahl getroffen. Solche, die den normativen bürgerlichen Entwurf von Weiblichkeit illustrieren und solche, die quer dazu liegen. Manchmal geschieht dies auch unfreiwillig bei der ersten Art. Wir nehmen uns die Freiheit, das als Bruchstellen im bürgerlichen Frauenbild zu lesen – denn ob die Betrachterinnen das auch so sahen, wissen wir nicht.

Abb. 1 zeigt zwei Schwestern und in ihnen zwei Modelle von Weiblichkeit. Die Schwester, die dem vorgeschriebenen Hausfrau-, Gattin-, Muttermodell folgt, sitzt bei einer Handarbeit am Erkerfenster – schlicht frisiert, schlicht gekleidet. Am Fenster stehen Blumentöpfe, domestizierte Natur im Hause. Sie ist fleißig und züchtig. Im Erker nimmt sie wenig Raum ein – ganz im Unterschied zu ihrer raumgreifenden Schwester. Diese tanzt vor dem Spiegel im Ballkleid für den gleichen Abend. Sie ist geputzt, ihr Kleid gewagt ausgeschnitten, der weiche Stoff zeichnet ihren Körper nach und der Kupferstecher betont das Schamdreieck. Worum es ihr geht, sagt der Amor, die Verzierung auf dem Spiegel (in der Erzählung erhält das Veilchen im Moose einen respektablen Mann, während die leichtsinnige Rose einem Schwindler traut).

So, wie wir die junge Dame in Abb. 2 sehen, erblickt sie durch einen Busch ihr besorgter Großvater. Besorgt ist er wegen des Briefes, der vor der jungen Dame liegt. Darin spricht ihr Verehrer von Entführung, falls die elterliche Einwilligung in die Heirat weiter ausbleibt. Doch sie bleibt standhaft, denn

Die Geschwister

Abb. 1:
Frauenzimmeralmanach 1809, 86

„Tugend und Unschuld! Nur euch soll mein Herz gehören."

Abb. 2:
Frauenzimmeralmanach 1811, 282

„allein Tugend und Unschuld soll ihr Herz gehören". Das Lamm als Symbol der Unschuld unterstreicht das. Auch auf dieser Darstelltung einer Frau, die sich mit „Liebe" beschäftigt, wird der Körper betont. In ihrer Gestik rekurriert die junge Dame auf die Körpersprache der damaligen Bühnen. Tugend als Theater?

Orsina Ripaldi – Abb. 3 – ist eine italienische Gräfin aus der Zeit der Renaissance, und zwar eine tugendhafte. Das würde man gar nicht vermuten angesichts des halb entblößten Busens. Die Sequenz in der Erzählung „Der Maler", auf die in der Illustration angespielt wird, handelt davon, daß diese Gräfin gerne Laute spielt. Daß sie es derart bekleidet tut, ist nicht zu lesen. Wir erfahren weiter, daß der Herzog und etliche andere Adlige sie zum Weib begehren bzw. als Weib begehren. Aber sie zieht den Titelhelden, einen Maler, den wollüstigen Aristokraten vor.

Heliona – Abb. 4 – ist eine verfolgte Unschuld. Ihr vermutlich wollüstiger Verfolger hat sie in Ketten gelegt,. Sie schmachtet im Kerker und ersehnt sich „einen Arm zur Rettung". Ob dieser Arm dann nur retten will? Ihr Haar ist aufgelöst. Sie ist halb entblößt, Busen und Knie sind nackt zu sehen. An Mangel an Stoff kann es nicht liegen. Eher schon an der Absicht des Kupferstechers. Er hat die verfolgte Unschuld wie auch die Lautenspielerin entblößt dargestellt, hat sie entblößt. Vielleicht für sich, gewiß für die Betrachterin-

Orsina Ripaldi

Abb. 3: Taschenbuch der Grazien 1805. Monatskupfer Februar

Heliona: Wann wird ein Arm zur Rettung mir erscheinen?

Abb. 4: Taschenbuch der Grazien 1805. Monatskupfer Junius

Ob ich ihn liebe?

Abb. 5: Frauenzimmeralmanach 1797, 196

„Schön! Schön! meine Kinder. Möge dieses die erste und die letzte Versöhnung sein.“

Abb. 6: Frauenzimmeralmanach 1801, 191

nen. Diese entblößten Frauenfiguren finden sich ja in einer Zeitschrift für ein weibliches Publikum. Bei solchen Illustrationen schwingt Wollust mit – das Körperliche.[37] Damit kommen solche Darstellungen möglicherweise auch Wünschen von Leserinnen entgegen. Sie wollten wohl auch das „Andere" der Keuschheit in Abbildungen sehen.

Abb. 5 und 6 sind häusliche Szenen. Sie zeigen Paare, Liebende. Freudig blicken die Eltern auf Abb. 5 auf die Tochter und den jungen Mann, ihren Verlobten. Er schaut ihr in die Augen, sie zum Vater und fragt rhetorisch: „Ob ich ihn liebe?" Natürlich liebt sie ihn. Die beiden sind ja in inniger Zuwendung dargestellt. Zugewandt sind dabei ihre Oberkörper. Die Unterkörper halten auf Distanz.

Noch ausgeprägter ist das auf Abb. 6 der Fall. Wie der Herr mit dem Degen sagt, hat das Paar sich gerade versöhnt und besiegelt das mit einer Umarmung. Sie blickt hoch zu ihm, eher fragend. Auch hier Innigkeit. Während sie sich mit ihren Oberkörpern zueinander neigen, knicken sie in ihren Unterkörpern voneinander weg. Die Frau stärker als der Mann. Ob diese Körper andeuten, worum es bei der Liebe geht? Daß mehr die Gefühle, deren Sitz ja Kopf und Herz sind, zueinander suchen, als die Körper, besonders die Unterkörper, Sitz des Geschlechts? In diesem Bereich wird Distanz abgebildet. Besonders bei der Frau.

Auf Abb. 7 sind im Freien ein Paar zu sehen und ein Gärtnerbursche. Der Gärtnerbursche ist ein Verführer in Verkleidung, einer jener Männer, die Campes Tochter nachstellen könnten. Er wollte sich der jungen Dame nähern. Doch der Mann an ihrer Seite sagt dem „Schändlichen", daß „sein Reich nun zu Ende (sei)". Eine Diktion, die sonst dem Satan gilt. Er weist ihn weg. Sie, die vorher wohl Laute spielte, hat sich abgewandt. Sie will den Verführer nicht sehen. Sie ist im Arm eines besseren Mannes. Daß sie züchtig ist, unterstreichen ihre schlichte Frisur und der hochgeschlossene Kragen. Nur ist die Hand, mit der sie den Verführer abwehrt, über dem Geschlecht des Mannes zu sehen. Und die Linke des Mannes an ihrem Busen. Unfreiwillig wird die Tugend handgreiflich.

Schändlicher, meide diese geheiligte Stelle. Dein Reich ist nun zu Ende!

Abb. 7: Frauenzimmeralmanach 1812. Kupfer VIII

Die Abbildungen geben nur bedingt die Distanzierung von Begriffen und vom Körperlichen und die Tendenz zum Geistigen wieder, die in den Nachschlagewerken zu finden ist. In ihnen kommen „Liebe“ und „Begehren“ zur Abbildung und gleichzeitig die darin angelegten Widersprüche. Die Körper, die in den Nachschlagewerken zunehmend schweigen, sind hier beredt. Dabei kommt Zweideutiges ins Spiel oder auch unfreiwillig Komisches.
Die Diskussion von „Geilheit“ bzw. „Wollust“ und deren Gegenpolen diente dem sich konstituierenden Bürgertum dazu, eigene Werte zu setzen und sich damit sozial abzusetzen. Die Bilder weisen auf Brüche in dieser Entwicklung hin. Sagen sie uns, daß es in den bürgerlichen Frauen etwas gibt, das über jenen Entwurf hinausverlangt, der die Wollust ins Abseits geraten ließ?

Anmerkungen

Wir danken Annedore Prengel und Lisa Heidenreich für Anregung und Kritik.

1 In dieser Zeitschrift wurde natürlich auch eine Vielzahl anderer Themen abgehandelt; auch war das Begehren zentrales Thema der damals immer beliebter werdenden Romane.
2 Frauenzimmeralmanch 1787, 307f.
3 Ebd., 308f.
4 Ebd., 1790, 312.
5 Ebd., 317, Art. Diätetik.
6 Die Lexikaartikel sind wesentlich ausführlicher; die Anzahl der Bände sagt es schon.
7 J. H. Zedler: Großes vollständiges Universal-Lexicon, 1732ff. Bd. 10, Sp. 637.
8 Ebd.
9 Ebd., Sp. 637f.
10 Ebd., Sp. 640. Die direkte Ursache hat diese Krankheit in den Körpersäften und den Bewegungen der Lebensgeister, zwei zentralen Größen der damaligen medizinischen Ätiologie. Kurieren läßt sich weibliche Geilheit durch pharmazeutische Behandlung oder durch chirurgische wie den obligatorischen Aderlaß oder auch durch Entfernung der Clitoris (was aber abgelehnt wird). Auch diätetische Maßnahmen wie gute Erinnerungen, fleißiger Kirchgang, Meiden von Müßiggang oder auch Heirat werden erwähnt. Vgl. ebd., Sp. 641–644.
11 Ebd., Bd. 46, Sp. 1784.
12 J. C. Adelung: Grammatisch-kritisches Wörterbuch der Hochdeutschen Mundart. 4 Bde, 2. Auflage 1793–1801, Bd. 2, Sp. 509.
13 J. H. Campe: Wörterbuch der Deutschen Sprache. 6 Bde, 1807–13, Bd. 2, 276.
14 Ebd., 277.
15 Adelung Bd. 4, Sp. 1610.
16 Campe Bd. 5, 769f.
17 Adelung Bd. 4, Sp. 1610.
18 Ebd.
19 Campe Bd. 5, 770.
20 Vgl. 1f.
21 J. H. Campe: Väterlicher Rath für meine Tocher, Leipzig/Berlin ^{2}1790, 146f.

22 Ebd., 141 f.
23 Ebd., 144.
24 Ebd., 148.
25 Ebd., 150 f.
26 Ebd.
27 Ebd., 153 f.
28 Ebd., 155.
29 Ebd., 161.
30 Ebd., 155.
31 Vgl. ebd., 157–164.
32 Allgemeine deutsche Real-Encyclopädie für die gebildeten Stände. Conversations-lexicon. 7. Auflage, Bd. 12, 378.
33 Ebd. 8. Auflage, Bd. 6, 639.
34 Ebd. Bd. 4, 358, Art. Frauen.
35 Ebd. 5. Auflage, Bd. 4, 197.
36 Ebd. 8. Auflage, Bd. 6, 640.
37 Nackt wurden Körper sonst nur in mythologischen Szenen dargestellt oder in erotischen.

Bildmaterial
Bildarchiv Stiftung Preußischer Kulturbesitz, Berlin.

2. Die realistische und naturalisitische Darstellung von Frauenarbeit im Spannungsfeld zwischen Individualität und Kollektivität*

Dagmar Schlapeit-Beck

Frauen als erdachte Wesen in der Kunst stellen keine Minorität, sondern eines ihrer Hauptthemen dar. Allerdings besteht eine Unverhältnismäßigkeit zwischen der Vielfalt von Frauendarstellungen in der Malerei und der weitgehenden Aussparung frauenspezifischer Fragestellungen in der kunsthistorischen Reflexion.

Malerei ist kein authentisches Zeugnis dessen, was sie abbildet, so ‚realistisch' dieses auch scheint, sondern es handelt sich bei ihr um eine Interpretation, eine kulturelle Deformation von Wirklichkeit. Die Aufgabe der Kunstgeschichte liegt darin, diesen reflexiven verarbeitenden Charakter von Malerei aufzuspüren und zu analysieren. Die Auseinandersetzung mit Wirklichkeit in der Malerei gewährt uns einen tiefen Einblick in die gesellschaftlichen Verhältnisse vergangener Epochen und gibt uns über die bewußten und unbewußten Wertmuster anderer sozialer Systeme Aufschluß.

Zwar ist die Darstellung von Arbeit in der Malerei so alt wie diese Kunst selbst, aber erst die Kunst des 19. Jahrhunderts hat das Ethos des arbeitenden Menschen entdeckt. Neu ist der Blickwinkel der Künstler, mit dem sie Frauenarbeit sehen. Mittelalterliche Bibelillustrationen statten Frauen zumeist mit Attributen ihrer Arbeit aus, mit dem Spinnrocken oder einem Webstuhl. Eine Bäuerin kann als Allegorie eines Sommermonats stehen. Spinnerinnen oder Weberinnen illustrieren griechische und römische Mythen. Die Frauenarbeit als Sinnbild des Fleißes und der Tugend spielt in den calvinistischen Niederlanden des 17. Jahrhunderts eine bedeutende Rolle.

Im Unterschied zur älteren Kunst ist die Arbeitsdarstellung im 19. Jahrhundert nicht mehr zwangsläufig an solche religiösen, mythologischen oder allegorischen Themen gebunden, sondern die eingreifenden Veränderungen der Produktionsbedingungen rückten die alltägliche Arbeit als solche in das Bewußtsein der Künstler. Die Entdeckung der Abbildungswürdigkeit des Niedrigen und Banalen mit der realistischen und naturalistischen Malerei des 19. Jahrhunderts führte auch zur Würdigung der gesellschaftlich verachteten Arbeit der Frau.

In diesem Beitrag möchte ich den Schwerpunkt auf das Spannungsfeld zwischen der Individualität und der Kollektivität bei der Darstellung von arbeitenden Frauen legen. Im naturalistischen Arbeitsbild steht die Heroisierung von Individualität als bürgerliches Ideal neben der Heroisierung von Kollektivität als sozialistisches Ideal. Einerseits wird dem Porträt einer Dienstmagd, also dem Alltäglichen und Gewöhnlichen, der Rang des Individuellen und Besonderen eingeräumt, andererseits wird bei der Darstellung kollektiver Arbeit, z. B. in Produktionsgenossenschaften, die Gleichheit und Uniformität der Arbeitenden hervorgehoben.
Bei der Darstellung der einfachen Frau bei ihrer alltäglichen Arbeit geht es dem Realismus um die Aufwertung des Niedrigen, des bisher Verachteten. Die Frau aus dem Volk steigt auf aus der Gesichtslosigkeit der Masse, auch sie wird als Individuum wahrgenommen.
Bei der Proklamierung des Gemeinschaftsideals wählt Max Liebermann (1847–1935) die gemeinsame Tracht der Arbeiterinnen als Zeichen ihrer Gleichheit. Ihre Bewegungen, Gesten und ihr Gesichtsausdruck spiegeln jedoch Individualität und damit Freiheit wider. Das Individualportät zeigt bei Liebermann kollektive Züge.
Das Besondere enthält das Allgemeine, und die Kollektivdarstellung zeigt individuelle Züge, das Allgemeine enthält das Besondere. In Liebermanns naturalistischem Werk sind Individualität und Kollektivität nicht als Antagonismus, sondern als Dialektik zu begreifen.

Das Individuelle in der Darstellung von Frauenarbeit in der Malerei des französischen Realismus

Gustave Courbet (1819–1877) verstand seinen ‚Realismus' als Angriff gegen den Idealismus der Salonmalerei. Für ihn bedeutete Realismus die Antithese zum Bestehenden und die Verweigerung gegenüber dem herrschenden Geschmack. Gegenüber dem Ideal des Edlen und Erlesenen setzte er das Banale und Alltägliche.
Courbet wollte die Lebensbedingungen der Menschen bewußt machen, die von der etablierten Malerei, die auf aristokratische und großbürgerliche Schichten ausgerichtet war, ignoriert worden waren. Allein sein Verzicht auf eine kompositorisch inszenierte Überhöhung des Themas macht den alltäglichen Charakter seiner realistischen Kunst aus. Er entwarf mit seinen sinnlichen Frauengestalten ein Gegenbild zu den kapitalistischen Lebensbedingungen seiner Zeit.
Courbets Gemälde „Die eingeschlafene Spinnerin" (Abb. 1) aus dem Jahr 1853 ist als Sinnbild der präkapitalistischen Produktionsweise aufzufassen,

Abbildung 1

die in ihrer Vielfalt und Muße, ihrer Alltäglichkeit und Sinnlichkeit der aufkommenden Industrialisierung entgegensteht.

Der Maler wählte sein Modell aus dem großbäuerlich-provinzbürgerlichen Milieu seiner Jura-Heimat, wo das Spinnen als zusätzliche Handarbeit in den Abendstunden gebräuchlich war. Das Spinnen als Handarbeit während der Mußestunden entsprach jedoch nicht dem realen Stellenwert dieser Tätigkeit für die breite Masse der Landbevölkerung zu jener Zeit, für die sie als miserabel bezahlte Heimarbeit eine existentielle Notwendigkeit darstellte. Der Lohn war so gering, daß er kaum ausreichte, eine einzelne Person zu ernähren, weshalb die gesamte Familie bis in die späten Nachtstunden hinein zum Lebensunterhalt beitragen mußte.

Courbets Spinnerin gehört nicht zum Proletariat, obwohl der Maler dies selbst behauptet hatte, da Arbeiterinnen entweder im Verlagswesen oder in der Fabrik gesponnen haben, nicht jedoch in der anheimelnden Atmosphäre eines solchen Wohnraumes. Unter Proletarierinnen, die in der Frühphase der Industrialisierung neben endlosen Arbeitszeiten noch ihren Haushalt versorgen mußten, war das Einschlafen beim Spinnen geradezu undenkbar.

Das Motiv der schlafenden Spinnerin läßt sich als feststehendes Sinnbild der Faulheit bis in das Spätmittelalter zurückverfolgen. Besonders bei den Niederländern des 17. Jahrhunderts war die Vernachlässigung der Hausarbeit durch eine schlafende Magd ein häufig dargestelltes Lasterexemplum. Diese Tradition geht auf das Alte Testament zurück, wo im 31. Kapitel von Salomos Sprüchen das ‚Lob des tugendsamen Weibes' ausgesprochen wird. Auch Luther übernahm dieses Bild von der rechtschaffenden Frau. Bei ihm heißt es:

„Ein fromm gottesfürchtig Weib ist ein seltsam Gut, viel edler und köstlicher denn eine Perle. (...) Ihre Leuchte verlischt nicht des Nachts. Sie streckt ihre Hand nach dem Rocken und ihre Finger fassen die Spindel; sie arbeitet gerne und fleißig."[1]

In der calvinistischen Auslegung geriet die Spinnerin zur Personifikation des weiblichen Fleißes und die eingeschlafene Spinnerin zur Personifikation weiblicher Faulheit und Pflichtverletzung. In dieser moralisierenden Genretradition ist das Bild des Schlafes jedoch immer auch mit erotischen Anspielungen verbunden gewesen. Hofmanns[2] freudianische Interpretation der ‚Eingeschlafenen Spinnerin' als Sinnbild partnerloser Wunscherfüllung beruht auf dem Mythos der mittelalterlichen Spinnstuben, die als Orte erotischer Spielereien galten.

Die Darstellung einer Spinnerin in der Zeit des expandierenden Kapitalismus kann nicht ohne Berücksichtigung der Bedeutung des Spinnens im Zeitalter der Industrialisierung betrachtet werden. Die Textilindustrie spiegelt am anschaulichsten alle Probleme der Industriellen Revolution und die dadurch hervorgerufene Veränderung der Arbeits- und Lebensbedingungen der Arbeiterinnen wider. Sie ist der erste Industriezweig, der von der maschinellen Produktion erobert wurde.
Mit der 1764 entwickelten ‚Spinning Jenny' wurden die Bedingungen der Hausindustrie grundlegend verändert, aber vollautomatisiert wurde die Spinnmaschine erst 1825. Bis dahin war die Arbeit des Spinners an der Maschine noch von großer Bedeutung. Im wichtigsten Sektor der Textilbranche, in der Spinnerei, vollzog sich durch den massenhaften Einsatz der durch Kraftmaschinen angetriebenen Spinnmaschinen, eine der großen Veränderungen in der Geschichte der Arbeit, die Entstehung der Fabrik.
Das Spinnen gilt nicht nur als die typische Frauenarbeit, sondern auch als eine der ältesten Arbeiten in Frauenhand. Treusch-Dieter[3] vertritt die These, daß die Entwicklung der Technik nicht zuletzt darauf beruhe, die Abhängigkeit einer Gesellschaft von der weiblichen Produktivität aufzuheben. Denn es sei unübersehbar, daß zwei fundamentale Veränderungen in der Geschichte der Arbeitsorganisation, die Manufaktur und die Auslösung der Industriellen Revolution, mit Entstehung der Fabrik von der ältesten weiblichen Produktionsform, der Spinnerei, ausgingen.
Courbet stellt mit seiner ‚Eingeschlafenen Spinnerin' eine zur kapitalistischen Produktionsweise alternative Arbeitsweise dar, „in der Vielfalt und

Muße noch unproblematisch in das Tagewerk der Bäuerin eingebunden sind".[4] Courbet stellt sinnliche Verhaltensweisen als alltäglich dar, die unter den asketischen kapitalistischen Lebensbedingungen asozial werden.
Kritisch ist dieses Bild, weil die sinnlichen Fähigkeiten und Bedürfnisse der ‚Eingeschlafenen Spinnerin' im Gegensatz zu den abstrakten Anforderungen der kapitalistischen Produktionsweise stehen. Courbet setzt mit seiner ‚Eingeschlafenen Spinnerin' das weibliche Arbeitsvermögen als gebrauchswertorientierte und sinnlich ausgerichtete Produktionsweise dem kapitalistischen Entfremdungsprozeß entgegen. Er stellt der Anonymität und Entfremdung des Industriesystems die Individualität dieser Frau gegenüber, bekennt sich damit aber zu einem romantischen Frauenbild.
Mit seinem Gemälde „Die Wäscherin" (Abb. 2) von 1863 heroisierte Honore Daumier (1808–1879) die arbeitende Frau zum Monument der Arbeit. Mit seiner Begrenzung der Bildelemente, seiner Vereinfachung der Form und der dadurch erreichten Monumentalisierung der Figur brach Daumier mit den Konventionen, denn er hob banale und anonyme Tätigkeiten in den Rang des Bemerkenswerten. Weniger als ihre Arbeit wird die Wäscherin selbst in diesem Bild zum Ausdruck menschlicher Würde. Sie ist jung und kräftig, in eine dunkle bedeckte Kleidung gehüllt, trägt unter ihrem linken Arm das schwere Wäschebündel und hält mit ihrer rechten Hand die kleine Tochter, die mit Mühe die Stufe emporsteigt. Das Kind trägt in der Hand ein Schlagbrett, das zum Waschen benutzt wurde. Der geschlossene Umriß dieser Personengruppe, die als dunkle Masse vor der Häuserzeile des jenseitigen Ufers erscheint, entspricht in ihrer malerischen Struktur der Quai-Mauer. Diese Parallele läßt die Wäscherin als Monument aus Stein erscheinen. Daumier setzt der arbeitenden Frau ein Denkmal.

Brandt[5] hebt die Vereinbarung von Arbeitsamkeit und Mütterlichkeit bei Daumiers Wäscherin hervor, die einen wichtigen Aspekt weiblicher Hausarbeit darstellt. Denn die Gleichzeitigkeit verschiedener Arbeiten, hier die Aufsicht über das Kind wie auch das Waschen, ist ein wesentliches Charakteristikum der Hausarbeit von Frauen. Die ohne jede Sentimentalität ausgedrückte Fürsorge dieser Wäscherin zu ihrem Kind und die Kraft, die sie beim Tragen des Wäschebündels aufbringt, zeigen vorurteilslos die differenzierten Anforderungen an eine Hausfrau und Mutter. Daumier stellt in diesem Bild bereits 1863 den unsichtbaren Anteil weiblicher Hausarbeit dar, der mit Gefühlsarbeit bezeichnet wird und im gesellschaftlichen Bewußtsein nicht anerkannt ist. Seine besondere Wertschätzung der arbeitenden Frau in diesem Gemälde steht jedoch im Gegensatz zu seinen Karikaturen von bürgerlichen Frauen, deren Erwerbsarbeit er zum Zwecke der Selbstverwirklichung als unweiblich verurteilt, da sie unweigerlich zur Vernachlässigung ihrer Pflichten als Frau und Mutter führt.

Abbildung 2

Er polemisiert in seinen Karikaturen gegen die ‚Blaustrümpfe', indem er sie als unmenschliche und häßliche Neutren darstellt. So werden von ihm immer wieder Frauen gezeichnet, die sich geistig weiterbilden, Versammlungen besuchen oder Bücher schreiben und unterdessen ihren Mann in Unterhosen stehen lassen, weil ihm die Knöpfe an seiner Hose fehlen oder sogar ihr Kind im Badewasser ertrinken lassen. Er greift die Frauenrechtlerinnen an, weil sie seiner Meinung nach dem Mann nacheifern, darüber aber die menschlichen Bedürfnisse ihrer Familie vergessen.
Trotzdem kann Daumier nicht als Antifeminist bezeichnet werden, denn dann wäre ein Gemälde wie die ‚Wäscherin' nicht denkbar. Allerdings besitzt auch er das zu seiner Zeit vorherrschende bürgerliche Bewußtsein, daß Erwerbsarbeit für Frauen generell abzulehnen sei und zeigt in seiner ‚Wäscherin' nur Verständnis für die arme Arbeiterin, die, um sich und ihr Kind zu ernähren, gezwungen ist, einer harten Arbeit nachzugehen. Sie leistet auch das, was Daumier in seinen Karikaturen an der Frauenbewegung kritisiert. Die Wäscherin vereinbart Erwerbsarbeit und Familienpflichten in souveräner Weise.
Daumier erkennt die Schwerstarbeitsbelastungen der weiblichen Hausarbeit, die jede erwerbstätige Frau zusätzlich zur Lohnarbeit verrichtet. Das Waschen gehörte im Rahmen der Hausarbeiten zu den schwersten Aufgaben. Noch 1929 ergab eine ergonomische Untersuchung, daß die Arbeitsbelastungen beim Waschen den Anforderungen an einen Holzfäller entsprachen.
Betonte Courbet die sinnlichen, befriedigenden und antikapitalistischen Dimensionen der Frauenarbeit, so hebt Daumier die ungeheueren physischen und emotionalen Arbeitsbelastungen einer jeden Frau im Haushalt, die sie neben ihrer Erwerbsarbeit verrichtet, hervor. Seine Wäscherin ist ein Denkmal der Frauenarbeit, ein Monument ihrer alltäglichen, unscheinbaren und unsichtbaren Elemente.
Daumiers Wäscherin ist kein Individuum, sondern besitzt einen allgemeingültigen formelhaften Charakter. Dieser Künstler würdigt keine bestimmte Frau, sondern eine jede, die diese Anforderungen bewältigt.

Das Kollektive in der Darstellung von Frauenarbeit in der Malerei des deutschen Naturalismus

Der ‚Naturalismus' kann als spezifisch deutsche Spielart des internationalen Realismus in der zweiten Hälfte des 19. Jahrhunderts verstanden werden. Mit Naturalismus meine ich die deutsche Malerei, die in der Zeit zwischen 1870 und 1900 den Alltag einfacher Menschen ohne idealisierende Züge darstellt.

Die Ausblendung der sozialen Realität als bildnerisches Thema wurde mit der Entdeckung der alltäglichen Arbeit als Hauptmotiv der naturalistischen Malerei überwunden. Die Darstellung des gewöhnlichen grauen Alltags eines jeden Menschen in all seiner Banalität und seinen unheroischen Dimensionen, muß als wichtigste Leistung naturalistischer Kunst gewertet werden. Bei allem kritischen Anspruch gegen die sozialen Normen ihrer Zeit, streben die Naturalisten jedoch keine Nivellierung der gesellschaftlichen Ungleicheit an. Sie huldigen und würdigen das Niedrige und Verachtete. Eine Veränderung der sozialen Mißstände wird nicht gefordert. Somit lief die naturalistische Malerei bei allem ästhetischen Sprengstoff, der in der Aufwertung des Arbeitsalltags zum dominierenden künstlerischen Sujet liegt, Gefahr, zur Stabilisierung der gesellschaftlichen Zustände beizutragen.
Die naturalistische Malerei prägt durch die bevorzugte Wiedergabe der weiblichen Arbeitsrealität ein neues Frauenbild für die Kunst. Die als ‚Schmutzmaler' und ‚Häßlichkeitsapostel' titulierten Künstler negieren ästhetische Dogmen, die auf einem idealisierten Schönheitsbegriff beruhen. Heroisch wirkt nunmehr jene Frau, die von der Last und Mühsal ihres Alltags gezeichnet ist und ihr Leben in immerwährender Arbeit fristet.
Im folgenden werden einige Gemälde des deutschen Naturalisten Max Liebermann (1847–1935) vorgestellt, der sich von den deutschen Malern am differenziertesten mit der weiblichen Produktivität auseinandergesetzt hat.
Naturalistische Malerei resultiert aus dem bürgerlichen Gleichheitsprinzip aller Gesellschaftsmitglieder.

„Da ich 1847 geboren wurde, ist es nicht zu verwundern, daß meine politischen und sozialen Anschauungen die eines Achtundvierzigers waren und geblieben sind. Obgleich ich oft genug leider vom Gegenteil überzeugt wurde, bilde ich mir ein, daß – wie es in der Verfassung heißt – jeder Staatsbürger vor dem Gesetz gleich ist",[6]

bekannte der bedeutendste naturalistische Maler Max Liebermann.

Im naturalistischen Arbeitsbild wird die Gleichwertigkeit von körperlicher und geistiger sowie von männlicher und weiblicher Arbeit proklamiert, darüber hinaus hat Liebermann auch den produktiven Beitrag sozialer Randgruppen betont. Er formuliert in vielen Bildern die Frauenarbeit als Inbegriff der Gleichheitsidee, ihren demokratischen Charakter und in dem Gemälde „Arbeiter im Rübenfeld" (Abb. 3) aus dem Jahre 1876 wertet er eine der verachtetsten sozialen Gruppen auf dem Lande, die weiblichen Saisonarbeiterinnen, in provozierender Weise auf.
Im Unterschied zu den Darstellungen von Frauenarbeit im französischen Realismus fällt die Orientierung Liebermanns an kollektiven Arbeitsformen auf. Er setzt sein Gleichheits- und Gemeinschaftsideal mit der Frauenarbeit gleich, auch wenn auf diesem Bild neben sechs Landarbeiterinnen zwei Männer zu sehen sind. Sie sind nicht nur zahlenmäßig, sondern auch von ihrem

Abbildung 3

qualitativen Stellenwert innerhalb dieses Bildes von geringerer Bedeutung als die Frauen.

Die acht Rübenarbeiterinnen üben die monotone und anstrengende Arbeit des Unkrautjätens aus. Die in die Bildtiefe hineinreichende Kette der Landarbeiter, die durch die Randfiguren wie mit Pfeilern eingerahmt erscheint, wirkt bei aller Variation der einzelnen Bewegungsformen und Kleidung als organisierter und anonymer Arbeitszusammenhang. Die durch die Reihung der Rübenarbeiter erzielte Gleichwertigkeit dieser Menschen bei ihren verschiedensten persönlichen Ausprägungen geht über einen zufälligen Realitätsausschnitt hinaus. Wirklich stark und robust wirken in diesem Bild nur die Frauen, die gegenüber den männlichen Arbeitern dominieren.

Die besondere Bedeutung der arbeitenden Frau bei Liebermann, die in den ‚Arbeiten im Rübenfeld' in der zweiten Frau von links einen allegorischen Charakter gewinnt, hängt mit der Identifikation des weiblichen Geschlechtscharakters mit dem von Liebermann angestrebten Gemeinschaftsideal zusammen. Die Verbindung von Gemeinschafts- und Gleichheitsideal vorwiegend mit Frauengestalten hängt mit den den Frauen zugeschriebenen Eigenschaften wie ihrer Bereitschaft zur Unterordnung, Sensibilität, Harmoniebestreben und Anpassungsbereitschaft zusammen, die für eine herrschaftsfreie Gesellschaft konstitutiv sind. Das weibliche Geschlecht, verkörpert in der einfachen arbeitenden Frau, impliziert Werte, die Liebermann in einer freien und gleichen Gesellschaftsordnung anstrebt.

Ungewöhnlich für ihn ist die Wahl einer deutschen Szenerie, denn die meisten seiner Gemälde geben den arbeitenden Menschen im holländischen Milieu wieder. Liebermann verarbeitet ein aktuelles Problem in der Landwirtschaft seiner Zeit.

Die frühesten industriellen Züge in der Landwirtschaft nahm in Deutschland der Zuckerrübenanbau und die Zuckergewinnung ein. Der forcierte Rübenanbau verbesserte die Qualität des Viehfutters und förderte den Nährstoffgehalt der Böden, da die Rübenkulturen ein tiefes Pflügen voraussetzten. Der Ausbau der Rübenproduktion ließ Deutschland zu einem der größten Zukkerhersteller der Welt anwachsen. Neben dem Zuckerrübenanbau führte auch die Verbreitung der Dreschmaschine in den sechziger Jahren zur verstärkten Saisonarbeit auf dem Lande, denn die Hackfruchtkulturen verlangten nur für kurze Zeit im Jahr eine große Anzahl an Arbeitskräften, und durch die Dreschmaschine war es zur Winterarbeitslosigkeit unter den Landarbeitern gekommen. Der Lohn der Sommermonate reichte zum Überleben im ganzen Jahr nicht aus, weshalb die Landarbeiter in die städtischen Fabriken zogen.

Die Gruppe der Landarbeiter starb auch aufgrund der ausländischen Wanderarbeiter aus, die nur für die Sommersaison zur Verfügung standen und von den Bauern flexibel, rechtlos und billig eingesetzt werden konnten. Ihre soziale Lage war durch Elend bestimmt.

Es waren vorwiegend Ausländer, die in ganzen Sippen von Aufsehern vermittelt wurden. Die bevorzugten Wanderungsziele waren die Güter und die größeren Bauernhöfe im östlichen und mittleren Deutschland und hier wiederum die sächsischen Rübenanbaugebiete, weshalb Wanderarbeiter auch ‚Sachsengänger' genannt wurden. Sie unterlagen dem ökonomischen Kalkül des Landwirts, wurden in der ländlichen Gesellschaft verachtet, ausgebeutet und isoliert. Mehr als die Hälfte der zumeist aus Rußland oder Galizien zugewanderten Sachsengänger waren Frauen.

In seinem Gemälde ‚Arbeiter im Rübenfeld' würdigt Liebermann diese unterste Schicht der ländlichen Gesellschaft.

Die selbstbewußte und von sich überzeugte, starke und herausfordernde Haltung der zweiten Frau von links, deren vor der Brust übereinandergeschlagene Arme als provozierende Geste gedeutet werden muß, stellt eine herausragende politische Aussage des deutschen Malers dar. Eine vom herrschenden bürgerlichen Bewußtsein als Abschaum betrachtete Gesellschaftsschicht fordert in diesem Bild ihr Recht auf Gleichheit. Der herausragende Stellenwert der arbeitenden Frau auf diesem Bild resultiert aus Liebermanns Identifikation des weiblichen Geschlechts mit dem Gleicheits- und Kollektivgedanken.

Den demokratischen Charakter von Frauenarbeit hat Liebermann in seinen späteren Arbeiten zu einem utopischen Programm spezifiziert.

Mit seinem Hauptwerk „Flachsscheuer in Laren" (Abb. 4) aus dem Jahr 1887 hat Liebermann der weiblichen Produktivität einen utopischen über die kapitalistische Produktionsweise herausreichenden Charakter eingeräumt. Die Flachsscheuer stellt eine holländische Manufaktur dar, in der zwölf Spinne-

Abbildung 4

rinnen frei im Raum stehen, den Flachs unter ihrem Arm geklemmt halten und mit beiden Händen den Faden drehen. Unter der linken Fensterreihe stehen die dazugehörigen Spinnräder mit den Spulen, die von Kindern angetrieben werden. Es handelt sich um die 1779 entwickelte Mule-Jenny-Maschine für Hand- und Maschinenbetrieb, die auch gegen Ende des 19. Jahrhunderts noch dort eingesetzt wurde, wo die menschliche Arbeitskraft in ausreichender Anzahl zur Verfügung stand. Jeweils zwei Spinnerinnen sind einer Maschine zugeordnet. Trotz ihrer uniformen Tracht sind die Spinnerinnen als Individuen zu erkennen. Noch bestimmen sie und nicht die Maschine das Arbeitstempo. Die Kinder wirken aber bereits aufgrund ihrer Körperhaltung und ihrer monochromen Farbigkeit als Anhängsel der Apparatur.
Auf der einen Seite steht die hierarchielose Gleichheit aller Arbeiterinnen, auf der anderen Seite kann die noch so vielgestaltige Darstellung verschiedener Phasen des Arbeitsablaufs nicht darüber hinwegtäuschen, daß diese Frauen eine sehr schwere und monotone Arbeit verrichten, die es ihnen nicht einmal erlaubt, von der Arbeit hochzusehen oder ein Gespräch zu führen. Die physischen Anforderungen dieser Arbeit beeinträchtigen jedoch nicht ihre Größe und Würde.
Die ‚Flachsscheuer', als Programmbild des deutschen Naturalismus anzusehen, stellt das Liebermannsche Ideal vom Ethos der Arbeit dar. Die Spinnerinnen arbeiten als Kollektiv. Diese tätige Gemeinschaft ist das Subjekt ihrer Verhältnisse und suggeriert dadurch eine harmonische Gesellschaftsordnung. Liebermann hängt dem Ideal einer Produktionsgemeinschaft an, die sich in Selbstverpflichtung dem Gesetz der Arbeit unterwirft.

Die Einschätzung, in Liebermanns ‚Flachsscheuer' eine arbeitende Gemeinschaft von Frauen und Kindern zu erkennen, die sich in freier Selbstbestimmung der Arbeit unterwerfen, beruht auf Eberles[7] These, daß der Maler ein Anhänger des Lassalleschen Genossenschaftsgedankens gewesen sei. Diese These wird mit autobiographischen Äußerungen Liebermanns belegt. Auf die Frage, ob er einmal durch Bismarck oder Wilhelm II. eine politische Faszination erlebt habe, antwortete Liebermann:

> „Nein! Dauernd nur bei einem: Lassalle. Das war unerhört. Als er seine berühmten Reden gehalten hat, war ich noch auf dem Gymnasium und ich erinnere mich deutlich, mit welcher Begeisterung wir Pennäler sie gelesen haben. Ich habe Lassalle auch einmal persönlich gesehen in Berlin: er war strahlend schön wie ein junger Gott."[8]

Liebermann sah in den Niederlanden des ausgehenden 19. Jahrhunderts sowohl das Lassallesche Staatsideal wie auch dessen Genossenschaftsgedanken verwirklicht. Lassalle hatte die Gründung von Produktionsgenossenschaften durch die Arbeiter selbst gefordert, die dadurch die Trennung von Arbeitslohn und Unternehmergewinn aufheben sollten. Der Rückgriff auf Lassalles Genossenschaftsideal gibt jedoch keine Erklärung für den besonderen Stellenwert der Frau in Liebermanns Arbeitsbildern.

Eine andere Wurzel frühsozialistischer Vorstellungen von genossenschaftlich organisierten Produktionsformen gleicht dieses Defizit aus. Die Idee des modernen Genossenschaftswesens wurde von Wilhelm Liebknecht auf den englischen Frühsozialisten Robert Owen (1771–1858) zurückgeführt, der die ersten Cooperative Societies – Produktivgenossenschaften wie Konsumvereine – gegründet hatte.
In der schottischen Fabrik ‚New Lanark', die u. a. von Richard Arkwright, dem Miterfinder der Spinnmaschine, 1784 gegründet worden war und zu den ältesten Baumwollspinnereien zählte, praktizierte Owen über dreißig Jahre hinweg sein Modell einer kollektiven Arbeits- und Lebensweise. Die Lebensbedingungen seiner Arbeiter und Arbeiterinnen können für das frühe 19. Jahrhundert als vorbildlich betrachtet werden. Owen setzte den Zehnstundentag durch, verbot die Kinderarbeit unter 10 Jahren und sorgte für eine mustergültige Schulbildung von Kindern und Erwachsenen, die als Urmodell polytechnischer Ausbildung angesehen wird. Die Arbeiter wurden über eine Konsumgenossenschaft mit hochwertigen Waren versorgt, so daß Liebknecht die Bevölkerung von New Lanark als die bestgenährte und bestgekleidete von ganz England bezeichnete. Owens Ziel bestand darin, „durch die Arbeit, welche bisher der Fluch des Arbeiters gewesen, dem Arbeiter ein menschwürdiges Dasein zu sichern und geistigen Entwicklung zu verhelfen".[9] „Alle Menschen haben gleiche Rechte",[10] schreibt Owen und somit einen Anspruch auf Wohlergehen und auf die höchstmögliche Entwicklung ihrer geistigen und körperlichen Fähigkeiten. Liebknecht berichtet, daß „es

Owen, gleich allen Socialisten, welche die Befreiung des Menschen und folglich auch des Weibes erstrebten, nachgesagt worden ist, er predige ‚Weibergemeinschaft‘, die ‚regellose Vermischung der Geschlechter‘".[11]
Tatsächlich behandelt Owen die Frauen in seinen Fabriken als dem Mann ebenbürtige Arbeiterinnen und sorgte für eine kollektive Erziehung und Aufsicht der Kinder, um die Frauen gleichwertig in den Produktionsprozeß einbeziehen zu können. Seine atheistischen Ehebestimmungen beruhten gleichfalls auf der Vorstellung von der Gleichheit der Geschlechter, die aus freiem Willen eine Ehe eingehen und diese bei einem Scheitern des Zusammenlebens wieder scheiden konnten. Zwar löste Owen in seinen Genossenschaften die Einheit der Kernfamilie nicht auf, aber soweit das Privatleben in einer Gemeinschaft organisiert werden konnte, wurden Aufgaben des Haushalts kollektiv bewältigt. Nicht die Familie oder der Staat, sondern die ‚community‘ stellte für ihn die Grundlage des menschlichen Zusammenlebens dar. In seinen Baumwollspinnereien im schottischen New Lanark und im amerikanischen New Harmony praktizierte er sein Genossenschaftsideal, in dem die Frau das gleiche Recht auf Arbeit und die gleiche Würde wie der Mann genoß. Owen wollte sowohl seinen Genossenschaftsgedanken als auch die Forderung nach Gleichstellung der Frau in seinen Baumwollspinnereien umsetzen. Einige dieser Ideen sind auch in August Bebels Werk von 1879 ‚Die Frau und der Sozialismus‘ eingegangen, der z. B. eine Kollektivierung des Reproduktionssektors über Zentralnahrungsbereitungsanstalten anstrebte.
Die Parallele zu Liebermanns Flachsscheuer ist verblüffend. Der einzige Unterschied ist die Verarbeitung von Baumwolle bei Owen im Gegensatz zum Flachs bei Liebermann, was aber mit dem etwa gleichen Stand der Technologie in der britischen Baumwollindustrie um 1800 und der niederländischen Flachsindustrie 1887 erklärt werden kann.
Robert Owen praktizierte in seinen genossenschaftlichen organisierten Spinnereien, in denen Frauen als dem Manne gleichberechtigte Partnerinnen arbeiteten, jenes Arbeitsideal, das Liebermann in seiner Flachsscheuer anstrebt. Ob dieser von Owens frühsozialistischen Experimenten gewußt hat, ist letztendlich nicht zu entscheiden. Aber Owens Ideen fanden Eingang in die deutsche und niederländische Arbeiterbewegung, wie Liebknechts und Bebels Veröffentlichungen seit den siebziger Jahren des 19. Jahrhunderts belegen. Die Aufarbeitung Owenscher Gedanken durch diese Führer der Arbeiterbewegung können als Hinweis darauf verstanden werden, daß die frühsozialistischen Ideen gegen Ende des 19. Jahrhunderts in Deutschland neue Aktualität gewannen.

Für die Verknüpfung der holländischen Flachsscheuer mit dem utopistischen Ideen Robert Owens liefert auch das Programm der ersten sozialistischen

Frauenbewegung in den Niederlanden, des sozialdemokratischen Bundes, einen wichtigen Anhaltspunkt. Der Sozial-Demokratische-Bund (SDB) der Niederlande bestand im Jahre 1881 nur aus einigen Ortsgruppen, deren Programm weitgehend mit dem Gothaer Programm der deutschen Sozialdemokraten übereinstimmte. Im holländischen Parteiprogramm wurde jedoch folgender dritte Paragraph hinzugefügt:

„Die Sozial-Demokratische Partei (SDB), die der Meinung ist, daß Personen beiderlei Geschlechts gleiche Rechte und gleiche Pflichten haben sollten, hat sich entschlossen, alle ihr zu Dienste stehenden Mittel anzuwenden zur totalen Erhebung der Frau aus dem Stand der Sklaverei, worin sie sich zur Zeit befindet.“[12]

Das besondere Interesse der holländischen Arbeiterbewegung für die Gleichstellung der Frau entstammte aus niederländischen Freidenker-Kreisen und war weniger durch die marxistische Theorie als durch die Schriften der Frühsozialisten Fourier und Owen beeinflußt. Der SDB forderte eine Erwerbsarbeit für Frauen, die es ihnen ermöglichen sollte, neben ihrer Lohnarbeit den Hausfrau- und Mutterpflichten nachkommen zu können. Die Identifikation des Genossenschaftsgedankens mit dem weiblichen Arbeitsvermögen findet in der Programmatik der niederländischen Sozialdemokratie somit eine weitere Erklärung.

Zu berücksichtigen bleibt außerdem Owens Ziel, in Form von Produktionsgenossenschaften über die gewerbliche Arbeit hinaus auch die Arbeit der Frau im Hause zu kollektivieren, ohne dabei den Zusammenhalt der Familie zu beeinträchtigen. Die Darstellung arbeitender Kinder in Liebermanns Flachsscheuer ist in einem solchen Zusammenhang nicht als Kritik an den Auswüchsen der Kinderarbeit in der Zeit der Frühindustrialisierung zu werten, sondern als Hinweis auf Owens Genossenschaftsideal. Die gemeinschaftliche Arbeit aller Familienmitglieder steht der Anonymisierung im Produktionsprozeß entgegen. Liebermanns Rückgriff auf Owens utopistische Ideen ist auch insofern zwingend, als der ‚proletarische Antifeminismus‘ der deutschen Arbeiterbewegung die Arbeit von Frauen prinzipiell ablehnte. Frauen erschienen den Arbeitern unreflektiert als Lohndrückerinnen, da sie gezwungen waren, für geringere Löhne als Männer zu arbeiten.

Nach einer solchen Einschätzung kann Liebermanns ‚Flachsscheuer in Laren‘ nicht als Kritik an den anonymen Arbeitsbedingungen des modernen Industriezeitalters verstanden werden. Dieses Gemälde stellt den sozialistischen Entwurf einer genossenschaftlich organisierten Produktionsweise in freier und gleicher Assoziation dar, indem es sowohl das sinnerfüllte Dasein in kollektiver Arbeit, als auch die Härte und Mühsal dieser Arbeit wiedergibt. Die Darstellung von Frauenarbeit gewinnt mit diesem Bild einen antizipatorischen Charakter, der keine rückwärtsgewandten Züge mehr erkennen läßt, die bei Courbet noch nicht überwunden waren. Die ‚Flachsscheuer in

Laren' vereinbart die Prinzipien von Individualität und Kollektivität in Form einer freien Assoziation gleicher Arbeiterinnen.

Das Individuelle in der Darstellung von Frauenarbeit in der Malerei des deutschen Naturalismus

Max Liebermanns Gemälde „Die Netzflickerinnen" (Abb. 5), das unmittelbar nach der ‚Flachsscheuer in Laren' in den Jahren 1887–89 entstanden ist, thematisiert die Reflexion über den Charakter von Frauenarbeit als solche. Gegenstand dieses Kunstwerks sind nicht die mit der weiblichen Arbeit verbundenen antikapitalistischen Strukturmerkmale, sondern die Auseinandersetzung der arbeitenden Frau mit ihrer eigenen Existenz. ‚Die Netzflickerinnen' zeigt die ausdifferenzierteste Auseinandersetzung des Künstlers mit dem weiblichen Arbeitsvermögen.
Die herausragende Position der sich im Vordergrund aufrichtenden Netzflikkerin ist das Resultat zahlreicher Studien, in deren Entwicklung Liebermann mit der Isolation dieser Vordergrundfigur die Bedeutung der Produktionsge-

Abbildung 5

meinschaft und des Kollektivs zunehmend ausblendet. Der Grund für das Aufstehen dieser Netzflickerin ist durch den Arbeitsgang bestimmt, da sie das Netz auseinander- oder zusammenlegen will. Ihre Audrucksstärke geht jedoch weit über diesen Arbeitsvorgang hinaus. Bei der Netzflickerin handelt es sich um die Würdigung eines Alltagssujets. Sie ist kein schlicht arbeitender Mensch, sondern ein Symbol der Auflehnung gegen ihre aufreibende Existenz. Sie hat die Bedeutung eines Sinnbildes vom Heroismus der Arbeit, gepaart mit dem Wissen um deren drückende Schwere.

Reizvoll im Sinne des tradierten weiblichen Schönheitsideals ist die stehende Netzflickerin mit ihren kräftigen Händen und ihren ausgeprägten Gesichtszügen nicht. Auch die anderen Frauen in verschiedenen Altersstufen tragen eine dunkle und unauffällige Kleidung. Bis auf die Vordergrundfigur sind alle Frauen auf ihre Arbeit konzentriert und ihre unterschiedliche, oft sehr anstrengend erscheinende Körperhaltung ist durch ihre Arbeit bedingt.

Dieses Gemälde steht im Gegensatz zum in der ‚Flachsscheuer in Laren' formulierten Gemeinschaftsgedanken, denn die Netzflickerinnen sind kein gleichberechtigtes Arbeitskollektiv. Keine durch persönliche Merkmale begründete Hierarchie, sondern die Ausdruckskraft ihrer Pose begründet die Dominanz der Vordergrundfigur. Ihre kraftvolle und schwermütige Haltung, mit der sie sich dem stürmischen Wind entgegenlehnt, gerät zum Inbegriff an Individualität. Durch die Mühe und Last ihrer schweren Arbeit gebeugt, blickt sie müde und sehnsüchtig in die Ferne. Ein Ausdruck der Hoffnung auf Überwindung und des Aufbäumens gegen ihre Arbeit. Es ist ein letztes Aufbäumen, mit letzter Kraft, bevor sie vor Erschöpfung zusammenbricht.

Liebermann monumentalisiert nicht nur diese Netzflickerin, die sich weit über den Horizont erhebt, sondern er betont gleichzeitig die Begrenztheit ihres Protestes. Die Auflehnung dieser Frau erscheint in ihrer Isolation von der Masse der anderen, einsam und wirkungslos. Ihre Abwehr richtet sich scheinbar gegen die Macht der Natur, gegen einen rauhen Sturm. Dennoch ist ‚Die Netzflickerin' kein Zeugnis von Resignation angesichts einer übermächtigen Herrschaft der Natur, sondern dieses Bild muß als Aufruf zum Widerstand und zur Reflexion angesehen werden. Sie ist keine passive Frau, die ihre von der Gesellschaft zugewiesene geschlechtsspezifische Rolle willenlos übernimmt und die nicht wie die anderen Frauen organisch mit der Erde verbunden auf dem Boden kauert und ihre Arbeit bewältigt, sondern diese Frau drückt eine stille Auflehnung gegen ihre so gering geachtete Arbeit aus. Sie ist ein Denkmal der arbeitenden Frau.

Die Netzflickerin ist nicht mehr das Objekt, sondern das Subjekt ihrer sozialen Verhältnisse. Im Unterschied zu Daumier heroisiert Liebermann nicht die Hingabe der Frau an ihre vermeintlich natürliche und gottgegebene weibliche Rolle, sondern er würdigt mit dieser Netzflickerin gerade den

Ausbruch einer Frau aus dem normativen Rollenklischee. Mit diesem Gemälde geht er weit über die Formulierung der Idee von der Gleichheit der Frauenarbeit hinaus und fordert zur bewußten Auseinandersetzung mit dieser auf.
Wurde in den bisher behandelten Gemälden die traditionelle Arbeit der Frauen immer als eine der aufkommenden industriellen Produktionsweise überlegenen Arbeitsweise gegenübergestellt, so setzt sich Liebermann in seinen ‚Netzflickerinnen' auch mit den einengenden und verkümmernden Dimensionen weiblicher Arbeit auseinander. Nicht mehr die weibliche Produktivität drückt sein utopisches Ideal der Selbstverwirklichung in tätiger Arbeit aus, sondern die arbeitende Frau, die die Begrenztheit ihres Handelns reflektiert und damit die Schranken des traditionellen Gesellschaftssystems durchbricht.
Aber die Stellung dieser Frau als Rückenfigur ruft den Betrachter zur Identifikation auf. Auch diese Netzflickerin ist keine bestimmte Person, sondern wir alle sind sie. Wir werden vom Künstler aufgerufen, ihren Platz einzunehmen. Ihre überindividuelle Charakterisierung steht dem Kollektivgedanken nicht entgegen. Auch die anderen Frauen sind aufgerufen, sich aus ihren Fesseln zu befreien.
Individualität und Kollektivität sind bei Liebermann kein Gegensatz, sondern beide Lebens- und Arbeitsformen spiegeln ein dialektisches Prinzip.

Resümee

Das realistische und naturalistische Arbeitsbild ist als Antwort auf die sozialen Folgen der Industrialisierung zu verstehen, die in der Entfremdung des Arbeitenden von seinem Produktionsmittel und der damit einhergehenden Verelendung des Proletariats besteht. Mit der Darstellung von Frauenarbeit wird das spezifisch weibliche Arbeitsvermögen mit seinen prä- bzw. antikapitalistischen Momenten, wie seiner Sinnlichkeit, seiner Gebrauchswertorientierung, seines Bedürfnisbezuges, seiner Ganzheitlichkeit, seiner egalitären, utopischen und kritischen Ausrichtung, propagiert.
Die Darstellung von Frauenarbeit in der Malerei des 19. Jahrhunderts ist bei der Suche nach neuen befriedigenden Arbeitsformen von hohem Wert. Denn Negt/Kluges[13] Satz, daß die Frau eine auf Bedürfnisbefriedigung gerichtete eigene Produktionsweise gegenüber der patriarchalischen und kapitalistischen Umwelt verteidige und daß sich in der Überlegenheit dieser Produktionsweise ihr eigentlicher Emazipationsanspruch manifestiere, wurde bereits von den realistischen und naturalistischen Künstlern des 19. Jahrhunderts vertreten.

Sie alle, ob Courbets eingeschlafene Spinnerin, Daumiers Wäscherin oder Liebermanns Landarbeiterinnen, Spinnerinnen oder Netzflickerinnen, verfügen, wie auch immer verformt und unterdrückt, über Erfahrungen in einer überlegenen Produktionsweise.
Die Beispiele für die Darstellungen von Frauenarbeit in der Malerei des 19. Jahrhunderts zeigen nicht, wie die Frauen zu jener Zeit gearbeitet haben, sondern sie dokumentieren, wie ein Teil der demokratisch gesonnenen Künstler Frauenarbeit verstanden hat.

Anmerkungen

* Vgl. ausführlicher: Schlapeit-Beck, Dagmar: Frauenarbeit in der Malerei (1870–1900), Berlin/W. 1985.
1 Zit. in: Blücher, Karl: Die Frauenfrage im Mittelalter, Tübingen 1910, 68f.
2 Hofmann, Werner: Die schlafende Spinnerin, in: Herding, Klaus: Realismus als Widerspruch, Frankfurt a. M. 1978, 226.
3 Treusch-Dieter, Gerburg: Die Spindel der Notwendigkeit, in: Ästhetik und Kommunikation, H. 47, April 1982, 57–72.
4 Bouboullé, Guido: Das Alltägliche in der Kunst Courbets, in: Gallwitz, Klaus; Herding, Klaus (Hrsg.). Malerei und Theorie. Das Courbet Collequium 1979, Frankfurt a. M. 1980, 201–209.
5 Brandt, Paul: Schaffende Arbeit und Bildende Kunst, 2 Bde., Leipzig 1927, 233.
6 Liebermann, Max: Gesammelte Schriften, Berlin 1922, 9f.
7 Eberle, Matthias: Max Liebermann in seiner Zeit, Ausstellungskatalog, Nationalgalerie Berlin, Staatliche Museen – Preußischer Kulturbesitz, Berlin 1979, 24.
8 Zit. in: Eipper, Paul: Ateliergespräche mit Liebermann und Corinth, München/Zürich 1971, 20.
9 Liebknecht, Wilhelm: Robert Owen. Sein Leben und sozialpolitisches Wirken, Nürnberg 1892, 25f.
10 Owen, zit. in: ebd., 62.
11 Ebd., 66.
12 Dieteren, Fia / Peetermann, Ingrid: Die erste sozialistische Frauenbewegung in den Niederlanden. Die Stellung des sozialdemokratischen Bundes zur Frauenfrage und die Geschichte sozialistischer Frauenvereine 1879–1894, in: Internationale Tagung der Historiker der Arbeiterbewegung ("XIV. Linzer Konferenz" 1978), Die Frau in der Arbeiterbewegung 1900–1939, Teil II, Wien 1980, 480–494, 484.
13 Negt, Oskar / Kluge, Alexander: Geschichte und Eigensinn, Frankfurt a. M. 1981, 311.

3. Krieg im Frieden
Veränderungen des Geschlechterverhältnisses untersucht am Beispiel familiärer Konflikte nach 1945

Sibylle Meyer / Eva Schulze

Die Studie, über die wir berichten, ist eine von zwei Forschungsprojekten, die wir über die Kriegs- und Nachkriegssituation in Berlin durchgeführt haben. Im ersten Forschungsprojekt stand die Situation alleinstehender Frauen im Zentrum des Interesses[1], im zweiten, aus dem wir einige Teilergebnisse vorstellen, die Situation von Familien im gleichen Zeitraum[2].
Bei dieser Familienuntersuchung galt unser Forschungsinteresse dem Wandel und den Kontinuitäten der Familienstrukturen in den 40er und 50er Jahren sowie den daraus ableitbaren Auswirkungen auf das Geschlechterverhältnis insgesamt. Deshalb stellen wir die Frage, ob in der Nachkriegszeit tatsächlich ein Machtzuwachs der Frauen in der Familie stattfand und wie sich dieser für die Frauen auswirkte. Ist diese mögliche Autoritätsverschiebung und damit die Veränderung des Geschlechterverhältnisses lediglich als eine zusätzliche Belastung für die Frauen zu werten, weil Frauen wohl die Verantwortung und Entscheidung für die gesamte Familie übernehmen, andererseits jedoch zur Schonung des Mannes dessen väterliche Autorität aufrechterhalten mußten? Verfestigte dies nicht sogar langfristig die patriarchalisch-autoritäre Struktur der Familie?
Unsere Studie basiert auf 25 biographischen Interviews von Ehefrauen und Ehemännern[3]. Die Erhebung stellte uns Material über Lebensverläufe und Familiensituation der Interviewpartner vor Kriegsbeginn zur Verfügung und verfolgte die getrennten Wege der Eheleute in den Kriegs- und unmittelbaren Nachkriegsjahren. Wir versuchten dabei herauszufinden, welche unterschiedlichen Erfahrungen Männer und Frauen machten, welche Kontinuitäten von Handlungsmustern in ihren Lebensläufen deutlich wurden und welchen Wandel die Individuen in dieser Zeit durchmachten. Uns interessierte, mit welchen unterschiedlichen Vorerfahrungen die Ehepaare wieder aufeinandertrafen, ob und wie diese unterschiedlichen Erlebnisse miteinander verarbeitet wurden und welcher Wandel der innerfamilialen Machtstrukturen die Folge war, oder ob eher Kontinuitäten stabilisiert wurden. Wir nehmen

dabei die Situation der Frauen zum Ausgangspunkt, versuchen aber auch, die Erfahrungen der Männer aufzugreifen. Im folgenden beziehen wir uns vor allem auf die Frauen sowie deren Entwicklung und Erfahrungen.

Frauen ohne Männer – Kriegs- und unmittelbare Nachkriegsjahre

Der Stellungsbefehl der Männer veränderte das Leben der Frauen und markierte einen Einschnitt in ihre Biographien. Alle von uns interviewten Frauen berichteten, wie groß für sie die Umstellung war, als ihr Mann eingezogen wurde. Fast durchgängig schilderten sie, wie sehr sie darunter litten, in alltäglichen Entscheidungssituationen keinen Gesprächspartner mehr zu haben. Die meisten waren daran gewöhnt, daß der Mann die Entscheidungen traf, die Finanzen verwaltete und – falls Kinder vorhanden waren – für diese oberste Erziehungsinstanz war. Für die Frauen bedeutete die veränderte Situation vor allem zu lernen, Entscheidungen alleine zu treffen und eigenständig für sich und ihre Restfamilie zu handeln.
Unabhängig von dem Einschnitt, der aus dem Stellungsbefehl der Männer herrührte, und unabhängig davon, wie gravierend dieser Einschnitt von den Frauen empfunden wurde, weist die Analyse der Interviews aber auch auf deutliche Kontinuitäten in den Biographien der Ehefrauen hin, die von dem Kriegseinsatz ihrer Männer kaum berührt wurden und während der gesamten kriegsbedingten Abwesenheit der Männer, also auch über das Kriegsende hinaus, wirkten.
Vorrangig ist hier die Zuständigkeit der Frauen für den Reproduktionsbereich zu nennen, also ihre Verpflichtung für die Versorgung der Familienangehörigen. Unabhängig von An- oder Abwesenheit der Ehemänner waren sie für die Organisation des familiären Alltags und für die täglich notwendigen Arbeiten zuständig. Der Einzug der Männer zum Kriegsdienst veränderte zwar die Zusammensetzung der Familie, die täglich anfallenden Arbeiten und die innerfamilialen Arbeitsbedingungen der Frauen, jedoch nicht deren prinzipielle Zuständigkeit und Verantwortung für den Haushalt.
Eine weitere Kontiniutät in den Biographien der befragten Frauen ergab sich aus ihrer Verantwortung für die Kinder. Denn Kinder bedeuteten für die Frauen – neben der konkreten Versorgungs- und Erziehungsarbeit – zwar eine Begrenzung ihrer Handlungsspielräume, aber auch eine wichtige Sinnstiftung für ihr Handeln. Die Kinder waren für die Mütter eine Belastung, gaben ihnen aber gleichzeitig Kraft. Dies gilt ebenfalls unabhängig von An- und Abwesenheit der Ehemänner, wurde jedoch für Mütter in den gefährlichen letzten Kriegs- und in den Nachkriegsjahren besonders folgenreich. Verschiedene Frauen, mit denen wir sprachen, berichteten von Selbstmord-

gedanken in ausweglosen Situationen, die sie jedoch wieder verwarfen, da ihre Kinder sie brauchten und sonst alleine und schutzlos dagestanden hätten.

Die Einbindung in erweiterte familiäre Bezüge ist als dritte Kontinuität in den Biographien der Ehefrauen zu werten, die über den Stellungsbefehl des Mannes hinaus weist. Erweiterte verwandtschaftliche Beziehungen (Herkunftsfamilien, Geschwister, Schwiegerfamilien) waren dann ein wichtiger Unterstützungsfaktor. Mütter und Schwestern halfen bei der Alltagsbewältigung und der Kinderbetreuung und boten emotionalen Rückhalt.

Alle Frauen, mit denen wir sprachen, waren in den Jahren der Abwesenheit ihrer Männer in stabilen Beziehungs- und Unterstützungsnetzen verankert, die ihnen die Umstellung ihrer Lebenszusammenhänge erleichterten.

Diese erweiterten familiären Bezüge bedingten ebenso wie die Zuständigkeit der Frauen für den Reproduktionsbereich und ihre Verantwortung für die Kinder Handlungskontinuitäten, die während der gesamten Kriegs- und unmittelbaren Nachkriegsjahre galten. Gleichzeitig bedeuteten die Kriegsjahre, in denen die Männer abwesend waren, für die Frauen eine kontinuierliche Zunahme von Schwierigkeiten, den Alltag zu bewältigen.

Die Anforderungen an die Frauen erhöhten sich bereits zu Kriegsbeginn und verstärkten sich ab 1943 durch Luftkrieg und Bombardierung. Durch die Luftangriffe wurde das Leben nicht nur gefährlicher, sondern auch die Alltagsorganisation gestaltete sich zunehmend komplizierter. Verdunkelung, Ausgangssperre und Alarme gehörten bald zum Tagesablauf, Bunker und Keller mußten immer häufiger aufgesucht werden. Frauen mit kleinen Kindern hatten es besonders schwer und waren auf Unterstützung durch andere angewiesen. Aus diesem Grund zogen viele zu ihren Eltern oder Verwandten oder taten sich mit Freundinnen zusammen. Aber auch für alle anderen wurde die Alltagsbewältigung durch die Einführung des Bewirtschaftungssystems, Verknappung der Lebensmittel, Bombenschäden etc. allmählich schwieriger. Erweiterte familiäre Beziehungen und Unterstützung boten wichtige Hilfe bei der täglichen Arbeit, dem Anstehen, der Kinderbetreuung etc.

Von 1943 an wurden Frauen mit kleinen Kindern wegen des zunehmenden Luftkriegs aufgefordert, Berlin zu verlassen. Insgesamt 1,9 Millionen Berliner, vor allem Frauen und Kinder, verließen die Stadt[4]. Für die meisten unserer Interviewpartnerinnen war dies das erste Mal, daß sie ohne familiäre Hilfe dastanden und ganz auf sich alleine angewiesen waren. Zwar bedeutete die Evakuierung für alle Frauen eine Zeit der Ruhe vor den Bombardierungen, gleichzeitig kamen jedoch völlig neue Anforderungen auf sie zu. An den Evakuierungsorten mußten die Frauen einen Haushalt aufbauen, den Alltag neu organisieren, mit Ämtern und Behörden verhandeln, neue Kontakte knüpfen und vielfach auch erwerbstätig werden. Dies bedeutete eine radi-

kale Lebensumstellung und wird heute von vielen als Zwang zur Selbständigkeit interpretiert.
Die Erfahrung der Ruhe war für viele Frauen nur kurz. Die Auflösung der Fronten, der Rückzug der deutschen Truppen zwang die Frauen zu erneutem Ortswechsel, was besonders für jene zu einer schrecklichen Erfahrung wurde, die in von deutschen Truppen besetzte Gebiete evakuiert waren. Nun meist endgültig auf sich selbst gestellt und alleine verantwortlich für die Kinder, versuchten sie auf abenteuerlichen Wegen nach Berlin zurückzukommen. In ihrer Verantwortung für das Überleben der Kinder wuchsen viele Frauen über sich selbst hinaus und schafften Dinge, die ihnen aus heutiger Sicht kaum vorstellbar erscheinen. Frauen stellten sich vor Züge, um die Mitfahrt zu erzwingen, stürmten deutsche Panzer, die sich auf dem Rückzug befanden und marschierten tage-, oft wochenlang in Richtung Westen. Die Erfahrung der Flucht bedeutete für unsere Gesprächspartnerinnen einen Zwang, sich durchzusetzen, um überleben zu können, und eine Radikalisierung iher Verhaltensweisen.
Auch in der Nachkriegszeit wurden die Belastungen nicht weniger[6]. Zwar war das Ende der Bombardierungen und Kampfhandlungen auch das Ende der direkten Lebensgefahr und damit eine große Erleichterung, aber die Gefahren, durch Unterernährung und Krankheiten zu sterben, nahmen zu. Bis zum Ende der Blockade im Mai 1949 war die Ernährungs- und Versorgungslage der Berliner Bevölkerung völlig unzureichend, die Zerstörung der Wohnungen und der Infrastruktur, fehlende Brennstoffe und Kleidung, Krankheiten und Seuchen taten ihr übriges[7].
Den vorstehend beschriebenen Handlungskontinuitäten bei sich kontinuierlich verschlechternden Lebensbedingungen gerecht zu werden, zwang die Frauen zu einer schrittweisen Anpassung ihrer Verhaltensweisen an die sich quantitativ ausweitenden Anforderungen, was insgesamt qualitative Veränderungen in den Verhaltensweisen der Frauen bewirkte. Diese verliefen in Richtung eines Selbständigkeitszuwachses und einer Erweiterung von Handlungskompetenz, die von den Frauen zwar nicht intendiert waren, sich aber aus der Bewältigung der gestiegenen Anforderungen zwangsläufig ergaben.

Wiederzusammentreffen der Ehepartner – Wandel der Familienstruktur?

Während der gesamten Trennung durch Krieg und Gefangenschaft, die bei unseren Interviewpartnern zwischen drei und neun Jahren dauerte[8], war die Möglichkeit der Verständigung für die Ehepaare nur sehr beschränkt möglich, was die Entfremdung noch verstärkte, die durch unterschiedliche Lebensumstände, Erfahrungen und Lernprozesse entstand[9].

In der Gefangenschaft wuchsen die Erwartungen der Männer an ihre Frauen und Familien zu Hause. Die oft extremen körperlichen Belastungen, Angst, Hunger, Kälte, Verwundung, Krankheiten und Ungeziefer verlangten nach Pflege, Ruhe, Sauberkeit und Wärme. Die meisten Männer erhofften sich eine Frau, die sie versorgte, die ihnen Ruhe, Geborgenheit, Zeit und Unterstützung zur Genesung von ihren überstandenen Strapazen bieten könnten. Gleichzeitig verbrämten die Monate und Jahre der Gefangenschaft ihre Erinnerungen und Hoffnungen und steigerten die Erwartungen an die Frauen ins Unermeßliche. Auch die Hoffnungen der Frauen waren groß, viele wünschten, daß ihre Männer sie bei ihrer Rückkehr entlasten und tatkräftig mit anpacken würden. Denn die Jahre des Auf-sich-gestellt-Seins bedeuteten für viele Frauen neben der positiven Erfahrung von Selbständigkeit auch negative Erfahrungen der Arbeitsüberlastung, Überforderung und Erschöpfung.

Doch das Wiedersehen barg neben der Freude, endlich wieder zusammen zu sein, für die meisten viele Enttäuschungen. Das abgemagerte und verhärmte Äußere paßte nicht zu den Vorstellungen oder Phantasien, die sich Männer jahrelang von ihren Frauen gemacht hatten. Und umgekehrt erging es den Frauen nicht anders: Die erschöpften, teilweise mit schweren Kriegsverletzungen heimkehrenden Männer waren nicht die, die sie geheiratet hatten und die ihnen nun tatkräftig zur Seite stehen würden.

Die Entfremdung durch jahrelange Trennung und die gegenseitigen Erwartungen, die kaum zu erfüllen waren, bildeten das „Startkapital“ für einen Neuanfang unter den extremen Bedingungen des Hungers, der Kälte, Wohnungsenge, Arbeitslosigkeit und Entnazifizierung.

Als zentralen Eindruck beschrieben die von uns befragten Männer durchgängig die psychischen Veränderungen ihrer Frauen im Vergleich zu der Zeit, als sie sie verließen. Sie sahen sich konfrontiert mit selbständigen und eigenständig handelnden Frauen. Die Männer mußten erkennen, daß ihre Frauen die Jahre ihrer Abwesenheit, die End- und Nachkriegswirren ganz gut ohne männlichen Beistand bewältigt hatten und auch nach der Rückkehr der Männer weiterhin selbständig agierten.

Durch diese veränderte Rollenteilung fühlten sich viele überflüssig. Ihre Vorerfahrungen aus dem Nationalsozialismus über die Rollenteilung von Männern und Frauen waren in der veränderten Situation der unmittelbaren Nachkriegszeit erst einmal nicht mehr tragfähig.

Auch in anderer Hinsicht bedeutete die Rückkehr zumeist den Zusammenbruch bislang gültiger Orientierungen und Kontinuitäten, die sowohl ihre Vorkriegs-, Kriegs- und Gefangenschaftserfahrungen durchzogen hatten.

Hierarchien, denen sie sich über Jahre hinweg anpassen mußten, an denen sie sich aber auch orientieren konnten, waren in ihrer bisherigen Wirksamkeit verschwunden. Die Kontinuität der Berufserfahrung wurde für die meisten nach ihrer Rückkehr brüchig, da viele nicht sofort und langfristig Arbeit fanden. Politische Orientierungen und Bezüge, die vor dem Krieg bestanden hatten, waren überwiegend zerschlagen und aufgelöst. Neue Orientierungsvorgaben durch Sieger- und Besatzungsmächte waren für viele schwer akzeptierbar. Der durch den Verliererstatus bedingte Autoritätsverlust gegenüber Frauen und Kindern wurde umso schmerzlicher spürbar, je erfolgloser die Neuorientierung, insbesondere über die Erwerbsarbeit, verlief.

Daß die Orientierungsschwierigkeiten der Männer für die Frauen zu einer zusätzlichen Belastung wurden, thematisierten unser Interviewpartnerinnen durchgängig und belegten dies an vielfältigen Beispielen der Alltagsorganisation. Gleichzeitig hatten die Frauen Schwierigkeiten, die Orientierungslosigkeit der Männer zu akzeptieren. Vielfach empfanden sie deren Probleme als Versagen, das weder zu dem Bewußtsein ihrer eigenen Stärke noch zu dem damals geltenden Männerbild paßte. Die interviewten Männer berichteten, daß ihre Frauen sie die daraus resultierende Enttäuschung in unterschiedlicher Weise spüren ließen. Die Kritik reichte von offenen Vorwürfen bis zu unterschwelligen Aggressionen.

Die Analyse der Interviews legt nahe, daß ein wesentlicher Faktor der ehelichen Auseinandersetzungen die Orientierungslosigkeit der heimgekehrten Männer, konfrontiert mit der relativen Orientierungsstringenz der Frauen, die sich aus deren kontinuierlicher Alltagsbewältigung ergab, sein mußte. Den Frauen kam nun zugute, daß sie sich im Berlin der Nachkriegszeit besser auskannten, hamstern fuhren, mit Subsistenzwirtschaft für das Überleben sorgten und Unterstützungs- und Hilfsnetze auf familiärer und verwandtschaftlicher Basis neu hergestellt oder aufrechterhalten hatten. Diese Kompetenz der Alltagsbewältigung wurde für die Frauen also – neben den zusätzlichen Belastungen, die sie ihnen einbrachte – ein wichtiger Machtfaktor gegenüber den Männern.

Die Konflikte hinsichtlich der Machtbalance in der Familie wurden zwar vorrangig zwischen den Ehepartnern ausgetragen, erstreckten sich aber auch auf Kinder und Verwandte.

Die Männer erwarteten, eine Respektsperson für die Kinder zu sein, wobei sie die Veränderungen, die sich in ihrer Abwesenheit ergeben hatten, nicht berücksichtigten. Während der langen Abwesenheit der Männer waren die Mütter die eindeutige Bezugs- und Vertrauensperson für die Kinder gewesen. Es hatten sich stabile Beziehungssysteme zwischen Müttern und Kindern eingespielt, in denen Kinder die Vertrauten ihrer Mütter waren, Gespräche führten, mit anpackten, Verantwortung übernahmen. Selbst wenn Frauen ständig mit ihren Kindern über den Vater gesprochen und ihnen sein Bild, z. B. vor dem Schlafengehen, immer wieder gezeigt hatten, war er für die Kinder der Fremde, der ganz anders aussah als auf dem Foto.

Sie reagierten auf die Väter intuitiv und folgerichtig mit Scheu bis hin zur Ablehung des ihnen meist völlig fremden Mannes.
Die Männer machten ihren Frauen Vorhaltungen, weil diese ihrer Meinung nach die Kinder schlecht erzogen hatten. Dies mußte aus ihrer Sicht schnellstens durch väterliche Strenge verbessert werden. Teilweise wurden Disziplinierungsmaßnahmen aus dem militärischen Bereich als probate Erziehungsmittel eingesetzt – sehr zum Entsetzen der Mütter. Für Frauen bedeutete die Vermittlung zwischen Vätern und Kindern zusätzliche Arbeit. Sie mußten die mangelnde Erfahrung der Väter mit der Sozialisation der Kinder ausgleichen und die Erziehungsfehler der Väter wieder gutmachen. Die Hoffnung, durch Rückkehr des Ehepartners Erleichterung und Unterstützung bei der Erziehung der Kinder zu bekommen, kehrte sich damit oft ins Gegenteil.
Ähnliche Vermittlungsprobleme wie oben beschrieben ergaben sich für die Frauen zwischen ihren Männern und Verwandten. Viele Frauen waren in der Abwesenheit ihrer Männer zu Verwandten gezogen, sei es weil ihre eigene Wohnung zerstört oder enteignet war, oder weil die Frauen auf Unterstützung bei der Kinderbetreuung und Alltagsorgainsation angewiesen waren. Verwandte, vor allem die eigene Herkunftsfamilie, die Geschwister, aber auch Schwiegerfamilien, waren für die meisten unserer Interviewpartnerinnen ein wichtiger Unterstützungsfaktor. Zwar waren die verwandtschaftlichen Beziehungen durchaus auch schwierig und konfliktreich, aber in den Kriegsjahren hatten sie sich zu stabilen Unterstützungs- und Kooperationsnetzen entwickelt, die eine wichtige Hilfe boten. Die Männer waren in dieser Hinsicht bei ihrer Rückkehr mit eingespielten Kooperations- und Entscheidungsstrukturen konfrontiert, bei denen sie zunächst außerhalb standen.
Die Spannungen und Konflikte konnten und wollten von vielen Ehepaaren Ende der 40er Jahre nicht verkraftet werden, was bei einigen der von uns Befragten zur Scheidung geführt hat. Insgesamt stieg die Scheidungsquote im Bundesgebiet von 7,5 % im Jahre 1939 auf 18,9 % im Jahre 1948[10].
Die Paare, die zusammenblieben, beschrieben durchgängig, daß sie sich über Jahre hinweg „zusammenraufen" mußten. Viele Kompromisse mußten eingegangen werden, wobei überwiegend Frauen wegen des familialen Zusammenhalts zurücksteckten. Sie wollten die Familie als vollständige Familie für ihre Kinder erhalten.
Durchgängig ist in den weiblichen Biographien aufzuzeigen, daß der Machtzuwachs der Frauen[11] zu ehelichen und familiären Konflikten über Jahre hinweg führte und die familialen Autoritätsstrukturen, d. h. Verteilung und Ausübung der Herrschaft innerhalb der Familie zwischen Mann und Frau, zu einem komplexen und ambivalenten Dauerproblem wurden.
Für die Frauen bedeutete dies einerseits, daß sie einen Großteil ihrer Stärke und ihres Selbstbewußtseinszuwachses einsetzten, um innerfamiliale Kon-

flikte auszugleichen. Diese Handlungsweise der Frauen kann jedoch nicht nur als Selbstrücknahme, Aufopferung für die Familie oder als völlige Aufgabe der eigenen Interessen interpretiert werden, denn solange Familie als „Selbsthilfegruppe" funktionierte, was in Berlin für die unmittelbaren Nachkriegsjahre bis weit in die 50er Jahre hinein galt, war ihre Aufrechterhaltung funktional für das Durchkommen und Weiterkommen aller.
Andererseits war der Zuwachs an Selbständigkeit für die Frauen nicht mehr rückgängig zu machen. Unsere Interviewpartnerinnen pochten darauf, sich verstärkt an den Entscheidungen der Familie zu beteiligen und auch eigene Interessen einzubringen. Viele der von uns befragten Frauen wurden in späteren Jahren erwerbstätig[12]. Die Gründe hierfür lagen nur teilweise in dem Wunsch nach Verbesserung des Lebensstandards bzw. der Knappheit des Budgets. Diese Gründe motivierten einige Frauen unseres Samples, anstelle einer Berufsarbeit ehrenamtlichen Tätigkeiten nachzugehen. Für die meisten Frauen hatte die Erwerbsarbeit auch die Bedeutung, ihre Selbständigkeit aufrechtzuerhalten und ihre ökonomische Versorgung unabhängig vom Ehemann voranzutreiben. Erleichternd kam hierbei für viele Frauen hinzu, daß die Kinder inzwischen erwachsen waren und bereits den elterlichen Haushalt verlassen hatten.
Unsere eingangs gestellte Frage nach dem längerfristigen Wandel der Familie infolge des Krieges und vor allem der Einschätzung dieser Veränderung hinsichtlich eines Machtzuwachses für Frauen oder einer zusätzlichen Arbeitsbelastung ist nicht eindeutig zu beantworten: Zwar sind die Auswirkungen des Zweiten Weltkriegs unserer Meinung nach nicht nur als zeitlich begrenzte Erschütterungen der Stabilität und Struktur von Familie zu werten, sondern – vermittelt über die gezeigten biographischen Kontinuitäten und Diskontinuitäten der Familienmitglieder – als längerfristiger Wandel zu werten. Jedoch bedeutet dieser Wandel für die Frauen beides: innerfamilialer Machtzuwachs und zusätzliche Arbeit.

Anmerkungen

1 Meyer, S. und Schulze, E.: „Wie wir das alles geschafft haben". Alleinstehende Frauen berichten über ihr Leben nach 1945, München 1984.
Meyer, S. und Schulze, E: „Alleine war's schwieriger und einfacher zugleich". Veränderung gesellschaftlicher Bewertung und individueller Erfahrung alleinstehender Frauen in Berlin 1943–1955, in: Freier, A.-E. und Kuhn, A. (Hrsg.): Frauen in der Geschichte V. Frauen in der deutschen Nachkriegsgeschichte, Düsseldorf 1984, 348–386.

2 Meyer, S. und Schulze, E.: „Von Liebe sprach damals keiner". Familienalltag in der Nachkriegszeit, München 1985.

Meyer, S. und Schulze, E.: „Als wir wieder zusammen waren, ging der Krieg im kleinen weiter". Kontinuitäten und Wandel in männlichen und weiblichen Biographien und deren Auswirkungen auf familiale Strukturen in der Nachkriegszeit, in: Niethammer, L. und Plato, A.v. (Hrsg.): „Jetzt kriegen wir andere Zeiten". Auf der Suche nach der Volkserfahrung in nachfaschistischen Ländern, Berlin/Bonn 1985.

3 Im Zeitraum von Juni bis November 1984 führten wir 25 biographische Interviews mit 17 Frauen und 8 Männern der Jahrgänge 1902–1921, die in Berlin geboren sind und, als wichtiges Kriterium für unsere Untersuchung, die Kriegs- und Nachkriegszeit überwiegend in Berlin verbrachten. Ein weiteres Kriterium für die Sampleauswahl war, daß die Interviewpartner/innen verheiratet waren oder sind, da wir in dieser Studie schwerpunktmäßig die Auswirkungen des Zweiten Weltkrieges auf Ehe und Familie untersuchen wollten.
Bis auf zwei Ausnahmen wurden die Gespräche in den Wohnungen der Interviewpartner/innen geführt. Sie dauerten zwischen drei und sechs Stunden und wurden vollständig auf Tonband aufgenommen. Für die Auswertung wurden die umfangreichen Tonbandaufnahmen vollständig transkribiert, in den Computer eingegeben und für eine computergestützte Auswertung mittels Text-Pack vorbereitet.

4 Bundesminister für Vertriebene, Flüchtlinge und Kriegsgeschädigte (Hrsg.): Dokumente deutscher Kriegsschäden, Bd. II/1, Bonn 1960, 153.

5 Vgl. Lass, Edgar G.: Die Flucht. Ostpreußen 1944/45, Bad Nauheim 1964.

6 Vgl. Schubert, Doris: Frauen in der deutschen Nachkriegszeit, in: Kuhn, A. (Hrsg.): Frauenarbeit 1945–1949. Quellen und Materialien, Bd. 1, Düsseldorf 1984.

7 Berlin, Quellen und Dokumente 1945–1951, Berlin 1964.

8 10 der Ehemänner wurden gleich bei Kriegsanfang 1939 oder 1940 eingezogen, die anderen spätestens 1941/42, einer wurde noch im Februar 1945 eingezogen, zwei waren zu alt, um noch eingezogen werden zu können.
12 dieser Männer waren überwiegend an der Ostfront, davon gerieten 10 in russischer Gefangenschaft, einige waren in Jugoslawien, Italien, Griechenland und in den Niederlanden oder in der Nähe von Berlin (Potsdam) stationiert und gerieten dementsprechend in englische, amerikanische oder französische Gefangenschaft. Für fast alle Männer bedeutete der Kriegseinsatz und Gefangenschaft eine Trennung von der Familie für mehrere Jahre. 5 der Männer waren 3 bis 5 Jahre von zu Hause fort, 5 waren 6 Jahre getrennt, und 8 Männer waren 7 bis 9 Jahre im Krieg oder in Gefangenschaft.

9 Während des Kriegs waren die Feldpostbriefe, die durch die Wehrmacht zensiert wurden, zum uneingeschränkten Austausch von Gedanken wenig geeignet. Viele versuchten ihre/n Partner/in in den Briefen eher zu beruhigen, anstatt ihm/ihr und sich selbst durch ausführliche Schilderungen der Gefahren und Nöte das Leben noch schwerer zu machen. Gelegentliche Fronturlaube oder Besuche von verwundeten Ehemännern im Lazarett konnten nur kurzfristig zur gegenseitigen Verständigung beitragen. Diese Zusammentreffen waren aber die einzige Möglichkeit, sich gegenseitig ihre Lebenssituation zu berichten. Dabei konnten die mehr oder weniger getrennten Erfahrungen der Frauen/Männer in der kurzen Zeit aber nur sehr schwer vermittelt werden.
Vgl. Buchbender, O. und Storz, R.: Das andere Gesicht des Krieges. Deutsche Feldpostbriefe 1939–1945, München 1982.

10 Statistisches Jahrbuch der Bundesrepublik Deutschland 1960, 60.

11 Alle familiensoziologischen zeitgenössischen Studien thematisieren diesen Machtzuwachs der Frauen. Vgl. dazu: Mayntz, R.: Die moderne Familie, Stuttgart 1954.

Thurnwald, H.: Gegenwartsprobleme deutscher Familien. Eine soziologische Untersuchung an 498 Familien, Berlin 1948.
Schelsky, H.: Die Flüchtlingsfamilie, in: Kölner Zeitschrift für Soziologie und Sozialpsychologie, 3 Jg., 1950/51, H. 2, 159–178.
Schelsky, H.: Wandlungen der deutschen Familie in der Gegenwart. Darstellung und Deutung einer empirisch-soziologischen Tatbestandsaufnahme, Stuttgart 1960.
Baumert, G.: Deutsche Familien nach dem Krieg, Darmstadt 1959.
Baumert, G.: Methoden und Resultate einer Untersuchung deutscher Nachkriegsfamilien, in: Recherches sur la famille, Vol. 1 (Schriftenreihe des UNESCO-Instituts für Sozialwissenschaft, Köln, Bd. 3), Tübingen 1956, 13–29.
Wurzbacher, G.: Leitbilder gegenwärtigen deutschen Familienlebens. Methoden, Ergebnisse und sozialpädagogische Folgerungen in einer soziologischen Analyse von 164 Familienmonographien, Dortmund 1951.

12 Vgl. Pfeil, E.: Die Berufstätigkeit von Müttern. Eine empirisch-soziologische Erhebung an 900 Müttern aus vollständigen Familien, Tübingen 1961.

4. Zur Geschichte des dualistischen Denkens über Mann und Frau
Kritische Anmerkungen zu den Thesen von Karin Hausen zur Herausbildung der Geschlechtscharaktere im 18. und 19. Jahrhundert

Brita Rang

Vorbemerkungen

Daß historisch-gesellschaftlich entstandene Unterschiede zwischen Männern und Frauen auf naturgegebene Differenzen zurückgeführt und damit gerechtfertigt und befestigt werden, hat die feministische Diskussion in unterschiedlicher Weise beschäftigt. Ein Element hoben die Diskutierenden besonders deutlich hervor: nämlich den *dualistisch-dichotomischen* Charakter der Zuordnungspraxis. Während Eigenschaften und Tätigkeiten von Frauen in engem Bezug zu ihrer biologisch-geschlechtlichen Seite gesehen würden, würden Männer – ebenfalls von Natur her und doch zugleich entfernter von ihr – als kulturell-gesellschaftlich Tätige und entsprechend Befähigte beschrieben. Ex natura seien demnach die einen für den geringer bewerteten reproduktiv-privaten Bereich, die anderen für den kulturgeformten öffentlichen vorherbestimmt. Auf diesen ‚Grunddualismus' privat – öffentlich beziehen sich, so die kritische feministische Argumentation, alle weiteren Entgegensetzungen wie z. B. Rationalität vs. Emotionalität, Aktivität vs. Passivität, Stärke vs. Schwäche. Helfen den Männern demnach bei ihren kulturtragenden Funktionen Verstand, Kraft und Energie, so sind die Frauen *befähigt und behindert zugleich*. Unterstellt wird, daß gerade ihre Gefühlsbetontheit ihr reproduktives Handeln (als Mutter, als Ehefrau) stützt. Zugleich wird ihnen wegen dieser Eigenschaft und der mit ihr verbundenen Schwäche die Fähigkeit zu ‚weiterreichenden' Aufgaben abgesprochen.

Im angelsächsischen Bereich wurde die Diskussion durch Sherry Ortners Artikel „Is Female to Male as Nature is to Culture" (1974) ausgelöst und auf bestimmte Frage- und Problemstellungen gelenkt. Zu diesen gehörte der relativ enge Bezug auf Beispiele aus der ethnologisch-anthropologischen Forschung und dabei insbesondere auf die strukturalistischen Arbeiten von

Lévi-Strauss (vgl. u. a. Ortner 1974; Ardener 1975; James 1978; MacCormack und Strathern 1980; Goodale 1980; vgl. auch Lévi-Strauss 1969 und Mathieu 1973). Nach dieser Argumentation ist die dualistische Zuordnung der Frau zur Natur, des Mannes zur Kultur ein in allen uns bekannten Gesellschaften zu beobachtendes Phänomen. Sherry Ortner nennt es deshalb auch „pan cultural" (1974, 491). Weder sie noch die Mitdiskutierenden beschränkten sich auf europäische Beispiele. Aber sie machten auch keine zeitlichen Eingrenzungen. Die beobachtete Erscheinung, daß „various aspects of woman's situation (physical, social, psychological) contribute to her being seen closer to nature" (ibid., 506), scheint demnach übermächtig, allumfassend.

Anders dagegen die bundesrepublikanische Diskussion. Auch hier hat der erste Beitrag eine diskussionsformende Wirkung gehabt. Durch Karin Hausens Aufsatz: „Die Polarisierung der Geschlechtscharaktere – Eine Spiegelung der Dissoziation von Erwerbs- und Familienleben" (1976) wurde die Beschäftigung mit dem, was sich verkürzt mit ‚dualistische Naturbestimmung der Frau/des Mannes' bezeichnen läßt, zeitlich und räumlich recht deutlich eingegrenzt, nämlich auf die Zeit seit dem ausgehenden 18. Jh. und auf Länder mit sich herausbildenden industriell-kapitalistischen Bedingungen (bei Karin Hausen auf Deutschland). Die dualistische Naturalisierung des Mann-Frau-Verhältnisses scheint demnach ein spätes historisches Resultat zu sein.

Bezogen auf die kurz skizzierte omnihistorisch-universell gerichtete Sichtweise der angelsächsischen Diskutierenden hat es inzwischen sowohl von anthropologischer als auch von historisch-feministischer Seite Einwände gegeben (vgl. Rosaldos Artikel über „Use and Abuse of Anthropology" 1980 und Fox-Genoveses Aufsatz „Placing Women's History in History" 1982). Die westdeutsche Diskussion scheint dagegen eher stehengeblieben zu sein. Das hängt vielleicht damit zusammen, daß es zu einer wirklichen Diskussion noch gar nicht gekommen ist. Eher vermittelt die Rezeptionsgeschichte von Karin Hausens Thesen den Eindruck, als gelte es, nur noch das, was von ihr vorgetragen wurde, auf die neueste Geschichte „anzuwenden". Diese rezeptive Rezeption hängt vielleicht damit zusammen, daß der komplex-diffizile Zusammenhang von Mentalitätsgeschichte, ideellen Deutungsmustern, ideologischen Praxen auf der einen Seite, sozialer Geschichte auf der anderen (den Karin Hausen in ihren Überlegungen ja thematisiert) ein Forschungsfeld ist, auf dem nicht umstandslos Ergebnisse zu finden sind. Allerdings: Karin Hausens Thesen klingen plausibel, lassen sich mühelos durch Quellen belegen. Warum sollten sich andere zu anders akzentuierten Erklärungen verleiten lassen? Gestützt hat Karin Hausens Thesen jedoch noch etwas weiteres. Der Umstand nämlich, daß feministisch-historische Forschung sich sehr deutlich auf die letzten beiden Jahrhunderte konzentriert

hat. Frauenforschung und Frauenpolitik konnten sich über Themen und Fragestellungen aus diesem Zeitraum schneller verbinden. Damit aber waren m. E. zu kurz greifende Erklärungen gleichsam vorprogrammiert: Viel zu rasch nämlich werden aufgrund dieser zeitlichen Einschränkung bestimmte Erscheinungen und Bedingungen als zur industriell-kapitalistischen Entwicklung gehörig beschrieben, die in Wirklichkeit eine viel längere Entwicklungsgeschichte und viel komplexere Ursachen haben. Und eben dies trifft für die „Polarisierung der Geschlechtscharaktere" zu. Läßt man deren vorkapitalistische oder frühbürgerliche Vorgeschichte weg, dann fällt das Besondere, das sich Verändernde der geschlechtsspezifischen Zuweisungen in den letzten zwei Jahrhunderten überhaupt nicht mehr auf.
Zu fragen wäre doch u. a., was diese moderne von der frühbürgerlichen oder gar antiken „Polarisierung der Geschlechtscharaktere" trennt. Was etwa unterscheidet Wilhelm von Humboldts Ende des 18. Jhdts vorgetragenen dualistischen Zuordnungen von denen, die z. B. Aristoteles im 4. Jh. vor Chr. vortrug? Aber auch das Gemeinsame wäre zu untersuchen. Und es wäre danach zu fragen, welche sozialen Bedingungen die eine, welche die andere Position stützten. Durch die zeitliche Beschränkung auf die beiden letzten Jahrhunderte kommt noch ein anderer historischer Sachverhalt nicht in den Blick: daß nämlich Älteres mit Neuem eine eigentümlich zählebige Verbindung eingehen kann. Und eben das läßt sich für den ‚Geschlechterdualismus' zeigen. In einer solchen Vermischung von Altem und Neuem sowohl Veränderungen aufzuspüren, als auch das relativ Stabile auszumachen, scheint mir ein wichtiger Aspekt nicht nur feministischer Wissenschaft, sondern auch feministischer Politik. Auch meine Argumentation scheint – ebenso wie Karin Hausens – zu unterstellen, daß solche dualistischen Festlegungen ‚des Weiblichen', ‚des Männlichen' etwas allgemein und ungebrochen Akzeptiertes und Praktiziertes waren. Aber eben das ist und war nicht der Fall. Es gab Protest, Widerstände, Gegenargumente. Und die, so scheint mir, dürfen ebenfalls in einer Darstellung nicht verschwinden.
Bevor ich auf einige Aspekte der langen Geschichte einer dualistischen Zuweisung männlicher und weiblicher Spezifität eingehe, will ich doch Karin Hausens Argumentation relativ ausführlich zusammenfassen. Darauf bezogen fällt auf die älteren Polaritätsvorstellungen ein schärferes Licht und ist die Richtung der eigenen Überlegungen genauer anzugeben.

I.

Was hebt Karin Hausen in ihrer Argumentation hervor?
Sie geht davon aus, daß im letzten Drittel des 18. Jh. die Herausarbeitung und Abgrenzung jenes dualen Aussagesystems begann, das – mit ihren Wor-

ten – „als ein Gemisch aus Biologie, Bestimmung und Wesen" darauf abzielte, „Gattungsmerkmale von Mann und Frau festzulegen" (367). Die biologisch und psychologisch begründeten Geschlechtseigentümlichkeiten ergänzten sich wechselseitig, bildeten zusammen ein Ganzes und seien zugleich polar entgegengesetzt gewesen. Danach ist, wie ich es einleitend schon erwähnte, der aktive, rationale Mann qua Aktivität und Rationalität für den öffentlichen, die Frau qua Passivität und Emotionalität dagegen für den häuslichen Bereich von Natur aus bestimmt. Karin Hausen nennt die polaren Zuordnungen ein „Kontrastprogramm" (ibid.), zu dem Lexika, medizinische, pädagogische, psychologische Schriften ihre Beiträge lieferten. Der Mann also steht für das Öffentliche, die Frau fürs Häuslich-Private. Ihn kennzeichnet Aktivität, sie Passivität. Er ist von Energie, Willenskraft und Tapferkeit getrieben, sie von Hingebung, Schwäche und Bescheidenheit gelenkt. Er ist selbständig, sie ist abhängig, gütig und liebevoll. Ihn bestimmt Rationalität und Vernunft, sie vereint in sich Emotionalität, Rezeptivität und Religiosität. Ihm ist Tugend eigen, ihr Schamhaftigkeit und Takt (vgl. ibid., 368). Diese dualistischen Zuweisungen werden Karin Hausen zufolge am Ende des 18. Jh. regelrecht „erfunden" (369) und liefern die Muster für die mit der Industrialisierung beginnende Einordnung und Zuordnung von Frauen und Männern in die neuen Verhältnisse. Die geschlechtspolarisierenden Aussagen übernähmen damit die Funktion, die in der vorindustriellen Gesellschaft den Standesdefinitionen zugekommen sei. Karin Hausen unterstellt, daß der Wechsel des Bezugssystems (von der Standesdefinition zur Geschlechterpolarität) mit dem Wechsel vom ‚ganzen Haus' zur bürgerlichen Kleinfamilie, der Trennung von privatem Familienbereich und öffentlicher Arbeit einhergegangen sei. Das neue Aussagesystem über die Natur des Mannes, die Natur der Frau habe die sich herstellenden neuen Verhältnisse sozusagen naturalisiert, d. h. für natürlich und damit selbstverständlich erklärt. Unter zwei Aspekten sei dieser Wandlungsprozess wirkungsvoll gewesen:

1. wurde so das Fortbestehen patriarchaler Herrschaft abgesichert und
2. wurde die Rationalisierung für die historisch neue Aufspaltung in einen öffentlichen Bereich der Arbeit und einen privaten der Familie geliefert.

Karin Hausen betont, daß das duale Aussagesystem nicht allein ideologisch, im Sinne von falschem Bewußtsein, gewesen sei, es habe vielmehr seine Wirkung auch deshalb gehabt, weil es einen bestimmten Realitätsgehalt hatte:

- Die soziale Trägergruppe, die die Ausformulierung der geschlechtstypierenden Muster leistete (Intellektuelle, höheres Bürgertum und Adel (sic!), praktizierte schon diese Trennung von Berufs- und Privatleben;
- Kindheit habe in dieser Gruppe bereits einen Sonderstatus gehabt, dem die hoch-

gehaltene Mütterlichkeit und die Einbindung der Frau in Ehe und Familie entsprachen;

- ökonomisch habe in dieser Schicht nicht die Notwendigkeit für eine außerhäusliche Erwerbsarbeit der Frau bestanden;
- schließlich hätten die Männer dieser Schicht aufgrund ihrer Sozialisation eher über Rationalität verfügt als Frauen.

II.

Karin Hausen hat, wie ich es auch durch meine Zusammenfassung wiederzugeben versuchte, die in der von ihr untersuchten Zeit angetroffenen Deutungsmuster von weiblicher und männlicher Natur in einen sehr engen Zusammenhang gebracht mit dem, was politisch und ökonomisch die Realität der kapitalistischen Gesellschaft vor allem des 19. Jh. ausmachte. Nun zeigt jedoch eine nähere Beschäftigung mit verschiedenstem Material aus der Zeit vor dem 18. Jh., daß diese geschlechtspolaren Muster gar nicht erst neu „erfunden" zu werden brauchten. Sie waren vielmehr bereits da, hatten eine lange Vorgeschichte, die zumindest bis ins 5. Jh. vor Chr. zurückreicht. Was Ende des 18. Jh. neu hinzukam, das war vielmehr etwas ganz anderes, nämlich die nun gesellschaftlich gleichsam bereitliegende Kritikmöglichkeit an diesen dualistischen Zuschreibungen. Ich formuliere deshalb auch als These, daß es – um es etwas salopp zu sagen – im letzten Drittel des 18. Jh. nicht um deren Erfindung ging, sondern darum (mit großer Mühe, weil dem Fortbestand neue Entwicklungstendenzen entgegenstanden),diese überalterten Muster festzuhalten und mit neuem Leben zu versehen. Ein Zitat aus Diderots und D'Alemberts „Encyclopédie" kann vielleicht zeigen, gegen welche Argumente u. a. die Aussagen über Geschlechterpolarität sich behaupten mußten. Dort heißt es unter dem Stichwort „Egalité naturelle" (Natürliche Gleichheit):

Das ist die Gleicheit, die zwischen allen Menschen aufgrund der Beschaffenheit ihrer Natur besteht. Diese Gleichheit ist das Prinzip und die Grundlage der Freiheit. Die natürliche oder moralische Gleichheit beruht also auf der Beschaffenheit der menschlichen Natur, die allen Menschen gemeinsam ist, die in der gleichen Weise geboren werden, heranwachsen, weiterleben und sterben." (Artikel aus der . . . Enzyklopädie, 1972, 385)

Wenn trotz der politischen Radikalität, mit der das moderne Naturrecht vorgetragen wurde, dennoch das dualistische Geschlechtsdenken nicht verschwand, dann muß gefragt werden, für wen und durch wen es festgehalten wurde. Außerdem dürfen wir nicht aus der Tatsache, daß diese Muster in vielen Schriften jener Zeit sich finden lassen, schließen, daß sie auch ungebrochen gültig waren. Im Gegenteil! Deren ständige Wiederholung, z. B. gerade auch in pädagogischen Schriften, beschwört etwas, dem nicht mehr

voll vertraut wird, das gegen kritische Einwände verteidigt werden muß, kurz: das seine unbeschränkte Selbstverständlichkeit bereits eingebüßt hat. Versucht man nun zurückzugehen bis zu jenem historischen Zeitpunkt, an dem das dualistische Gemisch aus Biologie und Wesensbestimmung entstand, dann muß man zumindest bis in die frühe Neuzeit, die Phase der Herausbildung bürgerlich städtischer Wirtschafts- und Verkehrsformen, zurückgehen. Im intellektuellen Diskurs jener Zeit, in medizinischen, juristischen, politischen, literarischen Schriften wurde die Ausformulierung geleistet. Das geschah unter Rückgriff auf antike philosophische Texte, insbesondere Aristoteles', Platons, Plutarchs, Epictets. Nicht minder wichtig in dieser Diskussion waren die klassischen medizinischen Schriften, vor allem die des Hippokrates, das Galenus und auch hier des Aristoteles. Von großer Bedeutung war auch die Rezeption des römischen Rechts. Es begann in dieser Zeit die alten Rechtsformen zu verdrängen und leistete seinen Beitrag zur Polarisierung der Geschlechtscharaktere. Und schließlich dürften die Texte der Scholastiker, insbesondere die ‚Summa Theologica' des Thomas von Aquin, nicht vergessen werden.
So verkürzt ich nur darauf eingehen kann, will ich doch betonen, daß es *die* Renaissancebeschreibung der Natur *der* Frau/*des* Mannes nicht gab bzw. gibt. Sondern: es gibt eine Fülle von Schriften, in denen eingehend oder auch nur beiläufig Aussagen dazu gemacht werden. Die aber sind häufig ganz widersprüchlich bzw. widersprechen sich gegenseitig, abhängig vom jeweiligen Referenzrahmen. Zugleich lassen sich Veränderungen in der Argumentation insbesondere im Laufe des 16. Jh. feststellen. Dennoch kann man so etwas wie ein vorherrschendes Muster herausarbeiten. Danach steht Männliches Weiblichem wie folgt gegenüber:

m	*w*
aktiv	passiv
befehlend	gehorchend
warm	kalt
trocken	feucht
Beredsamkeit	Stille
gut	böse
stark/tapfer	schwach/feige
Rationalität	unbeständiger, schwacher Geist
Tugend (virtus)	Tugenden (Schamhaftigkeit/Keuschheit)

Zu jedem dieser Paare ließe sich eine lange Entstehungsgeschichte erzählen. Jedes hat einen ‚natürlichen' Ursprung: z. B. in den den menschlichen Körper bestimmenden ‚Säften' (humores) Blut, Schleim, Galle, Wasser oder/ und den vier Elementen Feuer, Wasser, Luft und Erde. Säfte und Elemente produzieren menschliche Eigenschaften, je nach ihrem Mischungsverhältnis, ihrem mehr oder weniger Vorhandensein im menschlichen Körper. Mehr

Anteil an Feuer im Körper des Mannes macht diesen aktiv, die Frau aufgrund des Mangels passiv. Überwiegen dagegen in ihrem Körper die Säfte, so ist sie nicht einfach nur feucht und kalt, sondern eben deshalb auch ängstlich und rachsüchtig. Die Vorstellungen des Aristoteles, des Galenus und Hippokrates von den „humores", den Säften, und die Gedanken des Empedokles zu den Urstoffen (Elementen) spielen für die Reproduktion geschlechtspolarisierender Aussagen in der frühen Neuzeit eine wichtige, wenn nicht die entscheidende Rolle. Sie zeigen das Gemisch aus Biologie und Psychologie. Wegen der Weichheit ihres Fleisches habe die Frau einen sanften Charakter, sei sie impulsiv und zugleich passiv. Aus den feuchten und kalten Säften in ihrem Körper entstehe ihr Phantasiereichtum. Denn die kalten und feuchten Säfte drängen zum eigentlich Perfekteren, dem Warmen und Trockenen, das den Mann bestimmt. Dadurch entstehen ständig Metamorphosen, die nicht nur Phantasien hervorlocken, sondern auch den Hang zur Täuschung, zur Unbeständigkeit, zur Untreue. (Aristoteles, Historia animalium, und ders., De generatione animalium, beide in: Opera omnia, (a. a. O.), Galenus, De humoribus, 1825; vgl. auch das Fortleben solcher Vorstellungen in den in der „Gynaecea", 1597, versammelten Schriften oder in Castros „De natura mulierum", 1662.) Auch die Vorstellung, daß Frauen leidenschaftlicher, liebevoller, ängstlicher und mitleidvoller seien, wird mit ihrer Physis in Verbindung gebracht. Die Gebärmutter, jenes unfertige Organ (weil es, mit dem Penis gleichgesetzt, sich nicht wie dieser aus dem Körper heraus entwickelt habe), ist z. B. ursächlich für die geschwächte Rationalität, für emotionale und hysterische Äußerungen verantwortlich. Noch im 17. Jh. sieht der Arzt Caspar Hofmann in den weiblichen Geschlechtsorganen die Belege für die physiologische Unentwickeltheit der Frauen im Vergleich zu den Männern und die Ursachen für deren geringere Fähigkeiten (Hofmann 1625, 307ff.). Fast alle juristischen Autoren sprechen sich gegen eine Teilhabe der Frau am öffentlichen Leben aus. Sie ist die „mulier economica", die unter dem pater familias steht. D.h. auch bezogen auf die Hausgeschäfte ist sie in einer untergeordneten Position (vgl. Jean Bodin 1580; Arnisaeus 1613; L. Vives 1623). Durchgäng wird die Frau in Relation zur Ehe gesehen. Ihre juristische Bezeichnung ist ‚verheiratet' bzw. ‚nicht verheiratet'. Manchmal wird der enge Bezug auf die Ehe auch ethymologisch begründet: mater und matrimonium zeigten den engen Zusammenhang (vgl. Commentarii de regulis juris antiqui, 1593). Die juristischen Schriften sind mitnichten in einem engen Sinne mit juristischen Fragen beschäftigt. Die in der Medizin, der Theologie, im Alltagsräsonnement auftauchenden Urteile spielen in den Begründungsketten eine deutliche Rolle. Im Strafrecht etwa wird aus der Annahme, daß „mulieres minus rationes habent quam viri", für eine mildere Strafe für Frauen plädiert (vgl. Tiraquellus, De poenis, 1615, 267). – Die Zuordnung der Frau zur privaten, des Mannes zur öffentlichen Sphäre gesellschaftlichen

Lebens wird ebenfalls mit deren unterschiedlichen psychischen und physischen Eigenschaften in Verbindung gebracht. Lefèvre d'Etaples verweist auf den schwachen Charakter der Frau, ihre Ängstlichkeit und Unbeständigkeit (1543, 32). „Fragilitas opinionis“, „infirmitas“ und „imbecillitas“, d. h. Wankelmütigkeit, Schwäche und geistige Beschränktheit waren die den Frauen zugeschriebenen Eigenschaften und Anlagen, mit denen ihr Ausschluß von öffentlichen Ämtern gerechtfertigt wurde. Und selbst so frauenfreundliche Autoren wie Domenico Bruni (1559) fanden viele Argumente für die sozial und rechtlich eingeschränkte Position der mulier economica. Der Ausschluß von Frauen von öffentlichen Ämtern, die Verneinung ihrer juristischen Selbständigkeit geschehe doch nur zu ihrem Schutz, diene ihrer Keuschheit. Und daß sie rechtlich nicht ihre Kinder vertreten könne, sei doch nur im Sinne der Kinder gedacht, denn die vermöchten nicht zwei Herren zu dienen (vgl. lib. III). Heftige Auseinandersetzungen zu dem grundlegenden Dualismus „öffentlich – privat“ entstehen unter der Regentschaft der Medici, Maria Stuarts und Elizabeth I. (vgl. Chambers 1587, J. Knox 1573). – Ende des 16. und Anfang des 17. Jh. häuften sich frauenfreundliche Stimmen, die gegen einzelne oder eine Reihe einschränkender Zuschreibungen dualistischer Art protestierten. Juristen wie Wolff (1615) und Eberartus (1617) bestritten, daß Frauen als „viri incompleti“ gesehen werden müßten, Charlotte de Brachart und Anna Maria van Schurman (1604 bzw. 1641) betonten die gleichen geistigen Fähigkeiten von Frauen und Männern, und Mediziner, die sich auf anatomische Studien beriefen, wiesen die antiken Säftelehren (Scaliger 1592) und die Vorstellungen über die männlichen und weiblichen Geschlechtsorgane und deren psychische Konsequenzen (de Graaf 1682) zurück. Die hierarchisch-dualistische Konzeption der Natur der Frau/des Mannes bekam deutliche Risse.

Ich hoffe, daß diese sehr unvollständigen, aphoristischen Verweise auf Argumentationen im 16. und 17. Jh. zumindest so viel deutlich gemacht haben, daß die „Polarisierung der Geschlechtscharaktere“, die Karin Hausen ins 18./19. Jh. verlegte, ihre lange Vorgeschichte hat.

Aber es gibt Unterschiede zwischen der frühen und der späteren Diskussion. Die Unterschiede bestehen zunächst einmal darin, daß mit den dualistischen Charakterisierungen von Mann und Frau jeweils verschiedene soziale Gruppen angesprochen werden. Auf den ersten Blick scheint es, als ginge es unterschiedslos um alle Frauen. Das gilt für die frühe Neuzeit wie für die Zeit der bürgerlichen Revolutionen und des industriellen Kapitalismus. Femina bzw. Frau ist jede. Gehen die Charakterisierungen jedoch ins Detail, dann werden die historisch Angesprochen deutlich sichtbar. In der frühen Neuzeit sind es die Frauen des städtischen Patriziats und des Adels, am Ende des 18. Jh. die des „glücklichen“ Mittelstands und des Kleinbürgertums. Zu diesen sozialen Gruppen gehören auch die Produzenten, die Verbreiter dieser dualistischen Konzepte. Aus ihnen kommen aber auch diejenigen, die sie kritisieren. Das gilt nicht nur für die männlichen Kritiker, sondern ebenso auch für die weiblichen. Fast alle Frauen, die sich im 16./17. Jh. in die „querelles des femmes" einmischen, gehören dem Adel oder dem städtischen Patriziat an. Die an der Diskussion beteiligten Männer lassen sich seltener dem Adel, wohl aber den einflußreichen städtischen Schichten zurechnen, die sich in den frühneuzeitlichen handelskapitalistischen Zentren als Träger der neuen Entwicklungen herausgebildet hatten. Es hat den Anschein, als wären in diesen Gruppen die geschlechtspolarisierenden Zuschreibungen ein Mittel gewesen, um die Handlungsspielräume für beide Geschlechter unter den neuen Bedingungen festzulegen. Ähnlich ist es am Ende des 18. Jh. Aber die soziale Trägergruppe ist eine neue: nämlich das politisch und ökonomisch aufstrebende mittlere Bürgertum, das sich gegen den Adel, aber auch (wie z. B. in den Niederlanden) gegen die städtischen Handelsregenten absetzt. Daß dieses mittlere Bürgertum über deutlich geringere ökonomische Mittel verfügt als die alten Herrschaftsgruppen, schlägt sich auch in den dualistischen Konzepten zur Natur der Frau/des Mannes nieder. Die natürliche Bestimmung zur umsorgenden Hausarbeit wird den Bürgerfrauen mit großer Intensität angetragen. Und in der Tat, diese soziale Gruppe ist ökonomisch auf eben diese Arbeit angewiesen. Sie ist ein wesentlicher Teil der Ökonomie des Hauses. Hausarbeit wurde auch den patrizischen Frauen schon nahegelegt, aber die ihnen von Natur her zugeschriebenen Aufgaben füllten häufig eher Mußeräume und waren gleichsam weniger lebensnotwendig.

Auffällig ist, daß die geschlechtstypierenden polaren Muster der frühen Neuzeit sich parallel zum entstehenden modernen Naturrecht herausbilden. Zu ihm stehen sie in einem sichtbaren Spannungsverhältnis. Offensichtlich nämlich geraten mit dem modernen Naturrecht die traditionellen „Beziehungsverhältnisse", persönliche Zuordnungen, in Bewegung. Das galt zuallererst für die feudalen Abhängigkeiten. Zu verhindern, daß diese Instabilität auch auf die Mann/Frau-Beziehung übergriff, scheint mir eine wichtige Aufgabe der „Polarisierung der Geschlechtscharaktere" gewesen zu sein. Sie sicherte in neuer Weise alte Selbstverständlichkeiten, nämlich eine hierarchische Zuordnung von Mann und Frau. Zugleich fällt auf, daß der moderne Naturrechtsdiskurs und der Polaritätsdiskurs sich nicht einfach wechselseitig ausschlossen, sondern auch miteinander verbunden waren: Die Berufung auf die Natur bildete das gemeinsame Band. In beiden Fällen wurde nicht radikal gesellschaftlich und historisch argumentiert, sondern wurde die Legitimierung der Vorstellungen durch die Berufung auf die Natur geleistet. Vielleicht ist das der Grund, warum beide nebeneinander, trotz aller Spannungen nicht nur Geltung beanspruchten sondern auch erhielten. Während das moderne Naturrecht die auf Egalisierung drängenden sozialen und politischen Veränderungen stützte, trug die sich auf die Natur berufende Polarisierung der

Geschlechter dazu bei, daß nicht auch dieses soziale „Beziehungsgefüge" zur Disposition gestellt werden mußte. In jedem Falle aber wird man davon ausgehen müssen, daß es sich bei den Geschlechtscharakterthesen nicht einfach nur um Deutungsmuster „von oben" gehandelt hat, die den Betroffenen nur gegen ihren Willen aufgezwungen wurden. Es waren offensichtlich Bestimmungen, in denen gelebt wurde und gelebt werden konnte. Sie versperrten zwar einerseits Handlungsspielräume, aber sicherten andererseits auch praktizierte alte und sich entwickelnde neue ab. Vor allem aber: Sie lassen sich nur dann historisch angemessen begreifen, wenn man sie als Positionen innerhalb eines Diskurses versteht, in welchem die traditionellen und die modernen Geschlechterpolatitätsthesen eben nicht länger mehr als selbstverständlich gelten, sondern auch bestritten werden. (Vgl. u. a. Marie de Jars de Gournay 1622; F. Poullain de La Barre 1673; Mary Astell 1696; Mary Wollstonecraft 1791; G. Th. von Hippel 1792)

Literatur

Ardener, Edwin (Hrsg.): Belief and the Problem of Women, in: Perceiving Women, S. Ardener (Hrsg.), London 1975

Aristoteles, Opera omnia, Leipzig 1867–73. Bde 5 u. 6.

Arnisaeus, Henning: De iure connubiorum, Frankfurt 1606

Astell, Mary (anonym): An Essay in Defense of the Female Sex, London 1696

Bodin, Jean: Les six livres de la république, Paris 1580

Brachart, Charlotte de: Harengue faicte par Damoiselle Charlotte de Brachart surnommée Aretuze qui s'adrese aux hommes qui veuillent deffendre la science aux femmes . . ., Charlon-sur Saône 1604

Bruni, Domenico: Opera di M. Domenico Bruni, 1. Ausg. 1552, Florenz 1559

Commentarii de regulis juris antiqui (mit Beiträgen von Francus, Ferranus, Decius u. a.), Lyon 1593

Diderot/D'Alembert (Hrsg.): Artikel aus der von Diderot und D'Alembert herausgegebenen Enzyklopädie, Frankfurt 1972 (1. Ausg. der Encyclopedie: 1765)

Eberartus, Joachimus: Bonus mulier, sive centuria iuridica practica quaestionum illustrium: de mulieribus, vel uxoribus. Rodiis 1616

Fox-Genovese, Elizabeth: Placing Women's History in History, in: ‚new left review', nr. 133, 1982, 5 ff.

Goodale, Jane: Gender, sexuality and marriage: a Kaulong model of nature and culture, in: Nature, Culture and Gender (Ed.: MacCormack u. a.), Cambridge 1980, 119 ff.

Gournay, Marie de Jars de: De l'Egalité des hommes et des femmes (1622). Reprint in M. Schiff: La fille d'alliance de Montaigne, Paris 1910, 61 ff.

'Gynaecea' (= Gynaeciorum sive de mulierum tum gravidarum parientum et puerperarum affectibus et morbis libri graecorum arabum latinorum veterum et recentium quotquot extant . . .), hrg. von J. Spachius, G. Bauhin, H. K. Wolf, Strasbourg 1597

Hausen, Karin: Die Polarisierung der „Geschlechtscharaktere", in: W. Conze (Hrsg.): Sozialgeschichte der Familie in der Neuzeit Europas, Stuttgart 1976

Hippel, Gottfried Th. von: Über die bürgerliche Verbesserung der Weiber, Berlin 1792
Hofmann, Caspar: Commentarii in Galeni de usu partium corporis, Frankfurt 1625
James, Wendy: Matrifocus on African Woman, in: Defining Females, S. Ardener (Hrsg.), London 1978, 140ff.
Levi-Strauss, Claude: The Elementary Structures of Kinship, Boston 1969
Mathieu, Nicole-Cl.: Homme-culture et femme-nature?, in: L'homme, Jg. 1973, 101ff.
Ortner, Sherry: Is Female to Male as Nature is to Culture?, in: Woman, Culture and Society, Stanford 1974, hier zitiert nach Reprint in: The Woman Question, hrsg. v. M. Evans, Oxford 1982
Poullain de la Barre, François: De l'Egalité des deux sexes, discours physique et moral, où l'on voit l'importance de se défaire des préjugés, Paris 1773
Rosaldo, Michelle: The Use and Abuse of Anthropology..., in: Signs, nr. 5, 1980, 389ff.
Scaliger, Caesar, Jul.: Exercitationes, Frankfurt 1592
Schurmann, Anna Maria van: Dissertatio de Ingenii Muliebris ad Doctrinam, & meliores Litteras aptitudine, Leyden 1641
Tiraquellus, Andreas: De legibus connubialibus, Paris 1554
Tiraquellus, Andreas: De poena, in: Tractatus Varii, Leyden 1615
Vives, Ludovicus: De institutione foeminae Christianae, Antwerpen 1524
Wolff, Joh. Ulr.: Discursus: de foeminarum in jure civili et cannonico privilegiis, immunitatibus et praeeminentia, Rostock 1615
Wollstonecraft, Mary: A Vindication of the Rights of Woman, London 1791

V. Frauen im Freiheitskampf – Die männliche Projektion weiblichen Handelns

1. Théroigne de Méricourt – Revolutionärin, Minerva oder Hure der Nation? Lebenswirklichkeit und biographische Legenden einer revolutionären Frau

Helga Grubitzsch

Das Attribut der „Hure“ ist Théroigne de Méricourt bis heute gewiß. „Messalina“ wird sie in dem Film „Die Flucht nach Varennes“ genannt, in Erinnerung an die römische Kaiserin gleichen Namens, die für die große Zahl ihrer Liebhaber bekannt war. Dagegen behauptet Beaulieu, ein Zeitgenosse, Théroigne habe sich bei Ausbruch der Revolution „plötzlich in eine ernste und strenge Minverva verwandelt“ (Beaulieu 1801, 51). Minerva, die gepanzerte jungfräuliche Göttin, oder Messalina, die männermordende Buhlerin – was haben diese Bilder mit der Revolutionärin Théroigne de Méricourt zu tun?
Théroigne war eine der populärsten Gestalten der Französischen Revolution. Ob auf der Straße oder im Klub, auf der Zuschauertribüne der Nationalversammlung oder in ihrem „Salon“, ihre Meinung zu den politischen Ereignissen wurde gehört und öffentlich kommentiert. Zusammen mit Romme, einem Mitglied der Nationalversammlung, gründete sie 1790 einen Klub, in dem Aktiv- und Passivbürger, Männer und Frauen Zutritt und Stimmrecht hatten (Les Amis de la Loi). Damit nahm sie die Bewegung der Volksgesellschaften vorweg, die ein Jahr später in Paris aufblühen sollte. Théroigne selber mußte die Erfahrung machen, daß ihr im Klub der Cordeliers das Stimmrecht verweigert wurde (vgl. Grubitzsch 1985).
Im gleichen Jahr (August 1790) wurde gegen sie ein Haftbefehl wegen angeblicher Beteiligung am Marsch der Frauen nach Versailles (Oktober 1789) ausgestellt. Théroigne befand sich damals bei Verwandten in der Nähe von Lüttich. Von dort aus wurde sie im Februar 1791 von zwei französischen Emigranten nach Österreich entführt und in der Festung Kufstein unter Arrest gesetzt. Sie stand unter der Anklage des Hochverrats und unter dem Verdacht, die Ermordung der Kaiserin Marie-Antoinette geplant zu haben. Um sich zu rechtfertigen, schrieb Théroigne unter dem Druck des Untersuchungsrichters eine Autobiographie, die – neben den beschlagnahmten Papieren – heute eine der wichtigsten Quellen zur Rekonstruktion ihrer Biographie geworden ist.

(Zusammen mit Roswitha Bockholt arbeite ich z. Zt. an einer ausführlichen Biographie von Théroigne de Méricourt auf der Grundlage dieser bisher größtenteils unveröffentlichten Manuskripte.)

Nach neunmonatiger Haft endete das Verfahren mit Freispruch.

In Paris wurde Théroigne im Januar 1792 ein rauschender Empfang bereitet. Sie wurde als „Freundin der Freiheit" und Heldin der Revolution gefeiert (vgl. Lacour 1900, 252f.). Auch im Jakobinerklub wurde sie geehrt, ihre Anwesenheit als „Triumph des Patriotismus" angekündigt (Protokoll der Sitzung vom 26. 1. 1792, vgl. Aulard 1891, 346).
Im März 1792 machte Théroigne erneut von sich reden. In einer Rede vor der „Société fraternelle des Minimes" befürwortete sie Amazonenlegionen, um von Seiten der Frauen der drohenden Kriegsgefahr angemessen zu begegnen. Als sie dann auch noch im Faubourg St. Antoine zur Gründung eines „Volksklubs bewaffneter Frauen" aufrief, wurde sie wegen „Unruhestiftung" beim Jakobinerklub angezeigt. Diesmal verhielten sich die Männer äußerst ablehnend gegenüber der „Freundin der Freiheit" – warum, zeigt der Kommentar eines Klubmitglieds:

„Wenn die Männer in diesem Vorort von ihrer Arbeit nach Hause kommen, wollen sie lieber ihr Heim in Ordnung vorfinden als ihre Frauen von einer Versammlung zurückkehren sehen, wo sie nicht gerade Sanftmut lernen ..." (Aulard 1891, 497f., Übersetzung von mir).

Am 10. August 1792 war Théroigne an dem Volksaufstand beteiligt, der zur Absetzung des Königs und einer neuen Verfassung mit „allgemeinem" Männer-Wahlrecht führte. Für ihren mutigen Einsatz wurde sie mit einer „Bürgerkrone" ausgezeichnet (Moniteur vom 3. 9. 1792).
Der Beginn des Jahrs 1793 war von dem unerbittlichen Kampf zwischen Girondisten und Montagne (Bergpartei) gekennzeichnet. Angesichts der sich verschärfenden ökonomischen und sozialen Krise und der Stärkung konterrevolutionärer Kräfte im In- und Ausland rief Théroigne alle Patrioten zur Einheit auf – und nahm damit Partie für die Gironde. Sie schlug vor, in jede Sektion 6 Frauen zu berufen, die als Schlichterinnen zwischen den zerstrittenen Franktionen vermitteln sollten.
Als Anhängerin Brissots wurde Théroigne auch von Frauen angegriffen. Im Mai 1793 wurde sie von Mitgliedern des Klubs der „republikanischen und revolutionären Frauen" in aller Öffentlichkeit vor dem Konvent verprügelt.

Danach verliert sich ihre Lebensspur bis zum Juni 1794, als sie aus unbekannten Gründen als politisch „verdächtig" verhaftet wurde. Wenige Tage danach stellte ihr Bruder einen Antrag auf Entmündigung. Im September 1794 wurde Théroigne für unzurechnungsfähig erklärt und 1795 in eine Anstalt eingewiesen. Sie starb 1817 in der Salpêtrière.

Wegen ihres Engagements für die revolutionären Freiheiten wurde Théroigne einerseits als Heldin der Nation gefeiert und mit einer Bürgerkrone ausgezeichnet und andererseits zur Zielscheibe des Spotts und der Verunglimpfungen von Seiten der Royalisten. Als Frau, die auch Freiheiten für ihr eigenes Geschlecht forderte, erfuhr sie auch in den eigenen Reihen Ablehnung und Zurückweisungen.

Bis 1794 gab es allerdings noch keine Stimmen, die sie für verrückt erklärten. Sicher kursierten schon diverse Gerüchte und gezielte Schmähungen, mit denen ihre spätere Psychiatrisierung begründet wurde. Ihren Feinden galt sie als grausam, blutrünstig, leidenschaflich bis hin zur Überspanntheit, unkontrolliert, Emotionen entfesselnd. Aber bei allen Schmähungen wurde sie als Revolutionärin und Agitatorin ernst genommen. Sonst hätten sich die Royalisten nicht so bemüht, sie herabzusetzen. Die Identifikation von revolutionärem Tun und Geisteskrankheit, die Théroigne neben Olympe de Gouges und Claire Lacombe zu einem Musterbeispiel für die „revolutionäre Neurose" (Cabanès-Nass 1906) werden ließ (vgl. Hentig 1923), ist späteren Datums und basiert vor allem auf dem Gutachten, das Esquirol, der berühmte Irrenarzt der Salpétrière, über ihren Geisteszustand hinterlassen hat.

Worin Zeitgenossen und spätere Interpreten übereinstimmen, ist der Stempel der „Hure". Von den Royalisten wurde er zur persönlichen Schmähung von Théroigne und zur Herabsetzung der Patrioten benutzt. Pamphlete und Zeitungsartikel wurden in die Welt gesetzt, die Théroigne als Lebedame zeigen, die mit fast allen Größen der Revolution liiert gewesen sein soll, u. a. mit Mirabeau, Sièyès und Romme, ja sogar mit dem prüden Robespierre. Théroigne wurde zur „Hure der Nation" erklärt. Solche Phantasien gipfelten in der Vorstellung, daß Théroigne mit der ganzen Nationalversammlung geschlafen habe (vgl. Lairtullier 1840, 84f.; Lacour 1900, 206ff.; Bockholt 1984, 44ff.).

Die Verunglimpfung des sexuellen Verhaltens von Théroigne diente dazu, sie als politische Gegnerin herabzuwürdigen. Als Frau wurde sie zuallererst als Geschlechtswesen wahrgenommen, die Diffamierung ihres sexuellen Verhalten sollte ihre ganze Person treffen und eigente sich daher auch zur Diffamierung ihrer politischen Aktivitäten. Männer, die sich mit solchen Frauen einließen und – wie die Royalisten meinten – so dumm waren, sie in ihren Reihen und der Bewegung zuzulassen, wurden der Lächerlichkeit preisgegeben. Ließen sie sich doch von Frauen ihr Handeln diktieren, buhlten um ihre Gunst und vergaßen, wer der Herr im Hause und in der Politik ist. So nutzten die politischen Gegener die Herabsetzung der Frau indirekt auch zur Herabsetzung der Männer.

Galt Théroigne den Royalisten als Hure und sexuell potente, ja bedrohliche Frau, so ist auf der anderen Seite bei vielen Patrioten der Versuch zu vermerken, Théroignes Ruf durch eine Entsexualisierung rein zu erhalten. Sie wurde als gepanzerte Minerva dargestellt, die der Revolution völlig ergeben war und nichts von Männern wissen wollte. „Mit lakedämonischem Stolz", berichtet Beaulieu, habe sie alle Anträge zurückgewiesen: „Schon die unschuldigste Galanterie läßt sie die Stirn runzeln" (Beaulieu 1801, 51, Übersetzung von mir).

Théroigne war eine Frau, die durch ihre politische Anteilnahme an der Revolution und ihr öffentlich militantes Auftreten die Grenzen ihres Geschlechts überschritten hat, Grenzen, die sowohl im Ancien Régime als auch in der auf Rousseau aufbauenden revolutionären Ideologie der bürgerlichen Mutter und Ehefrau den politischen Raum den Männern vorbehielt. Frauen, die die Männerwelt betraten, wurden (und werden) nach einem doppelten Maßstab beurteilt: nach dem Prinzip der Leistung, weil sie sich in einer Männerwelt bewegten, und nach ihrem sexuellen Verhalten und ihrer Bindung an Männer, weil sie Frauen waren. Eine Frau, die nicht durch Spitzenleistungen auffiel, hatte bei diesem Rasten schon gar keinen Chance, wahrgenommen zu werden. Darüber hinaus mußte sie sich eine Einstufung als Jungfrau, Ehefrau und Mutter oder Hure gefallen lassen. Diese Bilder haben mit dem realen Verhalten der Frauen nur wenig zu tun. Sie sind Zuschreibungen, die Männer an ihnen gemäß ihrer eigenen Wahrnehmung vornehmen. Dabei schlägt sich eine Bedrohung, die durch Grenzüberschreitungen der Frau erfahren wird, oft in einer disqualifizierenden Abwertung oder haßerfüllten Abwehr ihrer Sexualität nieder.

Wie willkürlich diese Zuschreibungen sind, möchte ich an zwei Beispielen verdeutlichen. War bei den Zeitgenossen Théroignes noch die politische Position der Männer ausschlaggebend für ihre Beurteilung als Hure oder Minerva, entfällt bei späteren Historikern auch dieser Grund. Lamartine (1847) und Michelet (1854), beide engagierte Republikaner und Befürworter der 48er Revolution, greifen beide Bilder auf, die die Zeigenossen geschaffen haben: Lamartine das der Hure, Michelet das der Minerva. Dabei schöpfen sie zum Teil aus den gleichen Quellen, übernehmen Phantasieprodukte von den Zeitgenossen Théroignes und ergänzen sie bisweilen durch eigene Fiktionen. So entstehen biographische Legenden, die sich bis heute hartnäkkig gehalten haben, während die reale Frau dahinter verschwunden ist. Lamartine und Michelet, beide bekannte Interpreten der Revolutionsgeschichte, haben der Nachwelt ein Bild von Théroigne überliefert, das wenig über die lebendige Frau, dafür aber umso mehr über bürgerliche Männerphantasien aussagt. Am Beispiel von vier Episoden aus Théroignes Leben werde ich die Interpretationen und Legenden, die von den Historikern geschaffen wurden, mit der Lebensrealität von Théroigne konfrontieren, soweit sie aus ihren Selbstzeugnissen und dem vorhandenen Quellenmaterial rekonstruierbar war.

Théroignes Verhältnis zu den Männern

Lamartine und Michelet übernehmen beide von Lamothe-Langon (1836) die Legende, Théroigne sei in ihrer Jugend von einem Adligen aus der Nachbarschaft verführt und verlassen worden. Während Michelet dieses Detail betont, um ihre Abneigung gegen die Liebe zu begründen, konstruiert Lamartine daraus den Grund für ihre spätere Politisierung:

„Gekränkte Liebe hatte sie einem ungeregelten Leben zugeführt. Die Scham über ihre eigene Verworfenheit erzeugte bei ihr den Durst nach Rache. Wenn sie die Aristokraten bekämpfte, glaubte sie ihre Ehre wiederzuerlangen; mit Blut wusch sie die Schande ab, die auf ihr haftete" (Lamartine 1847, Bd. I, 273).

Damit befindet er sich im Einklang mit vielen Zeitgenossen und Historikern, die bei Spekulationen über die Gründe für Théroignes politisches Engagement immer an ihr Liebesleben dachten (vgl. Bockholt 1984, 42). Ich habe in keiner der Quellen ein Motiv für Théroignes Aktivitäten in der Revolution gefunden, das nicht mit Liebe und Sexualität zu tun hätte. Daraus spricht wiederum die eingegrenzte Wahrnehmung der Frau als Geschlechtswesen, der politische oder persönliche Motive, wie z. B. Ehrgeiz, Stolz oder Gerechtigkeitsgefühl, nicht als ausschlaggebende Faktoren zugestanden wurden.
Doch zurück zu Lamartine. Einmal „gefallen", bleibt Théroigne eine Dirne:

„Leidenschaften, Ideen, Vergnügungen ließen sie ihr Leben wie in einem beständigen Rausche verbringen. Anfänglich den großen Neuerern von 89 zugethan, warf sie sich reichen Wollüstlingen, die ihre Reize theuer bezahlten, in die Arme. Sie war Buhlerin der Reichen gewesen und gab sich freiwillig dem Volke preis. Wie die großen Buhlerinnen Egypthens und Roms verschwendete sie das Gold, das sie dem Laster entzog, für die Freiheit" (Lamartine 1847, Bd. I, 273f.).

Zeichnet Lamartine Théroigne als zügellose „Buhlerin", so setzt sich Michelet genau gegen diese Legende ab:

„Es war eine kühne, galante Frau, aber nicht ‚eine Dirne', wie die Royalisten gesagt haben: sie hatte sich nicht erniedrigt" (Michelet 1929–30, 464).

Die „Ehrenrettung" Théroignes gelingt ihm aber nur, indem er eine neue Legende konstruiert: Théroigne habe sich nur zu Männern hingezogen gefühlt, „die der Liebe abgeneigt waren" (Michelet 1913, 74). Über diesen Umweg gelingt es Michelet, sie dann doch zu einer Heldenjungfrau („virago", Michelet 1952, 995) hochzustilisieren, die sich seit Ausbruch der Revolution nur noch ihrer glühenden Vaterlands- und Freiheitsliebe hingegeben haben. Männerbeziehungen verbannt er in ihr Vorleben. In England z. B. läßt er sie „von Liebhabern umgeben sein", fügt aber gleich hinzu, daß sie ihnen „allen einen häßlichen Kastraten" (Tenducci) vorzog.
Der junge Aristokrat aus der Nachbarschaft hat nach Théroignes eigenen Aussagen nie existiert. In ihrer Autobiographie spricht sie von einem Eng-

länder, der ihr Liebhaber gewesen sei (vgl. Ernst 1935). Dies ist auch aus mehreren Quellen, die Lacour (1900) zusammengetragen hat, belegt. Als 16jährige siedelte Théroigne, die 1762 in Marcourt, einem kleinen Dorf bei Lüttich geboren wurde, mit der Familie Colbert, für die sie als Kindermädchen arbeitete, nach England über. Dort lernte sie den jungen Mann kennen, der ihr ein Heiratsversprechen gab, das er später nicht einlöste. Dafür vermachte er ihr in Paris, wo Théroigne dann bis zu ihrer Trennung mit ihm (um 1778) lebte, eine Summe von 200000,– Livres, die sie finanziell unabhängig machte. Théroigne kehrte nach London zurück, wo sie eine Laufbahn als Sängerin anstrebte. Ihr Lehrer war der Tenor Tenducci (tatsächlich ein Kastrat!), mit dem sie später eine Italientournee unternahm. Daß sie mit ihm eine Liebesbeziehung hatte, ist mehr als zweifelhaft.

Mehrere Quellen geben ihr für die Zeit kurz vor der Revolution (1785–88) noch einen weiteren Geliebten, den Marquis de Persan, bei dem Théroigne ihr Geld angelegt hatte (vgl. Lacour 1900, 130f.). Théroigne selbst bestreitet ein Verhältnis zu ihm und bezeichnet ihn lediglich als ihren „Schuldner". Der Schuldschein, den die Brüder Goncourt (1924) veröffentlichen, bestätigt ihre Version, wenn auch die Liebesbriefe des M. de Persan (Strobl-Ravelsberg 1892) dagegen sprechen mögen.

Über Liebhaber, die Théroigne noch während der Revolutionszeit gehabt haben soll, wurde in den royalistischen Zeitschriften und Pamphleten viel spekuliert. Glaubwürdige Zeugnisse gibt es jedoch nicht. Nach den vorhandenen Lebenszeugnissen gibt es weder einen Anlaß, Théroigne als Kurtisane oder gar Hure darzustellen, noch Belege für ihre angebliche spätere Enthaltsamkeit.

Der 5./6. Oktober 1789

Michelet und Lamartine zeigen Théroigne beide involviert in die Ereignisse am 5. und 6. Oktober, als die Pariser Frauen mit ihrer Forderung nach Brot nach Versailles marschierten und den König nach Paris holten. Lamartine verpaßt ihr eine Führungsrolle:

„In den Oktobertagen hatte sie die Pariser Weiber nach Versailles geführt. Sie war zu Pferde neben dem schrecklichen Jourdan, welcher der Mann mit dem lagen Barte genannt wurde, hergezogen und hatte den König nach Paris zurückgeführt; ohne zu erbleichen war sie hinter den Köpfen der Gardes du Corps, die als Siegeszeichen auf Piken getragen wurden, hergeritten. Ihre Sprache war, obgleich sie fremden Accent an sich trug, Ausdruck aufrührerischer Beredsamkeit" (Lamartine 1847, Bd. I, 274).

Michelet ist in seiner Version des Geschehens etwas vorsichtiger. Er läßt Théroigne nicht an dem Marsch nach Versailles teilnehmen, überliefert aber auch die zeitgenössische Legende, daß sie das flandrische Regiment, das das Schloß in Versailles zu schützen hatte, entwaffnet habe. Allerdings enthält er sich jeglicher Hinweise darauf, daß Théroigne die Soldaten durch Geld oder – wie andere Quellen berichten (vgl. Lacour 1900, 183) – zusammen mit Freudenmädchen durch ihre erotischen Reize korrumpiert hätte. Seine Théroigne ist einfach bezaubernd:

„Pikant, originell, fremdartig mit ihrem Amazonenhut und ihrem roten Überrock, den Säbel an der Seite, sprach sie, aber dennoch mit großer Beredsamkeit, einen Mischmach, französisch und den Jargon von Lüttich durcheinander. Man lachte, aber man gab ihr nach. Stürmisch, bezaubernd, überwältigend, kannte sie kein Hindernis" (Michelet 1913, 27).

Lacour (1900) hat nachgewiesen, daß die zeitgenössischen Berichte, die Théroigne zur Heldin des 5./6. Oktober machten, erst mehrere Monate nach dem Ereignis in royalistischen Zeitschriften auftauchten. Das Bild der säbelschwingenden Amazone übte eine solche Faszination aus, daß Théroigne bald als Anführerin der Frauen galt und sogar ein Haftbefehl gegen sie ausgestellt wurde.
Théroigne zeigte sich erstaunt über die Anklage und sagte aus, daß sie an dem Marsch nicht teilgenommen habe – was auch Michelet bestätigt – und sich am 5. 10. lediglich in der Nationalversammlung und später auf der Straße aufgehalten haben. Die Glaubwürdigkeit ihrer Darstellung wird unterstützt durch die widersprüchlichen Zeugenaussagen, die vor dem aristokratischen Untersuchungsausschuß des Châtelet gemacht wurden. Von etwa 400 Augenzeugenberichten erwähnen nur drei den Namen von Théroigne. Einer sagt aus, Théroigne habe im Flandernregiment Geld verteilt, einer will sie zu Pferde am Gitter der Orangerie gesehen haben, einer glaubte sie am 6. Oktober morgens als Mann verkleidet neben einem als Frau verkleideten Mann gesehen zu haben (vgl. Lacour 1900, 163f.).

Die Septembermorde

In den ersten Septembertagen des Jahres 1792 wurden zahlreiche Gefangene in Pariser Gefängnissen wegen des Verdachts der Teilnahme an royalistischen Verschwörungen niedergemetzelt. Obwohl Théroigne nachweislich mit diesen Vorfällen nichts zu tun hatte, wurde ihr eine Beteiligung an diesen Greueltaten angedichtet (vgl. Lacour 1900, 288). Michelet distanzierte sich von solchen blutrünstigen Geschichten und berichtet, Théroigne habe sich durch ihren „Abscheu vor den Septembermorden" mit den Girondisten verbunden gefühlt (Michelet 1913, 77). Umso blühender die Phantasie von Lamartine, der die Ermordung eines jungen Mädchens zum Anlaß nimmt,

Théroigne und andere Frauen als blutrünstige Monster zu zeigen und selber in der sadistischen Darstellung ihrer angeblichen Grausamkeiten zu schwelgen:

„Théroigne von Méricourt war bei dieser Hinrichtung zugegen und leitete sie. Das unglückliche Opfer wurde nackt an einen Pfahl gebunden, die Füße an den Boden geheftet, und ihm der Leib mit brennenden Strohfackeln gebrannt. Mit Säbelhieben wurden ihr die Brüste abgehauen; es wurden Pikenspitzen glühend gemacht und sie damit gestochen. Endlich wurde sie auf diesen glühenden Spitzen gespießt; ihr Geschrei drang bis über die Seine und erfüllte alle Bewohner des jenseitigen Ufers mit Entsetzen. Gegen funfzig Frauen, die von den Todtschlägern aus der Conciergerie befreit worden waren, waren bei dieser Hinrichtung thätig und übertrafen die Männer an Grausamkeit" (Lamartine 1847, Bd. 3, 274).

In dieser Passage wird die Bedrohlichkeit der revolutionären Frau für den Mann so recht deutlich, der in wollüstiger Grausamkeit jedes Detail dieser „Hinrichtung" beschreibt und seine eigenen Ängste und Abwehrmechanismen in Form von Kastrations- und Penetrationsphantasien auslebt. Théroigne wurde für Lamartine offensichtlich zu einer Verkörperung angstmachender Weiblichkeit, der er nur noch mit Angst und Aggressivität begegnen konnte.

Nach dem Mai 1793: Théroigne als „Geisteskranke"

Noch hinter den Gittern des Irrenhauses machte sie ihm Angst. So stellt er sie als Furie dar, die von „beständigen Wutanfällen" geschüttelt, „unzüchtige und blutdürstige Äußerungen" von sich gab.

„Nackt, mit wild herabhängenden, weißen Haaren schleppte sie sich auf dem steinernen Fußboden ihrer Zelle herum und klammerte sich mit ihren abgemagerten Armen an die Eisenstäbe ihres Fensters an. Von dort aus hielt sie Anreden an das Volk, das sie vor sich zu haben glaubte, und forderte Suleau's Blut" (Lamartine 1847, Bd. 1, 273f.).

Michelet hingegen ist der Bedrohlichkeit der revolutinären Frau durch ihre Entsexualisierung begegnet. Er spricht deshalb mit Mitgefühl von ihrer Geisteskrankheit, aufgrund derer sie ihm „noch unter das Tier gesunken" scheint. Folgerichtig schafften seine Pantasien nicht das Bild einer aggressiven, sexuell bedrohlichen Frau, sondern er stellt sich eine masochistische Théroigne vor, die „sich selbst zerkratzte und ihren Kot aß" (Michelet 1913, 78).

Beide Autoren nehmen die Prügelszene in den Tuilerien, die auch durch andere Quellen belegt ist, als Anlaß für Théroignes Geistesverwirrung. Michelet hat dabei die Tatsache der körperlichen Aggressivität von Frauen so weit verdrängt, daß er – entgegen allen Aussagen der Zeitgenossen – Männer für die Prügel verantwortlich macht.

Sämtliche Quellen berichten jedoch übereinstimmend, daß es Frauen waren, die Théroigne verprügelten, vermutlich die „Citoyennes révolutionnaires républicaines" (vgl. Lacour 1900, 295 ff.). Sie standen vor dem Konvent und behinderten den Eintritt der Abgeordneten, die von den Girondisten Eintrittskarten erhalten hatten. Sie hielten dies für eine politische Begünstigung und bestanden darauf – unter Hinweis auf den Grundsatz der Gleichheit –, auch zum Konvent zugelassen zu werden. In diesem Zusammenhang gerieten sie mit Théroigne aneinander, die sie als „Brissotine" (Anhängerin Brissots) beschimpften. Die Auseinandersetzung wurde handgreiflich und Théroigne erhielt Prügel. Der Polizeibericht vom 16. 5. 1973 vermerkt:

„Die Bürgerin Théroigne, die von dieser Art Megären verprügelt wurde, sage ihnen, daß sie sie früher oder später ins Gras beißen lassen würde" (frz. zit. in Lacour 1900, 295, Übersetzung von mir).

Körperliche Aggressivität unter Frauen war zur Zeit der großen Revolution weniger ungewöhnlich, als Michelet mit seinem durch und durch bürgerlichen Frauenbild Mitte des 19. Jahrhunderts wahrhaben wollte. Auch die Marktfrauen prügelten sich mit den „republikanisch-revolutionären Bürgerinnen" (vgl. Cerati 1966).
Nach diesem Vorfall wurde Théroigne keineswegs verrückt, wie Lamartine und Michelet uns glauben machen wollen. Tatsächlich wurde sie erst ein Jahr später, am 20. 9. 94, nach ihrer Verhaftung aus politischen Gründen, auf Antrag ihres Bruders für unzurechnungsfähig erklärt. Die letzten Jahre in der Salpétrière wurde sie von dem berühmten Irrenarzt Esquirol betreut, der ein Gutachten über sie hinterlassen hat (vgl. Esquirol 1838). Darin erscheint Théroigne zwar eindeutig als geistesgestört (auf eine genauere Analyse möchte ich mich an dieser Stelle nicht einlassen), aber an keiner Stelle finden sich die von Michelet und Lamartine angesprochenen Verhaltensweisen (bis auf ihre Weigerung, Kleider zu tragen). Eine Zeichnung von Théroigne in der Salpétrière zeigt sie mit kurzgeschorenen Haaren – die „wild herabhändenden" Haare Lamartines sind ein Attribut seiner Hexenphantsien.

Zusammenfassende Überlegungen

Das Bild, das Lamartine und Michelet von Théroigne malen, ist ebenso widersprüchlich wie die männlichen Vorstellungen von einer Prostituierten und einer Jungfrau. Beide Bilder beruhen auf Phantasmen, die zum Teil schon von zeitgenössischen Männern an die Gestalt der Revolutionärin geheftet wurden, und haben wenig oder nichts mit ihrer Lebensrealität gemein. Und doch sind diese Bilder wirklich, insofern als sie die Wahrnehmung von Frauen und ihre Verzerrung aus der Männer-Perspektive verraten. Dabei ist zunächst festzuhalten, daß Frauen immer als Geschlechtswesen in einer heterosexuellen, männerbeherrschten Welt wahrgenommen und dementsprechend nach ihren Beziehungen zu Männern bewertet werden (vgl. Rich 1983). Diese Feststellung kann zwar die Bedeutung erklären, die Sexualität und Liebesleben in der Beurteilung von Théroigne Lebenslauf und ihren politischen Aktivitäten einnehmen, sie erklärt auch die Zuschreibung „Hure" oder „Jungfrau", nicht jedoch die Bedrohlichkeit, die die weibliche Sexualität gerade in revolutionären Zeiten für die Männer zu haben scheint.

Zur Erklärung dieses Phänomens – in Anlehnung an Theorien von Elias (1981), Fanon (1952) und Theweleit (1977) – einige Thesen:

Jede Gesellschaft, die auf Klassenherrschaft und patriarchaler Unterdrükkung beruht, braucht Mechanismen der Triebkontrolle, die klassen- und geschlechtsspezifisch differenziert sind, in ihrem Zusammenspiel jedoch darauf ausgerichtet sind, der herrschenden Klasse und dem herrschenden Geschlecht ihre Vormachtstellung zu sichern.

Der Prozeß der Triebunterdrückung führt bei den Herrschenden zu einer Angst, die Unterdrückten könnten solche Wünsche ausleben, die sie sich selbst versagen. Angst vor Auflehnung mischt sich mit Angst vor vermuteten Lebensmöglichkeiten, die sich die Herrschenden selbst abgeschnitten und auf die Unterdrückten projeziert haben. Dies ist ein allgemeines Phänomen von Herrschaft, das im Falle des Patriarchats an Virulenz gewinnt, da dieses auch real auf sexueller Herrschaft basiert.

Revolutionäre Prozesse, die bestehende Herrschaftsmechanismen angreifen, stellen auch die bestehenden Muster der Treibregulierung und herrschende moralische Werte in Frage und schaffen neue Kontrollmechanismen und Ordnungsprinzipien.

Veränderungen im Klassengefüge, wie sie in der Französischen Revolution durchgesetzt wurden, bedeuten noch nicht notwendigerweise Veränderungen der patriarchalischen Herrschaft.

Unter Anerkennung dieser Voraussetzung muß gleichzeitig festgestellt werden, daß die Veränderung der ökonomischen Verhältnisse ohne eine Veränderung der geschlechtsspezifischen Arbeitsteilung nicht möglich ist. Insofern bedeutet der revolutionäre Prozeß, an dem Frauen beteiligt sind, für Männer eine hochgradige Verunsicherung ihres Herrschaftsanspruches.

Die Angst vor einer Chaotisierung der Verhältnisse hat mehrere Gesichter:

- die konkrete Angst vor den Ansprüchen der Frauen auf gleiche Rechte und vor ihrem Wunsch, an Freiheit und Gleicheit teilzuhaben;
- die unbestimmte Angst vor Grenzüberschreitungen der Frauen, die den männlichen Lebensraum betreten und die Grenzen der herrschenden Macht nicht mehr akzeptieren;
- die diffuse Angst vor den eigenen, durch die Verunsicherung der Werte aufsteigenden Wünschen, die mit Gewalt niedergehalten werden müssen.

Die Angst der sich in ihrer Herrschaft bedroht fühlenden Männer äußert sich in verschiedenen Abwehrmechanismen:

- Die „Potenz" der Frau wird als bedrohlicher Angriff auf die auf sexueller Herrschaft beruhende Männermacht angesehen, verzerrt und dämonisiert. Den Frauen wird daher einerseits eine männerverschlingende Sexualität und andererseits eine übersteigerte Aggressivität und Blutrünstigkeit angedichtete.
- Die Frau wird entsexualisiert und damit dem Wunschbild der behütenden Mutter oder des zu beschützenden Kindes angeglichen.
- Die Sexualität der Frau wird sublimiert zur Liebe zum Vaterland, zur Revolution. Die sexuelle Bedrohlichkeit verschwindet hinter hehrer Opferfreudigkeit und idealisierter Reinheit.

Diese Prozesse machen die Sexualität der Frau zum Angelpunkt männlicher Phantasien. So ist es zu erklären, daß Männer den revolutionären Frauen meist nicht mit einer entsprechenden politischen Auseinandersetzung begegnen, sondern mit sexuellen Diffamierungen und Projektionen, wie wir am Beispiel der Théroigne de Méricourt deutlich gesehen haben.

Literatur

Aulard, François-Alphonse: La Société des Jacobins, Bd. 2, Paris 1891

Beaulieu, Claude-François: Essais historiques sur la Révolution de France, Bd. II, Paris 1801, 50–55

Bockholt, Roswitha: Théroigne de Méricourt – Leben einer französischen Revolutionärin zwischen Phantasie und Wirklichkeit, Staatsexamensarbeit (maschinenschriftlich), Universität Bremen 1984

Cabanès, Augustin-Nass, L.: La névrose révolutionnaire, Paris 1906

Cerati, Marie: Le club des citoyennes republicaines révolutionnaires, Paris 1966

Elias, Norbert: Über den Prozeß der Zivilisation, 2 Bde, Frankfurt 1981

Ernst, Otto: Théroigne de Méricourt, d'après des documents inédits tirés des Archives sécrètes de la Maison d'Autriche, Paris 1935

Esquirol, J. Etienne: Des maladies mentales considérées sous les rapports médical, hygiénique et médico-légal, Bd. 1, Paris 1838

Fanon, Frantz: Peau noire, masques blancs, Paris 1952

Goncourt, Edmond et Jules: Portraits intimes du XVIIIe siècle, Bd. 2, Paris 1924

Grubitzsch, Helga: Michelets „Frauen der Revolution", in: H. Grubitzsch/H. Cyrus/ E. Haarbusch: Grenzgängerinnen. Revolutionäre Frauen im 18. und 19. Jahrhundert, Düsseldorf 1985

Hentig, Hartmut von: Die revolutionäre Frau, in: Schweizerische Zeitschrift für Strafrecht 36/1923, 29–45

Lacour, Léopold: Les origines du féminisme contemporain. Trois femmes de la Révolution: Olyme de Gouges, Théroigne de Mericourt, Rose Lacombe, Paris 1900

Lairtullier, E.: Les femmes célèbres de 1789 à 1795 et leur influence dans la Révolution, Paris 1840

Lamartine, Alphonse de: Geschichte der Girondisten, Leipzig 1847

[Lamothe-Langon], V... Y: Théroigne de Mericourt. Correspondance de la jolie Liégeoise, Paris 1836

Michelet, Jules: Les femmes de la Révolution, Brüssel/Leipzig 1854
Michelet, Jules: Die Frauen der Revolution, München 1913 (neu aufgelegt vom Insel-Verlag, Baden-Baden 1984)
Michelet, Jules: Die Geschichte der Französischen Revolution, Hamburg/Wien 1929–30
Michelet, Jules: Histoire de la Révolution française, Bd. I, Paris 1952
Rich, Adrienne: Zwangsheterosexualität und lesbische Existenz, in: Macht und Sinnlichkeit, Berlin 1983
Strobl-Ravelsberg, Ferdinand de: Les confessions de Théroigne de Méricourt, La belle Liégeoise, Paris 1892
Theweleit, Klaus: Männerphantasien, Bd. 1: Frauen, Fluten, Körper, Geschichte, Frankfurt 1977

2. „Schön zugleich und schrecklich anzusehen" – die Heldenjungfrau Gedanken zur Gestaltung eines Mythos

Hannelore Cyrus

„Herkommen – herkommen. – Ich will sie nicht, die Ausreißerin. – In Nacht und Nebel ist sie davongelaufen, und den todkranken Bruder hat sie ruhig sterben lassen. – Die eine Tochter mit dem Franzmann über den Rhein, die andere mit dem Liebhaber ins Feld. Die Kleiderröck und alles Schamgefühl abgestreift und in die Männerbuchsen gefahren, -- und da soll man, wenn's vorbei ist, mit offenen Armen dastehen und tun, als wenn nichts passiert sei. –
Und wenn's Dein Kind wär und sie hätt elf Monat im Feld gelegen, mit jungem Mannsvolk im Biwak, – was hätt'st Du getan, Schwager?"

So ließ Peter Werth in seinem Volksstück: „Die Hanseatin Anna Lühring" (Hamburg 1915, 56) den Vater Lühring seinen Schwager fragen. Der antwortete:

„Einen Rat will ich ihm geben, Schwager, verhärte er sein Herz nicht unnötig gegen das Kind. Das Volk urteilt anders über die Anna." (a. a. O., 56)

Die lebendige Anna Lühring, Tochter des Ratszimmermeisters Johann Christoph Lühring und seiner Frau Margarethe aus Bremen, wurde zur Heldenjungfrau emporgehoben. Das war eine überraschende Ehrung, denn traditionell galten die Frauen im Heer und im Troß als liederliche Dirnen, als Huren oder Flintenweiber.
Die Heldenjungfrau, die Hure, das Flintenweib sind aus Männerfantasien und Männerängsten geformte Frauenbilder. Sie haben die Funktion, Frauen verfügbar und in Schach zu halten und dort, wo sie zur Bedrohung werden, auszugrenzen.
Die Willkür der Gestaltung der Bilder und die Objekthaftigkeit der Frau im Prozeß der Modellierung habe ich beispielhaft an Freiheitskämpferinnen im 19. Jahrhundert belegt: „Von erlaubter und unerlaubter Frauenart, um Freiheit zu kämpfen" in dem Buch „Grenzgängerinnen" (1985). Im Buch und im Vortrag habe ich zwei Frauen und die unterschiedliche Art ihrer Etikettierung kontrastiert. Anna Lühring (1796–1866), die Lützower Jägerin, die unter dem Namen Eduard Kruse mit Hirschfänger und Büchse ausgerüstet in den Kampf gegen Napoleon (1813–1815) zog, und Louise Aston (1814–1873), Demokratin, Schriftstellerin und Freischärlerin, die 1848 gegen Dänemark um Schleswig kämpfte. Doch nur das Tun von Anna Lühring fand

seine nachträgliche Rechtfertigung, während Louise Aston als „Hure“ und „Buhlerin“ diffamiert wurde.
Mit der Entfaltung des ungewöhnlichen Frauenbildes – der Heldenjungfrau –, das gegen die herrschende Geschlechtsstereotype entworfen werden mußte und männliche Rauhheit und weibliche Reinheit aufs engste miteinander verwob, möchte ich mich an dieser Stelle, unter Berücksichtigung der historischen Vorläuferin dieser Figur, noch einmal neu auseinandersetzen.

Jeanne, La Pucelle

Vorbild für die Frauen von 1813–1815 und für die Neuinszenierung des Bildes der Heldenjungfrau war Jeanne d'Arc (1412 ? – 1431), genannt: Jeanne, La Pucelle. Doch im so plausibel erscheinenden Rückgriff auf die Befreierin Frankreichs wird vernachlässigt, wie schwer sich einst Johannas Zeitgenossen im Umgang mit ihr und mit ihren ungewöhnlichen Handlungen taten. Es wird beiseitegedacht, daß es nicht nur ein Bild von Johanna, sondern deren mehrere gibt, es wird ausgeblendet, daß sie als Ketzerin angeklagt und verurteilt auf dem Scheiterhaufen starb, als sie nicht länger in das politische Konzept paßte.
Anatole France benennt einige Bilder, die für Johanna in Flüchtigkeit skizziert wurden:
„Man sah sie als kriegerische Jungfrau, als Hellseherin, Magierin, Engel des Herrn, als Ungeheuer“, schrieb er und machte in den dann folgenden Worten den Zusammenhang von Selbstbild und Projektion deutlich:

> „Ein jeder im Volke sah sie auf seine Art, träumte sie nach eigenem Bild. Die Frommen liehen ihr unwiderstehliche Sanftmut und göttliche Barmherzigkeit, die Einfältigen machten sie einfältig, wie sie selber waren; wilde und grobschlächtige Männer stellten sie sich als schreckliche Kämpferin vor“ (France, in: Nette 1982, 149).

„Wie eine Kriegsgöttin, schön zugleich und schrecklich anzusehen“, beschrieb sie Schiller (Werke, III, 389), und auch bei ihm bleibt, wie bei den anderen zahllosen Dramatisierungen, das wirkliche Antlitz der Johanna, einer jungen Frau aus einem Dorf in Lothringen hinter Attributen und hinter einer Begrifflichkeit verborgen, die männliche Fantasie von ihr geschaffen hat.
Ihre Freunde bejubelten sie als Befreierin Frankreichs, als Heldenjungfrau. Dem Volke, aus dem sie kam, galt sie als Heilige, als Seherin, Prophetin, Sybille, die von göttlichen Stimmen und Visionen geleitet worden war. Für die englischen Feinde war sie nicht mehr als eine Hysterikerin, oder eine Zauberin. Eine teuflische Frau, „eine Anhängerin und Spionin des Teufels, Pucelle genannt, die von bösen Beschwörungen und Zauberei Gebrauch

machte“ (Nette 1982, 49). Oder sie war schlicht „die Hure der Armagnacs“ (44) oder „jenes liederliche und schändliche Weib, das in Männerkleidung einhergeht...“ (62).

Das Tragen von Männerkleidung wurde so sehr als gegen die Sitte und Ordnung gerichtet betrachtet, daß es zu einem der wesentlichen Punkte der Anklage geriet. Johanna trug sie lieber als Frauenkleider. „Es ist auch schicklicher, solange ich unter Männern bin“, befand sie (102) und wollte sie auch in der Haft. wohl um gegen Vergewaltigungen besser geschützt zu sein, und auch zur Messe nicht ablegen. „Das Kleid belastet meine Seele nicht, und es zu tragen, ist nicht gegen die Kirche“ (92), trotzte sie ihren Richtern ungebeugt und festigte deren Unbeugsamkeit.

Es wurde als Sünde und Hoffart zugleich empfunden, die nur vom Teufel selber eingeflüstert sein konnten. Daß es nicht zur Anklage als Hexe kam, war wohl ihrer Jungfräulichkeit geschuldet, die in drei Virginitätsprüfungen am Hofe Karls VII. und in englischer Gefangenschaft bezeugt wurde und nach damaligem Glauben vor Inbesitznahme durch den Teufel schützte.

An der Gestalt der Johanna lassen sich drei Prozesse der Etikettierung nachweisen: ein Prozeß der Glorifizierung, der sie zur Heldenjungfrau bestimmte, ein Prozeß der Kriminalisierung, der sie als Ketzerin diffamierte, und ein Prozeß der Mystifizierung, der sie zur Heiligen emporhob. Johanna selbst war in diesen Prozessen der Zuschreibung Objekt – Objekt in ihrem Leben, bis sie 1431 zu Rouen auf dem Scheiterhaufen starb, und Objekt nach dem Tode, mit dem ein Prozeß der Rehabilitierung einsetzte, der das Urteil 1456 schalt, sie „als gereinigt und frei von jedem Schimpf und jedem Makel“ (115) sprach, und den langen Weg zu ihrer Verherrlichung ebnete, den zur Seligsprechung 1909 und zur Heiligsprechung 1920.

Wird in schlichter Adäquatheit dem Ketzer die Ketzerin, dem Heiligen die Heilige beigesellt, so wird nicht neben dem Helden die Heldin gedacht, sondern in besonderer geschlechtsdifferenzierender Variante die Kunstfigur der Heldenjungfrau ersonnen. Nur eine Jungfrau konnte Heldin sein, und als Heldin mußte sie Jungfrau bleiben. Dieses galt in gleicher Weise für Johannas Schwestern, die in den patriotischen Kampf gegen Napoleon zogen. Unterwarf man sie auch nicht jenen dramatischen und ehrverletzenden Überprüfungen des jungfräulichen Hymens, so war man doch um ihre Reinheit und Keuschheit alleweil besorgt.

Eleonore Prochaska – die Heldenjungfrau von 1813

„Heute morgens 9 Uhr wurde die Leiche der in der Schlacht an der Göhrde verwundeten Eleonore Prochaska zur Erde bestattet, welche als Jäger im Lützowschen Freicorps unerkannt ihren Arm aus reinem Patriotismus der heiligen Sache des Vaterlandes geweiht hatte. Gleich einer Jeanne d'Arc hat sie muthvoll gekämpft für König und Vaterland. – Eine dreimalige Gewehrsalve rief der vom Sturme des Krieges geknickten Lilie den letzten Gruß noch in das Grab" (Förster 1857, 860).

Die Lilie wurde als Symbol der jungfräulichen Reinheit für Eleonore Prochaska gewählt. Sie war die bekannteste Lützowerin und die Frau, die das Modell für eine neue Generation von Heldenjungfrauen bildete. Viele Gedichte, Schauspiele und Gemälde dokumentieren ihren Schlachtenruhm. Beethoven komponierte die Musik zu einem Trauerspiel. Aber auch Frauen würdigten sie und setzten sich mit ihren Taten auseinander. Elise Reindahl (1788–1825) veröffentlichte ihr Trauerspiel „Eleonore Prochaska" und legte es 1819 auf „vaterländischem Altare" in Bremen nieder.
Doch der Zwiespalt blieb. „Männerwerth und Frauenzierde" (Reindahl 1819) waren eben nicht identisch, und fanden in den Huldigungen als Verwirrung und Unsicherheit ihren Ausdruck.
Freimund Reimar machte männliche Ratlosigkeit in ungelenken Versen deutlich:

Prochaska

Ich müßte mich schämen, ein Mann zu heißen.
Wenn ich nicht könnt' führen das Eisen
und wollte Weibern es gönnen,
Daß sie es führen können!

Wer ist der Gesell, so fein, so jung?
Doch führt er das Eisen mit gutem Schwung.
Wer steckt unter der Maske?
Eine Jungfrau, heißt Prochaska.

Wie merkten wir's nur nicht lange schon.
Am glatten Kinn, am feinen Ton?
Doch unter den männlichen Thaten
Wer konnte das Weib errathen?

Aber es hat sie getroffen ein Schuß!
Jetzt sagt sie's selber, weil sie muß.
Wundarzt geh bei Leibe
nicht unsanft um mit dem Weibe!

Zum Glück traf dich die Kugel nicht eh'r,
Als bis du dir hattest genügliche Ehr
Erstritten in Mannesgebehrden,
Jetzt kannst du ein Weib wieder werden.

Doch ich müßte mich schämen ein Mann zu heißen.
Wenn ich nicht wollte führen das Eisen,
Und wollte Weibern es gönnen,
Daß sie es führen können.

Hier zieht die frau ins feld, läst ihren mañ da sitzen
er mūß verlassen gantz. bey seinen rocken schwitzen
Er weint und kümert sich. und ist des jamers voll
daß er alleine nun,. zu hause bleiben soll.

Verkehrte Welt. Deutscher Kupferstich. Um 1750

Aus: die Weiberherrschaft 1930

In dem Gedicht werden männliche Scham und männliche Angst angesprochen. Die Scham, nicht mit gleichem Enthusiasmus zu den Waffen geeilt zu sein oder nicht gleich heldenmütig gekämpft zu haben, nicht sonderlich geschickt im Kriegshandwerk gewesen zu sein oder gar versagt zu haben. Die Angst aber auch vor der Rollenverkehrung, vor der Stärke der Frau. Die Furcht, als Schwächling zu gelten, als Mann gar lächerlich und „weibisch" zu sein. Das Bild eines „Haustrottels" abzugeben, wie es unter dem Thema „verkehrte Welt" oder „der Streit um die Hosen" vielfältig variiert in Bildern und Kupferstichen abgehandelt wurde.
Trotzdem entsteht nicht, und das ist überraschend, das Bild des Mannweibes oder des Flintenweibes, das grelle Bild einer kastrierenden Frau, sondern das Mädchen. In männlicher Fantasie bleibt hinter männlich-kühnen Taten das Weib, wenngleich verborgen, doch erhalten. Männlich hat Eleonore gekämpft, männlich ist sie gestorben, doch im Sterben hat sie ihre Weiblichkeit, kläglich, wie es einem Weib ansteht, kenntlich gemacht.

Anständiger als Eleonore kann man nach männlichem Verständnis im Krieg wohl nicht sterben. Daß sie überhaupt starb, hat jede Diskussion um ihre Keuschheit beendet, ihr den Nachruhm gesichert und allen anderen Frauen, die gleich ihr in den Freischaren fochten, die Ehre gerettet.
Doch wie eng Ehre und Schande beeinander lagen, hat nicht nur das Beispiel der Jeanne d'Arc deutlich gemacht, sondern ist auch an ihrer tapferen Schwester aus Bremen, Anna Lühring, zu belegen.

„Und wenn ihr Myrthenkranz entblättert . . ."

Anna Lühring kämpfte gleich ihrem Vorbild Eleonore Prochaska als Jägerin zu Fuß bei den Lützowern. Sie nahm an der Belagerung der Festung Jülich teil, marschierte mit bis kurz vor Paris und kehrte nach Friedensschluß mit den Truppen nach Berlin zurück, wo sie einen ehrenvollen Abschied erhielt. Da ihr Vater von der „ungerathenen Tochter" nichts wissen wollte, mutmaßte, daß sie einem Lützower Offizier nachgelaufen sei und ihre Ehre verloren sah, nahm der Leutnant der Kompanie, in der sie gedient hatte, sich ihrer an und führte sie in erste Häuser Berlins ein. Während Hofrat Heun Verhandlungen mit Senator Smidt aufnahm, um die Rückkehr nach Bremen zu arrangieren, wurde Anna Lühring in Berlin hoch geehrt. Die Prinzessinnen von Preußen empfingen und würdigten sie. Sie wurde Marschall Blücher vorgestellt, und der General von Tauentzien dekorierte sie mit den ihm verliehenen Tapferkeitsmedaillen. Doch erst nach etwas mehr als einem halben Jahr der Verhandlungen konnte Anna Lühring nach Bremen zurückkehren.

Eben habe ich deinen Brief vom 14ten aus dem Palladium gelesen, und will dir wegen der Lühring zur Beantwortung des Preußischen Briefes einige Nachrichten mittheilen.

Diese Freywillige muß nicht verwechselt werden mit ihrer Schwester, welche hier in üblem Ruf stand, und mit einem fr. Officier davon gegangen. Etwas wilder Art soll aber auch sie seyn, was aber vielleicht nur die Entschlossenheit und den Muth bezeichnet, aus dem gewöhnlichen Kreise der Weiber herauszutreten. Liederlichkeit wird ihr nicht vorgeworfen. Ihr Entschluß, die Waffen zu ergreifen, soll inzwischen weniger aus Patriotismus als aus Zuneigung zu einem Lützower Officier entstanden seyn, welches aber wohl besser verschwiegen bleibt. — Ihr Vater ist sehr aufgebracht gegen sie, weil er ihren Ruf dadurch für ganz verloren hält und hat sie nicht wieder sehen wollen. — Auf Zureden besonders von dem Lützower Kulenkamp hat er sich nun bereitwillig erklärt, sie wieder aufzunehmen, nachdem dieser sich bereit erklärt hat, sie als Zeichen seiner Achtung öffentlich spazieren zu führen. — Ein lobender Zeitungsartikel in der Bremer Zeitung würde dem Vater schwerlich angenehm seyn. — Kommt die Jungfrau indeß hieher zurück, so wird die Regierungs-Commission ihr schon die gehörige Ehre wiederfahren lassen, daß der Vater selbst Respect vor ihr bekommen soll. Ihre Keuschheit brauchen wir nicht zu untersuchen, sondern nur die That zu würdigen.

Sie hat indeß kürzlich selbst an den Vater geschrieben, daß sie wohl als Lehrerin bei dem Luisenstift angestellt würde, wofern aber dazu noch selbst dort unterrichtet werden würde. — Unser Staat könnte ihr eigentlich wohl eine Aussteuer bewilligen, und wenn ihr Myrthenkranz etwas entblättert, so müßte er mit Lorbeeren durchflochten werden.

Abschrift des Briefes von Senator Horn an Senator Smidt vom 26. 9. 1814
Staatsarchiv Bremen

In Bremen hatte man nicht nur Schwierigkeiten mit dem Bild der Heldenjungfrau, sondern auch mit der Jungfräulichkeit der Anna Lühring. Zudem hielt man nichts von lauter Weiberehrung, und die ehrenhafteste Frau war noch allemal eine solche, „über die man nicht spricht" (Kloos 1965, 9).
Den Stellenwert, den die Tugend in bezug auf die Frau besitzt, bezeugen alle verfügbaren Dokumente. Es gibt kein Schriftstück, das sich nicht mit der Keuschheit der Anna Lühring beschäftigte. Keuschheit ist die Frage, die die Beziehung zwischen Vater und Tochter belastet. Um die Keuschheit geht es in den Verhandlungen zwischen Berlin und Bremen. Nirgendwo allerdings wird die Willkür der Zuschreibung zwischen Jungfrau und Hure deutlicher als in dem Schreiben, das Senator Horn an Senator Smidt richtete, um die Gestaltung des Bildes von Anna Lühring für die bremische Öffentlichkeit festzulegen. Danach darf man als gesichert betrachten, daß Anna Lühring in ihrer Heimatstadt niemals so begeistert empfangen worden wäre, wenn sie nicht von ihren Kameraden im Corps und vor allen Dingen in höchsten Berliner Kreisen so gefeiert worden wäre. Gegen sie sprach ihre „in üblem Rufe" stehende Schwester, die mit einem französischen Offizier davongelaufen war, und gegen ihren Patriotismus zeugte die vermeintliche Zuneigung zu einem Lützower Offizier. Interessant ist sicher in diesem Zusammenhang, daß Senator Horn vorschlug, die „Liebesgeschichte" zu verschweigen, paßte sie doch offensichtlich nicht in die beabsichtigten Huldigungen.

„Ihre Keuschheit brauchen wir nicht zu untersuchen", schrieb er, „sondern nur die That zu würdigen. -- und wenn ihr Myrthenkranz etwas entblättert, so müßte er mit Lorbeeren durchflochten werden."

Verdächtigung, Beschönigung, Verschweigen, Vertuschen, Andeutung und Umdeutung waren die Techniken der Manipulation, mit deren Hilfe das Bild des Heldenmädchens in Berlin vorgezeichnet, in Bremen retuschiert werden sollte. Anna Lühring selbst hat man nicht gefragt. Ihre Gedanken und Wünsche waren ohne Bedeutung – Widerspruch war nicht vorgesehen.
Sie wurde zur Heldin gemacht, weil für die Obrigkeit in Bremen immer deutlicher wurde, wie vorzüglich doch die eigenen Interessen mit der Person der Anna Lühring verknüpft werden konnten.
Sie erkannte, daß in der Huldigung für die „Tochter Bremens" auch eine Huldigung für die Stadt selbst enthalten war. Ihre Tat sprach für einen patriotischen, bremischen Geist, zeugte von engagierter Teilnahme Bremens am Befreiungskampf, sprach für seine Treue und für seine vaterländische Verbundenheit.
Durch sie konnte die Tatsache ausgelöscht werden, wie schwierig es einst war, in Bremen Freiwillige zu rekrutieren. Vergessen werden konnte die Drohung an die sich verweigernden Männer, „von dem Staate zu irgendeinem Amte angestellt oder befördert zu werden", „die Säumigen zu Beiträ-

gen“ zu zwingen (Schwarzwälder 1976, II, 43). Anna Lühring wurde zum Symbol der Beteiligung der Stadt Bremen am nationalen Befreiungskampf.

Und die Bremer Zeitungen jubelten, hoben in die weißen Wolken der Verherrlichung als Heldin und Jungfrau – Heldenjungfrau in „männlichem Heldenmuth“ und „weiblicher Reinheit“ den Charakter des Volkes der Welt verkündend (Neue Bremer Zeit vom 10. 2. 1815).

Neue Bremer Zeitung

von Staats- Gelehrten- und Handels-Sachen.

No. 41. Freitag, den 10. Februarius 1815.

Bremen, den 9. Februarius.

Anna Lüring, geboren in Bremen den 3ten August 1796, ist die Tochter des hier wohnhaften Stadtbaumeisters Joh. Christoph Lüring. Wiewol sie von ihrem Vater eine ihrem Stande und Vermögen angemessene Erziehung erhielt, zeigte sie doch schon in ihren zarteren Jahren eine entschiedene Neigung für einsame Bildung des Geistes, welche sie vorzugsweise zum Lesen Deutscher Dichter hinzog, woneben sie jedoch keinesweges die ihr obliegenden häuslichen Geschäfte versäumte. Sie verlor ihre Mutter in ihrem 15ten Jahre. Wenn auch Bremen's erste Besetzung durch die Franzosen im Jahre 1806 und deren der Regierung und dem Volke zugefügten Schmähungen und Bedrückungen ihrem sorgloseren Alter entgingen, so wurden ihr doch bei der späteren Besitzergreifung ihrer Vaterstadt von Seiten Frankreichs, die Tyranneien auch in ihrem häuslichen Kreise um so fühlbarer durch die Erwerblosigkeit der Zeiten, unter der des Vaters öconomische Verhältnisse bedeutend litten. Sie sah im Frühjahre 1813 die Märtyrer der Freiheit, als Opfer des verhaßtesten Despotismus bluten; in jedem Angestellten des feindlichen Herrschers, der in die Tigerklauen eines Davoust, Vandamme, Arberg und von Halem, der Verworfensten der Nation, das leidende Bremen warf, erblickte sie den Geist des Volks, dem wir unnatürlicherweise angehören sollten; sie sah Preußens Genius erwachen, und die Söhne der Schwesterstädte Hamburg und Lübeck frei, muthig und kraftvoll die allgemeine Sache ergreifen; Bremens Erlösungsstunde sah sie endlich nahen, seine edelsten Söhne schnell unter den Waffen stehen, denen die allgemeine Achtung ihrer Mitbürger laut lohnte. Was die Wirklichkeit ihr vor Augen gestellt, umhüllte die Dichtung mit dem lockenderen Gewande, in Theodor Körners begeisternden Vaterlandsgesängen reifte die Ahnung zum Vorsatz, und die Prohaska, von der sie mit Entzücken hörte, ward ihr Ideal.

Diese Empfindungen durchglühten ihr jugendliches Herz, als das v. Lützowsche Freicorps seinen Einzug in Bremen, zu Ende des Monats Januarius 1814 hielt. Der allgemeine Ruf dieser ersten Deutschen Befreier Bremens, am 15ten October 1813, hatte schon eine bedeutende Anzahl seiner angesehensten Jünglinge bewogen, der Reiterei dieses Corps sich anzuschließen. Der feste Vorsatz der Anna Lüring, unerkannt und ohne die Gunst einer Berücksichtigung zu genießen, dem Vaterlande sich zu widmen, bewog sie, den Fahnen der eignen Vaterstadt sich zu entziehn; sie beschloß, zu den bereits abmarschirten Fußjägern des v. Lützowschen Corps zu treten, unter denen sie unerkannt ihren schönen Plan zu vollführen mit Gewißheit voraussehen durfte.

Um so geheimer sie ihre edle Absicht zu halten wünschte, um so sorgfältiger sie diese der väterlichen Liebe und Strenge zu verbergen sich beeifern mußte, um so mehr Schwierigkeiten stellten sich ihrem Vorhaben entgegen. Ihres Vaters Haus war der einzige Ort, an dem sie die weibliche Kleidung mit der männlichen vertauschen konnte, in der sie den Truppen folgen und in dieselben aufgenommen werden mußte. Und wann, wie sollte sie der Wachsamkeit im Hause, der Aufmerksamkeit in den Gassen entgehen? Nach mehreren vergeblichen Versuchen gelang es ihr endlich, nachdem sie des Bruders Kleidung angelegt, in der Nacht vom 13ten auf den 14ten Febr. des Vaters Obacht zu entkommen, der ihren Austritt auf den Hof hörte, beunruhigt durch ihr längeres

Gedanken zur Produktion eines Frauenbildes

Die nationale Fesselung erzeugte das Klima, das die Unterdrückten in Ablehnung und Auflehnung gegen die fremde Herrschaft verband, in dem sich alle Stände, alt und jung und Männer und Frauen in gemeinsamem Zorn fanden, in dem ungewöhnliches Frauenhandeln entstehen und sich gebilligt und gewürdigt entfalten konnte.

Der Ruf nach Freiheit, nach Befreiung wurde zum allgemeinen einigenden Band. Das war ebenso im Frankreich des 15. Jahrhunderts der Fall, wie in den deutschen Staaten zu Beginn des 19. Jahrhunderts.

Doch anders als Johanna waren die deutschen Frauen von 1813–1815 nicht weithin leuchtendes Symbol des Kampfes, sondern stille, lange als Frauen unerkannte, tapfere Kameradinnen im Alltag des Krieges, ehe sie ins Licht der Verehrung und der Geschichte gerückt wurden.

Die Geburtsstätte für die Neuinszenierung des Frauenbildes der Heldenjungfrau waren die Freischaren des Adolf von Lützow. Es hatte wohl mit jenem besonderen, revolutionären Geist zu tun, der von Frankreich herübergeweht war, der Arndt, Körner oder Jahn begeisterte, Frauen in seinen Bann zog und die Kameradschaftlichkeit bestimmte, die sich nicht nur zwischen den Ständen, sondern auch zwischen den Geschlechtern anbahnte.

Traten auch die jungen Frauen unerkannt in den Dienst, so durften sie doch bleiben, wenn sie als Frauen identifiziert wurden. Die Haltung zu ihnen wurde bestimmt durch eine Mischung aus Kameradschaftlichkeit und kavaliersmäßiger Behütung, in dem mit der Tat zugleich auch die Sittsamkeit und Tugend gerühmt wurde. Dies bewahrte die Frauen vor Verunglimpfung und vor böswilliger Diffamierung als Huren oder Flintenweiber. Es war der Dank der Lützower an die mutigen Kameradinnen und sollte ihnen die Rückkehr in das bürgerliche Leben sichern. Die Dichter im Corps und an den Universitäten nahmen das Bild der mutigen Jungfrau auf, poetisierten es. Die Zeitungen schmückten es aus und überschlugen sich in Lobeshymnen, als die Generalität mit Blücher und Tauentzien und die Obrigkeit die jungfräulichen Heldinnen rühmten und in ihre öffentlichen Huldigungen den Dank des Vaterlandes flochten. Die mutige und sittsame Jungfrau, ursprünglich ein schützendes Etikett, gedieh zum Hoheitstitel. Ein Frauenbild der Entrücktheit und Erhabenheit entstand: die Heldenjungfrau. Sie war das Geschenk des Mannes an die für seine Ideale kämpfende Frau und zugleich ein Geschenk der herrschenden Klasse an die beherrschte, die sich mit der nationalen Befreiung, die die Krone der Herrschenden festigte, begnügte und auf Freiheit und Gleichheit verzichtete. So erhielt eine Gestalt, entfaltet an realen Frauen der unteren Bürgerschicht, ihre Funktion. Sie wurde zum Symbol der Erhaltung der bestehenden Herrschaft und zum Symbol der Macht des Patriarchats.

Das Bild der Heldenjungfrau ist ein klassisches Beispiel männlichen Sexismus in einer patriarchalischen Gesellschaft, in der die Jungfräulichkeit ihren spezifischen Marktwert besitzt, in der die Frau ein besonderes, dem Manne nicht ebenbürtiges Wesen ist. In ihm akzentuiert sich das typisch Weibliche, eben „das Andere".
Die schlichte Zuschreibung Heldin hätte die Frage nach der Keuschheit, die für den Helden nicht gilt, auch für die Heldin überflüssig gemacht. es wäre um das Tun selbst für beide Geschlechter gegangen, eine mögliche Gleichheit, die durch die Kopplung mit der Jungfrau eliminiert wurde. Doch in der Zuschreibung wurde nicht nur die Gleichheit verwehrt, sondern noch eine besondere Art der Zähmung eingebunden, als sie die Frauen an das eigene idealisierte Bild schmiedete und in die gegenwärtige Verherrlichung gleich die zukünftige Fesselung mit verwob. Sie hatten zurück in die Rolle der jungfräulichen Tochter zu schlüpfen, wenn die Heldin nicht mehr gefragt war.
Das eigenwillige Handeln gegen die Geschlechtsrollennorm, das Selbstbestimmtheit und Selbständigkeit in Denken und Tun bekundete, wurde so auf weibliches Maß zurückgestutzt, die Frauen durch Idealisierung und Ehrung verpflichtet, auf die Durchsetzung eigener Ansprüche zu verzichten. Indem die Frauen, die betroffenen und alle anderen Frauen, die an der Ziselierung mitarbeiteten, die idealisierten Frauenbilder akzeptierten, verleugneten sie ihre eigene Stärke und bekräftigten ihren Status als das dem Manne unterlegene, als „das andere Geschlecht".

Literatur

Beauvoir, S. de: Das andere Geschlecht, Reinbek 1972
Cyrus, H.: Von erlaubter und unerlaubter Frauenart. . ., in: Grubitzsch/Cyrus/Haarbusch (Hrsg.): Grenzgängerinnen, Düsseldorf 1985
Förster, Fr.: Geschichte der Befreiungskriege 1813, 1814, 1815, Berlin 1857
Kloos, W.: Die Bremerin, Bremen 1965
Lange, Fr. (Hrsg.): Die Lützower, Berlin 1953
Mette, H.: Jeanne d'Arc, Reinbek 1982
Neue Bremer Zeitung: Jahrgang 1815
Reindahl, E.: Blüthen des Gefühls, Bremen 1819
Schiller, Fr.: Werke, München
Schumacher, H. A.: Zur Erinnerung an den Lützower Jäger Anna Lühring, in: Brem. Jahrb. Bd. 5, 1870
Schwarzwälder, H.: Geschichte der freien Hansestadt Bremen, Bd. II, 1976
Theweleit, K.: Männerphantasien, Bd. I, Reinbek 1980
Werth, P.: Die Hanseatin Anna Lühring, Hamburg 1915
Staatsarchiv Bremen
Königl.-Preuß. Corps v. Freiwilligen unter Lützow 2–G.7.A. No. 5
Freiwillige unter dem Lützowschen Corps 2–G.7.A. No. 25
Familiengeschichtliche Sammlung (A. Lühring) 9, S. 3

3. Der Utopie entgegen Das Bild der „Neuen Frau“ im Befreiungskrieg Jugoslawiens (1941–45)

Lydia Sklevicky

Revolution bedeutet eine konkrete Utopie: Das Gewünschte wird als möglich dargestellt.[1] Die aktive und zahlreiche Beteiligung der Frauen im Befreiungskrieg, der begleitet wurde durch eine authentische sozialistische Revolution in Jugoslawien,[2] ermöglichte die Erkämpfung neuer Frauenrechte. Nicht nur die Anerkennung der Rolle der Frau als geschichtliches „Objekt“, auch ihr Anteil an der gesamten patriarchalen Kulturtradition wurde erstritten. Schließlich sollte die Utopie der „Neuen Frau“ der Zukunft geprägt werden. Dieser Text setzt sich mit der Ermittlung dieses revolutionären utopischen Potentials auseinander. Es gilt, die utopische Meinung über die „Neue Frau“ zur Revolutionszeit zu analysieren. Dabei versuche ich eine Antwort auf die Frage zu geben, ob diese Utopie der „Neuen Frau“ zum Wegweiser für die Nachkriegszeit wurde. Die Wichtigkeit dieser Frage sehe ich in der Tatsache, daß in den früheren Revolutionsdarstellungen Frauen eine wichtige Rolle im Revolutionsgeschehen beigemessen wurde, daß aber, nachdem die Revolution vorbei war, kein Zusammenhang mehr mit dem vorherigen Verlauf hergestellt wurde. Dieser Mangel an Zusammenhang hatte auch einen Bruch in der Darstellung der Frauenrolle zur Folge.[3] Die alte traditionelle Frauenexistenz, eine Existenz in und für die Familie – gekennzeichnet durch die „Unveränderlichkeit“ ihrer Rolle, „in der sie in den Wandel von natürlichen Rhythmen umhüllt war, geschichtliche Gesichtspunkte außer Acht lassend“ (J. Kristeva), wurde bezweifelt und abgelehnt. Das neue Modell der Frau als Ehefrau, Hausfrau, Arbeiterin und als gesellschaftlich aktive Person erwies sich als wenig tragfähig. Die uralte „geschichtliche Niederlage des weiblichen Geschlechts“ (Engels) wurde scheinbar dadurch noch einmal bestätigt.

Jede Emanzipationsbewegung muß, neben einem klaren Bewußtsein von ihrem Ziel, auch eine Vorstellung sowohl ihrer Vorgänger als auch ihrer Nachfolger vermitteln, um das Zukunftsbild als würdiges und notwendiges Ziel darstellen zu können. Andeutungen dieses Bildes der neuen befreiten Frau analysiere ich am Beispiel von Kriegsausgaben in „Frau im Krieg“, des Organs des Führungsausschusses der antifaschistischen Frauenfront Kroatiens[4]. In der Diskussion anläßlich des ersten Kongresses der kroatischen

Kulturarbeiter im Juli 1944 äußert sich die künftige Redakteurin der Zeitschrift „Frau im Kampf", Nada Sremac, über die Frauenpresse während des Befreiungskriegs:

„Die Seiten dieser Blätter lesend erscheint vor unseren Augen eine neue Gestalt unserer ‚Neuen Frau' – die Gestalt der Kämpferin für die Volksfreiheit, der Hüterin des Volksheiligtums, aber zugleich auch die Gestalt der Frau, die eine neue und bessere Zukunft aufbaut, die Gestalt der Partisanin"[5].

Sie behauptet in dem ein Jahr später veröffentlichten Text zum gleichen Thema, die Frauenpresse habe sich damit ein Verdienst erworben, daß sie bei den Frauen ein Bedürfnis geschaffen und eine Möglichkeit angeboten habe, über eigene Erfahrungen zu schreiben. Erfahrungen, im Kampf gewonnen, hätten eine neue Frau geschaffen, die nicht mehr zurückgezogen, scheu, als Hausgefangene lebt und sich nur um die Belange ihres Haushalts kümmert. Die Frau habe diesen engen Kreis verlassen und sich selbst als ein gleichberechtigtes Mitglied des Volkes empfunden: sie spreche auf Versammlungen, sie lese und schreibe[6].
Diese idealisierende Vorstellung von der vollendeten „Neuen Frau" korrigiert Veda Zagorac im Text „Verwirklichen wir die Gleichberechtigung im Aufbau unserer Heimat!"[7]. Sie weist hier auf die unentbehrlichen Maßnahmen hin, die die „Neue Frau" Kroatiens erst schaffen sollen. Obwohl die politische Gleichberechtigung,[8] die eine der Bedingungen der echten Volksdemokratie darstellt, verwirklicht wurde, stellt sie die Frage, inwiefern sich die Frauen selbst befähigt fühlen, am Wiederaufbau des Landes und an der Ausübung der Volksherrschaft teilzunehmen. Die ungenügende Teilnahme der Frau an der Verwirklichung dieser Aufgaben erklärt Veda Zagorac aus der möglichen Angst der Frauen, ihren Verpflichtungen als Frau und Mutter nicht gut nachkommen zu können. Erst konkrete soziale und politische Maßnahmen, deren Durchführung die Volksbefreiungsbewegung gewährleistet, würden es den Frauen ermöglichen, die beiden Pflichten als Frau und Mutter (deren Vorrang die Autorin nicht bestreitet) nicht zu vernachlässigen und zugleich gleichberechtigte und bewußte Bürgerinnen ihrer neuen Heimat zu werden. Zu diesen Maßnahmen gehörten „in erster Linie der Schutz der schwangeren Frau und Mutter, der Schutz des Kindes und die Ausbildung zur Facharbeiterin".

Die in diesem Text genannten sozialen und politischen Maßnahmen stellen das einzige in der Kriegsperiode veröffentlichte konkrete Aktionsprogramm zur Lösung von Frauenfragen dar. Die Kurzfassung dieses Programms folgt der im Vortrag von Vida Tomsic in der V. Landeskonferenz der Kommunistischen Partei Jugoslawiens 1940 aufgezeichneten Linie,[9] die durch die folgende Formel ausgedrückt werden könnte: politische Gleichberechtigung –

Schutz von Reproduktionsfunktionen der Frau – Sozialisierung der Kindererziehung – Ausbildung – Arbeit.
Für die Einschätzung dieser Voraussetzungen der Frauenemanzipation ist eine von Stanko (Canica) Opacic im Text: „Der Befreiungskrieg hat einen neuen Frauentyp geschaffen" hervorgebrachte Stellungnahme kennzeichnend:

„Die Rolle der Frau im Befreiungskrieg beseitigte *reaktionäre Auffassungen* (Hervorhebung von L. S.) über die minderwertige Rolle der Frau. (...) Die Frau forderte demnach nicht selbst die Gleichberechtigung, sondern die erkämpfte sie durch ihre Arbeit, sie nahm an der Ausübung der Volksherrschaft nicht als Vertreter des weiblichen Geschlechts teil, ihre Aufnahme in die Militärführung und Volksherrschaft ergab sich als logische Folge einer gesunden Auslese der besten Volkskräfte. Sie schreitet Schulter an Schulter mit dem Mann als ein gleichberechtigtes Mitglied der menschlichen Gemeinschaft, wodurch ihr alle Türen für allle Gesellschaftspositionen eröffnet wurden, zu deren Ausführung sie fähig ist. Die Frau hat ihre eigene Kraft erkannt, Selbstbewußtsein gewonnen und Begriffe über ihre Rechte und Pflichten erfaßt."[10]

Der Text schließt mit dem Satz, der Befreiungskrieg habe bewiesen, daß man „den Wert eines Menschen nicht nach dem Geschlecht einschätzen könne, sondern danach, was er leisten kann. Der Befreiungskrieg schuf einen neuen Frauentyp".
Die Beweisführung in diesem Text ist gerade dadurch gekennzeichnet, daß man die spezifische Lage der Frau in der traditionellen Kultur als reaktionäre Auffassung erläutert, ohne den Gesamtkomplex dieser Kultur, in welcher die Lage der Frau nur einen Aspekt darstellt, überhaupt in Frage gestellt zu haben. Wenn es sich um „die Auslese der besten Volkskräfte" handelt oder darum, daß Frauen Positionen erlangten, „für deren Ausübung sie fähig seien", könnte man eine Schlußfolgerung über ihre relative Unfähigkeit ziehen und ständig ihre geringe Vertretung in der Militärführung, aber auch in der Volksherrschaft vor Augen halten.
Die weiteren drei Texte zeichnen in einer poetischen Sprache das Bild einer „Neuen Frau". Ausschließlich männliche Autoren nehmen Zuflucht zur poetischen Sprache, die in sich Kräfte birgt, „den Prozeß jedes gesellschaftlichen Wandels zu bezeichnen."[11] Es soll gezeigt werden, daß diese Autoren ihre Einbildungskraft an der literarisch-mythologischen Tradition geschult haben, in der Frauen als Schöpferinnen besonders schwach vertreten sind.
Der slowenische Journalist Radko Polic betrachtet im Text „Die neue Gestalt der slowenischen Frau" die Verwandlung der Frau als eine Metapher für die Verwandlung des slowenischen Volkes „aus dem Knechtvolk ins Heldenvolk". Der Vergleich bezieht sich auf den Körper der Frau, „aus dem der tierische Faschismus nur einen Leckerbissen für seine Soldaten machen wollte". Die unterjochte Heimat wird der sexuell mißbrauchten Frau gleichgesetzt, und sie „verwandelt sich aus einer unterdrückten und vernachlässigten Märtyrerin in eine Kämpferin, in eine Heldin".[12]

Der kroatische Dichter Vladimir Nazor (1876–1949), seit 1943 der ZAVNOH-Vorsitzende, hielt am 1. Januar 1944 in Otocac eine Rede unter dem Titel: „Von der Amazone bis zur Partisanin".[13]

Sich an die Partisaninnen wendend, spricht er ihnen seine Anerkennung dafür aus, daß sie „einen neuen Frauentyp, eine neue Art von Weiblichkeit, und zwar eine partisanische" geschaffen hätten. Die Frau habe sich dem Völkeraufstand „freiwillig, spontan, für jede Aufgabe, Mühe und für jedes Opfer bereit" angeschlossen. Um so mehr verzichtet sie „auf alles, was Evas Töchter immer mochten, um, dem Manne gleich, zum Erlangen *unserer* Ideale beizutragen" (Hervorhebung von L. S.).

Zu diesem Zweck ruft er Frauengestalten herbei, die in der Geschichte als Kämpferinnen, Politikerinnen, sogar als Herrscherinnen berühmt waren – Frauen, die ihre Wurzeln tief in die Geschichte geschlagen haben. Er führt Beispiele idealisierter Gestalten aus Legenden, heldenartige und stolze Herrscherinnen alter Völker, aber auch von Frauen aus dem Volke an. Trotz solcher Traditionen litten Frauen jahrhundertelang unter Demütigungen, Unterschätzungen und Geringschätzungen bis zur Erscheinung einer festen, ruhigen, ausdauernden und furchtlosen Partisanin. In einem poetischen Bild sah Nazor eine junge Partisanin auf dem Pferd als die wiedererstandene Amazonen-Anführerin Penthesilea.

„Die Gestalt der einstigen Amazonin ist auferstanden, aber schöner und größer, weil die Partisanin nicht nur mit der Kraft ihrer Muskeln, sondern auch durch ihre von allen Frauen erworbenen neuen Kenntnisse handelt, bereichert durch den Verstand, durchgeistigt durch ihr Sein."

Der Kreis zwischen der Amazonin und der Partisanin wird geschlossen. Deswegen wundert der kurze, energische Satz am Textende niemanden: „Die Frauenfrage ist für uns gelöst."

Mgr. Dr. Svetorzar Rittig (1873–1961), Pfarrer der Kirche des Hl. Markus, unterzeichnete den Text „Ritterlichkeit, Schwesternschaft und Idealismus der kämpferischen Volksfrau"[14]. Der bekannte, politisch aktive Historiker zeichnet in großen Umrissen die Metapher einer „merkwürdigen Verwandlung der Weiblichkeit, die eine neue kämpferische Frau geschaffen habe". Er lehnt „den niederträchtigen Zweifel der Gegner" (...) ab, „daß die Partisanin mit einer Bombe am Gürtel das menschliche Frauen- und Mädchenideal nicht verkörpere". Er weist auf entscheidende Augenblicke in der Geschichte, die auch einer schwachen Frau befehlen können, ihre eigene Natur zu vergessen. Dies belegt er mit Beispielen aus verschiedenen Bereichen der Geschichte, wie etwa der Gestalt der Judith, der Jeanne d'Arc oder den Gestalten aus der jugoslawischen Volkspoesie: Hasanaginica, Koksovska djevojka, Majka Jugovica, Majka Margarita. Im nächstfolgenden Zitat versucht Mgr. Rittig mittels Kontrasten seine Grundthese zu unterstreichen:

„Das Bild dieser kämpferischen Frauen ist nicht in ihrem Proletenaussehen, in ihrer vernachlässigten Kleidung, in ihrer männlichen Haltung, in ihren zerzausten Haaren, ihrem Gewehr an der Schulter und der Bombe am Gürtel, sondern in einer merkwürdigen ethischen Verwandlung ihrer Weiblichkeit, in ihrer Furchtlosigkeit und Aufopferung, in ihrer Ritterlichkeit, in der Flamme ihres Idealismus, der ihrem ganzen Wesen einen besonderen Ausdruck, neue Merkmale und ethische Tugenden verleiht", zu sehen.

Neben den bereits angeführten neuen Qualitäten der Weiblichkeit liegt die Betonung auf einer weiteren, nämlich der Schwesternschaft. Aus dieser entstand in unserem Volk eine neue Frauenwelt der Kameradschaft, die kulturelle, nationale, soziale sowie Klassengegensätze zwischen Frauen abschafft.

Hier entsteht eine Frauenwelt ohne Haß und Neid, in der alle Partnerinnen gleich bescheiden, anspruchslos sind, bewußte "Patriotinnen und kämpferische Heldinnen", ohne Fraueneitelkeit, Aufdringlichkeit und ohne Verführungskunst. Der Autor betont weiter sein Vertrauen in den großen Idealismus und in die gewaltige Kraft der Frau, aus Erfahrung erklärt er, wie die Frau in der Regel Lebensumstände richtiger beurteilt als die Männer mit ihrem Verstand. Die sanftmütige Natur der kämpferischen Frau sichert mit ihren schwesterlichen Gefühlen der Liebe für alle unsere Völker die Einheit und Eintracht sowie den Schutz dessen, was „mit Blut und im Kampf geschmiedet und errungen wurde." Vergleichen wir die Texte von V. Nazor und R. Rittig, so fällt der Unterschied in der Auffassung der Geschichtlichkeit des Frauenwesens ins Auge. Nazor behauptet, es sei nichts Unnatürliches, daß die Frau ihre traditionelle Rolle verläßt. Die Geschichte der Frau („Frauen tief in der Geschichte verwurzelt") erklärt die Erscheinung der Partisanin als Erbin einer tiefen Kontinuität. Daß diese Tatsache besonders betont werden solle, leitet Nazor aus dem Bewußtsein über den frauenfeindlichen Charakter der westeuropäischen Philosophie ab (in seiner Rede erwähnt er die beleidigende Meinung Schopenhauers und Nietzsches über die Frauen). Daneben rekurriert er auf die Bedeutung traditioneller Rollenbilder von Frauen und Männern. Dagegen spricht Rittig von einer *merkwürdigen* ethischen Verwandlung der Weiblichkeit (Hervorhebung von L. S.) in jenen Situationen, da entscheidende Augenblicke in der Volksgeschichte einer per definitionem schwachen Frau befehlen, ihr eigenes Naturgeschlecht zu vergessen. Das Bild der neuen Frauenwelt als einer besseren kennzeichnet Rittig mittels der Methode der symbolischen Inversion[15], die die alte, vertraute Frauenwelt auf den Kopf stellt. Haß, Neid, Eitelkeit, Aufdringlichkeit und Verführungskunst werden zu Schwesternschaft, Bescheidenheit, Anspruchslosigkeit, Patriotismus, Kampfgeist, Idealismus. Im Wissen darum, daß Rittig ein römisch-katholischer Geistlicher war, dürfte ich eigentlich nicht auf seiner Bekämpfung der weiblichen Sinnlichkeit beharren, da aber die Betonung einer „neuen Moral" eine der festen Größen moderner revolutionärer Bewegung darstellt, dürfen Rittigs Auffassungen als Teile eines größeren Syndroms betrachtet werden. Kommen wir auf Rittigs Text zurück:

„Keine Spur vom Willen oder Wunsch, ein männliches Wesen zu behexen oder es in ihren Bann ziehen. All diese Damen sind gemäß den gesellschaftlichen Normen Mitglieder der alten, vorübergehenden Frauenwelt, zugleich aber auch bescheidene Genossinnen und Arbeiterinnen der neuen Welt, die im Kommen ist."

Rittig verdeutlichend möchte ich erklären, daß im Wortschatz der alten Welt der Begriff „Dame" ausgrenzend ist. Er steht anstelle des Begriffs der „Frau", welcher offensichtlich Aspekte der Naturordnung, Sinnlichkeit und des Triebes beinhaltet.[16] Setzen wir mechanisch die Benennung „Genossin" aus der neuen Welt für die „Dame" ein, so erhält man die „geschlechtslose Arbeitsbiene" die von Ernst Bloch als Produkt einer verschobenen Frauenbewegung betrachtet wird.[17]

Rittig empfindet seine Vision der neuen Frau schon als legendär „in der Volksgeschichte" und als „unerschöpfliche Quelle erhabendster Anregungen".[18]
Ohne Rücksicht auf die dargestellten grundsätzlichen Unterschiede in diesen Texten von Nazor und Rittig ist die gemeinsame Suche nach der Legitimität der „Neuen Frau" in der Geschichte auffallend, die so weit zurückgeht, daß ihre Spuren im mythischen Schleier verlorengehen[19]. Die poetische Kraft ihres Darstellungsvermögens und ihrer Sprache erwiesen sich als der utopischen Kraft des geschilderten Sachverhaltes nicht gewachsen. „Die gesellschaftliche Revolution kann ihre Poesie nicht in der Vergangenheit sondern nur in der Zukunft suchen", schrieb schon Marx.[20]

Das Bild der „Neuen Frau" bewegt sich im Raum zwischen dem idealisierten (obwohl mit Blut und Hoffnung getränkten), in allem ebenbürtigen und befreiten Frauenbild und der Poesie der Vergangenheit. Die ideologische These von der möglichen Beendigung eines emanzipatorischen Prozesses ließ weder der Vorstellungskraft genug Lebensraum noch dem wahren Einflechten der Utopie in die Zukunftsvorstellungen des revolutionären Gesellschaftswandels. Die Frau außerhalb ihres Heimes, mit Gewehr am Rednerpult: war sie da fehl am Platze? Die Antwort gebührte der Nachkriegszeit, als die Gewehre verstummten, als Trümmerhaufen weggeräumt wurden, als ein neues Heim zu bauen war. Die Zukunft zeigte, daß Frauen vom Schlachtfeld nur einen bescheidenen Teil der utopischen Visionen über sich mitnahmen.

Anmerkungen

1 Vgl. Ziele von Frauenbewegungen vor dem und während des Zweiten Weltkrieges in Texten:
L. Sklevicky, L.: Nachkriegszeit und 1950er Jahre in Kroatien, in: Dokumentation 4. Historikerinnentreffen, Technische Universität Berlin, 1983, 99–117.
L. Sklevicky, L.: Emazipatorische und integrative Tendenzen in der Frauenbewegung Jugoslawiens, 1918–1953, in: Die ungeschriebene Geschichte, Wiener Historikerinnen und Wiener Verlag, Frauenforschung Bd. 3, 1984, 94–101.

2 Am Befreiungskampf nahmen schätzungsweise 2 Millionen Frauen teil, während in der Befreiungsarmee etwa 100000 kämpften (34 % der gesamten Kämpferzahl). Ein Viertel davon ist ums Leben gekommen, 40000 wurden verletzt, und 90 Frauen wurde der Orden des Kriegshelden verliehen. Im höchsten Machtorgan, ZAVNOH (Antifaschistischer Landesrat der Volksbefreiung Kroatiens) betrug der Frauenanteil 11 % (laut L. Sklevicky, „Die organisierte Tätigkeit der Frauen in Kroatien während des Befreiungskampfes 1941–1945“, in: Povijesni prilozi, Bd. 3, 1984, 91).

3 Zur Diskussion über das Problem der Diskontinuität als Erfahrung der neuen Frauenidentität Chiara Saraceno: Tempo della famiglia e discontinuita femminile, in: Interferenze, Lo stato, la vita famigliare, la vita privata, Milano 1979, 237–262.

4 Žena u borbi (Frau im Kampf), Reprint, Konferenz für gesellschaftliche Aktivitäten der Frauen Kroatiens, Zagreb 1974.

5 „Der erste Kongreß der Kulturarbeiter Kroatiens“, Žena u borbi, Bd. 9, 1944, 24.

6 Nada Sremac: Naša ženska štampa (Unsere Frauenpresse), Žena u borbi, Bd. 16–17, 1945, 42–43.

7 Zagorac, V.: Ostvarujemo ravnopravnost u izgradnji domovine (Wir verwirklichen die Gleichberechtigung in Wiederaufbau unserer Heimat), Žena u borbi, Bd. 12–13, 1945, 15.

8 Die politische Gleichberechtigung der Frau wurde zum ersten Mal in der Geschichte in der Deklaration über die Grundrechte der Völker und der Bürger des Demokratischen Kroatiens gesetzlich festgelegt (Artikel 3: „Frauen haben die gleichen Rechte wie die Männer...“), gebracht an der 3. Tagung von ZAVNOH, Mai 1944.

9 Dies stellt das erste abgeschlossene Referat dar, gewidmet der Frauenfrage als solche im Rahmen der Klassenfrage.

10 Opačić (Ćanica), Stanko: Narodnooslobodilačka borba stvorila je ženu novog tipa (Der Befreiungskrieg schuf einen neuen Frauentyp), Žena u borbi, Bd. 1, 1943, 5.

11 „So stellt die poetische Sprache den Prozeß jedes gesellschaftlichen Wandels dar und in seiner Funktion stellt er die Frage der Macht“, Nenad Miščević, Filozofija jezika, Naprijed, Zagreb 1981, 226.

12 Polič, Radko, Novi lik slovenske žene (Die neue Gestalt der slowenischen Frau), Žena u borbi, Bd. 10, 1944, 56.

13 Nazor über Partinsaninnen, Žena u borbi, Bd. 7, 1944, 7.

14 Mgr. Dr. Svetozar Rittig: Viteštvo, posestrimstvo i idealizam narodne borbene žene (Ritterlichkeit, Schwesternschaft und Idealismus der kämpferischen Volksfrau), Žena u borbi, Bd. 12–13, 1945, 4–6.

15 Für die Bestimmung des Begriffes der symbolischen Inversion siehe: The reversible World, Symbolic Inversion in Art and Society, Barbara A. Babcock (Ed.), Cornell Univ. Press, 1978.

16 Dieser Gedanke zieht sich wie ein Leitfaden durch die gesamte Studie von Klaus Theweleit, „Männerphantasien" (herausgegeben ud zitiert nach der Kroatischen Übersetzung), GZH, Zagreb 1983.
Hier nur eine indikative Angabe:
„(...) Während es für einen Mann genügt, ein sauberer und mutiger Kämpfer für die neue Welt zu sein, muß die Frau auch sexuell sauber bleiben. (...) Diese neue Moral garantiert die Unterjochung der weiblichen Sexualität von einer Gesellschaft zur anderen, und damit zugleich die Dominanzkontinuität. Eine unbefreite Frau biete wieder das Material für den Aufbau von innerlichen Lebensgrenzen im neuen Staat".
(„Männerphantasien", Übersetzung ins Kroatische, Bd. 2, 136).

17 „Dies macht, daß die Frauenbewegung, auch wo sie durch die proletarische ersetzt ist, doch nur vertagt ist. Soll heißen: das in den bisherigen Männergesellschaften so wenig geklärte, so wenig über die bloße Familie hinaus bestimmte Geschlechtswesen Weib tritt als Problem auch hinter der ökonomisch-sozialen Befreiung wieder hervor. Gerade der Untergang der weiblichen Unterdrückung schafft, per se ipsum, nicht den Untergang des weiblichen Inhalts. Liebhaberin, Mutter, gar versachlichtes Arbeitswesen haben diesen Inhalt noch nirgends ausgeformt oder gar in seinen utopischen Möglichkeiten erschöpft. Er ist auch in den noch so poetisch verdichtetsten Kategorien Liebhaberin und Mutter nicht ausgeformt; um von neuen, bisher unbekannten und doch möglichen Kategorien zu schweigen" (Ernst Bloch: Das Prinzip Hoffnung, Bd. 5, Frankfurt 1977, 695).

18 Daß Rittigs Vision auch dreißig Jahre später nicht selbstverständlich ist, ist auch aus der Kurzfassung seines Textes in der Reprint-Ausgabe von „Frau im Krieg" (1974) ersichtlich, wo in der Artikelbibliographie folgendes steht: „Im Artikel wird die Gestalt der Partisanin, die Gestalt einer kämpferischen Frau, die für die Freiheit ihres Volkes kämpft, *auf eine überzeugende Weise* dargestellt" (Hervorhebung von L. S.).

VI. Frauenarbeit im Wandel – Zwischen unbezahlter und bezahlter Ausbeutung

1. Frauen forschen – Frauenforschung? Untersuchungen über Frauenindustriearbeit in den zwanziger Jahren

Karin Jurczyk/Carmen Tatschmurat

I.

Seit Ende der siebziger Jahre werden Studien zur Lage der Industriearbeiterin veröffentlicht, in denen ihr Leben und Arbeiten in umfassender Weise dargestellt und analysiert wird. Der Anspruch dieser Studien ist es, Frauen (Arbeiterinnen) nicht nur als Forschungsgegenstand, sondern auch als Subjekte ihres Handelns zu verstehen. Am konsequentesten haben dies u. E. Regina Becker-Schmidt und ihre Mitarbeiterinnen (1983) verwirklicht; dort hat dieser Anspruch auch im methodischen Vorgehen seinen Niederschlag gefunden.

Für uns Soziologinnen waren diese Studien sehr wichtig: Wir meinten, daß eine so verstandene Forschung ohne historische Vorbilder und Tradition war. Erstmals – so dachten wir – wurden hier *beide* Arbeitsbereiche der lohnarbeitenden Frauen systematisch verknüpft und in ihrer Widersprüchlichket, Ambivalenz und gegenseitigen Unterstützung aufeinander bezogen. Erstmals wurde die Situation dieser Frauen umfassend beschrieben, und zwar mit Empathie und gleichzeitig mit der nötigen Distanz. Erstmals wurde die Industriearbeit von Frauen in ihrer *Besonderheit* verstanden und verständlich – in der strukturellen Besonderheit von Frauenerwerbsarbeit, die sich aus der den Frauen immer auch abverlangten Zuständigkeit für Hausarbeit ergibt.

Zu unserer Überraschung stießen wir dann aber bei unseren eigenen sozialhistorischen Recherchen auf eine Fülle ähnlich orientierter Untersuchungen zur Frauenindustriearbeit aus den vergangenen 100 Jahren. *Unser* Erkenntnisinteresse ist es nun nicht, der Geschichte der Frauenindustriearbeit neue Facetten hinzuzufügen. Vielmehr geht es uns darum, die *Forschungs-Geschichte* – genauer: *Frauenforschungs-Geschichte,* im Bereich industriesoziologischer Untersuchungen nachzuzeichnen. Wir haben diese daraufhin gelesen, welche *Fragestellungen* die Autorinnen untersucht haben, mittels welcher *Methoden* sie zu ihren Ergebnissen gekommen sind und ob sich eventuell *Kontinuitäten* oder *Brüche* nachzeichnen lassen. Uns wurde deutlich, daß das meiste, was heute gedacht oder geforscht wird, *so* neu nicht ist:

Es gibt viele Forscherinnen, die bereits vor 50, ja vor 80 Jahren ähnliche Gedanken hatten und ähnliche Wege gingen; wenn auch die Theorie weitaus weniger begrifflich präzise war, so war die Methode oft umfassender.
Auch bei den inhaltlichen Ergebnissen der frühen Studien erstaunten wir: All die vermeintlich von der neuen Frauenforschung entdeckten Strukturmerkmale werden bereits damals benannt: die sogenannte Unvollständigkeit des Frauenarbeitsverhältnisses – immer gemessen am männlichen Standard –, seine objektive Diskontinuität, auch das subjektive Verständnis von Frauenerwerbsarbeit als „Provisorium", als Übergang, die prinzipielle Alternativität (bzw. die Hoffnung darauf) von Industriearbeit und Eheschließung. Auch die „andere" Einstellung zur Erwerbsarbeit und spezifisch weibliche Arbeitsmethoden werden auf die Besonderheit der Lebenssituation von Frauen zurückgeführt. Bis hinein in die Begriffsbildung waren uns die Argumente vertraut, erkannten wir sie wieder: Franzen-Hellersberg verwendet z. B. 1932 den Begriff des „Lebenszusammenhanges" von Frauen, der, 1976 von Ulrike Prokop in die Diskussion gebracht, zu einem zentralen Konzept der Frauenforschung avancierte.
Bevor wir nun etwas genauer auf einige Studien aus den 20er Jahren eingehen, nennen wir zunächst *drei Gemeinsamkeiten,* die alle Studien aus dem Zeitraum von 1910 bis 1960 aufweisen – wenn auch mit historisch variierender Schwerpunktsetzung.

1. Alle Industriearbeiterinnen-Studien legen auf Frauen und Männer eine unterschiedliche Perspektive an: Während Männerarbeit von vorneherein als betriebliche bzw. berufliche begriffen wird, wird Frauenlohnarbeit betrieblich *und* reproduktionsbezogen thematisiert. Wobei „Reproduktion" unterschiedliche Bedeutung hat: Neben der privaten Wiederherstellung der Arbeitskraft des Mannes und der mitarbeitenden Kinder geht es häufig auch um die Reproduktion des Volkes generell, also um die mit Frauenerwerbstätigkeit verbundenen Probleme für die Bevölkerungsentwicklung.
2. Aus dieser umfassenden Thematisierung von Frauenarbeit ergeben sich Gemeinsamkeiten hinsichtlich des *methodischen Vorgehens:* Die Verfasserinnen gingen, soweit sie empirisch arbeiteten, immer in die Betriebe und in die privaten Lebensbereiche der Frauen, z. T. lebten sie für einen begrenzten Zeitraum mit ihnen.
3. Gemeinsam ist ihnen auch das Interesse an einer *Veränderung* der Situation der Arbeiterinnen. Hier allerdings muß differenziert werden: Die eine Gruppe sind Forscherinnen, die sich aus einer bürgerlichen Tradition heraus für das „Schicksal" der Arbeiterinnen interessieren. Diese Frauen, die eher pädagogisch orientiert waren, oft aus der Bildungsarbeit der Kirchen kamen, setzten alles auf die ethisch-sittliche Entwicklung der Arbeiterinnen. An den hierzu formulierten Programmen läßt sich bis hinein in die Wortwahl dann nahezu nahtlos in den Untersuchungen nach 1933 anknüpfen.
   Daneben wurden Untersuchungen durchgeführt von Frauen, die im weitesten Kreis zur Arbeiterbewegung zu rechnen sind, also gewerkschaftlich, sozialistisch oder sozialdemokratisch orientiert waren, oder für die weiblichen Berufsverbände arbeiteten. Hier ist das Interesse, die Arbeiterin durch Bildung dazu zu bringen,

sich aktiv in der jeweiligen Organisation zu betätigen. Ganz scharf freilich lassen sich diese beiden Gruppen nicht immer trennen.

Der hier ausgewählte Zeitraum der Zwanziger Jahre zeigt sich uns als „Zwischenzeit“: Nach dem Ersten Weltkrieg und vor der Machtergreifung durch den Nationalsozialismus vermuteten wir eine Zeit geringer politischer Vorgaben und relativer Freiräume für industriesoziologische Forschung, eine Zeit, die gleichzeitig von Aufbruch wie von Festigung bestimmter Entwicklungen gekennzeichnet ist. Innerhalb der Forschung bestanden die Freiräume darin, daß es – noch – relativ wenige verbindliche Standards gab und in der Tradition von Max Weber (1908) die Realität weitgehend unvoreingenommen betrachtet werden konnte. Wir können diese verbreitete Meinung mit unseren Untersuchungen nicht unbedingt bestätigen. Insbesondere die daraus abgeleitete Schlußfolgerung, daß für die darauf folgende Zeit ab 1933 eine Diskontinuität in der Frauenindustriearbeit *und* deren wissenschaftlicher Thematisierung unterstellt wird, kann in dieser Allgemeinheit nicht belegt werden. Weder kam die Soziologie zum Erliegen, wie bis in jüngste Zeit behauptet wurde, noch wurden plötzlich „ganz andere“ Themen wichtig. Vielmehr gibt es eine überraschende Kontinuität in der Perspektive und im Zugriff auf Arbeiterinnen entlang der Linien: Interesse an der gesamten Arbeitskraft der Frau einschließlich ihrer Reproduktionsfunktion, Interesse an flexibel einsetzbaren und nahezu unbegrenzt ausbeutbaren Arbeitskräften und Interesse an der staatstragenden Funktion der Frau als Bewahrerin sittlich-moralischer Wertsysteme. Was sich nach 1933 änderte, war, bildlich gesprochen, der Bildausschnitt, die Schärfe bzw. Vergröberung der belichteten Bereiche, die Farbe. Die Komposition des Bildes insgesamt blieb weitgehend unverändert.
Dies nur als kleiner Hinweis auf den Rahmen, in dem die Untersuchungen zu sehen sind, über die wir nun berichten wollen; wir beschränken uns im folgenden auf die Zeit vor 1933.[1]

II.

Wir berichten zunächst über die Studie von Hildegard Jüngst (1929), die dem bürgerlichen Milieu zuzuordnen ist, dann über eine Untersuchung von Elisabeth Franzen-Hellersberg, die, obwohl SPD-Mitglied, eine Zwischenstellung einnimmt, und anschließend zusammenfassend über einige Untersuchungen aus dem Umfeld der Arbeiterbewegung.
Die Studie von Jüngst (1929) über die jugendliche Fabrikarbeiterin ist nicht im strengen Sinn eine industriesoziologische Arbeit, sondern sie ist „indu-

striepädagogisch“ ausgerichtet. So geht es ihr um die „Gesamtwesenserfassung“ (16) der jugendlichen Arbeiterin, „um hier allgemeine Anhaltspunkte für eine erzieherische Beeinflussung zu gewinnen“ (30). Bildung soll der Weg sein, um den Mädchen zu ihrer „individuellen Wesensformung“ zu verhelfen, dafür muß die „allzuenge Bindung der Bildung an das Eigentum“ (13) aufgelöst werden. Dies bleibt aber auch ihre einzige unangepaßte Forderung. Schon von ihrem pädagogischen Anspruch her wendet sich Jüngst den Mädchen nicht nur als Arbeitskräften, sondern als „ganzen Menschen“ zu, sie interessiert sich für deren umfassende Lebensgestaltung.
In ihrem methodischen Vorgehen versucht sie, Arbeit und Leben der Mädchen aus der Nähe kennenzulernen (13–86). Sie tut dies, indem sie selbst (nach intensivem Literaturstudium) in die Lebenswelt der zu Erforschenden eintaucht: Mit Wissen der Betriebsleitung arbeitet sie zwei Monate in einer Schokoladenfabrik, wohnt vier Wochen im Wohnheim und vier Wochen in einer Arbeiterfamilie, nimmt gemeinsam mit den Mädchen an Ausflügen, Tanzveranstaltungen und Kinobesuchen teil und spricht mit ihnen auf dem Weg zwischen Wohnung und Fabrik und in den Pausen. Ihr Ziel ist Einfühlen, aber nicht inneres Aufgehen im Proletariertum (25), um den wissenschaftlichen Abstand zu wahren. Ausführlich reflektiert sie mögliche Fehlerquellen (z. B. ihre unbewußten Versuche zu erziehen, ihren positiven Einfluß auf die Mädchen etc.). Gleichzeitig versendet sie Fragebogen an Fabrikpflegerinnen (allerdings mit kaum verwertbarem Rücklauf) und pflegt mündlichen und schriftlichen Austausch mit Frauen der Fürsorge, der Berufsschulen etc. Ihr ist klar, daß sie ihrer Arbeit keinen Anspruch auf unbedingte Objektivität geben kann (30).
An ihrer Studie fällt nun zweierlei auf: einerseits ihr Realismus bzgl. der weiblichen Industriearbeit (die Industriearbeit braucht die Frauen; die Frauen brauchen den Lohn, 14); andererseits ihre geradezu moralisch-missionarische Gesinnung, die mit Schaudern und Unverständnis vor dem ausgeprägten Sexualleben der jungen Arbeiterinnen steht. Aber nicht nur bezogen auf das Sexualleben vermag es Jüngst kaum, ihre bürgerlichen Vorurteile zu relativieren oder nur kritisch zu reflektieren (vgl. 87, 102).
Untersucht werden, wie fast immer, vielfältige Aspekte, die mit der Industriearbeit direkt oder indirekt zu tun haben: Ernähungsweise, Arbeitswege (als physiologische Grundlagen) sowie Lohn, Arbeitszeit und Pausen u. a. m. als ökonomische Grundlagen. Stets werden die Auswirkungen der Industriearbeit auf die Lebensgestaltung mit-thematisiert: Der niedrige Lohn z. B. wird als ein Verursacher der Prostitution gesehen (44).
Die Frage nach der häuslichen Umwelt und dem Freizeitleben ist selbstverständlich (48ff.). Die Trübseligkeit und Enge der Wohnverhältnisse sind bedrückend, die junge Arbeiterin, die fast immer bei ihren Eltern wohnt, flieht – so Jüngst – auch aus diesem Grund ihr „Zuhause“ (51). „Sie stürzt

sich mit aller jungen Lebenslust in die Lockungen des städtischen Getriebes" (51), gemeint sind damit u. a. Kino und Tanzvergnügen.
Bereits bei der Schilderung proletarischer Familienverhältnisse fällt auf, daß Jüngst ihre „bürgerliche Brille" kaum absetzen kann: Ihre vernichtend negative Beschreibung setzt allzu selbstverständlich ihre eigenen Wertmaßstäbe von Ordnung, Sauberkeit und Sittlichkeit voraus und erfaßt so nicht die sicherlich auch vorhandenen positiven oder zumindest ambivalenten Seiten des Lebens in Arbeiterfamilien (50, 51, auch 80ff.).
Großen Raum nimmt – wie so häufig damals und in den heutigen Untersuchungen kaum mehr – die „geistig-seelische Einstellung" der Mädchen ein: Eindeutig werden weibliche Wesen dadurch charakterisiert, daß nicht die „sachliche Umwelt", sondern „persönliche Beziehungen" ihren Lebensinhalt ausmachen (55). „Die Seele der Frau braucht ein anderes Du ...". So kann die eher dem Kinde ähnliche seelische Einstellung der Frau sich in ihrer höchsten Stufe nur (?) bis zur Mütterlichkeit vertiefen (56), und selbstverständlich findet das Mädchen „die vollkommenste Erfüllung im Frau- und Mutterberuf". Für die jugendliche Arbeiterin besteht – im Gegensatz zu den Mädchen höherer Bildungskreise – kein Konflikt zwischen Berufs- und Muttergesinnung: „Sie tritt ein in die Fabrikarbeit mit dem Gedanken: ich arbeite so lange, bis ich mich verheirate" (57, vgl. auch 6–70). Ob die Abwesenheit dieses Konflikts sich nur den negativen Arbeitsbedingungen in der Industrie verdankt, läßt Jüngst offen.
Ein anderer Konflikt ist für die junge Arbeiterin jedoch zentral: Dem weiblichen Hauptwesenszug, „der Einstellung auf das Persönliche", steht der des Wirtschaftslebens, die „Rationalisierung und Entpersönlichung", genau entgegen. Wodurch diese Spannung in den Mädchen verschärft oder gemildert werden kann, Arbeitsunslust oder Arbeitsfreude gefördert werden, wollen wir hier nicht näher ausführen (58–80). Die Motive der Industriearbeit liegen nach Jüngst fast ausschließlich im Geldverdienst; manche sind einfach froh, „Arbeit zu haben" (68), bei denjenigen jedoch, die früher als Hausangestellte gearbeitet haben, taucht als Motiv „Freiheit" auf (68). Denn relativ betrachtet bedeutet Industriearbeit Freiheit aus totaler, den ganzen Tag und die ganze Person umfassende Kontrolle und Abhängigkeit. Die Antworten auf die Frage nach Arbeitsfreude oder -unlust fallen deshalb vorbildlich differenziert aus, in Abhängigkeit von jeweiligen äußeren und inneren Bindungen (71).
Für die Arbeiterinnen selbst ist jedoch (nach Jüngst) ihr eigenes Triebleben von vorrangigem Interesse. War bislang ihre Analyse anschaulich und aufschlußreich, so wird sie bei diesem Thema allzu sehr durch ihre eigene sittliche Einstellung gefärbt. Die negative Wertung des Sexuallebens taucht an jeder möglichen Stelle im Text auf.
Im Kapitel „Die Stellung zum anderen Geschlecht" (92–100) konstruiert sie

Mädchentypen hinsichtlich ihrer Einstellung auf sexuellem Gebiet. Offensichtlich steht sie bei aller z. T. persönlichen Sympathie für einzelne Kolleginnen fassungunglos und empört vor dem „Umsturz der Werte" (95), den viele Arbeitermädchen praktizieren. Trotz (oder vielleicht sogar wegen?) der gelebten Nähe der Forscherin zu den Arbeiterinnen fehlt ihr das Verständnis für deren Verhaltensweisen. Deshalb wundert es eher, wenn sie die sehr nüchternen materiellen Erwägungen der Arbeiterinnen im Hinblick auf Ehe und Kinder nicht kritischer kommentiert (99).
Ihre pädagogischen Forderungen basieren auf der Idee, daß "persönliches Leben in die technische Umwelt hineinzutragen und diese so dem Menschlich-Seelischen anzupassen" sei (110) und nicht umgekehrt. Dies führt zu sehr humanen Vorschlägen bzgl. Arbeitszeit, Pausen, Urlaub und der Gestaltung der Fabrikräume (112ff.). In der Regel bleiben ihre Forderungen jedoch im erzieherischen-individuellen Rahmen, ihr missionarischer Eifer ist dabei manchmal unangenehm; politische Veränderungsnotwendigkeiten werden kaum genannt.
Der Geist des Buches ist eher konservativ und angepaßt; es wundert nicht, daß gerade sie diejenige ist, die im folgenden Jahrzehnt des Nationalsozialismus am häufigsten zitiert wird. Denn ihre Einstellung gegenüber Frauen und speziell Industriearbeiterinnen trägt nichts in sich, das nicht hätte usurpiert werden können von faschistischer Frauen-, Familien- und Arbeitsideologie. Zum Schluß hebt sie vor allem hervor, daß im Rahmen der Berufsschulerziehung „die Aufgaben, die insbesondere heute auf die künftigen deutschen Mütter der minderbemittelten Volksklassen warten, dringend einer erzieherischen Vorbereitung bedürfen" (125). Deshalb sieht sie die „Erziehung zum Mutterberuf (als) die zentrale Aufgabe der Berufsschulerziehung" an (124). Können wir dies präfaschistische Ideologie nennen?
Wie anders ist nun die thematisch fast identische Studie von Franzen-Hellersberg (1932) über die „jugendliche Arbeiterin, ihre Arbeitsweise und Lebensform". Auch ihr geht es weniger um eine ökonomische Analyse als um die „soziologische Physiognomie" der jungen Arbeiterin, um sie „zu zeichnen als ganzen Menschen" (9). Die Vorgehensweise auch von Franzen-Hellersberg entspricht dem üblichen Blick auf Frauenindustriearbeit, der diese stets im Zusammenhang mit dem ganzen Leben von Frauen betrachtet.
Zur Gewinnung der „Kenntnis eines anschaulichen Lebenszusammenhangs" wählt sie eine „kombinierende und relativierende Methode der Erkundung" (VII). Sie besucht Betriebe, Familien und Vergnügungsstätten, kontrastiert das Urteil der Mädchen mit dem von Betriebsleitern, Lehrern und Fürsorgern, sie bezieht – wenn auch mit Mißtrauen – Fürsorgeakten ein. Sie nahm manches Mal die Rolle einer schlafstättensuchenden Arbeiterin oder einer Fürsorgerin an, ohne sich, wie auch Jüngst, als Forscherin zu erkennen zu geben. Ihrer Meinung nach war ein solches Vorgehen sinnvoller, als Leben

und Arbeit mit den jungen Frauen für kurze Zeit zu teilen. Sie nennt dies – etwas verächtlich – „Drei-Monate-Fabrikarbeit" (4).
Sie meint, daß in der vermeintlich geteilten Erfahrung eine große Gefahr der Selbsttäuschung liege. Sie spricht in diesem Zusammenhang die unüberwindbare Kluft zwischen Forschern und Beforschten an: „Ob man sich interessiert oder helfend naht, man ist und bleibt Fremdling, Eindringling" (4). Die „Zukunftslosigkeit", das „Muß der Arbeit" bleibt dem Forscher fremd (8).
Überraschend ist es, daß gerade Franzen-Hellersberg nicht auf die vorgenannte Studie von Jüngst eingeht, diese nicht einmal zitiert, obgleich sie – allgemein – von interessanten und ähnlich gelagerten Studien, die in den letzten drei Jahren entstanden sind, spricht. Kannte sie die Studie von Jüngst nicht, oder wollte sie diese vielleicht gerade wegen der Ähnlichkeiten im Hinblick auf methodische Überlegungen und einzelne inhaltliche Aspekte nicht zur Kenntnis nehmen? Über die Arbeitssituation der Wissenschaftlerinnen, ihre Zusammenarbeit und ihre Konkurrenz wissen wir so gut wie nichts; deutlich wird dennoch, wie wenig die Forscherinnen bereits vorliegende Arbeiten konstruktiv nutzten, sich auf diese bezogen, auf ihnen aufbauten. Eine „scientific community" der Frauen-Forscherinnen gab es anscheinend nicht, die Arbeiten scheinen isoliert entstanden zu sein.
Hier vermuten wir, daß Franzen-Hellersberg sich bewußt von dem Duktus der Jüngstschen Studie abzuheben versuchte. Denn ihr Hauptanliegen war, wie ihr Untertitel sagt, die „Umwertung proletarischer Tatbestände".
Immer wieder reflektiert sie dabei ihren bürgerlichen Bias und kritisiert den Forscherhochmut gegenüber Proletariern. Insbesondere wird ihr Bemühen um eine „Umwertung" deutlich bei dem Themenbereich „Sexualität", der auch schon Jüngst besonders faszinierte. Sie stellt fest, daß die junge Arbeiterin sich als „Gattungswesen, als Weib und nicht als Individuum" (67) sieht. Aber: Die ungehemmte Sexualität, die vitale Begabung sind das „verhältnismäßig positivste, was die Mädchen ausfüllt" (68). Sie ringt geradezu bei der Einschätzung der zentralen Bedeutung von Erotik und Sexualität für die Arbeiterinnen darum, deren „eigenen Lebensstil nicht als Manko zu begreifen", sondern zu verstehen als „vitalen Ausgleich, um ihr Leben überhaupt ertragen zu können" (64), als „natürliches Ventil" (86). Erotik ist die „einzige Macht" dieser Frauen (29). In der überwiegenden „Vitalität" findet sie sogar „Ansatzpunkte, die Gestalt der Arbeiterin als Primitivform eines weiblichen Wesens überhaupt hervorzuheben" (67). Bereits im Vorwort hebt sie hervor: „Unter Verzicht auf eitle Vorurteile muß der eigene ‚moralische' Halt nur als ein unverdientes Geschenk bürgerlich behüteter Erziehung betrachtet werden" (V).
Gerade ihr Versuch, besondere Maßstäbe für die weiblich-proletarische Existenzart zu finden, diese „verständlich zu machen" als Resultat der Lebensumstände, macht sie in den Augen der Wissenschaftlerinnen im Nationalso-

zialsmus unakzeptabel. Der Versuch, die Situation der Industriearbeiterinnen weder zu glorifizieren noch zu verwerfen, bringt ihr den Vorwurf der „Wertfreiheit" ein und den Vorwurf, die Auflösung der Familie zu betreiben. Sie zeichnet insgesamt ein negatives Bild der jungen Proletarierin und sieht die problematischen Folgen weiblicher Industriearbeit durchaus, doch sie zieht keine Folgerungen für deren Abschaffung und meint auch, daß es noch nicht möglich sei, pädagogische Maßnahmen als sinnvoll zu beurteilen, da die „Masse der unorganisierten Proletarier wie ein unerforschter Kontinent am Südpol zu betrachten (ist)" (14). Solche „verstehende" Forschung scheint nach 1932 nicht mehr möglich, Franzen-Hellersberg emigriert dann auch 1936 in die Vereinigten Staaten.

Neben den Arbeiten, die aus einem eher bürgerlichen Interesse an der Hebung des sittlich-moralischen oder Bildungsniveaus der Arbeiterin heraus entstanden sind und neben der Studie von Franzen-Hellersberg, die zwar auf bürgerlichem Hintergrund, aber in durchaus gesellschaftskritischer Absicht geschrieben wurde und die deshalb einen „Zwischenstatus" einnimmt, möchten wir diejenigen Untersuchungen erwähnen, die von der Arbeiter- (und z. T. der Frauen-) Bewegung direkt inspiriert wurden. Untersucht wurden in zahlreichen mehr oder weniger großen Studien und z. T. mit unkonventionellen Methoden in Gewerkschaften, Berufsverbänden oder Parteien organisierte Frauen und Männer. Diesen Befragungen liegen klar artikulierte Interessen zugrunde: Material zu bekommen für den Kampf um bessere Arbeitsbedingungen, gleiche Entlohnung, Arbeitsschutzbestimmungen bzw. allgemeiner, das Interesse an der Darstellung der erreichten Stufe der Vergesellschaftung auf dem Weg zum Sozialismus.

Kennzeichen auch dieser Untersuchungen ist die umfassende Inblicknahme der Lebensverhältnisse der Arbeiterinnen. Und ganz selbstverständlich bedeutet „Arbeit" immer *mehr* als nur Lohnarbeit.

Besonders anschaulich wird dies in den 150 Berichten von Textilarbeiterinnen (1930): „Mein Arbeitstag – mein Wochenende". An dieser Erhebung, die keine eigentlich wissenschaftliche Untersuchung ist, ist vor allem das Zustandekommen interessant: Vom Verbandsorgan des Textilarbeiterverbandes wurde ein Preisausschreiben durchgeführt, und die Arbeiterinnen wurden aufgefordert, „anschaulich und wahrhaftig den regelmäßigen Verlauf eines Arbeitstages und eines Wochenendes" zu beschreiben. Von je 1000 weiblichen Verbandsmitgliedern beteiligte sich eine. Methodische Aufgabe, die der Verband sich gestellt hatte, war auch „proletarisches Frauenleben in seinen geistig-seelischen Regungen einzufangen" (Vorwort,6) und damit Material in die Hand zu bekommen für verbandspolitisches, gewerkschaftliches Handeln, bezogen auf Arbeitsschutz, Mutterschutz, gleiche Entlohnung etc. Im Nachwort werden dann weiterreichende Forderungen aus diesen Schilderungen abgeleitet, z. B. Veränderung der Wohnverhältnisse

(Anpassung an den möglichen Stand der Technik, weg vom Einfamilien-Haushalt hin zu Gemeinschaftsküchen oder auch Verkürzung der Einkaufszeiten durch fahrende Läden oder Lieferungen „frei Haus“), finanzielle Zuwendungen an Mütter (bis zur Schulzeit eine Entsprechung dessen, was „üblicherweise an Pflegekosten für die öffentliche Hand anfallen würde“, 223), und Gleichverteilung der häuslichen Arbeiten auf Mädchen und Jungen (dies geht so weit, daß gefordert wird, daß auch die männliche Arbeiterjugend praktisch mit den Aufgaben der proletarischen Haushaltsführung vertraut gemacht werden solle, und zwar im Rahmen der Berufsschule. Denn: „Es (das Wissen) kann von ihnen vielfach, vor allem aber in der Ehe mit einem Arbeitermädel verwendet werden“ (227). Ziel all dieser Forderungen ist, die Frauen (nicht zuletzt auch zeitlich) in die Lage zu versetzen, sich „in den Dienst und in den Genuß der Erfolge der proletarischen Bewegung zu stellen“ (226).

Ebenfalls im Rahmen von Berufsverbänden ist die Untersuchung von Frieda Glass und Dorothea Kische (1930) anzusiedeln, durchgeführt von der Arbeitsgemeinschaft Deutscher Frauenverbände in Berlin.

Diese Erhebung wurde mittels standardisierter Fragebögen durchgeführt mit einem Rücklauf von 50000, davon 12000 Arbeiterinnen (einschließlich Heimarbeiterinnen). Auch hier war das Interesse von vornherein klar formuliert:

„Die beruflichen und sozialen Leistungen der Frau (werden) heute noch immer nicht genügend anerkannt ... Für gleiche Arbeit wird ihr oft genug nicht dieselbe Entlohnung zuteil wie dem Manne, ihr Recht auf ein eigenes Heim wird kaum beachtet, man verkennt, daß sie wesentliche Unterstützungsverpflichtungen tragen muß und hat sie deshalb bei der Versorgung ihrer Angehörigen durch Invaliden- und Angestelltenversicherung schlechter gestellt als den Kollegen. Die Arbeit bringt sachliche Unterlage für den Kampf um ein besseres Verständnis für die Lebensbedingungen und Lebensnotwendigkeiten der berufstätigen Frau“ (III).[2]

Die Ergebnisse überraschen nicht; „Zusammenfassend läßt sich sagen, daß überall der Eindruck von reichlich ungünstigen Verhältnissen gewonnen wurde. Der hohe Anteil der Frauenberufsarbeit ist hervorgerufen durch die wirtschaftliche Not unserer Zeit“ (147). Das Einkommen ist zu niedrig, die Wohnverhältnisse schlecht, lediglich die hohe Anzahl der Industriearbeiterinnen (fast 40%), die laufend mindestens eine weitere Person von ihrem ohnehin niedrigen Lohn unterstützen, erstaunt (104).

Auch diese methodisch traditionell vorgehende Untersuchung knüpft an der besonderen Lebenssituation von Frauen an, ganz selbstverständlich wird diese zum Ausgangpunkt genommen, weder kritisch noch würdigend noch appellierend; immer wird z. B. auch nach dem Familienstand der Frauen gefragt. Es wird ausdrücklich darauf hingewiesen, daß der „Anteil der Verheirateten (bei den Arbeiterinnen J./T.) mit 21 % weit höher (ist) als bei den kaufmännischen Angestellten" (78).

Andere Studien aus dem Umfeld der Arbeiterbewegung weisen auf einen zusätzlichen interessanten Aspekt hin: Sie betonen, daß die Belastung durch Hausarbeit in sozialistischen Arbeiterfamilien für die Frauen besonders hoch ist, weil nämlich die Männer ihre Freizeit nahezu vollständig in den Verbänden verbringen, Funktionärsarbeit leisten (nach Käthe Leichter: Wie leben Wiener Heimarbeiter? Wien 1928, und Margarethe Rada: Das reifende Proletariermädchen, Wien 1911; hier zitiert nach Langewiesche 1980). Interessant ist ferner, daß die Frauen offensichtlich nicht versuchen, dies zu ändern. Es werden Aussagen von Frauen zitiert, daß Hausarbeit Korrektiv zur Fabrikarbeit und als solches für sie unverzichtbar ist. Die Frauen wünschen sich eine angemessene Wohnungsausstattung (Toiletten), aber keine Kollektiveinrichtungen (Küche, Waschküche). Auch Kinderhorte werden kaum in Anspruch genommen. Käthe Leichter beklagt als überzeugte Sozialistin, daß sich hartnäckig das Vorurteil halte, sie seien bloße Beaufsichtigungsstätten – lieber überließ man die Kinder den größten Teil des Tages sich selbst.

Untersucht wurde von diesen Autorinnen also vor allem der Widerspruch zwischen Emanzipationskämpfen auf der einen und Festhalten an emanzipationswidrigen Verhaltensmustern im Privatleben auf der anderen Seite. Soweit wir sehen können, wurde dies immer interpretiert als Widerspruch, der „aufzuheben" sei, der bedingt sei durch nachhinkendes, „falsches" Bewußtsein. Auch die Sozialistin Käthe Leichter sah dies so, obwohl auch sie als Frau, als Jüdin, als Mutter, als Intellektuelle, selbst sehr widersprüchlich war – was in unseren Augen gerade ihre Stärke ausmachte (vgl. Steiner 1973).

Vielleicht konnten es sich Frauen wie Franzen-Hellersberg, frei von verpflichtenden politischen Dogmen, eher erlauben, die neugewonnene Freiheit der Arbeiterinnen realistisch einzuschätzen: Sie unterscheidet die Selbsteinschätzung einiger junger Arbeiterinnen als relativ freie Personen (stets im von ihnen gewählten Vergleich zu den Dienstmädchen) von der objektiven Einschätzung, in der die Freiheit der Frauenlohnarbeit ein „Wahngebilde" darstellt (38–41). Sie sagt:

> „Die Freiheit von Familienbindungen, die oft auch mehr Illusion als faktisch ist, bedeutet doppelte, auch seelische Belastung und weibliche Abhängigkeit von der Arbeitsorganisation . . ." (40).

III.

Es ist demnach nicht einfach als falsch anzusehen, daß Arbeiterinnen sich widersprüchlich (oder wie wir heute lieber sagen: ambivalent) verhalten, sondern genau das macht ihr Leben, ihre Situation aus. Dies auf den Begriff gebracht zu haben, ist der Fortschritt und Unterschied der neuesten Studien zur Frauenindustriearbeit gegenüber den dargestellten Untersuchungen. *Alle* Studien über Industriearbeiterinnen bis in die 70er Jahre hinein haben mit viel Einfühlungsvermögen die soziale (berufliche und private) Situation der Frauen beschrieben, manchmal als Elend, das nur durch radikale Beschränkung dieser Arbeitsform zu verhindern ist, manchmal als Gefahr für die Volksgesundheit, manchmals als notwendigen Durchgang auf dem Weg zur klassenlosen Gesellschaft usw. Und in Ansätzen – vielleicht eher unabsichtlich? – wurde manchmal auch deutlich, daß Frauen not-wendig die Ergänzung der einen durch die andere Arbeitsform brauchen.

In der eingangs erwähnten Studie von Regina Becker-Schmidt und ihren Mitarbeiterinnen werden die Konzepte „Ambivalenz" und „Widerspruch" als das Leben der Arbeiterinnen bestimmende theoretisch entwickelt und, was noch wichtiger ist, sie werden zum Bestandteil der Methode der Untersuchung. Die Forscherinnen gehen dabei folgendermaßen vor: Sie befragen die Frauen sowohl in der Fabrik wie auch zuhause über ihre berufliche und private Lebenssituation. Sie gewinnen so unterschiedliche und eben widersprüchliche Aussagen.

Z. B.: „Ich meine, ich beneide so manche Frau, die den ganzen Tag zuhause is, ne. Aber wiederum, würde ich sagen, ich würde hier (zu Hause) verstumpfen" usw. Sie weisen dann detaillierter nach, was es ist, das die Frauen – neben dem Geld – in der Fabrik hält: Umgang mit Kolleginnen und auch das Gefühl, etwas Schwieriges zu bewältigen, individuell zu bewältigen. Und sie schließen:

> „Die Beziehung zur Fabrikarbeit ist vielschichtig. Sie bedeutet Ausbeutung und Eigenaktivität, Ausgeliefertsein und Partizipation, Zwang und Motiv. Ihre Bewertung kann daher weder ausschließlich negativ, noch affirmativ ausfallen – sie ist ambivalent" (1983, 19).

Zur Methode von Becker-Schmidt noch folgender Hinweis: Durch die geteilte Interviewtechnik, den sog. Perspektivenwechsel, und durch die offene Gesprächsführung wird angestrebt, die befragten Frauen als Subjekte mit ihrer eigenen, unverwechselbaren Erfahrungswelt ernstzunehmen, und nicht die Verifizierung der eigenen Hypothesen als Erfolg der Untersuchung auszugeben. So reflexiv wie nur möglich wird versucht, die eigenen blinden Flecke in der Wahrnehmung durch die Erfahrungen der Frauen zu füllen und nicht diejenigen Aussagen, die nicht ins Bild passen, zu ignorieren.

Zusammenfassend läßt sich sagen, daß es einen Unterschied ausmacht, ob Forscherinnen eher intuitiv in Methode und Blickrichtung vorgehen, geleitet von der selbstverständlichen Akzeptierung dessen, daß der weibliche Arbeits- und Lebenszusammenhang immer auch Kinder, Männer und die

Arbeit in der Familie miteinschließt, oder ob sie dies selbst nochmals als fragwürdig ansehen, wie es zumindest Programm der neueren Frauenforschung ist. Den früheren Untersuchungen fehlt zudem oftmals das Bewußtsein von der Betroffenheit *aller* Frauen durch die geschlechtliche Arbeitsteilung, häufig verhindert die soziale Distanz der Forscherinnen eine Parteinahme für die „Sache der Frauen". Heute ist die Vielfachbelastung der Frauen – aus der Sicht der Forscherinnen – keine Selbstverständlichkeit mehr. Es existiert eine *kollektiv bewußtgemachte* Diskrepanz zwischen Gegebenem und Möglichem, und es gibt ansatzweise Alternativen, oder zumindest die Suche danach; die Thematisisierung des umfassenden weiblichen Lebenszusammenhangs hat deshalb ihren Charakter von einem affirmativen zu einem auffordernd-kritischen gewandelt.
Die Entdeckungsreise in die Geschichte der Frauenforschung hat uns einiges gelehrt.

1. Wir haben erfahren, daß und weshalb wir selbst (und damit meinen wir zumindest uns Soziologinnen) so wenig Wissen hatten, haben konnten, über wichtige Untersuchungen und über die Geschichte unserer Vorgängerinnen. An diesem speziellen Thema wurde uns einmal mehr klar, daß das wissenschaftliche und geschichtliche Bewußtsein dadurch gekennzeichnet ist, daß es weibliche Realitäten ausblendet (Becker-Schmidt 1984, 231).
   So spielt zum einen in den Texten der Industriesoziologie die Arbeiterin als Forschungsgegenstand keine Rolle:
   Beispielsweise in dem Artikel von Lutz/Schmidt (1977) zur Geschichte der Industriesoziologie hat nur eine der im Text erwähnten Studien ihre Arbeitssituation explizit zum Thema. Und das auf immerhin 125 Seiten. Im anschließenden Literaturverzeichnis haben wir von ca. 860 Titeln lediglich 15 ausmachen können, in denen die Arbeiterin untersucht wird. Dies spiegelt u. E. deutlich wider, daß Frauenarbeit in der Industriesoziologie ein Randbereich, ein Spezialistinnenthema ist. Die Entwicklung der Untersuchungen zur Frauenindustriearbeit und die „männliche" industriesoziologische Forschung liefen parallel, ohne voneinander Kenntnis zu nehmen, selbst da, wo sie in die gleiche Richtung gingen oder gehen wollten. Andererseits fanden auch die historischen Veränderungen im Betrieb, die stets Thema der Industriesoziologie waren, keinen Eingang in die Frauenuntersuchungen, im Gegenteil: hier fanden wir die dargestellte, überraschende Kontinuität der Thematisierung der immer gleichbleibenden Problemfelder. Von beiden Seiten fand also keine Auseinandersetzung mit den jeweils anderen Fragestellungen und Ergebnissen statt.
2. Und noch an einem weiteren Ort suchten wir vergebens: Die „Irrelevanz" der Frauenstudien dokumentiert sich nicht nur in der marginalen Rezep-

tion durch die männliche Fachöffentlichkeit, sondern auch in der Nichtexistenz der Forscherinnen in den zentralen Nachschlagewerken. Einige von ihnen fanden wir nach längerem Suchen dann doch noch, über einen Umweg: in den biographischen Ausgaben des – mehr oder weniger berühmten – Ehemannes oder Sohnes. Dazu nur ein Beispiel:
Elisabeth Franzen-Hellersberg fanden wir im „Biographischen Handbuch der deutschsprachigen Emigration“ (Röder/Strauss 1980) unter den biographischen Angaben Franzen, Erich (der Ehemann) und Franzen, Wolfgang (der Sohn). Dort lesen wir u. a., daß sie Dr. phil. und SPD-Mitglied war und 1936 via Cuba in die USA emigrierte. 1970 starb sie. Der Ehemann ging 1951 in die BRD zurück (mit seiner zweiten Frau), der Sohn ist offenbar ein international anerkannter Physikprofessor. Wie ihr Leben zwischen 1936 und 1970 aussah, wissen wir nicht.

3. Eines wurde uns erschreckend deutlich: Insbesondere der (von uns so geschätzte) *umfassende* Blick auf die Ambivalenzen und Widersprüche im Leben der Frauen ermöglichte auch ihre einseitige politische Vereinnahmung: Ist z. B. die Gebärfähigkeit, das Leben und die Arbeit mit den eigenen Kindern und die sog. Doppelbelastung immer mit im Blickfeld der Forschung, so können hier leicht politische Strategien ansetzen, die zwar die Doppelbelastung reduzieren wollen, dies aber nicht unbedingt auf eine Weise, die den Interessen der Frauen entspricht. Der Nationalsozialismus versprach die Reduktion von Belastung, indem er zumindest die verheirateten Arbeiterinnen vom wirtschaftlichen Zwang zur Erwerbsarbeit befreien wollte; die Bedrohung der Gebärfähigkeit durch bestimmte Bedingungen der Fabrikarbeit diente oftmals nur als Vorwand, die Frauen aus den Fabriken entfernen zu können, bzw. entsprach ihre Thematisierung dem anders gelagerten Interesse an der Hebung der Geburtenrate. Statt dessen hätten den Frauen auch ungefährlichere Arbeitsplätze gegeben werden können. Doch auch von anderer Seite her waren die Frauen nicht vor Vereinnahmung gefeit: Sozialistisch orientierte Studien zogen nicht selten die Schlußfolgerung, daß, da es für die Frauen eine zusätzliche Belastung bedeute, den Haushalt zu führen, es doch nahe liege, die Auflösung der Einfamilien-Haushalte zu betreiben, zumindest was deren ökonomische Selbständigkeit betreffe. Beides, die einseitige Festlegung der Frauen auf den Betrieb wie auf die Familie, geht, wie wir wissen, an deren tatsächlichen Bedürfnissen weit vorbei. Solche Vereinnahmungen geschahen aber nicht nur im nachhinein, sondern waren in einigen Fällen schon Bestandteil der Sichtweise der Forscherinnen.
Über die Unterschiede der jeweiligen Begründung der Frauenindustriearbeit hinweg (Krieg, wirtschaftliche Not der Familien, gesamtwirtschaftliche Erfordernisse, etc.) wurde deren Notwendigkeit selbst jedoch nie ernsthaft in Zweifel gezogen.

4. Und noch etwas sollten wir uns überlegen: Feministische Historikerinnen haben inzwischen viel und detailliertes Wissen über unsere Geschichte gesammelt. Zumindest im Hinblick auf die reichhaltigen Untersuchungen über Industriearbeiterinnen stellt sich uns die Frage, wie wir über die immer gleichbleibende Thematisierung der immer gleichbleibenden Problemfelder *hinausgehen* können. Es reicht nicht länger aus, den status quo stets von neuem zu bestätigen und damit auch festzuschreiben.
Wie aber könnten neue Wege und Ziele innerhalb der Forschung aussehen? Allgemein gesagt muß es darum gehen, daß die „beforschten" Frauen ihre Handlungsspielräume und -bedingungen nicht nur als individuell widersprüchliche erfahren, sondern auch als individuell und kollektiv veränderbare. Das bedeutet, daß Forschung zu ihrer Orientierung auf Geschichte und Gegenwart auch die Orientierung auf Zukunft hin systematisch hinzuziehen muß, d. h. das Gewesene und das heute faktisch Beobachtbare immer auch in der Dimension des sich Entwickelnden, Veränderbaren interpretieren muß. Gerade Frauenforschung ist dazu aufgerufen, über das reine Ansammeln von Daten hinauszugehen, um Raum zu schaffen für perspektivisches, utopisches, auch spekulatives Denken und parteiliches Handeln. Nur so kann Forschung von Frauen sich zu einer Frauenforschung mit feministischer Perspektive entwickeln.[3]

Anmerkungen

1 Einige Hinweise auf Studien zur Frauenindustriearbeit zwischen 1933 und 1945 finden sich in Jurczyk/Tatschmurat 1985.

2 Wir staunen über die Aktualität ihrer Forderungen zur Reduzierung der täglichen Arbeitszeit Jugendlicher, welche gleichzeitig helfen soll, das Problem der Jugenderwerbslosigkeit zu lösen: „Jugendliche Arbeiter im Alter von 15–18 Jahren dürfen täglich höchstens 6 Stunden beschäftigt werden mit einer 1½ stündigen Ruhepause nach höchstens 4stündiger ununterbrochener Arbeitszeit. Fach- und Fortbildungsschulunterricht ist für männliche und weibliche Jugendliche mindestens 2 Stunden täglich einzurichten und in die Zeit von 8 Uhr morgens bis 6 Uhr abends zu legen" (nach Zimmermann 1925, 35).
Und:
„Diese Einrichtung (die Einführung von Halbtagsschichten, J./T.) würde nicht nur die Jugend von Überarbeit entlasten, sondern auch gleichzeitig zur Lösung der Jugendlichenerwerbslosenfrage wesentlich beitragen. Wenn sich die jugendlichen Arbeiter in 4–6stündigen Wechselschichten ablösen, so wird für einen stark erhöhten Prozentsatz der Jugendlichen Arbeitsmöglichkeit geschaffen" (14).

3 Für die sozialwissenschaftliche Diskussion vgl. Beer 1987, für die Geschichtswissenschaft Bock 1983.

Literatur

Beer, Ursula (Hrsg.): Kritische Frauenforschung – Probleme der Methodologie und Gesellschaftsanalyse (Arbeitstitel), Berlin 1987

Becker-Schmidt, Regina: Probleme einer feministischen Theorie und Empirie in den Sozialwissenschaften, in: Zentraleinrichtung zur Förderung von Frauenstudien und Frauenforschung an der Freien Universität Berlin (Hrsg.): Methoden in der Frauenforschung. Symposium, Frankfurt 1984

Becker-Schmidt, Regina u. a.: Arbeitsleben – Lebensarbeit. Konflikte und Erfahrungen von Fabrikarbeiterinnen, Bonn 1983

Bock, Gisela: Historische Frauenforschung: Fragestellungen und Perspektiven, in: Hausen, Karin (Hrsg.): Frauen suchen ihre Geschichte, München 1983

Deutscher Textilarbeiterverband (Hrsg.): Mein Arbeitstag – Mein Wochenende. 150 Berichte von Textilarbeiterinnen, Berlin 1930

Glass, Frieda/Kische, Dorothea: Die wirtschaftlichen und sozialen Verhältnisse der berufstätigen Frauen, Berlin 1930

Franzen-Hellersberg, Elisabeth: Die jugendliche Arbeiterin. Ihre Arbeitsweise und Lebensform. Ein Versuch sozialpsychologischer Forschung zum Zweck der Umwertung proletarischer Tatbestände, Tübingen 1932

Jüngst, Hildegard: Die jugendliche Fabrikarbeiterin. Ein Beitrag zur Industriepädagogik, Paderborn 1929

Jurczyk, Karin/Tatschmurat, Carmen: Leben und Arbeiten der Industriearbeiterinnen – Ein Stück Frauen-Forschungsgeschichte, in: Sektion Frauenforschung (Hrsg.): Frauenforschung, Frankfurt 1985

Langewiesche, Dieter: Die „Freizeit" von Arbeiterinnen. Zeitbudgets Wiener Arbeiterfamilien in den 1920er Jahren, in: Gewerkschaftliche Monatshefte 31/11, 1980

Lutz, Burkart/Schmidt, Gert: Industriesoziologie, in: Koenig, René (Hrsg.): Handbuch der empirischen Sozialforschung, Stuttgart ^{2}1977

Prokop, Ulrike: Weiblicher Lebenszusammenhang. Von der Beschränktheit der Strategien und der Unangemessenheit der Wünsche, Frankfurt 1976

Röder, Werner/Strauss, Herbert (Hrsg.): Biographisches Handbuch der deutschsprachigen Emigration nach 1933, München u. a. 1980

Steiner, Herbert (Hrsg.): Käthe Leichter, Leben und Werk, Wien 1973

Weber, Max: Methodologische Einleitung für die Erhebungen des Vereins für Sozialpolitik über Auslese und Anpassung der Arbeiterschaft in der geschlossenen Großindustrie, in: Ders.: Gesammelte Aufsätze zur Soziologie und Sozialpolitik, Tübingen 1908

Zimmermann, W.: Erwerbsarbeit und berufliche Erziehung im Lichte sozialer Politik, in: Die Aufgaben des neuen Berufsschulwesens, Jena 1925

2. Eheliche Beziehungen, Geld und Gewalt in Liverpool 1919–1939*

Jan Lambertz/Pat Ayers

Wie waren Löhne, Arbeit und Verantwortung für Haushalt und Familie zwischen Ehefrauen und -männern der Arbeiterklasse in den Jahren zwischen den Weltkriegen aufgeteilt? Wie wurden diese Verteilungen fortgesetzt oder in Frage gestellt und verändert? Was für eine Bedeutung haben Gelegenheitsarbeit oder zeitweise Erwerbslosigkeit für Stabilität oder Krisen in den Ehen gehabt? Umgekehrt, wie haben die Bedürfnisse einer Familie oder des ehelichen Zusammenlebens Entscheidungen in bezug auf Lohnarbeit beeinträchtigt? Die Beachtung des Charakters ehelicher Beziehungen bleibt entscheidend, um näher an die Kulturgeschichte der Arbeiterklasse, die Machtverhältnisse zwischen Frauen und Männern und die Erfahrung von Heterosexualität zu kommen, und sie mag auch wesentlich für die allgemeine Wirtschaftsgeschichte sein. Wir möchten hier versuchen, einige dieser Fragen mit einem genaueren Blick darauf zu beantworten, wie in der Zwischenkriegszeit Geld und Geldprobleme die Verhältnisse von Ehepaaren im Hafenviertel Liverpools beeinflußt und gesteuert haben. Die Haushalte, die wir hier darstellen, waren hauptsächlich weiße, katholische oder protestantische der Arbeiterklasse, die zum Großteil von der ständig krisengeschüttelten Ökonomie der Stadt betroffen waren.[1] Wir hoffen, daß diese Lokalstudie, die auf Interviews, Berichten über politische Kampagnen und Dokumenten der Wohlfahrts- und Sozialarbeitsorganisationen basiert, weitergehende Fragen über Familienökonomie und -verhältnisse erschließen kann.

Finanziell *nicht* „über die Runden zu kommen", war sowohl in dieser Zeit als auch vor dem Ersten Weltkrieg in vielen Liverpooler Haushalten alltäglich. Das Problem, genug Geld zu beschaffen, hatte ganz offensichtlich zu einem enormen Spannungspotential zwischen Ehefrauen und ihren Gatten geführt.[2] Hier möchten wir die Auffassung vertreten, daß ein großer Teil dieser Spannungen sich nie in *offenen* Konflikten ausdrückte, weil in dieser Zeit Unaufrichtigkeit und eine Art von Stillschweigen zwischen den Partnern – besonders in finanziellen Fragen – den Kern vieler „glücklicher" oder stabiler Ehen ausmachte.[3] Dieser Weg zur ehelichen Stabilität hat sowohl Schuld- und Schamgefühle als auch Angst in den Ehefrauen hervorgerufen, die im allgemeinen die Last trugen, mit dem Haushaltsgeld zurechtkommen zu müssen.

„Gegenseitige Abhängigkeit“ in der Ehe war oft von drei Faktoren abhängig: erstens, daß Männer Ansprüche auf spezifische Privilegien hatten, und daß sie einen Vorteil paradoxerweise gerade dadurch hatten, daß sie die Macht über den Haushalt an ihre Ehefrauen abgegeben haben; zweitens und infolge davon, daß Frauen Angst vor ihren Männern hatten; und drittens, daß unrealistische Annahmen über die Arbeit der Frauen entstanden, die auch die Frauen (oder zumindest viele Frauen) selbst nicht offen infragegestellt haben. Paradoxerweise haben jedoch *beide* Partner anscheinend eher das mit diesen Widersprüchen verbundene Stillschweigen gewünscht und unterstützt als völlige Ehrlichkeit und eine wirkliche „Zusammenarbeit“, um überleben zu können. Das Streben, einem bestimmten ehelichen Ideal zu entsprechen, und die nie in Frage gestellte Priorität von Heirat und Familienwunsch können dieses Phänomen zum Teil erklären. Wir werden hier versuchen, die Logik dieses Stillschweigens über Geld etwas zu erhellen: erstens mithilfe einer Beschreibung männlicher Erwerbsarbeit; zweitens mit der Darstellung des Problems, wie man Einkommen überhaupt historisch messen und wie man die oft sehr verborgen gehaltene Frauenarbeit beschreiben kann; und drittens wie Zwänge sowohl innerhalb vieler Ehen als auch Zwänge von außen darauf hinwirkten, daß diese Paare finanzielle Probleme nicht oder wenig thematisierten.

Liverpool war in erster Linie eine Hafenstadt, und viele Haushalte waren deshalb abhängig von einem Einkommen, das durch Gelegenheits- und Saisonarbeit gewonnen worden war. Männer, die im großen Transport- und Verladebereich arbeiteten, mußten mit viel größeren Schwankungen auf dem Arbeitsmarkt rechnen als industrielle Arbeiter in anderen Regionen. Mehr als fünfzig Prozent aller versicherten Arbeiter in Merseyside (der Gegend mit Liverpool als Zentrum) arbeiteten 1931 in Stellen, die mit Schiffsverladung, Transport und Güterverteilung zu tun hatten, und weitere neun Prozent arbeiteten auf dem Bau, oft auch als Gelegenheitsarbeiter.[4] Ein Mangel an alternativer Beschäftigung hatte zur Folge, daß das unregelmäßige Arbeitsangebot und die extrem hohen Arbeitslosenraten weit in dieses Jahrhundert hinein fortbestanden.[5] Es ist üblich geworden, die 80er mit den 30er Jahren in Liverpool zu vergleichen. Zwar war die Stadt von der damaligen Weltwirtschaftskrise besonders schwer betroffen, aber der Anteil der Männererwerbslosigkeit lag in Merseyside im 20. Jahrhundert nahezu durchgehend erheblich über dem nationalen Durchschnitt. Dies hatte wesentliche Folgen für die Arbeit und die Haushaltsführung der Frauen.

Wir möchten hier einige allgemeine Bemerkungen über Löhne (und auch Erwerbslosenunterstützung und Sozialfürsorge) unter solchen Bedingungen machen.

Erstens konnten Frauen sich nur bedingt auf den Lohn ihrer Männer stützen, auch wenn die Männer regelmäßig beschäftigt waren. Denn auch wenn die Männer ihren Frauen den ganzen Lohn übergaben, reichte ein regelmäßiges Einkommen oft nicht für die wachsenden Grundbedürfnisse der Familienabhängigen aus.[6] Aufgrund der unstabilen Erwerbsarbeitsstruktur der Männer und einer Lohnkalkulation, die möglicherweise auf der Idee eines „Familienlohns" basierte, waren die Liverpooler Frauen schon immer gezwungen gewesen, ihr Geld mit großer Vorsicht zu verwalten und komplizierte und vielfältige Überlebensstrategien für Haushalt und Familie zu entwickeln.[7] Um unregelmäßige Männerlöhne zu ergänzen, haben nur einige Frauen außerhäusliche Erwerbsarbeit aufgenommen. In der Tat scheinen die meisten Frauen in Liverpool nach ihrer Heirat (und bevor sie den Witwenstatus erreichten) ganztägige Lohnarbeit aufgegeben zu haben, was auch von den Ehemännern und den Frauen für selbstverständlich gehalten wurde. Außerdem waren die den Mädchen und Frauen offenstehenden typisch „weiblichen" Stellen, wie z. B. Dienstbotenstellen, meist schlecht bezahlt; bessere Berufsmöglichkeiten für Frauen waren vor dem 2. Weltkrieg selten.[8]

Zweitens, wie uns allen klar sein müßte, haben uns die meisten bisherigen Untersuchungen und Informationen über „Einkommen" – in der Regel auf dem durchschnittlichen Lohn des männlichen Ernährers basierend – reichlich wenig darüber gesagt, wie in der Vergangenheit Einkommen unter Frauen, Männern und Kindern verteilt worden ist. Ein verheirateter Mann konnte zunächst etwas von seinem Lohn oder gegebenenfalls von den Sozialleistungen – und auch eine genaue Auskunft darüber – seiner „Wirtschafterin" vorenthalten. Doch wußten die meisten befragten älteren Frauen, welchen Grundlohn ihre Ehemänner erhielten. Ihre Erinnerungen stimmten im großen und ganzen mit den zugänglichen Daten über männliche Löhne überein.[9] Überstunden, Trinkgeld oder andere Verdienstzulagen wurden aber als dem Manne gehörend betrachtet. Eine Frau erinnerte sich:

> „Er war ein guter Mann. Er hat mir immer seinen ganzen Lohn gegeben, dann kriegte er sein Taschengeld, was meistens jede Woche dasselbe war, wobei ich mal mehr, mal weniger zur Verfügung hatte."[10]

Auf näheres Befragen hat Pat erfahren, daß er zeitweise Feuerwehrmann war und sechs Pence für jeden Einsatz bekam. Das Geld wurde als sein eigenes betrachtet. Viele Hafenmänner hatten ab und zu Möglichkeiten, sich etwas dazu zu verdienen. Jene Männer, die ihren Frauen nicht den ganzen *Lohn* überreichten, haben meistens jede Woche eine feste Summe für den Haushalt beiseite gelegt. Ein Mann prahlte, was für ein Musterehemann er gewesen sei:

> „Wir haben nie Ärger mit Geld gehabt. Wenn ich mal trinken gehen wollte oder sowas, habe ich ihr Haushaltsgeld nie angerührt oder ähnliches – ich kriegte 35 Schillinge und die Provision war mein Taschengeld."[11]

Bei weiteren Nachfragen kam heraus, daß diese „Provision" meistens zehn Schillinge pro Woche betrug, manchmal aber sogar £2!

Wenn sie über die Zwischenkriegszeit sprechen, machen ältere Arbeiter oft eine Tugend daraus, daß sie an ihre Frauen mit der Überreichung ihrer Löhne auch jede finanzielle Verantwortung abtraten. Sie prahlen, daß sie ihre Frauen nie gefragt haben, was sie mit dem Geld machten, und stellen das als Übergabe der Macht über den Haushalt an die Frau dar.[12] Was spielt sich hier ab? Erstens meinen wir, daß es im Interesse der Männer war, den Mythos von der „guten Ehefrau" fortzusetzen und näheren Kontakt mit Haushaltsdingen und die Beschäftigung damit zu vermeiden. Die gute Ehefrau wurde in hohem Maße mit einer guten Wirtschafterin gleichgesetzt.[13] Daher konnten finanzielle Schwierigkeiten immer ihren mangelnden Fähigkeiten und ihrer Vernachlässigung ihrer Pflichten zugeschrieben werden. Paradoxerweise sind die Ehemänner meistens in derselben Umgebung aufgewachsen und hatten sicher als Kinder die Tätigkeiten der „versteckten" Frauenarbeit kennengelernt und waren selber daran beteiligt gewesen.[14] Warum schienen sie dann nicht darüber Bescheid zu wissen, was ihre eigenen Frauen machten? Psychologisch gesehen konnten Männer mit ihrer eigenen „Unfähigkeit", unter dem herrschenden Arbeits- und Lohnsystem ein ausreichendes Einkommen zu verdienen, umgehen, indem sie letztendlich ihre Frauen dafür verantwortlich machten. So konnten Männer alle traditionellen männlichen Privilegien – einschließlich eines manchmal reichlichen Taschengelds – in Anspruch nehmen, ohne ein schlechtes Gewissen zu haben oder Vorwürfen der Frauen ausgesetzt zu sein. Im allgemeinen hielt die Distanz der Männer zum Hausarbeitsalltag und zur Sorge für die Kinder sie auch sehr effektiv von den wirklichen finanziellen Sorgen des Haushalts fern.[15]
Was bedeuteten diese Distanz und die männliche „Inkompetenz" in diesem Bereich der Hausarbeit für *Frauen?* Unsere Antwort ist nicht eindeutig. Im allgemeinen scheinen die Frauen das nicht übelgenommen zu haben, denn es war eine allgemeine Auffassung, daß die Männer den ganzen Tag entweder arbeiteten oder Arbeit suchten und daß Männerarbeit schwerer sei als Frauenarbeit. Manche Frauen waren einfach dankbar, wenn ihr Gatte mindestens *eine* Vorraussetzung für einen „guten Ehemann" besaß: Er schlug sie nicht.[16] Frauen gewannen Glaubwürdigkeit als gute und kompetente verheiratete Frauen, indem sie mit dem auskamen oder auszukommen *schienen,* was ihnen ihr Ernährer überreichte. Gutes Wirtschaften war entscheidend für ihr Selbstbewußtsein und ihre Identität, und dieses wurde verstärkt, indem ihre Männer z. B. ihre Haushaltsführung lobten, zum Teil sogar davon schwärmten. Die oft internalisierte Macht, die Frauen durch diese Haushaltsrolle erhielten, half ihnen, bestimmte schmerzliche und peinliche Gedanken zu vermeiden, z. B. daß der Partner, den sie gewählt hatten, die

Geldprobleme der Familie „verursacht" hatte – was ihr Selbstbewußtsein verletzen konnte. Frauen wurden hin und her gerissen zwischen dem zeitweisen Stolz, ihren Haushalt über Wasser halten zu können, und den zeitweise intensiven Schuldgefühlen über „ihre" individuellen Wirtschaftsfehler. Aus ihrer Haushaltsrolle zogen die Frauen etwas Befriedigung, während die tradierte Aufgabenteilung letzten Endes zu Gunsten der Männer ausging. Wir möchten noch einige Beispiele für den Druck auf verheiratete Liverpooler Frauen nennen, die diese Teilung der häuslichen Verantwortung oft ruhig akzeptierten. Im wesentlichen bedeutete das, daß die Paare sich dafür entschieden, finanzielle Fragen nicht zu besprechen bzw. geheim zu halten.
Wir haben schon angedeutet, daß eine Frau oft eine klare Vorstellung vom Grundeinkommen ihres Mannes hatte, wohingegen er wahrscheinlich viel weniger über ihr Haushaltsbudget wußte. Die strategischen Kombinationen, die die gewöhnliche Arbeiterhausfrau zur Verfügung hatte, um das Überleben ihres Liverpooler Haushalts zu sichern, reichte vom „Respektablen" bis zum „Unannehmbaren".[17] Je gesellschaftlich unannehmbarer die Strategien waren, desto weniger waren die Frauen bereit, ihre Männer darüber zu informieren, oder desto mehr fürchteten sie, daß ihre Männer die Hintergründe ihres „Finanzzaubers" entdecken würden. Es bleibt aber etwas schwierig zu beurteilen, wie verrufen eine bestimmte Finanzstrategie gewesen sein mag.
Wäsche von Schiffen, die im Hafen ankerten, anzunehmen (gleichgesetzt mit einer sehr anrüchigen Form der Prostitution), war eindeutig *nicht* akzeptabel.[18] Dagegen variierte im Hafenviertel die soziale Akzeptanz sowohl von Kreditgeben und -nehmen (zumindest unter Frauen) als auch von Wetten und Spielen, zur Pfandleihe gehen, als „Wächterin" für Straßenbuchmacher zu dienen, Sachen zu klauen und gestohlene Gegenstände anzunehmen, sehr stark.[19]

Hatte eine Frau einen Nebenverdienst, fühlte der Ehemann wahrscheinlich seinen männlichen Status bedroht, und die Frauen wußten das sehr wohl. Eine Frau erinnerte sich, wie sie mit einer Straßenbahn zum damaligen Stadtrand von Liverpool fuhr, wo die Kommune neue Häuser baute, und dort soviele Holzreste sammelte, wie sie tragen konnte. Diese brachte sie nach Hause, zerkleinerte sie weiter und bündelte sie und versteckte diese Bündel in einem Werkzeugschuppen im Hinterhof. Am nächsten Tag fuhr sie wieder in einen anderen Stadtteil, „wo sie unbekannt war", um diese zu verkaufen. Sie erklärte:

„Mein Mann wäre tief gedemütigt, wenn er das entdeckt hätte – er hat immer geprahlt, was für eine gute Wirtschafterin ich sei – und ich wollte nicht gerne, daß die Leute aus der Nachbarschaft von dieser Beschäftigung etwas mitbekommen hätten – aber ich konnte manchmal einfach nicht damit fertig werden – meine Scham war einfach was schreckliches." Sie meinte auch: „Ich habe mich wegen einiger Sachen geschämt, die ich getan hab' – sogar jetzt noch, ich möchte nicht gerne, daß meine Familie davon weiß – aber es gab keinen anderen Weg – alle waren in einer ähnlichen Lage; ich weiß, daß ich nicht ohne hätte auskommen können."[20]

Gegenseitige Hilfe in Notfällen und Zeiten des Elends zwischen Frauen innerhalb der Verwandtschaft oder in der Nachbarschaft war oft entscheidend.[21] Zeugnisse von Liverpooler Frauen aus der Arbeiterklasse haben darauf hingewiesen, daß spätestens seit der Zwischenkriegszeit die Hilfe zwischen Nachbarinnen so *unauffällig* wie möglich war, und dies deutet darauf hin, daß die Selbstachtung der Frau in Frage gestellt war.[22] Was für eine Beziehung hatte dies zu den Geldgeheimnissen zwischen Ehemann und -frau? Wir haben schon erwähnt, daß die Verteilung der Verantwortlichkeit für den Haushalt zwischen den Partnern die Auffassung, daß jede Frau individuell für die Geldprobleme des Haushaltes verantwortlich sei, gefördert und verstärkt hat. Deshalb vermuten wir, daß jede Frau auch einem größeren Kreis zeigen mußte, daß sie eine kompetente Hauswirtschafterin sei, eine Projektion, die damit verbunden war, wie sie sich ihrem Mann gegenüber darstellte. Haben viele Nachbarinnen ihre finanziellen Schwierigkeiten verdeckt und Hilfe immer höchst diskret angeboten, dann hat dieses Verhalten bei der einzelnen Frau ihrerseits zu der Annahme geführt, daß nur sie alleine unter schwerwiegenden oder langfristigen Geldproblemen leide.
Aufgrund der Normen im nachbarschaftlichen Umgang und der Selbstgerechtigkeit des Ehemanns konnte eine Frau dazu kommen, große persönliche Schuld zu fühlen und „ihre“ Pflichten und „ihre“ Fehler anzuerkennen. Die Kinder- und Familienwohlfahrtsorganisationen der Stadt haben auch stark betont, daß für den Haushalt hauptsächlich Ehefrauen und Mütter verantwortlich seien. Diese Überzeugung kam ganz offentsichtlich zum Ausdruck in der Art von Mitteilungen, Ratschlägen und auch der Hilfe, die eine Frau erwarten konnte, wenn sie mit Kindergesundheitsinspektoren in Kontakt kam, oder wenn sie um Hilfe von „außen“ bat, z. B. vor Gericht oder auf Wohlfahrtsämtern, um zu versuchen, Druck auf Ehemänner (indirekt) auszuüben, um von diesen materielle Leistungen oder aber anderweitige Unterstützung zu erhalten.[23] Viele Liverpooler Wohlfahrts- und Sozialarbeitsorganisationen haben grundsätzlich die Schuld für Haushaltsprobleme aller Art den Ehefrauen und Müttern in die Schuhe geschoben; aber es ist nicht klar, ob dies sehr zu der Tendenz von Frauen beigetragen hat, die Schuld bei sich selbst zu suchen.[24]
Verschiedene andere Tendenzen der Zwischenkriegszeit, die wir hier nur sehr kurz erwähnen können, liefern Beweise für die Geheimhaltung und Ängste der Frauen bezüglich der Haushaltsfinanzen.
Erstens haben während der 20er Jahre Hauptwohlfahrtsorganisationen, wie die Liverpool Personal Service Society (in Zusammenarbeit mit der Liver-

pool Women's Citizens Association), den höchst ausbeuterischen Handel der kleinen Geldverleiher/innen (die oft selber Frauen aus der Arbeiterklasse waren) systematisch untersucht. Die Untersuchenden waren stark davon beeindruckt, wie viele Frauen ohne das Wissen ihrer Männer Geld ausliehen. Und die Angst, die von diesen von Woche zu Woche geliehenen kleinen Geldbeträgen herrührte, ist zweifellos gewachsen: Durch nachträgliche Leihgaben und fällige Zinsen sind kleine Leihsummen innerhalb von ein paar Monaten oder Jahren enorm gewachsen.[25] Sie konnten auch kaum weiter die Zinsen zahlen, die in einigen extemen Fällen etwa 1500 bis 2000 Prozent pro Jahr betrugen. Schuldnerinnen wurden schnell bestraft, manchmal durch körperliche Mißhandlung, und sie wurden auch durch die Androhung einer öffentlichen Enthüllung sehr effektiv unter Druck gesetzt.[26] Zweitens zeigen ähnliche Details aus dieser Zeit über das Ratenverkaufssystem (hire purchase) außerdem, wie sich die Sorgen der Arbeiterfrauen, die laufend wenig Geld zur Verfügung hatten, häufen konnten.[27] Eine Riesenauswahl hauptsächlich massenproduzierter und billiger Konsumgüter wurde in der Zwischenkriegszeit erhältlich, die oft durch unseriösen Wettbewerb und Verkaufsmethoden auf den Markt geworfen worden waren. Dadurch wurden viele Frauen zu extrem ausbeuterischen Ratenverträgen gezwungen, die sie oft langfristig nicht bezahlen konnten. In einigen Fällen, in denen nur noch eine Rate fehlte, haben Vertreter der Firmen die Ware zurückgenommen, zum Teil mit Gewaltandrohung.[28] Darüber hinaus haben lokale Untersuchungen herausgefunden, daß viele Frauen schreckliche Angst hatten, daß ihre Männer die riesigen Ratenkäufe bzw. -schulden „entdecken" würden.[29]

Schließlich möchten wir kurz auf die Zwänge eingehen, denen die Frauen in der Ehe ausgesetzt waren. Verschiedene Liverpooler/innen haben die „Normalität" von Frauenmißhandlung in der ersten Jahrhunderthälfte erwähnt.[30] Es wurde weitgehend angenommen, daß die Androhung von häuslicher Gewalt potentiell für die meisten Frauen existierte, obwohl wir nicht wissen, wie *häufig* es tatsächlich vorgekommen ist. Viele Frauen konnten der eigentlichen körperlichen Gewalt entkommen, wurden aber von ihren Ehemännern auf andere Weise „gequält": durch Anschreien, Möbel zerstören und exzessiven Alkoholkonsum.[31] Obwohl wir schon Angst und Scham erwähnt haben, scheint es uns klar, daß *ein* Bestandteil dieser Furcht vor den Ehemännern das Risiko der Gewaltanwendung war. Einige Frauen haben die finanzielle Regelung zu Hause offen angezweifelt.[32] Aber für die meisten war die Entscheidung, den Ehemann über Geldprobleme direkt zu informieren bzw. ihn unter Druck zu setzen, damit er etwas dagegen unternahm, gefährlich. Wie schon angedeutet, konnten die Privilegien des männlichen Ernährers auch die Berechtigung einschließen, seiner Ehefrau, die in schwierigen Zeiten als Finanzgenie versagte, die Schuld zuzuschieben und sie deshalb zu mißhandeln. In seiner extremsten Form konnte dieses Muster männlicher Autorität/Rechte und weiblicher Verantwortung mindestens einen Teil der männlichen Gewalt im Hause legitimieren. Wir gehen auch davon aus, daß das Bild einer mächtigen (d. h. nicht schwachen) Wirtschafterin und die damit verbundene Annahme, daß Ehefrauen Gewalt selber provozierten – indem sie an ihren Männern wegen Geld herumnörgelten, Dienste unwillig ausführten, usw. – auch einen Hauptgrund dafür darstellt, warum Frauenmißhandlung in der Zwischenkriegszeit nie als echtes gesellschaftliches Problem erkannt wurde, obwohl es offensichtlich sehr verbreitet war.[33] Stellungnahmen aus der Sozialarbeit und von Politikern betonten überwiegend die Pflichten der Ehefrau und Mutter im Haus nach der Jahrhundertwende noch stärker. Insbesondere haben die Kinderwohlfahrtsinitiativen des 20. Jahrhunderts eine intensive Ideologie von der Verantwortung der Mutter für häusliche Probleme aller Arten gefördert.[34] Aber Gewalt muß nicht unbedingt als bedrohlich für die Stabilität der Familie angesehen werden – sie hatte vielleicht auch zur Folge, die Stabilität zu wahren, erstens, weil einige Männer ihre Frauen dadurch „disziplinieren" konnten, und zweitens, weil die Auseinandersetzungen, die oft Kämpfe auslösten – z. B. über Forderungen der Frau nach mehr Haushaltsgeld –, zeigen, daß die Frauen eher entschlossen waren, ihren Haushalt irgendwie zusammenzuhalten als rebellisch zu sein.[35]

Im Hafenviertel Liverpools war eine klare Trennung der finanziellen Verhältnisse im Haushalt entscheidend für viele Ehepaare: Diese Trennung zwischen Pflichten von Ehefrau und -mann hat den Partnern oft dabei geholfen, offenen Antagonismus zu vermeiden. Dennoch hat die Behauptung der Männer, Familienernährer zu sein, und die der Frauen, gute Wirtschafterinnen zu sein, sich ergänzt und gegenseitig bekräftigt, obwohl dies ganz verschiedene Folgen für das männliche und weibliche Wohlergehen innerhalb der Ehe hatte. In ihrer Kontrolle der häuslichen Aktivitäten haben Ehefrauen eine autonome Machtsphäre erhalten, wenn sie auch zum großen Teil an den Bedürfnissen anderer, insbesondere ihrer Männer, orientiert waren. Wenn eine Frau ihre Kontrolle über diesen Bereich geschickt ausübte, konnte sie Selbstachtung und Stolz gewinnen oder – negativ formuliert – Kritik oder sogar „Bestrafung" bzw. Mißhandlung vermeiden. Wir denken, daß viele (aber sicher nicht alle) verheiratete Liverpooler Frauen in der Zwischenkriegszeit ihren „Erfolg" nicht nur daran gemessen haben, daß sie „über die Runden kamen", sondern auch daran, inwieweit sie die Details der Haushaltsführung vor ihren Männern verschweigen konnten. Folglich verlangt der Begriff „good housekeeping" – gute Haushaltsführung – eine Revision. Was Frauen dafür geopfert haben, ist nicht genau meßbar. In ihren Versuchen, das Familieneinkommen – den „Familienlohn" – zu ergänzen, mußten diese Frauen oft enorme körperliche und seelische Lasten alleine tragen. Aber dies war nicht nur eine Belastung; es handelte sich dabei zugleich um Anforderungen, die den Frauen letztendlich ermöglichten, ihre Lage in der Ehe und in der Ökonomie Liverpools zu bewältigen.

Anmerkungen

* Für Hilfe bei der Übersetzung bedanken wir uns bei Claudia Schoppmann, Pam Selwyn, Ulla Baumann und Susanne Wittern. Dieser Beitrag ist die gekürzte Fassung eines Aufsatzes, der in dem Sammelband Labour and Love, hg. Jane Lewis, Oxford (Basil Blackwell) 1986, erschienen ist.

Alle Interviews von Ayers wurden zwischen 1981 und 1984 geführt für eine noch laufende Studie über Haushaltsbudgets der Liverpooler Arbeiterklasse in der Zwischenkriegszeit. Unter den interviewten Personen waren sowohl Katholiken als auch Protestanten, die überwiegend aus Hafenarbeiterfamilien kamen.

1 Allerdings bleibt es wichtig, die Auswirkungen des Rassismus und der ethnischen und/oder Unterschiede in bezug auf die Familienstrukturen und -beziehungen in Liverpool zu untersuchen.

2 Vgl. M. Tebbutt: Making Ends Meet: Pawnbroking and Working-Class Credit, Leicester 1983, 38.

3 Vgl. ibid., 37.

4 D. Caradog Jones (Hrsg.): Social Survey of Merseyside, 3 Bde., Bd. 2, Liverpool 1934, 2.

5 Merseyside Socialist Research Group, Merseyside in Crisis, Manchester 1980, 4, 31–32; Pilgrim Trust: Men Without Work, Cambridge 1938, 96–97; F. G. Hanham: Report of Enquiry into Casual Labour in the Merseyside Area, Liverpool 1930, 88–99.

6 Zum „Familienlohn“ siehe E. F. Rathbone: The Disinherited Family: A Plea for the Endowment of the Family, London 1924; M. Stocks: Eleanor Rathbone: A Biography, London 1949, 63 passim; H. Land: The Family Wage, in: Feminist Review Nr. 6, 1980, 55–77; J. Macnicol: The Movement for Family Allowances, 1918–45: A Study in Social Policy Development, London 1980; M. Barrett und M. McIntosh: The „Family Wage“: Some Problems for Socialists and Feminists, in: Capital and Class 11 (1980), 51–72.

7 Andere Beispiele für die Überlebensstrategien der Frauen finden sich in den Beiträgen von E. Roberts in: J. Lewis (Hrsg.): Labour and Love, Oxford 1986; E. Ross: Survival Networks: Women's Neighbourhood Sharing in London before World War I, in: History Workshop Journal (HWJ) Nr. 15 (1983), 4–27; Tebbutt.

8 Second Chance to Learn, Women's History, Women's Lives, Liverpool 1982, und The Merseyside Women's War, 1939–45, Liverpool 1983; P. Ayers: The Second World War and Women, With Particular Reference to Women in Liverpool, B. A. Thesis, University of Liverpool 1981; Merseyside Socialist Research Group, 31–35; Pilgrim Trust, 244–263; Jones, Bd. 3, 226–246, 251–462. Zum historischen Hintergrund hierfür siehe The Royal Commission on Labour: The Employment of Women, Report of Miss C. E. Collet on the conditions of work in Liverpool and Manchester, Parliamentary Papers (Commons) (1893–1894), Bd. 37, Part I, Cmd. 6894; Occupations of Girls After Leaving School, in: Women's Industrial News n. S. 11 (1900), 163–164; A. Harrison: Women's Industries in Liverpool, London 1904.

9 Jones, Bd. 2, 25–207 passim; Ministry of Labour, Standard Time Rates of Wages and Hours of Labour of Great Britain and N. Ireland at 31st August 1929, London 1929: Hanham. Aber siehe: Interview von Lambertz mit dem Liverpooler Hafenarbeiter T. B. über seine Kindheit in den 1940er Jahren (Oktober 1981). Für eine etwas frühere Zeit siehe Liverpool Joint Research Committee on the Domestic Conditions and Expenditure of the Families of Certain Liverpool Labourers, How the Casual Labourer Lives, Liverpool 1909.

10 Interview Tape 41 (Ayers), Frau geb. 1908.

11 Tape 30 (Ayers), Mann geb. 1905.

12 Tape 30 (Ayers); Tape 39 (Ayers), Mann geb. 1908.

13 Tape 14 (Ayers), Frau geb. 1902. Zu den Standards für eine „gute" Ehefrau und einen „guten" Ehemann in der Arbeiterklasse vgl. J. Seabrook: Working-Class Childhood, London 1982, 139.

14 Es bleibt zu klären, wie Jungen, die zunächst noch an der Haushaltsführung ihrer Mütter beteiligt waren, ihre Erfahrung mit diesen Anstrengungen der Frauen „vergaßen", sobald sie erwachsen wurden. Siehe P. O'Mara: Autobiography of a Liverpool Irish Slummy, Bath 1967, 1934, 63–66; J. Jones: A Liverpool Socialist Education, HWI Nr. 18 (1984), 93; Tebbutt, 39, 44–47, 162.

15 Zur männlichen Inkompetenz in Sachen Hausarbeit siehe z. B. die Geschichte (1911) von Ada Nield Chew (bezieht sich nicht auf Liverpool): Making It Stretch (A True Story), in: The Life and Writings of Ada Nield Chew, Hrsg. Doris Nield Chew, London 1982, 139–146. Siehe auch E. Ross: „Fierce Questions and Taunts": Married Life in Working-Class London, 1870–1914, in: Feminist Studies 8 (1982), 588; und Tebbutt, 39, zitiert nach S. Rowntree (1901) und M. Pember Reeves (1913).

16 Tape 11 (Ayers), Frau geb. 1922.

17 Verschiedene Interviews zwischen 1981 und 1983 aufgenommen (Ayers), u. a. Nr. 7, 9, 32, 35, 40; Second Chance, Women's History, S. 4; Liverpool Council of Voluntary Aid, Inc.: Report on Betting in Liverpool, Liverpool 1927, 7.

18 Tape 17 (Ayers), Frau geb. 1917; Frau geb. 1933, persönliche Mitteilung (Ayers).

19 Tapes 7, 9, 11, 18, 26, 32, 35, 40, 41 (Ayers); Interviews von Tony Lane geführt mit B. D. (April 1978) und B. E. (April 1978). Siehe auch Tebbutt; Pilgrim Trust; Liverpool Joint Research Committee.

20 Tape 42 (Ayers), Frau geb. 1938. Vgl. Tape 9, Frau geb. 1908.

21 Siehe O'Mara; Tapes 41 und 42 (Ayers); Ross, Survival; vgl. Tebbutt, 57–58.

22 Tapes 11 und 41 (Ayers).

23 Die Jahresberichte der National Society for the Prevention of Cruelty to Children (N. S. P. C. C.) (England) und der Liverpool S. P. C. C. für die ersten Jahrzehnte des 20. Jahrhunderts deuten dies an, wie auch die Berichte für die Liverpool Personal Service Society (L. P. S. S.) für die Zwischenkriegszeit. Siehe auch Liverpool Women Police Patrols (L. W. P. P.), Annual Reports (A. R. s) (1933, 1935), und die Liverpool Vigilance Society (Society for the Prevention of International Traffic in Women and Children), A. R. s (1919–20, 1923–24). Der von der L. S. P. C. C. auf Väter ausgeübte Druck war offensichtlich unregelmäßig, ambivalent und oft ineffektiv. Siehe L. S. P. C. C., 50. A. R. (1932); und Aussagen von Ronald P. Clayton, L. S. P. C. C. Rechstanwalt, vor der Royal Commission on Divorce and Matrimonial Causes, Parliamentary Papers, Bd. XX, Cd. 6481 (1912–1913), 13. 12. 1910.

24 Siehe z. B. The [Liverpool] Mothers' Rest Association, 28. A. R. (1948), 3 und A. R. s. (1947, 1949); C. O. Stallybrass, Problem Families, in: Problem Families: The Report of a Conference, Hrsg. Liverpool Council of Social Service, Liverpool

1946; I.A. Ireland: Margaret Beavan of Liverpool: Her Character and Work, Liverpool 1938, 103–112; Liverpool Child Welfare News (Juli 1926), 62–63; J. Riddell: A Study of the History and Development of the School Medical Service in Liverpool from 1908 to 1939, M. A. Thesis, University of Liverpool 1946. Vgl. J. Lewis: The Politics of Motherhood: Child and Maternal Welfare in England, 1900–1939, London 1980; C. Webster: Healthy or Hungry Thirties?, in: HWI Nr. 13 (1982), 110–129. Zur Frage der Verantwortlichkeit der Männer für den Unterhalt ihrer Familien siehe z. B. M. S. Reeves: The Wife of the Working Man, in: The Common Cause 5 (1914), 833; The Obligation to Support a Wife, in: Woman's Leader and the Common Cause 14 (1923), 387.

25 Social and Industrial Reform Committee of the Liverpool Women's Citizens Association. Report (Juli 1924). Vgl. Tebbutt, 55–57.

26 L. P. S. S., A. R. s (1927, 1922–1925), 15; D. Keeling: The Crowded Stairs: Recollections of Social Work in Liverpool, London 1961, 111–112; Interview von Tony Lane geführt mit F. B. (April 1978). Siehe auch O'Mara: Autobiography, 66–68; Liverpool Watch Committee, A. R. s (1907), 53–55, (1908), 46–47 und (1912), 19; Tebbutt, 51–56, 130–133.

27 Für einen informativen Überblick über die Ratenverkauf-Gesetzgebungen von 1938 und die Arten des Mißbrauchs siehe A. Vallance: Hire Purchase, London 1939. Siehe auch H. Forrester: Liverpool Miss, London 1982, 132–134.

28 Z. B. Manchester Guardian (16. 9. 1937); Parliamentary Debates (Commons), (10. 12. 1937), S. 729–770 und (6. 5. 1938), S. 1194–1212.

29 Für lokale Diskussionen siehe: M. P. and Hire Purchase „Scandals", in: Liverpool Echo (10. 12. 1937); L. P. S. S., 17. A. R. (1935); N. Williams: Problems of Population and Education in the New Housing Estates with Special Reference to Norris Green, M. A. Thesis, University of Liverpool 1938; D. Keeling: Hire Purchase: An Address, in: Liverpool Quarterly 6 (April 1938), 75–81.

30 Second Chance, Women's History, 15–16; siehe auch die etwas melodramatischen Erinnerungen eines innerstädtischen Polizeidetektivs (der von Anfang der 1930er bis in die 1960er Jahre arbeitete): W. Prendergast: Z-Car Detective, London 1964, 19–30 passim und Calling All Z-Cars, London 1966, 99.

31 Tape 75 (Ayers), Frau geb. 1926 und Tape 12, Mann geb. 1913. Angedeutet von O'Mara und im Interview von M. W., einer ehemaligen Liverpooler „moral welfare worker", mit Lambertz (April 1983).

32 Vgl. Ross: Fierce Questions; N. Tomes: A „Torrent of Abuse": Crimes of Violence Between Working-Class Men and Women in London, 1840–1875, in: Journal of Social History 11 (1978), 328–345.

33 Ausführlicher dazu siehe J. Lambertz: The Politics and Economics of Family Violence, from the late Nineteenth Century to 1948, M. Phil. Thesis, University of Manchester 1984.

34 Vgl. Lambertz (Liverpool); A. Davin: Motherhood and Imperialism, in: HWJ Nr. 5 (1978), 9–65; Lewis: The Politics.

35 Wo Gewalt oder etwas anderes jedoch unter Umständen tatsächlich zu einer Trennung geführt hätte, war die Liverpooler Wohlfahrts- und Gerichtsstruktur darauf ausgerichtet, eine Versöhnung zustandezubringen. Dies ist angedeutet, z. B., in der „police court" Arbeit der Liverpooler Diocesan Branch Church of England Temperance Society: A. R. s (1927, 1940, 1942), und in Stewardship, Zeitschrift der Liverpooler Anglican „Police Court and Prison Gate Mission", Nr. 6 (Juli 1947) und Nr. 8 (Juli 1948). Siehe auch L. W. P. P., A. R. (1935); und L. P. S. S., A. R. s (1928, 1937–1938). Frühere Zeugnisse deuten an, daß dies eine lange Tradition in der Stadt hatte: siehe Aussagen von Ronald Clayton, Henry Goldstone, Edgar

Sanders und G. A. Solly vor der Royal Commission on Divorce and Matrimonial Causes, Parliamentary Papers, XVIII, Cd. 6479, XIX, Cd. 6480, und XX, Cd. 6481 (1912–1913). Jedoch waren die Erfolge unsicher und einige Wohlfahrtsarbeiter/innen oder Polizei haben momentane „Versöhnungen" als stabil und unproblematisch angesehen: A Wife's Terrible Ordeal, in: Liverpool Weekly Post (1. 1. 1927); Prendergast; Calling, 103; und vgl. N. S. P. C. C.; A Wife Beater, in: A. R. (1947), 7. Siehe dagegen die skeptischen Kommentare in: When Mercy Seasons Justice, in: Woman's Leader and the Common Cause 15 (1923), 238; The Police Court and Its Work, in: W. L. C. C. 17 (1925), 180.

3. Arbeit und Erwerbstätigkeit der Frauen auf dem Land im ersten Drittel des 20. Jahrhunderts am Beispiel eines hessischen Dorfes

Kerstin Werner

„Da sagte meine Mutter: ‚Du kannst dir noch keine Arbeit suchen, du mußt mir in der Landwirtschaft helfen.' "
„Und ich – naja, ich mußte der Mutter helfen. Ich mußt. Ich habe die Landwirtschaft gemacht. Ich war eigentlich benachteiligt – bei allem. Konntest ja die Mutter nicht verlassen!"
„Dann mußte ich wieder zurück nach Hause in die Landwirtschaft."
„Ach nein, dann wären alle fort gewesen und das wollte ich der Mutter auch nicht antun. (. . .) Und da bin ich zu Hause geblieben und hätte eigentlich gerne etwas gelernt."
„Das war halt so, gelle. Da mußtest du eben zu Hause bleiben. (. . .) Geld bekamst du nicht viel: mal eine Mark oder zwei."

Aussagen von fünf Frauen, die zwischen 1900 und 1908 in einem kleinen hessischen Dorf geboren wurden. Die Eltern hielten an der althergebrachten Arbeitsverteilung und den familiären Beziehungen fest, und die damals jungen Mädchen fanden nicht die Kraft, sahen vielleicht auch nicht die Notwendigkeit sich zu lösen. Die eigenen Wünsche wurden hintangestellt, manchmal erst Jahre später als solche entdeckt. Die überlieferten Lebensformen wurden nicht hinterfragt; sie waren selbstverständlich.
Wie sahen die wirtschaftlichen und sozialen Verhältnisse, wie die Arbeitsbedingungen aus, die das Leben dieser Frauen bestimmten?

Methodisches Vorgehen

Mit fünf Frauen wurden Gespräche geführt, die Licht in die ländlichen Arbeits- und Lebensverhältnisse in ihrer Kindheit und Jugendzeit (1900–1930) bringen sollten. Drei der Interview-Partnerinnen rekonstruierten ihren Lebenslauf, während die beiden anderen in einer gemeinsamen Unterredung Auskunft gaben über die einzelnen Arbeitsvorgänge im landwirtschaftlichen Bereich. Auch sie berichteten in diesem Zusammenhang ihre persönliche Lebensgeschichte.

Das in den Gesprächsniederschriften vorliegende Quellenmaterial beinhaltet nicht zu verallgemeinernde subjektive Erfahrungen, unterrichtet aber auch eingehend über die spezifischen Voraussetzungen und Beschaffenheiten des Lebens der Landfrauen in diesem Ort, schließt somit objektive Erfahrungsmomente mit ein.
Da nur mit Frauen gesprochen wurde, die heute noch in ihrem Geburtsort leben, ergeben sich Lücken bei dem Versuch einer Gesamtbetrachtung. Doch stellt sich die vorliegende Untersuchung nicht die Aufgabe, statistisch genaue Ergebnisse über Arbeit und Leben aller Dorfbewohnerinnen im genannten Zeitraum zu liefern. Sie stellt vielmehr die Einmaligkeit individuellen Erlebens ins Zentrum, wobei sich dieses vor dem Hintergrund des dörflichen Lebenszusammenhangs zusammenfügt zu allgemeineren Strukturen.
Vergleichend hinzugezogen werden zeitgenössische Darstellungen und wissenschaftliche Arbeiten.[1]
Um ein möglichst breites Bild von der Vielfalt der Tätigkeiten als auch ihrer Abhängigkeit von der sozialen Stellung zu erhalten, war es notwendig, Frauen aus unterschiedlichen sozialen Schichten zu befragen. Ob eine Frau einen Teil ihres Lebens außerhalb des Dorfes, vielleicht sogar in einer Stadt verbrachte, wurde als zweites Kriterium herangezogen. Der Arbeitsalltag wurde in diesem primär agraisch strukturierten Gebiet Hessens von der Landwirtschaft geprägt, somit unterblieb eine Differenzierung zwischen Industrie- und Landarbeiterinnen.
Die Interview-Partnerinnen erinnerten sich auch an vieles, was ihre Mütter und Tanten erzählt hatten, d. h. manche Aussagen beziehen sich auf ihre frühe Kindheit (1900–1910) und auf die Zeit vor ihrer Geburt. Mit dem 1. Weltkrieg setzen die eigenen Erlebnisberichte ein. Über die 20er Jahre konnten vier der fünf Frauen sehr detailliert informieren. Es kam häufig zu sich gegenseitig bestätigenden Ausführungen in den voneinander unabhängig geführten Gesprächen. Dies ist darauf zurückzuführen, daß sich die Lebensbereiche der einzelnen Menschen in einem kleinen Dorf überschneiden und die Fragen an die einzelnen Frauen über individuelle Lebensverhältnisse und Lebensläufe hinausgehend auf konkrete Arbeitsvorgänge bezogen, die von allen in gleicher Art und Weise ausgeübt worden sind. Darüber hinaus wurde ein Interview mit einer Bauerntochter geführt und ein zweites mit einer Frau, die an diesem Hof ein Jahr als Dientsmagd in Stellung war.
Alle das Dorf betreffenden Aussagen (soziale Schichtung, wirtschaftliche Strukturen, Arbeitsbedingungen) ergeben sich aus der Bearbeitung der Interviews. Das Quellenmaterial muß seinem spezifischen Wert entsprechend gehandhabt werden: Das geschriebene Wort sagt nicht immer dasselbe aus wie das gesprochene. Die Forschungsergebnisse werden mit ausgesuchten Zitaten illustriert, jedoch läßt sich nicht für jede Feststellung ein

geeignetes Zitat als Beleg anführen, da sich ein Fazit häufig erst aus dem Gesprächsganzen oder einer Zusammenschau aller Interviews ergibt.[2]
Nach einer skizzenhaften Darstellung des Dorfes unter vorwiegend geographischen und wirtschaftlichen Aspekten, werden drei Problembereiche beleuchtet: An Beispielen soll gezeigt werden, daß die Arbeits- und Lebensbedingungen durch die soziale Herkunft determiniert waren, die Ursachen der geschlechtsspezifischen Arbeitsteilung im bäuerlichen Betrieb und die Erwerbstätigkeit außerhalb der Landwirtschaft werden untersucht.

Kurzbeschreibung des Dorfes

Das Dorf H. liegt im ehemaligen Landkreis Biedenkopf (heute Kreis Marburg-Biedenkopf), der auch als „Hessisches Hinterland" bekannt ist. „Nomen est omen" – so scheint es. Diese Bezeichnung – entstanden im 17. Jh. durch die politische Grenzziehung zwischen den Landgrafschaften Hessen-Nassau und Hessen-Darmstadt – charakterisiert in treffender Weise die Abgeschiedenheit der Landschaft. Weit ab von den Wirtschaftszentren an Rhein-Ruhr, Rhein-Main und dem Kasseler Raum gelegen, findet sich der Schwerpunkt der ökonomischen Entwicklung im Kreis Biedenkopf bis in die Neuzeit auf dem landwirtschaftlichen Sektor.
Leider bieten die geographische Lage und die topographischen Verhältnisse keine besonders günstige Ausgangssituation. Die Böden sind von Natur aus nährstoff- und humusarm und flachgründig. Nur in den Talniederungen sind tiefgründige Lehmböden anzutreffen, die befriedigende und sichere Erträge gewährleisten. So ist es nicht verwunderlich, daß ausschließlich in diesen Zonen relativ große Höfe vorzufinden sind.[3]
Die Gemeinde H. liegt nicht in einem dieser begünstigten Gebiete. Vom Beginn unseres Jh. an bis in die sechziger Jahre hinein war die Mehrzahl der landwirtschaftlichen Betriebe im Ort Klein- und Kleinstbesitz: Die landwirtschaftliche Nutzfläche betrug weniger als fünf Hektar. Diese Wirtschaften wurden im Nebenerwerb zur Eigenversorgung von den Frauen bearbeitet. Nur elf der 70 Haushaltungen waren mittelbäuerliche Betriebe (5–20 ha) und konnten sich vollständig von der Landwirtschaft ernähren.[4]
Für Lohnarbeit boten sich in H. kaum Möglichkeiten, da außer einer (in den 20er Jahren zwei) Zimmerei keine gewerblichen Betriebe existierten. Die Männer nahmen die Stelle des Feldschützen an oder waren in der Gemeindeverwaltung tätig. Am Ort gab es zwei Hausschlachter, einen Schmied und einen Förster. Verheiratete Frauen mit wenig oder keinem Eigenbesitz halfen im Tagelohn auf den größeren Höfen aus. Das Strumpfstrick- und Tuchmachergewerbe, das im Kreis eine wichtige Erwerbsquelle war,[5] fand sich auch in H. Ältere Männer, Frauen und Kinder strickten, nähten oder webten

in Heimarbeit. Jüngere Männer verkauften die Waren in Rheinhessen oder im Siegerland.
Die Pendelwanderung war im Kreis Biedenkopf seit Mitte des 19. Jh. in immer stärkerem Maße mit dem Erwerbsleben der Bevölkerung verknüpft, da die heimische Industrie (Eisenverhüttung und -verarbeitung) nicht genügend Arbeitsplätze bot. Als Fernpendler zogen die Männer zu den Gruben und Hütten des Dilltals, des Schelderwaldes und in den Siegener Raum, wo sie auch als Bauhandwerker den Sommer über ihren Beruf ausübten.[6] In H. gibt es etliche Beispiele für diese Art der männlichen Erwerbstätigkeit. Bis zum Bau der Eisenbahnstrecke Marburg-Laasphe-Kreuztal 1883[7] marschierten die Männer zu ihrer Arbeitsstätte und blieben mehrere Wochen dort, später fuhren sie montags früh mit dem Zug nach Kreuztal und samstags zurück. Den daheim gebliebenen Frauen blieb die Arbeit in der Landwirtschaft allein.
Bis ins erste Jahrzehnt unseres Jh. gingen Frauen als landwirtschaftliche Saisonarbeiterinnen in die Wetterau. Sie wurden dort als „Feldmädchen" vom Frühjahr bis zum Herbst beschäftigt. Häufig lernten sie einen Mann kennen, heirateten und wurden in ihrem Heimatort ansässig. Ein Teil des heute bestehenden Dorfes wurde von diesem Personenkreis um die Jahrhundertwende aufgebaut. Etwa ab dem 1. Weltkrieg ist ein Rückgang der weiblichen Wanderarbeit in die Wetterau zu verzeichnen. Die meisten Mädchen, die im Gegensatz zu den Jungen selten einen Beruf erlernten, suchten in der heimischen Landwirtschaft eine Arbeitstelle oder gingen in einen städtischen Haushalt. Ob dieser Strukturwandel auf die gesunkene Kinderzahl zurückzuführen ist oder es sich um andere Ursachen handelt, konnte im Rahmen dieser Untersuchung nicht analysiert werden.
Um die hier entworfene Skizze zu vervollständigen, sei darauf verwiesen, daß es in H. drei Lebensmittelläden gab und zwei Gastwirtschaften. Elektrifiziert wurde der Ort 1920, die Wasserleitungen 1927 verlegt. Die Zahl der innerörtlichen Arbeitsplätze erhöhte sich durch die Gründung einer Bäckerei 1925 und einer Metzgerei 1929.

Soziale Herkunft – bestimmend für Lebens- und Arbeitsverhältnisse

Die Quellen offenbaren eine streng hierarchisch organisierte soziale Schichtung der dörflichen Bevölkerung im ersten Drittel des 20. Jh.: Es war ein großer Unterschied, ob frau auf einem der Vollerwerbsbetriebe, auf einem der Nebenerwerbsbetriebe oder als Tochter eines Arbeiters geboren wurde, der sich keine Kühe, sondern nur Ziegen halten konnte. In der vom Agrarsektor dominierten Dorfgesellschaft war das Fehlen von Landbesitz ein Makel. Wenn auch die sog. „dicken Bauern“ im Vergleich mit anderen Gegenden Deutschlands mittelbäuerliche Betriebe besaßen, so bestand zu den Kleinst- und Kleinbauern ein gesellschaftlicher Abstand, der mit einer Standesschranke zu vergleichen ist. Zutage tritt diese soziale Differenzierung auch im Erzählverhalten in den Interviews: Heute noch – in einer Zeit, in der Landbesitz nicht mehr zu den gesellschaftlichen Werten schlechthin gehört und die Bauernschaft allgemein einen sozialen Abstieg hinnehmen mußte – berührt es manche Frau peinlich, im Gespräch zu offenbaren, daß ihre Familie „nur“ Ziegen besaß.[8]

In elementarsten Lebensvollzügen spiegelt sich die Schichtzugehörigkeit wider. Im Bauernhaus mangelte es nie am Essen. Getreide für das Brot war reichlich vorhanden, und Butter wurde über den Eigenbedarf hinaus hergestellt und verkauft. Bei „geringeren Leuten“ bekamen die Kinder jedoch selten eine ganze Schnitte Brot und „gute Butter“ zu essen:

„Und als ich nach Hause kam (nach der Arbeit auf dem Feld im Tagelohn, K.W.) sagte ich: ‚So Mutter, heute habe ich aber mal ein Frühstück gekriegt! Die hatten Schinken und da konnte man sich richtig abschneiden.‘ Die Bauersfrau hatte Schinken und Eier – also ein gutes Frühstück – eingepackt. So was kam bei uns doch gar nicht in Frage.“

Die Arbeit bei den Bauern wurde, vor allem, wenn sie von älteren Kindern ausgeführt wurde, in natura beglichen:

„Und wenn du geholfen hattest, gab's ein Stück Brot, ein viertels Leib und da kam gute Butter hinein.“

„Da kriegten wir mal eine ganze Scheibe Brot mit Butter und Zwetschgenmus. Das war uns eine Delikatess!.“

Eine Bauerntochter äußerte:

„Es gab einen Laib Brot. Und am Abend backte meine Mutter eine Pfanne Eier.“

Familien mit wenig oder keinem Landbesitz schickten die Töchter – auch Frauen gingen – zum „Grasrupfen“ in den Wald oder auf abgeholzte Flächen.

„Fürs Vieh wurde mit der Hand Gras gerupft. (. . .) Da waren wir noch Schulkinder. (. . .) Die Leute hatten ja noch häufig Ziegen. Und da mußtest du ins Gras gehen (. . .) Der ganze Kap (Hügel in der Nähe von H., K.W.) – gab es da ein Büschelchen Gras, so wurde es gleich gerupft.“

Manchmal sei eine Sichel mitgenommen worden, obwohl dies, wie auch das Betreten der Wiesen im Sommer, bei Strafe verboten gewesen sei. Eine Interview-Partnerin erinnert sich an einen Reim, den eine Freundin gedichtet hatte:

„Fünf Mädchen gingen in Kap, ins ausgehauene Stück
und rupften emsig Gras und hatten gar kein Glück.

Sie fanden gar kein Gras, nur dürre Wischel war's.
Aber sie rupften mit Freude und Glück.
So rupften sie volle fünf Stunden
bis endlich die Sonn' unterging,
dann stopften sie schnell ihre Bündel
und kehrten nach Hause geschwind."

Solche Arbeiten kannte die Bauerntochter nicht. Sie half als Schulmädchen der Mutter bei der Küchenarbeit, in der Erntezeit auch auf dem Feld und verrichtete im Winter beim Weben kleinere Tätigkeiten, z. B. das Flachsklopfen und Spulenwickeln. Kinderarbeit wurde in allen Familien gleichermaßen geleistet. Es scheint unerheblich, ob die Mädchen vor der Schule Strümpfe strickten oder als Bauerntochter den Mäher/innen das Frühstück auf die Wiese brachten. Doch die Arbeit der Bauern war die gesellschaftlich geachtetere; dies übertrug sich auch auf die Beschäftigung der Mädchen. Das Grasmähen auf eigenem Grund und Boden hatte größeres Ansehen als das Grasrupfen, das beim Mitführen einer Sichel einen illegalen Charakter besaß.
War die Kinderzahl groß, so vertauschten die Mädchen – auch Bauerntöchter – nach der Schulentlassung mit 13/14 Jahren das Elternhaus mit einem Dienstplatz.[9]

„Die kamen aus der Schule und dann kamen die fort. (...) Die blieben nicht alle zu Hause. Wo wollten die denn auch alle hin? Meine Mutter hatte noch eine taubstumme Schwester und noch eine jüngere Schwester und einen Bruder, der war Schmied, der war zu Hause."

Vor der Jahrhundertwende war es offensichtlich Usus, daß Bauerntöchter sich in einem städtischen Haushalt verdingten, während Töchter aus weniger begüterten Familien als Saisonarbeiterinnen in die Wetterau zogen. Doch muß dies zunächst hypothetisch bleiben, da die Quellenlage für eine gesicherte Aussage zu lückenhaft ist. Ein Beispiel ist zu nennen: Während die Mutter und die Tanten der Frau D., deren Eltern zu den „geringeren Leuten" gehörten, in die Wetterau pendelten, führt Frau E., eine Bauerntochter, aus:

„Die (ihre Tanten, K.W.) haben in Marburg gedient und sonstwo auch. Die Kasseler Tante ist sogar damals schon im Ausland gewesen. Die war in Marburg bei so einem Professor."

Für die Zeit nach 1900 ist dagegen festzustellen, daß auch Bauerntöchter im Sommer in der Wetterau arbeiteten.
Unübersehbar wurde der soziale Unterschied bei der Eheschließung. Es wurde nach dem Motto „Land gehört zu Land" geheiratet. Ein sozialer Abstieg der Bauerntöchter war bei großer Kinderzahl möglich, wenn auch nicht die Regel. Ein sozialer Aufstieg der Frauen aus dem Klein- und Kleinst-

besitz in ein „besseres“, d. h. in ein im Einkommen gutgestelltes Haus war ausgeschlossen.[10] Frau E. schildert Familiengeschichte:

„Der älteste Bruder meines Vaters war mit der einzigen Tochter eines großen Bauern in M. befreundet. Die waren sich, glaub ich, sehr gut und durften sich nicht heiraten, weil mein Onkel zu arm war, denn sie waren zu Hause mit elf Geschwistern. Da mußte das Mädchen einen anderen Mann heiraten.“

Die Heirat führte die Frauen nicht über den Lebenskreis der Eltern hinaus. Die Arbeiterfrau mit Pachtbesitz mußte sich, wie vormals ihre Mutter, bei den Bauern einen Nebenverdienst schaffen. Ihre Existenz blieb somit wesentlich ungesicherter als die der Bauerntöchter[11], die auf Land- und Viehbesitz zurückgreifen konnten. Eine dieser Frauen berichtet vom Beginn der zwanziger Jahre:

„Da waren die Männer arbeitslos, da gab's nur wenig Unterstützung. Als wir zwei Kinder hatten, da bekamen wir 4,92 Mark in der Woche für vier Personen. Da sagte der Gemeinderechner zu mir: ‚Das ist gerade genug für das Brot und die Margarine.‘ Damals hatten wir noch keinen Acker gepachtet, nichts. Mit Händearbeit verdiente ich mir noch hier und da in der Landwirtschaft hinzu. Die Landwirtschaft hat mir geholfen, muß ich sagen, sonst wäre ich nicht durchgekommen.“

Geschlechtsspezifische Arbeitsteilung in Haus, Hof und Feld

Gewöhnlich wird davon ausgegangen, daß sich die Arbeitsteilung in der Landwirtschaft notwendigerweise an der Art der anfallenden Arbeit orientiert: Schwere körperliche Tätigkeiten werden von Männern, die leichteren von Frauen erledigt.[12] Die Interviews weisen jedoch darauf hin, daß sich die geschlechtsspezifische Arbeitsteilung auf dem Land darin begründet, ob es sich um den außerhäuslichen oder den innerhäuslichen Arbeitsbereich handelt. Auch bei der Stallarbeit ist nicht die Schwere oder Leichtigkeit der Tätigkeiten das alleinige Kriterium: Die Frauen betreuen die Tiere, die für den täglichen Nahrungsbedarf der Familie sorgen. Der Mann kümmert sich um die Pferde – anderen Untersuchungen zufolge auch um die Ochsen,[13] die er als Zugtiere vor die landwirtschaftlichen Geräte spannt und mit denen er den Hof verläßt. Eine Interview-Partnerin äußert zu diesem Themenkomplex:

„Der Herr, der fütterte dann die Pferde und die Frau versah ihre Arbeit im Schweinestall. (. . .) Das Melken blieb ja meistens der ältesten Magd und wenn es ein „geringerer“ Bauer war, dann melkte die Hausfrau. (. . .) Wir (die Mägde, d.Verfin) rupften das Heu für die Kühe, der Hausherr für seine Pferde.“

Betrachtet man den Arbeitstag der Landfrauen, insbesondere den sommerlichen, so stellt sich die Frage, in welchem Maße die Frau eine weit größere Belastung als der Mann trug. Hinsichtlich der Arbeitszeit sprechen zeitgenössische Untersuchungen von einer „ungeheuren Überbürdung der Frauen in den mittelbäuerlichen Betrieben“.[14] Elisabeth Baldauf kam 1932 zu dem Ergebnis: „Durchschnittlich ist die Arbeitszeit der Bäuerin länger als die des Bauern.“[15] Da die Männerarbeit beschränkt war auf die außerhalb des Hauses liegenden Tätigkeitsbereiche, hatte der Bauer im Sommer Feierabend, wenn es dunkelte. Nachdem das Vieh versorgt war, blieb ihm freie Zeit. Die Bäuerin hingegen mußte nach der gemeinsam erledigten Feld- und Stallarbeit die Hausarbeit allein verrichten.

Diese Doppelbelastung der Frau hatte gesellschaftspolitische Folgen. Die traditionelle Arbeitsteilung ermöglichte den Männern die Übernahme politischer Funktionen und kultureller Aufgaben. So setzt sich der Gemeinderat in H. zu Anfang unseres Jh. meist aus den Mittelbauern zusammen, die auch den Bürgermeister stellten. Der Freizeitbereich wurde von der Kirche bzw. der freikirchlichen Gemeinde dominiert. Hier engagierte man sich als Gemeindeältester, Chorleiter, Kirchenvorstand, Laienprediger oder hielt Kindergottesdienst. Die Frauen gingen als Sängerinnen in den Chor, ohne jedoch spezielle Bereiche innerhalb der Kirchenorganisation zu leiten.

In einem Bauernhaus wurde es zwei Söhnen ermöglicht, Volksschullehrer zu werden. Während beide ihrem Studium nachgingen, arbeiteten die Schwestern und ein Bruder auf dem elterlichen Hof. Den Mädchen die Gelegenheit einer solchen beruflichen Karriere zu bieten, stand überhaupt nicht zur Diskussion:

„Der Schullehrer kam immer zu meinem Vater und sagte, er solle mich etwas lernen lassen, er solle mich auf die Schule schicken, ich würde das schaffen. Und mein Vater sagte immer: ‚Nein, nein, die muß zu Hause bleiben und die Arbeit machen.‘“

Stall und Feldarbeit

Die Bauern in H. hatten zur fraglichen Zeit keine Knechte, somit fielen den Mädgen und den mithelfenden weiblichen Familienangehörigen oft typische Männerarbeiten zu. Dies ist ein Charakteristikum klein- und mittelbäuerlicher Betriebe und fand sich z. B. auch in Gebieten Württembergs.[16] Nach der Berufszählung 1925 absorbierte von allen Erwerbszweigen die Landwirtschaft weitaus die meisten Frauenkräfte.[17] So stellten die Ehefrauen und Töchter der Bauern in Bayern über die Hälfte der landwirtschaftlichen Arbeitskräfte.[18] Im „Hessischen Hinterland“ sah es ähnlich aus. Die Beschreibung einer Bauerntochter macht die Verhältnisse plastisch:

„Wir hatten keine Knechte. (...) Zunächst hatten wir ja Mägde, doch als ich und mein Bruder ein Jahr aus der Schule waren, hatten wir keine mehr. Mein Bruder fütterte die Pferde, mein Vater mistete aus. Gemolken und Futter aufgegeben haben meine Mutter und ich, später meine jüngere Schwester und ich.“

Die in der Literatur[19] häufig als Männerarbeiten genannten Tätigkeiten wie Grasmähen, Getreidemähen, Dungladen und -streuen wurden in H. von Frauen erledigt: Die Bauerntochter mähte morgens das Futtergras, welches vom Vater oder Bruder mit dem Wagen geholt wurde. In der Heuernte ging sie oder die Magd morgens gegen drei Uhr, wenn das Gras noch feucht war und sich leicht mit der Sense mähen ließ, mit dem Bauern auf die Wiese. Am Vormittag wurde das Heu gewendet und nachmittags nach Hause gefahren. Abends standen zwei oder drei schwer beladene Wagen auf dem Hof und mußten abgeladen werden. Die Männer standen auf dem Wagen und gabelten das Heu auf den Heuboden, wo es von einer Frau entgegengenommen und verteilt wurde. Die Kinder halfen ihr. Erst gegen 21 oder 22 Uhr wurde der Arbeitstag beendet. Regnete es während der Heuernte, so konnte „mal ein bißchen Atem geschöpft" werden. Frau B., die 1920 bei einem Bauern in Stellung war, berichtet:

„Da gab es auch mal einen Tag Ruhe, wenn es regnete. (...) Dann wurde mal geflickt, es war immer eine Arbeit da, nur eben eine leichtere. Dann konntest du auch mal stehen und eine viertel Stunde schwätzen, da sagte dir ja niemand etwas."

Auch beim Getreidemähen arbeiten die Frauen mit:

„Mein Vater und ich mähten Hafer. Es war ein großes Feld. Da kam ein Bekannter vorbei und sagte zu meinem Vater: ‚Alter, sie mäht ja beinahe besser als du.' Mein Vater antwortete: ‚Sie hat ja auch eine gute Sense.' Sagte der Bekannte: ‚Alter Freund, sie kann es auch!' Ich habe dort mit meinem Vater einen halben Tag lang gemäht."

Im Frühjahr luden die Frauen Dung, den der Bauer auf die Felder fuhr und der anschließend von den Mägden oder mithelfenden weiblichen Familienangehörigen zerstreut wurde.
In der kleinbürgerlichen Landwirtschaft lastete die Außenwirtschaft völlig auf der Hausfrau, da der Ehemann einem anderen Beruf nachging und Mägde nicht eingestellt werden konnten. Die Kleinbäuerin besorgte die Bearbeitung des Bodens und die Aussaat, sie führte das Kuh- oder Ochsengespann – verrichtete also selbständig die anfallenden „Männerarbeiten".
Der Rüben- und Kartoffelbau basierte in allen Betrieben auf Frauenarbeit. Die Futterrüben wurden im Garten gesät, mußten aufgehackt und vereinzelt werden. Im Juni kamen die Pflanzen aufs Feld und mußten bei trockenem Wetter jeden Abend vor der Stallarbeit von den Frauen gegossen werden. Die Saatkartoffeln wurden von den Frauen geschnitten und gelegt. Das Zufahren der Furchen besorgten die Männer. Die Kartoffelernte im September/Oktober wurde auch primär von den Frauen erledigt, da die Männer in dieser Zeit die Äcker pflügten und eggten und das Wintergetreide säten.
Dazu kam im Herbst die Arbeit an der Dreschmaschine. Die drei „dicksten Bauern" droschen fast zwei Tage, die übrigen dreiviertel bis einen Tag lang.

Es wurden über 20 Personen für diese Arbeit benötigt. Die Bauern halfen sich untereinander aus, und auch die „geringeren Leute" gingen zum Dreschen, so daß nach Aussagen einer Gesprächspartnerin es kaum jemanden im Dorf gab, der nicht an der Maschine half. Das vorliegende Quellenmaterial läßt keine detaillierten Ausführungen über die geschlechtsspezifische Arbeitsteilung beim Dreschen zu. Deutlich wird lediglich, daß die mit Körner gefüllten Säcke von den Männer auf den Speicher getragen wurden. Daß Frauen „selten" an der Dreschmaschine beschäftigt waren, wie Elisabeth Baldauf konstatierte,[20] läßt sich jedoch für H. mit Bestimmtheit verneinen.

Frauenarbeit im Haus

Den Frauen oblag das Buttern und Käsen, Kochen und Backen, Waschen, Spülen und Putzen. Im Herbst stellten sie Zwetschgen- und Birnenmus her und kochten Zuckerrübensirup. Es bildete sich hinsichtlich dieser Aufgaben eine Arbeitsteilung innerhalb der am Hof lebenden Frauen aus.
Der Garten war das spezielle Arbeitsfeld der Hausfrau, ebenso die Zubereitung der Mahlzeiten. Mägde und Töchter übernahmen nur zeitweilige Tätigkeiten:

„Wenn wir aus der Schule kamen, lag ein Zettel in der Küche. Dann mußte gespült werden oder ich mußte Kartoffel schälen."

Bei der Verarbeitung der Milch zu Butter und Käse waren die heranwachsenden Töchter behilflich, beim Brotbacken die Magd oder die erwachsenen Töchter. Doch lastete die Arbeit im Haushalt zum g. T. auf der Hausfrau, während Mägde und Töchter häufiger in der Außenwirtschaft und im Stall tätig waren.
Wie außerordentlich ungewöhnlich und unwürdig die Arbeit der männlichen Familienmitglieder im Haushalt war, zeigt folgende Begebenheit:

„Einer meiner Brüder war so sehr häuslich. Die Mutter ging raus mit den Kühen, machte die Landwirtschaft und er schloß die Türe zu und saß dann hier und hat geputzt."

Die Frauen waren – auch noch – Mütter. Für diesen Teil ihres Aufgabenbereichs blieb ihnen, insbesondere im Sommer, sehr wenig Zeit. Waren die Kinder klein und es fand sich kein Babysitter, ging die Bäuerin meist nicht mit aufs Feld. Häufig versorgte jedoch die Großmutter oder ein älteres Nachbarmädchen das Kleinkind. Waren ältere Geschwister vorhanden, so betreuten diese die jüngeren. Eine Frau berichtet, daß sie die jüngere Schwester der Mutter, die auf dem Feld arbeitete, zum Stillen brachte. Die größeren Kinder wurden durch die Last, die auf ihnen lag, überfordert:

„Ich weiß noch genau, damals ging ich noch zur Schule. Ich war elf Jahre alt, da war meine Mutter im Winter schwerkrank. Da habe ich jeden Morgen vor der Schule meine Schwester quer durchs Dorf zu Verwandten getragen. Sie war ein dickes, schweres Kind. Der Lehrer wartete immer, bis ich zurückkam. Und einmal bin ich zusammengebrochen."

Eine Gesprächs-Partnerin schilderte, daß sie halbtags im Tagelohn gearbeitet habe und die älteste Tochter mit ihren neun Jahren „schon ein paar Stunden für den Kleinen aufkommen" konnte. Bei der Kinderfürsorge wurde damals, wie es eine Frau ausdrückte, „nicht so eine ‚Zucht' gehalten", d. h. keine übersteigerte Bedachtsamkeit, Behutsamkeit und Sorgfalt betrieben.

Im Winter

Am 10. November war die Außenarbeit beendet. Danach wurden die Flick- und Näharbeiten, die während des Sommers liegengeblieben waren, hervorgeholt. Wolle wurde gesponnen, Strümpfe gestrickt, Leinen gewebt und Decken gestickt. Alle im Haus wohnenden Frauen beteiligten sich an diesen Hausarbeiten, die die Winternachmittage und -abende ausfüllten.

„Abend, da mußtest du stricken, nähen und machen. Da saßest du nicht am Abend so rum, das brauchst du nicht denken!",

antwortete eine Frau auf die Frage nach der Freizeitbeschäftigung am Abend. Die Mädchen und jungen Frauen zweier Jahrgänge gingen gemeinsam in die „Spinnstube": Sie trafen sich abwechselnd in einem der Häuser und spannen Wolle oder strickten. Die Mägde spannen die Wolle für den Bauern, arbeiteten also auch abends für ihre Arbeitgeber.
Die Arbeit der Mägde war im Winter zwar wesentlich leichter als im Sommer und trug in den Spinnstuben einen geselligen Charakter, doch handelte es sich eindeutig um eine Vollzeitbeschäftigung. Rosa Kempf spricht hingegen von der elfstündigen Arbeitszeit der Mägde als eine Art Bereitschaftsdienst.[21] Die vorliegenden Quellen verdeutlichen, daß es in H. anders war. Eine frühere Magd schildert ihren Tagesablauf im Winter:

„Wenn du im Januar die Stelle antratest, dann war morgens das Erste, daß du vom Hausherrn gerufen wurdest; wurdest mit Namen genannt. ‚Aufstehen' hieß es dann. Und dann in den Stall. Wintertags so gegen sechs Uhr. (...) Wenn wir fertig waren, war der Kaffee bereit, dann ging es zu Tisch und es wurde gemeinsam gefrühstückt. Und dann gings wieder raus. Wenn man noch nicht fertig war im Stall, machte man die Arbeit fertig. Anschließend mußte man für frisches Futter sorgen: das Heu wurde gerupft. (...) Und dann mußte man die Runkelrüben holen, säubern. Die wurden in der Maschine zerkleinert. Dann gings zur Häckselmaschine und das Haferstroh wurde gehäckselt. Beides, Runkelrüben und Haferstroh, wurde gemischt, das bekam das Vieh abends. Dann ging man rein, dann war es zehn Uhr etwa. Dann stand etwas zum Spülen da oder eine mußte putzen. Und am Nachmittag gings ans Wolle kratzen.

Anschließend wurde die Wolle auf dem Spinnrad gesponnen und davon wurden die Strümpfe gestrickt. Ich habe gesponnen und die junge Magd hat Wolle gekratzt. (...) Gegen 15/16 Uhr gabs Kaffee. Wintertags ging man gegen 16.30 Uhr in den Stall. Bis wir fertig waren und hatten gegessen und gespült, war es 19.30 Uhr. Dann zog man ein bißchen etwas Besseres an und ging in die Spinnstube. Um 22 Uhr war man wieder zu Hause. (-..) Sontagabends hatten wir ja Singstunde. (...) Und am Samstagabend: Na, da schlenderte man mal heim."

Die Männer nähten in den Wintermonaten Pferdegeschirre, stellten Reisigbesen und Rechen her und flochten Gestelle für das Trockenobst. Die landwirtschaftlichen Geräte mußten ebenfalls gewartet werden. Die Feststellung einer Interview-Partnerin:

„Die Männer hatten es im Winter besser als die Frauen, die hielten Schwätzchen"

gewinnt an Gewicht, wenn bedacht wird, daß die jungen Männer ebenfalls in die Spinnstube kamen, doch nirgends die Rede davon ist, daß auch sie sich eine Arbeit mitbrachten.

Weibliche Erwerbstätigkeit außerhalb der Landwirtschaft

Die wirtschaftlichen Verhältnisse zwangen, besonders bei großer Kinderzahl, die Kleinbäuerin und die Arbeiterfrau, sich neben der kleinen Landwirtschaft noch eine weitere Verdienstmöglichkeit im Ort zu suchen. So berichten zwei Interview-Partnerinnen, daß Anfang der 20er Jahre eine Frau die „Mutschen", die Kopfbedeckung der Frauentracht, auf Bestellung nähte. In H. gab es, wie in jedem Dorf im „Hinterland", eine Frau, die in der Nähschule den Mädchen Handarbeitsunterricht gab. Während des gesamten Untersuchungszeitraums holten sich Frauen in der Kreisstadt Wolle und strickten in Heimarbeit Strümpfe. 70 Pfennig sollen sie für ein Paar Socken erhalten haben.

„Meine Großmutter hatte, seid ich mich erinnern kann, Socken gestrickt. Die ist 1927 gestorben."
„In Biederkopf war der Heinzerling. (Er ließ die Socken stricken, K.W.) Der ging dann sicher mit den Socken fort und verkaufte sie sonstwo. Je nachdem, dann mußten die Fersen auch ein bißchen bunt gestrickt werden. Dann betrachtete er sie, wenns nicht richtig stimmte, dann reklamierte er es auch. Und dann bekamen die Frauen wieder einen Packen Garn und dann gings wieder los."

Eine Familie besaß zwei Strickmaschinen. Der Vater verkaufte die Waren, die zu Hause hergestellt wurden, in Rheinhessen. Außer der Mutter und der ältesten Tochter strickte auch die verheiratete Schwester der Mutter. Bezahlt wurde ihre Arbeit nicht mit Geld, sondern durch gegenseitige Hilfeleistung beim Hausbau. 1914 bis 1918 lieferten sie Strümpfe ans Heer.[22] Die Töchter

der Strickerinnen, 13/14jährige Mädchen, packten die Waren auf einen Handwagen und zogen diesen zum fünf Kilometer wegliegenden Abliefe-rungsort.
Der Krieg brachte es mit sich, daß in der nahegelegenen Eisengießerei auch Frauen beschäftigt wurden. Die Entfernung hielt jedoch davon ab, sich langfristig dort zu verdingen. Vor und nach dem 12stündigen Arbeitstag mußten fünf Kilometer Wegstrecke zu Fuß zurückgelegt werden, da es keine Fahrgelegenheit gab. Eine damals 16jährige erzählt:

„Und dann kam ich um 19 Uhr heim. Das war in der Heuernte, wenn es so heiß war, nicht angenehm. Da waren wir aber fertig. Zwölf Stunden, das will was heißen. (...) Und im Winter gings durch den furchtbaren Schnee."

In der Bäckerei und der Metzgerei waren die Ehefrauen mit ihrem Mann gemeinsam selbständig erwerbstätig. Sie halfen bei der Herstellung der Waren und dem Verkauf tatkräftig mit. In der Metzgerei war die Ehefrau „immer dabei", kostete den Wurstteig und verkaufte nachmittags bis in den späten Abend Fleisch und Wurst:

„Die war immer die Letzte, die abends kam. Da wars schon zehn Uhr. Da war ich manchmal schon am Putzen. Da sagte sie: ‚Ach, Kathrinchen, du gibst mir doch noch etwas?' - ‚Ei, freilich!'
Da gab's keine Verkaufszeit, keinen Ladenschluß. Die Leute machten ihre Arbeit und dann gingen sie noch schnell Fleisch einkaufen."

Jungen Frauen bot sich die Möglichkeit, in einen städtischen Haushalt zu gehen. Zwei Bauerntöchter, die in den siebziger Jahren des letzten Jh. geboren worden waren, nahmen Stellungen in der 30 km entfernten Universitätsstadt Marburg an. Sie kehrten nicht mehr in ihren Geburtsort zurück, sondern heirateten Beamte und blieben in der Stadt.

„Der Mann der Kasseler Tante war bei der Bahn. Der war später ein hoher Herr. (...) Der hielt Vorträge. (...) Der hatte nur die Volksschule und hatte sich hochgearbeitet."

Die „Kasseler Tante" löste sich vom Dorf und von der familiären Bindungen. Sie kam sehr selten nach H., sprach dann hochdeutsch und brachte fortschrittliche Ideen aufs Dorf:

„Die Kasseler Tante sagte: ‚Warum soll dann die Anna immer noch die Tracht anziehen?'"

Eine andere Bauerntochter dieser Generation verließ auch das Dorf, entfremdete sich jedoch nicht völlig: Sie wurde Diakonisse und lebte im Mutterhaus. Jährlich verbrachte sie einen mehrwöchigen Sommerurlaub auf dem ehemals elterlichen Hof, den ihr Stiefbruder bewirtschaftete. Ihr gehörte noch ein Teil des Landes (vielleicht das Erbe der verstorbenen Mutter?), über den sie frei verfügte.

Die Frauen, die während und nach dem 1. Weltkrieg aus der Schule entlassen wurden und in einem städtischen Haushalt arbeiteten, gingen in die nahen Kleinstädte Biedenkopf, Gladenbach und Dillenburg. Eine Gesprächspartnerin, Frau C., war zu Beginn der 20er Jahre in der Nähe von Siegen in Stellung. Eine andere, Frau A., war zunächst als Hausmädchen in Gladenbach und ging von dort aus mit der Tochter des Hauses 1923/24 nach Frankfurt, später nach Leipzig und Berlin. Sie ist m. W. die einzige Frau dieser Jahrgänge, die eine Großstadt kennenlernte und längere Zeit dort lebte. Sie berichtet, daß ihr die Betreuung des Kindes und die Sorge für den Haushalt oblag. Die Putz- und Wascharbeiten seien von anderen Hausangestellten übernommen worden. Sie befand sich offensichtlich in einer äußerst angenehmen Stellung, hatte Familienanschluß und ein besonderes Vertrauensverhältnis zur Frau des Hauses.

„Die Einkäufe wurden von mir erledigt. Den meisten Mädchen gab sie ja kein Geld. (...) Mir gab sie auch die Schlüssel von allem. (...) Und dann haben die (die anderen Mädchen, K.W.) sich gewundert, daß ich Schlüssel hatte. Aber mir hat sie das immer alles anvertraut."

Vergleicht mensch diese Aussagen mit Literatur über den Beruf der Hausangestellten,[23] so ist zu konstatieren, daß die hier geschilderten Verhältnisse nicht typisch waren.

Ganz anders lauten die Erlebnisberichte der Frau C. Die Hausfrau behandelte sie, wie es der Stellung des Dienstmädchens ihrem Empfinden nach gebührte:

„Die war furchtbar geizig. Jeden Samstag ließ sie einen Kuchen backen. Dann sagte sie mittwochs: ‚Soviel Kuchen back ich nicht mehr, der geht immer verloren.' Die schloß den Kuchen aber im Keller ein. Da konnte keiner dran. Das andere Mädchen und ich, wir hätten gerne einmal ein Stückchen Kuchen gegessen."

Frau C. kehrte ohne Wehmut ins Dorf zurück, Frau A. hingegen spricht noch heute vom Nach-Hause-gehen-Müssen. Ihr ist der Abschied aus der Stadt schwer gefallen. Doch sie wurde auf dem elterlichen Anwesen gebraucht, weil die beiden Schwestern „noch mal was andres sehen und hören wollten, nicht nur die eigene Landwirtschaft."

Beide Frauen heben hervor, daß sie in ihrem späteren Leben sehr von den Kochkenntnissen profitierten, die ihnen als Hausangestellte zuteil geworden waren. Frau C. bewirtete in den 30er und 40er Jahren gemeinsam mit ihrem Ehemann Kurgäste. Frau A. betrieb neben der elterlichen Landwirtschaft einen Nebenerwerb als Köchin.

Anmerkungen

1 Baldauf, Elisabeth: Die Frauenarbeit in der Landwirtschaft, Diss. Kiel 1932; Crossen, Meta: Hauswirtschaft, in: Sozialistische Monatshefte 27, 1921, Bd. I; dies., Hauswirtschaft, in: Sozialistische Monatshefte 1929, Bd. I; Kempf, Rosa: Arbeits- und Lebensverhältnisse der Frauen in der Landwirtschaft Bayerns, Jena 1918; Münzinger, A.: Der Arbeitsertrag der bäuerlichen Familienwirtschaft, Berlin 1929; Müller, Heidi: Dienstbare Geister. Leben und Arbeitswelt städtischer Dienstboten, Berlin 1981.

2 Die Mutter zweier Kinder erzählte ihr Leben, ohne auf die Kinderfürsorge näher einzugehen. So ließ dieses Nicht-Ansprechen einer Thematik u. a. folgern, daß im Leben dieser Frauen die Kinder sicher nicht die Hauptrolle spielten.
Einer Interview-Partnerin fiel es schwer zu erzählen, daß sich ihre Eltern kaum die notwendigsten Nahrungsmittel leisten konnten: „Mein Vater nahm einen Eß-Henkel mit Kartoffelstückchen mit auf die Hütte. Und dann ließ er – dann wechselte er ab – dann wechselte er ab, dann ließ er – ein Stück oder zwei drin. Und dann kriegte einer der Kinder (abends die Kartoffeln, K.W.) – da wurde, abgewechselt mit uns Kindern." Diese Zitat veranschaulicht die Schwierigkeiten bei der Wiedergabe des gesprochenen Wortes.

3 Linne, Otto: Der Landkreis Biedenkopf, Darmstadt 1975 (unveröff. wiss. Hausarbeit für das Erste Staatsexamen), 86.

4 Linne (83) zufolge gibt eine Statistik aus dem Jahre 1949 an: 34 Betriebe unter 2 ha, 24 zwischen 2 und 5 ha, sieben Gehöfte zwischen 5 und 10 ha und vier zwischen 10 und 20 ha. Die Anzahl der hier genannten mittelbäuerlichen Betriebe stimmt überein mit der Anzahl der Vollerwerbsbetriebe 1920, die in einem Interview aufgezählt wurden, und der Anzahl der Pferde besitzenden Bauern in den 30er Jahren. Dies läßt darauf schließen, daß sich die Besitzverhältnisse in Laufe des 20. Jh. nicht grundlegend änderten. Festzustellen ist jedoch ein rapider Rückgang der Ziegenhaltung.

5 Huth, Karl: Wirtschafts- und Sozialgeschichte des Kreises Biedenkopf 1800–1866, Biedenkopf 1962, 78ff.

6 Kohnke, P.: Die wirtschaftliche und soziale Struktur des Kreises Biedenkopf, Diss. Gießen 1940, 86 und Linne, O.: Biedenkopf, 110.

7 John, Hildegard: Die Entwicklung des Eisenbahnnetzes im Raum Marburg-Gießen, in: Hess. Jahrbuch f. Landesgeschichte Bd. 9, 1959, 179f.

8 Inwiefern die Ursache dieser Befangenheit in der sozialen Herkunft der Verfasserin lag – sie stammt aus einem der Vollerwerbsbetriebe –, ist nicht geklärt.

9 Kempf: Frauen, 56.

10 Kempf: Frauen, 56.

11 Es wird häufig undifferenziert von „Bauerntochter" und „Bäuerin" gesprochen: Diese Begriffe beziehen sich auf die Frauen in den mittelbäuerlichen Betrieben. Sind die Frauen aus dem Kleinst- und Kleinbesitz angesprochen, so wird expliziert von der „Kleinbäuerin" geredet. Diese Sprachregelung knüpft an den Sprachgebrauch im Dorf an.
An dieser Stelle sei darauf verwiesen, daß die vorliegende Arbeit die Lohnverhältnisse nicht analysiert, da die Aussagen über Lohnhöhe sehr ungenau sind und es sich auch nur schwer rekonstruieren ließ, auf welche Zeit sie sich bezogen.

12 Vor diesem Hintergrund schildert auch Elsa Blöcher (Das Hinterland. Ein Heimatbuch, Biedenkopf 1981, 92) die Arbeit der Männer, Frauen und Kinder. Ihre Darstellung deckt sich weitgehend mit den Aussagen der Interviews.

13 Kempf: Frauen, 98.
14 Baldauf: Frauenarbeit, 52f. bezieht sich auf die Untersuchung Münzigers.
15 Baldauf: Frauenarbeit, 52.
16 Baldauf: Frauenarbeit, 52f. vgl. auch 41.
17 Baldauf: Frauenarbeit, 4. Vgl. auch: Emma Oekinghaus: Die gesellschaftliche und rechtliche Stellung der deutschen Frau, Jena 1925, 83: „Die weibliche mithelfende Familienangehörige umfassen den größten Teil der in der Landwirtschaft erwerbstätigen Frauen."
18 Kempf: Frauen, 92.
19 Vgl. Baldauf: Frauenarbeit, 32, 41. Kempf: Frauen 46.
20 Baldauf: Frauenarbeit, 34.
21 Kampf: Frauen, 82ff.
22 Die Zeit des 1. Weltkrieges wurde von den Interview-Partnerinnen kaum als besonderer Einschnitt empfunden. Die persönliche Lebensgeschichte gab den Berichten die Gliederung: Der Tod des Vaters 1914 bzw. 1916 (unabhängig von den Kriegshandlungen) wurde als einschneidendes Datum genannt. Nur die älteste Frau äußerte sich explizit zum Krieg. Auch ihre Ausführungen resultieren aus individueller Betroffenheit: der Einberufung des Vaters. Daß Aussagen in lebensgeschichtlichen Interviews „quer liegen (können) zur herrschenden Chronologie politischen Geschehens", zeigen andere Untersuchungen, die sich mit diesem Quellenmaterial befassen (vgl. Ilona Ostner: Zur Vergleichbarkeit von Aussagen in Lebensgeschichtlichen Interviews, in: Beiträge zur feministischen Theorie und Praxis 7, München 1982, 69).
23 Crossen: Hauswirtschaft und Müller: Dienstbare Geister; vgl.: Karin Walser: Dienstmädchen, Diss. Frankfurt 1980.

Literatur

1. Quellen

Es handelt sich um die Gesprächsniederschriften von Interviews, die Anfang 1985 mit fünf Frauen geführt wurden, die im oben beschriebenen Dorf geboren sind und heute dort noch leben:

Frau A., geb. 1900. In den zwanziger Jahren als Hausangestellte in Gladenbach, Frankfurt, Leipzig, Berlin.

Frau B., geb. 1901. 1917 in einer Gießerei tätig, 1918–1921 bei Bauern in Stellung.

Frau C., geb. 1904. In den zwanziger Jahren in Geisweid als Hausangestellte. 1929 Gründung einer Metzgerei mit ihrem Ehemann.

Frau D., geb. 1908. Sie arbeitete in der eigenen kleinen Landwirtschaft und bei Bauern.

Frau E., geb. 1908. Sie arbeitete seit ihrer Schulentlassung auf dem väterlichen Hof.

Aus Gründen des Datenschutzes wird auf nähere Angaben verzichtet.

2. Sekundärliteratur

Baldauf, E.: Die Frauenarbeit in der Landwirtschaft, Diss. Kiel 1932.

Crossen, M.: Hauswirtschaft, in: Sozialistische Monatshefte 1921, Bd. I, 1929.

Huth, K.: Wirtschafts- und Sozialgeschichte des Landkreises Biedenkopf 1800–1866, Biedenkopf 1962

John, H.: Die Entwicklung des Eisenbahnnetzes im Raum Marburg-Gießen, in: Hess. Jahrbuch f. Landesgeschichte Bd. 9, 1959, 179f.

Kempf, R.: Arbeits- und Lebensverhältnisse der Frauen in der Landwirtschaft Bayerns, Jena 1918 (Schriften d. Ständigen Ausschusses z. Förderung d. Arbeiterinneninteressen H. 9)

Kohnke, P.: Die wirtschaftlichen und soziale Struktur des Krieses Biedenkopf unter besonderer Berücksichtigung der Pendelwanderung, Diss. Gießen 1940, 86

Linne, O.: Der Landkreis Biedenkopf, unveröffentlichte wiss. Hausarbeit für das Erste Staatsexamen, Darmstadt 1975

Müller, H.: Dienstbare Geister. Leben und Arbeitswelt städtischer Dienstboten, Berlin 1981

Münzinger, A.: Der Arbeitsertrag der bäuerlichen Familienwirtschaft, Berlin 1929

Nuhn, H.: Industrie im Hessischen Hinterland, Marburger Geographische Schriften, H. 23, Marburg 1965

4. Demobilmachung und geschlechtsspezifische Arbeitsteilung im Fürsorgewesen nach dem Ersten Weltkrieg

Susanne Zeller

> Es geht „... vor allem darum, die Arbeitskraft der Frau ... wieder in ihrer Eigenart entsprechenden Weise einzuordnen, sei es durch Rückführung in die Familie, die mit allen Mitteln gefördert werden muß, ... sei es durch Überführung in Berufe, die ... sich ... als für sie geeignet erwiesen haben."
> (GSta-Berlin, Rep. 84a/1837, Bd. 1/2, 1915–1918, Bl. 448)

Während des 1. Weltkrieges wurde die weibliche Arbeitskraft in jeder Hinsicht voll für den Ausbau der kriegswirtschaftlichen Produktionsbetriebe – also zur Führung des Krieges – in Anspruch genommen. Bereits in der zweiten Kriegshälfte diskutierten die Reichstagsabgeordneten über die zu treffenden Maßnahmen, wie die geschlechtsspezifische Arbeitsteilung wieder herzustellen war. Der spätere Reichskanzler und Mitglied der Deutschen Volkspartei, Abgeordneter Gustav Stresemann, fragte am 4. 11. 1916 in seinem Teilbericht des Reichstagsausschusses für Handel und Gewerbe „betreffend Überführung der Kriegs- in die Friedenswirtschaft", wie es mit den zahlreichen Frauen stehe, die jetzt „Männer"-Arbeitsplätze ausfüllten

> „... und die – darüber wollen wir uns doch klar sein – sich auf die Dauer nicht für diese Berufe eignen ... hier werden Eingriffe vorgenommen werden müssen, und das wird auch nicht ohne Reibung und Härten abgehen, wenn man auch im großen und ganzen sagen kann, daß eine Rückbildung auch im Interesse der Gesundheit nicht nur unserer Volkswirtschaft, sondern unserer ganzen Volksgemeinschaft unbedingt notwendig ist. ... Ich wiederhole, daß das nicht ohne Härte abgehen wird; denn die Frauen, die sich an die hohen Löhne und an das selbständige Arbeiten gewöhnt haben, werden sich natürlich nicht immer leicht und freiwillig in die alten Verhältnisse zurückfinden. Auch hier stehen uns also große Aufgaben bevor." (GSta-Berlin, Rep. 84a/1837, Bd. 1/2, 1915–1918, Bl. 66 und 67)

In der Sitzung desselben Ausschusses vom 29. 3. 1917 wies der Abgeordnete Hans Bell (Zentrum) darauf hin, daß auf keinen Fall unter den späteren Kriegsheimkehrern Arbeitslosigkeit eintreten dürfe. Deshalb seien Entlassungen das Gebot der Stunde. Durch die Beschäftigung von Frauen in „Männer"-Berufen hätte sich die ganze „weibliche Sinnesrichtung" geändert, und man könne beobachten, daß sich viele Frauen in ihren neuen Positionen „vielfach sehr wohl" fühlten; deshalb würde es schwierig werden, „sie aus diesen Beschäftigungen wieder herauszubringen"; aber im Interesse des Volkswohls müßte mit der „nötigen Energie" vorgegangen werden (GSta-Berlin, Rep. 84a/1837, Bd. 1/2, 1915–1918, Bl. 84 und 86). Auf der Ausschußsitzung vom 9. 5. 1917 waren sich die Abgeordneten darüber einig, daß ein Grundgedanke der Überführung der Kriegs- in die Friedensindustrie darin lag, die Arbeitgeber anzuhalten, ihre früheren Arbeiter und Angestellten, also die heimkehrenden Kriegsteilnehmer „wieder einzustellen und zwar zu nicht schlechteren Bedingungen als früher"; die Kriegsjahre sollten bei der Gehaltseinstufung als Dienstzeit angerechnet werden; erreichbar sei dies aber nur durch ungehinderte „Rückbildung des Übergewichts der weiblichen Arbeitskräfte, also konkret durch die Entlassung von Frauen" (GSta-Berlin, Rep. 84a/1837, Bd. 1/2, 1915–1918, Bl. 93 und 94). Auch die Gewerkschaften waren davon überzeugt, daß es ohne diese Entlassungen nicht zu „geordneten Verhältnissen" kommen konnte, plädierten aber für eine allgemeine Erwerbslosenunterstützung (vgl. GSta-Berlin, Rep. 84a/1837, Bd. 1/2, 1915–1918, Bl. 95). Im Stinnes-Legien-Abkommen vom 15. 11. 1918 zwischen den Arbeitgeberverbänden und Gewerkschaften hieß es dann auch, daß sämtliche aus dem Heeresdienst entlassenen Kriegsteilnehmer „Anspruch" darauf hätten, „sofort" wieder in ihren alten Arbeitsplätzen aufgenommen zu werden (vgl. Internationale wissenschaftliche Korrespondenz 1973, 84). Viele Angestelltenverbände setzten sich für die „rücksichtslose Entlassung" der weiblichen Arbeiter und Angestellten ein, da gerade sie eine „Konkurrenz" der weiblichen Arbeitskräfte befürchteten (vgl. GSta-Berlin, Rep. 84a/1837, Bd. 1/2, 1915–1918, Bl. 97; Archiv für Frauenarbeit 1919, Bd. 7, 6).

Das Kriegsministerium gab dann am 11. November 1918 „Richtlinien zur Überleitung der kriegswirtschaftlichen Frauenarbeit in die Friedenswirtschaft" heraus. Arbeitgeber und Arbeitsnachweise wurden darin angehalten, bei der Rückführung der Frauen in ihre Familien für einen geordneten Verlauf zu sorgen. Die aus den Frauenreferaten der Kriegsamtsstellen entlassenen Wohlfahrtspflegerinnen, Fabrikpflegerinnen, (Gewerbe-)Lehrerinnen etc. sollten zu „Vertrauenspersonen" bei der Mitarbeit dieser Aufgaben herangezogen werden, um große Massen arbeitsloser Frauen in Beratungsstellen der Arbeitsnachweise „bewältigen" zu können (GSta-Berlin, Rep. 84a/1847, Bd. 1/2, 1915–1918, Bl. 446 und 449). In dem am selben Tag verfaßten Brief des Kriegsministeriums an die Vereinigung deutscher Arbeitgeberverbände hieß es:

„Angesichts des riesigen Umfanges, den die industrielle, Frauenarbeit ... während des Krieges erreicht hat, ist die Frage ihrer Überleitung aus der Kriegs- in die Friedenswirtschaft eine Frage von Bedeutung ... Es wird sich nicht nur darum handeln, den ernsten Gefahren zu begegnen, die aus der plötzlichen ... Arbeitslosigkeit größerer Frauenmengen ... für Ruhe und Ordnung, sowie für die Gesundheit der Bevölkerung bestehen, sondern vor allem darum, die Arbeitskräfte der Frau ... wieder in ihrer Eigenart entsprechenden Weise einzuordnen, sei es durch Rückführung in die Familie, die mit allen Mitteln gefördert werden muß, ... sei es durch Überführung in Berufe, die ... sich ... als für sie geeignet erwiesen haben ... Als oberster Grundsatz muß gelten, daß den männlichen Arbeitskräften ... eine ausreichende Zahl auskömmlicher Arbeitsplätze gesichert sein muß. Soweit es sich mit dieser Forderung verträgt, liegt eine Weiterverwertung der Arbeitskräfte der Frauen für Arbeiten, die ihrer Eigenart entsprechen ... im wirtschaftlichen Interesse. Eine zweckmäßige Arbeitsteilung zwischen den Geschlechtern kann sich auf diese Weise zum Vorteil der Industrie wie der Gesamtwirtschaft herausbilden." (GSta-Berlin, Rep. 84a/1837, Bd. 1/2, 1915–1918, Bl. 448).

Über 1 Million Kriegsgefangene und ausländische Zwangsarbeitskräfte kehrten nach Beendigung des Krieges wieder in ihre Heimatländer zurück, während unter der zügigen Demobilisierung der Heere bis 1919 etwa 10 Millionen deutsche Kriegsteilnehmer auf den Arbeitsmarkt drängten (vgl. Henning 1978, 53). Detaillierte Demobilisierungsvorschläge für eine „geregelte" Überleitung der weiblichen Arbeitskräfte in die früheren Tätigkeiten (vor allem Landwirtschaft, Haushalt) und in ihre Familien waren noch unter starker Beteiligung der Frauenreferate während der zweiten Kriegshälfte entwickelt worden (z. B. der planmäßige Ausbau der Arbeitsnachweise für weibliche Berufe, eine mindestens 14tägige Kündigungsfrist, die Vermeidung von Massenentlassungen durch Arbeitsstreckung, eine allgemeine Erwerbslosenfürsorge und die Erweiterung des Mutterschutzes; vgl. Jahrbuch des Bundes Deutscher Frauenvereine 1917, 40ff.; Oppenheimer/Radomski 1918; Apolant 1920, 39).

Solche Pläne konnten aber durch die Waffenstillstandsbedingungen und unter dem chaotischen Andrang der Kriegsteilnehmer auf den Arbeitsmarkt kaum zur Anwendung kommen. Die Entlassungen mußten zügig erfolgen. Nach dem Schreiben des Kriegsministerium an die Vereinigung der deutschen Arbeitgeberverbände vom 8. 11. 1918 bedeutete dies:

„Die Frauen müssen heraus:

a) *alle* Frauen aus den Arbeitsplätzen, die für die heimkehrenden Männer freigemacht werden müssen,
b) *alle* Frauen aus schweren und gesundheitsschädlicher Arbeit, bei Knappheit der Arbeit ferner
c) ortsfremde Frauen aus Arbeitsplätzen, die für Ortseingesessene benötigt werden, ...

Die Frauen müssen herein:

a) nicht erwerbsbedürftige Frauen in die Familie,
b) erwerbsbedürftige Frauen in die früheren Berufe, die Mangel an Arbeitskräften haben (Hauswirtschaft, Landwirtschaft) und solche sonstigen Berufe, in denen sie infolge zweckmäßiger Arbeitsteilung, den Männern *keine Konkurrenz* machen,

c) ortsfremde Frauen müssen tunlichst in die Heimat zurückgeführt werden ..." (GSta-Berlin, Rep. 84a/1837, Bd. 1/2, 1915–1918, Bl. 450f.; Texthervorhebung S.Z.)

In den Richtlinien des Reichsamtes für wirtschaftliche Demobilisierung vom 20. 11. 1918 hieß es zwar, daß „plötzliche Entlassungen größerer Mengen von weiblichen Arbeitskräften ... zu vermeiden" seien, aber eine „gruppenweise Entlassung", wenn möglich mit 14tägiger Kündigungsfrist in folgender Reihenfolge zu erfolgen habe:

„1) Nicht auf Erwerb angewiesene Frauen (z. B. solche, deren Ernährer ausreichend verdienen),
2) Frauen, die in anderen Berufen (Landwirtschaft, Hauswirtschaft) früher tätig gewesen sind und dort Arbeit finden können,
3) ortsfremde, ledige Frauen, die in der Heimat Unterkunft und Ernährung finden ...

Wenn angängig sind die zur Entlassung kommenden Frauen zur Beschäftigung bei der noch unvollendeten Kartoffel- und Rübenernte zu veranlassen, indem ihnen die Freigabe einer gewissen Menge selbstgeernteter Kartoffel für den Eigengebrauch in Aussicht gestellt wird." (GSta-Berlin, Rep. 30, Bd. 1, I. 732).

Bei der Gewährung von Erwerbslosenunterstüzung (die die Gewerkschaften und Frauenreferate für alle Arbeitslosen ohne Beschränkungen gefordert hatten) sollte nach Anordnung des Demobilmachungsamtes bei weiblichen Erwerbsstätigen zuerst versucht werden, ob man ihnen nicht eine Arbeit in den „ihnen gemäßen" Berufszweigen zuweisen konnte (vgl. GSta-Berlin, Rep. 84a/1837, Bd. 1/2, 1915–1918, Bl. 451).
In der Demobilmachungsbestimmung vom 28. 3. 1919 hieß es dann schließlich in § 5 ganz geschlechtsneutral, daß alle diejenigen „Arbeitnehmer" zu entlassen seien, die weder auf Erwerb angewiesen waren, noch vor dem Kriegsausbruch einen Beruf hatten, während des Krieges in einem land- oder forstwirtschaftlichen Betrieb – als Bergarbeiter – als Hausangestellte tätig – oder während des Krieges umgezogen waren (vgl. RGBl 1919, 356f.).
Am Rückgang der weiblichen Krankenkassenmitglieder läßt sich der Verdrängungsprozeß bis etwa April 1919 nachweisen (vgl. Archiv für Frauenarbeit 1919, Bd, 3/4, 86; Bd. 7, 68 u. 1920, Bd. 8, 29f.). Jurczyk (1978) zeigte auf, daß sich dieser Prozeß aber nicht gradlinig, sondern in zwei Krisenphasen vollzog. Während der ersten Kriegsphase waren nicht alle Unternehmer immer sofort bereit, ihre billigen weiblichen Arbeitskräfte auf Anordnung der Demobilmachungsämter zu entlassen, sondern neigten dazu, die Frauen aus Rentabilitätsgründen heraus noch behalten zu wollen. Erst unter der zweiten Krisenphase wurden familien- und bevölkerungspolitische Wertgrundsätze wieder allgemein verbindlicher (vgl. Jurczyk 1978, 41f.).
Den Frauenberufsorganisationen gelang es dann 1920, daß zumindest für die verheirateten Frauen eine Kündigungsschutzklausel in die Demobilma-

chungsverordnung und in das Betriebsratsgesetz (beide vom Februar 1920 vgl. RGBl 1920, 222, § 13 und 167, § 84) aufgenommen wurde. Allerdings wies das Reichsarbeisministerium später immer wieder die Arbeitgeberverbände auf ihre Pflicht hin, alle sogenannten „Doppel“-Verdiener/innen, d. h. also vorrangig die „versorgten“ Frauen zu entlassen (vgl. Glaß 1927, 26f.). Die Überprüfung, ob weibliche Arbeiterinnen tatsächlich auf eine Arbeitsstelle „angewiesen“ waren oder nicht, wurde in der Praxis unter den eben angedeuteten Unternehmerinteressen nicht so streng gehandhabt, wie sich das Demobilmachungsämter wünschten. Wieviele Frauen tatsächlich mehr oder weniger „freiwillig“ ihre Arbeitsplätze verlassen haben (vgl. Bessel 1983), ist heute nicht mehr auszumachen. Sicherlich wird ein Zusammenhang zwischen „freiwilligem“ Verlassen der Arbeitsstelle und den jeweiligen spezifischen Arbeitsverhältnissen bestanden haben. Ein Rückzug aus Arbeitsplätzen, deren Bedingungen auf Dauer unzumutbar waren, sagt aber noch nichts über die reale Einstellung von Frauen zum Erwerbsleben überhaupt aus.
Nach der Verordnung über Erwerbslosenfürsorge vom 13. 11. 1918 waren „weibliche Personen nur zu unterstützen, wenn sie auf Erwerbstätigkeit angewiesen“ waren (vgl. RGBl 1918, 1306). Die Höhe der Unterstützungen regelten die kommunalen Selbstverwaltungskörperschaften selbst, so daß die Unterstützungssätze zwischen den einzelnen Ländern des Deutschen Reichs schwer vergleichbar sind. Weibliche und männliche Erwerbslose wurden unterschiedlich veranschlagt. In Berlin z. B. erhielten Frauen ab dem 21. Lebensjahr 3,50 RM täglich – Männer dagegen 6,00 RM (vgl. Wurm 1919, 8).
Abgeordnete der USPD der Berliner Stadtverordnetenversammlung forderten 1919 die Angleichung der Unterstüzungssätze für Frauen und Männer. Das Reichsarbeitsministerium drohte daraufhin aber mit der Entziehung der Reichsbeihilfen zur Erwerbslosenfürsorge, wenn der Berliner Magistrat dies hätte wirklich durchsetzen wollen (vgl. Wurm 1919, 8). Auch später erhielten Frauen grundsätzlich etwa nur zwei Drittel der geltenden Unterstützungssätze. Die Erwerbslosenfürsorge in Berlin betrug am 1. 1. 1923 für ledige weibliche Personen über 21 Jahre im eigenen Haushalt lebend monatlich 7150,00 RM (Inflationswährung) – für ledige Männer dagegen 9360,00 RM (vgl. Wohlfahrtsblatt der Stadt Berlin 1/1923, Heft 1, 1).
Frauen aus der bürgerlichen Frauenbewegung wie auch Gewerkschafterinnen zeigten sich hilflos und rieten lediglich:

Es gilt „... zunächst überall aufzubauen ... vor allem sämtliche männliche Personen zu intensiver Arbeit zu veranlassen, damit wieder geordnete ... Zustände eintreten. Und wenn wir erst einmal wieder soweit sind, dann können wir auch wieder an ... Frauenarbeit ... denken, soweit sie wirtschaftlich nutzbar gemacht werden kann, wie es bereits ... auf den verschiedenen Fürsorgegebieten der Fall ist, um auch den

Frauen, denen die Revolution das wichtige Recht der politischen Mitbestimmung verschafft hat, deren vornehmste natürliche Hauptaufgabe ... aber die Erfüllung der Mutterschaftspflichten zum Wiederaufbau ... sein muß, Gelegenheit zur Mitarbeit ... zu geben." (Oppenheimer/Radomski 1919, 603f.; Correspondenzblatt 29/1919, Heft 1, 4f.)

Für den Erhalt der mit den Kriegsämtern entstandenen Frauenreferate und deren Überleitung in Zivildienststellen bei Stadtverwaltungen setzten sich noch die Frauenorganisationen ein. Die Frauenreferate erhielten aber nur noch z. T. bis zum Oktober 1919 Mittel und wurden dann nach und nach aufgelöst (vgl. Lüders 1919, 898).
Auf einer Tagung des Bundes Deutscher Frauenvereine und des ständigen Ausschusses zur Förderung der Arbeiterinneninteressen in Berlin 1918 forderten die Teilnehmerinnen eine eigene Reichszentrale für Frauenarbeit (vgl. Baum 1918, 588). Ebenfalls 1918 hatten die Abgeordneten der liberalen und 1919 in der Deutschen Demokratischen Partei aufgegangenen Fortschrittlichen Volkspartei mit Unterstützung der Sozialdemokraten die uneingeschränkte Zulassung von Frauen als Mitglieder städtischer Verwaltungsdeputationen und Stiftungsvorstände gefordert. Die Frauen sollten nach dem Krieg am öffentlichen Leben verantwortlich teilnehmen können (vgl. Soziale Praxis 27/1918, Heft 18, 268f.). Nach der preußischen Städteordnung waren nur stimmfähige, also männliche, Bürger als Mitglieder von Deputationen zugelassen. Ausnahmen bestanden in den Armenverwaltungen und Schuldeputationen, da für sie nicht die Städteordnung, sondern das alte Unterstützungswohnsitzgesetz von 1870/71 und das Schulunterhaltungsgesetz gültig waren. Die Zentrumspartei schwächte den Antrag dahingehend ab, indem sie die Zulassung von Frauen in öffentlichen Ämtern auf die Beteiligung in sozialer Fragen, Wohlfahrtspflege und Schulkommissionen beschränkt wissen wollte. Der „Bund gegen die Frauenemanzipation" forderte sogar den unmittelbaren staatlichen Schutz aller männlicher Beamten und Angestellten vor jeglicher dienstlichen Einordnung unter weibliche Vorgesetzte sowie Maßnahmen zur Verhinderung weiblicher Konkurrenz im Erwerbsleben überhaupt. Während der Erörterung dieser Frage erhielten die weiblichen Abgeordneten von allen Parteien zwar Lob für ihre Leistungen während des Krieges, aber die Annahme des Antrages der Fortschrittlichen Volkspartei und der Sozialdemokraten wurde auf die später noch zu novellierenden Gemeindeverfassungsgesetze verschoben (vgl. Soziale Praxis 27/1918, Heft 18, 269). Unterdessen waren bis 1919 zahlreiche qualifizierte Frauen aus den Reichszentralen der Ministerien und aus Stadtverwaltungen entlassen worden. Solche Beamtinnen in höheren Staatsdiensten blieben auch in den darauffolgenden Jahren der Weimarer Republik die Ausnahme. Die Abgeordnete der Nationalversammlung und eine der wenigen Oberregierungsrätinnen, Marie Baum, kritisierte während einer Parlamentsdebatte

solche Entlassungen. Sie stieß aber nur auf verbale Beteuerungen des in der Regierung Bauer amtierenden Reichsarbeitsministers Friedrich Schlicke (SPD), der erst später wieder Frauen in sein Ministerium zu berufen gedachte. Gesonderte Frauenreferate lehnte er ab. Frauen sollten auch in sozialen Belangen nur Gelegenheit zur weisungsgebundenen Mitarbeit erhalten. Schlicke vertrat die Auffassung, daß ein „großer Unterschied zwischen der Heranziehung von Frauen zur Arbeit in Kriegszeiten und der Rückkehr zu normalen Verhältnissen" bestünde (vgl. Jahrbuch für Frauenarbeit 1919, Bd. 7, Heft 3/4, 112). Die Einsetzung weiblicher Arbeitskräfte in Entscheidungspositionen der Frauenreferate – ohnehin nur von wenigen akademisch ausgebildeten Frauen während des Krieges ausgeübt – war unter den Kriegserfordernissen als unvermeidlich in Anspruch genommen worden. Diese weiblichen Kräfte sowie die über 4000 Wohlfahrtspflegerinnen (vgl. Lüders 1936, 205), die direkt für den Nationalen Frauendienst und in den Frauenreferaten der Kriegsamtsstellen gearbeitet hatten, verfügten während ihres Kriegseinsatzes nicht über feste Anstellungsverträge. So standen auch ihrer Entlassung durch die Demobilmachungsverordnungen keine arbeitsrechtlichen Beschränkungen entgegen. Margarete Cordemann beispielsweise – die „Normal"-Biographie bürgerlicher Töchter der damaligen Zeit teilend – wurde nach Lehrerinnenausbildung, Studium und Promotion als Fürsorgekraft in das Frauenreferat der Kriegsamtsstelle Koblenz eingeteilt, wo sie mit der ebenfalls promovierten Erna Langsdorff zusammenarbeitete:

> Anfang 1919 „... erklärte Oberst Heintzmann: ‚Zwei Fräulein Doktors sind zu viel'. ... (und) entschloss sich ... uns beiden zu kündigen. ...
> Nach kurzer Zeit hatte ich ... Nachricht ... vom Verein für Säuglingsfürsorge und Wohlfahrtspflege in Düsseldorf, ich möchte mich am Städtischen Wohnungsamt ... bewerben ... Meine Geduld wurde dann aber doch noch auf eine harte Probe gestellt, denn in Düsseldorf war nun Umsturz, und die Stadt hatte einen kommunistischen Oberbürgermeister. Ich konnte meine Stelle nicht antreten, ich hätte mich dann politisch festgelegt. ... Im April kam Düsseldorf wieder zu einer Regierung, an der alle Parteien beteiligt waren, und Mitte Mai konnte ich meine Stelle am Düsseldorfer Wohnungsamt antreten, nachdem ich vorher schon einmal zur Vorstellung die *zuständigen Herren* bei der Stadtverwaltung aufgesucht hatte." (Cordemann 1963, 145ff.; Texthervorhebung S.Z.)

Die Bezahlung in den Frauenreferaten entsprach nach einem Erlaß des Kriegsministeriums über die „Verwendung weiblicher Kräfte in der Heeresverwaltung" vom 15. 3. 1917 nicht derjenigen der männlichen Kräfte bei gleichwertiger Tätigkeit. Nach Angaben von Oppenheimer/Radomski (1919, 223) bildeten nur „2/3 der niedrigsten Stellengebührnisse (Gehalt, Wohngeldzuschuss und Kriegszulage) die Höchstgrenze der im Heeresdienst stehenden Akademikerin".
Eine der meist 3 bis 5jährigen sozialen Ausbildung entsprechend qualifizierte

Stelle nach dem Krieg zu finden, war für diejenige Fürsorgerin schwierig, die nicht in die subalternen Ermittlungsstellen der Sozialbehörden gehen wollten. Der Brief einer Fürsorgerin, die auf Veranlassung eines Regierungspräsidenten ein Bewerbungsgesuch auf die Stelle einer Regierungsreferentin an das Volkswohlfahrtsministerium richtete, dokumentiert exemplarisch, wie schwer es Frauen hatten, in höhere Positionen zu gelangen und wie sie zu devoten Bittbriefen veranlaßt wurden:

„Nürnberg, den 1. 12. 1921
...

An den Herrn
Wohlfahrtsminister
Hirtsiefer
Berlin

Hochgeehrter Herr Minister!

Verzeihen Sie mir, wenn ich mir erlaube, einige Zeile an Sie, Herr Minister, zu richten. Im Mai ds. J. reichte ich auf Veranlassung des Herrn Regierungspräsidenten König in Arnsberg i.W. ein Bewerbungsschreiben als Regierungsreferentin ein. Bei einer persönlichen Rücksprache mit dem Herrn Präsidenten erklärte er mir, daß er mich zur engeren Wahl vorgeschlagen habe, weil ich die nötigen Fachkenntnisse besäße, um eine Stellung als Regierungsreferentin bekleiden zu können. ... Ich warte nun schon 7 Monate auf eine Entscheidung. In Ungewissheit zu leben ist furchtbar. Selbstverständlich macht man sich Hoffnung auf eine Anstellung, wo man bestimmt weiß, dass man seine Kenntnisse voll und ganz verwerten könnte.
Ich war in Haspe Fürsorgerin, hatte aber Schwierigkeiten zu bestehen, die darin bestanden, dass ich katholisch bin und weil ich von der Mehrzahl der Stadtverordneten, der Linken, gewählt worden war. Ich liess mich beurlauben auf Anraten des Kreisarztes, begab mich nach München; durch Herrn Staatsrat Wimmer war es mir vergönnt, bei der Regierungsreferentin von Oberbayern für soziale Fürsorge zu praktizieren ... Ich praktiziere nun hier am Jugendamt in Nürnberg, um mich in den neuen Bestrebungen der Jugendpflege zu orientieren ...
Ich wäre Ihnen, Hochgeehrter Herr Minister, sehr verbunden, wenn Sie eine baldige Entscheidung treffen würden. Als Weihnachtsgeschenk wünsche ich mir Gewissheit. Ich müsste mich in eine andere Stellung am 1. Januar begeben.
Herr Minister, ich stehe seit 15 Jahren in bitterem Kampf ums Dasein; heimatlos. Meiner Energie und Fleiss habe ich es zu danken, dass ich aus eigener Kraft Examen auf Examen bestand, um mir *eine Existenz zu erringen* und um die erworbenen Kenntnisse voll und ganz zu verwerten, und dem Wohl des Ganzen zu dienen. In der Hoffnung, dass Sie, Herr Minister, meine Bitte erfüllen werden und meine Zeilen nicht als ungehörig betrachten genehmigen Sie, Herr Minister, den Ausdruck meiner vorzüglichen Hochachtung ergebenst ...“
(GSta-Berlin, Rep. 191, Nr. 12; Texthervorhebung S.Z.)

Aus der Archivakte geht hervor, daß diese Fürsorgerin im Januar 1922 ohne Begründung einen abschlägigen Bescheid des Volkswohlfahrtsministeriums erhalten hat.

Anders verhielt es sich mit den ausgebildeten Fürsorgerinnen, die bereit waren, in die praktische Wohlfahrtspflege zu gehen. Aufgrund des kriegs- und nachkriegsbedingten katastrophalen Gesundheitszustandes der Bevölkerung war die Nachfrage nach Gesundheitsfürsorgerinnen so groß, daß noch auf kurzfristig geschulte Krankenpflegerinnen zurückgegriffen werden mußte. Die Logik der kostengünstigen Verwertbarkeit weiblicher Arbeitskraft innerhalb der Familie galt uneingeschränkt auch für jede soziale Tätigkeit innerhalb des öffentlichen Fürsorgewesens. Unter den neuen sozialstaatlichen Ansprüchen nach dem Krieg (preußische Sozialreform durch das Reichsjugendwohlfahrtsgesetz von 1922/24 und die Reichsfürsorgepflichtverordnung von 1924) wurden kommunale Sozialbehörden zügig ausgebaut. Hier wurden geschulte Fürsorgerinnen gebraucht. Die (sozial-)politisch Verantwortlichen schätzten aufgrund ihrer langjährigen Erfahrungen mit den weiblichen „reproduktionsbezogenen Fähigkeiten" (Beck-Gernsheim 1976) die fachliche und ökonomische Verwertbarkeit von Armenpflegerinnen/Fürsorgerinnen. Schon einmal – während der Jahrhundertwende – waren es die männlichen Sozialreformer und danach auch die Armenpflegedeputationen gewesen, die sich für die Einsetzung von Frauen als Armenpflegerinnen in der öffentlichen Wohlfahrt ausgesprochen hatten. 1919 hatte sich Vergleichbares vollzogen. Nach Eingaben des 1916 gegründeten Deutschen Verbandes der Sozialbeamtinnen, die bei den Kommunen angestellten Wohlfahrtspflegerinnen nicht unter die Demobilmachungsverordnungen zu stellen, forderte schließlich das Reichsarbeitsministerium selbst die Demobilmachungsausschüsse auf, ihre häufig rücksichtlosen Entlassungspraktiken den Fürsorgerinnen gegenüber einzudämmen, da diese Kräfte „schwer zu ersetzen" waren:

„Reichsarbeitsministerium 	Berlin, den 15. Mai 1919

Aus den Kreisen der Sozialbeamtinnen ist an mich die Bitte gerichtet worden, die Demobilmachungsausschüsse bei der Freimachung von Arbeitsstellen ... zu besonderer Rücksichtnahme auf die gegenwärtigen Verhältnisse der Sozialbeamtinnen zu veranlassen. Hierbei ist geltend gemacht worden, daß gerade die Sozialbeamtinnen ... während des Krieges zum Teil auf ausdrückliche Veranlassung des Kriegsamtes, ihren Beschäftigungsort vielfach gewechselt haben ... Sozialbeamtinnen sind, wenn sie sich einmal in eine Tätigkeit eingearbeitet haben, ... schwer zu ersetzen; ...
Ich bitte, die unterstellten Demobilmachungsausschüsse auf diese Gesichtspunkte aufmerksam zu machen und darf erwarten, daß bei vorkommenden Fällen ... entsprechend schonend vorgegangen wird." (GStA-Berlin, Rep. 30, I., 732, Bd. 1)

Im Oktober 1919 schloß sich auch das Reichsinnenministerium dieser Auffassung an und fügte hinzu, daß durch die Besonderheit dieser Arbeit entlassene Frauen „doch wieder durch eine weibliche Angestellte ersetzt werden" müßten (Die Sozialbeamtin, 1/1919, Heft 2, 12).

Die Demobilmachungsausschüsse setzten sich aber aus Angestelltenausschüssen oder Erwerbslosenkommissionen zusammen, in denen die männlichen Berufsorganisationen stark vertreten waren. Sie wirkten zusammen mit den erwerbslosen Kriegsheimkehrern darauf hin, daß Frauen ihre Arbeitsplätze verließen. So stellten Untersuchungsausschüsse zahlreiche Entlassungen von Frauen fest, die nach den geltenden Demobilmachungsvorschriften nicht gerechtfertigt waren (vgl. Baum 1919, 106).
In Hannover beispielsweise waren „Scharen von Erwerbslosen“ in die Ämter gedrungen, um die „sofortige Entlassung der Frauen“ durchzusetzen (Wex 1929, 27). Stellungslose Kriegsteilnehmer hatte man wahllos in die Posten erfahrener Fürsorgerinnen gebracht (vgl. Die Sozialbeamtin 1/1919, Heft 1, 1). Die Verordnung über die „Freimachung von Arbeitsstellen“ (vgl. RGBl 1919, 356) schrieb vor, auch diejenigen Arbeitnehmer/innen zu entlassen, die „während des Krieges von einem anderen Orte zugezogen“ waren, also ihren Heimatort verlassen hatten. Zahlreiche Wohlfahrtsreferentinnen, Kriegsamtsreferentinnen, Arbeitsnachweisbeamtinnen und Fabrikpflegerinnen waren auf Anordnung des Kriegesamtes dorthin gezogen, wo sie zum Dienst eingeteilt waren. Die Befolgung dieser Anordnung, ihren Wohnort zu wechseln, wurde schließlich während der Demobilmachungszeit zum persönlichen Problem der Fürsorgerinnen und machte sie ohne eigenes Verschulden erwerbslos.
Die Kündigungen in den Behörden gingen während der ersten Nachkriegsmonate noch nicht zügig genug voran. Eine im April 1919 herausgegebene Anordnung des Reichsministeriums für wirtschaftliche Demobilmachung mahnte die zuständigen Ausschüsse zur Beschleunigung von Entlassungen, da „immer noch häufig und nachdrücklich aus allen Kreisen der Bevölkerung darüber geklagt“ würde, daß noch weibliche Angestellte anzutreffen waren (vgl. GSta-Berlin, Rep. 30, I, 732, Bd. 1). Amtsleiter verzichteten nur ungern auf die eingearbeiteten weiblichen Kräfte und gaben deshalb nur zögernd dem Druck des Reichsamtes nach (vgl. Baum 1919, 106). Vielfach holten sie Wochen später die Frauen wieder zurück, um den Amtsbetrieb überhaupt aufrechterhalten zu können. Durch die vielen ungelernten männlichen Kräfte in den Sozialbehörden während der Nachkriegsmonate sei eine ungewohnt dilletantische und „proletarisierte Atmosphäre“ entstanden, klagten die bürgerlichen Fürsorgerinnen. Diejenigen Kreise aus der „gebildeten Schicht“, die während des Krieges in „aufopfernder Weise“ wohlfahrtspflegerisch tätig gewesen waren, müßten nun in den Wohlfahrtsämtern den „Mitglieder(n) aus der Arbeiterschaft“ weichen (Wex 1929, 27).
Massiven Protest und offensive Maßnahmen gegen die Auswirkungen der Demobilmachungsverordnung gab es unter Fürsorgerinnen nicht. Vereinzelt griffen Frauenvereine und Berufsorganisationen aber zu Selbsthilfeaktivitäten. Im November kam es auf Anregung des Deutschen Verbandes der

Sozialbeamtinnen zu einem „Zusammenschluß von Frauen aus Berufsorganisationen und Verbänden aller Richtungen zum Schutze gegen ungerechtfertigte Frauenentlassungen“ (vgl. Die Sozialbeamtin 1/1919, Heft 2, 12). Aufgabe war die Sammlung von Material über Entlassungen von Frauen, um durch Vorträge und Pressemeldungen auf deren Lage aufmerksam machen zu können. Die Ortsverbände des Deutschen Verbandes der Sozialbeamtinnen richteten Sprechstunden für entlassene Fürsorgerinnen ein und berieten sie bei ungerechtfertigten Entlassungen über arbeitsrechtliche Möglichkeiten, dagegen vorzugehen (vgl. Baum 1919, 10).
Die Entlassungsphase für alle ausgebildeten Fürsorgerinnen mit staatlicher Anerkennung einer sozialen Frauenschule war während der Demobilmachungsmonate insgesamt aber nur von kurzer Dauer. Die Wohlfahrtsämter wurden zügig ausgebaut, und der große Bedarf an Fürsorgerinnen konnte nicht durch andere – z. B. männliche Kräfte – ersetzt werden.
Der Mythos über die weibliche Konkurrenz auf dem Arbeitsmarkt wurde bei den kommunalen Sozialbehörden und in der ländlichen Wohlfahrtspflege ganz offensichtlich zur Farce. Von einem Verdrängungsprozeß weiblicher Kräfte kann in diesen Bereichen also nicht gesprochen werden. Es handelte sich vielmehr – von der kurzen Nachkriegsphase abgesehen – um eine klare *geschlechtsspezifische Standortzuweisung* von ausgebildeten Fürsorgerinnen in die *subalternen* Außendienstarbeitsplätze der Wohlfahrtsbehörden. In den Sozialverwaltungen, in welchen es auch während der Demobilmachung nicht zu Entlassungen gekommen war, hatten personelle Verschiebungen stattgefunden. Personalleiter versetzten auch geschulte Fürsorgerinnen vielfach in noch schlechter entlohnte „Gehilfinnenstellen“, die den Schreibkräften entsprachen und bei denen „Tagegelder“ keine Seltenheit waren (vgl. Wachenheim 1917, 85; Soziale Praxis 28/1918, Heft 5, 75; Baum 1919, 106).
Die Integration der Fürsorgerinnen in die kommunalen Wohlfahrtsämter war insgesamt ein für die Frauen desillusionierender Prozeß, da sie von Beginn an mit der Ablehnung der männlichen Verwaltungsbeamten konfrontiert wurden. Die Fürsorgerinnen hatten Tätigkeiten zu verrichten, die sich nicht unter bürokratische Prinzipien subsumieren ließen und schon deshalb bei den Verwaltungsbeamten auf Widerstand stießen, da für ihr Verwaltungsverständnis kaum ein Unterschied zwischen einem Finanzamt und einer Sozialbehörde bestand oder zwischen einem Hundesteuerzahlenden und einem Klienten, der Fürsorgeleistungen beantragte. Die Arbeiten in den Wohlfahrtsämtern wurden strikt getrennt in die Ermittlungsaufgaben der Fürsorgerinnen und in die Verwaltungstätigkeiten, die fast ausschließlich von Männern ausgeübt wurden. Den Fürsorgerinnen waren die Hände gebunden. Die jeweiligen Entscheidungen darüber, wie und mit welchen Mitteln den Hilfsbedürftigen geholfen werden sollte, lag nicht bei ihnen, sondern bei den Verwaltungsbeamten. Diese geschlechtsspezifische Arbeits-

teilung in den Wohlfahrtsämtern war eine Wurzel für den (Geschlechter-) Kampf zwischen Fürsorgerinnen und Verwaltungsbeamten. Innerhalb dieser Strukturen vollzog sich nach dem 1. Weltkrieg Vergleichbares zu anderen Erwerbszweigen. Obwohl Fürsorgerinnen keine männlichen Konkurrenten hatten, da es ausgebildete Wohlfahrtspfleger (bis 1923/27) nicht gab, fanden sie sich – ähnlich wie Arbeiterinnen und weibliche Angestellte – an den untersten Stufen der Verwaltungshierarchie wieder. So hatte die massenhafte Einbeziehung von Frauen in den Kriegsproduktionsprozeß – ungeachtet der Kodifizierung weiblicher Gleichberechtigung ab 1919 – nicht zu entsprechenden Berufschancen geführt. Unter den gegebenen politischen wie wirtschaftlichen Bedingungen nach dem 1. Weltkrieg war ein tiefgreifender Bewußtseinswandel bei Männern *und* Frauen auch kaum möglich.

Literatur

Apolant, J.: Neue Aufgaben der Frau in der Gemeinde, in: Altmann-Gottheimer, E. (Hrsg.): Jahrbuch des BDF, Berlin 1920

Baum, M.: in: Soziale Praxis 27/1918, H. 39, 599

Baum, M.: Stenographischer Bericht der Sitzung der Nationalversammlung am 20. 8. 1919, in: Archiv für Frauenarbeit Bd. 7, H. 3/4, Berlin 1919

Beck-Gernsheim, E.: Der geschlechtsspezifische Arbeitsmarkt, Frankfurt/M. 1976

Bessel, R.: Eine nicht allzu große Beunruhigung des Arbeitsmarktes, in: Geschichte und Gesellschaft 9/1983, H.2

Cordemann, M.: Wie es wirklich gewesen ist, Gladbeck 1963

Gerhard, U.: Verhältnisse und Verhinderungen, Frankfurt/M. 1978

Glaß, F.: Der weibliche „Doppelverdiener" in der Wirtschaft, in: Jahrbuch für Frauenarbeit 3/1927

Henning, F.-W.: Das industrialisierte Deutschland 1914–1976, Paderborn 1978

Jurczyk, K.: Frauenarbeit und Frauenrolle, Frankfurt/M. 1978

Lüders, E.-M.: in: Soziale Praxis 28/1919, H. 50, 898

Lüders, E.-M.: Das unbekannte Heer, Berlin 1936

Lüdy, E.: Zum zehnjährigen Bestehen unseres Arbeitsnachweises, in: Deutscher Verband der Sozialbeamtinnen (Hrsg.): Zehn Jahre soziale Berufsarbeit, Berlin 1926

Oppenheimer, H./Radomski, H.: Probleme der Frauenarbeit in der Übergangswirtschaft, Mannheim 1918

Oppenheimer, H./Radomski, H.: Die Probleme der Frauenarbeit in der Übergangswirtschaft, in: Zeitschrift für Sozialwissenschaft 10/1919, H. 9/10

Preußer, N.: Fürsorge zwischen Opfergang und Massennot, in: Stieve, H.: Tagebuch einer Fürsorgerin, Berlin 1925 (Neuauflage Weinheim 1983)

Rouette, S.: Die Erwerbslosenfürsorge für Frauen in Berlin nach 1918, Manuskript Berlin 1985

Salomon, A.: Charakter ist Schicksal. Lebenserinnerungen, Baron, R., Landwehr, R. (Hrsg.), Weinheim 1983

Stieve, H.: Tagebuch einer Fürsorgerin, Berlin 1925
Wachenheim, H.: Die Lage der Großberliner Sozialbeamtinnen, in: Die Frau 26/1918, H. 3
Wex, E.: Die Entwicklung der sozialen Fürsorge in Deutschland (1914–1927), Berlin 1929
Wurm, M.: Die Frauenerwerbsarbeit. Rede auf der Leipziger Frauenkonferenz am 29. 11. 1919
Zeller, S.: Frauen und Beruf(ung?). Zur sozialen und beruflichen Lage der Wohlfahrtspflegerinnen in der Weimarer Republik, in: Die ungeschriebene Geschichte. Dokumentation 5. Historikerinnentreffen, Wien 1984
Zeller, S.: Die „Staatsgesinnung" der Fürsorgerin nach dem Ersten Weltkrieg zwischen Sozialismus und Weiblichkeitsideologie, in: Beiträge zur feministischen Theorie und Praxis 8/1985, H. 13
Zeller, S.: Ausbildung und Erwerbsbedingungen von kommunalen Fürsorgerinnen im Wohlfahrtswesen der Weimarer Republik – Ein Beitrag zur Geschichte der Sozialarbeit als „Frauen"-Beruf, Diss. phil. Technische Universität Berlin 1986

Zeitschriften, Jahrbücher, Archive, Gesetzblätter
Archiv für Frauenarbeit
Correspondenzblatt
Die Sozialbeamtin
Geheimes Staatsarchiv Berlin (Gsta = Berlin)
Internationale Korrespondenz zur Geschichte der Arbeiterbewegung
Jahrbuch der Bundes Deutscher Frauenvereine
Jahrbuch für Frauenarbeit
Reichsgesetzblätter (RGBl)
Soziale Praxis
Wohlfahrtsblatt der Stadt Berlin

5. Frauen, die zum Nulltarif arbeiten, waren immer unentbehrlich Zur Geschichte der ehrenamtlichen Tätigkeit im sozialen Bereich

Gisela Notz

Einleitung

Ehrenamtliche Tätigkeit, das ist im Sinne dieses Beitrags nicht die Tätigkeit, die mit der Berufung in ein (öffentliches) Ehrenamt verbunden ist, sondern vor allem direkte „freiwillige" und unbezahlte soziale Arbeit mit und für Betroffene. Sie wird überwiegend durch Frauen geleistet. Das Thema „Ehrenamt" ist also ein Frauenthema.[1] In jüngster Zeit rückt es wieder in den Mittelpunkt der sozialpolitischen Diskussion:

Sparpolitik der öffentlichen Haushalte, besonders im sozialen Bereich, einerseits und ideologische Tendenzen in Richtung „neue Subsidiarität" unter dem Aspekt der Selbsthilfe andererseits appellieren an das soziale Engagement, das sich in ehrenamtlicher Arbeit vor allem von Frauen zeigen soll. Die Propagierung der ehrenamtlichen Arbeit ist Bestandteil einer Frauenpolitik, die Frauen weg von der Erwerbsarbeit und hin zu unbezahlter Liebestätigkeit zu orientieren trachtet. „Den Männern die Arbeitsplätze – den Frauen das Ehrenamt" festigt die geschlechtsspezifisch-hierarchische Arbeitsteilung zu Lasten der Frauen.

Ich will zunächst den Stellenwert der ehrenamtlichen Arbeit innerhalb einer feministischen Bestimmung der Arbeitsverhältnisse aufzeigen, um mich dann mit der Entstehung der ehrenamtlichen Tätigkeit und ihrer (teilweisen) Professionalisierung, die – je nach den Erfordernissen der ökonomischen Situation – ausgeweitet oder zurückgenommen wird, zu befassen. In einem letzten Teil will ich Perspektiven zur Veränderung der Situation ehrenamtlich arbeitender Frauen und der Struktur ehrenamtlicher Arbeit anreißen. Dies deshalb, weil ich der Meinung bin, daß eine Aufarbeitung der Geschichte erst dann sinnvoll wird, wenn daraus Konsequenzen für die Gegenwart gezogen werden.

Was ist ehrenamtliche soziale Arbeit?

Ehrenamtliche Arbeit ist nicht Hausarbeit und nicht Erwerbsarbeit. Sie war nie Gegenstand der Wissenschaften, die sich mit menschlicher Arbeit befassen. Auch historisch wurde sie kaum beachtet. Offenbar ist ehrenamtliche Arbeit im sozialen Bereicht nur für die Frauen selber sichtbar, nicht für die Männer, nicht für die Gesellschaft und nicht für die Wissenschaft. Ehrenamtliche Arbeiterinnen werden, ebenso wie Hausfrauen, aus der Zahl derjenigen, die arbeiten, ausgeklammert. Sie kommen weder in den Statistiken von erwerbsarbeitenden Frauen vor, noch in den amtlichen Registrierungen von nicht erwerbsarbeitenden (Hausfrauen) und die meisten von ihnen auch nicht in den Arbeitslosenstatistiken.

Ehrenamtliche Arbeit ist nach den gängigen Arbeitstheorien, die sich fast alle auf Lohnarbeitstätigkeiten in Industrie und Verwaltung beziehen, keine Arbeit. Sie findet außerhalb bezahlter Lohnarbeit statt und gehört in den „Restbereich", der für die Reproduktion der menschlichen Arbeitskraft zuständig ist. Wollen wir die Funktion ehrenamtlicher Arbeit in unserem Gesellschaftssystem begreifen, so wird es notwendig, eine feministische Bestimmung der Arbeit, die von den vielfältigen Arbeitsverhältnissen der Frauen ausgeht, zu entwickeln.[2] Die Arbeitsverhältnisse will ich am Beispiel von Frau E. erklären.

Sie ist verheiratet. Für die Reproduktion ihres Mannes und für ihre eigene arbeitet sie zu Hause, isoliert, unbezahlt *im ehelichen Arbeitsverhältnis.*

Frau E. hat auch zwei Kinder (4 und 9 Jahre alt) und einen schon ziemlich alten Schwiegervater. Sie versorgt die Kinder und pflegt den Opa – ebenfalls privat und unbezahlt – *im Familienarbeitsverhältnis.*

Einmal in der Woche trifft sie sich mit anderen Frauen im Kleiderlädchen, wo sie zu klein gewordene Kindersachen verkaufen und wo sie sich auch überlegen, wer wann welche alte Frau besucht und ihr im Haushalt zur Hand geht, weil diese selbst „nicht mehr so kann". Das alles macht sie im *ehrenamtlichen Arbeitsverhältnis.*

Zu ehrenamtlicher Arbeit gehört soziale Arbeit, politische Arbeit etc. Sie ist weniger isoliert als die beiden anderen Arbeitsverhältnisse – aber ebenfalls unbezahlt.

Dreimal in der Woche geht Frau E. in ein Anwaltsbüro und macht dort nach dem Diktiergerät Schreibarbeiten. Sie arbeitet dort weniger als 20 Stunden und hat deshalb keine sozialen Absicherungen. Leben könnte sie von dem, was sie verdient, auch nicht. Es ist ein *ungeschütztes Arbeitsverhältnis.*

Durch viel Glück und Beharrlichkeit gelingt es Frau E., einen vollen Arbeitsplatz in einem Versicherungsbüro zu bekommen. Für ihre Kinder bekommt sie einen Platz in der Kindertagesstätte. Sie hat nun *ein tariflich voll abgesi-*

chertes Arbeitsverhältnis, von dem sie selbst leben kann, durch das sie sozial abgesichert ist und das kollektiv organisiert ist. Dafür muß sie aber 8 Stunden arbeiten. Und alle anderen Arbeiten hat sie auch noch. Sie ist nun doppelt belastet – wenn nicht mehr – und leistet Arbeiten, die eigentlich gar nicht alle zu leisten sind. Aber irgendwie schafft sie es, wie 50% der Mütter, die 90 Stunden und mehr wöchentlich arbeiten.
Nimmt man Frau E. das tariflich voll abgesicherte Arbeitsverhältnis wieder weg, ist sie nicht arbeitslos, sondern *erwerbsarbeitslos,* denn all die anderen Arbeiten bleiben ihr.[3]
Die Basis dieser verschiedenen Arbeitsverhältnisse ist die geschlechtlich-hierarchische Arbeitsteilung, die die Trennung von unbezahlter und bezahlter Arbeit und ihre geschlechtliche Zuordnung bestimmt.[4] In den Hausarbeitsverhältnissen sind – abgesehen von wenigen Haumännern, ausschließlich Frauen zu finden. Die ehrenamtlichen Arbeitsverhältnisse im sozialen Bereich üben gut zwei Drittel Frauen aus. Frauen, die Erwerbsarbeitsverhältnisse ausüben (1981 war ihr Anteil an den Erwerbstätigen 38,4%[5]), sind dort meist mit Tätigkeiten befaßt, die in hohem Maße partialisiert, niedrig entlohnt, auf den unteren hierarchischen Ebenen angesiedelt sind und meist dem sog. weiblichen Arbeitsvermögen entsprechen, das aus der historischen Beschränkung der Frau auf Haus- und Familienarbeit abgeleitet wird.
Die Ungleichgewichtigkeit, die Frauen in den anderen Arbeitsbereichen und in der Gesellschaft zu schaffen macht, findet sich im Bericht der ehrenamtlichen Arbeit wieder: Frauen leisten die meiste und konkrete Arbeit unmittelbar an der Basis. In Leitungs- und Führungspositionen, in Positionen, die mit Einfluß, Macht, Anerkennung und finanziellem Gewinn verbunden sind, sind sie hingegen kaum vertreten. Arbeiten, die wirklich mit einem ehrenvollen Amt versehen sind, z. B. die wohlangesehenen ehrenamtlichen Positionen in Aufsichtsräten und Beratungsgremien, in Parteien und Verbänden, die mit ziemlich hohen Aufwandsentschädigungen verbunden sind, oder auch nur in den Vorständen der Verbände, werden von Frauen nur selten ausgefüllt. Dort finden wir fast ausschließlich Männer.

Wie entstand ehrenamtliche soziale Arbeit?

Bereits im Mittelalter bekleideten Fürsten und Adelsherren an weltlichen kirchlichen Höfen, in den Gilden und Bruderschaften „Ehren-*Ämter*“, die ihnen Privilegien, Macht und Ansehen verschafften. Später wurde das Ehrenamt zu einer unbezahlten Aufgabe für die Bürgerschaft, die ehrenwerten Männern, z. B. als Schöffen, Laienrichter, Preßbyter und Kirchenvorsteher, aufgetragen wurde. Die ehrenamtliche *Arbeit* wurde schon immer von Frauen dieser ehrenwerten Männer geleistet, die von den Ehrenämtern qua

Geschlecht und daraus abgeleiteter gesellschaftlicher Position ausgeschlossen waren, so die sozialen und caritativen Dienste, Nachbarschaftshilfe und das Kochen und Verteilen der Armensuppe.
Frauen sollten als freiwillige „Hilfskräfe“ die Ehrenämter der männlichen Ehrenbeamten ergänzen. Sie verrichteten auch die unmittelbare barmherzige Arbeit in den Hospizen der Klöster und Gemeinden, in denen Kranke, Sterbende, Alte, Obdachlose und Behinderte aufgenommen und versorgt wurden.
Die Trennung zwischen männlichen Ehrenbeamten, die die gesamte Verwaltungsarbeit in der Armenpflege übernahmen; sowohl die Entgegennahme und Prüfung der Bittgesuche, als auch die Entscheidung über zu gewährende Unterstützungen und die Kontrolle über fortlaufend Unterstützte und der freiwilligen unmittelbaren sozialen Wohlfahrtspflege, die hauptsächlich durch Frauen geleistet wird, bleibt bis heute bestehen.
Nur die „besten und geeignetsten Mitglieder“ einer Gemeinde sollten zu Trägern dieser Ämter bestimmt sein.[6] Frauen gehörten nicht zu den besten und geeignetsten Mitgliedern einer Gemeinde, denn bis 1896 waren sie nirgends mit diesem Amt und der sich daraus ergebenden Ehre betraut. (1907 gab es z. B. in Berlin 4984 Ehrenbeamte, davon 28 Frauen, in vielen Städten nahmen keine Frauen das Amt war.[7])
Die Zulassung zu diesen ehrenamtlichen Arbeiten mußten sich die bürgerlichen Frauen erkämpfen, indem sie selbst damit argumentierten, daß Frauen für alle Tätigkeiten, die mit dem Hauswesen zusammenhängen, zuständig sind, und daher auch das Haus der Bedürftigen das ureigenste Arbeitsfeld der Frau sein müsse. Von den Gegnern der Frauenbewegung wurde dem jedoch entgegengehalten, daß die Charaktere der Frauen durch solche Beschäftigungen Schaden erleiden würden und verheiratete Frauen, die solche Ämter ausüben, ihre häuslichen Pflichten vernächlässigen könnten. Dahinter steht der uralte Spruch, der auch von den Gegnern der Frauenerwerbsarbeit immer ins Feld gerückt wurde: Die Frau gehört ins Haus (des eigenen Mannes)!
In Berlin kam es um die Jahrhundertwende zu einer Protestveranstaltung von 3000 männlichen Ehrenbeamten der Armenpflege, die drohten, ihr Amt niederzulegen, wenn Frauen zugelassen würden. Die Frauen ließen sich im wesentlichen darauf ein, für Frauen als geeignet angesehene Tätigkeiten in Frauenvereinen und in der direkten Wohlfahrtspflege auszuüben. Leitung und Verwaltung und die Prüfung der Hilfsbedürftigkeit blieb weiterhin bei den Männern.
Frauen sind bis heute da vertreten, wo es darum geht, unbezahlten Dienst am Nächsten zu leisten. Diese Situation gleicht der hierarchischen geschlechtlichen Arbeitsteilung zwischen Frauen und Männern in Erwerbsarbeitswelt und Hausarbeitsverhältnissen: Frauen arbeiten dienend, helfend, zulie-

fernd. Männer halten die mit Planungs-, Anweisungs- und Kontrollbefugnissen versehenen Stellen besetzt. Eine Ausnahme bilden reine Frauenorganisationen, sie bestehen eigenständig neben den Männerorganisationen (z. B. der Sozialdienst katholischer Frauen).
Die unbezahlten Arbeiten für „die Armen", die direkten sozialen Hilfsleistungen wurden später als „ehrenamtlich" bezeichnet. Sie sollten ergänzende Tätigkeit in der öffentlichen Armenpflege sein und waren den männlichen Ehrenbeamten unterstellt.
Die neue Bezeichnung, durch die die sozialen caritativen Arbeiten den angesehenen politischen und kirchlichen Ehrenämter gleichgestellt werden sollten, änderte nichts an den Inhalten der Arbeit und deren geschlechtsspezifischer Zuweisung.

Unbezahlte Arbeit als Hilfe für Andere – und für die Frauen selbst

Die mit Beginn der Industrialisierung fortschreitende materielle und psychische Not der großstädtischen Arbeiterbevölkerung war es vor allem die dazu führte, daß wohltätige, bürgerliche Frauen verstärkt freiwillige soziale Hilfe leisteten. Dies aus doppeltem Grunde:

- Für die Industriebetriebe wurden arbeisfähige und diziplinierte Arbeiter/innen benötigt, um die Erhaltung und Sicherung des Verhältnisses zwischen Lohnarbeit und Kapital, an der auch der sich nach der Konstituierung der kapitalistischen Produktionsverhältnisse herausgebildete liberale Rechtsstaat interessiert war, zu gewährleisten.
- Den jungen Frauen aus bürgerlichen Schichten reichte die ihnen zugebilligte „schöngeistige Bildung", die sie auf eine „standesgemäße Heirat", durch die sie dann wirtschaftlich versorgt waren, vorbereitete, nicht mehr aus. Sie wollten nicht mehr müßig zwischen Mal- und Musikunterricht warten, „bis etwas käme, das sie mitnähme".[8] Sie suchten nach einer Aufgabe der nützlichen Teilhabe am gesellschaftlichen Leben, ohne jedoch – aufgrund ihrer begüterten Herkunft – selbst Bezahlung für ihre Arbeit zu fordern.

Unter diesen gegebenen Voraussetzungen waren die Frauen leicht zu motivieren. Durch „freiwillige" Hilfe sollten sie dazu beitragen, daß die drohende soziale Revolution der durch einen 12- bis 18stündigen Arbeitstag ausgebeuteten und durch geringe Löhne verarmten Arbeiterschaft abgewendet und der soziale Friede hergestellt wurde. Dabei wurde an ihr Privileg appelliert, durch ihren Besitz bzw. den Besitz oder das Einkommen ihres Ehemannes von grober, körperlicher Arbeit befreit zu sein. Dieses Privileg sollte sie nicht verleiten, „ein Leben des Müßigganges und Genusses zu führen", sondern sie sollten den Schichten der Bevölkerung, die ihnen durch ihrer Hände Arbeit das Leben erleichterten, zu besseren Daseinsbedingungen verhelfen.[9]

Die Notwendigkeit der Ausbildung ehrenamtlich Arbeitender und die ersten Zusammenschlüsse

Den aus geschützten bürgerlichen Verhältnissen kommenden ehrenamtlich arbeitenden Frauen waren die Lebensbedingungen der Arbeiterinnen und Arbeiter meist fremd, weil die Erziehung der „höheren Töchter" eher geeignet war, sie von sozialen Problemen fernzuhalten, als ihnen ein Verständnis für deren Lage zu vermitteln. Die einseitige Bildung wird von einer Zeitgenossin wie folgt beschrieben:

„So lernen sie die Schneehütten der Eskimos und die Wigwams der Indianer kennen und beschreiben; von den Arbeitsstätten und Wohngelassen zahlreicher Volksgenossen aus ihrer nächsten Nähe aber wissen sie nichts."[10]

Um die Armen effektiv betreuen zu können, wurde daher bald die Notwendigkeit fachlicher Qualifizierung für die ehrenamtlich als soziale Hilfskräfte arbeitenden Frauen gesehen. Diese Notwendigkeit sowie die Unzufriedenheit von ehrenamtlich Arbeitenden und Betreuten über die oft unzureichende Hilfe und der „chronische Bildungshunger" der Frauen, die begreifen wollten, was um sie herum vorgeht, die die Sprache derjenigen verstehen wollten, die in andere gesellschaftliche Kreise hineingeboren sind und den Menschen helfen wollten, führten zur Bildung von Vereinen und Gruppen, die ihr Ziel in der Erziehung und Schulung für die ehrenamtliche soziale Arbeit sahen.

Die Ursprünge für die planmäßige Agitation zur Gewinnung und Schulung weiterer Frauenkreise für die Erfüllung sozialer Pflichten sind in der englischen „Settlements-Bewegung" zu sehen, die von der Ideologie ausging, daß die Besitzenden erst das Leben der arbeitenden Klassen kennenlernen müssen, ehe sie ihnen zu einer Verbesserung ihres Leben durch soziale Reformen helfen können. Um dieses Leben richtig kennenzulernen, lebten sie mit den Armen mindestens ein Jahr zusammen. Berühmt war in diesem Zusammenhang die „Toynbee-Hall" in einer der berüchtigsten Straßen Londons.[11]

In Deutschland wurde versucht, dem wachsenden Bedürfnis an geschulten Kräften für „soziale Pflichterfüllung" durch systematische Ausbildung und durch feste Organisationen zu entsprechen.[12] Die englische Settlements-Bewegung konnte nicht einfach nachgeahmt werden, weil die vollständige Loslösung der ehrenamtlich Arbeitenden vom Elternhaus unter deutschen Verhältnissen nicht möglich erschien. Außerdem sollten nicht nur alleinstehende und unabhängige Frauen geworben werden, sondern auch verheiratete.

In Berlin wurde z. B. 1883 eine „Mädchen- und Frauengruppe für soziale Hilfsarbeit" gegründet. Es handelte sich dabei um einen Zusammenschluß von Mädchen und Frauen der begüterten Stände, die unter fachlicher Leitung ehrenamtlich „ernste Pflichterfüllung im Dienste der Gesundheit" leisten wollten.[13] Ähnliche Vereine entstanden kurze Zeit später in Wien, Bremen, Hamburg, Königsberg, Mannheim, Frankfurt/Main, Leipzig u. a. Orten.[14]

Die Ausbildungen, die durch diese Vereine organisiert wurden, sollten die ehrenamtlich arbeitenden Frauen gleichzeitig auf die Arbeit der Frauen als zukünftige Familiemütter vorbereiten. Meist waren sie daher in zwei Stufen gegliedert. In der Unterstufe sollten die Frauen vor allem auf ihre Aufgaben als Hausfrauen und Mütter und auf sozial verpflichtete Bürgerinnen vorbereitet werden, in der darauf aufbauenden Oberstufe erhielten sie eine berufsorientierte Ausbildung für ihre soziale Hilfsarbeit.[15]

Die Ausbildungen waren nicht an einer Erwerbsmöglichkeit orientiert. Soziale Arbeit sollte zunächst nicht Lohnarbeit sein. Es wurde davon ausgegangen, daß die ausgebildeten Frauen und späteren Familienmütter durch ihren Ehemann oder durch eigenes Vermögen „versorgt" waren und in der freiwilligen sozialen Arbeit ihre moralische Aufgabe zur Erhaltung des sozialen Friedens sahen, so daß Arm und Reich friedlich nebeneinander leben konnten.

Um die Angst der Männer, die Frauen könnten die ehrenamtliche Teilnahme am gesellschaftlichen und beruflichen Leben für ihre eigenen Emanzipationsbestrebungen benutzen, zu beschwichtigen, versicherten die Gründer des Berliner Vereins, „angesehene Damen und Herren aus dem Gebiet der Armenpflege, der Sozialpolitik und der Volksbildungsbewegung"[16], daß es sich bei dem Zusammenschluß um keinerlei Emanzipationsbestrebungen der Frauen handele, sondern um die Pflicht bürgerlicher Frauen, einen Beitrag zur Milderung der Klassengegensätze zu leisten.

Von den Frauen selbst[17] ist jedoch überliefert, daß sie sich von der Erziehung zum Verständnis sozialer Probleme und sozialer Pflichten erhofften, daß den Frauen der „Zusammenhang zwischen der Frauenfrage und der sozialen Frage" begreifbar wird, daß sie die „ungeheure Inkonsequenz erkennen, die viele nach Lebensinhalt, nach Betätigung ringende Frauen der besitzenden Klassen auf den Wirkungskreis im eigenen Haus beschränkt, die aber duldet, daß die Frauen der arbeitenden Klassen ihrem Heim in maßlosester Weise entfremdet werden", in dem sie gezwungen sind, in den Fabriken zu arbeiten und dort „ein ausgedehnteres Tagewerk (zu) verrichten, als je ein Mann es übernehmen würde ...".[18]

In diesem Zusammenhang wurden (von den bürgerlichen ehrenamtlich arbeitenden Frauen) die ersten Forderungen nach kürzeren Arbeitszeiten, Errichtung besserer Versorgungsmöglichkeiten für die Kinder, Schaffung gesünderer Wohnverhältnisse, Schaffung menschenwürdiger Arbeits- und Existenzbedingungen sowie nach Arbeiter- und Kinderschutzgesetzen gestellt.[19]

Ein Verbot der Frauenerwerbsarbeit, das z.T. von den Männer der Arbeiterbewegung gefordert wurde, wird in den Schriften von Alice Salomon[20] abgelehnt, weil es den verheirateten Frauen die ökonomische Unabhängigkeit rauben würde und sie in vollkommen ungeschützte Heimarbeitsverhältnisse hineinbringen würde mit noch schlechteren Arbeitsbedingungen, längeren Arbeitszeiten und niedrigerem Lohn. Statt dessen fordert sie dazu auf, daß die Anhängerinnen der bürgerlichen Frauenbewegung, also die ehrenamtlich arbeitenden Frauen, die berechtigten Streiks der Arbeiterinnen unterstützten und versuchen sollten, nach ihren Kräften die gewerkschaftliche Organisation der Arbeiterinnen zu fördern.
Die ehrenamtlich arbeitenden Frauen erhofften sich Einfluß auf Verwaltung und Gesetzgebung und ein Vordringen in die Ämter der Männer in der öffentlichen Armenpflege, wenn sie erst einmal eine gründliche Berufsausbildung nachweisen konnten,[21] denn „nun und nimmer wird ein Platz, den ein Mann innehat, einer Frau eingeräumt werden, sofern die Frau ihn nicht *besser* auszufüllen imstande ist".[22] Die Männer hatten keine besondere Vorbildung für ihre Ämter.
Die wohltätigen Frauen sahen in der Erfüllung sozialer Pflichten also sehr wohl auch ein Mittel zu ihrer eigenen Emanzipation, zu dem Ziel „der Entfaltung der Frau zur freien, rechtskräftigen Persönlichkeit".[23] Gleichzeitig wird jedoch darauf hingewiesen, daß die öffentliche Armenpflege für diejenigen geschaffen ist, denen geholfen werden soll, nicht aber für diejenigen, denen aus der Hilfestellung ein Lebensinhalt, ein Beruf erwachsen könnte. Es bleibt also die Abgrenzung der wohltätigen ehrenamtlichen Arbeit zur Erwerbsarbeit bestehen.
In der zweiten Hälfte des 19. Jahrhunderts entstehen religiöse und weltanschauliche gebundene Verbände, die ersten Wohlfahrtsverbände. Zunächst war es das Diakonische Werk (1849), dann das Deutsche Rote Kreuz (1869), der Deutsche Caritasverband (1897), die Zentralwohlfahrtsstelle der Juden in Deutschland (1917), die Arbeiterwohlfahrt (1919) und der Deutsche Paritätische Wohlfahrtsverband (1920).
Während die Wohlfahrtsverbände im allgemeinen ihren Anstoß, ihre Impulse, von Persönlichkeiten empfangen haben, die man als Sozialreformer zu bezeichnen pflegt, d. h. von Persönlichkeiten, die *für* die besitzlosen Klassen wirken wollten, indem sie durch praktische Wohlfahrtsarbeit und durch das Wirken für eine gerechtere und bessere Gesetzgebung eine Hebung der Arbeiterklasse herbeizuführen suchten, war es der Anspruch der Arbeiterklasse, durch politischen und gewerkschaftlichen Kampf, mit dem Ziel des Umsturzes der kapitalistischen Gesellschaftsordnung, ihre Lage zu verbessern.[24] Besonders den in der Sozialdemokratischen Partei zusammengeschlossenen Arbeitern mißfiel die in den Wohlfahrtsverbänden übliche wissenschaftliche Erörterung und methodische Bearbeitung ihrer eigenen

Probleme als eine Pflicht der einen (besitzenden) Klasse für die andere (ausgebeutete) Klasse. Aus diesem Grunde wurde 1919 der Hauptausschuß der Arbeiterwohlfahrt gegründet, der nicht Wohlfahrtspflege für die Arbeiter, sondern *durch* die Arbeiter anstrebte.

Professionelle soziale Arbeit wird notwendig

Die sozialen Aufgaben wurden mit fortschreitender Industrialisierung immer dringlicher. Besonders während des 1. Weltkriegs wuchsen sie ins Unermeßliche: Die Kinder der in den Rüstungsfabriken arbeitenden Mütter, Kriegerwitwen, Waisen und Kriegsversehrte mußten versorgt werden. Zugleich wurde ein Nachlassen des Familiensinnes beklagt, was zu einer Verlagerung der Lasten der Versorgung von Hilfsbedürftigen auf die Gemeinschaft führte. Es wurde an Vaterlandsliebe und Opferbereitschaft appelliert. Trotzdem reichte die unbezahlte soziale Arbeit nicht aus. Die Tätigkeiten im sozialen Bereich, von der Krankenpflege bis zu Formen der Sozialhilfe, wurden zunehmend professionalisiert, weil ehrenamtliche Arbeit nicht mehr reichte und staatliche Kontrolle wirksamer über professionelle Kräfte kanalisiert werden konnte. Soziale Tätigkeiten blieben jedoch weiterhin vornehmlich Frauenberufe. Auch die entlohnten Wohlfahrtspflegerinnen waren überwiegend Frauen.
Die ehrenamtliche Tätigkeit verschwand keineswegs, sondern die professionalisierte soziale Arbeit wurde weiterhin von ehrenamtlicher Arbeit, wieder vornehmlich von Frauen, ausgeführt, unterstützt und begleitet. Frauen, die zum Nulltarif arbeiten, waren immer unentbehrlich.
Mit der Professionalisierung drangen aber auch die ersten, zunächst vereinzelten Männer in die sozialen Berufe ein. Die Tätigkeiten der sozialen Arbeit wurden durch die weitgehende Verberuflichung den Strukturen und Mechanismen von Lohnarbeit angepaßt: Die „typischen weiblichen" Eigenschafen des Dienens und Pflegens wurden kaufbar und entlohnbar.
Für die nun ausgebildeten Hauptamtlichen im sozialen Bereich war es anfangs schwer, Fuß zu fassen, weil eine neue Konkurrenz zwischen entlohnten (qualifizierten) Sozialarbeiter/innen und unentgeltlich arbeitenden (unqualifizierten) ehrenamtlichen Helferinnen entstand, die schließlich zur Hierarchisierung zwischen hauptamtlich und ehrenamtlich Arbeitenden führte. Ehrenamtlich Arbeitende fühlten sich durch die ihnen vorgesetzten Hauptamtlichen oftmals in ihrer „freien" Arbeit eingeschränkt und bevormundet. Hauptamtliche sahen durch die ehrenamtliche Arbeitenden eine Gefährung ihres Arbeitsplatzes, denn ehrenamtliche Sozialarbeit ist billiger. Tatsächlich macht die mit der Hierarchisierung verbundene Entsolidarisierung von bezahlten und unbezahlten sozialen Arbeiter/innen in Phasen der

Hochkonjunktur eine Abwertung der unbezahlten und in Krisenzeiten einen Abbau der bezahlten Sozialarbeit möglich.[25] Dies deshalb, weil zu Zeiten der Nichtverfügbarkeit männlicher Arbeitskraft immer weniger Frauen ehrenamtliche Arbeit machen müssen, weil die Wirtschaft ihnen die Möglichkeiten der Verwertung ihrer Arbeitskraft bietet. Soziale Arbeiten müssen dann weitgehend entlohnt werden. Zu Zeiten der Krise jedoch kann die Hilfe für Hilfsbedürftige auch unbezahlten Kräften überlassen bleiben. Es stehen genügend zur Verfügung. Vorher professionalisierte Arbeit kann wieder ehrenamtlichen Arbeiterinnen überlassen werden.
Diese Situation herrschte jeweils bei wirtschaftlichen Talsohlen verbunden mit hoher Erwerbsarbeitslosigkeit vor den beiden Weltkriegen. Mit großem Aufwand und teilweise mit gesetzlichen Regelungen wurde im Nationalsozialismus gegen berufstätige Frauen als „Doppelverdienerin" vorgegangen, und gleichzeitig rührten Wohlfahrtsverbände und Kirchen mit bisher nicht gekanntem Aufwand die Werbetrommel für ehrenamtliche soziale Hilfsdienste. Vorher bereits entlohnte sozialfürsorgerische Aufgaben konnten wieder mit unbezahlten Kräften erfüllt werden. Während des Krieges, in denen die Männer unproduktive, destruktive Arbeit leisteten, erhielten die Frauen Wirtschaft, Haushalt, Kindererziehung und soziale Arbeit aufrecht. Sie leisteten also bezahlte und unbezahlte Arbeit. Die bezahlte Arbeit, die alleine ihre eigenständige Reproduktion sichern konnte, gaben sie dann wieder ab, als die Männer aus dem Krieg nach Hause kamen. Den Frauen blieb die unbezahlte „freiwillige" Arbeit in der Familie und im Ehrenamt.
In den 50er Jahren, als die Wirtschaft sich nach dem 2. Weltkrieg wieder erholt hatte und das „Wirtschaftswunder" vollbracht war, durften die Frauen wieder in den Produktionsbereich eintreten und die schlecht qualifizierten und niedrig bezahlten Tätigkeiten ausführen, weil die Arbeitskraft der Männer nicht ausreichte. Trotz der zwischenzeitlich geleisteten ehrenamtlichen Arbeit und auch der Erfahrungen und den Qualifikationen, die sie aus der Familienarbeit mitbrachten, galten sie als unqualifizierte Kräfte und hatten keinen Zugang zu gutbezahlten höherqualifizierten Tätigkeiten. Das Engagement an der freiwilligen ehrenamtlichen Arbeit ging zu dieser Zeit zurück. Die Frauenarbeit zum Nulltarif wurde u. a. von Rentnerinnen, Fürsorgeempfängerinnen und Kriegerwitwen übernommen. Für sie hatte unbezahlte soziale Arbeit die Funktion, das Gefühl sozialer Partizipation zu vermitteln.[26]

Hierarchisierung zwischen bezahlter und unbezahlter Arbeit

In den 60er Jahren wurde versucht, die Vorteile der „freiwilligen" ehrenamtlichen Arbeit herauszuarbeiten. Vor allem wurde ihre Eigenständigkeit gepriesen. Eine solche Eigenständigkeit gegenüber bezahlter sozialer Arbeit konnte jedoch nie bewiesen werden.[27] Vielmehr führte die fortschreitende Professionalisierung zu einer zunehmenden Hierarchisierung zwischen bezahlter und unbezahlter Arbeit im sozialen Bereich. Professionalisierte Sozialarbeit wurde im Zuge des Ausbaus des sozialen Rechtsstaates und der damit verbundenen Durchsetzung von Rechtsansprüchen (z. B. Bundessozialhilfegesetz), sowie durch die von der Bildungsreform beeinflußte Veränderung und Erweiterung der Sozialarbeiterausbildung immer weiter vorangetrieben. Sozialarbeit entwickelte ein neues berufliches und politisches Selbstverständnis, was sich u. a. in der Anwendung neuer klientenorientierter Methoden auswirkte. In diese Zeit fällt auch der Boom der Großprojekte im sozialen Bereicht, der Boom des „Betreuungs Betons".[28] Soziale Einrichtungen wurden gebaut, noch größer, noch komfortabler, noch weiter draußen, noch pflegeleichter.

Für die ehrenamtlichen Arbeiterinnen im sozialen Bereich wurde wiederum der Ruf nach besserer Qualifikation laut. Die Diskontinuität und der Dilettantismus ihrer Mitarbeit wurden kritisiert. Neben humanitären und religiösen Motivationen sollten sie auch über die Bereitschaft verfügen, sich für ihre Tätigkeit zu qualifizieren. Dieser Anspruch, der weder mit einer Höherbewertung der Arbeit, noch mit einer Bezahlung verbunden war, wirkte sich jetzt verunsichernd auf die Frauen aus. Die Bereitschaft zu ehrenamtlicher Arbeit sank erheblich, zumal andere, bezahlte Erwerbsarbeit für Frauen zur Verfügung stand.

In den 70er Jahren waren immer mehr Frauen ins Berufsleben eingetreten, aus dem sie auch als verheiratete Frauen nicht austreten wollten, auch nicht mußten. Die Wirtschaft brauchte sie. Freie Zeit für ehrenamtliche Arbeit war weiterhin wenig verfügbar. Kirchen und Wohlfahrtsverbände fürchteten, das ehrenamtliche Engagement könnte aussterben. Wieder wurde die Werbetrommel gerührt. Unter dem Druck der Verhältnisse wurden jedoch weite Teile der vorher „freiwilligen" sozialen Arbeit professionalisiert. Es schien fast so, als würde die hauptamtliche soziale Arbeit durch ehrenamtliche Arbeit eher behindert, als unterstützt. Ehrenamtliche fühlten sich durch die, nicht zuletzt durch die Studentenbewegung um 1968, politisierten hauptamtlichen Sozialarbeiter oft mißverstanden und gaben ihre Arbeit auf.

Die zunehmende wirtschaftliche Krise in den 80er Jahren wurde wieder zur Krise der professionellen sozialen Arbeit. Der Stellenmarkt (besonders für Frauen) wurde und wird weiter immer enger. Zusätzlich wird von Fachleuten

und Betroffenen die Wirksamkeit professioneller Arbeit für Hilfsbedürftige in Frage gestellt und die Diskussion der Selbsthilfe von Betroffenen für Betroffene verstärkt geführt. In der sozialpolitischen Diskussion wird der Ruf nach mehr Familiensinn, Nachbarschaftshilfe und Ehrenamtlichkeit laut. Aus frauenpolitischer Sicht erhält das Thema „Ehrenamt" wieder Brisanz.
Die heutige Probagierung von ehrenamtlicher Arbeit richtet sich vor allem an die Frauen im „mittleren" Lebensalter, deren Familienarbeit reduziert ist. Für sie soll ehrenamtliche Arbeit sinnvolle Ergänzung zur Familienarbeit sein. Erwerbsarbeitsplätze für sie stehen nicht mehr zur Verfügung. Der Einsatz neuer Techniken führt vor allem dazu, daß es gerade im Bereich der Frauenerwerbsarbeit immer weniger werden. Politische Initiativen zur Erleichterung der Wiederaufnahme der Erwerbsarbeit für Frauen fehlen daher weitgehend.

Perspektiven der ehrenamtlichen Arbeit von Frauen

Eine totale Professionalisierung ehrenamtlicher sozialer Arbeit bzw. Aufhebung der ehrenamtlichen Arbeit wäre weder möglich noch sinnvoll. Schließlich gibt es wirklich Tätigkeiten, die nicht den Lohnarbeitsverhältnissen gleichgesetzt werden können. Für diese Tätigkeiten besteht jedoch, ebenso wie für die Haus- und Familienarbeiten, keine Notwendigkeit der einseitigen Zuweisung auf Frauen. Ebenso wie Erwerbsarbeit nicht einseitig den Männern zugewiesen werden muß.[29]
Auf der Basis eines die Reproduktion absichernden Arbeitsverhältnisses für Männer und Frauen darf ehrenamtliche soziale Arbeit nicht mehr geschlechtsspezifisch verteilt werden. Ziel muß es sein, daß ehrenamtliche soziale Arbeit, für die eine Professionalisierung nicht möglich oder sinnvoll ist, von Männern und Frauen *neben* der Erwerbsarbeit geleistet wird. Hierdurch könnte ein Beitrag zur Aufhebung der geschlechtsspezifischen hierarchischen Arbeitsteilung geleistet werden. Erst die Aufhebung dieser Arbeitsteilung kann zur positiven Veränderung der Situation von Frauen führen. Sie kann nur dann aufgehoben werden, wenn es jedem Menschen ermöglicht wird, ein Arbeitsverhältnis zu erhalten, über das er sich selbständig ernähren kann. Es kann dabei jedoch nicht um irgendein Arbeitsverhältnis gehen, sondern es muß *sinnvolle Arbeit* sein, die die Entfaltung und Weiterentwicklung der menschlichen Fähigkeiten ermöglicht, selbstbestimmt ist und der Herstellung eines gesellschaftlichen nützlichen Produktes dient, durch das oder durch dessen Herstellung weder die physische und psychische Gesundheit des Menschen verletzt noch die menschliche Umwelt weiter geschädigt wird. Neu definiert und neu verteilt werden müßten gleich-

zeitig auch Haus- und Familienarbeiten und ehrenamtliche Arbeiten, damit insgesamt sinnvolle, ganzheitliche Tätigkeiten entstehen. Hierzu wird eine Qualifizierung von Frauen vor allem für den Produktionsbereich und von Männern vor allem für die Arbeiten, die in Haus- und Familienarbeit und in ehrenamtlicher Arbeit anfallen, unumgänglich. Zusätzlich bedarf es der Entwicklung und Aneigung bisher wenig entfalteter Qualifikationen im Blick auf Planungs- und Entscheidungskompetenzen, aber auch auf kooperative Lebens- und Arbeitsformen und einer Aufhebung der Diskriminierung zugunsten von Förderung kollektiver Wohn- und Lebensformen.
Schwierigkeiten bei der Realisierung derartiger Utopien, die noch weiter ausgesponnen werden könnten,[30] bereiten die herrschenden Kapitalverhältnisse. Die geschlechtlich-hierarchische Arbeitsteilung hat sich, sowohl zu Zeiten des wirtschaftlichen Aufschwungs als auch in Krisenzeiten, für das Fortbestehen des herrschenden Systems als äußerst günstig erwiesen. Deshalb sind Ansätze für Modelle, bei denen alle – Männer und Frauen – sich um Erwerbsarbeit, Hausarbeit und Kindererziehung sowie auch um die Hilfe pflegebedürftiger Personen und um die Arbeit im politischen Bereich gleichermaßen kümmern, immer noch nur vereinzelt zu finden. Heute sind es Kollektive und Projekte, die von den Arbeitenden selbst verwaltet werden, die diesen Anspruch zu verwirklichen versuchen.[31]
Es handelt sich um Kollektive, die Frauen und Männer gegründet haben, die mit den bestehenden Arbeits- und Lebensbedingungen nicht mehr leben wollten. Für die Mehrzahl der Frauen bieten sie leider (noch) keine Perspektive.
Als Voraussetzung für die Realisierung utopischer Pläne wird es deshalb notwendig, bestehende ehrenamtliche Arbeit im Interesse der ehrenamtlich arbeitenden Frauen und unter deren Beteiligung zu verändern. Es gilt zunächst, fachliche und methodische Ansätze zu entwicklen, um einer verstärkten Ausbeutung der Arbeitskraft der Frauen entgegenzuwirken. Die Realisierung verbesserter ehrenamtlicher Arbeit könnte auch dazu beitragen, daß Frauen die Ambivalenzen ehrenamtlicher Arbeit deutlicher erkennen und verstärkt auf eine gleichmäßge Verteilung *aller* gesellschaftlich notwendige Arbeit hinwirken.[32]

Anmerkungen

1 Die Diskussion, ob der Begriff ehrenamtliche Arbeit die richtige Bezeichnung für diese Arbeit ist, die in letzter Zeit verstärkt geführt wird, soll hier nicht aufgenommen werden. Wichtig wäre eine begriffliche *und* inhaltliche Änderung dieser Arbeit, die nicht mit Ehre verbunden ist und durch die Frau auch kein Amt bekom-

men kann. Unzutreffend finde ich auch den in letzter Zeit wieder verstärkt benutzten Begriff „freiwillige" Arbeit, weil diese Arbeit nur freiwillig unbezahlt geleistet werden kann, wenn genügend bezahlte Arbeit zur Verfügung steht.

2 Siehe hierzu: Backes, Gertrud/Notz, Gisela/Stiegler, Barbara: Sie nützen viel und kosten nichts – ehrenamtliche soziale Arbeit von Frauen, in: Beiträge zur feministischen Theorie und Praxis 9/10, 1983, 92–102, hier: 92.

3 Siehe auch: Notz, Gisela: Zukunft der Frauenarbeit, in: Bruchhagen, Verena/Steenbuck, Gisela (Hrsg.): Welche Wende wollen wir? Dortmund 1985.

4 Siehe Backes, Gertrud/Notz, Gisela/Stiegler, Barbara: Sie nützen viel und kosten nichts, a. a. O., 93.

5 Müller, Petra: Neuere Daten zur Frauenerwerbsarbeit und Erwerbslosigkeit in der BRD – eine Analyse. Beiträge zur feministischen Theorie und Praxis, a. a. O., 16–23, hier: 16.

6 Salomon, Alice: Soziale Frauenpflichten, Berlin 1902, 43.

7 Kondratowitz: Ideologien des Ehrenamts, in: Schmidt, Roland (Hrsg.): Ehrenamtliche Dienste in der Altenhilfe, Berlin 1983, 255.

8 Salomon, Alice: Soziale Frauenpflichten, a. a. O., 35.

9 Salomon, Alice: Was unser Leben an Pflichten fordert und Glück verheißt – Die Entfaltung der Persönlichkeit und die soziale Arbeit. Neue Lebensziele, Ansprache an junge Mädchen. Hrsg. von Bäumer, Gertrud, Leipzig 1907, 3.

10 Salomon, Alice: Soziale Frauenpflichten, a. a. O., 14.

11 Ebenda, 22.

12 Ebenda, 28.

13 Vgl. Simmel, Monika/Salomon, Alice: Vom Dienst der bürgerlichen Tochter am Volksganzen, in: Sachße, Christoph/Tennstedt, Florian (Hrsg.): Jahrbuch der Sozialarbeit, Reinbek 1981, 369–402, hier: 372.

14 Salomon, Alice: Soziale Frauenpflichten, a. a. O., 30.

15 Simmel, Monika/Salomon, Alice, a. a. O., 377.

16 Ebenda, 371 f.

17 Siehe z. B. Salomon, Alice: Soziale Frauenpflichten, a. a. O., 3.

18 Ebenda, 33.

19 Ebenda, 34 und 87.

20 Ebenda, 97.

21 Ebenda, 37.

22 Ebenda.

23 Ebenda.

24 Salomon, Alice: Leitfaden der Wohlfahrtspflege, Berlin 1923, 17.

25 Jaeckel, Monika: Frauen in der Sozialarbeit – ein Nervpunkt feministischer Politik, in: Brockmann u. a.: Jahrbuch der Sozialarbeit 3, Reinbek 1979, 20–29.

26 Vgl. Ballusek, Hilde von: Zum Verhältnis von unbezahlter und bezahlter Sozialarbeit in der Bundesrepublik Deutschland und in Berlin (West) von 1950–1980, in: Soziale Arbeit 8/9, 1984, 390–403, hier: 397.

27 Kosmale, Arno F.: Bereiche ehrenamtlicher Mitarbeiter in der sozialen Arbeit und Kategorien ehrenamtlicher Mitarbeiter, in: Die Aufgaben und die Ausbildung ehrenamtlicher Mitarbeiter in der Sozialarbeit; Schriften des deutschen Vereins für öffentliche und private Fürsorge, Schrift Nr. 237, Frankfurt/M. 1967, 172–175.

28 Jantzen, Johannes: Zwischen Betreuung und Faltenpower. Ehrenamtliche Arbeit in der Altenhilfe. Vortrag anläßlich eines Seminars der Friedrich-Ebert-Stifung vom 6.–10. 5. 1985, 4.

29 Notz, Gisela: Frauenarbeit zum Nulltarif. Von der ehrenamtlichen Tätigkeit zur Professionalisierung und zurück, in: Franke, Alexa/Jost, Ingrid (Hrsg.): Das Glei-

cher ist nicht dasselbe. Zur subkutanen Diskriminierung von Frauen, München 1985.

30 Vorstellungen für eine Umverteilung der Arbeit siehe: Notz, Gisela: Zeit zum Schaffen, Träumen, Kämpfen, in: Hildebrand, Eckehard/Schmidt, Eberhard/Sperling, Hans Joachim (Hrsg.): Arbeit zwischen Gift und Grün. Kritisches Gewerkschaftsjahrbuch 1985, Berlin 1985, 127–137.

31 Siehe z. B. die Selbstdarstellungen der Arbeiterselbsthilfe Oberursel; Ufa-Fabrikkommune, Berlin; Schäfereigenossenschaft Finkhof, Isny.

32 Siehe das Modell Utopia in Backes, Gertrud/Notz, Gisela/Stiegler, Barbara: Sie nützen viel und kosten nichts, a. a. O., 101 f., und Notz, Gisela/Stiegler, Barbara: Wer sich nicht wehrt, kommt an den Herd, in: Aktionskreis Leben: Arbeitszeitverkürzung – Info Nr. 35/36, März 1984, 17–20.

6. Zur Sozialgeschichte der Haushaltstechnik im 20. Jahrhundert* Kurzfassung des Projekts und erste Thesen

Herrad Bussemer/Sibylle Meyer/Barbara Orland/ Eva Schulze

Heute findet sich in jeder bundesdeutschen Wohnung eine Grundausstattung technischer Geräte, und einzelne Geräte wie z. B. der Kühlschrank sind zur Standardausrüstung nahezu jeden Haushalts geworden. Der Umgang mit einem Elektroherd ist ebenso selbstverständlich wie die Benutzung von Waschmaschine oder Bügeleisen. Fließendes Wasser, Zentralheizung, Einbauküche und Badezimmer sind für die meisten von uns nicht mehr wegzudenken.

Kaum jemand von uns weiß, wie noch die Generation unserer Mütter gewaschen hat oder unter welchen Bedingungen unsere Großmütter gekocht haben, denn die Ausstattung heutiger Haushalte unterscheidet sich in vieler Hinsicht von der vor nur 20 Jahren. Vor 50 Jahren waren lediglich einige der heutigen Geräte in den Haushalten zu finden. Die Haushalte zur Jahrhundertwende sind mit unseren heutigen kaum vergleichbar. Die Veränderungen der Haushaltsausstattung im 20. Jahrhundert markieren eine in rasantem Tempo verlaufende umfassende Technisierung, zu der nicht nur Einzelgeräte gehören, sondern ebenso auch der Ausbau einer technischen Infrastruktur, architektonische Veränderungen, Entwicklung von Werkstoffen, chemischen Produkten etc.

Die Hausarbeit ist – wie alle anderen Arbeitsbereiche auch – durch die Industrialisierung und Technisierung umfassend umstrukturiert und gewandelt worden. Wissenschaftliche und technische Entwicklungen sowie ihre Verwertung in industriellen Produkten sind hier in den zentralen Lebens- und Arbeitsbereich von Frauen eingedrungen und haben eine Veränderung der Arbeitsbedingungen, der Kenntnisse und der Fertigkeiten bewirkt.

Wie dieser Prozeß verlief, untersuchen wir in unserem Forschungsprojekt zur „Sozialgeschichte der Haushaltstechnik im 20. Jahrhundert". Insbesondere wollen wir nachzeichnen, wie technische Innovationen in diesem Bereich entstanden und wie sie sich auf wirtschaftliche und soziale Verhältnisse auswirkten.

Unter Haushaltstechnik verstehen wir dabei sowohl die Ausstattung mit technischen Geräten und Maschinen, das Vorhandensein technischer Infrastrukturen wie z. B. die Wasser-, Gas- und Elektrizitätsversorgung, Verkehrs- und Kommunikationssysteme, als auch weitere industrielle Produkte wie chemische Reinigungsmittel, Kunststoffe und Konservierungsmittel, die im Haushalt Verwendung finden. Dementsprechend kann sich die Untersuchung nicht auf die Entwicklung einzelner Haushaltsgeräte beschränken, sondern muß auch das Verhältnis zur allgemeinen technischen, wissenschaftlichen Entwicklung sowie die Herausbildung technischer Infrastrukturen miteinbeziehen und die Bedeutung industrieller Verfahren und Produkte für die Technisierung der Haushalte abzuschätzen versuchen. Darüber hinaus muß die Entwicklung der Haushaltstechnik im Kontext aller wirtschaftlichen, sozialen und politischen Systeme betrachtet werden, die die Produktion, Gebrauchsfähigkeit, den Preis usw. der Haushaltstechnik bestimmten. Ein Markt für die Haushaltstechnik bestand keineswegs per se, sondern mußte erst geschaffen werden.

Ähnlich relevant sind Gründe für Hemmnisse in der Verbreitung und Durchsetzung der Haushaltstechnik, die z. B. in der technischen Unzulänglichkeit der Geräte, in wirtschaftspolitischen Entscheidungen oder aber im familiären Verwendungszusammenhang zu suchen sind. In besonderem Maße interessieren uns die Folgen, die sich aus der Anwendung der Haushaltstechnik ergeben haben. So soll geklärt werden, wie sich die Technisierung der Haushalte auf Haushaltstypen und Familienstrukturen auswirkte und – umgekehrt – welche Einflüsse Haushaltstypen und Familienstrukturen auf die Entwicklung und Verbreitung der Haushaltstechnik hatten. Welche Auswirkungen hatte die Technisierung beispielsweise auf Häufigkeit und Qualität verschiedener Arbeitsabläufe im Haushalt, auf die innerfamiliale Arbeitsverteilung und das Verhältnis der Generationen zueinander?

Die Untersuchung steht also in einem komplexen Bezugsrahmen einzelner Forschungsdisziplinen, die hier zusammengeführt zu erweiterten Erkenntnissen über die Entwicklung der Haushaltstechnik und deren Auswirkungen auf die Familie beitragen können. Um neben der historischen Technikforschung auch den sozio-ökonomischen Kontext zu erfassen und so den Weg zu einer Sozialgeschichte der Technisierung von Hausarbeit und Familienhaushalten erfolgreich zu beschreiten, bedarf es eines interdisziplinären Forschungsansatzes.

Die Vielzahl unterschiedlicher Geräte, die im familiären Alltag Verwendung finden – vom Fernsehgerät über das Telefon bis hin zu Handmixer und Filmkamera –, macht deutlich, daß ein weiteres Kriterium zur Eingrenzung gefunden werden muß. In unserer Untersuchung werden nur solche Geräte berücksichtigt, die als Arbeitsmittel zur Befriedigung der konsumptiven Bedürfnisse der Familienmitglieder benutzt werden. Darüber hinaus erfolgt eine Eingrenzung hinsichtlich des Verwendungszusammenhangs nach den vier zentralen hauswirtschaftlichen Arbeitsbereichen:

- Nahrungsmittelzubereitung,
- Nahrungsmittelkonservierung,
- Reinigungsarbeiten,
- Wäschepflege.

Es ist evident, daß damit nicht alle Bereiche der Technisierung des Haushalts und der Hausarbeit abgedeckt sind. Die Eingrenzung orientiert sich einerseits an zentralen Bereichen der Hausarbeit und andererseits an den heute verbreiteten Haushaltsgroßgeräten, also Elektro- und Gasherd, Kühl- und Gefrierschrank, Geschirrspülmaschine und Staubsauger, Wasch- und Trocken- sowie Bügelmaschine. Dabei fällt der Bereich der Textilbearbeitung im Haushalt von vornherein weg, da hierzu bereits Forschungsarbeiten vorliegen. Aber auch die im Verlauf des 20. Jahrhunderts immer wichtiger gewordenen Arbeiten (die kaum technisiert sind) wie z. B. Einkaufen und Aufräumen, Kinderbetreuung, Krankenpflege, jede Form der emotionalen Zuwendung für Familienangehörige werden in der Analyse partiell berücksichtigt. Im Rahmen unserer bisherigen Arbeit haben wir erste Thesen zur Entwicklung, Durchsetzung und Verbreitung der Haushaltstechnik und hinsichtlich der Auswirkungen der Technisierung auf Haushalt und Familie entwickelt.

Zur Entwicklung, Durchsetzung und Verbreitung der Haushaltstechnik

1. Die Anfänge der modernen Haushaltstechnik liegen mit der Entwicklung, Verteilung und Anwendung der Energieträger Gas und Strom im letzten Drittel des 19. Jahrhunderts. Der entscheidende Wandel der technischen Ausstattung der Haushalte hing von dem Ausbau der Haustechnik und diese wiederum von dem Ausbau der Infrastruktur, von der Verlegung der Gas-, Wasser- und Elektroleitungen ab. Der Ausbau der Infrastruktur verlief regional unterschiedlich.
2. Maßgeblichen Einfluß auf die Entwicklung, Produktion und Durchsetzung der an die neuen Energieträger gebundenen modernen Haushaltstechnik nahmen die Energieversorgungsunternehmen (EVU). Gas- und Elektrizitätswerke lieferten also nicht nur die infrastrukturellen Voraussetzungen für die Verbreitung von neuen Haushaltsgeräten, sondern waren auch an Herstellung und Absatz beteiligt. Da die EVU und Großindustrie bereits zu Beginn unseres Untersuchungszeitraums stark miteinander verflochten waren (z. B. Deutsche Gas-Cont.-Gesellschaft und Dessauer Centralwerkstatt oder BEWAG und AEG/Siemens), ist eine

Trennung ihrer Interessen kaum möglich. Hauptmotiv für die Verbreitung von Gas- und Elektrogeräten war die Suche nach sicheren Abnehmern für die Phasen niedrigen Verbrauchs durch Industrie, Straßenbeleuchtung etc. Die Entwicklung der Gas- und Elektrogeräte ging also zuerst von den Gas- und Elektrofirmen aus, die älteren Hausrat- und Herdfirmen stellten erst allmählich ihre Produkte auf die neuen Energieträger um.

3. Gas- und Elektrizitätsproduzenten nahmen Einfluß auf den Ausbau von Infrastrukturen im Siedlungsbau und determinierten damit die Anschaffung von bestimmten Gerätetypen, passend zur vorhandenen Energie. Dies machte z. B. die Konsumenten abhängig vom teuereren Strom, weil keine Gasleitungen verlegt worden waren.
4. Zwischen der technischen Entwicklung der Haushaltstechnik, ihrer Produktion und ihrer Verbreitung läßt sich eine starke Ungleichzeitigkeit in der zeitlichen Abfolge feststellen. Erst weit nach dem Zweiten Weltkrieg kann von einer allgemeinen Verbreitung moderner Haushaltstechnik die Rede sein, die zu einer regionen- und schichtenübergreifenden Nivellierung der Haushaltsausstattung führte.
5. Die technische Ausstattung der Haushalte ist abhängig von der Höhe des Bruttoeinkommens des Haushalts; je höher das Einkommen, desto umfassender ist die Technisierung. Die technische Ausstattung ist nicht von dem Arbeitsanfall, also der Zahl der Personen, die im Haushalt versorgt werden, abhängig. Ebensowenig ist sie von der Erwerbs- bzw. Miterwerbstätigkeit der Frau abhängig. Die Erwerbstätigkeit der Frau erhöht zwar das Bruttoeinkommen des Haushalts, sein Technisierungsgrad wird aber von Haushalten mit höherem Einkommen ohne Erwerbstätigkeit der Frau übertroffen.

Auswirkungen der Technisierung auf Familie und Hausarbeit

1. Die Technisierung läßt einzelne Arbeiten völlig verschwinden, modifiziert andere und schafft gleichzeitig neue Arbeitsabläufe. Sie hat den Kraftaufwand für Hausarbeit reduziert, den Zeit- und Arbeitsaufwand jedoch „nur" flexibilisiert.
2. Die Technisierung der Haushalte bringt für die Gesamtsumme der im Haushalt anfallenden Arbeiten keine Arbeitszeitreduzierung, jedoch eine völlige Umgestaltung der Arbeitsabläufe. Durch die Zerlegung langer Arbeitsabläufe (z. B. Waschtag, Hausputz) in kürzere Einzelsequenzen fördert sie die gleichzeitige Durchführung mehrerer Arbeiten.

Zusätzlich wird für einzelne Arbeiten durch die Erhöhung der Normen und Standards der Arbeitsaufwand größer.

3. Die Technisierung der Haushalte macht es möglich, daß sich die Arbeiten auf eine Person konzentrieren, was zur verstärkten Isolation der betreffenden Person – in der Regel der Hausfrau – führt. Die Technisierung löst die Notwendigkeit, bei der Hausarbeit zu kommunizieren und zu kooperieren, weitgehend auf.
4. Die Technisierung unterstützt die Tendenz, die Kinder nicht mehr in die tägliche Hausarbeit einzubeziehen.
5. Die Technisierung bringt keine ‚geschlechtsspezifisch neuen' Verhaltensmuster hervor, sondern stabilisiert bzw. verfestigt Verhaltensmuster, die vorher schon angelegt waren, d. h. die Technisierung verfestigt die geschlechtsspezifische Arbeitsteilung.
6. Die Technisierung verändert die Arbeitsteilung zwischen den Geschlechtern insofern, als sie die Partizipation von Männern an bestimmten Teilen der Hausarbeit ermöglicht, während andere Hausarbeiten, an denen Männer vorher partizipierten, verschwinden.
7. Die Technisierung verändert die Qualifikationsstruktur von Hausfrauen völlig: Alte Kenntnisse und Fertigkeiten verschwinden, andere werden modifiziert oder mit neuen Inhalten gefüllt; neue Fertigkeiten und Kenntnisse kommen hinzu.

Um die verschiedenen Schwerpunkte der vorstehend aufgeführten Thesen bearbeiten zu können, wählten wir unterschiedliche methodische Vorgehensweisen:

Zunächst haben wir die Geräteentwicklung in den vier zentralen Arbeitsbereichen – Nahrungsmittelzubereitung, Nahrungsmittelkonservierung, Reinigung und Wäschepflege – aufgearbeitet. Mit den traditionellen Methoden historischer Forschungen wurden auf der Basis zeitgenössischer Quellen, d. h. primär technischer Fachperiodika und -literatur, die wichtigsten Erfindungen und Entwicklungsschritte analysiert. Während die technische Entwicklung der Geräte und die Fragenkomplexe zur allgemeinen Wissenschafts- und Technikentwicklung sowie deren industrieller Verwertung anhand des Quellenmaterials ausreichend dokumentiert ist, kann die Verbreitung der haushaltstechnischen Geräte in den verschiedenen Haushaltstypen nur durch die Analyse statistischen Datenmaterials und zeitgenössischer empirischer Erhebung nachgezeichnet werden.

Darüber hinaus gehen die qualitativen Einflüsse der Haushaltstechnik nur begrenzt aus schriftlichem, gegenständlichem oder statistischem Material hervor. Hierzu erscheint uns eine methodische Vorgehensweise naheliegend, die die Gerätebenutzer und die von ihnen vollzogenen und getragenen Veränderungen der Arbeitsweisen in die Untersuchung miteinbezieht. Deshalb führen wir zusätzlich qualitative Interviews mit Frauen durch.

Der zu analysierende historische Zeitraum ist durch das Lebensalter und die Erinnerungsfähigkeit der Interviewpartnerinnen natürlich begrenzt.
So sind für den ersten Abschnitt unseres Untersuchungszeitraums (Anfang 19. Jahrhundert bis 1920) durch „mündliche Quellen" kaum Informationen zu erhalten. Aber für die Zeit von 1920 bis heute ist es möglich, entsprechende Interviewpartnerinnen im richtigen Alter zu finden.

Anmerkung

* Das Projekt wird seit 1984 für drei Jahre von der Stiftung Volkswagenwerk gefördert, am Institut für Zukunftsstudien und Technologiebewertung – IZT – abgewickelt und von einem Wissenschaftlichen Beirat unterstützt.

7. Frauenarbeit ist Überlebensarbeit Das Beispiel Kenia

Carola Donner-Reichle

Zum Thema Frauenarbeit gehe ich heute ein auf eine Problematik, die uns allen durch die Medien bekannt ist: die Dürre- und Hungerkatastrophe in Afrika. Jetzt wird nach Erklärungsmustern der Ursachen des Hungers gesucht, und in vielen Erklärungen für diesen Zustand: von Bodenerosion, Klima, Bürgerkrieg bis hin zur Entwaldung (Verwendung des Holzes zu Brennholz und für den Bau von Viehkraals) wird m. E. ein Aspekt nicht beachtet: die afrikanischen Gesellschaftsstrukturen und ihre geschlechtsspezifische Arbeitsteilung. Der Kern dieses Defizits ist der Mangel an Beachtung der afrikanischen Frau in ihrer historischen und aktuellen Rolle als Bäuerin, als Überlebensgarantin für die Familie. In meinem Beitrag will ich am Beispiel Kenias Prozesse während der Kolonialzeit und deren Auswirkungen auf heute exemplarisch darstellen. Dies wird meine Hauptthese nachvollziehbar machen. Sie lautet: Das strukturelle Hungerproblem Afrikas heute wurde im wesentlichen durch die systematische Verdrängung der Frauen als Bäuerinnen in eine sich verschlechternde Subsistenzökonomie verursacht.[1]

Dieser Prozeß der Verdrängung der Frauen aus ihrem gesellschaftlich anerkannten Arbeitsbereich begann mit der Errichtung der exportorientierten Plantagenökonomie der Briten. Die afrikanischen Bauerngesellschaften wurden mit weißer Siedlungspolitik konfrontiert, in Kenia wurde das fruchtbare Hochland 1902 durch die Crown Land Ordiance für weiße Siedler reserviert. Das weiße Siedlungsgebiet wurde bis in die 30er Jahre erweitert, und 1939 legte man die endgültigen Grenzen fest.[2] Gleichzeitig deklarierte die Kolonialmacht sogenannte Eingeborenenreservate. Das Land wurde insgesamt in weiße und schwarze Gebiete aufgeteilt.[3] Dahinter stand als Rationale, weiße Siedler bauen eine exportorientierte Marktwirtschaft auf, die wiederum ihre männlichen Arbeitskräfte aus den schwarzen Reservaten bezieht. Afrikanische Familien konnten als squatter (Landarbeiter) auf einer weißen Farm arbeiten und leben, die meisten wurden jedoch in Reservaten zusammengefaßt, die oft in weniger fruchtbaren Gebieten lagen.

Während die Frauen in den Reservaten ihre Rolle als Subsistenzproduzentin weiter wahrnahmen, wurden den Männern so neue Arbeitsgebiete erschlossen. Aufgrund der Steuerabgaben[4] mußten Männer Arbeit auf den Plantagen suchen oder in Städte migrieren.

Mit der Desintegration der Arbeitsteilung der Geschlechter aber wuchs die Belastung der Frauen als der Hauptproduzentinnen innerhalb der Reservatsökonomie, begann ihre soziale Stellung reziprok zur Mehrbelastung abzusinken.
Für die Reservate bedeutete die wachsende Überbevölkerung eine Überanspruchung des Bodens, Erträge sanken rapide. Brachliegendes Ackerland konnte nicht im gewohnten Zyklus bearbeitet werden, die Zeit zwischen Brache und Anbau wurde immer kürzer. Bodenerosion war eine Folge.[5] Da diese Verschlechterung der Ressourcenlage der Kolonialmacht Ende der 30er Jahre nicht verborgen blieb, und sie deren Konsequenz auf die Stabilität (ökonomische wie soziale) der Reservatssysteme befürchtete, gründete sie einen Soil Conservation Service. Dessen Vorschlag lief auf Sanierung der Böden durch Terrassierungsprogramme hinaus.
Ein afrikanischer Wissenschaftler sah darin eine Maßnahme, die eingeführt werden sollte, da sich die Regierung weigerte, das zum Teil ungenutzte weiße Hochland der Siedler für die afrikanische Bevölkerung (Kikuyu) freizugeben, und daß sie entschlossen war, die Reservatspolitik nicht aufzugeben.[6]
Der Zweite Weltkrieg unterbrach das geplante Programm. Die weiterwährende Landknappheit und Überbevölkerung in den Reservaten führte jedoch nach dem Zweiten Weltkrieg zu einer Produktivitätsminderung von 50 % (im Kikuyugebiet). Die Kolonialverwaltung erzwang nun die Terrassierungsprogramme. Mann und Frau mußten hierfür unbezahlte Arbeit an zwei Vormittagen pro Woche leisten.[7]
Da die afrikanischen Männer diese Arbeit als Frauenarbeit betrachteten, junge Männer einfach aus dem Distrikt flohen, um der Zwangsarbeit zu entgehen[8], blieb an den Frauen die Last der Zwangsarbeit hängen. Das führte zu einer erheblichen Überanspruchung, zu einer direkten Existenzgefährdung. Wenn die shamba der Frau, ihre Subsistenzfelder, nicht bestellt werden konnten, sei es, weil kaum Zeit dazu blieb, oder sei es, weil auf ihnen gerade terrassiert wurde, dann gefährdete dies die Basis der Nahrungsmittelproduktion. Da die Frauen meist die Subsistenzfelder personifizierten, waren sie es, die durch diese objektiv richtigen Maßnahmen der Terrassierung vom Standpunkt einer kapitalistisch orientierten Agrartechnologie kolonialen Zuschnitts an den Rand ihrer Existenzgefährdung manövriert wurden. Leakey beschreibt die Situation dieser Bäuerinnen:

> „To them, time spent on work of this sort was so much less time available for cultivation (as they undestood it). Moreover, the schemes decreased the area available for cultivation (while at the same time improving the soil and actually increasing output).“[9]

Diese Störung der letzten Bastion afrikanischer Nahrungsmittelproduktion in den Reservaten nahmen die Frauen nicht hin. Sie leisteten gegen diese Programme Widerstand: 1947 verweigerten sie in Fort Hall die Zwangsarbeit

– ermutigt durch Kikuyupolitiker –, und nach einer Demonstration, die fast ein Tumult wurde, lenkte die Regierung ein.[10]
Durch eine neue Bestimmung wurde jeder individuell aufgefordert, sein Land zu terrassieren. Versuche, diese individuellen Verpflichtungen bei Nichtbefolgen durch die Verwaltung zu erzwingen, lösten 1948 wiederum eine Massendemonstration der Frauen in Fort Hall aus. Hier zeigt sich der kollektive Widerstandswille der Frauen, der ausgehend von konkreter ökonomischer Not, verursacht durch das Kolonialsystem, einen weiteren politischen Charakter bekam: Protest und antikoloniale Aktion.

Im Rahmen meines Vortrags kann ich nicht auf die wichtige Rolle der Frauen Kenias im Unabhängigkeitskampf[11] eingehen, aber eines möchte ich betonen: Der Widerstand der Frauen[12] zeigte die beginnende Auflehnung einer Reservatsgesellschaft, einer Reservatsökonomie gegen fremde Herrschaft und Produktionsweise, einer Reservatsökonomie, deren unmittelbare Produzenten Frauen waren. Sie reagierten als letzte Garanten der Subsistenzwirtschaft in einer bedrohlichen Situation, in der die afrikanischen Nahrungsmittelproduktion für sie empfindlich in Frage gestellt war. Im Grunde ging es bei dieser Auseinandersetzung um die zentrale Landfrage. Diese war mit der Aufteilung in weißes Siedlungsland und Reservate das politische Thema geworden. Etwa 12000 Quadratmeilen gehörten den Weißen, 48000 Quadratmeilen der afrikanischen Bevölkerung, die 1937 auf 3,3 Millionen Einwohner geschätzt wurde.[13] Als Landarbeiter hatten die Afrikaner keine Landtitel, in den Reservaten wurden Erbrechte nach traditionellem Recht gehandhabt. Bis 1940 verhinderte die koloniale Regierungspolitik, daß die afrikanische Bevölkerung in eigener Regie Marktfrüchte anbauen durfte. Man wollte keine Konkurrenz für die weißen Siedler und versuchte in den Reservaten Nahrungsmittelproduktion für den lokalen Markt anzukurbeln, um sich gegen Hungersnöte abzusichern. Der Plan ging aber nicht auf. Alle landwirtschaftlichen Inputs flossen in die Exportökonomie der weißen Siedler. In den 40er Jahren sollte dem entgegengesteuert werden durch das African Land Development Programme. Dies sah vor, über einen Zeitraum von 10 Jahren 11 Millionen Pfund für Bodenkonservierungsmaßnahmen auszugeben. Gleichzeitig sollte die überschüssige Bevölkerung der Reservate in neue Gebiete umgesiedelt werden. Ein Beispiel ist das Makuami Siedlungsprojekt im Machakos Distrikt.[14] Da zur Umsetzung der Vorhaben Regierungsgewalt massiv angewandt wurde, wie schon geschildert, erbitterte sich die Bevölkerung immer mehr gegen die Kolonialmacht, und 1954 wurde diese Politik geändert. Mit dem neuen Ansatz, dem Swynnerton Plan[15], sollten nun z. B. im Kikuyugebiet Landfragmente (durch Erbfolge zersplitterte kleine Flächen) konsolidiert werden. Den Afrikanern sollte eine Möglichkeit zum Landerwerb mit ordentlichen privatrechtlichen Landtiteln gegeben werden. Diese Farmer, auch progressive Farmer genannt, konnten nun mit Erhaltung des Landtitels Kredit von Banken beanspruchen, was bis dahin für Afrikaner nicht möglich war. Damit war das Tor geöffnet zu afrikanischer Verkaufsfruchtproduktion.[16] Mit dem 100 Million Acre Settlement Scheme wurde dem Wunsch der afrikanischen Gesellschaft nachgegeben, wieder in dem bisherigen weißen Hochland zu siedeln. Diese geschilderte Politik der Landgebung und Stimulierung der Produktion von Marktfrüchten (z. B. durch Kredite) hatte entscheidende Auswirkungen auf die afrikanischen Bäuerinnen, was in der Phase nach der Unabhängigkeit Kenias 1963 voll zum Tragen kam, wie nun im folgenden nach Skizzierung der weiteren Entwicklung des Landes dargestellt wird.

Kenia entwickelte sich nach 1963 weltmarktorientiert weiter. Die Kenianisierung der Wirtschaft und Verwaltung hatte zur Folge, daß sich die afrikanische Elite mit den Interessen privatwirtschaftlicher, weltmarktabhängiger Ökonomie des ausländischen Kapitals verband. Die seit dem Ausgang der kolonialen Epoche schon entstehende Klassendifferenzierung unter Afrikanern vertiefte sich. Die Marginalisierung der Subsistenzbauern verstärkte sich, es herrscht weiter Landknappheit für sie.
Mit den Siedlungsprogrammen Ende der 50er Jahre wurde eine neue Mittelschicht von Bauern geschaffen, die Plantagen der Weißen erwarb zum Teil die afrikanische Elite. In den ehemaligen Reservaten lebt noch die Mehrzahl der armen Bauern. 1975 schätzte man sie auf 975 000 Haushalte.[17] Die Mittelschichtbauern wurden vom Staat ermutigt, cash crops anzubauen, während gleichzeitig der Anteil des Subsistenzbereiches an der Wertschöpfung der Landwirtschaft sank: 1964 von 58,1 % auf 53,1 % im Jahr 1973. Eine Erklärung dafür ist u. a., daß mit der Landkonsolidierung Frauen einen Teil ihrer Subsistenfelder zum Anbau von Nahrungsmitteln verloren, da ihr Mann diese Felder zum Anbau von Marktfrüchten in Anspruch nahm.[18] Auch ihre Weideplätze für Ziegen wurden ihr dadurch weggenommen, entweder mußte sie jetzt die Ziegen verkaufen oder extra Futter für die Tiere anbauen. Aber das Einschneidende an der Landkonsolidierung war die Individualisierung des Landtitels, der gemäß dem westlichen Verständnis und der bestehenden patriarchalischen Struktur der afrikanischen Gesellschaften auf den Namen des Mannes eingetragen wurde. Für die ‚reichen' Bauern wurden ihre Frauen auf einen Schlag ‚mithelfende Familienangehörige', d. h. sie führten die Nahrungsmittelproduktion weiter wie bisher mit traditionellen Arbeitsmethoden und auf schlechteren Böden, der Mann baute Marktfrüchte an und bezog seine Frau bei Ernte oder Jätearbeiten seiner Felder mit ein. Daneben lebt das Gros der Frauen weiter in den ehemaligen Reservaten;

da die Landknappheit anhält, müssen Männer wie früher durch Migration in Städte oder auf Plantagen zusätzliches Einkommen verdienen.
Eine Untersuchung von 1984 weist nach, daß in einem Gebiet 1960 noch alle drei Jahre ein neues Stück Land bebaut wurde. Heute muß das gleiche Stück Land 15 Jahre bearbeitet werden, bevor es als Brache liegen bleibt.[19]
An dieser Stelle sollte man sich vergegenwärtigen, daß sich die per capita Nahrungsmittelproduktion in Sub-Sahara Afrika in den letzten 10 Jahren verringert hat. Diese exemplarische Entwicklung der Unterentwicklung in Kenia zeigt m. E. in der Analyse der Logik des Defizits seinen Kern. Denn nach Vergabe der Landtitel an Männer bekamen diese – wie allseits bekannt – technische Hilfe, moderne Arbeitsgeräte, Düngemittel und Kredite für ihre Marktfrüchteproduktion, während die Frauen bei ständiger Mehrbelastung ohne solche Inputs weiterarbeiten mußten.
Heute leben immer noch 88 % der Frauen in Kenia auf dem Land.[20] Das bedeutet, nach wie vor garantieren Frauen als Subsistenzbäuerinnen die Nahrungsmittelproduktion für die Familien. Ihre Lage hat sich nicht gebessert. Im Gegenteil, die Bodenerosion hat zugenommen, verursacht durch zu kurze Brachzeiten, Überweidung, also Merkmale wie in der Kolonialzeit. Damit zeigt sich, daß hier Strukturprobleme vorliegen. Nichts wurde seit der Unabhängigkeit Kenias unternommen, diese Probleme der stagnierenden Subsistenzökonomie anzugehen. Das erweist sich für die Frauen als großes Problem. Da von staatlicher Seite kaum etwas unternommen wurde, ihre Produktion zu verbessern, sind sie auf andere Möglichkeiten des Geldverdienstes angewiesen. Über Frauenverbände, in denen sie sich organisiert haben, versuchen sie auf mannigfache Art die Situation zu verbessern. Die Erträge ihrer Felder allein reichen nicht mehr aus, die Familie zu ernähren.
Im folgenden möchte ich kurz einige Beispiele aus Projekten anführen, um einen Überblick ihrer Aktivitäten zu geben. Das Frauenbüro und z. B. die nichtstaatliche große Frauenorganisation Maendeleo ya Wanawake führen Projekte im Landwirtschaftsbereich (z. B. Gemüseanbau), Gesundheit und Wasserversorgung durch sowie Handarbeiten, die große Vermarktungsschwierigkeiten mit sich bringen.[21]
Es gibt bisher kaum Programme, die Frauen Zugang zu den profitableren Domänen der Männer, also z. B. Marktfrüchteproduktion, gewähren. Eine Ausnahme ist das folgende Projekt. Aufgrund der Dürre in bestimmten Distrikten Kenias hat die FAO[22] veranlaßt, daß Frauen in einer Männerdomäne eindrangen: in die Viehhaltung, die in Nomadenstämmen Männersache war und ist. In den Trockengebieten haben viele Männer Frau und Kind im Stich gelassen, um nur noch für sich selbst sorgen zu müssen[23], oder waren im Kampf mit Viehdieben (shiftas) erschossen worden. Da Ackerbau kaum möglich ist, wurden vom Projekt Rinder und Ziegen für die Frauen gekauft. Die Frauen gaben ihre Tiere zur Herde eines Verwandten oder Ehemannes,

die mit diesem Übergeben das Vieh als ihr Eigentum betrachteten. Beim Verkauf behielten diese Männer den Erlös, und es gab Konflikte. Erst als die Frauengruppe das gesamte Vieh als Eigentum der Gruppe von nur einem Mann hüten ließ und dann aus dieser Herde Vieh verkauft wurde, akzeptierten die Männer, daß der Erlös den Frauen gehörte. Mit diesem seltenen Projektansatz wurde die traditionelle Rolle des Mannes aber nicht völlig untergraben. Gegen Bezahlung hütet einer das Vieh, aber ohne Eigentumsanspruch. Es bleibt allerdings abzuwarten, ob das Projekt ohne Außeneinflüsse später weiterhin in der Hand der Frauen bleiben wird, denn das Patriarchat ist (wie bei uns) nicht daran interessiert, Vorrechte abzugeben.

Wie das Patriarchat sich dann doch wieder um die Garanten der Subsistenzproduktion kümmert, zeigt eine neue Erscheinungsform: Männer werden zunächst vereinzelt Mitglieder in Frauengruppen. Die ökonomischen Erfolge der Gruppen, die Neugier, der Wunsch, ihre Frauen auch weiterhin kontrollieren zu wollen, sind wohl die Motivation. Aufgrund schlechter Erfahrungen der Frauengruppen dürfen Männer aber keine Führungspositionen in der Gruppe einnehmen (als Schatzmeister verschwinden sie gern mit der Kasse).[24]

Diese kurz angeführten Beispiele zeigen, wie Frauen unter ökonomischem Druck versuchen, ihre Familie durchzubringen, zusätzlich zu ihrer normalen Arbeitsbelastung. Zusammenfassend muß festgehalten werden, daß die heutige Hungerkatastrophe nur wie folgt begriffen werden kann:

In der kenianischen Gesellschaft, die, so Präsident Arap Moi, eine ‚gottgegebene patriarchalische Ordnung' hat, drückt sich die Diskriminierung der Frauen vor allem in Nichteigentum an Land und Vieh aus, dem Hauptproduktionsmittel der Mehrzahl der Bevölkerung, Männer vererben ihren Söhnen das Land. Unter dem Vorzeichen männlicher Warenproduktion für den Weltmarkt und weiblicher Subsistenzwirtschaft bekommen Frauen immer noch keine Kredite[25], keine Beratung der landwirtschaftlichen Dienste und somit Beachtung ihrer Arbeit. Frauen haben keine Kontrolle über ihre eigene Produktivität und ihre Produkte, da z. B. der Mann bestimmt, in welchen Zeitabschnitten sie auf welchen Feldern – seinen oder ihren – arbeitet, wie sein Einkommen ausgegeben wird – meist für seine Bedürfnisse wie Alkohol, Fahrrad oder Radio.

Die Last der Unterentwicklung liegt immer noch auf den Frauen, die Mechanismen des kenianischen Patriarchats halten sie abhängig. Frauen leisten nach wie vor die Überlebensarbeit.

Die Kritik, daß nur die ökonomische Rolle der Frau in Projekten angesprochen wird, ohne die Machtverhältnisse ändern zu wollen[26], zeigt sich im Bereich der Nahrungsmittelproduktion deutlich: Gemüseanbau und Kleintierzucht sind akzeptiert, da sie zusätzliches Geldeinkommen bringen. Aber die Bereitschaft in die Nahrungsmittelproduktion zu investieren, wie seit den letzten 60–70 Jahren in die Marktfrüchte, läßt noch auf sich warten. Denn wenn dieser Schritt ernsthaft unternommen wird, bedeutet dies eine Aufwertung der Arbeit von Frauen, eine Steigerung ihres Selbstbewußtseins und ihrer Selbstachtung, was eine Änderung der bestehenden Geschlechterrollen mit sich bringen würde.

Anmerkungen

1 Vgl. Donner-Reichle, C.: „Anima incognita" in der Analyse des Hungers?, in: E+Z Nr. 6, 1985, 8–9.
2 Zwanenberg, R.v./King, A.: The Economic History of Kenya and Uganda, 1800–1970, London and Basingstoke 1977, 34.
3 Zwanenberg, R.v.: The Agricultural History of Kenya, Nairobi 1972, 7f.
4 Kopf- und Hüttensteuern zwangen viele Männer zur zeitweisen Migration auf Plantagen oder in Städte zum Gelderwerb, zum Bezahlen der Steuern. Vgl. Donner-Reichle, C.: Die Last der Unterentwicklung – Frauen in Kenia, Berlin 1977, 29f.
5 Ein klassisches Beispiel ist der Baringo Distrikt, durch Überweidung und Bodenerosion mußten Terrassierungsmaßnahmen eingeführt werden. Vgl. Maher, C.: Soil Erosion and Land Utilization in the Kamasia, Njemps and East Suk Reserves, Ministry of Agriculture, Nairobi 1937, 1.
6 Muriuki, J.: Sozioökonomische und politische Entwicklungstendenzen in Kenya während der britischen Kolonialherrschaft, Bonn 1974, 67.
7 Clayton/Savage: Government and Labour in Kenya 1895–1963, London 1974, 312.
8 Vgl. O'Leary, M. F.: The Kitui Akamba. Economic and social change in semi-arid Kenya, Nairobi 1984, 47.
9 Leaky: Defeating Mau Mau, London 1955, 30.
10 Vgl. Clayton/Savage, a. a. O., 312.
11 Vgl. Donner-Reichle, C.: Die Last der Unterentwicklung – Frauen in Kenia, Berlin 1977, 48ff.
12 Bodenkonservierungsmaßnahmen umfaßten nicht nur das Gebiet des Stammes der Kikuyu, sondern z. B. auch der Meru. Schon 1940 demonstrierten Kambafrauen in Ukambani, da auch sie die Last der Arbeiten zu tragen hatten; in Iveti wares es 500 Frauen. Vgl. Clayton/Savage, a. a. O., 312f. Den Beitrag der Frauenarbeit für Straßenbau und Terrassierung schätzt A. Gethi auf ca. 200 Mio. Kenia Shs. in Arbeitsleistung; vgl. Gethi, Angela: Participation of Women in Economic Life of Kenya, UN-Seminar on the Participation of Women in Economic Life, Libreville, Gabon, 27. July – 9. August 1971, 1.
13 Brett, E. A.: Colonialism and Underdevelopment in East Africa. The Politics of Economic Change 1919–1939, London (reprint) 1978, 172 (Berechnung m^2).
14 Zwanenberg, R.v./King, A., a. a. O., 49; vgl. McWilliam, M.: The managed economy: Agricultural change, development and finance in Kenya 1945–1963, 251–289, in: Low, D. A./Smith, A. (eds): History of East Africa, Vol. III, Oxford 1976, 262.
15 An dieser Stelle kann nicht der Zusammenhang zwischen Mau Mau und dem Swynnerton Plan dargestellt werden, vgl. deshalb Leys, C., a. a. O., 52f.

16 Bisher war Afrikanern nur erlaubt, Baumwolle und Barkenflechte (für Ledergerben benötigt) anzubauen, gezielt verboten war der Anbau von Kaffee und Pyrethum; vgl. Zwanenberg, R.v./King, A., a. a. O., 40.

17 Vgl. Berg-Schlosser: Wahlen in Kenia – Demokratie in einem „El"?, in: Afrika Spectrum, 10, 1975 Hamburg, 55–65, 60.

18 ECA, Human Resource Development Division: The Changing Role of Women in East Africa: Implications for Planning family-oriented Programmes, Njoro, Kenya 1974, 5.

19 O'Leary, M., a. a. O., 70.

20 Republic of Kenya: Development Plan 1984–88, 9.

21 Vgl. Donner-Reichle, C.: Nach Zehn Jahren Bewußtsein für Frauen geschaffen, in: Entwicklung und Zusammenarbeit (DSE), Bonn 1/1985, 14f.

22 Vgl. Vortrag C. Donner-Reichle, Frauenprojekte in Kenya – Die Last der Überlebensarbeit, gehalten auf der Tagung LAI, FU Berlin 12.–13. Januar 1985, 4–6.

23 Interviews mit Pokotfrauen in Kenya, Baringo Distrikt, 1. 11. 1984, C. Donner-Reichle.

24 Vgl. Donner-Reichle, C., E+Z 1/1985, 14f.

25 Die Präsidentin des National Council of Women, auch Parlamentsmitglied, beantragte einen Kredit für einen Kindergarten und wurde ablehnend beschieden, da die Bank keine Kredite an Frauen gewährt; vgl. Hosken, F.: Women and Property – a Right Denied, in: Development Forum Vol. XII, No. 6, Oct. 1984, 8.

26 Maguire, P.: Women in Development. An alternative analysis, Center for International Education, Amherst, Mass. 1984, 24.

VII. Frauenbewegungen im 19. und 20. Jahrhundert

1. Die Frau als Zoon politicon Überlegungen zur historischen Rekonstruktion der Politik der deutschen bürgerlichen Frauenbewegung um 1900

Theresa Wobbe

„Die Politik muß sich notgedrungen in Rollen und Institutionen ausdrücken, solange keine Gesellschaft existiert, in der zumindest die materiellen Grundlagen für Gleichheit geschaffen sind. Solange es Ausgebeutete und Unterdrückte gibt, können diese nicht kämpfen, ohne sich eine Identität, eine Organisation und ein Handlungskonzept zu geben, die freilich sofort dazu tendieren, sich zu verselbständigen, sich in Institutionen zu verwandeln. Dem ist mit einer Rekonstruktion der Bedeutung der Person allein nicht zu begegnen. Es stimmt nicht, daß das Private unmittelbar politisch sein kann, und umgekehrt. Das sind nichts als voreilige Vereinfachungen angesichts der immensen Schwierigkeit, ein politisches Verhältnis zu stiften, ohne die Besonderheit der Person auszulöschen; auf die individuelle Besonderheit ein Prinzip zu gründen, das verallgemeinerungsfähig, d. h. ‚politisch' ist."[1]

Diese hier von Rossana Rossanda thematisierte Schwierigkeit, ein politisches Verhältnis zu stiften, bündelt sich in besonderer Weise in der historischen Erfahrung von Frauen in der bürgerlichen Gesellschaft. Frauen sind mit der Konstruktion des modernen Geschlechterverhältnisses seit der Wende zum 19. Jahrhundert auf den privaten Bereich verwiesen, der dem öffentlichen Bereich des Politischen strukturell entgegengesetzt ist. Frauen sind zwar in allen gesellschaftlichen Klassen und Schichten anwesend, ohne daß sie aber als Geschlecht in den modernen politischen Differenzierungen abbildbar wären.

I.

Während im kaiserlichen Deutschland Männer der verschiedenen Klassen und Schichten den Zugang zur Politik erhielten, waren Frauen aus dem Bereich der Politik sowie deren Organisationsformen ausgeschlossen. Das Preußische Vereinsgesetz verbot Frauen, Mitglieder politischer Vereine zu werden bzw. sich an politischen Versammlungen zu beteiligen. 1902 wurde es ihnen erlaubt, im Segment – in einem separaten Teil des Raumes – an politischen Versammlungen teilzunehmen. Und erst im Jahre 1908 wurde das

Preußische Vereinsgesetz durch das Reichsvereinsgesetz aufgehoben, welches nun den Frauen das Recht auf politische Vereins- und Parteienbildung bzw. -mitgliedschaft zubilligte. Schließlich erhielten Frauen mit der deutschen Novemberrevolution das aktive und passive politische Wahlrecht, welches in der Weimarer Reichsverfassung 1919 verbürgt wurde.

Mich interessiert die Geschichte dieser Problematik unter folgendem Aspekt: Wie haben Frauen aus dem Kreis der deutschen bürgerlichen Frauenbewegung zwischen 1890 und 1914 versucht, diesen Ausschluß aus der Politik zu überwinden? Welche Legitimationsmuster entwickelten die Frauen dabei, und welche politischen Konzepte konstituierten sie, als sie sich in Gruppen politisch formulierten?

Im Rahmen dieses Beitrages möchte ich zuerst einmal kurz die gesellschaftliche Bedingungskonstellation ansprechen, in der und durch die diese Frauen sich politisch formulierten. Anschließend werde ich am Beispiel zweier Untersuchungen aus dem Kreis der historischen Frauenforschung die historische Rekonstruktion der Politik der Frauenbewegung problematisieren. Abschließend sollen einige Vorschläge zur weiteren Untersuchung dieser Problematik zur Diskussion gestellt werden.

Frauen sind in der bürgerlich-kapitalistischen Gesellschaft des 19. Jahrhunderts in persona und als gesellschaftliche Gruppe in sog. traditionale und sog. moderne Sektoren involviert. Mit der Auflösung des familienzentrierten Arbeits- und Kommunikationszusammenhangs werden Frauen sowie ihre Tätigkeiten prioritär auf die gesellschaftlich nicht-anerkannte Hausarbeit festgelegt; dieser Verschiebung entspricht die Konstruktion des öffentlichen und privaten Bereichs.[2]

Im Erwerbsbereich findet eine geschlechtsspezifische Arbeitsteilung statt, die in ihrer Differenzierung weiblicher Berufsfelder und deren Bewertung als gesellschaftliche Dequalifizierung weiblicher Produktivität zu kennzeichnen ist.[3]

Im politisch-staatsbürgerlichen Bereich sind Frauen von der Partizipation ausgeschlossen, während zur gleichen Zeit von Männern die gesellschaftliche Normierung der Frauen – in der Objektivierung zur Weiblichkeit – aufgebaut, definiert und kontrolliert wird. Dem Ausschluß von formaler Macht der Frauen entspricht eine Hochkonjunktur des Weiblichen.[4]

Diese hier idealtypisch anskizzierte Konstellation hat für Frauen um die Jahrhundertwende nach Schichten und Klassen unterschiedlich nuanciert eine zentrale Bedeutung: Das Spannungsverhältnis von Politisierung des Privaten/Weiblichen einerseits und von Nicht-Anerkennung weiblicher Arbeit und deren gesellschaftlichem Ausschluß andererseits trifft gewissermaßen ins Herz der Familie.

Hinsichtlich der Legitimierung und Konstituierung von Politik werden Frauen durch dieses Nebeneinander verschiedener Zuordnungen, Bewertungen und Zeitstrukturen mit einem nicht zu unterschätzenden Problemfeld konfrontiert:

Frauen sind wie jede andere gesellschaftliche Gruppe darauf verwiesen, sich einen NAMEN zu geben, wenn sie die Berechtigung ihrer politischen Einmischung reklamieren wollen. Und sie gelangen nicht nur später in den von Männern strukturierten Bereich des Politischen, sondern die Kategorien von politischer und sozialer Bedeutsamkeit bilden die oben angedeutete Ambivalenz weiblicher Realität nicht ab.

Alice Rühle-Gerstel hat diese Problematik zu Beginn der 30er Jahre dieses Jahrhunderts folgendermaßen zu thematisieren versucht:

„Wie sieht die Öffentlichkeit aus, in welche die den Familienkreis durchbrechende Frau gelangt? Es ist eine abstrakte, eine unpersönliche, eine kollektive oder mindestens gruppenmäßig zusammengefaßte Gesellschaft, mit der es die Frau nun zu tun bekommt. Sie ist nicht mehr Subjekt, sondern Objekt der Gesellschaft ... Das geht zwar dem einzelnen Mann auch so; auch er ist der Öffentlichkeit gegenüber Objekt. Aber er macht das wett, indem sein Geschlecht, und er als Anhänger dieses Geschlechts, weitgehend als soziales Subjekt in der Öffentlichkeit auftritt. Die überpersönlichen Gültigkeiten sind von Männern gemacht, werden von ihnen repräsentiert, sind auf Männer zugeschnitten, werden von Männern gehandhabt und benutzt.“[5]

Frauen scheinen auf die vorgegebenen männlichen Muster politischer und sozialer Bedeutsamkeit verwiesen zu sein, wenn sie sich politisch artikulieren wollen, wohingegen sie als Geschlecht von der Definition dieser politischen Öffentlichkeit ausgeschlossen sind.

Aus diesem Blickwinkel der Bedingungskonstellation weiblicher Politik muß in Zweifel gezogen werden, ob die bruchlose Verwendung der Kategorien des politischen Bereichs überhaupt dazu geeignet ist, die Legitimierung weiblicher Politik angemessen zu untersuchen. Wenn Richard J. Evans und Barbara Greven-Aschoff die Steuerungsbegriffe des politischen Diskurses im 19. Jahrhundert umstandslos auf die Tendenzen der bürgerlichen Frauenbewegung anwenden, können sie den politischen Prozeß in der Frauenbewegung bestenfalls im Horizont dieser männlichen Politik reflektieren und ansiedeln.[6] Mit dieser Vorgehensweise verspielen sie aber die Chance, die historische Mehrdeutigkeit bürgerlicher Frauenpolitik wahrzunehmen, und dabei Fragen zu entwickeln, die dieser Problematik gerecht werden könnten.

II.

Demgegenüber setzt sich die neuere historische Frauenforschung das Ziel, einen ‚anderen Blick‘ auf den historischen Prozeß zu riskieren, um das „übliche Verhältnis zwischen Allgemeinem und Besonderem und die Hierarchien von Bedeutsamkeiten in Frage zu stellen.“[7] Die Notwendigkeit der damit verbundenen „Restrukturierung von Gedanken und Analysen“[8] eröffnet folgendes Problemfeld: Wie kann die Suche nach Frauen in der Geschichte als eine konzeptionelle Fragestellung entwickelt werden, ohne schnelle Antworten zu präsentieren, die „wenig mit der Einsicht in die Zwänge der Historie, aber viel mit Sehnsüchten nach Identifikationsfiguren zu tun“[9] haben? Dies läßt sich für die historischen Untersuchungen der Politik der Frauenbewegung präzisieren. Wie können sich Forscherinnen in der Problematisierung bisheriger begrifflicher Muster einer angemessenen Rekonstruktion weiblicher Politik annähern, ohne dabei Frauen aus der politischen Geschichte herauszutransportieren und sie abermalig in spezifische Bereiche auszugrenzen?

Einige Untersuchungen über die Politik der bürgerlichen Frauenbewegung thematisieren die unterschiedlichen Zielorientierungen des fortschrittlichen und des gemäßigten Flügels an der Frage nach naturrechtlichen Gleichheitsforderungen und organologischen Differenzstrategien.[10] Andere konzentrieren sich auf die Aktivitäten des fortschrittlichen Flügels, um die vergessene Geschichte der Minderheitspositionen der Frauenbewegung und die Brisanz dieser demokratischen Tradition darzustellen.[11]

Bei der Beschäftigung mit dem gemäßigten Flügel der Frauenbewegung gibt es verschiedene Untersuchungsansätze. Einmal betrachten Forscherinnen das Konzept der Mütterlichkeit im Kontext der modernen gesellschaftlichen Umstrukturierung als einen konservierenden weiblichen Bewältigungsversuch der Moderne und bewerten dies hinsichtlich der nationalsozialistischen Machtübernahme.[12] Zum anderen unternehmen Frauen den Versuch, an Hand des Konzepts der Mütterlichkeit das weibliche – von Männern unterschiedene – Politikverständnis der gemäßigten Frauenbewegung zu entwikkeln.

Ich möchte im folgenden zwei Untersuchungsansätze der letzteren Tendenz vorstellen, weil sie sich in der historischen Untersuchung explizit einem veränderten weiblichen Politikverständnis annähern wollen.

Elisabeth Meyer-Renschhausen schlägt in ihrem Aufsatz „Radikal, weil sie konservativ sind?“ eine Umkehrung politischer Begrifflichkeiten vor:

> „Wir müssen den Spieß umdrehen und fragen: Mußte die vergangene Frauenbewegung nicht konservativ sein, wenn sie etwas erreichen wollte? Und mußte sie nicht ‚unpolitisch‘ sein, wenn sie gesellschaftliche Veränderungen für Frauen herbeiführen wollte?“[13]

Dies polemische Frage scheint mir durchaus legitim, um überhaupt einen veränderten Blick auf die Politik von Frauen zu eröffnen. Problematisch scheint mir allerdings die Behauptung und Bewertung, die abschließend getroffen werden:

> „Um ‚radikal‘ für Frauen eintreten zu können, hielt die alte Frauenbewegung ‚konservativ‘ am bürgerlichen Frauen- und Familienbild fest – nicht ohne dabei beide in ihrem

Sinne zu modifizieren. Nur (...) treffen diese Begriffe als solche aus dem Bereich der Politik als männlicher Domäne die Frauenbewegung nicht; die ‚Sphäre weiblicher Kultur' ist von jener der Männer zunächst völlig getrennt zu sehen, will man sich den Frauen der Vergangenheit wirklich nähern."[14]

Die Autorin ‚löst' das Problem der unangemessenen politischen und wissenschaftlichen Kategorien, indem sie die sog. weibliche Sphäre nicht nur der männlichen Domäne gegenüberstellt, sondern von dieser auch abtrennt. Frauen aber waren im 19. Jahrhundert mit dem Nebeneinander von öffentlichen und privaten Bereichen/Zuordnungen konfrontiert. Auf die einen waren sie festgeschrieben, in den anderen waren sie als gesellschaftliche Gruppe nicht vorgesehen. In dem Moment, in dem Frauen – gleich mit welcher politischen Zielorientierung, ob Frauenstimmrecht, Mädchenbildung oder Sittlichkeit – diese veröffentlichten, traten sie in das Feld politischer Öffentlichkeit. Sie waren mit einem Wirklichkeitsbereich konfrontiert, den sie nicht definiert und strukturiert hatten, in dessen Dynamik sie aber agierten und sich formulierten. Recht eindrucksvoll ist dieser Aspekt an der Geschichte der deutschen Frauenstimmrechtsbewegung zu untersuchen. Da die Sozialdemokratie die einzige der politischen Parteien war, welche diese Forderung ins Programm aufgenommen hatte, konnte diese Forderung in der politischen Öffentlichkeit von den anderen Parteien und von den eigenen Schwestern ausgegrenzt werden.[15] Darüber hinaus scheint mir die Frage noch gar nicht hinreichend untersucht, ob die Frauen der Frauenbewegung am vorgegebenen Frauenbild festhielten. Die kontroverse Debatte um die ‚Neue Ethik' z. B. verweist auf die unterschiedlichen Konzeptionen hinsichtlich des Status von Frauen in Ehe und Familie. Und gerade diese Diskussionen deuten auf das Nebeneinander und die Ungleichzeitigkeiten der Politik für Frauen. Die Ehe- und Moralkonzeptionen der gemäßigten Frauen reflektierten den modernen Angriff auf vormals geschützte weibliche Lebensbereiche. Mit dem Verständnis von Mütterlichkeit reklamierten sie eigene konservierende Interessen, und zugleich stellte dieser Weiblichkeitsentwurf ein Rechtfertigungsmuster dar, welches sowohl konsensfähig war als auch die gesellschaftliche Partizipation der Frauen als Notwendigkeit begründete.[16] Dieses Ineinander von weiblicher Interessensstrategie und gesellschaftlicher Konsensfähigkeit, d. h. die Legitimationszwänge, müßten in dem Argumentationszusammenhang der ‚weiblichen Kultur' berücksichtigt, zumindest aber konstatiert werden.

Schließlich erscheint mir die Gegenüberstellung von weiblicher Kultur und männlicher Politik aus einem anderen Grunde problematisch. Sie könnte darauf hinauslaufen, Frauen sowie deren historische Erfahrungen im Bereich der Politik konzeptionell auszusparen. Die begriffliche Unangemessenheit aus dem Bereich männlicher Politik kann nicht dadurch überwunden werden, daß für Frauen der Begriff der Politik durch den der Kultur ersetzt wird. Diese Verschiebung betrachte ich eher als eine Wiederholung der Legitimationsmuster *eines* Flügels der Frauenbewegung, der die weibliche Kultur der modernen Industriegesellschaft und der modernen Politik gegenüberstellte.[17] Die umstandlose Abbildung des Kulturbegriffs übersieht ebenfalls die Bedeutungsschicht der Anti-Moderne, die dieser Begriff um die Jahrhundertwende mit sich führte und welcher von Frauen damit zu einem offensiven Kampfbegriff im politischen Machtkampf benutzt wurde.

Eine andere Einsatzstelle des Politikverständnisses visiert Irene Stoehr mit ihrem Aufsatz über die organisierte Mütterlichkeit in der deutschen Frauenbewegung um 1900 an.[18] Irene Stoehr versucht eine andere Dimension weiblicher Politik zu denken. Im Mittelpunkt ihrer Überlegungen steht die Bedeutung unbezahlter Hausarbeit und damit 1. die Thematisierung einer zentralen Wirklichkeitsebene weiblicher Arbeit und 2. die Wahrnehmung eines anderen – nicht formalen – Feldes historischer Erfahrung und Politisierung. In diesem Kontext bezeichnet sie das Konzept der Mütterlichkeit:

- als ein Projekt gegen die moderne geschlechtsbestimmte Umstrukturierung der Gesellschaft,
- als eine Möglichkeit des Machtzuwachses für Frauen,
- als eine Erweiterung des männlichen Politikbegriffes,
- als ein umfassendes Programm zur Politisierung des weiblichen Alltags und zur Wiederherstellung einer Frauenöffentlichkeit.[19]

Damit rückt Irene Stoehr die Differenz männlicher und weiblicher Interessenslagen in die Untersuchungsperspektive, und sie bringt die Frage der Machtverteilung und Machtungleichheit zwischen den Geschlechtern zur Sprache. Mir scheint, daß sie damit die Achse überhaupt erst sichtbar gemacht hat, um die sich die historischen Erfahrungen von Frauen und deren mögliche gesellschaftliche Interessen drehen.

Problematisch ist mir jedoch, wie Irene Stoehr weitere Wirklichkeitsebenen und gesellschaftliche Strukturen ausspart, die m.E. für Frauen geschichtsmächtig waren und weiterhin sind. Sie bewertet die Originalität und Macht des frauenpolitischen Konzepts der Mütterlichkeit folgendermaßen:

„Frauenpolitik konnte auf einer weiblichen Sonderaufgabe bestehen, ohne an ‚Allgemeinheit‘ einzubüßen, denn die ‚soziale Frage‘ war Ende des 19. Jahrhunderts als das wichtigste Problem der nationalen Politik ‚allgemein‘ anerkannt ... Die soziale Arbeit als ‚politisch‘ zu erklären, war sicherlich nicht nur Ergebnis ‚reiner‘ feministischer Reflexion, sondern auch Arrangement mit gesellschaftlichen Bedingungen.“[20]

Der Begründungszusammenhang für die Originalität dieses Konzepts – seine Allgemeinheit – erwähnt eine Notwendigkeit und verschweigt zugleich die damit korrespondierende Problematik für Frauen. Angesichts eines politischen Verständnisses im 19. Jahrhundert, wonach der instrumentelle Charakter der Politik den Machtkampf der gesellschaftlichen Gruppen reflektierte, mußte jede Gruppe ihre partikularen Interessen als allgemein dekla-

rieren können. Die Verzwicktheit weiblicher Politik bestand nun aber gerade darin, ihre Partikularität als Geschlecht zu überwinden, d. h. sowohl den politischen Ausschluß zu überwinden als auch ein Legitimationsmuster zu entwickeln, das verallgemeinerungsfähig war.
Helene Lange hat die Bedingungen für Frauen in diesem Machtkampf einmal recht treffend beschrieben:

„Wenn den Arbeitern scheinbar über Nacht das Stimmrecht in den Schoß fiel, so dürfen wir schwerlich rein ethische Erwägungen dahinter suchen, sondern es hing unzweifelhaft damit zusammen, daß sie ein entscheidender Faktor im politischen Leben werden konnten, dessen Wert und Bedeutung man genau berechnen und gegen einen anderen einsetzen zu können glaubte. Davon kann bei den Frauen keine Rede sein, schon weil sie keine bestimmte Klasse bilden, sondern durch alle Klassen verteilt sind."[21]

Helene Lange thematisiert hier den instrumentellen Charakter der Politik und den verlorenen Posten, auf den Frauen in diesem Kontext verwiesen sind, da sie nach dem zeitgenössischen Verständnis keinen Faktor sozialer Bedeutsamkeit repräsentieren.
Max Weber hat diesen realpolitischen Gedanken 1896 aus der Perspektive des Machtkampfes zwischen männlichen Parteiungen im Kaiserreich noch drastischer formuliert:

„Eine Partei, aber, die nur die Schwächsten zu sich rechnet, wird die politische Macht nie erlangen."[22]

Hiermit ist die auch männliche Machtkonstellation angesprochen, in der die Frauenbewegung politische Konzepte entwickelte; zum anderen kommt der Legitimationszwang zur Sprache und damit die Dimension der Ideologisierung im politischen Machtbereich. Natürlich trifft es zu, daß die ‚soziale Frage' um die Jahrhundertwende eine Problematik von allgemeiner Bedeutung war, sozusagen eine conditio sine qua non auch für die Frauenbewegung. Doch das Konzept der Müterlichkeit legte Frauen auf die soziale Seite der Politik fest und schrieb weibliche Fähigkeiten – individuell und kollektiv – in diesen Bereich ein.
Wenn Irene Stoehr in dieser spezifischen Festlegung die ‚Allgemeinheit' erblickt, stellt dies m.E. eine Konstruktion dar. Wenngleich die hartnäckige weibliche Aktivität in der sozialen Arbeit Erwerbsfelder für Frauen schaffen konnte, die einem personen- und reproduktionsbezogenen Interesse entsprachen, war damit die Aufgabe des Anspruchs auf alle gesellschaftlichen Bereiche verbunden.
Hinsichtlich der Rekonstruktion weiblicher Politik ist mir noch ein weiterer Aspekt an dieser Behauptung von der Allgemeinheit des Konzepts der Mütterlichkeit problematisch. In dieser konstruierten Universalität ist ein konstitutiver Teil weiblicher Politik nicht mehr präsent:

Die gesellschaftliche Herabsetzung und Ausgrenzung weiblicher Produktivität stellt das Dilemma *und* die Chance weiblicher Politik dar. Angesichts dessen, daß der nicht-formale Wirklichkeitsbereich von Frauen in den sozialen Bedeutungshierarchien nicht abbildbar war, unternahmen die Frauen aus dem Kreis der Frauenbewegung Anstrengungen, um diesen Ausschluß aufzubrechen. Die Notwendigkeit, über die politischen Parteiungen und sozialen Differenzierungen hinweg ein Rechtfertigungsmuster zu entwickeln, verweist auf die formale Machtlosigkeit des weiblichen Geschlechts. Diese Notwendigkeit signalisiert aber auch die Chance, die geschlechtsbestimmten Strukturen männlicher Politik in Zweifel zu ziehen. Diese Ungeheuerlichkeit und Dynamik weiblicher Politik besteht bis auf den heutigen Tag weiter.
Das Konzept der Mütterlichkeit reflektierte diese Ambivalenz, und versuchte sie nicht nur in der Identifikationsfigur der Schwesterlichkeit, sondern auch in der der Nationalität zu bewältigen. Doch all diese Identifikationsmuster präsentieren die Notwendigkeit von Frauen als einer gesellschaftlichen Gruppe, ihre Partikularität in bedeutsameren Größen aufzuheben, um selbst bedeutsam zu werden.
Die Rezeption dieses Konzepts der Mütterlichkeit als einem allgemeinen Programm wird den Frauen der bürgerlichen Frauenbewegung nicht gerecht, d. h. ihren Handlungszwängen und Handlungsmöglichkeiten. Diese Bewertung der Universalität scheint mir eher eine Wiederholung der Legitimationsmuster der gemäßigten Frauen als ein eröffnender Blick auf die verzwickte politische Erfahrung der Schwestern von gestern. Aus der Not eine Tugend machen?

III.

Ich möchte abschließend einige Überlegungen zur Diskussion stellen, die sich m.E. für die historische Untersuchung der Politik der Frauenbewegung als hilfreich erweisen. Diese Überlegungen stellen keine Antwort dar. Vielmehr betrachte ich sie als eine Möglichkeit, die bisher angesprochene Fragestellung präzisieren zu können und die damit verbundenen konzeptionellen Schwierigkeiten benennbar zu machen. Denn zum einen reichen die formalen Muster des männlich strukturierten Bereichs der Politik nicht aus, um die politische Erfahrung von Frauen im historischen Prozeß angemessen zu rekonstruieren. Zum anderen sollten die im Kreis der neueren historischen Frauenforschung entwickelten Untersuchungsansätze nicht dazu führen, auf eine Diskussion der explizierten sowie ungesagten Forschungszugänge zu verzichten.
Zur Rekonstruktion der politischen Legitimationsmuster und Positionen der

bürgerlichen Frauenbewegung im deutschen Kaiserreich halte ich es für sinnvoll, mit folgenden Voraussetzungen und Perspektiven zu arbeiten:

FRAUEN visiert eine gesellschaftliche Gruppe an, die mit der sozialen Kategorie des GESCHLECHTS untersucht werden sollte, so wie sie von Gisela Bock vorgeschlagen und entwickelt worden ist.[23] Diese Vorentscheidung ermöglicht es, Frauen in ihrer geschlechtsbestimmten Lebens- und Erfahrungsrealität aufzusuchen. Durch diese Verfahrensweise kann die der bürgerlichen Gesellschaft eigenartige Anordnung nach Geschlechtern und Geschlechterverhältnissen sichtbar gemacht werden, ohne die Heterogenität von Frauen hinsichtlich Klasse/Schicht/Nationalität/Ethnie/Konfession usf. zu ignorieren. Für die Rekonstruktion politischer Legitimation läßt sich dieser Zugang präzisieren: sowohl hinsichtlich des Vergleichs zwischen der bürgerlichen und der sozialdemokratischen Frauenbewegung (Geschlecht/Klasse) als auch hinsichtlich der verschiedenen Gruppen von Frauen – Jüdinnen, katholische und evangelische Frauen – in der bürgerlichen Frauenbewegung.
FRAUENBEWEGUNG kann in einem vorläufigen Sinne die kollektiven Versuche von Frauen bedeuten, als bewußt handelnde Subjekte im historischen Prozeß präsent zu sein. Diese Versuche können ein breites Spektrum darstellen, welche sowohl die Mitwirkung an gesellschaftlichen Entscheidungen als auch die Realisierung individueller Selbstbestimmungsmöglichkeiten beinhaltet.[24]
Mit der Bezeichnung BÜRGERLICHE FRAUENBEWEGUNG sind diejenigen Frauen anvisiert, die über den sozialen Status des Vaters, Ehegatten bzw. der eigenen Erwerbstätigkeit den bürgerlichen Schichten zuzuordnen sind. Gleichzeitig muß diese Definition als prononcierte Fragestellung präsent bleiben, um die Schichten und Klassen übergreifende Dimension von Frauen als einer gesellschaftlichen Gruppe in der bürgerlichen Gesellschaft präzisieren zu können.
POLITIK meint ein Bedeutungsfeld, das sich seit der Zeit um 1800 als ein öffentlicher Bereich bestimmen läßt, in dem die verschiedenen sozialen Gruppen ihre Interessen in der Bewertung gesellschaftlicher Entwicklung artikulieren und diskutieren, organisieren und ideologisieren. Hier ist Öffentlichkeit – als eine historische Kategorie – angesprochen, die im Laufe des 19. Jahrhunderts zu demjenigen Medium wird, in dem Männer der verschiedenen Klassen und Schichten sich politisch formulieren. Mit der Entwicklung einer politischen Öffentlichkeit ist jede Gruppe darauf verwiesen, sich einen Namen zu geben. Dieser Vorgang der Namensgebung und Positionsbestimmung ist an ein Muster der Legitimation gebunden, um als politischer Akteur die Bühne der Öffentlichkeit betreten zu können, und um von anderen Positionierungen unterscheidbar zu sein.[25]
Politik als Handlungsbereich kann anknüpfend an Max Weber als der Versuch gesellschaftlicher Gruppen betrachtet werden, an der politischen Macht teilzuhaben, bzw. deren Konstellation zu beeinflussen.[26] Diese Webersche Konstruktion von Politik – in ihrer instrumentellen *und* ethischen Dimension – bietet die Möglichkeit, die zeitgenössischen Auseinandersetzungen der männlichen Parteiungen abzubilden. Die Frage nach der Bedingungskonstellation weiblicher Politik muß jedoch über diese männliche Konstruktion hinausgehen, um die privaten *und* öffentlichen Wirklichkeitsbereiche von Frauen als gesellschaftlich konstituierende Momente ihrer Politik zu betrachten.
Da die Untersuchung der politischen Legitimationsmuster und Positionen der Frauenbewegung sich auf die bürgerliche Gesellschaft bezieht, erscheint es mir sinnvoll, eine THEORETISIERUNG HISTORISCHER ZEITEN mit in Betracht zu ziehen. Ich denke dabei an denjenigen Ansatz, wie er bisher von Reinhart Koselleck vorgeschlagen und entwickelt worden ist.[27] Das Modell der Gleichzeitigkeit von Ungleichzeitigkeiten kann ein Ausgangspunkt sein, um das Nebeneinander von Zeiten, Wirklich-

keitsebenen und Erfahrungsbereichen in den Blick zu rücken, die für die Geschichte der bürgerlichen Gesellschaft konstitutiv sind – und – sich in besonderer Weise in der historischen Erfahrung von Frauen brechen.
Mit der Verwendung der sozialen Kategorie GESCHLECHT und der THEORETISIERUNG HISTORISCHER ZEITEN sind weitere Implikationen gegeben:
Der historische Prozeß in der bürgerlichen Gesellschaft wird in seiner Bedeutung als ein geschlechtsdifferenter betrachtet. Frauen und Männer unterscheiden sich als gesellschaftliche Gruppe in ihrer historischen Erfahrung und der damit korrespondierenden gesellschaftlichen Zuordnung und Bewertung.[28] Dieser historische Prozeß kann als ein mehrschichtiger – nicht linearer – bezeichnet werden, d. h. historische Erfahrung von Frauen sowie Ereignis und Struktur weiblicher Politik sollten in ihrer Wechselwirkung von verschiedenen Zeitstrukturen und Wirklichkeitsebenen untersucht werden.
Diese Perspektive ermöglicht es, Frauen – jenseits einer biologischen oder anthropologischen Substantialisierung – als eine gesellschaftliche Gruppe in ihrer Intersubjektivität untereinander und zu Männern aufzusuchen. Der Blick auf die Mehrschichtigkeit des historischen Prozesses und auf die Verzeitlichung der modernen politischen Begriffe ist auch deswegen notwendig, um den Prozeß der geschlechtsbestimmten Ideologisierung entziffern zu können, der sich mit der politischen Legitimation und Positionsbestimmung verbindet. Dieser Aspekt scheint mir für die Quellenlektüre eine wichtige Rolle zu spielen.[29]

Diese Überlegungen könnten mit dazu beitragen, die verschiedenen politischen Konzeptionen in der bürgerlichen Frauenbewegung – trotz unterschiedlicher politischer Bewertung – als gemeinsame Bewältigungsversuche des weiblichen Ausschlusses aus der Politik zu rekonstruieren.[30] Und sie könnten uns ermöglichen, die Vielfalt und die brisante Mehrdeutigkeit weiblicher Politik im historischen Prozeß zu entdecken.

Anmerkungen

1 Rossana Rossanda: Einmischung. Gespräche mit Frauen über ihr Verhältnis zu Politik, Freiheit, Gleichheit, Brüderlichkeit, Demokratie, Faschismus, Widerstand, Staat, Partei, Revolution, Feminismus, Frankfurt a.M. 1983, 225f.

2 Vgl. Gisela Bock/Barbara Duden: Arbeit aus Liebe – Liebe als Arbeit. Zur Entstehung der Hausarbeit im Kapitalismus, in: Frauen und Wissenschaft, Berlin 1977, 118–199; Claudia Honegger/Bettina Heintz (Hrsg.): Listen der Ohnmacht. Zur Sozialgeschichte weiblicher Widerstandsformen, Frankfurt a.M. 1984, hier v. a. 7–67; Ulla Knapp: Frauenarbei in Deutschland, 2 Bde, München 1984.

3 Vgl. Barbara Duden/Karin Hausen: Gesellschaftliche Arbeit – geschlechtsspezifische Arbeitsteilung, in: Anette Kuhn/Gerhard Schneider (Hrsg.) Frauen in der Geschichte, Bd. I. Düsseldorf ²1982, 11–33; vgl. exemplarisch am Berufsfeld der weiblichen Angestellten: Ursula Nienhaus: Berufsstand weiblich, Die ersten weiblichen Angestellten, Berlin-West 1982.

4 Vgl. exemplarisch an der Diskussion um die sog. Schmutz- und Schundliteratur: Jutta Kolkenbrock-Netz: Der Mann als Statthalter des Normalen: Kriterien literarischer Zensur von der Jahrhundertwende bis zum ersten Weltkrieg, in: Kulturrevolution, Nr. 9, 1985.

5 Alice Rühle-Gerstel: Das Frauenproblem der Gegenwart. Eine psychologische Bilanz, Leipzig 1932, 381f.
6 Vgl. Richard J. Evans: The Feminist Movement in Germany 1894–1933, London/ Beverly Hills 1976, X, 26, 30, 35, 158ff., 266f.; Barbara Greven-Aschoff: Die bürgerliche Frauenbewegung in Deutschland 1894–1933, Göttingen 1981, 37, 95ff. Meine Kritik an diesen beiden Untersuchungen kann ich leider im Rahmen des vorgeschriebenen Manuskriptumfangs nicht darstellen. Wenn Frauen sich mit einer ähnlichen Fragestellung beschäftigen und sich dafür interessieren, können sie den Text (ca. 20 Seiten) gern von mir erhalten.
7 Gisela Bock: Historische Frauenforschung: Fragestellungen und Perspektiven, in: Karin Hausen (Hrsg.): Frauen suchen ihre Geschichte, München 1983, 26.
8 Gerda Lerner: Eine feministische Theorie der Historie, in: Die ungeschriebene Geschichte, Dokumentation des 5. Historikerinnentreffen, Wien 1984, 406.
9 Claudia Honegger/Bettina Heintz, Listen . . ., a. a. O., 7.
10 Vgl. Bärbel Clemens: Bürgerin im Staat oder Mutter in der Gemeinde? Zum Politik- und Staatsverständnis der bürgerlichen Frauenbewegung, in: Beiträge zur feministischen Theorie und Praxis, 8. Jg., H. 13, Köln 1985, 49–58.
11 Vgl. Die Radikalen in der Frauenbewegung, Feministische Studien, 3. Jg. 5/1985, Nr. 1.
12 Vgl. Ulrike Prokop: Die Sehnsucht nach Volkseinheit. Zum Konservatismus der bürgerlichen Frauenbewegung vor 1933, in: Gabriele Dietze (Hrsg.): Die Überwindung der Sprachlosigkeit. Texte aus der neuen Frauenbewegung, Darmstadt 1979, 139–175; Barbara Brick: Die Mütter der Nation – zu Helene Langes Begründung einer ‚weiblichen Kultur', in: Frauen in der Geschichte . . ., Bd. IV, Düsseldorf 1983, 99–132; Petra Dönselmann im Sande: Wer sucht wen? Zur Diskussion um Frauen (bewegung), Weimarer Republik und Faschismus, in: Wollen wir immer noch alles? Frauenpolitik zwischen Traum und Trauma, Dokumentation der 7. Sommeruniversität für Frauen, Berlin-West 1984, 266–274.
13 Elisabeth Meyer-Renschhausen: Radikal, weil sie konservativ sind? Überlegungen zum ‚Konservatismus' und zur ‚Radikalität' der deutschen Frauenbewegung vor 1933 als Frage nach der Methode der Frauengeschichtsforschung, in: Die ungeschriebene Geschichte . . ., a. a. O., 20.
14 Ebenda, 34.
15 Vgl. exemplarisch die Reaktion Auguste Schmidts auf die Gründung des Deutschen Vereins für Frauenstimmrecht: dies.: Zum Kampf um das Frauenstimmrecht, in: Neue Bahnen, 37. Jg., 152, Nr. 4, 1902, 39–41.
16 Vgl. Gertrud Bäumer: Die Frau und das geistige Leben, Leipzig 1911, hier v. a. Kapitel 7: Die Stellung der Frauen zu den sozialen und nationalen Lebensidealen.
17 Vgl. Helene Lange: Pietätswerte (1899), Ersterschg. in der FRAU, dann in: dies.: Kampfzeiten, 1. Bd., Berlin 1928, 231–243.
18 Irene Stoehr: „Organisierte Mütterlichkeit". Zur Politik der deutschen Frauenbewegung um 1900, in: Karin Hausen (Hrsg.), Frauen suchen . . ., 221–249.
19 Ebenda, 222–224.
20 Ebenda, 238.
21 Helene Lange: Frauenwahlrecht (1896), Ersterschg. in der internationalen Revue COSMOPOLIS, dann als Sonderdruck und in: dies.: Kampfzeiten . . ., a. a. O., 190.
22 Max Weber: Zur Gründung einer National-Sozialen Partei, (1896), in: ders.: Gesammelte politische Schriften, neu hrsg. von Johannes Winckelmann, Tübingen 1958, 27.
23 Gisela Bock: Historische Frauenforschung . . ., a. a. O., hier v. a. 33ff.

24 Vgl. hierzu bei Herrad-Ulrike Bussemer die Problematisierung der Begriffe FRAUENBEWEGUNG und FEMINISMUS in den historischen Untersuchungen über die Frauenbewegung, dies.: Frauenfrage, Frauenbewegung und Frauenberufstätigkeit in Deutschland 1865–1875, Diss. phil. FU Berlin 1982, Teil I, VIf., Teil II, 473ff.

25 Vgl. Jürgen Habermas: Strukturwandel der Öffentlichkeit, Neuwied [3]1968; Lucian Hölscher: Artikel ÖFFENTLICHKEIT, in: Historisches Lexikon zur politisch sozialen Sprache in Deutschland, 4. Bd., hrsg. von Otto Brunner/Werner Conze/ Reinhart Koselleck, Stuttgart 1978; vgl. zur Wandlung des Politikbegriffs von den Angelegenheiten der Polis bis zum neuzeitlichen Verständnis von Politik Volker Sellin: Artikel POLITIK, in: ebenda, 789–874.

26 Max Weber: Politik als Beruf (1919), in: ders.: Ges. politische Schriften ..., a. a. O., hier v. a. 493ff.

27 Vgl. Reinhart Koselleck: Wozu noch Historie? Vortrag auf dem Deutschen Historikertag in Köln 4. 4. 1970, in: Historische Zeitschrift, Bd. 212, 1971, 1–18; ders.: Über die Theoriebedürftigkeit der Geschichtswissenschaft, in: Geschichte und Sozialwissenschaften, neue Sammlung, 6. Sonderheft, hrsg. von Peter Böhning, Göttingen 1972, 21ff.; ders.: Vergangene Zukunft. Zur Semantik geschichtlicher Zeiten, Frankfurt a.M. [4]1985, 339ff.

28 Vgl. Gisela Bock: Historische Frauenforschung ..., a. a. O.; Claudia Opitz: Der „andere Blick" der Frauen in die Geschichte, in: Beiträge zur feministischen Theorie und Praxis, 7. Jg., H. 11, Köln 1984, 61–70.

29 Vgl. Reinhart Koselleck: Standortbildung und Zeitlichkeit. Ein Beitrag zur historiographischen Erschließung der geschichtlichen Welt, in: ders.: Vergangene Zukunft ..., a. a. O., 176ff.

30 Vgl. Theresa Wobbe: Die Radikalen in der alten Frauenbewegung. Zum Phänomen eines Rezeptionsdefizits, in: Feministische Studien, 4. Jg., 5/85, Nr. 1, 158–163.

2. Zur Entwicklung der polnischen Frauenbewegung in der ersten Hälfte des 19. Jahrhunderts

Eva Weickart

Die polnischen Frauen waren mit Sicherheit nicht die Speerspitze der feministischen Bewegung in Europa – und dennoch gab es sie, die „Feministin", die „Emanzipierte", die „Frauenrechtlerin"[1], wie überall in Europa, so auch in Polen. Da es wenig sinnvoll ist, im Eilverfahren ein ganzes Jahrhundert polnische Frauengeschichte zu betrachten, beschränke ich mich auf die erste Hälfte des 19. Jahrhunderts, auf den russischen Teil Polens. Die ungleichzeitige Entwicklung der Bewegungen in den einzelnen Teilgebieten läßt eine geschlossene Darstellung nicht zu. Die Rede wird sein von Vorkämpferinnen und Vorrednerinnen, vom Beginn einer intensiven Diskussion um Rechte und Pflichten der polnischen Frau.

Nach den drei polnischen Teilungen 1772, 1793, 1795 und den weiteren Festlegungen auf dem Wiener Kongreß war Polen, aufgeteilt zwischen Rußland, Preußen und Österreich, als Staat nicht mehr existent.[2] Das gesamte 19. Jh. ist in Polen von Versuchen bestimmt, die Herrschaft der drei Teilungsmächte zu brechen und die alte nationale Einheit wiederherzustellen, zunächst auf der Grundlage der Konstitution vom 3. Mai 1791, der ersten polnischen Verfassung.[3] Von diesen Bemühungen zeugen die verschiedenen Aufstände, angefangen vom Kościuszko-Aufstand 1794, dem Novemberaufstand 1830, den Aufständen in den Jahren 1846 bis 1848, und nicht zuletzt dem Januaraufstand 1863.
Alles in allem scheinen die politischen Ereignisse, die fortschreitende nationale Unterdrückung durch die Teilungsmächte, eine denkbar ungünstige Ausgangsbasis für emanzipatorische Bestrebungen von Frauen zu sein. Wo vielfach schon polnische Männer wegen ihrer Zugehörigkeit zur polnischen Nation Diskriminierung erfuhren, erlebten es die Frauen doppelt. So ist es kaum verwunderlich, und es zieht sich wie ein roter Faden durch die Geschichte der polnischen Frauenbewegung, daß die Polinnen Forderungen nach individueller Emanzipation mit Forderungen nach nationaler politischer Souveränität verbanden – das *Eine* ohne das *Andere* nicht möglich erschien. Die Frauenbewegung entwickelte sich auf der Grundlage der natio-

nalen Erneuerungsbewegungen, dies hieß jedoch nicht, daß die nationale Bewegungen die Entwicklung der Frauenbewegung maßgeblich förderten, auch wenn dies häufig betont wurde.
Der Ausgangspunkt der Frauenbewegung oder, für diesen Zeitraum besser gesagt, einiger Frauen war nicht zuletzt die tiefgreifende ökonomische Krise zu Beginn des 19. Jh. – eine Krise, die einen Großteil der Bevölkerung betraf und eben auch den Adel ökonomisch deklassierte.

Wollte man polnischen Historikern glauben schenken, so wäre die Polin seit Jahrhunderten ein geachtetes und anerkanntes Mitglied der Gesellschaft gewesen.[4] Die Historikerinnen sehen es so nicht.[5] Nach den Urteilen der männlichen Vertreter der Zunft ist es die Frau, die das Leben regiert. Doch allein die Betrachtung diverser Satiren und Sprichwörter der letzten Jahrhunderte läßt diesen kühnen Schluß kaum zu. Sie zeugen nur wenig von jener verfeinerten Sittenkultur, auf die Polen so stolz ist, weil sie auch der Frau einen eigenständigen Wert beigemessen haben soll. Demnach ist das Weib nämlich im schlechtesten Falle klug, im besten Falle jedoch dumm.[6] Auch der Vergleich von Frau und Pferd in folgendem Zitat ehrt nicht gerade den unbekannten Schöpfer: „Im Reiten hat das Pferd, im Mann die Frau den Wert."[7]
Der polnische Klerus beschäftigte sich bis ins 18. Jh. hinein mit der Frage nach der Zugehörigkeit der Frau zum Menschengeschlecht. Ebenfalls kein Unbekannter war der „Hexenhammer", obwohl er erst 1614 ins Polnische übersetzt wurde. Bis dahin tat es auch die lateinische Version ...
Hätte die Frau tatsächlich eine relevante Rolle im gesellschaftlichen Leben der Adelsrepublik gespielt, so wäre ihre Situation, ihre Ausgangsposition im 19. Jh. eine andere gewesen.
Ihr Recht bestand jedoch mehr in der Rechtlosigkeit!
Die politische Situation nach der Dreiteilung Polens kann an diesem Umstand nur wenig schuld sein, da innerhalb der polnischen Gesellschaft Normsetzungen und Traditionen, die Aufrechterhaltung nationaler Identitätsmerkmale, als Waffen gegen den Herrschaftsanspruch der Okkupanten benutzt wurden.
Nicht die polnische Frau erlebte eine Aufwertung, sondern ihr traditioneller Bereich, das Haus, die häusliche Wirtschaft, die Familie. Die Familie wurde zum Refugium altpolnischer Werte, dort wurde gegen eine Russifizierung, Germanisierung und Austrifizierung Widerstand entwickelt und gefördert.
Da es schlechterdings unmöglich war, den häuslichen Bereich der angestammten Hüterin zu entziehen, kam natürlicherweise den Frauen eine besondere Bedeutung zu. Sie erhielt den Part des moralischen Faktors, sie wurde mittels häuslicher Sphäre zur moralischen Instanz der nichtvorhandenen Nation. An der Entwicklung dieses Frauenleitbildes, dem Bild der altrui-

stischen Heroine, waren nicht nur Männer beteiligt, auch Frauen kolportierten es gern und häufig. Die gewagte Mischung aus Jungfrau Maria und Jungfrau von Orléans ist ein immer wiederkehrendes literarisches Thema.[8] Auch irdische Wesen aus Fleisch und Blut wie die Teilnehmerin des Aufstandes 1830/31 in Litauen, Emilia Plater, wurden auf diese Weise verklärt. Die kämpfende Emilia Plater wurde zur Symbolfigur einer Frauengeneration der 30er und 40er Jahre, obwohl sie nie dazu ermuntert wurden, es ihr mit aller Konsequenz gleichzutun. Die Beteiligung der Frauen an den diversen Aufständen war tatsächlich bemerkenswert. Wenngleich nur wenige direkt mit Waffengewalt agierten, so waren sie doch als Strateginnen des „Hinterlands" unentbehrlich. Waffenschmuggel, die Versorgung der Kämpfenden, die Pflege der Verletzten – dies waren die Hauptaufgaben der Frauen in den Kämpfen. Spektakulär war in diesem Zusammenhang nur das Auftreten zweier Frauen, Marcelina Jawoyszówna und Zofia Barwinkówna, die nacheinander in den Jahren 1846 bis 1848 an den Aufständen in Krakau, Paris und Ungarn teilnahmen. Diese Art von „Revolutionstourismus" war jedoch für die Mehrzahl der Polinnen fremd. Das Kampffeld wurde auch durch solche Beispiele im aufständischen Polen nicht zur weiblichen Sphäre. Die Ziele der Erziehung für das weibliche Geschlecht waren doch andere.

Die ökonomische Krise zu Beginn des 19. Jh. provozierte innerhalb des polnischen Adels und des Bürgertums eine ernsthafte Diskussion über Sinn und Zweck, Inhalt und Form der Frauenbildung. Konfiskationen durch die Teilungsmächte, die napoleonischen Feldzüge, die Landwirtschaftskrise bewirkten, daß das alte Adelsleben so nicht mehr finanzierbar war. Die neue Situation schuf vor allem neue Anforderungen an Bildung und Ausbildung von Frauen. Bislang galt es als ausreichend, wenn ein Mädchen der höheren Gesellschaftsschichten gut lesen, schön schreiben und auch ein Instrument spielen konnte, dazu noch etwas Frömmigkeit aus der Klosterschule. Die Unzufriedenheit gerade mit der klösterlichen Bildung und Erziehung ließ erste Stimmen mit der Forderung nach allgemeinen Regelungen für die Frauenbildung laut werden. Unnütze Fresserinnen konnte die Nation nicht mehr gebrauchen.

Das erste polnische Erziehungsministerium (Komisja Edukacji Narodowej), das 1773 vom Sejm ins Leben gerufen wurde, hatte sich nur am Rande mit der Frauenbildung beschäftigt.[9] Lesen, Schreiben, Grundrechenarten, die Erziehung zur guten Ehefrau, Mutter und Hausfrau wurden für ausreichend erklärt. Die bis dahin so in Mode gekommene Unterrichtung der höheren Töchter in Musik, Tanz, Zeichnen, Französisch etc. sollte zurückgedrängt werden zugunsten einer stärkeren Unterweisung in der polnischen Sprache und zugunsten praktischer Tätigkeiten.[10] Das zunächst nur für die männliche Jugend formulierte, bald aber auf die Mädchen ausgedehnte Ziel war nicht nur die Vermittlung geistiger oder technischer Fertigkeiten, sondern vor allem die Erziehung zum Träger, zur Trägerin nationalen Bewußtseins. Doch nicht nur um die höheren Töchter sorgte sich das Erziehungsministerium, es trieb auch die Gründung von Mädchenvolksschulen voran, wenn auch mit wenig Erfolg.

1810 wurde für das damalige Herzogtum Warschau eine erste Verfügung für „Schulen und Pensionate für das weibliche Geschlecht“[11] erlassen, verfaßt von einem zwei Jahre zuvor ins Leben gerufenen Frauenkomitee[12] zur Beaufsichtigung der vorhandenen 36 Schulen und Pensionate. Wesentliche Neuerungen zu bisherigen Bildungsinhalten enthielt dieser Lehrplan nicht. Das Hauptaugenmerk lag auf der Vermittlung praktischen Wissens wie Haushaltsführung und Kindererziehung. Am miserablen Zustand des Unterrichts in den Schulen und Pensionaten änderte dieser Lehrplan nichts. Auch deshalb nahm die Diskussion um die Frauenbildung mehr und mehr Gestalt an. Eine der exponiertesten Vertreterinnen der Utilitarismustheorie in der Frauenbildung debütierte 1819 mit einer auf polnisch verfaßten Schrift über Mädchenerziehung.[13] Es war die 21jährige Klementyna Tańska Hoffmanowa (1798–1845), die erste Polin, die entscheidend in die Debatte um die Frauenbildung eingriff. Das Ziel der Bildung war für sie nicht die Erlangung großer geistiger Fertigkeiten, sondern die Vermittlung von Grundkenntnissen. „Wenig, aber gründlich“ wurde zu ihrem pädagogischen Schlagwort.

Die Tańska war eine entschiedene Gegnerin des Gleichbehandlungsgedankens von Jungen und Mädchen in der Erziehung. Die unterschiedlichen Pflichten von Männern und Frauen in der Gesellschaft fordern unterschiedliche Voraussetzungen, die durch eine gleichartige Erziehung nicht gewährleistet sind. Zu den Pflichten einer guten Ehefrau, Mutter und Staatsbürgerin gehört nach ihrer Ansicht eine gute Haushaltsführung, aber nicht die Erringung großen Wissens. Die Befreiung der Erziehung von Sentimentalität, die Rückbesinnung auf alte polnische Wertmaßstäbe, die Förderung der polnischen Sprache, ja die Polonisierung der polnischen Gesellschaft waren ihre Hauptgedanken. Schwer geißelte sie die Vergnügungssucht und Eitelkeit der polnischen Frau – für sie ein Ausdruck der übergroßen Frankophilie, des plumpen Nachäffens einer französischen Lebensart.

Die Tańska verwahrte sich immer entschieden dagegen, in die Nähe emanzipatorischer Bestrebungen gerückt zu werden. In ihrer Vielzahl von Schriften läßt sie keinen Zweifel an ihrer Überzeugung von der sekundären Rolle der Frau in der Gesellschaft. Ganz moralischer Faktor, sollten Frauen wie „Engel auf Erden“ sein, ständig ein „Lächeln auf den Lippen haben“, aber nicht danach streben, es dem Manne gleichzutun.

Die Tańska hielt sich selbst nur wenig an ihre eigenen Postulate. Sie schrieb mit wahrer Begeisterung Belehrungsliteratur, und sie gab von 1824–1828 die erste polnische Zeitschrift für Kinder und Jugendliche heraus.[14] Neben dieser literarischen Tätigkeit arbeitete die Tańska auch praktisch auf dem Gebiet der Pädagogik. 1824 wurde sie von der Erziehungskammer zur Inspektorin für Mädchenschulen und -pensionate in Warschau bestellt. Ein Jahr später folgte ihre Ernennung zur Lehrerin für weibliche Moral an der Warschauer Lehranstalt für Lehrerinnen (Instytut Guwernantek). Ihr pädagogischer Ansatz, der ja im übrigen nicht neu war, wurde dennoch zum Maßstab der Erziehung für mindestens zwei Generationen von Frauen. Alle, die nach ihr kamen, mußten sich mit ihr auseinandersetzen. 1831, nach der Niederschlagung des Aufstandes, mußte auch sie das Land verlassen und ging im Zuge der großen Emigration nach Frankreich.

Die Tańska blieb in den 20er Jahren nicht die einzige Publizistin der Frauenbildung. Eine ganze Reihe von Frauen veröffentlichten vor allem in Warschauer Zeitschriften Artikel zum Bildungsproblem. Allen gemeinsam – mal mehr, mal weniger – war der utilitaristische Ansatz.

Nach der Niederschlagung des Aufstandes 1830/31 und der großen Emigration sah die Diskussion um die Frauenbildung anders aus, gezwungenermaßen akademischer, da niemand mehr darauf hoffen konnte, diese Gedanken, und seien sie auch noch so traditionell, in der Zeit verstärkter Repression umzusetzen.

Das Problem wurde jedoch dringlicher. Die politischen und ökonomischen Verhältnisse stellten plötzlich viele Frauen vor das Problem, ihren Lebensunterhalt ganz oder teilweise selbst zu bestreiten. Die Zahl der Ehen sank beträchtlich, denn gerade Männer hatten das Land in großer Zahl verlassen müssen oder waren in den Kämpfen gefallen. Die musisch erzogenen Frauen der höheren Gesellschaftsschichten waren auf diese Situation denkbar schlecht vorbereitet. Das einige Jahrzehnte später sprichwörtlich gewordene Elend der halbgebildeten Frau, die ihr kärgliches Auskommen als Lehrerin, Gouvernante oder Näherin sucht, warf hier seine Schatten voraus.[15]

Nicht zuletzt beeinflußt durch die Entwicklung in Frankreich, mehrten sich ab diesem Zeitpunkt die Stimmen für eine Emanzipation der Frau, zeichneten sich erste zarte Spuren einer Bewegung ab. In diese Zeit fällt auch die Entstehung eigener Presseorgane. Von 1838–43 erschien unter Leitung von Paulina Krakowowa (1813–1882) die erste Zeitschrift in polnischer Sprache mit ausschließlich weiblicher Autorenschaft. „Pierwiosnek“[16] bot vielen Autorinnen eine Veröffentlichungsmöglichkeit in einer Zeit, in der es um das polnische Pressewesen nicht besonders gut bestellt war. In der Grundtendenz ging Pierwiosnek nicht über die Lehren der Tańska hinaus, aber allein eine Zeitung von Frauen für Frauen war schon eine halbe Revolution.

Eine der bekanntesten Autorinnen war Eleonora Ziemięcka, die erste Polin, die sich publizistisch mit Fragen der Philosophie beschäftigte. Die Ziemięcka (1819–1869) begann ihre literarische Tätigkeit als große Bewunderin der deutschen Aufklärung, sehr bald jedoch siedelte sie sich im orthodoxen katholischen Lager an. Eine ihrer frühen Forderungen war die nach moralischer Unabhängigkeit der Frau, für sie eine Grundvoraussetzung zur Erfüllung der Frauenpflicht. Ab 1842 gab sie eine eigene Zeitschrift mit dem Namen „Pielgrzym" heraus – eine Zeitschrift für philosophische Fragen, keine Frauenzeitschrift.

Wenn man in Polen in den 40er Jahren von einer Frauenbewegung sprach, war eher jeweils eine von, grob gesagt, drei Richtungen, oder besser gesagt, Erscheinungsformen gemeint. Die zahlenmäßig wohl kleinste „Gruppe" waren die „Löwinnen", keine organisierte Gruppe, sondern vornehmlich Frauen reicher Herkunft, die nicht einsahen, warum ihnen männlich besetzte Vergnügen vorenthalten bleiben sollen. Kurz geschnittene Haare, Männerkleidung, Rauchen, Reiten, Kartenspielen, Liebesleben – damit stellten sie die absolute Ausnahme in der polnischen Frauenwelt dar. Die Geschichte der Löwinnen ist kaum bekannt, sie selbst haben wohl nur wenige Zeichen ihrer Existenz hinterlassen. Ihre Kritiker betonten immer wieder, wie schädlich doch der ausländische Einfluß auf ein Frauenhirn sei und daß ihr Verhalten den moralischen Verpflichtungen und dem Drang nach Höherem einer Polin nicht gerecht werde. Die Löwinnen galten oft als Beispiel, wenn es darum ging, die Verwerflichkeit der Emanzipation zu schildern.

Die sogenannten Emanzipierten waren eine kaum mehr geachtete, wenn auch stärker beachtete Gruppe von Frauen. Beschrieben werden sie eher als bescheiden, ihrem Habitus nach als männlich, ohne Schönheitskult. Man verzieh ihnen noch, wenn man sie zu Pferde sah oder wenn sie Zigarren rauchten; doch das Schlimmste an ihnen – so ein Kritiker – war, daß sie in ihrer Halbbildung über Dinge sprachen, von denen sie nichts verstanden. Aber gerade die Emanzipierten waren es, die sich in die Frauenbildungsbewegung einreihten und sich den Zugang zur Wissenschaft verschaffen wollten.

Neben diesen ersten zarten Erscheinungsformen eines Ausbruchs aus konventionellen Bahnen, oftmals aus der Not geboren, sammelte sich zu Beginn der 40er Jahre (um 1842) eine ganz andere Gruppe von Frauen. Im Umkreis des „Przegląd Naukowy", einer in Warschau erscheinenden fortschrittlichen wissenschaftlichen Zeitschrift, gründete sich die Gruppe, die später einmal den Namen „Enthusiastinnen" tragen sollte.[17] An ihrer Spitze stand die Lehrerin und Schriftstellerin Narcyza Żmichowska (1819–1876). Es war keine Gruppe im engeren Sinne, sie besaß keine einheitliche Programmatik oder Satzung. In dieser Gruppe sammelten sich vor allem Frauen aus dem russischen Königreich Polen und dem preußischen Teil Polens, der „harte Kern" bestand, obwohl es darüber unterschiedliche Schätzungen gibt, wohl aus 15 bis 20 Frauen.[18]

Ihr Ansatz war, durch gesellschaftlich relevante Handlung und Diskussion zur Veränderung der politischen Verhältnisse beizutragen und sich als

Frauen nicht aus dem Kampf um ein freies Polen herauszuhalten. Ihre Ausgangsposition war eine günstige, die Träger der Demokratischen Polnischen Gesellschaft (Towarzystwo Demokratyczne) unterstützten sie. Man muß nicht so weit gehen wie der polnische Schriftsteller Tadeusz Żeleński, der diese Zeit als geistiges Matriarchat bezeichnete, aber sicher ist, daß die alte These von der Höherwertigkeit des Mannes arge Brüche erlitten hatte. Die Enthusiastinnen entwickelten keine frühfeministischen Revolutionsprogramme, sie standen mit einem Bein in der Romantik, was sich nicht zuletzt in ihrer Sprache niederschlägt. Die Erlangung persönlicher Freiheiten, die Menschwerdung der Frau waren ihre Ziele. Jahre später erklärte die Żmichowska den Erfolg der Enthusiastinnen damit, daß es nun möglich sei, daß Frauen allein auf der Straße gehen, in der Eisenbahn fahren können, auf Versammlungen nicht mehr zu schweigen haben, eben das Recht haben, sich zu allen Fragen zu äußern.
Zur Hochzeit der Enthusiastinnen war die Rede kaum von Frauenlohnarbeit und ökonomischer Unabhängigkeit, dies sind erst Begriffe, die in der zweiten Hälfte des Jahrhunderts Bedeutung erlangen.
Daß die Enthusiastinnen keine Diskutantinnen blieben, ist wiederum äußeren politischen Umständen zuzuschreiben. Vor allem in ihren Bastionen Poznań und Warschau organisierten sie materielle Unterstützungen für politische Gefangene und ihre Familien. In ihren Händen lag wohl ein Großteil der konspirativen Arbeit einzelner Geheimgesellschaften, sie übernahmen Kurierdienste und halfen bei den Vorbereitungen zu den Aufständen 1846 und 1848. Viele von ihnen standen unter Polizeiaufsicht und wurden gleich nach der Niederschlagung der Aufstände verhaftet – auch ein Zeichen dafür, daß die Behörden ihre Tätigkeit zu „schätzen" wußten. Narcyza Żmichowska selbst wurde 1849 von den russischen Behörden verhaftet und saß bis 1851 in Lublin in einem Kloster, auch eine übliche Art von Gefängnis für Frauen.
Die Enthusiastinnen überlebten den Völkerfrühling nicht, die kleine Sammlungsbewegung von Frauen hatte während der Restauration in den 50er Jahren keine Chance zur Verbreiterung. Erst Ende der 60er Jahre gründeten sich neue Gruppen, jetzt nicht mehr beschränkt auf bürgerliche Kreise. Neben Landfrauenorganisationen gab es erste Gruppen mit sozialistischer Zielsetzung.

Der kurze Abriß der Ereignisse läßt noch viele Fragen offen. Ein wesentliches Moment sei hier noch stärker betont: Die polnische Frauenbewegung holte sich viele theoretische Anleihen aus dem Ausland, besonders aber aus Frankreich. Die Ideen und Schriften einer George Sand wurden diskutiert, auch der Saint-Simonismus war keine unbekannte Lehre – sie wurden entsprechend polonisiert. Die Frauenfrage hatte im 19. Jh. in Polen einen gro-

ßen Stellenwert, wenngleich die Frauen ihre eigenen Interessen häufig zugunsten der nationalen Interessen zurückstellten.
Bismarck soll einmal gesagt haben, „so lange es noch eine polnische Frau gibt, wird es auch eine polnische Frage geben.“[19] Richtig an dieser Behauptung ist, daß die Polinnen weitaus stärker als die Männer die Trägerinnen des alltäglichen Widerstands waren, der nur schwer zu brechen war.
In den Polinnen verdichtete sich auf spezielle Weise die Idee der Nation. Den Männern wurde gerade von den Publizistinnen der Frauenfrage vorgeworfen, moralisch degeneriert zu sein, und daß es die Aufgabe der Frauen sei, dem moralischen Niedergang Einhalt zu gebieten. Die Idealisierung der Frau sollte dazu dienen, sie für nationale Interessen zu aktivieren, gleichzeitig bedeutete diese Überhöhung ein Ablenken von der gesellschaftlichen Realität der Frauen. Die Frauenbewegung war in Polen ohne die nationale Komponente nicht denkbar, wenngleich sich nicht alle Teile der Bewegung darin erschöpften. Die Bildungsfrage war das Hauptproblem der ersten Frauenbewegung, denn die mangelhafte Bildung war ein existentielles Problem. (Noch 1860 gab es im Königreich Polen eine Analphabetenrate von 80%.) Erst in der zweiten Hälfte des 19. Jh. konkretisierte die Frauenbewegung Forderungen nach gesellschaftlicher und rechtlicher Gleichstellung – und wenn es sie heute noch gäbe, täten sie es immer noch.

Anmerkungen

1 Alle drei Begriffe waren zur Benennung gebräuchlich.
2 Bis zur zweiten Teilung bestanden noch die polnischen Herrschaftsrechte, z. B.das Wahlkönigtum, die Adelsrechte der Schlachta und Magnaten.
3 Diese Konstitution kannte z. B. das Wort Frau nicht, wohl aber das Wort Kind.
4 Vgl. Łoziński, Władysław: Polnisches Leben in vergangenen Zeiten. Polnische Bibliothek, Erster Band, München o. J. Lednicki, Wacław: Life and culture in Poland. As reflected in polish literature, New York 1944.
5 Vgl. Wawrzykowska-Wierciochowa, Dioniza: Z dziejów kobiety wiejskiej. Szkice historyczne 1861–1945, Warszawa 1961.
6 Niewiasta na złe jest mądra, a na dobre głupia.
7 Koń jeźdzcem stoi, żona mężem.
8 Beliebtes Thema auch des Nationaldichters Adam Mickiewicz, z. B. in „Konrad Wallenrod“ oder „Pan Tadeusz“.
9 Vgl. Bieliński, Franciszek: List do Komisji o edukacji kobiet, in: Sposób edukacji w XV listach opisany . . ., Warszawa 1775.
10 Es häuften sich die Klagen, daß die jungen Mädchen kaum polnisch sprechen, geschweige denn lesen und schreiben konnten, aber „französisch plapperten“.
11 Regulament pensyi i szkół płci żeńskiej.
12 Bis ca. 1860 galt der Grundsatz, daß ausschließlich Frauen die Aufsicht über das

Mädchenschulwesen haben sollten. Das Frauenkomitee bestand vornehmlich aus Frauen des polnischen Adels.

13 Titel: „Pamiątka po dobrej matce“. Geschrieben in Anlehnung an die Schrift von Jakob Glatz: Rosaliens Vermächtnis an ihre Tochter Amanda ...

14 „Rozrywki dla dzieci (dt. etwa: Unterhaltungen für Kinder).

15 Vgl. Orzeszkowa, Eliza: Marta. Einer der bekanntesten Romane über ein Frauenschicksal, veröffentlicht 1873.

16 Dt.: Schlüsselblume.

17 Die Żmichowska selbst nennt die Gruppe in ihren späten Schriften so.

18 Zu einem ähnlichen Ergebnis kamen auch die russischen Behörden.

19 Widdern, Cardinal von: Das „schlafende Heer“ der Polen. Die Bekämpfung Preußens und des Deutschtums durch die Polen in Posen und Westpreußen seit 1815, Berlin 1912, 52.

3. „Er mit der Waffe, sie mit Herz und Hand“ Die Rolle der Frauenvereine in der Sozialpolitik, insbesondere die der Vaterländischen Frauenvereine

Ilka Riemann

Ich war gebeten, ein Thema zu referieren, das ich in einem Aufsatz[1] behandelt hatte, die Rolle der Frauenvereine in der Sozialpolitik im Wilhelminischen Reich. Ich möchte mich hier auf die Rolle der Vaterländischen Frauenvereine beschränken, da sie im Entstehungsprozeß der Sozialpolitik eine richtungsweisende Funktion hatten.

Ich spreche diesen Frauenvereinen richtungsweisende Funktion unter dem Aspekt zu, daß die gesellschaftliche Entwicklung zwei Systeme hervorgebracht hat: ein versicherungsförmiges, das an Lohnarbeit angebunden ist, und eines, das als „Hilfssystem“ in Notlagen eintritt, wenn der Erwerb von Unterhalt bzw. die daraus abgeleiteten Ansprüche nicht vorhanden sind, d. h. das auf den Reproduktionsbereich zielt.

Mit dem Unterstützungswohnsitzgesetz von 1871 begannen reichseinheitliche gesetzliche Regelungen im Rahmen der Armenpflege; im weiteren Verlauf wurde die Unterstützung und Absicherung der Lohnarbeitskräfte von den übrigen getrennt (Versicherungsgesetz 1883). Dies stellte zwei Gruppen von Institutionen und Maßnahmen her: Leistungen, die als Rechtsanspruch erworben werden können, und Leistungen, die vorrangig nicht finanzieller Art, sondern in Form von sozialen Dienstleistungen erbracht werden und die zudem mit Eingriffen des Staates in die Privatsphäre verbunden sind. Die Klientel dieser Hilfeleistung sind vorrangig Frauen und Kinder, denn die im Versicherungssystem erworbenen Leistungen durch Lohnarbeit betreffen immer nur einen Teil der Frauen und diese Frauen wiederum nur zeitweise. Die unbezahlte Hausarbeit sichert die Frauen in den wenigsten Fällen wie die meist schlecht bezahlte Berufsarbeit; letztlich sind sie auf Fürsorge und d. h. auch auf die sozialpädagogischen Interventionen – auch wenn diese ungewünscht sind – angewiesen.

Die Frauenvereine beförderten diesen Prozeß der Zweiteilung, wobei in die Tätigkeit der Frauenvereine Interessen und Motive eingingen, die wiederum die Verbesserung der aktuellen Situation der Frauen zum Ausgangspunkt hatten. Dies waren im wesentlichen folgende Interessen:

- den Wert des „weiblichen Geschlechts“ für das Vaterland oder das Gemeinwesen zu beweisen;
- Arbeitsmöglichkeiten für Frauen zu entwickeln;
- die Hausarbeit als weibliche Arbeit in der Öffentlichkeit darzustellen und damit ihren Wert für die Gesellschaft zu zeigen.

Die Vaterländischen Frauenvereine waren Frauenvereine in den jeweiligen deutschen Ländern, die sich – ungeachtet unterschiedlicher Entwicklung von Tätigkeitsbereichen – zum Verband unter dem Roten Kreuz zusammenschlossen.

Anlaß zur Gründung dieser Vereine waren in den meisten Fällen Kriege. Im Krieg zeigte sich die gesellschaftliche Bedeutung der „weiblichen Arbeit“ auch außerhalb der Familie. Durch die Kriegssituation entstanden Bedingungen, die es den Frauen erlaubten, oder von ihnen erforderten, auch außer Haus Aktivitäten zu entwickeln. In Kriegszeiten müssen Frauen eher als „Gesellschaftsmitglieder“ angesprochen werden, da dann eine gesellschaftliche Konsensbildung zur Kriegsführung notwendig ist, aus der Frauen nicht ausgeschlossen werden können. Die Kriege stellten neue Anforderungen an die Frauen und ließen jeweils neue, aufgrund der Kriegsfolgen oft notwendige soziale Veränderungen entstehen.

Die in den Napoleonischen Kriegen ins Leben gerufenen Frauenvereine hatten es sich zur Aufgabe gemacht, verwundete Krieger zu pflegen und die bedürftigen Familien gefallener Soldaten zu unterstützen (Frauenverein Frankfurt am Main 1813). Schon während der Napoleonischen Kriege hatten sich die Frauen engagiert, sich „in den Dienst des Vaterlandes“ zu stellen, gleichzeitig wurde aber auch an das Nationalgefühl der Frauen appelliert und an ihre moralische Verpflichtung, es den Männern auf dem Felde gleichzutün – auf dem Feld der Nächstenliebe.

Das Engagement der Frauen erlosch weitgehend wieder und wurde dann im „deutschen“ Krieg von den Herrscherhäusern angesprochen (1866). Die Einführung der Wehrpflicht für Männer sollten die Frauen mit einem freiwilligen Beitrag ausgleichen:

> „Wie Männern, welche den Militärdienst nicht zum Lebensberuf gewählt haben, dennoch die ehrenvolle Pflicht obliegt als Einjährig-Freiwillige den Kriegsdienst zu erlernen und durch zeitweise wiederkehrende Übungen sich kriegstüchtig zu erhalten, so sollen die Frauen und Jungfrauen durch einen vierteljährigen Kurs die Krankenpflege erlernen und durch zeitweise kürzere Pflegearbeit sich eingeübt halten“ (Aufruf des Hessischen Alice-Vereins 1872, in: Neidhart 1910, 146).

Im Zusammenhang mit Kriegen und Kriegführung wurde immer dieser Beitrag der Frauen eingeklagt; auch in Friedenszeiten wurden die Frauen mit diesem Gleichheitsgebot auf der Ebene der Pflichten moralisch unter Druck gesetzt (Bayr. Frauenverein: Das Büchlein für die Mutter, 1905, 136).

Der Vaterländische Frauenverein (Preußen) war in erster Linie als paramilitärische Organisation geplant, die pflegerische Ausbildung gedacht für den Kriegsfall und für Hilfsmaßnahmen in Katastrophenfällen. Die Vaterländischen Frauenvereine sollten die Verbandsmaterialien, die notwendige Infrastruktur und Qualifikation der Pflegerinnen für den Kriegsfall bereitstellen. Die Tätigkeit der Kriegsvorbereitung – besonders mit der Gründung des Roten Kreuzes – befriedigte die Frauen allerdings nicht (Friedhelm 1910).

Obgleich die rapide Verbreitung der Vaterländischen Frauenvereine auch ein Ergebnis gelenkten Einsatzes war, mußten eigene Interessen der Frauen zum Tragen kommen, um den Vereinen Kontinuität zu sichern. Die Aufgabenstellung, die Kriegsvorbereitung in Friedenszeiten, d. h. Ausbildung von Frauen für Pflegedienste und die Beschaffung und Verwahrung von Gerät und Material zur Krankenversorgung hätte dazu ebensowenig ausgereicht wie die punktuellen Hilfsmaßnahmen in Katastrophenfällen. Deutlich wird dies im Vergleich zu den von den Landesregierungen angestrebten Vereinen männlicher freiwilliger Hilfskolonnen für den Kriegsfall. Zwar meldeten sich zur Zeit der Kriege Freiwillige und organisierten Transport-, Pflege- und andere Dienste für die Verwundeten, vielfach wie z. B. in Hamburg gelang es auch, beträchtliche Geldbeträge zu sammeln (Kimmle 1910, Bd. 1, 653ff.), jedoch blieb eine kontinuierliche freiwillige Arbeit männlicher Vereinsmitglieder problematisch.[2]

Das zentrale Interesse von Regierungsseite an der militärischen Funktion der Vaterländischen Frauenvereine war nicht hinreichend für eine andauernde Betätigung der Frauen in diesen Vereinen. Das Interesse der aktiven Frauen in den Zweigvereinen zielte auf eine lokale caritative Aufgabenstellung. Zur zweiten Generalversammlung 1869 reichte ein Zweigverein den Vorschlag ein, die Statuten zu erweitern und der „Schwierigkeit, eine passende, fortlaufende, die Mitglieder der Zweigvereine in weiteren Kreisen zur Selbstarbeit auffordernde Tätigkeit zu finden“ zu begegnen, da in den Statuten „der Bestimmung, sich als Vereine gewöhnlicher und fortlaufender Not und Armut hilfreich zu erweisen, nicht besonders gedacht werde“ (Misch 1917, 15). Die Aufnahme der Zielsetzung in die Statuten, „bei allen Aufgaben und Unternehmungen sich zu beteiligen, welche die Beseitigung und Verhütung wirtschaftlicher und sittlicher Not bezwecken“, war ein Zugeständnis, um die Frauen in den Vereinen zu halten (Handbuch 1917, Anhang).

In den Vaterländischen Frauenvereinen liefen das Interesse der Frauen an der Aufwertung der Hausarbeit sowie an dem nach gesellschaftlicher Anerkennung zusammen. Der zunehmenden Isolation der Hausarbeit in der Privatheit und der scheinbaren Abnahme der Hausarbeit (man denke an die ewige Diskussion über den Wegfall des Kerzenziehens und Seifensiedens,

ohne die neuen Belastungen in Rechnung zu stellen) begegneten die Frauen mit der ihnen möglichen Selbstdarstellung in der Öffentlichkeit in Form der ehrenamtlichen Arbeit. Die Ausstellung von Handarbeiten auf den Wohltätigkeitsbasaren, die Gründung und Beaufsichtigung von Einrichtungen verschiedener Art und andere Formen ehrenamtlicher Tätigkeit galten der Selbstdarstellung weiblicher Arbeit in einer Zeit, in der die Hausarbeit mehr und mehr unsichtbar zu werden begann. Die Anerkennung, welche die Arbeit der Frauen in der herrschenden Öffentlichkeit fand, ermöglichte den Frauen, sich als gute Bürgerinnen des Staates zu bewähren. Sie konnten damit ihren Patriotismus beweisen und zeigen, daß sie fähig waren, etwas zum Gedeihen des Vaterlandes beizutragen.
Das Interesse an der Gründung von Vaterländischen und anderen Wohltätigkeitsvereinen läßt sich bei den Regierungen und Bürgern in der Angst vor gesellschaftlichen, sie bedrohenden Veränderungen finden (Sachße/Tennstedt 1980, 222/223). Die Zielsetzung, Frauen bei externen und internen Gefahren nationalen Ausmaßes (Kriegen, Unruhen, Katastrophen) einzusetzen, prägte Inhalte und Organisationsstruktur der Vaterländischen Frauenvereine. 1867, als die strukturelle Armut in Ostpreußen sich durch Mißernten verschärfte, Typhusepedemien sich ausbreiteten und Scharen von Bettelnden durch die Dörfer zogen, erklärten sich die Behörden zu Maßnahmen und finanzieller Unterstützung außerstande, da sie dafür zu sorgen hätten, „daß die Gutsbesitzer im Nahrungsstande erhalten blieben" (Friedhelm 1910, 215). Die Zweigvereine des Frauenvereins wurden zu Sammlungen veranlaßt; zur Verteilung von Nahrungsmitteln und anderen Hilfsaufgaben wurden auf Betreiben der Königin neue Frauenvereine gegründet. Der erfolgreiche Einsatz verdeutlicht: Die Vaterländischen Frauenvereine waren nicht nur imstande, beträchtliche Geldsummen zusammenzubringen[3], sondern bewiesen zudem ihre Fähigkeiten in der Organisation von außerordentlichen Maßnahmen, die im Bereich von Versorgungstätigkeiten lagen.
Als oberste Initiatorin repräsentierte die preußische Königin Augusta – wie andere Landesfürstinnen auch – weibliche Hilfsbereitschaft und Nächstenliebe. Das „warme Interesse", das sie den vielen Fragen innerhalb der Vaterländischen Frauenvereine widmete, machte sie zum Vorbild, das geeignet war, die soziale Tätigkeit als eigentliches Aufgabengebiet der Frauen zu verbreiten. Familiäre Ereignisse im Königshaus waren Anlässe, auf die Bedeutung der sozialen Tätigkeit für das „Familienleben, die Erziehung und das häusliche Leben" hinzuweisen (Misch 1917, 42).
Auch in den Kommunen wurde der Einsatz Vaterländischer Frauenvereine unter dem Gesichtspunkt gefördert, daß damit der Öffentlichen Hand Ausgaben zu ersparen seien. Denn mit der Reichsgründung waren die Gemeinden und Landkreise durch das Unterstützungswohnsitzgesetz zu Sozialhilfeunterstützung in gewissem Rahmen verpflichtet. Die Gemeinden sahen

insbesondere durch die Einrichtung von Anstalten, Kinderbewahranstalten, Rettungshäusern, Wöchnerinnenheimen u.ä. die Möglichkeit, die Ausgaben für Unterstützungsleistungen zu minimieren. Die progressivsten Städte begannen darüber hinaus, Frauen der Vaterländischen Frauenvereine an der öffentlichen Armenpflege zu beteiligen. Zu Beginn der neunziger Jahre konnte schon auf zahlreiche Aktivitäten und Formen der Zusammenarbeit zwischen Gemeinden, Landkreisen und Frauenvereinen hingewiesen werden (Salomon 1901).

Die Bedeutung weiblicher ehrenamtlicher Arbeit zeigt sich an der Verbreitung des preußischen Vaterländischen Frauenvereins: 1869 gab es 291 Zweigvereine (Handbuch 1881, 8), 1896: 847 Zweigvereine mit 140470 Mitgliedern (vorwiegend Frauen) (Münsterberg 1897, 70), 1897 hatte der Verein 1380 Zweigvereine mit 395054 Mitgliedern (Statistik des Deutschen Reiches, Bd. 29, 1887, 13). Er blieb die größte weibliche Organisation bis ins zwanzigste Jahrhundert.[4]

Die Bedeutung der Vaterländischen Frauenvereine lag darin, daß Frauen Möglichkeiten entwickelten, ihre Arbeit als spezifisch weiblich bezeichnete Arbeit in die Öffentlichkeit zu tragen und damit der Tendenz, Hausarbeit als unsichtbare zu diskriminieren, entgegenzuwirken. Allerdings blieben diese Bemühungen eingebunden in die herrschenden politischen Vorstellungen ihrer Zeit. Die Aufwertung der Hausarbeit in der Öffentlichkeit stärkte letztlich die Trennung von Beruf und Familie. Die Frauenvereine spielten eine innovative Rolle in der entstehenden Sozialpolitik.

Dabei sind drei Gesichtspunkte wichtig: die Übernahme von sozialen Aufgaben, die in dem Prozeß der Industrialisierung aus dem gleichsam selbstverständlichen Aufgabenbereich der sozialen Umwelt entfällt, oder neu entstehen. Dabei werden Interventionen in die Familie durch das materielle Interesse der jeweiligen Frauen, bestimmte Unterstützung zu erhalten, erzwungen. Die Frauenvereine konzentrierten sich in der Hauptsache auf die Belange von Frauen und Kindern.

Die Arbeit der Frauenvereine wird zum ergänzenden Moment der Armenpflege, die alte Armenpflege hatte keine Unterscheidungen zwischen auf Lohnarbeit bezogene Leistungen und auf Familie bezogene; sie umfaßte beide Lebensbereiche. Es entwickelte sich ein Delegationsprinzip: Die Frauenvereine übernahmen Aufgaben, die nicht zum eigentlichen Aufgabenkatalog kommunaler Armenpflege gehörten, dennoch aber die öffentliche Armenpflege entlasteten, wie z. B. die Führung für Kinderverwahreinrichtungen, so daß die Mütter arbeiten konnten und keine öffentliche Unterstützung in Anspruch nahmen. Gegen Ende des Jahrhunderts waren die Vaterländischen Frauenvereine auch Träger für Aufgaben, die direkt im staatlichen Interesse lagen wie die Bekämpfung der Säuglingssterblichkeit und der TBC.

Mit den Vaterländischen Frauenvereinen hatte sich ein Prinzip modellhaft etabliert: die Delegation besonders der arbeitsintensiven sozialen Aufgaben (Kindererziehung, Pflege etc.) an freie Träger.
Frauen als diejenigen, die diese Arbeit verrichten – sei es ehrenamtlich oder gegen geringe Bezahlung –, erwarben sich mit den sozialen Vereinen einen weiblich geprägten, außerhäuslichen Lebenszusammenhang. Zugleich aber wurden sie zur leicht manipulierbaren Verfügungsmasse: Der Staat kann zu Zeiten, die durch starkes Nationalinteresse der ganzen Bevölkerung geprägt sind, direkt von den Frauen unbezahlte Arbeit einfordern. Aufgrund der Delegation von Frauen zugeschriebenen Aufgaben an weltanschaulich ausgerichtete Träger, ist auf diesem Wege ein Rekurs auf die schlecht oder unbezahlte Arbeit der Frauen wiederum möglich.
Während vom Mann der Kampf zu Kriegszeiten als Tribut an den Staat abverlangt wird, wird von Frauen erwartet, in ökonomischen Krisenzeiten ihre Arbeit im sozialen Bereich einzusetzen und Not zu lindern, damit an den Sozialetats gespart werden kann.

Anmerkungen

1 Der vorliegende Text ist ein überarbeiteter Teil des Aufsatzes I. Riemann: Die Rolle der Frauenvereine in der Sozialpolitik: Vaterländischer Frauenverein und gemäßigter Flügel der Frauenbewegung zwischen 1865 und 1918, in: Ilona Kickbusch/Barbara Riedmüller: Die armen Frauen, Frauen und Sozialpolitik, Frankfurt 1984.

2 So lösten sich die freiwilligen Korps im Hessischen Hilfsverein nach Beendigung des Krieges 1871 wieder auf, und es wurde gegen Ende der achtziger Jahre wieder versucht, neue Sanitätskolonnen zu bilden (Buchner 1910, Bd. 1, 684). Durch die imperialistischen Ziele des Wilhelminischen Deutschland, die Beschwörung der erneuten Kriegsgefahr mit Frankreich Ende der achtziger Jahre konnten die Vereine erneut männliche Mitglieder mobilisieren.

3 421077 Taler wurden gesammelt (Friedhelm 1910, 220), dies würde mehr als eineinviertel Millionen DM entsprechen und war eine außerordentlich hohe Summe für eine Sammlung.

4 Die zweitgrößte Organisation auf dem Gebiet der Wohlfahrtspflege wurde die evangelische Frauenhilfe: 1899 als Verband gegründet, umfaßte sie 11 Landesverbände mit 1407 Ortsvereinen und 128325 Mitgliedern (ebenda, 14).

Literatur

Bayr. Frauenverein vom Roten Kreuz (Hrsg.): Das Büchlein für die Mutter, München 1905

Buchner, A.: Der Landesverein vom Roten Kreuz im Großherzogtum Hessen, in: Kimmle, H. (Hrsg.): Das Deutsche Rote Kreuz, Berlin 1910, Band 1, 663–690

Friedhelm, H.: Geschichte und Organisation, in: Kimmle, H. (Hrsg.): Das Deutsche Rote Kreuz, Berlin 1910, Band 2, 199–368
Handbuch der Deutschen Frauenvereine unter dem Roten Kreuz, Berlin 1881
Handbuch des Vaterländischen Frauenvereins hrsg. zum 1. 11. 1916, Berlin ^{2}1917
Kimmle, H. (Hrsg.): Das Deutsche Rote Kreuz, Berlin 1910
Misch, K.: Geschichte des Vaterländischen Frauenvereins, Berlin 1917
Neidhart: Der Alice-Frauen-Verein für Krankenpflege im Großherzogtum Hessen, in: Kimmle, H. (Hrsg.): Das Deutsche Rote Kreuz, Berlin 1910, Band 2, 133–179
Sachße, C./Tennstedt, F.: Geschichte der Armenfürsorge in Deutschland, Stuttgart 1980
Salomon, A.: Die Frau in der sozialen Hilfstätigkeit, in: Handbuch der Frauenbewegung II, Berlin 1901, 1–122
Statistik des Deutschen Reiches, Band 29, 1887

4. Die Mäßigkeitsbewegung als Frauenkampf

Elisabeth Meyer-Renschhausen

Obwohl gerade in den allerletzten Jahre erneut ein Bewußtsein von den fatalen Folgen übermäßigen Alkoholkonsums entstanden ist, erscheint uns heute etwas derartiges wie die Mäßigkeitsbewegungen, die international in den Jahren um die letzte Jahrhundertwende eine große Rolle gespielt haben, als kurios und – da gänzlich unpolitisch – unbedeutend; als allenfalls eine Angelegenheit für etwas konservative alte Tanten, die nicht wissen, was sie mit ihrer Zeit anfangen sollen. So kam denn auch kein Protest, als kürzlich die zwei wahrscheinlich letzten alkoholfreien Speisehäuser, die im Rahmen dieser Temperance-Bewegung eingerichtet worden waren, geschlossen wurden. Die beiden Gaststätten – je „Ottilie-Hoffmann-Haus" genannt – mußten in Bremen und Oldenburg aufgegeben werden, weil die zuständigen Städtväter nicht bereit waren, derartigen Einrichtungen allergeringste Unterstützung zukommen zu lassen. Worum ging es nun wirklich diesen Mäßigkeitsbewegungen? Warum traten insbesondere Frauen um 1900 so vehement für die Abstinenz ein? Wer war Ottilie Hoffmann, nach der Ende der zwanziger Jahre in Bremen eine ganze Reihe von alkoholfreien Wirtschaften hießen?

Ottilie Hoffmann hat in Bremen 1835 bis 1925 gelebt. Sie war eine der bedeutenden Vorkämpferinnen der Alkoholgegner im Kaiserreich und hat sich für die „Mäßigkeitssache" insbesonderer zwischen den Jahren 1890 und 1914 eingesetzt. Da Ottilie Hoffmann nicht nur schriftlich oder „agitatorisch" in dieser Bewegung aktiv war, sondern sich mit ganzer Person rund um die Uhr und auch in der praktischen Reformarbeit einsetzte, wurde sie bereits zu ihren Lebzeiten (sie lebte allerdings auch sehr lange) zu einer – möglicherweise zu *der* – Symbolfigur der deutschen Alkoholgegner. So wurde sie beispielsweise 1905 mit einer Geburtstagsfeier geehrt, die an Prunk einer Kaisergeburtstagsfeier kaum nachstand und zu der sie Glückwunschtelegramme pfundweise erhielt. Ihr 90. Geburtstag brachte zum Erstaunen vieler Zeitgenossen auf der Feier ihr zu Ehren die in der Weimarer Zeit so zerstrittenen politischen Parteien von der exstremen Rechten bis zur äußersten Linken ganz friedlich zusammen, und als sie 90jährig starb, wurden an ihrem Grab Reden seitens der Frauenbewegung, der Arbeiterbewegung und der Honoratioren der Stadt Bremen gehalten.

Heute hat man im allgemeinen vergessen, daß diese Mäßgkeitsbewegungen kurz vor und um die Jahrhundertwende insbesondere durch Frauen getragen worden sind und zu großen Teilen Bestandteil der damaligen Frauenbewegungen waren, in den USA beispielsweise ebenso wie im Wilhelminischen Reich. Mir scheint, daß es durchaus kein Zufall war, daß gerade die Vertreterinnen der Frauenbewegung für Mäßigkeit und Abstinenz eintraten. Ich glaube nämlich, daß die Mäßigkeitsbewegung innerhalb der Frauenbewegung zugleich für etwas anderes stand. Frauen, die damals nicht öffentlich vom Elend geschlagener Ehefrauen, dem Kindesmißbrauch innerhalb der Familien, Vergewaltigung in der Ehe und des Ehemanns Vorliebe für Bordellgänge sprechen konnten, sprachen mit ihrem Kampf gegen den Alkohol diese Dinge indirekt an. Aber natürlich ging es außerdem einfach darum, daß die Ehemänner ihre Löhne bei der Ehefrau ablieferten und nicht in der nächsten Kneipe versoffen. Damit ging es zugleich gegen eine Attitüde von Männlichkeit, die die Frauen deswegen bekämpften, weil sie auf ihre Kosten ging.
Diese hier vorangestellten Thesen will ich im Folgenden belegen, indem ich die Anfänge der Mäßigkeitsbewegung im Deutschen Reich vorstelle. Da Ottilie Hoffmann innerhalb dieser Bewegung eine so große Rolle gespielt hat, liegt es nahe, daß ich das insbesonders am Beispiel ihrer Person tue.

I.

Ottilie Hoffmann kam aus „gutem Hause", ihr Vater war Getreidehändler in Bremen. 1835 wurde sie als erstes von vier Kindern geboren. Ihre Mutter, Friderike Franziska Hoffmann, stammte aus einer Offiziersfamilie in Verden an der Aller. Sie verließ das Haus, in dem sie wohnte, kaum, was aber nicht bedeutete, daß sie am geistigen Leben der Zeit nicht teilgenommen hätte, denn noch spielte sich dieses im Bürgertum vielfach innerhalb der Häuser ab. Während der Vater sich 1848 für die Ziele der bürgerlichen Revolution ausgesprochen hatte, war die Mutter mit der Bremer „48erin", der Schriftstellerin Marie Mindermann, befreundet. Mit dieser zusammen unterhielt sie einen Lesekranz, in dem auch über „Frauenfragen" diskutiert wurde.[1]
Mit 5 Jahren kam Ottilie in eine der vielen von Unverheirateten oder Witwen, schlecht oder unversorgten Frauen als winzige Privat-Unternehmen betriebene „Klippschulen". Mit 7 Jahren kam sie in die „höhere Töchterschule" der „Mamsell Lasius". Diese Schule war von Sophie Lasius aus Oldenburg zusammen mit der Bremerin Betty Gleim zusammen 1816 als eine der ersten höheren Töchterschulen Bremens aufgebaut worden. Die Autodidaktin und Schriftstellerin Betty Gleim kann als die erste „Frauenrechtle-

rin"[2] angesehen werden, die mittels dieser Schulgründung die gesellschaftlichen Möglichkeiten der Frauen vergrößern wollte.[3]
Obwohl diese Schule noch in den 1840er Jahren als eine der besten Schulen Bremens überhaupt galt[4], entließ die Schulvorsteherin Ottilie Hoffmann bereits mit 13 Jahren, da sie der Meinung war, das Kind könne bei ihr nun nichts mehr lernen.
Die halbwüchsige Ottilie war darum nun nicht etwa beschäftigungslos, denn noch wurde in den Haushaltungen sehr viel selber hergestellt, was erst gegen Ende des 19. Jahrhunderts einzukaufen üblich wurde. So gab es genügend Arbeit für alle Familienmitglieder. Da Ottilie aber unter dem Mangel an geistiger Anregung litt, schickten die Eltern sie bis zu ihrer Konfirmation nach England zur Schwester der Mutter. In deren Haushalt sollte sie die Kinder betreuen und der Tante als „Haustochter" an die Hand gehen.
Als das junge Mädchen 1851 nach Bremen zurückkam, traf der „Getreidekrach" auch das Geschäft ihres Vater. Wahrscheinlich deshalb wurde Ottilie von einigen befreudeten Familien gebeten, deren Kinder als Vorschüler zu übernehmen. Die Mutter und Marie Mindermann ermutigten die Jugendliche dazu, und so begann Ottilie am 7. Oktober 1851 mit 16 Jahren als Lehrerin zu arbeiten.[5]
Als sich im Sommer des nächsten Jahres durch Vermittlung der Freundin Marie Kalkmann die Möglichkeit bot, eine Anstellung als Lehrerin für heranwachsende Mädchen für die Fächer Deutsch und Musik auf der Insel Wight zu bekommen, nahm Ottilie Hoffmann das Angebot an, um sich weiterzubilden. Eine Ausbildung in einem der seltenen Lehrerinnen-Seminare hätten die Eltern aufgrund der Krise nicht bezahlen können, außerdem war die berufsbezogene Ausbildung der Lehrerinnen damals eher eine Ausnahme als die Regel. Daher war den Eltern diese Aussicht auf eigenständigen Erwerb und weitere „Qualifizierung" der Tochter sehr recht, obwohl allen Beteiligten klar war, daß man sich über Jahre nicht wiedersehen würde.
Nach anstrengenden Anfangsjahren in dem „Töchterinstitut" unter der Leitung zweier Schwestern arbeitet Ottilie als Privatlehrerin in Südengland. Insgesamt blieb sie 5 Jahre in Großbritannien.
Als aber ihre Schwester sich verheiratet hatte und der ältere der Brüder seine Kaufmannslehre beim Onkel in Mexiko absolvierte, wünschten sich die bereits recht alten Eltern die unverheiratete Tochter ins Haus zurück. Dennoch wollte Friderike Hoffmann ihrer Tochter die erworbene Selbständigkeit nicht wieder nehmen. Wahrscheinlich gerade weil im Freundeskreis der Familie Hoffmann Vorurteile gegen weibliche Berufstätigkeit noch bestanden, war Ottilies Mutter der Ansicht, dieser einmal erreichte Durchbruch sollte nicht wieder aufgegeben werden, nur weil es dem Geschäft des Vaters wieder gut ging.
So unterrichtete Ottilie Hoffmann weiterhin an einer Privatschule, und zwar

die Fächer Englisch, Geschichte und Kunstgeschichte. Außerdem gab sie Privatstunden.[6]
Um der Eltern willen verzichtete die Tochter darauf, das Lehrerinnenexamen abzulegen, das ihr relativ selbständiges Arbeiten als Schulvorsteherin ermöglicht hätte. Die Zeit, die sie in die Examensvorbereitung hätte stecken müssen, hatte sie so für die Familie und deren Verpflichtung zur Teilnahme am gesellschaftlichen Leben zur Verfügung. Damalige Famlien nahmen es als selbstverständlich an, daß unverheiratete Töchter als „Familienfeuerwehr“ – so ein Ausdruck der damaligen Frauenbewegung – in Notfällen zur Stelle waren und sich mit all ihrer Zeit und ihrem ganzen Arbeitsvermögen zur Verfügung stellten. Noch als 50jährige verzichtete Ottilie Hoffmann auf einen eigenen Hausstand, um einer verwitweten, gebrechlichen Tante beizustehen.
1865 hatte Luise Otto-Peters mit anderen Frauen in Leipzig den „Allgemeinen Deutschen Frauenverein“ gegründet, damit von Frauen für Frauen bessere Möglichkeiten der Bildung und außerhäuslichen Erwerbsarbeit erstritten würden. Die Bremer Schriftstellerkollegin Luise Ottos, Marie Mindermann, regte draufhin eine ähnliche Gründung für ihre Heimatstadt an. Sie spannte vor allem die junge Ottilie für Gänge ein, die sie selbst – sehr öffentlichkeitsscheu – nicht tun mochte.[7] So kam es 1867 zur Gründung eines „Vereins zur Erweiterung des weiblichen Erwerbsgebietes“, in dem Ottilie Hoffmann nun sehr aktiv wurde. Die Aktivitäten des Vereins bestanden zunächst aus einem „Arbeitsnachweis“, also einer Arbeitsvermittlungsstelle, und einer „Schule“, in der Frauen sich für einen Beruf ausbilden lassen konnten, zunächst vor allem für Kontorberufe. Später kamen weitere Ausbildungsgänge wie Nähen und Schneidern, Hauswirtschaftsunterricht u.ä. hinzu. Die Notwendigkeit, Berufe für Frauen der „mittleren Stände“ zu schaffen, hatte ihren Grund vor allem in den ab etwa 1800 bis in die zweite Hälfte des 19. Jahrhunderts gesunkenen Heiratschancen dieser Gruppe. So waren in der Hansestadt 1867 von 30005 Bremerinnen im Alter zwischen 16 und 50 nur 13479 verheiratet, 16526 aber nicht verheiratet.[8] Je mehr bisher häusliche Tätigkeiten wie Buttern, Einkochen, Einlegen, Spinnen, Nähen usw. von der Industrie (außerhalb des Hauses) billiger erledigt werden konnten, desto wengier konnten die unverheirateten Töchter und Tanten im Hause „produktiv“ beschäftigt werden. Sie lagen ihren Familien als „überflüssige Esser“ auf der Tasche. Trotzdem sperrten die Familien sich gegen die außerhäusliche Arbeit der Töchter, denn es galt als Schande, wenn bürgerliche Frauen ihren eigenen Unterhalt bzw. den der Familie verdienen mußten. Die prüde bürgerliche Moral ließ außerhäusliche und bezahlte Arbeit von „Töchtern“ nicht zu, da es gegen ihre „Ehre“ ging. Der einzige einigermaßen akzeptierte Frauenberuf in diesen Schichten war der der Gouvernante und der der Lehrerin. Vereine wie der Bremer „Verein zur Erweiterung des

weiblichen Erwerbsgebiets" wollten gegen diese Misere angehen, indem sie Frauenberufe schufen.[9]
Ottilie Hoffmann war zunächst nur mit Unterbrechungen im Bremer Frauen-Erwerbs-Verein tätig, da ihre Eltern ernsthaft erkrankten. Auch fühlte sie sich verpflichtet, sich um eine verwitwete Tante in Schrevenborn zu kümmern. Wenn sie jedoch Zeit hatte und in Bremen war, war sie für den FEV aktiv, 1878 beispielsweise zusammen mit Marie Kalkmann bei den Sonntagsabendunterhaltungen für die Schülerinnen und Mitglieder des Vereins, die Frauen sowohl Geselligkeit als auch Bildung bieten sollten.
1881 ging Ottilie Hoffmann nach dem Tod der Eltern nach England, da dort ihre Geschwister lebten. Sie fand eine Anstellung als Privatlehrerin der älteren Töchter bei der „Honorable Mrs. Howard", der späteren Lady Carlisle. Im selben Jahre begann Mrs. Howard ihre Mitarbeit in der „Temperence"-(Mäßigkeits-)Bewegung der englischen Frauen.
1873/74 hatten Frauen in den Vereinigten Staaten von Amerika ihren berühmten „Kreuzzug" gegen den Whisky begonnen, und 1876 war in England eine „British Women's Temperence Association" gegründet worden.[10]
Die Bremer Lehrerin Mathilde Lammers hatte die ersten Erfolge der englischen Mäßigkeitsbewegung bereits 1878 in ihrer Zeitschrift „Nordwest" beschrieben. Vor allem die neuen alkoholfreien Kaffeestuben in London hatten es ihr angetan.[11] Im Januar 1882 nahm Johannes Schröder ihre Anregungen auf und richtete die erste Volkskaffeestube in Bremen ein;[12] 1883 gründeten verschiedene Herren (darunter Mathilde Lammers' Bruder, August Lammers) in Kassel einen „Verein gegen den Mißbrauch geistiger Getränke", der u. a. bereits alkohollose Kaffeehäuser propagierte.[13]
Alle diese Anregungen blieben jedoch zunächst ohne nennenswerte Erfolge. Von einer einflußreichen Mäßigkeitsbewegung konnte in Deutschland damals nicht die Rede sein.

II.

Seit Anfang des 19. Jahrhunderts war die fabrikmäßige Produktion von Schnaps, später auch von Bier möglich. Die Herstellung konnte bald erheblich verbilligt werden. Seit der Mitte des Jahrhunderts begann der Alkoholumsatz drastisch zu steigen. In Wirtschaften war die Essensabgabe mit dem Bestellen alkoholischer Getränke zwangsweise verbunden.[14] Alkoholfreie Getränke hatten sich insbesondere in den „Restaurationen" noch nicht eingebürgert, was auch an der bequemen Lagerfähigkeit der alkoholischen Getränke gelegen haben mag und schließlich vielerorts überkommener Sitte entsprach. Arbeitgeber versorgten ihre Arbeiter vielfach ausschließlich mit alkoholischen Getränken. Trotzdem gab es bis 1880 die „Alkoholfrage" im öffentlichen Bewußtsein in Deutschland noch nicht. Aber nachdem verschie-

dene deutsche Staaten, durch männliche wie weibliche Sozialreformer aufmerksam gemacht, 1881 angefangen hatten, Statistiken zu führen und auszuwerten, konnte man von 1881 bis 1905 eine Zunahme des jährlichen Bierkonsums von 61 Liter pro Kopf der Bevölkerung auf 101 Liter feststellen, mithin um 63 %.[15] Dieselbe Reichsstatistik stellte fest, daß etwa 12 % der Bevölkerung Alkoholiker waren.[16]
Unmäßiger Alkoholkonsum war gegen Ende des 19. Jahrhunderts in der männlichen Bevölkerung weit verbreitet. Ein Student konnte (wie in einem der Frauenartikel beispielhaft geschildert wurde) in einer Woche ein Quantum Bier vertrinken, mit dem man eine Badewanne hätte füllen können.[17]
Aber auch in der Arbeiterbevölkerung wurde viel Alkohol getrunken. Julius Bruhns, der 1878 als junger Arbeiter in eine Bremer Zigarrenfabrik kam, stellte fest, daß, obwohl der Spirituosengenuß untersagt war, viele seiner Kollegen immer wieder betrunken waren; sie tranken alle.[18]
1890 kehrte Ottilie Hoffmann nach Bremen zurück. Gerade war eine große Halle für eine norddeutsche Industriausstellung auf dem Gelände der Bürgerweide errichtet worden. Die Arbeiter, die die Gerüste aufgebaut hatten, hatten bei der Arbeit von ihrem Arbeitgeber lediglich Schnaps und Bier zu trinken bekommen. So war es zu 40 Arbeitsunfällen gekommen, darunter zu 15 schweren.[19]
Ottilie Hoffmann beschloß, einzugreifen und nach dem in England gelernten Vorbild Abhilfe zu schaffen. Sie bat die Vorsitzende des Vaterländischen Frauenvereins, Frau Nielsen, und den Vorsitzenden des „Vereins gegen den Mißbrauch der geistigen Getränke“, Johannes Schröder, um je 100 Mark, spendete selbst 100 Mark und erreichte, daß ihr von einer Konservenfabrik ein kleinerer Pavillion zur Verfügung gestellt wurde. Mit Frau Nielsen warb sie junge Mädchen an, die von 8.30 Uhr bis 10.30 und von 11.30 bis 13.30 Uhr halfen. So konnte pünktlich zum Abbau der Ausstellungshalle der erste alkoholfreie Getränkepavillon mit dem Ausschank von Kaffee und Bouillon beginnen.[20]
Von seiten der Herren Senatoren bezweifelte man, daß die Frauen den „rüpelhaft sich benehmenden“ Arbeitern gewachsen wären. Die Arbeiter nahmen jedoch nicht nur die Milch und den Kaffee (zu je 5 Pfennig), Brühe, Erbsensuppe und Bohnensuppe (zu je 10 Pfennig), an, sondern auch die Mäßigkeitsschriften, die die Damen ihnen anboten:

„Die Damen traten in persönlichen Verkehr mit den Arbeitern, verbanden sie bei leichten Verletzungen, plauderten mit ihnen in ihrer Freizeit, liehen ihnen Bücher, schenkten ihnen kleine Schriften; die Folge war, daß die Arbeiter diese Damen, Fräulein Hoffmann voran, mit aufrichtiger Hochachtung behandelten und sich unter ihren wohlmeinenden Einfluß stellten.“[21]

Wilhelm Bode, der zeitgenössische liberale Sozialreformer, hatte wahrscheinlich recht, wenn er es auf den „persönlichen Verkehr“ zwischen den

Damen und den Arbeitern zurückführte, daß – allen Befürchtungen zum Trotz – die Verständigung zwischen den bürgerlichen Frauen und den Proletariern gelang.
Tatsächlich war Ottilies Aktion in zweifacher Hinsicht erfolgreich: Beim Abbau der Ausstellungshallen kam nur ein einziger schwerer Unfall vor. Außerdem traten die Arbeiter mit der Bitte an Ottilie und ihre Helferinnen heran, beim Aufbau der anschließenden Landwirtschaftlichen Ausstellung eine ähnliche „temporäre Einrichtung" bereitzustellen.

„. . . wir folgten ihrem Wunsch, und zwei Tage nach dem Schluß des ersten Kaffeepavillons wurde die zweite Kaffeeschenke eröffnet. Obwohl 16 Schenken dort in der Nähe waren, trugen die Einnahmen die Errichtungs- und Betriebskosten, durch die an uns ergangene Bitte, auch die fünf Ausstellungstage dort tätig zu sein. Während die 300 Mark des ersten Pavillons nicht ersetzt wurden, konnten wir die vom Vaterländischen Frauenverein für den zweiten vorgeschossenen 200 Mark wieder zurückerstatten. Ich brauche aber wohl nicht zu sagen, daß wir, um Kosten zu sparen, viel Inventar und Hausgeräte aus unserem eigenen Besitz geliehen hatten. Auch dort wurde durch Verteilung von Mäßigkeitsschriften viel Propaganda gemacht und unsere jungen Damen an soziale Hilfeleistungen gewöhnt, wie ich sie zuerst von der Gräfin Carlisle und ihren Töchtern in England gesehen."[22]

Darum ging es Ottilie Hoffmann: Es sollten nicht nur die Arbeiter von den „Damen" etwas über die Gefahren des Alkohols am Arbeitsplatz lernen, sondern zugleich sollten die jungen Mädchen aus „guter Familie" in der praktischen sozialen Arbeit gesellschaftliche Probleme sehen und begreifen lernen. Immer wieder notierte Ottilie für sich und ihre Helferinnen, was und wieviel sie von den Arbeitern gelernt hätten. In diesem Verständnis „sozialer Arbeit" lag die Verknüpfung von Mäßigkeitsbewegung und Frauenbewegung. Dieses Lernen und Studieren durch soziales Helfen war das „Programm", mit dem die damalige Frauenbewegung einerseits soziales Elend in den verschiedensten Bereichen lindern wollte und andererseits den Frauen, die diese gesellschaftliche Aufgabe entdeckt hatten und übernahmen, Anerkennung, „Amt und Würde" in der bürgerlichen Gesellschaft und ihrem Staat erkämpfen wollte.[23]
Ottilie Hoffmanns Getränkepavillon auf dem Ausstellungsgelände wurde der Anfang einer „dauernden Temperenzarbeit". Kurz darauf, im Jahre 1891, begannen die Damen Volksunterhaltungsabende abzuhalten, „in denen nach einem ernsten Vortrg mit Musik und heiteren Darbietungen Zuhörern Aufklärung über die Mäßigkeitsbestrebungen gegeben wurde . . ."[24] Einen Monat später konnte Ottilie notieren: „Am 12. Februar gründeten wir, hauptsächlich aus Arbeiterkreisen, den Mäßigkeitsverein" – wie der Verein auf Vorschlag der Arbeiter genannt wurde.
Da Ottilie Hoffmann am „Ruhm" (wie ihre Biographin Mathilde Planck es formulierte) nichts lag, übernahm auf ihren Vorschlag hin Johannes Schröder den Vorsitz des Vereins. Sie dagegen wurde Geschäftsführerin.[25] Im

Vorstand waren zwar anfangs Männer, Frauen leisteten aber die praktische Arbeit des Vereins fast allein. In mehreren Stadtteilen Bremens eröffnete sie Milchhäuschen, Kaffee- und Speisehäuser, in denen billig Kaffee, Kakao, Milch und Brause und Selters ausgeschenkt und Suppen ausgegeben wurden. Zum Teil hatten sie ganztägig bis 22 Uhr geöffnet. Warme Mahlzeiten zum erschwinglichen Preis machten die Häuser für die Arbeiterbevölkerung attraktiv. Außerdem standen in ihnen Klubzimmer mit Zeitungen, Büchern, Broschüren und Spielen zur Verfügung, die viel genutzt wurden. Als Bedienerinnen arbeiteten ehrenamtliche Helferinnen in den Küchen und einige wenige bezahlte Kräfte.
1907 hatte der Verein bereits 7 alkoholfreie Speisehäuser, die täglich etwa 800 Menschen bedienten. Im 1. Weltkrieg stellten die Frauen ihre Häuser dem Roten Kreuz zur Verfügung, das hier – die praktische Arbeit wurde auch hier weitestgehend von Frauen erledigt – die Massenspeisung der durch den Krieg arbeitslos Gewordenen (z. B. der Textilarbeiterinnen) durchführen konnte.[26]
Einmal eingerichtet, trugen sich die Lokale im wesentlichen selbst. Obwohl der Verein nach Kriegsende über steigende Schwierigkeiten klagte – die Zahl der Gäste ging zunächst zurück, Ausgaben für Löhne, Kranken- und Invalidenkassen, Reparaturen usw. stiegen, Kleinrentner (vielfach Frauen) kamen seltener, da sie den Besuch der Lokale, die ihre Preise hatten erhöhen müssen, nicht mehr finanzieren konnten –, gab es 1925 in Bremen 13 alkoholfreie Speisehäuser und Milchhäuschen, die meisten davon unter der Regie des „Bremer Vereins für alkoholfreie Speisehäuser" (kurz: „Bremer Verein"), wie er sich ab 1916 nannte.[27]
Ottilie Hoffmann begann neben der praktischen Arbeit bald eine umfangreiche agitatorische Arbeit. Sie hatte seit langem auch an englischen Frauenversammlungen teilgenommen. 1893 hielt sie auf der Tagung des Allgemeinen Deutschen Frauenvereins erstmals einen Vortrag über die Alkoholfrage. Als 1894 der Bund deutscher Frauenvereine gegründet wurde, der als Dachverband zunächst auf ein Programm verzichtete, war die Alkoholfrage eine der vier sozialreformerischen Bestrebungen, auf die sich alle Gründungsvereine einigen könnten. Ottilie wurde – als Repräsentantin der Mäßigkeitsbewegung – in den erweiterten Vorstand des Bundes gewählt. Bereits im folgenden Jahr trat der BDF an die Vorstände der Knabenhorte und Jünglingsvereine mit der Bitte heran, die Jungen über die Gefahren des Alkohols aufzuklären, 1899 folgte dem eine Petition an die Kultusministerien, in der die Frauen forderten, über den Alkohol aufklärenden Schulunterricht einzuführen.[28]
In der Folgezeit hielt Ottilie Hoffmann auf unzähligen Frauenkongressen, in kleinen örtlichen Frauenvereinen und in anderen Vereinen der entstehenden Abstinenzbewegung Vorträge, in denen sie für die Mäßigkeitsbewegung

warb. Sie hielt dabei stets den Kontakt zur internationalen Women's Temperence Bewegung, und wurde 1895 in London auf einem riesigen Kongreß der World Women's Christian Temperence Union von deren Vorsitzenden Lady Isabel Somerset und dem Haupt des damals mitgliedsreichsten Frauenverbands der Welt, der amerikanischen Frauen-Temperence-Vereinigung, Frances Willard, aufgefordert, auch in Deutschland einen entsprechenden Verband zu gründen. Aber natürlich ist derartiges nicht einfach übertragbar, zumal auch die amerikanischen Frauen-Abstinenz-Bewegung ihren Höhepunkt bereits überschritten hatte.[29] Im Kaiserreich blieb die Mäßigkeitsfrage vor allem eine Frage, um die man sich im Größeren auf BDF-Ebene kümmerte, und darüber hinaus von der praktischen Arbeit einzelner Frauen in den örtlichen Aktivitäten abhängig.
Besonders eng arbeiteten die Sittlichkeitsvereine und die Abolitionistische Föderation[30] innerhalb der Frauenbewegung mit den Abstinenzlerinnen zusammen. Daß die Unterteilung der Vorkriegsfrauenbewegung in „Radikale" und „Gemäßigte" so schematisch, wie sie heute vielfach gemacht wird, wahrscheinlich unsinnig ist, zeigt unter anderem die Tatsache, daß sowohl Vertreterinnen des „Radikalen Flügels" als auch solche der „Gemäßigten" von Anfang an von der Notwendigkeit eines vehementen Vorgehens gegen die damaligen Trinksitten sehr überzeugt waren.[31]

III.

Warum war die Abstinenzbewegung Frauensache?
Die Trinksitten waren männliche Sitten. Die ungeheure Zunahme des Alkoholkonsums in der zweiten Hälfte des 19. Jahrhunderts betraf nahezu ausschließlich Männer. Es gehörte zu den Mannbarkeitsritualen von der Schüler- und Studentenverbindung, über den „Herrenabend" bis zum „zünftigen Gelage" auch der Arbeiter und ihrer Organisationen, in der Gruppe sich gegenseitig seine Herr-lichkeit zu beweisen, mittels der Mengen, die einer „anstandslos vertrug" und „ohne mit der Wimper zu zucken" „hinter die Binde kippen" konnte. Für Frauen gehörte es sich weder, in eine Kneipe zu gehen, noch zu saufen, allenfalls mal in Maßen „ein Gläschen mitzutrinken". In der Arbeiterbewegung gehörte der Alkohol zum festen Bestandteil dessen, was man heute mit „Arbeiterkultur" zu bezeichnen pflegt. Das lag unter anderem daran, daß die Arbeiterorganisationen kaum andere Versammlungsorte als die Gaststätten hatten, vor allem nicht während der Zeit der Bismarckschen Ausnahmegesetze gegen die Sozialisten. Während dieser Zeit führten „Schwarze Listen" der Unternehmer dazu, daß viele führende Sozialdemokraten zu Gastwirten wurden.

Die Gruppen- und Standesgesellschaft hatte ins 19. Jahrhundert Individuen entlassen, die sich gegen Ende dieses Jahrhunderts angesichts der „rasenden" Industrialisierung, der zunehmenden Verstädterung und der beginnenden Massengesellschaft verloren zu fühlen begannen. Gruppengesellschaft, Religion und das Ideal der allseitig gebildeten Persönlichkeit hatten aufgegeben werden müssen, nur der Trunk als „Privileg des freien Mannes" war geblieben. Deswegen – so meine Vermutung – das ständige und zunehmende Beschwören der letzten Gruppenzugehörigkeit wie des letztes Rests des Ich-Gefühls, der Identität, der „Männlichkeit", nämlich auf allabendlichen Stammtischrunden, als „Mann unter Männern"; dem vom Produkt seiner Arbeit Entfremdeten in Fabrik, Kontor und Ministersessel blieb nur noch der Rausch.

Was Otto Rühle für die Arbeiter feststellte, nämlich, daß sie tranken, um ihre Mannbarkeit mittels des Trinkens zur Schau zu stellen, gerade weil sie ansonsten kaum etwas „zu sagen" hatten,[32] gilt ja auch für große sich zum einfachen und mittleren Bürgertum zählende Gruppen, die infolge des Dreiklassenwahlrechts und niedriger Einkommen an der Herrschaft kaum teilhatten.

Das Saufen als Mannbarkeitsbeweis bedeutete nicht nur, daß die Frauen den kühlen Kopf zu bewahren hatten. Es konnte für die Frauen aller Schichten äußerstes materielles Elend bedeuten, und zwar Hunger und Obdachlosigkeit, wenn der Mann seinen Wochenlohn bereits am Samstag, dem Lohntag, versoffen hatte. Es bedeutete für die Frauen darüber hinaus, steter Prügel seitens des Eheherren nicht nur für sich, sondern auch für die Kinder gegenwärtig sein zu müssen. Der Suff bedeutete weiterhin: Vergewaltigung in der Ehe, ungewollte Kinder, Kindesmißbrauch. Der Alkoholismus bedeutete schließlich sogar eventuelle Syphilis- und Gonorrhoe-Ansteckungen, wenn die Herrenriege eine Feier mit einem gemeinsamen Gang ins Bordell abgeschlossen hatte.

Der Frauenbewegung standen zum Kampf dagegen nicht viele Machtmittel zur Verfügung. Weder im Bereich der Politik noch in dem des Rechts noch des Geldes hatten die Frauen Stimme und Einfluß. Daher also mußten sie zu ihrem Schwert machen, daß was man(n) ihnen zugestanden hatte: ihre „Moral", ihre „Gefühle", ihre Funktion als „Hüterinnen des Hauses und der guten Sitten". Deswegen mußte die Frauenbewegung über die Erziehung und Wertewandel versuchen, wirksam zu werden. Das machten die Frauen wie Ottilie Hoffmann hausfraulich-pragmatisch in kleinen Schritten, mit alkoholfreien Speisehäusern und vorbildlicher Abstinenz. Sie siedelte ihre praktische Arbeit in einer Nische der Gesellschaft an, die noch nicht geschlechterspezifisch zugeordnet war: in der sozialen Hilfsarbeit, einem gesellschaftlichen Feld, das sich erst allmählich seit den 80er Jahren des 19. Jahrhunderts in Deutschland herauszubilden begann. Dort, wo es darum ging, für Ärmere fürsorglich und „fürsorgerisch“ tätig zu werden, fühlten die Damen der „mittelten Stände“, des Bürgertums, sich berufen, einzugreifen. Darin sahen sie ihren Weg, die Gesellschaft zum Besseren zu ändern und mittels dieser Änderung nicht nur den Armen, sondern auch allen Frauen zu ihrem Recht zu verhelfen. Sie stießen in diesem Bereich auf relativ wenig Widerstand, denn das zunehmende „Massenelend in den Städten“, das die Frauen mittels „organisierter Mütterlichkeit“ (ein Wort, welches die deutschen Frauen aus England und den USA übernommen hatten) zu mindern suchten, war allzu evident.

„Faktisch“ haben die Frauen außer ihren Speisehäusern wenig erreichen können, vor allem konnten sie die nach amerikanischen Vorbild angestrebte Gesetzesänderungen nicht erreichen. Im Todesjahr Ottilie Hoffmanns, 1925, veröffentlichte Helene Lange in der „Frau“ einen Artikel, in dem sie den äußerst halbherzigen Umgang des Reichstages mit der Gesetzesvorlage zum „Gemeindebestimmungsrecht“, welches ermöglichen sollte, auf lokaler Ebene die Zahl der Kneipen einzuschränken, scharf kritisierte.[33]

Wohl aber – so scheint mir – haben die Frauen indirekt etwas erreichen können: Nicht von ungefähr bildete sich die Abstinenzbewegung innerhalb der Arbeiterbewegung vor allem zuerst in Bremen heraus, und schließlich blieb das gesamte Spektrum der Jugendbewegung bis hin zu den Arbeiterjugendorganisationen die ganze Weimarer Zeit hindurch grundsätzlich abstinent.

Daß aber vor zwei Jahren, heute, wo man allenthalben den Sinn für alte Häuser, Geschichte und lokale Traditionen wieder neu entdeckt – die beiden letzten der Ottilie-Hoffmann-Häuser seitens der „Stadtväter“ geschlossen wurden,[34] ist vor allem als deutlich „symbolische Handlung“ zu verstehen.

Anmerkungen

Ich danke Frau Olivia Meckel, Bremen, vom Deutschen Frauenbund für alkoholfreie Kultur für unser Gespräch.

1 Mathilde Plack: Ottilie Hoffmann – Ein Beitrag zur Geschichte der deutschen Frauenbewegung, Bremen 1930; Wilhelmine Lohmann: Ottilie Hoffmann, Bielefeld 1926; Elsa Ahlers: Ottilie Hoffmann Bremen 1835–1925 – Das Lebensbild einer Reformerin, hrsg. vom Bremer Verein für Alkoholfreie Speisehäuser, Bremen o. J.; Ottilie Hoffmann, in: Bremische Biographie 1912–1962, Bremen 1969, 240–242.

2 Das Wort „Frauenrechtlerin“ war ursprünglich eine abschätzige Bezeichnung für die Frauen aus der ersten Frauenbewegung, sie haben es daher für sich selbst nie benutzt. Ebensowenig war vor dem 1. Weltkrieg der Begriff „Feministin“ gebräuchlich, der ebenfalls ursprünglich abschätzig gemeint war, auch innerhalb der amerikanischen und der englischen Frauenbewegung. Obwohl die Frauenbewegung im 19. Jahrhundert und frühen 20. Jahrhundert mit der heutigen Frauenbewegung nicht direkt vergleichbar ist, ist es jetzt allgemein üblich geworden, beide

Begriffe auch zur Bezeichnung der Vertreterinnen der ersten Frauenbewegung zu benutzen.

3 Vgl. u. a. August Kippenberg: Betty Gleim – Ein Lebens- und Charakterbild, Bremen 1882; Josephine Zimmermann: Betty Gleim (1781–1827) und ihre Bedeutung für die Geschichte der Mädchenbildung, Phil. Diss. Köln 1926.

4 Wilhelm Böhmert in seiner Rede anläßlich Ottilie Hoffmanns Beerdigung, in: Auf das nicht vergessen werde, 3 Reden zu Ottilie Hoffmann's Beerdigung, o. O., o. J. (Bremen 1926).

5 Mathilde Plack, a. a. O., 35.

6 Ebda, 53ff.

7 Ottilie Hoffmann, Vortrag gehalten in Iserlohn Juli 1921, in: Staatsarchiv Bremen (im folgenden mit StA B abegkürzt) 7.1021 A.2; siehe auch: Lucie Lindhorn: 50 Jahre Frauenerwerbs- und Ausbildungsverein, Bremen 1915.

8 Victor Böhmert: 100 Jahre Geburtenstatistik. Mitteilungen des Statistischen Landesamtes Bremen 1926, 16, Tabelle 10.

9 Vgl. dazu u. a.: Herrad Ulrike Bussemer: Frauenfrage, Frauenbewegung und Frauenberufstätigkeit in Deutschland 1865–1875, Phil. Diss. (masch. schr.) Berlin 1982; Margrit Twellmann: Die deutsche Frauenbewegung. Ihre Anfänge und erste Entwicklung 1843–1889, Phil. Diss. Meisenheim/Glan 1972, 2 Bde.

10 Johan Bergmann: Geschichte der Nüchternheitsbestrebungen. Aus dem Schwed. übersetzt und hrsg. von R. Kraut, Hamburg ^{2}1923, 2 (^{1}1907).

11 Wilhelm Bode: Gasthausreform durch die Frauen, Weimar 1803, 35.

12 Ebda, 36.

13 Ebda, 37.

14 Friedrich Rauers: Kulturgeschichte der Gaststätte, Berlin 1941, 2 Bde., hier: 2. Bd., 1170ff.; Handwörterbuch der Staatswissenschaften, Ausgabe von 1909, Bd. 1, 387–401, hier 393ff.; James S. Roberts: Der Alkoholkonsum deutscher Arbeiter im 19. Jahrhundert, in: Geschichte und Gesellschaft, 1980, 220–242, hier 223ff.; Irmgard Voigt: Einige Fragen zum Alkoholkonsum der Arbeiter – Kommentar zu J. S. Roberts, in: Geschichte und Gesellschaft 1982, 134–140, insb. die Tabelle S. 137ff.

15 Carl Klawitter: Zur Alkoholfrage (Schriftenreihe des Deutschen Arbeiter Abstinenten-Bundes), Berlin o. J. (^{3}1913), 15.

16 Otto Rühle: Illustrierte Kultur- und Sittengeschichte des Proletariats, 2 Bde.; Bd. 1, ^{1}1930, Neudruck: Frankfurt a.M. 1971, 428.

17 Mathilde Planck: Alkoholismus und persönliche Freiheit, in: Die Frau, Jg. 1906/07, 233–238.

18 Julius Bruhns: „Es klingt im Sturm ein altes Lied" – Aus der Jugendzeit der Sozialdemokratie, Stuttgart 1921, 51f.

19 Wilhelm Bode, a. a. O., 40.

20 Ottilie Hoffmann in ihren Tagebüchern, hier zit. nach Mathilde Planck, a. a. O., 130 u. 134.

21 Wilhelm Bode, a. a. O., 40.

22 Ebda.

23 Zur These „Soziale Arbeit als Universitäts-Ersatz" vgl. meine Aufsätze: Von sittsamen Frauen und liederlichen Weibspersonen, in: Courage, Februar 1982, 28–33 und: Der Männerhaß der Polizeimatrone – Zur Sittlichkeitsbewegung, in: Courage, Juli 1983, 41–46.

25 Ebda, 142.

26 Vgl. dazu die Jahresberichte des Bremer Mäßigkeitsvereins, in: StA B 7, 1021 A.6.

27 Ebda, Jahresbericht für 1916, 6.

28 Ottilie Hoffmann: Die Teilnahme der deutschen Frauen an der Bekämpfung des Alkoholismus, in: Handbuch der Frauenbewegung, hrsg. von Helene Lange und Gertrud Bäumer, 5 Bde., Teil II: Frauenbewegung und soziale Frauentätigkeiten nach Einzelgebieten, bearb. von Alice Salomon, Berlin 1901, 193–200. Siehe außerdem zahlreiche Artikel zu den diversen Kongressen und Tagungen der Frauenbewegung und der Mäßigkeitsbewegung, u. a. „Die Frauenbewegung" ab 1893 ff. und das „Centralblatt des Bundes deutscher Frauenvereine" ab 1896 ff.

29 Ruth Bordin: Woman and Temperence. The Quest for Power and Liberty, 1873–1900, Temple University Press, Philadelphia 1981, 140 ff.

30 Die internationale abolitionistische Föderation wurde 1875 in England gegründet zwecks „Abschaffung des stattlich regulierten Lasters" (to abolish = abschaffen). Deutsche Zweigvereine der Föderation entstanden erst ab 1899 und richteten sich insbesondere gegen den § 361, 6 des Strafgesetzbuches, da sie ihn als eine staatliche Protektion der Unsittlichkeit bzw. Prostitution empfanden. Außer den Abolitionistinnen gab es den älteren Verein „Jugendschutz" (ab 1889), ebenfalls gegen die staatliche Form des Umgehens mit der Prostitution gerichtet. Die meisten evangelischen Männer-Sittlichkeitsvereine waren ursprünglich auch von den Engländerinnen (Josephine Butler) angeregt worden, im Gegensatz zu entsprechenden Frauenvereinen waren sie durch die Bismarck'sche Ausnahmegesetzgebung ungeschoren geblieben. Es gehörten also auch die Abolitionisten zur Sittlichkeitsbewegung, die innerhalb und infolge der Frauenbewegung um 1900 einen Höhepunkt erreichte. Die Frauen sprachen wahrscheinlich lieber von der Sittlichkeitsfrage oder dem „Laster", weil diese Bezeichnung die Prostitution und ihre Kundschaft umfaßte, während das Sprechen von „der Prostitution" suggeriert, als wäre die Prostitution nur ein „Problem" der Frauen.

31 Siehe dazu u. a. Minna Cauers engagierte Berichterstattung zur internationalen Mäßigkeitsbewegung in: „Frauenbewegung" 1893 ff. und andererseits die vielen Artikel zur Alkoholfrage in der Zeitschrift „Die Frau", ebenfalls ab 1893 ff.

32 Otto Rühle, a .a. O., 416 ff. und 421 f.

33 Helene Lange: Das Gemeindebestimmungsrecht im Reichstag, in: Die Frau, März 1925.

34 Natürlich haben in beiden Fällen die Kommunen die Ottilie-Hoffmann-Häuser nicht direkt selbst gechlossen, sondern sie haben dem Trägerverein, dem Deutschen Frauenbund für alkoholfreie Kultur (gegründet von Ottilie Hoffmann im Jahre 1900 in Bremen) gesundheits- und baupolizeiliche Vorschriften gemacht: Küche resp. WC entsprächen nicht mehr den heutigen Anforderungen und müßten umgebaut werden, der Umbau wäre aber nicht möglich, weil das Haus zu alt wäre bzw. der Deich dadurch in Gefahr käme. Außerdem wurden auch nur geringe Zuschußwünsche seitens des Deutschen Frauenbundes für Alkoholfreie Kultur abschlägig beschieden.

5. Elizabeth Cady Stanton, Susan B. Anthony und die europäische Frauenbewegung

Karen Greenspan

Elizabeth Cady Stanton und Susan B. Anthony forderten in beispielloser Weise den Kampf für die politische Gleichberechtigung der Frau in den USA. Bekannt wurden sie durch ihr unermüdliches Eintreten für das allgemeine Frauenstimmrecht. Im Jahre 1920 wurde allen Frauen durch den 19. Zusatzantrag der Verfassung das Stimmrecht garantiert; ohne Stantons und Anthonys Einsatz wäre das wohl kaum verwirklicht worden.
Stanton und Anthony lernten sich 1852 kennen und arbeiteten von Anfang an ausgezeichnet zusammen. Sie bestanden darauf, daß Frauenrechte eine zentrale Rolle für alle Reformbewegungen spielen und brachten Frauen aller Länder zusammen, die in Gleichberechtigungs-, Abstinenz-, Antisklaverei- und Sittlichkeitsbewegungen, in der Bildungs-, Kleidungs- und Gesundheitsreform tätig waren. Sie schufen die grundsätzlichen Argumente für die Fähigkeit der Frau, sich an politischen Reformen zu beteiligen und sich zu emanzipieren. Die schriftliche Aufzeichnung von Stantons und Anthonys Ausführungen ist von zentraler Bedeutung sowohl für die Wiederherstellung der Frauengeschichte des neunzehnten Jahrhunderts, als auch für eine neue Auslegung der amerikanischen Geschichte. Weil die Schriften fragmentarisch, zerstreut und häufig noch nicht wiedergefunden worden sind, konnten Forscher bis jetzt noch nicht mit den gesamten Aufzeichnungen der Wechselwirkungen zwischen Stanton, Anthony und anderen Frauenrechtlerinnen des letzten Jahrhunderts arbeiten. Durch unser Projekt, das die Sammlung und Aufzeichnung aller vorhandenen, sich mit Stanton und Anthony befassenden Schriften beteiligt, wollen wir einen Beitrag zur Wiederherstellung des noch allzu fragmentarischen Bildes der Situation der frühen Frauenrechtlerinnen leisten.

Stanton, Anthony und die deutsche Frauenbewegung

Im Jahre 1840, kurz nach ihrer Heirat, begleitete Elizabeth Cady Stanton ihren Mann auf seiner Antisklaverei-Vortragsreise durch England. Dort

lernte sie andere Reformatoren kennen. Sie war unter den ersten (zwar von vielen Delegierten, besonders den Engländern, weniger gern gesehenen) Frauen, die sich an den Antisklaverei-Versammlungen beteiligten. Sie kehrte mit der Überzeugung heim, daß Frauen das Recht auf eine eigene öffentliche und politische Stimme haben und daß die Zeit gekommen sei, ihre Forderung danach laut werden zu lassen. 1848 rief Stanton die erste Frauenrechtversammlung zusammen, die in Seneca Falls, NY, stattfand. Sie schrieb das fast sofort weltberühmte Manifest der Konvention, die „Declaration of Sentiments", das wiederholt übersetzt und gedruckt wurde. Zahlreiche europäische Zeitschriften, auch nach dem Tod der Schriftstellerin im Jahre 1902, begrüßten die Fortschrittlichkeit dieses Manifests.
Susan B. Anthony, Tochter eines Gegners der Sklaverei, hielt ihren ersten öffentlichen Vortrag auf einer Antialkohol-Veranstaltung ein Jahr nach Stantons berühmter Versammlung für Frauenrechte. 1853 war sie als Lehrerin tätig und sprach als erste Frau auf einer Lehrerversammlung. Nach dem amerikanischen Bürgerkrieg konzentrierte sich Anthonys Arbeit auf die Erlangung des Frauenstimmrechts, während Stantons Anliegen sich mit den Jahren als immer breiter gefächert erwiesen. Zeitlebens arbeitete sie an der Entdeckung und Ausarbeitung der Bedingungen für die Unterdrückung der Frau und an Möglichkeiten zur Verbesserung ihrer Situation. Obwohl Anthony erst 1883 nach Europa kam, stand sie schon seit 1869 mit europäischen Frauen in schriftlicher Verbindung. Als zweite Vorsitzende des National Woman Suffrage Association (Nationaler Verein für Frauenstimmrecht; Stanton war erste Vorsitzende) unterschrieb sie am 28. September 1869 einen Gratulationsbrief an den neugegründeten Verband Deutscher Frauen Bildungs- und Erwerbsverein. Im gleichen Jahr ließen sich die beiden Freundinnen als Mitglieder in der schweizerischen „Association internationale des femmes" eintragen. Von 1869 bis 1871 gaben Stanton und Anthony eine Zeitschrift, die „Revolution", heraus, und es ist bemerkenswert, daß viele Artikel, Berichte und Skizzen von der europäischen Frauenbewegung (der französischen, englischen, deutschen und Schweizer) handeln.
Zwischen 1882 und 1895 war Stanton mehrmals in Europa hauptsächlich in England, wo sie Verbindungen mit Reformatorinnen aufrecht erhielt. 1883 fuhr Anthony nach England, ihre Freundin Stanton zu besuchen. Dort reisten die beiden in alle Teile des Landes, um auf Frauenstimmrecht-Versammlungen zu sprechen und die Bewegung, die sie schon als die ihrige betrachteten, zu verbreiten. Mit ihrer sogenannten „Nichte", Rachel Foster, fuhr Anthony nach Italien, Deutschland, Frankreich und in die Schweiz. Hauptsächlich war dies eine Urlaubsreise, aber in Berlin ging es wieder um die Bewegung. Anthony besuchte Frau Schepeler-Lette und den Lette-Verein und lernte die erste deutsche Zahnärztin, Henriette Tiburtius, kennen.
Mit der Gründung der International Council of Women während der

20. National Woman Suffrage Association Meeting in Washington, DC, fing 1888 ein beständiger Austausch zwischen amerikanischen und europäischen Frauenrechtlerinnen an. Die achtziger Jahre waren gekennzeichnet durch ein erneuertes und lebhaftes Interesse an der politischen Gleichberechtigung der Frau in Europa und ein verstärktes Begehren nach weltweiten Verbindungen auf der Seite der Amerikanerinnen. In die USA kamen nach 1848 viele Flüchtlinge, allen voraus Mme. Mathilde Anneke, die sich mit ganzer Kraft für die amerikanische Frauenbewegung einsetzten. Durch sie lernten amerikanische Frauen ihre europäischen Schwestern kennen und, ein bißchen, verstehen. Durch sie wurde das Vorurteil der ungebildeten Ausländer allmählich abgebaut. Die großen Anführerinnen der deutschen Frauenbewegung, Louise Otto-Peters und Auguste Schmidt, schickten offizielle Grüße an die NAWSA-ICW-Versammlung und, vielleicht, eine nichtoffizielle Delegierte, Antonie Stolle (von welcher wir fast nichts wissen). Nach Heymanns und Augspurgs „Erlebtes, Erschautes" war für die Deutschen die Gründung der ICW der letzte, nötige Schritt, der die Gründung des Allgemeinen Deutschen Fraunenvereins beschleunigte.
Die Chicago Welt-Ausstellung im Jahre 1893 machte einen großen Eindruck auf die internationalen Frauenwelt. Für uns heute ist das Ereignis hauptsächlich wegen der Anwesenheit solcher Frauen wie Käthe Schirmacher und Hanna Bieber-Boehm interessant. Wir hören, zum ersten Mal, welchen Eindruck die Amerikanerinnen auf deutsche Frauen machten, wie Stantons radikale Theorie und Anthonys praktische Organisationsfähigkeit sich ergänzten. Die europäischen Frauen bewunderten die Amerikanerinnen, auch wenn sie deren Methoden nicht kopierten, da ihre eigene Situation so anders war. Von dieser Zeit an ist es immer offensichtlicher, daß die bürgerliche amerikanische Frauenbewegung dem sogenannten „Linken Flügel" der deutschen Frauenbewegung ähnlicher war als der deutschen bürgerlichen Frauenbewegung.
Im Jahr 1895 veröffentlichte Stanton ihre „Frauenbibel", eine neue feministische Auslegung des Alten Testaments. Vor dem Erscheinen des zweiten Teils der „Frauenbibel" 1898, befragte sie ein „Beratungskomitee" europäischer und amerikanischer Predigerinnen und Feministinnen, unter anderem die Salzburger Schriftstellerin Irma von Troll-Borostyani, ob das Christentum die Lage der Frau wesentlich verbessert hatte. Ihre Antworten (die wir uns leicht vorstellen können) wurden als Anhang zum zweiten Band veröffentlicht. Dies war Stantons Versuch, und nicht ihr erster, die prinzipielle Schwesternschaft der Frauen aller Länder, Religionen und Kulturen in den Vordergrund zu bringen und einen gemeinsamen Feind oder Gegner zu identifizieren.
Ihre größte Arbeit war die „History of Woman Suffrage", eine Riesenarbeit, die bis 1910 auf sechs Bände anwuchs. Stanton und Anthony schrieben die

ersten drei Bände zusammen, Anthony allein den vierten Band, und andere Frauen die letzten zwei. Anthony schickte auf eigene Kosten zahlreiche Kopien an Privatpersonen, Bibliotheken, Universitäten und Regierungen in der ganzen Welt.
Für die Öffentlichkeit repräsentierten Stanton und Anthony zwei Seiten der amerikanischen Frauenbewegung: Stanton war die Haupttheoretikerin, Anthony der „Napoleon". Allmählich wurde Anthonys Ruf in Amerika und im Ausland viel größer, wahrscheinlich weil sie öfters auftrat und sich nicht als so halsbrecherisch radikal wie Stanton darstellte. Schon vor Stantons Tod im Jahre 1902 war Anthony die Hauptfigur, sogar eine Repräsentationsfigur, nicht nur bei den Amerikanerinnen, sondern auch im Ausland. In „Erlebtes, Erschautes" beschreibt Lida Gustava Heymann Anthony als eine Heldin der Frauenbewegung.

„Noch heute sehe ich sie lebendig vor mir, freudestrahlend, den Kopf etwas vorniedergebeugt, aber sonst straff und aufrecht, mit einem revolutionär roten Schal um die Schultern, in lebhafter Unterhaltung mit uns ... Diese wundervolle Frau gehörte zu den wenigen, welche die Gabe weiter Vorausschau haben; sie erlebte visionär jene Zeit, wo die völlig befreiten Frauen die Menschheit zu lichteren Höhen führen werden." (111–112)

Die Zeitungen nannten Anthony „Tante Susan" und die „Greisin". Fast immer geschah das mit einer überraschenden Hochachtung vor der alten Dame. Die beliebteste Anekdote handelte von der Begegnung zwischen Kaiserin Auguste und der 84jährigen Anthony:

„Ganz reizend gestaltete sich die Unterhaltung zwischen der Kaiserin und Miss Susan B. Anthony. Die Kaiserin reichte ihr die Hand, die die Amerikanerin nicht küßte, sondern kräftig schüttelte. Die Kaiserin ließ dann für die alte Dame einen Lehnstuhl herbeibringen und bat sie niederzusitzen, und die offenherzige Republikanerin ließ sich ungeniert nieder und benutzte die gute Gelegenheit, der deutschen Kaiserin ein Privatissimum über die Frauenbewegung zu halten. ‚Sie müssen dies dem Kaiser sagen', klang es alle Augenblicke aus ihrem Munde. ‚Die Herren wollen aber nicht immer alles hören!' entgegnete die Kaiserin mit keinem Lächeln. ‚O, Ihr Kaiser und unser Roosevelt, das sind zwei so prächtige Männer, sie werden schon hören wollen!' sagte darauf Miss Susan Anthony, mit begeisterter Überzeugung. (Berliner Tageblatt, 16. Juni 1904)

Die Geschichte ist vielleicht ein wenig herablassend erzählt, zeigt aber das beiderseitige wohlwollende Verständnis, das immer hinter den Internationalisierungsimpulsen lag. Clara Neymann, eine deutsche Frauenrechtlerin, die in den USA arbeitete, erklärte den Unterschied so:

„Der Unterschied zwischen dem Deutschen und dem Amerikaner ist einfach so: daß der Deutsche an Monarchismus, an die Herrschaft des Kaisers und Prinzen Bismarks, glaubt, während der Amerikaner an die Herrschaft aller Menschen, hoch und niedrig, reich und arm, glaubt.."

Nach dem Tod Anthonys entfernten sich die Bewegungen voneinander. Aber in den frühen Tagen der Frauenbewegung in beiden Ländern unterstützten sich die Gruppen gegenseitig. Die Anführerinnen der nationalen Bewegungen, wie Stanton und Anthony und ihre europäischen Mitstreiterinnen, setzten sich in beispielloser Weise ein, um eine internationale Gemeinschaft zur Vertretung der Frauen mit ihren gemeinsamen Bedürfnissen und Kümmernissen zu schaffen. Und während sie versuchten, sich mit Frauen aus anderen Ländern zusammenzuschließen, forderte diese Situation sie dazu heraus, ihre eigenen Umstände näher zu analysieren und zumindest zu versuchen, die Unterschiedlichkeit sowie die Ähnlichkeit ihrer Lage und die ihrer ausländischen Schwestern zu verstehen. Obwohl die tatsächliche Zusammenarbeit von Frauen aus verschiedenen Ländern und unterschiedlicher sozialer Schichten in Wirklichkeit nur selten mehr als ein attraktives Ideal war, blieb die Idee der „internationalen Frauenbewegung“ sowohl ein wichtiger Bestandteil in der Identitätsfindung der nationalen Bewegungen als auch ein beeindruckener erster Schritt zur internationalen Anerkennung der politischen Einflußkraft aller Frauen.

6. Frauen und Politik/Macht – ein Beispiel in der deutschen Frauengeschichte: Lily Braun und Clara Zetkin in der SPD um die Jahrhundertwende (1896–1908)

Marianne Walle

Das Thema meiner Habilitation ist „Die Geschichte der Frauen in Deutschland zwischen 1871 und 1933". Es ist keine chronologische Beschreibung – eine solche wurde schon von anderen geschrieben –, sondern ich versuche ihre Nicht-Existenz in der deutschen Geschichte zu zeigen. Von vier zentralen Frauengestalten gehe ich aus: Louise Otto (1819–1895), Helene Lange (1848–1930), Lily Braun (1865–1916) und Clara Zetkin (1857–1933). Ich beschreibe ihren Alltag, das Bild des Vaters, das Gesagte und besonders das Nicht-Gesagte, das Geschriebene und das Nicht-Geschriebene. Ich versuche ihre Beziehung zur Arbeit, zur Ehe, auch ihre Angst, ihre Einsamkeit, ihre Mutlosigkeit zu erfassen. Die Geschichte der Frauen ist auch die Geschichte ihres Körpers: Yvonne Kiebihler[1] fragt sich: Soll man die Geschichte der Frauen nicht anders erforschen, und zwar als „Chronobiologie": Periodizitäten, Zyklen wie die ihres Körpers in Betracht ziehen, besonders zu einer Zeit, wo sie ihr reifes Alter nicht mit der Identität leben konnten wie heutzutage? Die Quellen meiner Arbeit sind vor allem ihre Memoiren und Lebenserinnerungen, ihre Korrespondenz, ihre Zeitungsartikel (alle vier waren Herausgeberinnen oder Mitherausgeberinnen einer Zeitung für Frauen), aber auch alle ihre sonstigen Werke.

Von zweien dieser Frauen möchte ich sprechen, nämlich von Lily Braun und Clara Zetkin; vorzustellen brauche ich sie nicht. Was mich hier an ihnen interessiert, ist ihre Beziehung zur Macht in der damals einzigen Partei Deutschlands, die die volle Gleichberechtigung der Frauen in ihr Programm aufgenommen hatte. Die mich interessierende Zeitspanne sind die Jahre 1896 bis 1908.

1896 ist ein wichtiges Jahr für die deutschen Frauen: Im Februar traten in Berlin 20000 Näherinnen oder Kleiderverfertigerinnen in Streik, der allgemeine Sympathien, sogar bei dem Bund Deutscher Frauenvereine (B.D.F.), erweckte, und zahlreiche Geldspenden flossen anfangs den Streikenden zu. Im Juli desselben Jahres organisierten die „Radikalen" Minna Cauer und

Anita Augspurg eine öffentliche Frauenversammlung in Berlin (die größte, die bisher stattgefunden hatte): Das Thema war die rechtliche Situation der Frauen im neuen BGB, das 1900 in Kraft treten sollte und bis 1954 gültig war. Im September fand der Internationale Frauenkongreß in Berlin statt, an welchem 1700 Delegierte aus vierzehn Ländern teilnahmen. Viel ist nicht dabei herausgekommen, aber es wurde darüber gesprochen und in den Tageszeitungen – oft mit Ironie – geschrieben. Der einen Monat später stattfindende Gothaer Parteitag der SPD konnte nicht umhin, für die Frauen mehr zu fordern als das, was bisher gefordert wurde. An diesem Parteitag hielt Clara Zetkin eine Rede, die wohl die am sorgfältigsten durchformulierte Aufzeichnung ihrer Theorie der Frauenemanzipation war (die erste große Rede darüber hielt sie 1889 in Paris).
1908 ist das Jahr des Reichsvereinsgesetzes, der Aufhebung des seit 1850 geltenden Gesetzes, das Frauen verbot, an politischen Versammlungen teilzunehmen. Jetzt durften sie auch Mitglieder einer politischen Partei werden; das bedeutet aber auch Aufhebung der Autonomie der Arbeiterinnenbewegung der Partei gegenüber.
Die Zeitspanne 1896–1908 ist für die proletarische wie für die bürgerliche Frauenbewegung diejenige, wo sie am engsten nebeneinander gearbeitet haben, und es ist das Verdienst Lily Brauns, Minna Cauers, einer Anita Augspurg wie einer Lida Gustava Heymann. Miteinander gearbeitet haben beide Bewegungen leider nur im 1. Weltkrieg, nicht für sich selbst, sondern für das Vaterland, den Krieg bejahend, der „ihr Dasein auf eine nie erlebte Weise geadelt und erhoben hat“[2]. Das Zitat ist von Gertrud Bäumer, könnte aber genau so gut von Lily Braun sein. Um die Jahrhundertwende hätte es genügend Berührungspunkte für eine Zusammenarbeit beider Frauenbewegungen gegeben: die Forderung nach politischer und privatrechtlicher Gleichstellung, nach gleichen Löhnen, den Arbeiterinnenschutz, die Anstellung weiblicher Fabrikinspektoren... Daß die Zusammenarbeit auf nationaler Ebene nie zustandegekommen ist, ist nicht Clara Zetkins alleinige Schuld: Die ängstliche Politik der kleinen Schritte des B.D.F. mit seinem steten Sich-Anpassen einer Helene Lange haben ihr gut Teil dazu beigetragen. Selbst Lily Braun erstrebte nie eine Synthese beider Bewegungen, sie wollte ihre sozialistischen Grundsätze nicht aufgeben.
Innerhalb der sozialdemokratischen Frauenbewegung stehen wir zwei Standpunkten gegenüber: Für Clara Zetkin galt bis 1914 der Primat der Klassengegensätze, sie ist Sozialistin, nicht Feministin, obwohl ihre schroffe Ablehnung der Frauenrechtlerinnen, wie sie die Bügerlichen nennt, sich nach der Jahrhundertwende entschärft hat. Clara Zetkin sah den Kampf für die Frauenrechte als den der ganzen Arbeiterbewegung an. Auch wollte sie die scharfe Abgrenzung zu den Frauenrechtlerinnen, weil die Arbeiterinnen noch nicht zum Klassenbewußtsein erzogen waren – ihr vierzehn Seiten lan-

ger Brief an Friedrich Engels[3] zeigt die Angst um die Verwirrung der theoretisch schwachen und unsicheren Frauen.
Einen ganz anderen Standpunkt vertrat Lily Braun: Die nächsten Aufgaben der Arbeiterinnenbewegung, deren Strukturen sie zu ändern vorschlug, kann man einer Serie von Artikeln und Debatten in der *Gleichheit*[4] entnehmen, die sich 1897 über ein halbes Jahr lang hinzogen – ein Beweis für die Bedeutung, die man diesem Thema gab. Lily Braun machte Vorschläge für die Gründung einer Zentralstelle für Frauen – in vier Sektoren aufgeteilt, mit jeweils einem bestimmten Aufgabenkreis –, für die Anstellung einer besoldeten Sekretärin für Frauenfragen, für die Gründung von Wirtschaftsgenossenschaften mit Gemeinschaftsküchen. Auch machte sie den Entwurf für eine Mutterschaftsversicherung (ab 1905 war sie, wie Henriette Fürth, im Bund für Mutterschutz sehr aktiv). Clara Zetkin sah Lily Braun als Zersetzungsbazillus, aber es gab deren noch andere: Wally Zeppler, Johanna Löwenherz, Henriette Fürth, Gertrud David ...
Lily Braun wollte die „Kopfarbeiterinnen" gewinnen, die Lehrerinnen, die Handelsangestellten, die Beamtinnen, sie wollte jede Gelegenheit benützen, um bei den bürgerlichen Frauen Propaganda für die sozialistischen Ideen zu machen – besonders ab 1904, vorher lehnte sie es aus Parteidisziplin ab. Gerade im Jahre 1904 hätten die Frauen beider Bewegungen sich an den in Berlin stattfindenden Konferenzen des Weltfrauenbundes und des Weltbundes für Frauenstimmrecht beteiligen sollen, sei es auch nur, um Mißverständnisse und Vorurteile zu beseitigen.
Die Frage ist jetzt aber nicht: Hatten die Frauen Macht innerhalb der Parteistrukturen, sondern welche Macht hatten sie, auf welchen Gebieten, und wie funktionieren die weiblichen Machtmechanismen? Durch das Forschen der Gattung, des Geschlechts, was die Amerikaner „gender studies" nennen, auf das Funktionieren der Macht, kann man vielleicht die Geschichte mit anderen Begriffen schreiben. Jeder weiß, daß in der SPD kleinbürgerliche Mentalität und patriarchalische Ordnung herrschten, genau wie man sie innerhalb der Familie vorfand. Den Frauen wurden in der Partei Kleinarbeit sowie geschlechtsspezifische Gebiete reserviert: Kinder-, Jugend- und Wohnungsfürsorge, Sozialpolitik, Dinge, die wir lange Zeit nachher immer noch vorfinden: Als im Jahre 1919 Marie Juchacz (SPD) als Abgeordnete im Reichstag die Reihe der Frauenreden eröffnete, die sich auf das Regierungsprogramm bezogen, sagte sie: „...Heranziehen der Frauen ... entsprechend den Frauenaufgaben!"[5] Die Frauen, gehemmt wie sie waren, nahmen diese Ordnung an. Macht im Sinne von Behauptung und Ausübung der Autorität, ist nicht Frauensache, hieß es in der Partei, genau so wie Politik (so hieß es in der Familie) nicht Frauensache war und für viele noch nicht ist. Politik kommt auf die Frauen zu wie etwas Äußerliches, es stößt auf sie zu, also haben sie meist ein negatives Verhalten: schweigen sie, so sind sie Komplizen

der Macht; schweigen sie aber nicht, so werden sie zu Rebellierenden gestempelt und lösen sofort Repression aus. Das Schema von Rebellion und Repression funktioniert dann wie ein circulus vitiosus.

Die Dialektik Domination/Repression der Genossen gegenüber den Genossinnen wird innerhalb der Arbeiterinnenbewegung genau so wiedergefunden. Clara Zetkins dominierende Stellung erklärt sich von selbst, da die meisten anderen Frauen ihr intellektuell unterlegen, schlecht oder überhaupt nicht politisch geschult waren – sie waren Gefühlssozialistinnen. Clara Zetkin war Redakteurin der *Gleichheit,* und wenn sie in einer Versammlung sprach, war der Saal immer überfüllt; sie hatte auch die Rekordzahl der Referate. 268 in einem Jahr, am Anfang der neunziger Jahre[6]. Rosa Luxemburg erwähne ich nicht, sie überließ den Frauenbereich ganz ihrer Freundin Clara. Aber weil sie, wie Clara, intellektuell vielen Männern überlegen war, wurde sie von den Parteivorsitzenden als „giftige Nudel" oder „respektlose Stechmücke" bezeichnet, „... blitzgescheit, darum gefährlich ... Stell dir vor, Clara hätte ihr Mandat schon", schreibt Victor Adler an August Bebel, „und säße mit Rosa im Reichstag! Da würdet ihr erst was erleben ..."[7] So wurden beide zu Mannweibern gestempelt und, als Verletzung der natürlichen Ordnung, Anlaß zur Karikatur. Clara Zetkin war zweifellos für Frauenfragen die beste, sie setzte alles ein, um den Proletarierinnen das Klassenbewußtsein einzuprägen, und als beste leidet man keine Konkurrenz. Sie mußte autoritär sein, damit die Frauenversammlungen nicht zu Klatschvereinen wurden. Sie manipulierte die Frauen, opferte ihre ganze Zeit der Partei, das verlangte sie auch von den anderen.

Warum wurde Lily Braun, die Urenkelin Jérôme Napoleons, die adelige Generalstochter, einige Monate nach dem Tode ihres Gatten, des Universitätsprofessors und Kathedersozialisten Georg von Gyzicki, Parteimitglied? Nicht aus rationaler Überlegung, sie reagierte immer zu emotionell. Ihr Beitritt war ein Mittel, die Nabelschnur zu durchtrennen, sie war unfähig, es anders zu tun, zumindest glaubte sie es. So eingeprägt war das Vaterbild in ihr, daß sie ihr Leben lang einen Vater suchte: Ihr eigener Vater, Gernal von Kretschman, war selten zu Hause, die allgegenwärtige, stets Pflichtbewußtsein eintrichternde Mutter haßte sie. Sie fand den Vater in ihren beiden Ehen und in der Partei: gerade in der Partei, in der eine strenge, straffe Hierarchie herrschte. Ihr Verhalten der Partei gegenüber war von Anfang an das eines Kindes einem Erwachsenen gegenüber. Sie suchte die Autorität, das Gesetz, sie glaubte mit offenen Armen aufgenommen zu werden, sie benützte sogar das Wort Liebe. Im Dezember 1895, als sie Parteimitglied wurde, wurde sie sehr herzlich von Clara Zetkin empfangen.[8] Es gab sicherlich auch persönliche Sympathie. Ich glaube nicht, daß Clara Zetkin sie von vornherein als Rivalin ansah. Es gab zwar schnell Meinungsverschiedenheiten über die Struktur der Frauenbewegung – die ich vorher erwähnte –, die Clara Zetkin zu schaffen machten: Bezeugt wird es durch die Briefe an Karl Kautsky[9], in denen sie sich lange mit Lily Brauns Plan auseinandersetzte. Sie erkannte die Richtigkeit des Plans, aber ihre Angst, daß:

a) die Frauen vom revolutionären Klassenbewußtsein abgelenkt würden,
b) Lily Braun Clara Zetkins dominierende Position zerbröckeln könnte,

ließ sie reagieren, wie es in der Partei üblich war. Es werden persönliche Motive angeführt: persönliche Ambitionen, Eitelkeit, ihre Schönheit, „die verführerische Art, Männern, besonders Parteivätern, inklusive Bebel gegenüber".[10] Sicher hatte Lily Braun eine privilegierte gesellschaftliche und eheliche Stellung: einen Mann (ihren zweiten Mann, Heinrich Braun, wieder eine Vaterfigur, den sie 1896 geheiratet hat), der sie verstand und ihre Parteiarbeit förderte, nur ein Kind, ein Hausmädchen, trotz steter Geldsorgen und Schulden immer modisch gekleidet – sie war schön, man konnte sie auf der Straße nicht übersehen. Sie war aber nicht die einzige, die aus anderen Gesellschaftskreisen kam: Emma Ihrer, Johanna Löwenherz, Henriette Fürth, auch Clara Zetkin hatten ihr Leben lang ständigen Kontakt mit bürgerlichen Kreisen in Stuttgart, wie mit den Töchtern von Robert Bosch. Aber gegenüber allen Arbeiterfrauen, die mehrere Kinder hatten, ihren Lebensunterhalt verdienen, den Haushalt führen und dann noch zu Versammlungen gehen mußten, während der Mann ihr schlechtes Gewissen und ihr Schuldgefühl noch schürten, war Lily Braun wirklich zu beneiden.
Die Hierarchie der Parteistruktur untersagte es, besonders als Neuling, bei Versammlungen – ob von Männern oder von Frauen – Kritik zu äußern oder eine andere Meinung zu haben. Die einzige Verhaltensweise, erzählt Lily Braun, war „ein gelähmtes, fragendes Schweigen . . . stumpfsinnige, gedankenlose Jasagerinnen"[11] nannte Lily Braun die Genossinnen. Sie selbst respektierte die herrschende Ordnung nicht. Von 1897 bis 1901 schrieb sie regelmäßig für die *Gesundheit,* aber sie schrieb auch für bürgerliche Zeitungen und hatte viele Freunde unter den Liberalen wie Werner Sombart, Friedrich Naumann . . . Die Beziehungen der Frauen unter sich waren die Spiegelung desselben Kräfteverhältnisses, das heißt Domination/Oppression, das man zwischen Genossen und Genossinnen in der Partei vorfand, so auch derselben Manipulation. Clara Zetkin als Opprimierende, die es nicht duldete, jemanden neben sich zu haben, der ihre Führerposition bedrohen konnte. Um vorwärts zu kommen und die erste zu bleiben, geht man bis zum Kampf mit den Männern gegen die eigenen Genossinnen. Überlicherweise heißt es, der männliche Kampf sei offen, fair ritterlich – man schießt seinem Feind nicht in den Rücken –, weiblicher Kampf, so heißt es weiter, sei hinterhältig, die Frauen seien entweder die heimlichen Anstifterinnen oder die Opfer. Lily Braun war die einzige, die auch ein großes schriftstellerisches Talent hatte, und die Veröffentlichung der *Frauenfrage* hat die Zwietracht

zwischen beiden Frauen noch geschärft: Es war der erste Band (1901) über die historischen und ökonomischen Aspekte der Frauenfrage, der zweite Band über die juristischen und ethischen Aspekte wurde nie geschrieben. Tatsächlich hatte Clara Zetkin, die alles Persönliche opfernde Militantin, keine Zeit, Bücher zu schreiben: „... als Parteimitglied kann man nicht dem Persönlichen leben...", schrieb sie an Lily Braun[12]. Andererseits wurde sie in der *Frauenfrage* nur als Redakteurin der *Gleichheit* genannt, ihr Verdienst am Aufbau der proletarischen Frauenbewegung wurde nie erwähnt – ihr Neid und ihr Zorn sind verständlich. Warum haben beide Frauen diese Fragen nicht in privaten Auseinandersetzungen geklärt? Wenn Clara Zetkin kämpfte, war ihr Ton hart, scharf, polemisch, sehr verletzend. Sie hatte beschlossen, Lily Braun zu beseitigen, und zwar öffentlich, auf der Parteiebene. Lily Braun war keine Kämpferin, sie war immer zu Kompromissen bereit, was sie unsicher machte und was sie selbst als Feigheit bezeichnete: So suchte sie sich als Opfer, als Märtyrerin, das Mitleid der anderen zu erregen – man könnte aber auch sagen, sich auf die väterliche Autorität berufen: Wer sich einer Disziplin unterwirft, hat früher oder später das Bedürfnis, gegen die Autorität zu rebellieren, besonders, wenn man sich im Recht fühlt. Lily Brauns Beziehungen zur Partei waren oft stürmisch, heftig, wie die zu Heinrich Braun.

„... die Art, in der unter der Führung Clara Zetkins die auf Frauenkonferenzen gefaßten Beschlüsse zuvor schon durch Manipulation hinter den Kulissen arrangiert wurden, verlief parallel zu einem ähnlichen Prozeß, der die Funktion des Parteitages innerhalb der Organisationsstruktur der SPD betraf...", schrieb Richard Evans und etwas weiter"... es war auch oberflächlich die Reflektion der Struktur des Kaiserreiches, der politischen Intrigien um den Kaiser, des politisch schwachen Parlaments"[13].

Von 1900 an wurden Lily Brauns Vorschläge pauschal abgelehnt. Auf der ersten Frauenkonferenz in Mainz, 1900, schlug sie zwei Diskussionspunkte zur Tagesordnung vor: die Stellung der Frauen zur Arbeiterbewegung und die Stellung der proletarischen zur bürgerlichen Frauenbewegung. Beide Punkte hätten eine fundamentale Debatte über die Beziehungen des Sozialismus zur Frauenemanzipation ausgelöst. Weder Clara Zetkin noch die Verantwortlichen der Partei wollten über prinzipielle Fragen diskutieren, sondern immer nur über praktische Fragen. Diese Diskussion hätte stattfinden können, die relative Autonomie, die lose, unbürokratische Organisationsstruktur hätte sie ermöglicht – aber gerade deshalb konnte auch Clara Zetkin ihre Auffassungen durchsetzen. Die Genossen lachten sich in Fäustchen, freuten sich über den Weiberzank „... mit den Frauen ist es immer derselbe Krakeel...", sagte Ignaz Auer zu Lily Braun und Georg von Vollmer etwas später zu ihr: „... kümmern Sie sich nicht um die Frauen!"[14]
Auf der Frauenkonferenz 1902 wurde erneut der Vorschlag gemacht, eine besoldete Sekretätin für Frauenfragen anzustellen, Lily Braun wurde zu

Unrecht des Vorschlags beschuldigt. Clara Zetkin nahm nicht an der Diskussion teil, ihre prinzipientreue Anhängerin Ottilie Baader sprach für sie und sagte zu Recht, die Diskussion „... sei lediglich Ausfluß persönlicher Antipathien und Sympathien gewesen...".[15] Seit 1901 erschien kein Artikel mehr von Lily Braun in der *Gleichheit.* Auf Clara Zetkins Geheiß warf Ottilie Baader Lily Braun Unzuverlässigkeit, Verlogenheit, Zweideutigkeit vor; „... ihre Liebenswürdigkeit ist so falsch wie ihr Teint...", schrieb Clara Zetkin an Karl Kautsky.[16] Lily und Heinrich Brauns Zusammenarbeit mit den Liberalen wurde an den Pranger gestellt, weil beide sich gegen orthodoxe Parteidisziplin auflehnten, und allmählich kristallisierte sich der Haß gegen die Revisionisten auf Lily und Heinrich Braun – beide dienten als Sündenböcke, um Schwerpunkte der Diskussion um Parteiprinzipien zu übergehen. Der Parteitag in Dresden, 1903, war der Gipfelpunkt des Kampfes zwischen Orthodoxen und Revisionisten: Es fehlte nicht an Gehässigkeiten und persönlichen Verleumdungen – besonders gehässig waren die Debatten zwischen Heinrich Braun und Franz Mehring, genau wie in der Frauenbewegung zwischen Lily Braun und Clara Zetkin. Die Orthodoxie siegte, wie bei der Partei.

Langsam zog sich Lily Braun aus der Partei zurück, aber der Konflikt Zetkin/Braun dauerte weiter: 1907 beantragte Lily Braun die Einsetzung eines Schiedsgerichts innerhalb der Partei, um Clara Zetkin zur Zurücknahme ihrer verleumderischen Behauptungen zu zwingen. Sie wurde freigesprochen, obwohl die Partei Lily Braun beschuldigt hat, „... die moralische Verantwortung für einen Parteiskandal" zu tragen, was letztere energisch leugnete.[17] Auch Clara Zetkins Stern sank. Einige Historikerinnen[18] behaupten, Luise Zietz, die auch dem linken Flügel der Partei angehörte, sei 1908 dank der Wahl der Revisionisten an Stelle von Clara Zetkin in den Parteivorstand, als Verantwortliche für Frauenfragen gewählt worden, um Clara Zetkin beseitigen zu können, aber wenn Clara es gewollt hätte, hätte sie es verhindern können.

Die Männer, die über Frauengeschichte schreiben, vergessen eines: den Faktor Zeit und den Faktor Körper. Clara Zetkin, die damals zwischen 45 und 50 Jahre alt war, war seit 1899 von Blindheit bedroht. Zwischen 1899 und 1906 wurde sie dreimal an den Augen operiert, dazu kam ihre völlige physische Erschöpfung, die sich seit Jahren angehäuft hatte. Sie litt sehr darunter, sich so geschwächt zu fühlen, sie reagierte oft überempfindlich, gereizt: „... alles, was unerwartet an mich herankommt", schreibt sie an Marie Geck, „alles, was mich aus dem Alltäglichen herausreißt, bringt, mich außer mich vor Zorn".[19]

Es ist falsch zu behaupten, die Opposition Lily Braum/Clara Zetkin sei ein Kampf seiner Feministin gegen eine Sozialistin gewesen.[20] Lily Brauns beste Freundin und Biographin, Julie Braun-Vogelstein, schrieb, sie sei „eine

Anarchistin in allem rein Persönlichen gewesen".[21] In der Politik war sie eine Individualistin: Persönliche Erlebnisse hatten einen zu großen Einfluß auf ihren politischen Werdegang. Sie ist ein Beispiel dafür, wie schwer es ist, selbst in einer Partei zu bleiben. Politisch naiv und tolerant, zu sehr verletzbar, hatten beide, Lily und Heinrich Braun, zu „ethisch gefärbte Vorstellungen vom Sozialismus".[22] Lily Braun zog sich ins Schreiben zurück, wie in einen sicheren Hort. In ihren Werken sah sie sich wie in einem Spiegel, stets auf der Suche ihres wahren Selbstes. Wie Helene Stöcker war sie der Ansicht, am Ende aller Befreiung stehe die Frau als Mutter.

Anmerkungen

1 In: Michelle Perrot: Une histoire des femmes est-elle possible? Paris 1984.
2 Gertrud Bäumer: Die Frau in der Krisis der Kultur, Berlin 1926, 6.
3 Clara Zetkin an Friedrich Engels, 22. Januar 1895 – I.I.H.G. Amsterdam.
4 Die Gleichheit Nr. 6, 17. 3. 1897, Nr. 7, 31. 3. 1897, Nr. 8, 14. 4. 1897, Nr. 9, 28. 4. 1897.
5 Regine Deutsch: Die politische Tat der Frau. Aus der Nationalversammlung, Gotha 1920, 5.
6 Fritz Staude: Clara Zetkin und die Entwicklung der proletarischen Frauenbewegung (1872–1908), Leipzig 1976, 51.
7 Viktor Adler an August Bebel, 5. August 1910, in: Viktor Adler: Briefwechsel mit August Bebel und Karl Kautsky, Wien 1954, 563.
8 Die Gleichheit, 8. 1. 1896 und Brief an Karl Kautsky, 25. September 1896 – I.I.H.G. Amsterdam.
9 Clara Zetkin an Karl Kautsky, 14. März 1897 und 24. März 1897 – I.I.H.G. Amsterdam.
10 Clara Zetkin an Karl Kautsky, 2. Juli 1901 – I.I.H.G. Amsterdam.
11 Lily Braun: Memoiren einer Sozialistin, München 1910, 2 Bände, Band II, 149.
12 Clara Zetkin an Lily Braun, 29. August 1900 – I.I.H.G. Amsterdam.
13 Richard Evans: Sozialismus und Frauenemanzipation im deutschen Kaiserreich, Berlin/Bonn 1979, 144.
14 Lily Braun: Memoiren einer Sozialistin, a. a. O., Band II, 153.
15 Sozialistische Monatshefte, Band 1, Heft 2, Februar 1903, 180.
16 Clara Zetkin an Karl Kautsky, 29. Februar 1901 und 9. Dezember 1901 – I.I.H.G. Amsterdam.
17 Lily Braun an den Parteivorstand, 7. Dezember 1907 – Braun/Vogelstein Papers, Leo Baeck Institute, New York.
18 Else Sauer: Zum Verhältnis zwischen den bürgerlichen und der proletarischen Frauenbewegung, 1894–1914, Leipzig 1969, 14.
19 Clara Zetkin an Marie Geck, 15. Oktober 1906, Badisches Generalarchiv Karlsruhe.
20 Jean Quataert: The German Socialist Women's Movement. Issues. International Conflicts and the Main Personages, Phil. Diss. California 1974, 114.
21 Julie Vogelstein: Lily Braun, ein Lebensbild, Berlin 1922, 71.
22 Richard Evans: Sozialismus und Frauenemanzipation . . ., a. a. O., 140.

7. Die Begründung und Politik einer evangelischen Frauenbewegung in der Weimarer Republik*

Doris Kaufmann

In meinem Beitrag möchte ich eine bislang von der historischen Frauenforschung wie von der Kirchengeschichte weitgehend unbeachtete „Massenorganisation“ evangelischer Frauen in der Weimarer Republik (mit einer Million 800000 Mitgliedern) vorstellen: nämlich den Zusammenschluß fast aller bestehender protestantischer Frauenverbände – von den Diakonissen bis zum Deutsch-Evangelischen Frauenbund –, der 1908 während der Auseinandersetzungen um die „Neue Ethik“ der überkonfessionellen Dachorganisation der deutschen Frauenbewegung, dem Bund Deutscher Frauenvereine (BDF), beigetreten war.
Der Aufsatz wird folgenden drei Schwerpunkten nachgehen:

1. den Gründungsmotiven und den Aufgaben und Zielen, die sich die Frauen der Vereinigung Evangelischer Frauenverbände Deutschlands (VEFD) setzten. Dabei wird es unumgänglich sein, kurz auf die Geschichte evangelischer Frauenarbeit bis zur VEFD-Konstitution 1918 einzugehen;
2. der Politik der Vereinigung während der 1920er Jahre. Diese wird vorgestellt am Beispiel des Engagements in bevölkerungs- und kulturpolitischen Auseinandersetzungen, d. h. während der Sexualreformdebatte und dem Streit um die sogenannten Schmutz- und Schundgesetze;
3. der theoretischen Begründung der Politik der evangelischen Frauenbewegung – denn nichts anderes wollte die Vereinigung sein –, die vor allem von der Vorsitzenden Magdalene von Tiling geleistet wurde. Im dritten Teil des Beitrags wird also ein bestimmter Ansatz von „Frauenpolitik“ erläutert.

In Auseinandersetzung mit diesem Begriff, einem Reizwort in der aktuellen Diskussion um die Geschichte der alten Frauenbewegung, soll kurz der Forschungsansatz der vorliegenden Arbeit erläutert werden.
Seit einiger Zeit wird in den Frauenzeitschriften Courage, Schwarze Botin und Emma eine Auseinandersetzung geführt, in der es, so Rita Thalmann in der Emma vom Mai 1985, „um die Wiederentdeckung des BDF und dessen ‚andere Art' von Frauenpolitik durch heutige Feministinnen“[1] geht. Diese Frauenpolitik, die mit einer geschlechtsspezifischen Sonderaufgabe begründet werde, werde „ohne die geringsten inhaltlichen Differenzierungen der ‚Männerpolitik' gegenübergestellt“. Dies sei die „weibliche Verklärung“ der Geschichte, die die „um sich greifende Bewußtlosigkeit bei den heutigen

Frauen" fördere. Ohne Zweifel gibt es seit dem Ende der 1960er Jahre eine Verbindung von aktueller Frauenbewegung und der Beschäftigung mit der Frauengeschichte. Dieser Zusammenhang ist ein wichtiger Motivationshintergrund historischer Frauenforschung geblieben. Doch sollte die Geschichte nicht dazu instrumentalisiert werden, heutige Probleme der Frauenbewegung in der Historie auszutragen. Denn nichts anderes macht auch R. Thalmann in dem zitierten Aufsatz, wenn sie dem Lange/Bäumer-Flügel die „selbständige Frauenpolitik" abspricht und diese dann beim radikalen Flügel um Augsburg/Heymann ansiedelt. Autonome Frauenpolitik sei von der gemäßigten BDF-Mehrheit, sozusagen den Wölfinnen im Schafspelz „biologistisch" begründeter Frauenpolitik, „umfunktioniert" worden zugunsten von Zielen konservativ-liberaler Parteipolitik. „Eine bewußte Frauenpolitik" – so R. Thalmann – hätte Pazifismus im 1. Weltkrieg und die Führung der Abtreibungskampagne gegen den § 218 in der Weimarer Republik geheißen. Ich möchte mich gegen die Vermischung verschiedener Ebenen bei der Untersuchung der Frauenbewegungsgeschichte wenden. Vorwürfe, Enttäuschung über angeblich unbewußte inkonsequente Vorgängerinnen, die Distanzierung von der „falschen Frauen-Geschichte", das Ausspielen der „guten" gegen die „schlechten" Frauen trägt nicht dazu bei, die historische Kenntnis von den Bedingungen und Zwängen, in denen Frauen lebten, zu erweitern und die Ambivalenzen, Widersprüche und Erfolge ihres Handelns aufzudecken. Die historische Forschung muß die Ge- und Eingebundenheit der verschiedenen Frauenbewegungen als soziale Bewegungen an und in ihr zeitgenössisches Umfeld untersuchen. Dabei erscheint mir angesichts unseres „Unwissens" gerade über die Geschichte der sogenannten konservativen, konfessionell verpflichteten Frauen zunächst ein „historistischer", verstehender Ansatz geboten. Ausgangspunkt kann die vielgeschmähte Organisationsgeschichte sein, die eine genaue Entfaltung der programmatischen Grundlagen, der sozialen Basis, Binnenstruktur und Politik einer – in meinem Fall – evangelischen Frauenorganisation zu leisten hat und den verschiedenen Ebenen institutioneller, d. h. kirchlicher, staatlicher und parteipolitischer Abhängigkeiten und Verquickungen nachgehen muß.

I.

Die evangelische Frauenarbeit vor 1918 läßt sich grob in zwei Stränge aufteilen. Der eine umfaßt die Frauen der Evangelischen Frauenhilfe, die in der Gemeinde für die Gemeinde arbeiten wollten, d. h. sich die Aufgabe gestellt hatten, „die Fähigkeiten der Frau für die Pflichten der christlichen Liebe in der Gemeinde zu wecken".[2] Eng verknüpft mit der Tätigkeit und unter der Leitung des Gemeindepfarrers wurde freiwilliger Dienst geleistet wie Kranken-, Waisen- und Witwenpflege. Dies taten im „beruflichen Dienst“ auch die Diakonissen, die diesem Flügel der evangelischen Frauenarbeit ebenfalls zuzurechnen sind. Hier sammelten sich vor allem kirchentreue Frauen des unteren Mittelstandes und Frauen aus bäuerlichen Schichten.

Der schon erwähnte Deutsch-Evangelische Frauenbund (DEF) war demgegenüber ein Zusammenschluß von Ehefrauen, Schwestern und Töchtern von Männern des Adels und der oberen Beamtenschaft. Seit dem Ende des 19. Jahrhunderts forderten die DEF-Frauen u. a. das Recht auf Bildung und die Erweiterung des öffentlichen Erwerbsraumes, d. h. sie wollten bezahlte soziale Arbeit für ihre handarbeitenden Geschlechtsgenossinnen leisten. Sie stellten ihr Wirken in einen doppelten Bezugsrahmen. Es ging ihnen *erstens* um eine religiös-sittliche Erneuerung des deutschen Volkes, die sich auch andere evangelische Verbände wie die Innere Mission zum Ziel gesetzt hatten. Gegenüber den bestehenden protestantischen Frauenorganisationen, die allein individuelle Hilfe anboten, grenzte sich der DEF jedoch ab und verstand sich damit *zweitens* als Teil der allgemeinen Frauenbewegung, die – so die Vorsitzende Paula Mueller-Otfried – „als sozialpolitische Bewegung an der Besserung der Verhältnisse in grundlegender Weise arbeitete“.[3] Die parteipolitischen Differenzen – die DEF-Spitze war für die Deutsch-konservative Partei engagiert, die BDF-Mehrheit liberal – brachen Ende des 1. Weltkrieges anläßlich der Diskussion um eine Demokratisierung des Wahlrechts offen auf und führten im März 1918 zum Austritt des DEF.[4]

Im Juni 1918 gründeten Spitzenfunktionärinnen und Geistliche aus den beiden Lagern evangelischer Frauenarbeit die „Vereinigung Evangelischer Frauenverbände Deutschlands“, um die „Interessen der Frauenwelt im evangelischen Sinn gemeinsam zu vertreten“ – womit an die frauenbewegte Tradition des DEF angeknüpft wurde – und um „evangelischen Frauenwillen in der Öffentlichkeit zur Geltung“[5] zu bringen. Die Lage des Vaterlandes erfordere, so ein leitender Pfarrer der Frauenhilfe, die bisherigen Grenzen der Frauenverbandsarbeit zu überschreiten. Das hieß im Klartext, daß die Orientierungs- und Meinungsverschiedenheiten im protestantischen Frauenlager angesichts der georteten Gefahr, die evangelischer Kirche und Religion von den erstarkenden linken Kräften drohte, zurückzustehen hatten. Eine Zusammenfassung aller Kräfte im öffentlichen Raum schien geboten. Wie notwendig diese Neuorientierung im evangelischen Frauenvereinswesen – immanent betrachtet – war, bewies fünf Monate später die Novemberrevolution, die den deutschen Protestantismus in eine schwere geistige und politische Krise stürzte. Er sammelte sich erneut in Opposition zur Kirchenpolitik des preußischen USPD-Kultusministers Adolf Hoffmann, der eine Trennung von Kirche und Staat durchzusetzen suchte, zur Verteidigung kirchlicher Interessen gegenüber staatlichen und parteipolitischen Übergriffen. Die Vereinigung bot sich in dieser Lage für die Mobilisierung der neuen

„blinden Wählermassen“, zu denen vor allem die Frauen gezählt wurden, zugunsten der kirchenfreundlichen, d. h. der rechten Parteien, an. Diese Wahlarbeit wurde das eigentlich konstituierende Moment der VEFD nach innen und das existenzlegitimierende nach außen. Sie eröffnete mit ihren inhaltlichen Möglichkeiten, die sich z. B. in der politischen Bildungsarbeit boten, zugleich die Gelegenheit, die Arbeit des Deutsch-Evangelischen Frauenbundes vor 1918 in erweitertem Rahmen fortzusetzen. So konnten Forderungen nach größeren staatlichen, gesellschaftlichen und kirchlichen Einfluß- und Wirkungsfeldern für evangelische Frauen verbreitet werden, und die Vereinigung konnte sich als „pressure group“ gegenüber Kircheninstitutionen und der politischen „Haus-Partei“, nämlich der Deutschnationalen Volkspartei, profilieren.
So war der Kampf, den die Vereinigung während der ganzen Dauer der Weimarer Republik „um die Anerkennung der Gleichwertigkeit der Leistung der Frau“ auf allen Gebieten führte, hinsichtlich ihrer eigenen programmatischen Arbeit auf der Ebene institutioneller Präsenz bzw. Sichtbarkeit im Gesamtprotestantismus durchaus erfolgreich. VEFD-Frauen fanden sich z. B. auf den Rednerlisten bei den großen nationalen evangelischen Veranstaltungen, bei Kongressen der Inneren Mission und waren in zahlreichen auch überkonfessionellen Reichsausschüssen vertreten.

II.

Die Vereinigung stellte ihre Arbeit unter das Ziel: *Erneuerung von Volkstum, Kirche und Frauentum.* Liberalismus, Individualismus, Rationalismus – in der Novemberrevolution zum Höhepunkt gekommen – hatten – so wurde in den Publikationen der Vereinigung beklagt – den gegenwärtigen Niedergang der deutschen Volkskraft (auch im direkten Sinn von Volksgesundheit und Nachkommensproduktion) verursacht. Auch der Protestantismus, führte die Vorsitzende Magdalene von Tiling bei zahlreichen Gelegenheiten aus, sei von dieser Geistesentwicklung zersetzt worden. Politische Zersplitterung und Pazifismus mache sich breit und die evangelische Kirche habe das Bewußtsein, *die* entscheidende Sinnstiftungsinstanz auch gegenüber Politik und Staat zu sein, verloren. So vehement die VEFD-Frauen diesen Tendenzen öffentlich z. B. bei volksmissionarischer Tätigkeit gegenübertraten, ging es ihnen vordringlich um eine Neu-Definition von „Frauentum“ und von Verhältnis und Aufgaben der Geschlechter: dies sowohl in Abgrenzung gegenüber dem liberalen Postulat der Gleichheit der Geschlechter als auch gegenüber der immer noch bestehenden protestantischen Auffassung von der totalen Dienstverpflichtung der Frau auch gegenüber dem Mann. Die

VEFD-Frauen nahmen das Grenzmodell der Theoretikerinnen des DEF aus dem 1. Weltkrieg auf. Sie beschworen die Verteidigungsnotwendigkeit der äußeren und als *Frauen*aufgabe besonders der inneren Grenzen als Voraussetzung für einen christlichen und sittlichen „Wiederaufbau" Deutschlands.[6] Die Aufforderung, „Schulter an Schulter stehend ... einen Damm gegen die Flut der Unsittlichkeit"[7] aufzurichten, bedeutete dann auf der gesellschaftspolitischen Ebene für eine „scharfe Gesetzgebung" einzutreten, z. B. in der Mitte der 1920er Jahre aktuellen Frage einer Zensur für öffentliche Darbietungen, Literatur und Kunst zum Schutz von Jugend, „Volksgesundheit" und „deutscher Frauenehre". Im sogenannten *Schmutz- und Schundkampf* wurde über die von der Rechten eingebrachten Gesetzesvorlagen zur Reichslichtspielordnung, „zum Schutz der Jugend bei Lustbarkeiten" und „zur Bewahrung der Jugend vor Schmutz- und Schundschriften" gestritten. Diese Gesetze wurden 1926/27 nach mehrmaligen Reichstagsdebatten, die von erregten Diskussionen in der Öffentlichkeit begleitet waren, verabschiedet. Die VEFD-Frauenverbände standen während der Auseinandersetzungen auf der Seite aller rechts von der Deutschen Demokratischen Partei angesiedelten Parteien und mit den beiden christlichen Kirchen in der interfraktionellen „Partei der anständigen Leute", die „gegen die Not, die unsere Jugend bedroht"[8], angetreten war. Daß diese „anständigen Leute" vor allem weiblichen Geschlechts sein würden, war in BDF-Kreisen angenommen worden. Die parlamentarischen Auseinandersetzungen um das Schund- und Schmutzgesetz machten jedoch deutlich, daß die Prämisse von dem „natürlichen" überparteilichen Zusammenfinden aller weiblichen Abgeordneten in Fragen, in denen es primär um die Interessen und Zuständigkeiten der Frauen ging, sich in der Praxis nicht bewahrheitete.
Ihrem „gesunden Menschenverstand" und „sittlichen Empfinden" folgend, die sie für die Allgemeinheit verbindlich machten, setzten sich die evangelischen Frauenverbände nicht nur für ein Verbot der „Schmutz- und Schundschriften" ein. Ihr „heiliger Kampf gegen die Volksseuche in jeder Form" richtete sich auch und vor allem gegen die Bestrebungen zur Liberalisierung des § 218. Diese mißachteten vermeintlich die Grenzen göttlichen Frauenauftrages und die Gebote in den Beziehungen der Geschlechter und beschmutzten die Würde und Ehre der Frauen. In dem Bild der „Abtreibungsseuche", mit dem eine im 19. Jahrhundert gebräuchliche Metapher der Krankheit für gesellschaftliche Unordnung und kollektives Unglück aufgenommen wurde, wird die Kontinuität der Verbands-Politik unter dem Primat einer Abwehr innerer Grenzverletzungen deutlich. In den VEFD-Publikationen wurde das gesellschaftliche „Massenphänomen" der Abtreibung als Infektionskrankheit charakterisiert und dazu aufgefordert, Gesellschaft und Individuum vor Ansteckung zu schützen, keine Inkubationsherde zuzulassen, kurz:

„mitzuarbeiten an dem, was in unseren Tagen das Notwendigste erscheint, an der großen Desinfektion des Lebens, des Lebens im Haus, in der Familie, im Staat, im Volk und des eigenen Innenlebens.“[9]

Die ablehnende Haltung der VEFD zu einer Reform des § 218 ordnete sich in die restriktive staatliche Bevölkerungspolitik der 1920er Jahre ein, die unter Verantwortung wechselnder Regierungskoalitionen den seit der Jahrhundertwende konstatierten Geburtenschwund in Deutschland u. a. durch eine verschärfte Anwendung der Sexualstrafgesetzgebung und durch Verbote von Aufklärungsliteratur und Werbung für Verhütungsmittel in die entgegengesetzte Richtung lenken wollte. Als „positive Maßnahme“ zur Bekämpfung des Geburtenrückgangs galt „auf dem Gebiet der geistigen Beeinflussung“ die Erziehung zur Religiosität, der sich die Vereinigung insbesondere zuwandte.

III.

Die sexual- bzw. ehepädagogischen Konzepte der VEFD zur Selbsterziehung und Jugenderziehung in Familie und Schule wurden im wesentlichen von der Oberin der Frauenschule in Elberfeld und VEFD-Vorsitzenden Magdalene von Tiling entwickelt. Sie gingen aus von ihrer Einschätzung der geistigen (Fehl-)Entwicklung der Nachkriegszeit als vorläufigem Tiefpunkt in der Geschichte des deutschen Idealismus, den sie als „zersetzenden und auflösenden Einfluß der Gottlosigkeit“ kennzeichnete. Das idealistische Menschenbild von der Freiheit des Individuums und von der Gleichheit der Geschlechter sei auf das sexuelle Gebiet übertragen worden und „das gleiche Recht beider Geschlechter auf Ausleben des Sexus“ und das „Ausleben aller Triebe als Notwendigkeit der Entfaltung für beide Geschlechter“ gefordert worden.[10]

Grenzüberschreitungen in den Beziehungen der Geschlechter wurden nach M. v. Tiling also schon durch die Tatsache einer Diskussion über eine Reform der Ehescheidung sowie einer – von sexualreformerischen Kreisen – erhobenen Forderung nach einer Vor-, Probe- und Kameradschaftsehe offenkundig. Hier zeige sich die liberale Auffassung von der „historisch wandelbaren Form“ der Ordnungen menschlichen Zusammenlebens, die „die Menschen beliebig aus ihrer Freiheit abändern oder eventuell ganz aufheben (zu) können, wenn ihre Freiheit es fordert“, sich anmaßten. Der „geschlossene Angriff ... auf die Ordnungen des Lebens, in denen wir so sicher lebten“, war in der Einschätzung der VEFD-Vorsitzenden angesichts konstatierter Auflösungserscheinungen von Ehe und Familie in der Weimarer Republik, z. B. sinkender Geburten- und steigender Abreibungsraten und von „Rissen in der Volksgemeinschaft“, eine „Frage von allerhöchstem Ernst“.[11]

Eine notwendige und sich nach M. v. Tiling auch bereits vollziehende „Selbstbesinnung des evangelischen Christentums“ wurde nach dem verlorenen Krieg ausgelöst durch „die Gewalt, mit der das Metaphysische wieder über uns kam“. Es setzte – so Tiling – ein umfassender Prozeß der „Selbstbesinnung“ ein: über die Rangordnung von „äußerer und seelischer Welt“ sowie über das Wesen von kirchlicher Gemeinschaft, Volksgemeinschaft und Deutschtum. „All solch Denken“ mußte die Frauen notwendigerweise zu folgenden Fragen führen:

„Welche Bedeutung hat jedes der beiden Geschlechter für die Volksgemeinschaft? Ist das Gebären der Kinder der einzige Dienst der Frau am Volke, wie man im materialistischen Zeitalter dachte? Soll sie nur die Kultur der Familie tragen? Ist das genug? Und im Staat: ist die Befreiung der Frau zur vollen Freiheit des verantwortlichen Staatsbürgertums eine Freimachung bisher latenter Kräfte innerhalb der Volksgemeinschaft, des Staates, oder nicht? Wozu sind die Frauen Staatsbürger geworden? Welche Funktionen innerhalb des lebendigen Volks- und Staatsorganismus haben sie zu erfüllen? Was wollen die Frauen innerhalb dieses deutschen Staates und Volkes ... läßt sich das, was wir Frauen heute tun, in Einklang bringen mit den tiefsten Grundlagen evangelisch-lutherischer Ethik, mit den Prinzipien neutestamentlicher Gesamtanschauung?“[12]

Die Anworten auf diese Fragen konnten nach M. v. Tiling nur durch eine Besinnung auf Gottes Schöpfertum und Schöpfungsordnung gefunden werden. Die Frauen und ebenso die Männer mußten trachten, ihr „schöpfungsmäßiges Sein“ zu erkennen und „Recht und Pflicht jedes Geschlechts aus seinem eigenen Sein und Wesen zu erschließen“.

In ihren pädagogischen Schriften führte die Oberin vorzugsweise aus, was sie unter der “schöpfungsmäßigen Anlage“ oder der „seelischen Eigenart“ der Geschlechter verstand. Sie ging von einem Wesensunterschied beider Geschlechter bei „gleichem Wert von Mann und Frau vor Gott“ aus. Die Verschiedenheit der Geschlechter präge sich idealiter, würden die „tiefsten Anlagen entwickelt“, aus in der „Führungsrolle“ des Mannes im „äußeren Leben, in Volk, Kirche und Familie“ und in der „Mütterlichkeit“ der Frau.[13]

Tilings Modell von der Verschiedenheit der Geschlechter bzw. der geschlechtsspezifischen besonderen Befähigung und Zuständigkeit für bestimmte Lebensbereiche und Arbeitsgebiete aufgrund spezifischer „leibseelischer“ Verhaltensdispositionen entsprach ziemlich genau dem Konzept der „alten“ interkonfessionellen Frauenbewegung. Der sogenannte gemäßigte, mehrheitliche und den Bund Deutscher Frauenvereine bestimmende Flügel hatte nämlich den gesellschaftlichen und politischen Mitwirkungsanspruch der Frauen ebenfalls auf ihren geschlechtsspezifischen Beitrag zur Kulturentwicklung, die „Mütterlichkeit“, begründet. Danach konnten Frauen nicht nur, sondern mußten sogar zur Rettung von Volk, Vaterland und Kirche, die – so M. v. Tiling – nicht zuletzt durch einseitig männerbestimmtes Wirken in Gefahr waren, ihre besonderen Fähigkeiten auf möglichst breiter Ebene einbringen. Jedes Gebiet, nicht nur der soziale und pädagogische Bereich, sollte durch die Zufügung von Frauenarbeit, wie sie im familialen Binnenraum erprobt war, zu einem „ganzheitlichen" gemacht werden. „Kultur", schrieb M. v. Tiling, „entsteht immer aus dem Zusammenwirken beider Geschlechter."[14] Sie forderte also im Namen der evangelischen Frauen eine generelle Erweiterung der Wirkungs- und Arbeitsgebiete für Frauen und begründetete diesen Anspruch mit dem gesellschaftlichen Bedarf an einem geschlechtsspezifischen Beitrag der Frauen.

Dieses Konzept von Frauenpolitik mußte zwangsläufig in ein Dilemma führen. In Krisenzeiten wie in der Endphase der Weimarer Republik, die von den materiellen und psychischen Auswirkungen der Weltwirtschaftskrise und einer massiven Legitimationskrise des politisch-sozialen „Systems" von Weimar geprägt war, konnten die Frauen unter Hinweis auf den Ausgangspunkt ihres Wirkens, in die „Women's sphere", d. h. auf ihre „biologisch" begründete primäre Zuständigkeit für Mann und Kinder, in die Familie, zurückverwiesen werden. Angesichts der „Zersetzungsversuche von links" und des konstatierten „Verfalls" der Familie benötigte diese „Keimzelle des Staates" oder zeitgenössisch die „Grundlage der Volksgemeinschaft" ja auch in Magdalene v. Tilings Verständnis insbesondere der rettenden Kraft der Frauen. Auf der anderen Seite mußte der Rückdrängung der Frauen aus den öffentlichen Stellungen im Interesse des Vaterlandes gewehrt werden. Diesem Widerspruch entzog sich die VEFD-Vorsitzende auf der theoretischen Ebene durch eine Verschiebung der Forderung nach erweiterten Frauenräumen auf den Innenraum, in die Psyche der Frauen. Einen Aufbruch der Frauen gab es bei Tilig allein nach „innen". Er hieß Bewußtseinserweiterung und bedeutete das neue Wissen der Frauen um ihre Verantwortung für Staat und Kirche, unter das sie ihr „Sein" nunmehr stellen sollten. Ihr „Werk", das aus diesem Sein floß, konnte Putzen als „heilige" nationale Aufgabe ebenso umfassen wie Gesetze zu verabschieden, hieß in der Wirklichkeit der Weimarer Republik aber entschieden ersteres. M. v. Tiling stellte die evangelische Frauenbewegung also unter das „Innerlichkeitsmotto". Sie sollte „eine neue *innerlich anders begründete* Bewegung unter den Frauen"[15] sein.

Trotzdem blieben Ambivalenzen bestehen. Allein die Idee und Initiierung eines organisierten Zusammenschlusses von evangelischen Frauen mußte schon über die sogenannte „biologistische" Begründung der Ziele hinausweisen. Dieses demonstrierte Magdalene von Tiling in ihrer eigenen Person, der hochqualifizierten, ökonomisch unabhängigen, ledigen, auf den Gebieten Wissenschaft und Politik gleichermaßen erfolgreichen (Frauen-)Funktionärin, die eher dem in Medien und Werbung propagierten Typ der „Neuen Frau" der 20er Jahre – trotz Haarknoten und langem Kleid – nahekam als

ihrer „Idealfrau", die mit den „biologisch gesicherten Urordnungen des menschlichen Lebens verknüpft"[16] war.
Der vorgestellte Frauenpolitikansatz war Ausdruck der Widersprüche, in die die evangelischen Frauen gerieten, wenn sie sich für ihre Rechte als Frauen in einem autonomen Zusammenschluß engagierten. Die Erfahrungen des 1. Weltkrieges, der die Frauen „zwangs"emanzipierte, und die umfassende Orientierungskrise nach 1918, die den Verlust eines gesamtgesellschaftlich verbindlichen Frauenbildes einschloß, ließ führende Frauen der evangelischen Frauenverbände auf das Erbe der interkonfessionellen Frauenbewegung zurückgreifen, deren liberale Grundlage jedoch vehement abgelehnt wurde. Damit war das Dilemma gegeben, das gleichzeitig den inneren Zusammenhalt der evangelischen Frauenbewegung, als Zusammenschluß heterogener und auch sozial differierender Frauenvereine während der 1920er Jahre ständig bedrohte: zum einen die Forderung nach einer öffentlichen Machterweiterung für evangelische Frauen und zum anderen deren Begründung aus dem besonderen „mütterlichen" Wesen der Frau, das sie primär auf den familialen Binnenraum verwies. Die Lösung des Problems durch eine Verlagerung nach „innen", auf die Vervollkommnung von Gewissen und Ehre des Frauenstandes, reflektierte in der Endphase der Weimarer Republik die gesamtgesellschaftliche Krise ebenso wie die Krise der Frauenbewegung und förderte gleichzeitig die gegen politische, sozialpolitische und berufliche Partizipation von Frauen gerichtete Zeittendenz. Trotz des Anspruchs, eine autonome, selbständige Frauenbewegung darzustellen, die im Interesse nicht nur der evangelischen, sondern aller Frauen agierte, unterstützte die Vereinigung Evangelischer Frauenverbände in der Praxis deutschnationale (Männer-)Politik: in der Außenpolitik (z. B. deutsche Grenzfragen), in der Bevölkerungspolitik (z. B. § 218) und in der Kulturpolitik (z. B. Zensurbestimmungen).

Anmerkungen

* Dieser Beitrag ist ein Teilergebnis einer umfassenderen Untersuchung über christliche Frauen(-Bewegung) in der ersten Hälfte des 20. Jahrhunderts im Rahmen des Tübinger Forschungsprojekts „Frau und Christentum" unter Leitung von Prof. Hans Küng, das von der Stiftung Volkswagenwerk gefördert wird.

1 Rita Thalmann: Der Weg in die Sackgasse, in: Emma, Mai 1985, auch für die folgenden Zitate.

2 Flugblatt „Was ist und will die Frauenhilfe", abgedruckt in: Fritz Mybes: Geschichte der Evangelischen Frauenhilfe in Quellen unter besonderer Berücksichtigung der Evangelischen Frauenhilfe im Rheinland, Gladbeck 1975, 28ff.

3 Paula Mueller: Weltanschauung und Frauenbewegung, Berlin 1910, 7.

4 Ausführlich dazu Doris Kaufmann: Die Ehre des Vaterlandes und die Ehre der Frauen oder der Kampf an der äußeren und inneren Front. Der Deutsch-Evangelische Frauenbund im Übergang vom Kaiserreich zur Weimarer Republik, in: Evangelische Theologie 46, 1986, H. 3, 277ff.

5 Denkschrift über Ziel und Zweck der Vereinigung Evangelischer Frauenverbände Deutschlands, hrsg. v.d. Geschäftsstelle der VEFD, 4seitige Druckschrift im Archiv des Diakonischen Werks Berlin (ADW), CA 848 I.

6 Siehe Anm. 4.

7 Resolution am Evangelischen Frauentag für sittlichen Wiederaufbau. Berlin, den 23. 3. 25, in: ADW, CA 848 I.

8 Zit. nach Regine Deutsch: Parlamentarische Frauenarbeit, Bd. 2: Aus den Reichstagen von 1924–1928, Berlin 1928, 82.

9 So Landesbischof D. Bernewitz auf dem 4. Evangelischen Frauentag, in: Der 4. Evangelische Frauentag Deutschlands, in: Monatsblatt der VEFD 8, Juli/August 1928.

10 Magdalene von Tiling: Das sexuelle Problem der heutigen Zeit, in: Monatsblatt der VEFD 9, April 1930; siehe auch dies.: Sexualpädagogische Aufgaben in der Erziehung der weiblichen Jugend, in: Schule und Evangelium 12, März 1929.

11 Zitate aus: Magdalene von Tiling: Konservativ oder liberal? Zukunft oder Untergang?, Berlin 1930, 3; dies.: Aufgaben und Ziele, in: Aufgaben und Ziele 10, Juli 1930; dies.: Die neue Stellung der Frau in der Volksgemeinschaft, Leipzig 1925, 6.

12 Dies.: Die neue Stellung der Frau, a. a. O., 2.

13 Siehe u. a. dies.: Psyche und Erziehung der weiblichen Jugend, Langensalza 1922; dies.: Grundlagen pädagogischen Denkens, Stuttgart 1922; dies.: Erziehung zu kirchlichem Bewußtsein und kirchlicher Gemeinschaft, Langensalza 1925; dies./Martha Rincklake: Neue Wege zu deutscher Frauenbildung, Langensalza 1925.

14 Dies.: Grundlagen pädagogischen Denkens, a. a. O., 81.

15 Dies.: Evangelische Frauenbewegung, Berlin 1924, 14.

16 Dies.: Grundlagen pädagogischen Denkens, a. a. O., 68.

8. Neue Frau und Alte Bewegung? Zum Generationenkonflikt in der Frauenbewegung der Weimarer Republik

Irene Stoehr

Frauen, die heute „oral history“ über die Weimarer Republik sprechen können, waren damals jung. Manche offenbar zu jung, um von der Existenz einer organisierten Frauenbewegung viel mehr zu wissen, als daß es sich dabei um eine Ansammlung ältlicher Lehrerinnen mit Haarknoten gehandelt habe, über die „man“ modern erhaben gewesen sei. Eine 88jährige, zeitlebens in der Sozialarbeit – der Domäne dieser Frauenbewegung – tätig, und in Lebensgemeinschaft einer ihrer bekanntesten Vertreterinnen verbunden, antwortete lachend auf die entsprechende Frage: „Frauenbewegung? So was hatten wir doch nicht nötig!“

So problematisch die Frauenbewegung in den Zeugnissen der damals Jungen erscheint, so sehr war „die Jugend“ der Frauenbewegung seit dem 1. Weltkrieg ihrerseits zum Problem geworden. Artikel-Überschriften wie „Die Frauenbewegung und ihre Jugend“, „Zur Auseinandersetzung der Generationen“, „Frauenbewegung und Jugendbewegung“, „Weibliche Jugend und Staatsbürgertum“ oder „Die sexuelle Not der Jugend“ deuten nur an, worum es dabei ging. Mit Sicherheit kamen „Jugendprobleme“ auch in allen allgemeinen Aufsätzen zur Gegenwartsanalyse in Frauenzeitschriften zur Sprache sowie in Abhandlungen zur Organisationsfrage.[1] An der Jugend und an der Hausarbeit[2] machte die organisierte Frauenbewegung in der Weimarer Republik ihre eigene Legitimationsproblematik fest.

Das Jugendproblem zeigte sich in drei Erscheinungsformen: 1. blieb der Nachwuchs weg; die Frauenbewegung wurde immer älter; 2. hatten schon vor dem 1. Weltkrieg die Jugendorganisationen einen großen Zulauf erhalten (insbesondere die Zahl der organisierten Mädchen hatte sich vervielfacht); und gegen Ende der 20er Jahre machte vor allem die Attraktivität der NS-Jugendorganisationen zu schaffen; 3. kam es auf mehreren Generalversammlungen des Bundes Deutscher Frauenvereine (BDF) zu offenen Auseinandersetzungen zwischen jüngeren und älteren Frauen.

Bei diesen frauenbewegungsspezifischen Generationenkonflikten ging es im wesentlichen um fünf Konflikbereiche, die für den Entwicklungsstand der organisierten Frauenbewegung der Weimarer Republik zentral waren:

I. Die Verschlechterung der materiellen Situation von Frauen und der Umgang der Frauenbewegung damit.
II. Die Veränderung des Geschlechterverhältnisses.
III. Definition der Aufgaben und des Selbstverständnisses der Frauenbewegung.
IV. Die Organisationsfrage im Zusammenhang mit der Debatte über Versachlichung, Mechanisierung und Bürokratisierung des Lebens.
V. Die Haltung zum Nationalsozialismus.[3]

I.

Als eigenständige Lebensphase hatte sich „die Jugend“ erst im 19. Jahrhundert herausgebildet, zumindest für ihren männlichen Teil. Mit dem Traditionsverlust durch Weltkrieg und Inflation wurde „Jugend“ als Synonym für Neubeginn noch einmal politisch aufgewertet. Diese Erscheinung stand aber im Widerspruch zur real kaum vorhandenen Möglichkeit, diese Lebensphase „angemessen“ leben zu können, d.h. frei von materiellen Sorgen und frei vom Erwerbs- bzw. Hausarbeitszwang.
Unter dem Stichwort „Zukunftssorgen“ beklagte eine junge Frau 1920 die ungeheure Erschwerung und Vermehrung der Hausarbeit in der Nachkriegszeit sowie die neue Verantwortung der Frau für das Haus. So würden gerade junge Frauen von der Frauenbewegung ferngehalten. Die Autorin befürchtete trotz der Durchsetzung des Frauenstimmrechts einen Rückfall in Zeiten, in denen „. . . die Frau selbstverständlich und grundsätzlich mit allen Ansprüchen zurücktrat hinter denen des Mannes.“ Solches „Opfer im Dienst des Vaterlandes“ gäbe einmal mehr dem Mann die Möglichkeit seiner Neugestaltung der Kultur.[4] 1923 schilderte eine andere eindringlich die emanzipationszerstörenden Wirkungen materieller Not:

> „Aber ach – dann erlebten wir das alte Märchen vom Dornröschen noch einmal. Alle guten Feen traten an die Wiege des neugeborenen Töchterleins mit ihren neuartigen Segnungen. ‚Plato darfst du lesen‘ sagte die eine, ‚Mathematik darfst du lernen‘ sagte die andere. ‚Ärztin darfst du werden‘ sagte die dritte, ‚Jura darfst du – wenigstens studieren –’ die vierte. So ging's die Reihe hindurch. Aber die letzte kam, ein buckliges Mütterchen im zerlumpten Gewande und rief gellend: ‚Alles darfst du lernen, – aber verhungern sollst du dabei!‘“[5]

Die Antworten der Frauenbewegungs-„Veteranin“ Helene Lange beriefen sich jeweils auf ein umfassenderes Emanzipationsverständnis. Die überlastete Nachkriegshausfrau wurde beruhigt: Ein Rückfall in alte Zeiten könne gar nicht passieren, weil die Aufgaben im Haushalt sich v.a. durch den Krieg völlig verändert hätten. Die Verbindung der Hausarbeit mit und ihre Verantwortung für den Staat und die Politik habe sich unumkehrbar verstärkt. Deshalb brauche der Typ der neuen Hausfrau „die dauernde Berührung mit den geistigen Interessen, die Berührung mit der ganzen weiten Sphäre der Frauenbewegung selbst . . .“[6]

Mag das trotz durchaus zutreffender Analyse[7] für die Betroffenen ein schwacher „Trost“[6] gewesen sein, so war die Antwort für die brotlose Hochqualitizierte schon konkreter. Ihre schlechte Situation sei u. a. ein Resultat von zu wenig – richtig verstandener – Emanzipation. Denn erwerbssuchende Frauen seien auf Behörden angewiesen, aber die dort versammelten Männer kümmerten sich nur um die berufliche Versorgung ihrer Geschlechtsgenossen, „wenn nicht etwa ein erwägenswerter wirtschaftlicher Vorteil bei der Anstellung von Frauen herausschaut“.[8] Da von den Männern vorerst keine Einsicht zu erwarten sei, müßten umso mehr die Frauen sich gegenseitig helfen – und zwar im Bewußtsein dessen, daß es darum ginge, „die mütterliche Kraft für den Aufbau der Gesellschaft nutzbar zu machen“. Wichtige Voraussetzungen dafür seien „Erziehung der Frau durch die Frau“ sowie „Ausübung und selbsständige Gestaltung der sozialen Fürsorge durch Frauen“.
Das Haupthindernis für die Entfaltung solcher Emanzipation sah Helene Lange in den Frauen selbst, in ihrer Kleingläubigkeit oder – wie wir heute sagen würden – mangelnden Solidarität. Sie nannte es ohne Umschweife „Verrat“, wenn Lehrerinnen einer Mädchenschule einen Mann zu ihrem Schulleiter wählen. „Um jeden einzelnen Posten, der uns jetzt entrissen werden soll“, müsse der „zäheste Kampf“ geführt werden. Aber nicht, um „das Los einer Frau gegenüber dem Los eines Mannes zu bessern und so Gleiches mit Gleichem zu vergelten“, sondern es hieße „den Kulturkampf weiterkämpfen, den die vorige Generation begonnen hat“.[9]

II.

Solcher Rede vom „Kulturkampf“, die den Kampf der weiblichen gegen die männliche Kultur meinte, müssen junge Frauen in den 20er Jarhen mit geringem Verständnis begegnet sein. „Vielleicht ist dasjenige“, resümierte eine Vertreterin der älteren Generation[10] im Jahre 1930, „was am stärksten gerade diese junge Frauengeneration von der älteren trennt, das veränderte Verhältnis zum Mann.“[11] Zu dieser Zeit waren es die Älteren, die sich gegenseitig geradezu warnten, junge Frauen mit antiquierter Frauenrechtelei vor den Kopf zu stoßen. Es sei richtig, „daß die mit der zugestandenen und erlebten Ebenbürtigkeit der Frau ermöglichte Kameradschaft der Geschlechter gestört wird durch das Fortbestehen der kämpferischen Haltung“.

„Und eben dieser Zustand“, fuhr Gertrud Bäumer fort, „der ganz unbefangenen und selbstverständlichen Gemeinschaft der Geschlechter ist ja doch das Ziel der Frauenbewegung selbst. Wie sollten wir ihr Wachstum stören oder ihre Existenz durch – in diesem Falle Gott sei Dank! – überlebte Auseinandersetzungen und Empfindlichkeiten zu verdunkeln wünschen!“[12]

Diese Worte sind zwar nicht ganz frei von Ironie, signalisieren jedoch das Bedürfnis, den Generationenkonflikt zu beenden. Else Wex hatte 1929 sogar gefordert, aus dem neuen Verhältnis der Geschlechter organisatorische Konsequenzen zu ziehen. Dabei dachte sie an die Mitgliedschaft „vereinzelter verständnisvoller Männer" in der Frauenbewegung und vor allem an die Einrichtung informeller Aussprachemöglichkeiten mit Männern, z. B. als „Wiederbelebung des politischen Frauensalons in den Formen unserer Zeit".

Solche „Umstellung des Vereinslebens mit dem Ziel der geistigen Kameradschaft wird besonders notwenig im Hinblick auf die heranwachsende Jugend, der nur auf dem Hintergrund solcher Zusammenarbeit die besonderen Frauenaufgaben nahegebracht werden können."[13]

Aber trotz aller Mühe um Verständnis verschwiegen die Älteren die andere Seite nicht: ihr Mißtrauen gegenüber allzu vertrauensseliger Geschlechtergemeinschafts-Euphorie. So sah z. B. Gertrud Bäumer die „Gefahr" für die Mädchen in gemischten Jugendverbänden darin, „daß sie um der – wirklichen oder scheinbaren – Harmonie willen genügsam werden und bewußt oder unbewußt auf sich selbst verzichten und wieder Anhängsel werden."[14] Und Else Wex fand, daß „schon rein äußerlich" den Mädchen in den Jugendbünden im Namen der Kameradschaft „die Maßstäbe des Mannes" aufgenötigt würden, z. B. durch „mancherlei Sport", aber

„. . . noch mehr innerlich, indem die ihrer selbst noch unbewußte, über die Maßen empfängliche Frauenseele hier so geprägt wird, wie der Mann sie als ihm bequeme Gefährtin zu haben wünscht."[15]

Diese bemerkenswerten Einsichten grenzen m.E. an „Widerstand" gegen eine sich durchsetzende moderne totale Gleichheits- und Partnerschaftsideologie. Entsprechend vorsichtig – und stets eingebettet in beflissene Hofierungen jugendlicher Geschlechterkameradschaft – wurden sie vorgetragen. Diese Kritik richtete sich auch gegen neue ökonomische und geistige Abhängigkeiten vom Mann – dem Arbeitgeber – durch die Errungenschaft der Frauen-Erwerbstätigkeit[16] sowie gegen den Schein der Gleichberechtigung von Studentinnen, die sich deshalb nicht als Frauen organisieren wollten,[17] wie auch gegen die – sexualreformerische – Behauptung der Abhängigkeit weiblicher Jugendlicher von sexueller Befriedigung im engeren Sinn.[18]

III.

Nach der Durchsetzung des Frauenwahlrechts und der rechtlichen Gleichstellung vermischte sich das Ringen um ein neues Selbstverständnis der Frauenbewegung mit ihrem Werben um den Nachwuchs.

Das Jugendproblem, schrieb Gertrud Bäumer 1921, entstehe der Frauenbewegung daraus,

„daß sie nicht mehr selbstverständlich Brücken schlagen kann ... Die Alten können den Jungen vielfach nicht einfach geben, weil sie hier selber Suchende sind und die Tradition der kämpfenden Frauenbewegung auch für sie nicht mehr ausreicht."[19]

Allerdings – und darin liegt eine gewisse Tragik – wurde ja spätestens seit der Jahrhundertwende die grundsätzliche Legitimation der Frauenbewegung nicht mehr in dem Ziel der Erringung gleicher Rechte sondern darin gesehen, der einseitig männlich geprägten gesellschaftlichen Öffentlichkeit den weiblichen Stempel aufzudrücken, „den Kultureinfluß der Frau" – wie es in dem 1905 vom Allgemeinen Deutschen Frauenverein (ADF) verabschiedeten Programm heißt – „zur vollen inneren Entfaltung und freien sozialen Wirksamkeit zu bringen."[20]
Genau genommen sollte es also nach der Überwindung der äußeren Hindernisse erst richtig losgehen.[21] Das Desinteresse der weiblichen Jugend, sofern es auf der Erreichung des äußerlichen Zieles beruhte, war also z.T. Ausdruck eines tragischen Mißverständnisses.
In der Geringschätzung des „Äußerlichen" waren sich Alte und Junge nämlich ziemlich einig. Nur unterschieden sie sich in ihrem Verständnis des Begriffes und in der Definition dessen, was ihm positiv gegenüber zu stellen sei. Sympathisantinnen der Jugendbewegung setzten diese als Ausdruck von „Innerlichkeit", „innerer Wahrhaftigkeit" usw. der Frauenbewegung entgegen,[22] die sie mehr oder weniger pauschal als Ganze der „geronnenen Form" zuschlugen. Dem entsprach – bei umgekehrter Bewertung – der Gegensatz von bloßer „Naturbewegung" und hochentwickelter „Kulturbewegung", als den eine Freundin der Frauenbewegung deren höhere Qualität gegenüber der Jugendbewegung zu charakterisieren versuchte.[23]
Politikerinnen wie Gertrud Bäumer war das jugendliche Reden von „Innerlichkeit" und „beseelter Menschlichkeit" durchaus unsympathisch. Sie, die sich mit entsprechender Jugendschelte von allen Älteren am heftigsten hervorgetan hat und die sich und ihre Leserinnen 1923 ernsthaft fragt, ob die jüngere Frauengeneration „schwach, zerfahren und weichlich" sei, und ob sie ihren Kulturaufgaben gegenüber versage, fand bei der „bewegten" Jugend viel „unnötige Gefühlsschwärmerei".[24]
Das mag einer frühen Bitternis aus enttäuschter Hoffnung zuzuschreiben sein: Immerhin hatte Gertrud Bäumer noch zwei Jahre vorher in „die Jugend" geradezu eine Heilserwartung gesetzt: „Einmal hieß es, daß die ‚Mütter' die Welt erlösen werden. Vielleicht werden es ihre Söhne und Töchter sein."[25] Viel später wird sie wieder versöhnlicher und scheint den Stein des Anstoßes in eine Art generationsspezifische Arbeitsteilung umwandeln zu wollen. Es sei die Aufgabe der weiblichen Jugend, meint Bäumer im

Januar 1930, „eine neue Lebensform zu leben". Ja, die „Ausfüllung des erschlossenen Lebensspielraums durch das persönliche Sein" sei sogar „viel intensiver, realer und verantwortungsvoller als der Aufbau eines programmatischen Ideenzusammenhanges."[26]

Jahre vor dieser verständnisvollen Anerkennung eines wichtigen Bedürfnisses jüngerer Frauen tobte die erbitterte Auseinandersetzung um das Recht, die politsche Mitarbeit als Frauen in den bestehenden Institutionen verweigern zu dürfen. Gertrud Bäumer war die erste, die solches Recht ihrerseits aufs heftigste verweigerte – gegenüber fast allen Stimmen aus der Jugend, die zu Beginn der 20er Jahre ihre Priorität in der Gestaltung ihres persönlichen Lebens sahen. Dieses Interesse erstreckte sich freilich in einem Kontinuum von der totalen Ablehnung jeder politischen und gesellschaftlichen Verantwortung bis hin zur Suche nach einer weiblichen „Eigenprägung" des jeweils ausgeübten Berufes. Diese letzte Variante genoß noch das meiste Wohlwollen der älteren Frauengeneration, die ihrerseits zu Beginn der 20er Jahre ihren Schwerpunkt auf die Ausgestaltung der weiblichen Kultur im politischen Raum setzte.[27]

Die härteste Reaktion brachte Gertrud Bäumer bezeichnenderweise – weil davon offenbar am stärksten betroffen – gegen eine religiös motivierte politische Frauenabstinenz auf. Die junge Frau hatte argumentiert, daß im Moment „Weltverneinung" geboten –, weil „das Absolute" nicht mehr klar sei. Vielmehr werde der Anspruch auf Absolutheit von „relativen Gütern" erhoben – von Staat, Kultur, Kunst . . . Frauenbewegung, die genau genommen deshalb „Götzen" seien. Das Bedürfnis der Jugend nach Absolutheit äußere sich in dem „Wunsch nach radikaler Kritik von einem Punkt jenseits aller gegebenen Möglichkeiten". Erst dann – und hier fand sich diese extreme Haltung mit den anderen Stimmen der jungen Generation zusammen – sei „jener Dualismus nicht mehr möglich, der das öffentliche Leben anderen Normen unterstellt sieht als die persönlichen Beziehungen von Mensch zu Mensch".[28]

In ihrer Replik attackierte Gertrud Bäumer dieses Mal keinen Gefühlsüberschwang, sondern im Gegenteil einen erschreckend „kühlen Geist", dem sie ein „Sich-Hineinwerfen", ein „Ergriffensein" für „die Liebe und das Leben" empfahl.[29]

Es ist klar, daß die kritisierte Position die Frauenbewegung auf eine Art Karikatur reduzieren mußte, um sie so „radikal" als „Götze" durchschauen zu können. Ebenso sicher aber war die Antwort Bäumers noch von der Unfähigkeit mitbestimmt, Verweigerungshaltungen als politischen Willen erkennen oder gar akzeptieren zu können.

Die Wandlung, die sich für diese Wertung in den späten 20er Jahren zart andeutete, hängt zusammen mit einer zunehmenden Einsicht in die politische Bedeutung der „Frauengemeinschaft". War das Gemeinschaftsbedürf-

nis der Jugend vorher entweder als Schwärmerei abgetan oder auf der Ebene praktischer Tagungsverschönerungsvorschläge behandelt worden, so wurde auf der BDF-Tagung im Herbst 1927 die „Frauengemeinschaft“ gar als Hauptzweck der Organisation von Frauen genannt, deren Notwendigkeit plötzlich von jüngeren Frauen grundsätzlich in Frage gestellt worden war.[30] Bezeichnenderweise war auf dieser Eisenacher Bundestagung ohnehin viel von „Einheit“ und „Synthese“ die Rede. Und nicht zufällig wurde da auch die Frage der Gründung einer Frauenpartei diskutiert. Zwar wurde dazu weder damals noch später ein positiver Beschluß gefaßt, doch die Berichterstatterin hatte Anlaß zum Optimismus. Denn „viel zahlreicher als die Stimmen der Zweifler waren die der Gläubigen einer Frauengemeinschaft, die auch die Grundlage politischer Willensbildung werden könnte“.[31]
Die Gründe für solche zunehmende politische Wertschätzung von Frauengemeinschaften sind auf zwei Ebenen zu suchen. 1. handelte es sich um ein Ergebnis politischer Erfahrungen i. e. S. Nach acht Jahren Republik gab es genügend Anlaß zur Enttäuschung über die geringen – bzw. immer geringer werdenden – Möglichkeiten, in den politischen Parteien als Frauen wirksam zu werden, wegen der schwer veränderbaren männlichen Prägung der Parteipolitik im Allgemeinen und wegen der fehlenden geschlechterübergreifenden Solidarität der männlichen Parteifreunde z. B. bei der Aufstellung von Kandidaten im Besonderen. 2. läßt sich die Neubewertung weiblicher Gemeinschaften und – später zunehmend auch informeller – Verbindungen als Reaktion auf fortschreitende Trennungen der Frauen voneinander interpretieren, die im Namen der Moderne, v. a. im Namen der „Rationalisierung“ von Sexualität, Erziehung und Hausarbeit in den 20er Jahren einen Höhepunkt erreichen.[32]

IV.

Über den gesamten Zeitraum der Weimarer Republik kritisierten jüngere Frauen an dem Vereins- und Verbandscharakter der Frauenbewegung die Überbewertung der äußeren Form – der Statuten, Satzungen, Geschäftsordnungen und Tagesordnungen – als Ausdruck der „Entleerungen“ aller gegenwärtigen Formen des öffentlichen Lebens „von Sinn und Ziel“.[33]
Sie identifizieren den Verbandsapparat des BDF als Beispiel der heftigst abgelehnten „Mechanisierung“ und „Bürokratisierung“.
Wie zentral diese Organisationsfrage für das „frauenpolitische“ Selbstverständnis der jungen Frauen war, demonstrierte eine Kritikerin an den „Alten“ im Jahre 1925. „Aus der Jugendbewegung kommend und den Weg zur Frauenbewegung suchend“[34] charakterisierte sie den Unterschied: Die Frauenbewegung würde „für Andere“ bessere Lebensbedingungen schaffen,

also den „Weg sozialer Gestaltung“ gehen, während die Jugendbewegung – indem sie sozusagen bei sich selber ansetze – den „Weg neuer, persönlicher Lebensgestaltung“ eingeschlagen habe. Die Jungen vermißten nun bei den Älteren „eine letzte innere Wahrhaftigkeit und Folgerichtigkeit, mit der auch im eigenen Lebenskreis mit dem erkannten Prinzip Ernst gemacht wird“.[35] Sie bemängelten,

> „daß dieselben Frauen, die sich der Ungerechtigkeit und Unwahrhaftigkeit sozialer Zustände mit Mut entgegen stellen, ganz inkonsequent in ihrem eigenen Lebensstil im alten Geist weitergehen und sich scheuen, ohne Rücksicht auf das Urteil der anderen ihre sämtlichen Lebensbeziehungen von dem neuen Geist durchwehen zu lassen.“[36]

Gerade den Organisationsapparat des Bundes Deutscher Frauenvereine wünschte die Autorin „etwas mit dieser persönlicheren Einstellung zu durchflechten“, wie etwa die Bundesversammlungen, die „keinen Spielraum zur Möglichkeit persönlicher Fühlungnahme bieten“. Und nun folgte ein Argument, das die politisch versierten Repräsentantinnen des BDF besonders geärgert haben dürfte (obwohl es vornehm übergangen wurde): Die Erledigung des Fachlichen, meinte die jugendliche Kritikerin, könnten Männer ja sowieso noch besser als Frauen. Um so mehr sollten sich Frauen „neben der Besonderheit des Inhalts ... (der) ... Besonderheit der Form“ zuwenden, „die es ermöglichte, Kräfte der Seele zu entbinden und zu verbinden“.[37]

Es lag für junge, kritische Sympathisantinnen der Frauenbewegung nahe, in deren Rahmen eigene Gruppen zu bilden. Der erste Ansatz einer Selbstorganisation junger Frauen nach dem 1. Weltkrieg war noch ganz vom Geist der Kontinuität getragen (und entsprechend erfolglos). Im Dezember 1920 wurde über die Gründung „sozialer Jugendgemeinschaften“ berichtet, die eine „Erneuerung“ der „Mädchen- und Frauengruppen für soziale Hilfsarbeit“ darstellen sollten[38] – jener 1893 für Mädchen aus wohlhabenden Elternhäusern ins Leben gerufenen Initiative zu ihrer „Erlösung“ aus ungewolltem Müßiggang. Die Haltung der Mitglieder dieser „Gruppen“ gegenüber „der Frauenbewegung“ war von Lernwillen und Dankbarkeit geprägt gewesen. Als bislang einzige Organisationsform für den weiblichen Nachwuchs der Bewegung sind die „Mädchen-“, später „Jugendgruppen“ auch als „Kinderstube“ der Frauenbewegung bezeichnet worden. Vor allem wegen der Professionalisierung und Institutionalisierung der Frauensozialarbeit sind sie nach dem Krieg nicht wieder ins Leben gerufen worden – es waren ja auch Bildungseinrichtungen, die nun z. B. durch soziale Frauenschulen ersetzt worden waren.

So bot sich die „leere Hülse“ 1920 als geeignete Plattform für Mädchen an, die aus anderen Jugendorganisationen mit dem Bedürfnis nach Überwindung der „Zersplitterung“ zur Frauenbewegung kamen.[39] Von diesen „sozialen Jugendgemeinschaften“ liest man später nichts mehr.

Bereits von dem beginnenden Generationenkonflikt geprägt war die Gründung einer „Arbeitsgemeinschaft der Jugend“[40] auf der Kölner Bundestagung 1921. Zwar ist ihrer Zielsetzung ein braves „Mithelfen im Bestehenden“ vorangestellt worden. Aber „vor allem“ sollte es darum gehen, „Beziehungen her(zu)stellen“. Daß es sich dabei nicht um eine harmlose Zugabe, sondern eher um das Gegenteil handelte, fördert die Erläuterung zutage, nach der „unsere Zeit... (deshalb) ...eine Orientierung am Menschen“ verlange, weil die Orientierung „an bestehenen Verhältnissen“ heute schlicht dadurch unmöglich würde, daß „die eben nicht bestehen“(!).[41] Die Jungen wollten deshalb „um unserer selbst willen“ einen „Jugendkreis für Frauenfragen“ bilden[42] – als einen „Arbeitsplatz“ für Frauen „aller Konfessionen und aller Parteien“.
In ausdrücklicher Abgrenzung zur Frauenbewegung als einer inzwischen – wie es heißt – „regierenden Partei“ wollten die Gründerinnen des „Jugendkreises“ gegen die „Verwaltung der politischen Gleichberechtigung“ eine neue „Emanzipation des Herzens“ herbeiführen und gegen „Erstarrung, Bürokratismus und alle Todsünden geronnenen Lebens“ den „Einsatz blutvollen Frauentums“ richten.[43]
Andere junge Frauen, die eher den „Kinderstuben“ der Frauenbewegung zuzurechnen sind, trugen dem sich anbahnenden Generationenkonflikt auf ihre Weise Rechnung. Während der gleichen Bundestagung beantragte der „Stamm“ der Sozialen Frauenschule Hamburg die Einsetzung einer Kommission mit der Aufgabe, „die weibliche Jugend und ihre Gemeinschaften für die Ideen der Frauenbewegung zu gewinnen und die Fühlung zwischen dieser Jugend und dem Bund herzustellen“.[44]
Und doch sollten vor allem diese „Kinderstuben“-Frauen die Basis der Jugendkreis-Idee bilden. Ein Bericht über die Weimarer „Pfingsttagung des Neuen Kreises für Frauenfragen“ (1923) gab bedauernd zur Kenntnis, daß die bestehenden „Kreise“ vorwiegend aus ehemaligen Sozialschülerinnen bestünden und daß sich nur wenige Studentinnen, Lehrerinnen, kaufmännische Angestellte und Hausfrauen darin verirrten.[45]
So klang die auf der Pfingsttagung meistdiskutierte Frage auch eher kinderstubengemäß: „Wie übe ich meinen Beruf anders aus als ein Mann an der gleichen Stelle?“[46] Dem entspricht, daß sogar die institutionell – durch eine Kommission – abgesicherte Herausbildung eines politischen Jugendwillens, der „gelegentlich einmal“ von der Frauenpolitik der älteren Generation abweichen könne – als „parlamentarisches Hinterland“ –, erwogen wurde.[47]
Dieses Projekt scheiterte übrigens ebenso wie andere „erfolglose Unternehmungen“, die auf der Pfingsttagung zu Grabe getragen worden waren: eine Pressekommission und ein Archiv für Frauenfragen.[48]
Damit ist allerdings kein Urteil über die gesellschaftliche Wirksamkeit der „Neuen Kreise“ gesprochen. Es ist sogar wahrscheinlich, daß sich in den als

sehr unterschiedlich geschilderten Gruppen z. T. die ursprünglichen Intentionen des „Jugendkreises" gegen spätere politische Ambitionen von wenigen Nachwuchs-„Führerinnen" durchsetzten: mehr nach „Innen" als nach „Außen" zu wirken. In neufeministischer Sprechweise mag es sich um eine Art Selbsterfahrungsgruppen mit philosophischem Anstrich gehandelt haben. Wenn über die Existenz solcher Jugendkreise z. B. im Organ des BDF in den nächsten Jahren geschwiegen wurde, so muß das nicht heißen, daß sie abgelehnt oder für unwichtig gehalten wurden, es könnte auch mit dem Gegenteil zu tun haben. Die „Neuen Kreise" waren ja Vorboten eines Trends – übrigens nicht nur in der Frauenbewegung –, der in der 2. Hälfte der 20er Jahre die Richtung auf eine höhere Wertschätzung menschlicher Verbundenheit und auf eine grundsätzliche Skepsis gegenüber Organisationen nahm.

Nicht selten führt ja Legitimationsdruck zu wichtigen Einsichten. Als eine solche kann man die Ausweitung des Begriffes „Frauenbewegung" weit über deren Organisationen hinaus verstehen. 1930 wunderte sich Gertrud Bäumer über eine Reihe von „Aussprache-Abenden" – es handelte sich offenbar um einen „Neuen Kreis" –, welche von Studentinnen, angehenden Sozialbeamtinnen, Jugendleiterinnen, Lehrerinnen mit dem erklärten Zweck besucht würden, „die Frauenbewegung kennenlernen" zu wollen. Als sei diese

> „etwas außerhalb ihrer selbst, eine durch erklärte Mitgliedschaft begründete Organisation, die man nach Zweck und Ziel von außen her befragt... Als wenn nicht diese ganze junge Generation, sofern sie nur irgendwie ihren Lebensfragen bewußt gegenübertritt, die Frauenbewegung wäre?"[49]

Mit zunehmender Annäherung der Positionen zwischen „Jungen" und „Alten" traten allerdings bezeichnenderweise zwei andere Konfliktstoffe hervor, von denen zuvor nicht ein Sterbenswörtchen geredet worden war, nämlich „Geld" und „Macht".

Auf der Eisenacher Bundestagung 1927 war ein wichtiger Streitpunkt die Frage der ehrenamtlichen Arbeit. Als die „Alten" den „Jungen" in der Organisationsskepsis entgegenkamen, waren es die Jungen, die forderten, die Organisationsarbeit zu bezahlen, um die Frauenbewegung aus der Krise zu führen.[50] Das muß für die Älteren verwirrend gewesen sein. Ironischerweise sah sich nun Gertrud Bäumer genötigt, die jungen Frauen daraufhinzuweisen, daß „das Leben eines Verbandes... nicht aus einer Bürokratie kommen (kann), sondern ... in ihm selbst, in seinen Mitgliedern sein müsse.[51] Tatsächlich hat es den Anschein, daß sich die jugendlich-radikale Organisationsfeindlichkeit mit einer pragmatischen Professionalisierungsmoral durchaus vertragen hat. Es wird deutlich, daß diejenigen Vertreterinnen der jungen Generation, die sich auf solchen Tagungen äußerten, es bereits gewohnt waren, für ihre Arbeit bezahlt zu werden.

Auf der Leipziger Bundestagung 1932 tobte angeblich wieder „der“ Generationenkonflikt, ohne daß in der Berichterstattung irgendwelche unterschiedlichen Meinungen genannt werden. Kein Wunder, daß da plötzlich die „Vorstandssitze“ auftauchen, um die es aber keineswegs gegangen sei. Immerhin erscheint es notwendig, zu versichern: „Ein Herausdrängen aus der Arbeit, ein Beiseiteschieben der Älteren wird von keiner der Jungen gewollt.“[52]

V.

Die Annäherung der älteren Generation an die Jüngeren, ihre zunehmende Wertschätzung der „Gemeinschaft“ gegenüber politischen Inhalten und Organisationen ist allerdings ambivalent zu beurteilen angesichts dessen, was wir über die weitere politische Entwicklung in Deutschland heute wissen. Denn mit dieser Veränderung ihres Selbstverständnisses – so viel sie damit auch an politischem Rigorismus ablegte – lag die Frauenbewegung auch in einem problematischen Trend: dem Trend der allgemeinen Skepsis gegenüber parlamentarischen Repräsentationsformen und des Booms bündischen Gemeinschaftsdenkens, der von den Nationalsozialisten aufgegriffen, verzerrt und schließlich gegen die Menschen gerichtet wurde, die z. T. mit ihnen nach „neuen Formen der Verbundenheit“ gesucht hatten.
Spätestens seit den Reichtagswahlen 1930, bei denen die Nazis ihren großen „Durchbruch“ hatten, war die Anziehungskraft des Nationalsozialismus gerade für die Jugend den Vertreterinnen der Frauenbewegung das vordringliche Jugendproblem. Es zeigte sich nicht nur in den Wahlergebnissen, sondern auch in den steigenden Mitgliedszahlen der NS-Jugendorganisationen. Die Älteren waren nicht „ambivalent“, wenn Mädchen sich so vor Beruf und politischer Mitverantwortung drücken wollten und diese Haltung mit der „Glorie des Verzichts“ überhöhten. Das schalten sie mindestens „bequem“ oder „spießbürgerlich“.[53] Aber sie konnten andererseits den Nationalsozialismus am Vorabend seiner „Machtergreifung“ wohl auch nicht „eindeutig“ verurteilen: Dazu berührte die NS-„Bewegung“ auf eigentümliche Weise allzu zentrale Punkte der – durch den Generationenkonflikt ausgelösten – selbstkritischen Versuche, die Stagnation der Frauenbewegung zu überwinden.

Anmerkungen

1 Für den vorliegenden Aufsatz wurden v. a. die Jahrgänge 27–40 der Zeitschrift „Die Frau", dem Organ des Bundes Deutscher Frauenvereine, durchgesehen. Sie erschien von 1893 bis 1944.
2 S. dazu Irene Stoehr: „Organisierte Mütterlichkeit". Zur Politik der deutschen Frauenbewegung um 1900, in: Karin Hausen (Hrsg.): Frauen suchen ihre Geschichte, München 1983.
3 Die Schwerpunkte dieser Fassung wurden aus Platzgründen auf das „Selbstverständnis" und die „Organisationsfrage" gesetzt (III und IV). Eine erweiterte Fassung ist geplant.
4 Dr. Verena Rodewald: „Zukunftssorgen", Die Frau 27, März 1920, 328.
5 Dr. Bertha Badt-Strauß: Die Not von einst und die Not von heute, Die Frau 31, Okt. 1923, 51.
6 Helene Lange: „Trost", Die Frau 27, März 1920, 331.
7 Vgl. Detel Aurand / Irene Stoehr: Opfer oder Täter? Frauen im 1. Weltkrieg, Courage 11 und 12, Berlin 1982.
8 Helene Lange: Die Not von einst und die Not von heute (Antwort), Die Frau 31, Okt. 23, 52.
9 Ebd., 50.
10 Die Hauptvertreterin der „Älteren" in der „Jugenddebatte", Gertrud Bäumer, war 1923 50 Jahre alt. (Die „Veteranin" Helene Lange nahm mit ihren 75 Jahren m. E. auch inhaltlich einen Sonderstandpunkt ein.) Dennoch ist die Gegenüberstellung von „Jüngeren" und „Älteren" natürlich nicht in erster Linie eine biologische, sondern eine politische. Die Jüngeren, die hier zu Wort kommen, haben ohnehin den ersten Schmelz der Jugend schon hinter sich. Es handelt sich häufig um ausgebildete Akademikerinnen (vgl. die Doktortitel!).
11 Else Wex: Der Weg zu den Müttern, Die Frau 37, März 1930, 362f.
12 Gertrud Bäumer: „Ich bin Gegnerin der Frauenbewegung!", Die Frau 37, Jan. 1930, 196.
13 Else Wex: Grundsätzliches zur Gestaltung des Vereinslebens in der Frauenbewegung, Die Frau 37, Okt. 1929, 50.
14 Bäumer: „Ich bin Gegnerin . . .", a. a. O., 195.
15 Wex: Der Weg . . ., a. a. O., 362.
16 Ebd.
17 Dr. Lina Wolff: Bundesfragen, Die Frau 35, Dez. 1927, 144f.
18 Gertrud Bäumer: Was die Vertreter der „Jugendehe" übersehen, Die Frau 36, Juni 1929, 523.
19 Gertrud Bäumer: Die Bundestage in Köln, Die Frau 29, Nov. 1921, 48.
20 „Ziele und Aufgaben der Frauenbewegung". Flugblatt des ADF, Die Frau 12, Okt. 1904, 65.
21 Helene Lange: Steht die Frauenbewegung am Ziel oder am Anfang, Die Frau 29, Nov. 1921, 33ff.
22 Stefanie Behm-Ciepka: Frauenbewegung und Jugendbewegung, Die Frau 33, Dez. 1925, 145, vgl. auch u. Abschnitt IV.
23 Mathilde Drechsler-Hohlt: Ideologie – Realismus und Frauenbewegung, Die Frau 34, Sept. 1927, 741.
24 Aussprache: Die Kritik über die junge Generation (Nachwort Bäumer), Die Frau 30, Februar 1923.
25 Gertrud Bäumer: „Jugend", Die Frau 27, Juli 1920, 291.

26 Bäumer: „Ich bin Gegnerin ...", a. a. O., 196.
27 Z. B. Gertrud Bäumer: Die alte und die neue Macht der Frauen, Die Frau 28, Febr. 1921, 138.
28 Erika Küppers: Jugend und Frauenbewegung, Die Frau 29, Januar 1922, 104.
29 Gertrud Bäumer: Jugend und Frauenbewegung (Antwort), Die Frau 29, Febr. 1922, 137f.
30 Dr. Lina Wolff: Bundesfragen, a. a. O., 142.
31 Gertrud Bäumer: Die Bundestagung in Eisenach, Die Frau 35, Nov. 1927, 69.
32 Vgl. Irene Stoehr: Kritik des Emanzipationsbegriffes aus historischer Sicht, in: Kultur und Emanzipation, Loccumer Protokolle 9, Rehburg-Loccum 1984.
33 Stimmen aus der Jugend, Die Frau 29, Februar 1922, 132.
34 Stefanie Behm-Cierpka: Frauenbewegung und Jugendbewegung, a. a. O., 144ff.
35 Ebd., 145.
36 Ebd., 146.
37 Ebd., 147.
38 Emmy Wolff: Die sozialen Jugendgemeinschaften, ihr Werden und ihr Ziel, Die Frau 28, Dez. 1920, 65ff.
39 Ebd., 68.
40 Bäumer: Die Bundestage in Köln, a. a. O., 48.
41 Hilde Lion: Gesagtes und Nichtgesagtes zur Jugendaussprache des Bundes, Die Frau 29, Nov. 1921, 54.
42 Ebd.; eine interessante Randerscheinung ist, daß Bäumer für diese Neugründung einen anderen Begriff gebraucht als Hilde Lion (vgl. Anm. 40).
43 Ebd., 55.
44 Ebd., 52.
45 Dr. Annemarie Eggersdorff: Die Pfingsttagung des Neuen Kreises für Frauenfragen, Die Frau 30, Jun. 1923, 301. Leider wird nicht verraten, wie viele solcher Kreise es zu dieser Zeit gab, aber immerhin soviel, daß sie von unterschiedlichem (z. B. großstädtischem oder ländlichem) Charakter waren, und daß die Zahl ihrer regelmäßigen Teilnehmerinnen nicht über 20 hinausging (ebd., 302).
46 Ebd., 301.
47 Ebd., 301f.
48 Ebd.
49 Gertrud Bäumer: „Ich bin Gegnerin ...", a. a. O., 194.
50 Dr. Lina Wolff: Bundesfragen, a. a. O., 146; vgl. auch Dr. Agnes v. Zahn-Harnack: Äußerliches und Innerliches zur Bundestagung, Die Frau 35, Dez. 1927, 150f.
51 Gertrud Bäumer: Bundesarbeit und Bundesorganisation, Die Frau 35, Febr. 1928, 260.
52 Dr. med. Liese Goebel: Die Auseinandersetzung der Generationen, Die Frau 39, Febr. 1932, 216.
53 Z. B. Gertrud Bäumer: Die Stellung der weiblichen Jugend zum politischen Leben, Die Frau 37, August 1930; oder dies.: Psychologische Bilanz der Wahlen, Die Frau 38, Oktober 1930. In diesem Aufsatz ironisiert Bäumer „die Ablehnung gegen den weiblichen Parlamentarismus aus dem ‚völkischen Ideal' ... als ob das germanische Frauenideal etwa dem Gretchentypus entspricht, während ganz im Gegenteil aus dem germanischen Geschlechtsbewußtsein von Mann und Frau sich jene Polarität entwickelt hat, die auf dem gleichen Selbstbewußtsein beider Geschlechter beruht" (5). Anlaß für diese Belehrung war die Zuschrift einer nationalsozialistischen Jurastudentin mit dem bezeichnenden Namen Raba Stahlberg gewesen (ebd., 46ff.).

Die Autorinnen

Ayers, Pat (geb. in Liverpool), Doktorandin an der University of Liverpool (Thema: Familienökonomie in Liverpool in der Zwischenkriegszeit).

Bussemer, Herrad-Ulrike, Dr. phil., Historikerin, Wissenschaftliche Mitarbeiterin am Institut für Zukunftsstudien und Technologie Bewertung (IZT) Berlin. Veröffentlichungen u. a: Frauenemanzipation und Bildungsbürgertum. Zur Sozialgeschichte der Frauenbewegung in der Reichsgründungszeit, Weinheim/Basel 1985.

Cyrus, Hannelore (geb. 1935), Studium der Sozialpädagogik und Sozialgeschichte, Promotion 1981. Seit 1979 Lehrbeauftragte an der Universität Bremen, Bereich Sozialwissenschaften. Arbeitsschwerpunkte und Veröffentlichungen im Bereich: Kriminologie, Bremer Frauengeschichte. Zahlreiche Beiträge bei Radio Bremen und Aufsätze in Fachzeitschriften.

Dalhoff, Jutta (geb. 1958), Studium der Geschichte und der Niederländischen Philologie an den Universitäten Bonn, Köln und Groningen. Arbeitsschwerpunkte: Bürgerliche Frauenbewegung im 19. Jahrhundert. Jahrelange Mitarbeit im Bonner Frauenbuchladen und in der Frauenforschungsgruppe der Uni Bonn.

Donner-Reichle, Carola, Dipl. Pol., seit 10 Jahren in der Entwicklungsländerforschung tätig; 1978–1983 Asien- und Ostafrikaaufenthalte (Malaysia, Thailand, Tanzania). Arbeitet seit 1984 in Bonn für verschiedene Organisationen (u. a. BMZ, Kammer der EKD). Z. Z. Doktorandin an der Freien Universität Berlin.

Drechsel, Wiltrud Ulrike (geb. 1940), Professorin für Erziehungswissenschaften an der Universität Bremen, Arbeitsschwerpunkt: Sozialgeschichte der Erziehung.

Feldmann, Andrea (geb. 1960 in Zagreb), seit 1984 Dipl. Historikerin, Assistentin am Institut für Geschichte der Arbeiterbewegung in Zagreb. Koordinatorin der Sektion „Frau und Gesellschaft" in Zagreb. Arbeitsschwerpunkte: Frauengeschichte Jugoslawiens. Kroatien im 19. und 20. Jahrhundert. Situation des Feminismus und des Frauenstudiums in Jugoslawien. Oral history der Frauenbewegung Jugoslawiens.

Frey, Uschi (geb. 1959), Studium der Katholischen Theologie und Geschichte in Bonn, Arbeitsschwerpunkte:Feministische Theologie und oral history. Frauenbiographien im 20. Jahrhundert, bes. Nachkriegszeit.

Gellendin, Renate (geb. 1933), nach der Mittleren Reife und einem Jahr Privathandelsschule ein Jahr Anlernling in einem Pharma-Betrieb; 1953–1958 Telefonistin im Fremdsprachendienst der Bundespost; 1957 Heirat, 2 Söhne; seit 1958 Familienfrau, oft umgezogen, das Schicksal vieler Bundeswehrangehöriger und ihrer Familien. Seit

Beginn der Frauenstudien WS 1981/1982 in diesem Projekt engagiert. Arbeitsschwerpunkte: Hausarbeit – „Arbeit aus Liebe“, Frauen in den Medien, Frauengeschichte und Arbeitsgruppe Historische Biographieforschung.

Greenspan, Karen, Dr., Studium der Anglistik, Mediävistik und Vergleichenden Literaturwissenschaft New York und in Amherst/Massachusetts; Assistant Professor of History am Mount Holyoke College in South Hadley; arbeitet weiterhin als Assistant am „Papers of Elizabeth Cady Stanton and Susan B. Anthony“ Projekt. Arbeitsschwerpunkte und Veröffentlichungen: Frauen und Religion im Mittelalter; Internationale Frauenbewegung im 19. Jahrhundert.

Grubitzsch, Helga (geb. 1943), studierte Romanistik, Latein und Psychologie (Promotion 1970). Während ihres Studiums arbeitete sie als Serviererin, Reiseleiterin und Dolmetscherin, danach als Lehrerin an Volkshochschule und Gymnasium. Seit 1971 zuerst Assistenzprofessorin und dann Professorin auf Zeit an der Universität Bremen (Französische Literaturwissenschaft und Didaktik). Seit Mai 1983 Dozentin für Literatur und Sozialgeschichte der Frau.

Institut für Zukunftsstudien und Technologiebewertung, Stauffenbergstraße 11–13, D-1000 Berlin 30; Tel. 030/2615085. Wir sind daran interessiert, Wissenschaftler/innen kennenzulernen, die zu dieser Fragestellung oder ähnlichen Bereichen gearbeitet haben, gerade arbeiten oder ein ähnliches Projekt planen. Wir würden uns freuen, wenn es zu einem Informationsaustausch käme und würden bei entsprechendem Interesse auch gern ein nationales Arbeitstreffen organisieren.

Jurczyk, Karin (geb. 1952), Studium der Soziologie und Politologie; seit 1979 Mitarbeiterin des Sonderforschungsbereichs 101 der Universität München. Arbeitet am Aufbau der Frauenakademie München mit, um Frauen in den Wissenschaften ein anderes Leben und Arbeiten zu ermöglichen. Arbeitsschwerpunkte: Frauenarbeit in Familie und Beruf (insbesondere Frauenindustriearbeit und Heimerwerbsarbeit), Verschiebungstendenzen zwischen Erwerbsarbeit und anderen Formen von Arbeit, sowie Frauen- und Familienpolitik.

Kaufmann, Doris, Dr. phil., Studium der Geschichte und Politikwissenschaft in Münster und Berlin; wissenschaftliche Mitarbeiterin in dem von der VW-Stiftung geförderten Forschungsprojekt „Frauen und Christentum“ am Institut für ökomenische Forschung der Universität Tübingen. Veröffentlichungen u. a.: Vom Vaterland zum Mitterland. Frauen im katholischen Milieu der Weimarer Republik, in: Frauen suchen ihre Geschichte, hrsg. von Karin Hausen, München 1983.

Klewitz, Marion, Dr. phil. (Erziehungswissenschaft), Lehrerin, Professorin für Geschichtsdidaktik an der Freien Universität Berlin. Arbeitsschwerpunkt: Forschungsarbeit zur Professionalisierung in „Frauenberufen“. Veröffentlichungen zur Schulgeschichte.

Kokula, Ilse (geb. 1944), Dr. phil., Ausbildungen zur Sozialarbeiterin und Diplompädagogin, zwei Jahrzehnte Berufstätigkeit in sozialpädagogischen Arbeitsfeldern. Seit 1972 in der Frauen- und Homosexuellenbewegung aktiv; seit 1973 Lehrbeauftragte an der PH, TH, FU Berlin, 1982 Promotion. Zur Zeit Gastprofessur an der Reichsuniversität Utrecht, „Sozialisation und soziale Geschichte lesbischer Frauen".

Konieczka, Vera (geb. 1955), Studium der Geschichte und Sozialwissenschaften, 1. Staatsexamen 1981, z. Z. Arbeit an einer Dissertation über die Aufnahme des Themas Prostitution in der Sozialdemokratie vor dem 1. Weltkrieg. Im allgemeinen bemüht um Fragen nach dem Verhältnis von Sozialdemokratie und Feminismus, insbesondere am Thema Gewalt gegen Frauen. Praktisches Leben gegen die Buchhaltermentalität in der Geschichte, in der Konsequenz Frauenarbeit bei den Jungsozialisten, u. a. Mitglied des Bundesvorstandes 1982–1984. Veröffentlichungen u. a.: Prostitution im 19. Jahrhundert, Frankfurt / Tübingen 1980 (= Wissenschaft und Zärtlichkeit. Studienreihe. Beihefte zur Zeitschrift Bd. 2); (gemeinsame Herausgabe mit Norbert Kunz und Klaus-Jürgen Scherer): Sozialismus zwischen Ökonomie und Ökologie, Berlin 1984.

Lambertz, Jan (geb. 1957 in Detroit/Michigan), studierte an der Harvard University, an der University of Manchester und an der TU Berlin. Forschungsschwerpunkte: Gewalt in der Familie (Boston/Massachusetts und Liverpool/England), Geschichte der Sittlichkeitsbewegungen und der Familienwohlfahrt in England und Deutschland. Veröffentlichungen in: History Workshop und Radical History Review.

Matthies, Edelgard (geb. 1944), nach dem Realschulabschluß Ausbildung als Bürogehilfin und zweijährige Berufstätigkeit. Heirat und Geburt von Zwillingen, danach 10 Jahre Familienarbeit. 1980 Abitur über den 2. Bildungsweg. Seitdem Studentin der Erziehungswissenschaft an der Universität Dortmund mit Arbeitsschwerpunkt „Historische Biographieforschung".

Meyer, Sibylle, Soziologin, Wissenschaftliche Mitarbeiterin am Institut für Zukunftsstudien und Technologiebewertung(IZT) und an der Technischen Universität Berlin. Veröffentlichungen (zusammen mit Eva Schulze): Wie wir das alles geschafft haben – Alleinstehende Frauen berichten über ihr Leben nach 1945, München ^{3}1985; (zusammen mit Eva Schulz): Von Liebe sprach damals keiner – Familienalltag in der Nachkriegszeit, München 1985.

Meyer-Renschhausen, Elisabeth, Studium in Marburg und Bremen, arbeitet z. Z. an einer Dissertation zur Geschichte der Frauenbewegung vor 1933 am Beispiel Bremens. Seit 1980 Mitarbeiterin am Institut für Soziologie der FU Berlin (Fachbereiche Sozialisation/Subjektivität) mit Forschungsschwerpunkt: Geschichte weiblicher Lebensverhältnisse und historische Familienforschung. Sie war an allen sechs bisherigen Historikerinnentreffen aktiv beteiligt und veröffentlichte zur Politik der alten Frauenbewegung.

Notz, Gisela (geb. 1942), mit 16 Jahren Beginn der Erwerbsarbeit als ungelernte Verwaltungsangestellte. Keine Berufsausbildung, denn „sie heiratet ja doch", wird 1966 Mutter einer Tochter und arbeitet fortan zu Hause und auch ehrenamtlich mit und für Kinder und Erwachsene. Ab 1974 Studium der Erziehungswissenschaft, seit 1979 beschäftigt als Sozialwissenschaftlerin in der Friedrich-Ebert-Stiftung. Arbeitsschwerpunkte: Frauenarbeit in ihren vielfältigen Erscheinungsformen.

Nyssen, Elke (geb. 1942), 1970 Promotion, 1979 Habilitation; seit 1980 apl. Dozentin im Fach Schulpädagogik an der Universität Dortmund. Arbeitsschwerpunkt seit 1980: Historische Frauenforschung/Mädchenbildung im 20. Jahrhundert. Veröffentlichungen u. a.: Geschichtsbewußtsein und Emigration, 1974; Unterrichtspraxis in der Hauptschule, 1975; (Hrsg.): Schule im Nationalsozialismus, 1979.

Orland, Barbara, Politologin, Wissenschaftliche Mitarbeiterin am Institut für Zukunftsstudien und Technologiebewertung (IZT) Berlin und langjährige Mitarbeiterin in verschiedenen Einrichtungen der politischen Erwachsenenbildung. Veröffentlichungen: Diverse Veröffentlichungen zum Thema „Frauen und Technik", u. a.: Effizienz im Heim – Die Rationalisierungsdebatte zur Reform der Hausarbeit in der Weimarer Republik, in: Kultur und Technik, München 4/1983.

Rang, Brita, Dr. phil., Dozentin an der Universität Nijmegen. Arbeitet z. Z. an einer Habilitationsschrift über: „Diskussionen über Frauen und Wissenschaft im 17. und 18. Jahrhundert." Veröffentlichungen: Pädagogische Geschichtsschreibung in der DDR (1945–1965), Frankfurt/New York 1982; zahlreiche Artikel und Buchbeiträge zur Erziehungs- und Schulgeschichte.

Riemann, Ilka (geb. 1941 in Hamburg), Erzieherin, Studium der Pädagogik und Soziologie in Frankfurt, Mitarbeit in Forschungsprojekten zu Kindertagestätten und in der Frauenforschung, Arbeitsschwerpunkt: Frauen in der sozialen Arbeit. 1984 Promotion über dieses Thema und Veröffentlichung. Gegenwärtig Mitarbeit an einem Forschungsprojekt über die Unterbringung von Müttern mit ihren Kindern im Strafvollzug.

Schlapeit-Beck, Dagmar (geb. 1958), Studium der Sozialwissenschaften und Kunst an der Bergischen Universität GHS Wuppertal, 1. Staatsexamen für das Lehramt Sek. I/II, 1984 Promotion. Frauenbeauftragte der Stadt Leverkusen. Veröffentlichungen u. a.: Die Darstellung von Frauenarbeit in der Malerei des deutschen Naturalismus, 1984; Der antizipatorische Charakter von Frauenarbeit in der europäischen Malerei der zweiten Hälfte des 19. Jahrhunderts, in: Joeres/Kuhn (Hrsg.): Frauen in der Geschichte VI, Düsseldorf 1985.

Schmid, Pia (geb. 1951 in Leipzig), Dr. phil., Erziehungswissenschaftlerin an der Universität Frankfurt. Nach dem Lehrerstudium Erzieherin im Frankfurter Projekt Kita 2000, dann Studium der Pädagogik und Geschichte. Veröffentlichungen u. a.: Zeit des Lesens. Zeit des Fühlens. Anfänge des deutschen Bildungsbürgertums, Berlin 1985: Pädagogik und Hausarbeit. Eine Qualverwandtschaft, in: sozialmagazin 10 (85); Dokumentation zur Frauenwoche am Fachbereich Erziehungswissenschaften der Universität Frankfurt, Frankfurt 1985 (Mitherausgeberin).

Schöll, Ingrid (geb. 1956 in Koblenz), Studium der Geschichte und Germanistik in Bonn und Bordeaux. 1. Staatsexamen 1981. Arbeit an einer Dissertation zum Thema: Frauenwiderstand gegen die Wiederbewaffnung. Arbeitsschwerpunkte: Frauengeschichte in den frühen fünfziger Jahren; Frau und Technik (Entwicklung der Frauenbüroarbeit, Teleheimarbeit von Frauen). EDV-Dozentin im Bereich Informationstechnologisches Grundlagenwissen in Büroberufen. Veröffentlichungen u. a.: Frauenprotest gegen die Wiederbewaffnung, in: Perlonzeit, Berlin 1985; Schreib-Arbeit von

Frauen im Computerzeitalter, in: Frau und Technik, Katalog zur gleichnamigen Ausstellung, Bonn / Münster / Bielefeld 1985.

Schön, Gudrun (geb. 1940), 1960 Abitur, anschließend Ausbildung und Berufstätigkeit als Programmiererin bis 1966. 1963 Heirat, 1966 und 1968 Geburten von Sohn und Tochter. Nach 17 Jahren als Familienfrau 1982/83 Studienbeginn im Projekt Frauenstudien, 1985 Abschlußzertifikat. Seitdem Studentin im Fach Diplompädagogik. Arbeitsschwerpunkte: Frauenstudien, Frauenforschung, Historische Biographieforschung.

Schulze, Eva, Soziologin, Wissenschaftliche Mitarbeiterin am Institut für Zukunftsstudien und Technologiebewertung (IZT) Berlin und an der Technischen Universität Berlin. Veröffentlichungen (zusammen mit Sibylle Meyer): Wie wir das alles geschafft haben – Alleinstehende Frauen berichten über ihr Leben nach 1945, München ^{3}1985; (zusammen mit Sibylle Meyer): Von Liebe sprach damals keiner – Familienalltag in der Nachkriegszeit, München 1985.

Sklevicky, Lydia (geb. 1952 in Zagreb), Studium der Soziologie und Ethnologie an der Universität Zagreb, 1984 M.A. (Magisterarbeit zum Thema: Frauen und Macht: Historische Genesis eines Interesses). Zusammen mit anderen Frauen gründete sie 1978 die erste feministische Frauenforschungsgruppe im neuen Jugoslawien. Arbeitet als wissenschaftliche Assistentin am Institut für die Geschichte der Arbeiterbewegung Kroatiens, Zagreb. Veröffentlichungen: Zahlreiche Beiträge über Frauengeschichte und die Anthropologie der Frau in jugoslawischen Publikationen und Zeitschriften; Coautorin einer Anthologie über die Anthropologie der Frau (1983 in Belgien erschienen).

Soltau, Heide (geb. 1949), Krankengymnastin, Zweiter Bildungsweg und Studium der Literaturwissenschaft, Geschichte und Pädagogik in Hamburg. 1984 Promotion über die Frauenliteratur der zwanziger Jahre. Referendariat, Lehraufträge für Literaturwissenschaft, Arbeit in der Erwachsenenbildung, freie Autorin in Hamburg. Veröffentlichungen: Trennungs-Spuren. Frauenliteratur der zwanziger Jahre (1984); Aufsätze zur Frauenliteratur, Frauengeschichte und Frauenbewegung.

Specht, Edith (geb. 1943 in Kilb, Nieder-Österreich). Während des Studiums der Alten Geschichte und Numismatik Stipendienaufenthalte in Athen und Rom. Von 1966 bis 1975 alljährlich mehrmonatige Grabungstätigkeiten in Kleinasien und Ostanatolien. Promotion zum Dr. phil. 1969. Von 1972–1974 Expertin im Münzhandel. Seit 1974 Assistentin am damaligen Institut für Alte Geschichte, Archäologie und Epigraphik an der Universität Wien. Besonderes Interesse an Frauengeschichte seit etlichen Jahren; derzeit Arbeit an einer Frauengeschichte der griechischen Antike.

Stoehr, Irene, „Wahlhistorikerin", nach einem Soziologie- und Politologiestudium in den 60er Jahren. Hochschuldozentin und Redakteurin der (ehemaligen) feministischen Monatszeitschrift COURAGE. Lebt meistens in Berlin, Veröffentlichungen u. a. zur Geschichte der Frauenbewegung.

Tatschmurat, Carmen (geb. 1950), Promotion in Soziologie (Arbeit und Identität, Frankfurt 1980). Seit 1980 Mitarbeiterin des Sonderforschungsbereichs 101 der Universität München. Arbeitsgebiete: Frauenarbeit, Frauenforschung, Lebensentwürfe von Frauen an den Grenzen (zwischen Frauen- und Männerwelt, zwischen Wissenschaft und Politik etc.). Mitglied der Sektion Frauenforschung in der Deutschen Gesellschaft für Soziologie, arbeitet am Aufbau der Frauenakademie München mit.

Valet, Tilla (geb. 1923), Abitur 1942 und anschließend Reichsarbeitsdienst und Kriegshilfsdienstverpflichtung als Straßenbahnschaffnerin, 1946 pharmaz. Vorexamen (Praktikum), 1952 Heirat, berufstätig bis zur Geburt des ersten Sohnes, 1959 2. Sohn, 1963 Hauswirtschaftsmeisterin, ab 1975 Mitarbeit in Beratungsstelle für Frauen. 1982/83 Beginn „Frauenstudien". Arbeitsschwerpunkt: Frauenforschung, Historische Biographieforschung; im Februar 1985 mit Zertifikat abgeschlossen und Beginn des Regelstudiums Erziehungswissenschaften.

Walle, Marianne, unterrichtet an einem Oberstufengymnasium in Paris und gehört zur Forschungsgemeinschaft „Geschichte der Frauen in den Industrieländern" unter der Leitung von Prof. Dr. Rita Thalmann, Universität Paris VI. Sie habilitiert sich über folgendes Thema: Die Geschichte der Frauen in Deutschland zwischen 1871 und 1933 unter besonderer Berücksichtigung von vier zentralen Frauengestalten: Louise Otto, Helene Lange, Lily Braun und Clara Zetkin.

Weber, Christina (geb. 1958 in Hösbach), Studium der Theologie an der Philosophisch-Theologischen Fakultät St. Georgen, Frankfurt; 1983 Diplom (Thema der Arbeit: Auf der Suche nach der Frau in der Geschichte – Die Hexen im ausgehenden Mittelalter).

Weickart, Eva (geb. 1957 in Kierspe/Westf.), studiert Geschichte, Buchwesen und Deutsche Volkskunde an der Universität Mainz. Arbeitsschwerpunkt: Osteuropäische Geschichte, vor allem aber polnische Geschichte. Schreibt z. Z. ihre Magisterarbeit zum Thema: Entwicklungsbedingungen der polnischen Frauenbewegung in der ersten Hälfte des 19. Jahrhunderts.

Werner, Kerstin (geb. 1959), Studium der Germanistik, Geschichte und Pädagogik in Gießen, Tübingen, Bremen. Erstes Staatsexamen für das Lehramt, seit November 1985 im Hessischen Referendariat tätig. Arbeitsschwerpunkte: Untersuchung der Arbeitsverhältnisse von Landfrauen zu Beginn des 20. Jahrhunderts anhand der oral history Methode und Archivstudien.

Wobbe, Theresa (geb. 1952 in Borken/Westf.), studierte Psychologie, Philosophie, Germanistik und Geschichte in West-Berlin; danach Tätigkeiten u. a. als Arzthelferin, Erzieherin, Lehrerin und Lehrbeauftragte; z. Z. wissenschaftliche Mitarbeiterin am Soziologischen Institut der FU Berlin im Bereich Sozialgeschichte der bürgerlichen Gesellschaft und geschlechtsspezifische Differenzierung; arbeitet an einer Dissertation über Legitimationsmuster und Positionen weiblicher Politik in der deutschen bürgerlichen Frauenbewegung 1890–1914.

Zeller, Susanne (geb. 1951), Berufstätigkeit im sozialpädagogischen Bereich, Studium und Diplom in Erziehungswissenschaften an der FU Berlin. Hauptfächer: Sozialpädagogik, Psychologie und Sozialgeschichte. Mitarbeit an Gewerkschafts-Frauenseminaren. 1985 Abschluß der Dissertation an der TU Berlin. Vertretungslehrkraft für das Fach Sozialpädagogik an der FS für Erzieher/innen Berlin.